Sylvia und Paul F. Botheroyd

Keltische Mythologie von A-Z

SYLVIA & PAUL F. BOTHEROYD

Keltische Mythologie von A–Z

tosa

Bildnachweise:
S. 14, 104, 119, 163, 166 links, 190, 194, 208, 213, 236, 246, 303, 305, 311 oben, 320, Farbtafeln 1, 2, 3 oben, 4: Paul F. Botheroyd; S. 26, 212: Brendan-Martin Botheroyd; S. 142 links: Maj-Catherine Botheroyd; S. 50, 288, 380–383: Ute Dissmann, München. Abbildung auf dem Umschlag: »Gott von Bourray«, Musée des Antiquités Nationales, St. Germain-en-Laye.
Für die Bereitstellung der restlichen Bilder geht der Dank an die in den Bildlegenden genannten Institutionen.

Unser Buch ist RUTH FRIDMAN gewidmet, Bürgerin von Paris,
Europa und der Welt.

Titel der Originalausgabe: Lexikon der keltischen Mythologie, Sylvia u. Paul F. Botheroyd
Genehmigte Lizenzausgabe für Tosa Verlag, Wien

Covergestaltung Joseph Koó
Druck: Druckerei Theiss GmbH, Austria

www.tosa-verlag.com

Inhalt

Danksagung

Unser erstmals 1992 im Eugen Diederichs Verlag erschienenes "Lexikon der keltischen Mythologie" hat Karriere gemacht: Bis 1996 erschienen vier Auflagen bei Diederichs und 1999 eine Taschenbuchausgabe – leider ohne Bebilderung – bei Droemer Knaur. In anderen Ländern – Tschechien, Polen, Italien – sind Übersetzungen des Buchs herausgekommen. Demnächst erscheint die französische Übersetzung. Wir freuen uns sehr darüber, dass mit der vorliegenden Neuausgabe, der insgesamt fünften Auflage bei Diederichs (im Heinrich Hugendubel Verlag), das deutschsprachige Original wieder erhältlich ist.

Wir möchten all denen danken, die in den letzten zehn Jahren uns in unserer Arbeit ermutigt und unterstützt haben, sei es durch zusätzliche Informationen zu diesem oder jenem keltischen Ort, durch Präzisierungswünsche oder dadurch, dass sie unser Lexikon persönlich oder via Internet weit über die Grenzen der deutschsprachigen Welt hinaus bekannt gemacht haben.

Insbesondere möchten wir Herrn Dr. Michael Günther vom Diederichs Verlag für seine langjährige Loyalität und seine geduldige Betreuung auch von dieser Neuausgabe herzlich danken.

SYLVIA & PAUL F. BOTHEROYD

Vorwort

Das Interesse an allem Keltischen hat sich in den letzten Jahren bei einem breiten Publikum lauffeuerartig ausgebreitet, wenn man vom Angebot in der Belletristik, den Bildbänden, der Reise-, Sach- und Fachliteratur und nicht zuletzt der Esoterik ausgehen darf.

Bretonische, walisische, schottische, irische, portugiesische Märchen, Sagen und Legenden, aber auch die großen mittelalterlichen Epen um König Artus und den Gral werden neu aufgelegt, der Volksglaube an von der christlichen Kirche nicht oder nur ungern tolerierte geistige Kräfte untersucht und überkommenes Wissen auf den Gebieten der Medizin, Astrologie, Naturbeobachtung, Magie, einschließlich des Wortes und der Musik, sowie spirituelle Erfahrungen, oft aus weiblicher Sicht, werden heute vielfach zum ersten Mal veröffentlicht.

Neue Gattungen, z. B. Fantasy, Comics und z. T. Science-ficton bedienen sich, wie es die traditionellen – Schauspiel, Oper, Ballett – und die darstellenden Künste schon immer getan haben, der Gedankengänge, Erzählabläufe und Sagenfiguren der keltischen Kultur und setzen sie in neue Beziehungen untereinander und zu einer veränderten Welt.

Die Medien helfen mit bei der internationalen Verbreitung dieses Materials, und Leser und Zuschauer stehen schließlich vor einer unüberschaubaren Vielfalt und werden von Namen und Begriffen in immer neuen Konstellationen überflutet.

Es ist sicher richtig, daß geschichtlich, geographisch und archäologisch orientierte Dokumentarfilme und Ausstellungen den Menschen an der Schwelle zum neuen Europa einen Blick zurücktun lassen auf jenen Vorentwurf, den die Kelten vor etwa 2500 Jahren quer über die Landkarte zu legen begannen, und damit das Publikum mit dem Vorstellungsgut des prähistorischen, vorrömischen und gallorömischen Europa bekannt machen. Nur darf man es unter dem plötzlich vorausgesetzten Wissen, das die dem humanistischen Bildungsideal ergebenen Schulen seit je nur sehr spärlich über Caesars *Gallischen Krieg* vermittelt haben, nicht erdrücken. Eigentlich sollte zu jeder Sendung und zu jeder Neuerscheinung eine keltische Mythologie mitgeliefert werden, da sie letztlich alles Obengenannte speist. Sie bzw. die Weltanschauung, die sie in Bilder und Szenen, Statuen und Reliefs umsetzt, war das Rückgrat jener tiefreligiösen Kultur, welche die klassischen Völker aus mangelndem Verständnis als »barbarisch« abstempelten, die jedoch die Völkerschaften von Portugal bis in die Türkei, von Irland bis Norditalien zusammenhielt und aus ihnen machte, was wir »Kelten« bzw. »Gallier« nennen.

Sie selbst hinterließen keine schriftlichen Quellen; sie sahen sich zu Stämmen, wenn es hochkam, zu Königstümern verbunden, die sich wechselseitig unentwegt befehdeten. Obwohl sie auf ihrem Höhepunkt einen Streifen Europas, von Portugal und Galizien bis Ankara in der Türkei, besetzt hielten – der Apostel Paulus richtete seine Briefe an die Galater –, war ihnen die Idee einer politischen Einigung fremd. Vom Bewußtsein her, auch wenn sie Europa schrankenlos bewohnten, waren sie noch keine Europäer. Um 600 v. Chr. herum fingen diese »Keltoi« an, die Griechen zu interessieren, als sie begannen, als Handelspartner attraktiv zu werden.

Die Streitfrage nach ihrem Ursprung füllt mittlerweile Bände. Man ist heute geneigt, sie als Produkt eines jahrhundertelangen Werdeganges zu sehen, der auf den Kulturen und Völkern der Bronzezeit aufbaut, die ihrerseits in direkter Linie das Erbe der Steinzeit angetreten hatten. Immerhin lassen sich Absätze in dieser Entwicklung festhalten, die sich an technischen, sozialen, politischen und künstlerischen Veränderungen orientieren. Das aufkommen des Eisens als Rohstoff um ca. 800 v. Chr., gut zwei Jahrhunderte später in Britannien und Irland, brachte Neuerungen mit sich, die sich in der Hallstattkultur ab 700 v. Chr. bzw. in deren östlicher und westlicher Variante niederschlugen.

Ende des 7. Jahrhunderts v. Chr. verstärkten sich die Kontakte zwischen dieser Barbarenbevölkerung nördlich und westlich der Alpen und der klassischen des Mittelmeers, einerseits durch die Gründung der Griechenkolonien von Massilia (Marseille) um 600, andererseits durch vermehrtes Übersteigen der Alpen in beiderlei Richtung. Händler bringen jedoch immer mehr mit als nur ihre Ware, sie sind Kulturträger erster Klasse und sorgen ebenso für die Verbreitung von neuen Ideen wie der neuer Güter. Am Handel wurden wenige große Familien reich und mächtig – die Salz- und Eisenbaronie – und begannen, auf Kosten breiter Volksmassen luxuriös zu leben, was ihre Fürstensitze und prunkvoll ausgestatteten Gräber dokumentieren.

Direktverbindungen mit den Etruskern und den Skythen erweiterten den keltischen Horizont, und damit Mythologie und Weltbild. Das muß Veränderungen in der Ideologie bewirkt haben, die den Zündstoff für die sozialen und politischen Umwälzungen ab ca. 500 v. Chr. gebildet haben dürften und die Religion und Kunst so stark tangierten, daß man nun von der Latène-Kultur spricht. Jetzt fangen die großen Wanderungen ganzer Stämme nach Süden und Osten an. 387/86 v. Chr. plünderten die Kelten Rom und sorgten für einen schwarzen Tag in der römischen Geschichte. 279 erging es Delphi wenig besser. 278/277 setzte ein größeres Kontingent nach Kleinasien über und ließ sich um Ankara nieder. Das späte 3. Jahrhundert brachte das Ende der Expansion und die ersten schweren Niederlagen. Von da ab verloren die Kelten Stück für Stück ihre Eroberungen, bis Rom im letzten vorchristlichen und im ersten nachchristlichen Jahrhundert die Ausgangsländer in Mitteleuropa, wie Frankreich, die Schweiz, Österreich, Deutschland und dazu Britannien außer Schottland, ins Imperium eingliederte. Dies ist, bis zum Zusammenbruch des Römischen Reiches, die gallorömische Periode. Trotz ihrer Kontakte zu den Mittelmeerkulturen, sogar trotz Übernahme der klassischen Götternamen und weitgehend der Ikonographie, hielten die Kelten an ihren religiösen Vorstellungen fest, die sich z. B. aus den bildlichen Darstellungen Galliens und Britanniens wie auch den klassischen Kommentaren rekonstruieren lassen. Irland machte eine ungebrochene Sonderentwicklung durch und beschert uns deshalb noch einen reichen Sagenschatz, der die keltische Mythologie am besten bewahrt hat, wiewohl erst christliche Schreiber vom 7. Jahrhundert an die Erzählungen aufschrieben.

Die keltische Kultur bewegte sich zwar in einem grundsätzlich indoeuropäischen Rahmen, bewahrte aber zyklische, nicht lineare Gedankenmuster und brachte die Trennung in eine reale, materielle, diesseitige und eine spirituelle, jenseitige Welt nicht zustande. Wohl wußten die Kelten mit der Materie umzugehen, jedoch ließen sich nicht von ihr beherrschen.

Mit einer weder den klassischen noch den christlichen Völkern bekannten Inbrunst verherrlichten die Kelten die Schöpfer- und Lebenskräfte, an denen das weibliche und das männliche Prinzip in vorbildlichem Gleichgewicht beteiligt waren. Das Leben an sich war für sie die treibende Kraft im Kosmos, dasjenige, worin sich die höchste Weisheit, das Göttliche in seiner unendlichen Vielfalt offenbarte. Der Tod spielte eine untergeordnete Rolle – eine kurze Unterbrechung in einem ewigen, sich fortwährend wandelnden Kreislauf. Es kommt wohl nicht von ungefähr, daß viele Menschen sich heute instinktiv von diesem Weltbild angesprochen fühlen – es kann als Gegengewicht zu unserer Zeit empfunden werden.

Natürlich sind bereits keltische Mythologien in der Form eines Nachschlagewerkes in deutscher Sprache erschienen. Die Forschung, insbesondere die Archäologie, hat aber in den letzten zehn Jahren neben einer Menge neuer Gegenstände – man denke nur an das Grab des Fürsten von Hochdorf in Deutschland und den »Lindow Man« in England – viele neue An- und Einsichten gewonnen. Außerdem gehen Mythologien dieser Art kaum je über die Definition von Gegenständen und Gestalten hinaus – Diskussionen bleiben ausgespart, verschiedene Interpretationsmöglichkeiten unberücksichtigt, und alles spielt sich in einem luftleeren Raum ab, der keinen Bezug zu einem realen Land hat. Damit wird eine Wissenschaftlichkeit mit gesicherten Ergebnissen vorgetäuscht, die es bei diesem Thema, das niemals von keltischen Zeitgenossen schriftlich formuliert, sondern nur mündlich überliefert worden ist und aus allen möglichen Quellen erschlossen werden muß – z. B. antiken Schriftstellern, Bodenfunden, Sagen der keltischen Länder, Volksüberlieferungen usw. –, gar nicht geben kann. Mit diesem Anspruch geht gewöhnlich die passende Sprache einher: nüchtern, korrekt, belehrend. Man legt das Buch, dankbar für die Information, gern wieder aus der Hand.

Die vorliegende Mythologie bleibt der Form des Nachschlagewerks treu, berücksichtigt auch mit Sorgfalt die Forschung, versucht aber, die Fakten mit einer ansprechenden Präsentation zu verbinden, etwas von der Formulierung der Sage, die zuweilen gefühlvolle, poetische oder wild humoristische Note einer Erzählung wiederzugeben oder den frischen Eindruck eines mit eigenen Augen gesehenen Gegenstandes oder einer Landschaft zu vermitteln. Wichtige Sagen werden in einer lebendigen Sprache zusammengefaßt, wichtige Gegenstände beschrieben, sofern dies nicht die reichhaltige Bebilderung abnimmt. Große Bestrebungen gehen dahin, den Verbindungen der verschiedenen Elemente in den keltischen Ländern nachzugehen; allerdings liegt der Schwerpunkt dabei auf Frankreich, Deutschland, Österreich, der Schweiz, Italien, Großbritannien und Irland.

Aber weswegen sollen Nachschlagewerke nicht spannend sein dürfen? Vielleicht sind wir bereits an dem Punkt angelangt, an dem sie zur Primärliteratur werden, da die gewaltige Stoffansammlung auf den verschiedensten Gebieten überhaupt nicht mehr zu bewältigen ist, sondern das Nachschlagewerk den Charakter eines »Führers durch ...« annimmt, was in den angelsächsischen Ländern längst gang und gäbe ist.

Diese Mythologie soll helfen, die lesenswerte Sage zu einem bestimmten Thema zu finden, lieber nur einen Gegenstand zu sehen, dafür aber richtig, sich einen Ort auszuwählen, statt alle möglichen anzureisen. Sie ist durch ihre Artikel in zusammenhängenden Sätzen dazu angelegt, den Leser zum Lesen, nicht nur zum Nachschlagen zu verführen. Kreuzverweise sollen seine Neugierde wecken, ihn zum Weiterforschen anregen, aber nach eigenem Tempo und in eigener Reihenfolge, so daß er nach eigener Wahl die Mosaiksteine zum keltischen Weltbild zusammentragen kann, ganz egal, von welchem eingangs erwähnten Gebiet er ausgeht. Diese Mythologie soll dem Leser selbstverständlich Wissen vermitteln – aber mit dem größtmöglichen Vergnügen beim Lesen.

Abnoba

Grundsätzlich gehört Abnoba zu den → Muttergöttinen. Sie personifiziert den Schwarzwald und kümmert sich um das Gedeihen des Pflanzen- und Tierlebens. Wild und Jäger unterstehen ihrem Schutz. Sie scheint auch an → Quellen verehrt worden zu sein: An der Brigachquelle bei St. Georgen kam ein → Stein zum Vorschein, auf dem sie mit einem → Hasen als Attribut abgebildet ist (vgl. → »Diana«, → Arduinna); in den Thermen von Badenweiler entdeckte man im 18. Jh. einen Weihealtar mit der Inschrift »Dianae Abnobae«.

Abnoba mit Votivinschrift (Badisches Landesmuseum, Karlsruhe).

Aed

Einer der Namen, unter denen der irische Sonnengott in der Sage auftaucht, ist Aed (= ir. »Feuer«); er ist der Blitzschleuderer und Donnerer, Gott der → Anderswelt, und Stammvater der Menschen, analog zu den anderen indo-europäischen Göttern wie Jupiter und Thor. Seine Gemahlin ist → Bé Find, »die weiße Dame«. Er bewohnt das → *síd* am Wasserfall von Assaroe bei Ballyshannon (Gr. Donegal), zuweilen in Gestalt des einäugigen Salms (vgl. → Fische). Seine Hauptwaffe ist ein vergifteter Speer (vgl. → Blitz).

Verschiedene Aeds machen unter Zusatznamen bis in die christliche Legende hinein von sich reden, teilen aber die Züge und Attribute des Sonnengottes. → Goll mac Morna, »der Einäugige«, heißt auch »Aed«; »Aed Alainn« kann sich auf den → Dagda beziehen. Aed ist identisch mit »Mac Greine«, »Sohn der Sonne«, wobei es sich ursprünglich um die Morgensonne handeln dürfte. → Fionn mac Cumhaill tötet Aed mac Fidga mit einem magischen Speer im Augenblick, in dem dieser den Feenhügel verläßt. Aed mac Ainninne besingt alle Seen Irlands mit einem → Zauberspruch, so daß sie austrocknen bzw. verdunsten. Aed mac Bricc, der Heilige (spätes 6. Jh.), der im Mittelalter sogar auf dem europäischen Festland gegen Kopfschmerzen angerufen wurde (Manuskript von der Insel Reichenau, jetzt in der Landesbibliothek, Karlsruhe), erbte eine ganze Reihe von Attributen des Sonnengottes. Laut dessen Vita fährt er mit einem einrädrigen Wagen durch die Lüfte; er ist ein wunderbarer Heiler, der Tote erweckt, aber auch einen frommen Bauern mit ins Jenseits hinübernimmt und lange Jahre in einer Einsiedelei auf dem Berggipfel von Slieve League (Gr. Donegal) verbringt.

Aericura

Über ein Dutzend Inschriften in Süddeutschland und auf dem Balkan gesellen die Aericura bzw. Herecura dem → »Dis Pater« zu (vgl. → Götterpaare). Sie gehört zu den → Muttergöttinnen und wird auch als solche dargestellt. Der Konstellation Fruchtbarkeitsgöttin – Gott des Totenreiches dürfte eine Proserpina-ähnliche Sage zugrunde liegen.

Aífe

Zusammen mit → Scáthach und → Uathach ist Aífe Lehrmeisterin → Cúchulainns, eine Manifestation der Göttin der → Anderswelt, woher alles Wissen und alle Künste stammen. In den verschiedenen Niederschriften allerdings tritt sie als »Zauberin«, »Amazone«, »Ritterin«, »Fürstin von Schottland«, »Tochter des Königs von Großgriechenland« vermenschlicht auf. Ihre enge Beziehung zu Scáthach, als »Tochter« oder »Rivalin« bzw. »Untertanin«, trägt der alten Dreiheit (vgl. → drei) noch Rechnung. Eine Spur der Sonnengöttin könnte ihr durch ihr auffallendes Interesse an ihrem Wagen (vgl. → Wagenkult) mit den zwei → Pferden noch anhaften. Im wilden Kampf »auf einem Seil«, wobei Cúchulainn schon fast unterliegt, läßt sie sich durch dessen Ausruf ablenken, Wagen und Pferde seien in eine Schlucht gestürzt, und wendet den Kopf. Da packt sie der → Held »unter den Brüsten« und schleudert sie zu Boden. Sie erkauft sich ihr Leben durch die Erfüllung seiner → drei Wünsche: Sie wird von da ab Scáthachs Untertanin sein, mit Cúchulainn das Lager teilen und ihm den Sohn → Conla schenken. Letzteres weist sie zusätzlich als → Mutter- und Fruchtbarkeitsgöttin aus.

Ailill Aulom

Im → Historischen Zyklus findet Ailill Aulom als König von Munster und Schwiegersohn von → Conn der Hundert Schlachten seinen Platz. Seine Frau Sadb schenkt ihm die drei Söhne Eogan, → Cian und Cormac, auf die die Stämme der Eóganacht, Ciannacht und Dál Caiss zurückgehen. Weniger euhemerisiert kommen Ailill Aulom als Dichter bzw. Satiriker (vgl. → *fili*) und seine Frau als → Druidin vor; auf einer noch weiter zurückliegenden Stufe muß er ein Gott vom Typ des ambivalenten Fürsten der → Anderswelt (vgl. z. B. → Dagda) gewesen sein: Einerseits besitzt er einen Giftzahn, mit dem er seinen Ziehsohn anläßlich einer »zärtlichen Begrüßung« heimtückisch vergiftet, andererseits, wie die Erklärung seines absonderlichen Namens »Ailill Nackt-Ohr« verrät, nimmt er sich → Aíne zur Geliebten, was im *Buch von Leinster* (vgl. → *Lebor Laignech*) die *Schlacht von Mag Mucrama* (10. Jh.) einleitet. Am Vorabend von → *Samhain* läßt der König sein Pferd auf dem Hügel der → Aíne grasen und schläft ein. Wie er erwacht, ist dieser kahl – kein Hälmchen steht mehr. Da sich dies im folgenden Jahr wiederholt, alarmiert er im dritten den Seher und Druiden (vgl. → *fili*) Ferches, der Wache schiebt, während Ailill beim Geräusch grasender Kühe (vgl. → Kuh) einnickt. Es sind Feenkühe, die aus dem offenen → *síd* kommen, gefolgt von Aíne, die auf einer bronzenen Leier spielt, und ihrem Vater Eogabul. Vor Ferches Bedrohung wendet sich dieser nach dem Hügeleingang um, worauf ihm der Dichter mit einem Speer (vgl. → Blitz) das Rückgrat zerschmettert.

Auf dem Hügel vergnügt sich indessen Ailill mit der Feenfrau im Gras, bis die Klage um ihren Vater zu ihr heraufdringt. Sie ist erzürnt, fühlt sich mißbraucht und beißt Ailill solcherart ins Ohr, daß »weder Fleisch noch Haut« übrigbleiben, womit sie dem König von Munster einen lebenslänglichen Makel anhängt (vgl. → rechtmäßige Herrschaft).

Ailill mac Máta von Connaught

Zwar erkürt die große Königin → Medb Ailill zu einem ihrer vielen Gatten, weil er weder »Geiz, Furcht noch Eifersucht kennt«, letzteres nicht einmal, als er seine Gemahlin in den Armen von → Fergus Mac Roich ertappt, dominiert ihn aber derart, daß er nie im Rampenlicht zu stehen kommt.

Einmal hat seine Haltung jedoch weitreichende Folgen: Während des »Kopfkissengesprächs« im → *Táin Bó Cuailnge* leitet er beharrlich seine Überlegenheit von seinem größeren Reichtum ab. Er allein besitzt den magischen → Stier → Finnbennach, an sich ein »Kalb aus Medbs Herde«, das sich jedoch weigerte, einer Frau untertan zu sein, und zu Ailill überlief. Das kann Medb nicht auf sich sitzen lassen, das Gegenstück, der → Donn von Cuailnge, muß um jeden Preis in ihren Besitz gelangen ...

Die christlichen Schreiber, die das Paar im → Cruachan des 1. Jhs. n. Chr. ansiedeln, verschleiern damit kaum, daß die Sage eigentlich das Ergebnis der → Heiligen Hochzeit schildert, das »Eheleben« zwischen der göttlichen Personifizierung (vgl. → Oberhoheit) der → rechtmäßigen Herrschaft und dem sterblichen König eines Territoriums, hier Connaughts. Solange sich Ailill als freigiebiger Fürst und gerechter Schiedsrichter erweist und seine Königin zu befriedigen vermag, trägt die Verbindung. Sobald er anfängt, das Spiel für wichtiger zu erachten – »er läßt die Königin warten, bis es zu Ende ist« – und sich mit anderen Frauen zu vergnügen, ist sein Leben verwirkt. Auf Medbs Geheiß, die bemerkt, »wie sich ein Haselzweig am ersten Maimorgen (vgl. → *Beltene*) hinter dem Hof bewegt«, durchbohrt → Conall Cernach Ailill mit seinem Speer.

Aillén mac Midna

Jahr für Jahr erscheint das unheimliche Wesen Aillén mac Midna aus der → Anderswelt zu → *Samhain* auf → Tara, schläfert durch Zaubermusik den Königshof ein und setzt dann den Palast mit seinem feurigen Atem in Flammen – bis ihm das Wunderkind → Fionn mac Cumhaill entgegentritt. Der Siebenjährige fängt das Feuer mit Gegenzauber (vgl. → Zauber) ab und tötet Aillén mit seinem Speer (vgl. → Blitz), in dem Augenblick, als der Übernatürliche in seinem Anderweltsitz, Fionnachadh, auf dem Berggipfel Sliabh Fuait (bei Newton Hamilton, Gr. Armagh) verschwinden will. Diese jugendliche Heldentat trägt Fionn das Kommando über die → Fianna ein, wobei → Goll zurücktreten muß.

Aillén, »der Brenner«, und Goll, »der Einäugige«, sind miteinander identisch und dürfen als Manifestationen des Sonnengottes → Aed aufgefaßt werden.

Áine

Im Irischen bedeutet »Áine« »Helligkeit«, »Hitze«, »Geschwindigkeit« und tritt sowohl als weiblicher als auch männlicher Name in der irischen Sage auf, was auf eine (vor-)keltische Sonnengöttin und den keltischen Sonnengott schließen läßt, die täglich mit → Pferd und Wagen (vgl. → Wagenkult), als Reiter bzw. Reiterin, oder zu Fuß, den Himmelsraum durchmessen. Ein gleichnamiges, göttliches Paar, das das männliche und das weibliche Sonnenprinzip vertritt, wäre ebenfalls denkbar.

Die Christianisierung ließ dem Sonnengott Áine die Stellung als Stammvater der Eóganacht-Sippe, während die Göttin Áine zur → Feenkönigin degradiert wurde. Sie tritt als Tochter bzw. Schwester des Fer Í, des Mannes der Eibe (vgl. → Bäume), oder als Tochter bzw. Gattin des → Manannán mac Lir auf.

In ganz Irland sind Orts-, Berg- und Quellennamen mit ihr verbunden. Ihr → *síd* befindet sich im 164 m hohen Cnoc Áine (Gr. Limerick), von dem sich das Dorf Knockainy an dessen Fuß herleitet. Bis gegen Ende des 19. Jhs. blieben hier Spuren von Áines Sonnenkult lebendig. In der Johannisnacht trugen Bauern an langen Stangen flammende Heu- oder Strohbündel auf den Gipfel, schritten »der Sonne nach« dreimal um die → drei dort oben gelegenen Ringgräber und besuchten auf dem Heimweg Häuser, Ställe und Felder, um ihnen Glück zu bringen. Durchs ganze Mittelalter fand hier, nach der Ernte, ein großer Jahrmarkt statt. Dies und Áines Verbindung mit → Quellen gibt ihr die zusätzliche Komponente der mütterlichen Heil- und Fruchtbarkeitsgöttin.

Ana → **Dana**

Alesia

Das Oppidum auf dem Plateau des allseitig steil abfallenden Mont Auxois (Dép. Côte d'Or), nordwestlich von Dijon, ist mit ziemlicher Sicherheit jenes Alesia, von dem aus der Arvernerfürst Vercingetorix um 50 v. Chr. Caesar den letzten, ernsthaften Widerstand bei der Eroberung Galliens bot. Die sich danach auf der Hochebene entwickelnde gallorömische Stadt besaß, wie Ausgrabungen bewiesen, mehrere große Heiligtümer, in denen u. a. die Kulte der → »Minerva«, des »→ Apollo Moritasgus« und der → Damona, der → Epona sowie der → Muttergöttinnen gepflegt wurden.

Das Städtchen Alise-Sainte-Reine ist die mittelalterliche Nachfolgerin. Seine Kirche ist der Ste. Reine (Heilige Königin), der verchristlichten → Rigani geweiht. Das kleine Gotteshaus sowie die ehemals dem Moritasgus geweihte, heilige → Quelle sind noch immer Wallfahrtsorte: Einmal im Jahr wird das Martyrium der Heiligen, einer schönen, gallo-römischen Christin, die eine günstige Partie mit einem Römer zugunsten des himmlischen Bräutigams ausschlug und deswegen geköpft wurde, von den Bewohnern aufgeführt, wohl

Die Muttergöttin Alesia (Musée Alésia, Alise-Ste. Reine).

kaum viel anders als in vorchristlicher Zeit, als der Mythos der Rigani dem Volk auf ähnliche Weise nahegebracht wurde.

Das Musée Municipal von Alise-Sainte-Reine, ein paar Schritte von Kirche und Quelle entfernt, bewahrt die Gegenstände der noch immer nicht abgeschlossenen Ausgrabungen auf, u. a. besonders interessante Darstellungen der »Minerva« und der Epona.

Amaethon

Im → *Mabinogion* muß → Kulhwch u. a. »Amaethon, den Pflüger, Sohn der → Dôn« herbeischaffen, bevor er → Olwen heiraten darf; → Ysbaddaden will ein Stück Wildland in einem Tag gerodet, gepflügt, bepflanzt und abgeerntet haben.

Die Manuskript-Sammlung *Myvyrian Archaelogy of Wales* enthält Verse, die Amaethons Bruder, → Gwydion, zugeschrieben werden und den Besuch der beiden in der → Anderswelt zum Thema haben, der in die »Schlacht von Goddeu oder Achren« ausartete. Amaethons Raub eines Hündchens (vgl. → Hund), einer Ricke (vgl. → Hirsch) und eines Kiebitz (vgl. → Vögel) bringen ihn in bewaffneten Konflikt mit → Arawn. Auf dessen Seite kämpfen ein Mann und eine Frau, die unbesiegbar sind, solange niemand ihre Namen kennt. Gwydion jedoch errät sie: Es sind → Brân und Achren, letztere mit hoher Sicherheit eine → Muttergöttin, der die Tiere, Attribute verschiedener lokaler Göttinnen, zugehören dürften.

Schon die Triaden (vgl. → drei) konnten mit dieser Auseinandersetzung wenig anfangen und zählten sie zu den → drei »leichtfertigen Schlachten«, weil dreier Tiere wegen 71000 Menschen fielen.

Es geht jedoch um bedeutend mehr: Amaethon, der göttliche Pflüger und Landmann, kann die Kultivierung der Erde nur mit Hilfe der Andersweltkräfte ausführen: Kenntnis und Technik sowie Arbeitseinsatz sind keine Gewähr für Fruchtbarkeit. Durch den Raub der Tiere dürfte er versucht haben, ein Unterpfand der Muttergöttin in die Hand zu bekommen. Im anschließenden Ringen mit der Anderswelt gelingt es ihm jedoch, die für die Fruchtbarkeit verantwortlichen Götter zu unterwerfen.

J. Markale identifiziert den Aeddon aus → Taliesins *Totenklage für Aeddon* mit Amaethon, so daß dieser auch in der Rolle des Kulturbringers gesehen werden kann.

Amergin

Die irische Sage kennt zwei Amergin, und beide sind die berühmtesten Dichter (vgl. → *fili*) ihrer Zeit.

Amergin Gluingel, »Weißknie«, einer der acht Söhne des → Míl, ist nach dem → *Lebor Gabála Érenn* die Hauptperson während der letzten Invasion Irlands. Als Dichter, Richter, Magier, Baumeister – er soll den Damm von Avoca (Gr. Wicklow) konstruiert haben – und Sprachwissenschaftler – die erste Grammatik in Irland wird ihm zugeschrieben – rückt er in die Nähe eines Gottes, der alle Künste beherrscht, wie ein → Lug oder → Dagda.

Aber davon abgesehen finden sich noch weitere Parallelen. Er hilft den → Milesiern alle Krisen zu überwinden, auch wenn anfangs → Opfer gefordert sind: Zwei seiner Brüder und seine Gattin, Scéne, sterben vor der Landung. Dazu verwehren den Ankömmlingen Dämonen der → Tuatha Dé Danann durch → Zauber das Ankern. Erst als die Toten begraben sind und Amergin ein Gedicht zum Andenken darüber gesprochen hat, gelingt es dem Magier-Dichter, den rechten Fuß aufs Land zu setzen, wobei er singt:

> Ich bin Wind auf Meer
> Ich bin Ozeanwelle
> Ich bin Tosen der See
> Ich bin der Stier der sieben Kämpfe . . .

Er bezeichnet sich weiter als Geier, Tautropfen, schönste Blume, → Eber an Tapferkeit, Salm (vgl. → Fische), See, → Berg in Gestalt eines Menschen, wohlgesetztes Wort, Waffenspitze, Gott der Inspiration und schließt mit rhetorischen Fragen wie: »Wer glättet zerklüftete Berge, wer verkündet die Mondenalter, und wer den Ort, wo die Sonne sinkt?« Dieser Zaubergesang geht über das bloße Zurschaustellen magischer Künste hinaus, denn Amergin vergleicht sich nicht mit den Dingen, sondern beinhaltet alle Kräfte und somit alle Möglichkeiten in sich – er ist ein Gefäß göttlicher Fülle.

Zwar sind die keltischen Welterschaffungsmythen untergegangen, aber hier dürfte es sich um den Abglanz einer solchen handeln. Der Dichter, nicht mehr der Gott, schafft im Wort eine neue Welt, wie das nächste Gedicht zeigt, in dem Amergin den Fischreichtum des Meeres, vom Salm bis zum Wal, und die Fruchtbarkeit des Landes beschwört.

Diesen Prozeß unterbrechen die Schlacht mit den Tuatha Dé Danann und das Gespräch mit → Banba, → Fodla und → Ériu, worin sich Amergin als höflicher Wortführer zeigt. Er verspricht den drei Verkörperungen Irlands, daß ihre Namen der Insel erhalten bleiben werden, wobei letzterer die Hauptbenennung sein soll. Damit besänftigt er die drei vormilesischen Göttinnen und gewinnt ihre Gunst (vgl. → Donn).

Amergin ist es auch, der das erste Urteil in Irland fällt, indem er auf die Forderungen der drei Könige Irlands eingeht und anordnet, daß sich die → Milesier → neun »grünschultrige Wellen« weit vom Ufer entfernen müssen, um ein zweites Mal, mit Wissen der Dé Danann, zur Landung anzusetzen. Auf diese Großzügigkeit antworten die → Druiden der Dé Danann mit Betrug – ihre Zaubergesänge (vgl. → Zauber) bringen Winde auf, die die milesischen Schiffe mit großer Geschwindigkeit abdriften lassen. Aber Amergin ist ihnen gewachsen: Sein Gedicht bewirkt, daß die Winde in sich zusammenfallen. Zwischen dessen gleichlautender Anfangs- und Schlußzeile, »Ich begehre Irland«, verbindet der Dichter in komplizierten Reimen die Hauptzüge des zu erobernden Landes: Meer, Hochland, Wald, Fluß, Wasserfälle, die Versammelten, der König von → Tara, der Tarahügel, das Volk der Milesier, die Schiffe der Milesier, sehr mächtigen Zauber, in anderer Konstellation, zu einem neuen Ganzen. Dieses für sie geschaffene Land können die Milesier endlich in Besitz nehmen.

Mit prophetischer Einsicht versucht Amergin im Streit seiner zwei Brüder um die Königsmacht vergeblich, die Teilung der Insel in Nord und Süd zu verhindern; seither existieren die Gegensätze zwischen den beiden Hälften, deren harmlosester es ist, daß der Norden zum Königreich der Dichter, der Süden zum Königreich der Musiker wird . . .

Die Ulstersage *Mesca Ulad (Die Trunkenheit der Ulstermänner)* macht Amergin für eine andere Teilung verantwortlich: Er siedelte die Milesier auf der Oberfläche Irlands an und schickte die besiegten Dé Danann unter die Erde in die Feenhügel (vgl. → *síd* und → Anderswelt).

Amergin mac Ecit Salach, »Sohn des Schmutzigen Ecit«, trägt noch Spuren des Übernatürlichen, Magischen an sich, dies aber nur in seiner Jugend, denn als Erwachsener ist er als König → Conchobars Schwager, Vater des → Connal Cernach, und Stardichter glänzend in die Ulstergesellschaft integriert.

Der Junge, der Sohn des schmutzigen bzw. rußigen → Schmiedes, ist ein Spätentwickler. Mit sieben Jahren ist er noch nicht so groß wie eine Männerfaust, mit vierzehn spricht er noch kein Wort. Er ist ein richtiges Ekel, häßlich, schmutzig, struppig, mit einem »Bauch wie ein Ledersack« und ewiger Triefnase. Erst nach einem Aufenthalt im Westen Irlands beginnt seine Karriere, denn er wird einem Dichter in die Lehre gegeben. Frühe Quellen erklären diese Geschichte als Symbol für das Studium der Dichtung, schwierig und unerfreulich am Anfang, aufblühend beim fortschreitenden Können. Es wurde dabei übersehen, daß der Junge ausgerechnet in die → Slieve Mish-Mountains (Dingle-Halbinsel, Gr. Kerry) geschickt wird, wo die Milesier sich zuerst mit den Tuatha Dé Danann auseinandersetzen mußten. In Kerry landen alle Invasionen – es ist sowohl die Landschaft des Neubeginns als auch, da sich hier das Haus des → Donn befindet, der Auflösung und des Endes. Kerry vertritt im besonderen Maße das Prinzip der → Anderswelt, woher ja auch alle Dichtung stammt.

Amulette

Natürlich sind Amulette nicht spezifisch keltisch. Die Betrachtung der Umstände jedoch, unter denen die Kelten zu Unheil abwehrenden, ihrem Träger Kraft, Lebensenergie und Fruchtbarkeit zuführenden Gegenständen griffen, erlaubt einen Einblick in die religiösen Vorstellungen einer bestimmen Epoche.

An der Wende von der Späthallstatt- zur Frühlatènezeit erreichte der Amulett-Gebrauch den Höhepunkt. In den Gräbern treten ganze Trauben in nach Form und Material ausgeklügelter Zusammenstellung auf, unabhängig vom üblichen Trachtenzubehör.

Hier zeigt sich weit mehr als »Mode« oder »Brauchtum«; das übrige Grabgut, Bestattungsriten und der neue Kunststil deuten auf einen sozialen, ökonomischen und ideologischen Umbruch, der das Weltbild und die bis dahin festen Glaubensvorstellungen ins Wanken brachte.

Die äußere und innere Unsicherheit ließ die Menschen an der Schutzfunktion der überkommenen Götter zweifeln, denn immer drohender empfanden sie die negativen, zerstörerischen Kräfte, vermutlich ihre eigenen dämonisierten Ängste, als Antwort auf anhaltende Kriege, Krankheiten, Naturkatastrophen und letztlich die Sterblichkeit selbst. Der einzelne sah sich gezwungen, das Bannen böser Einflüsse selbst in die Hand zu nehmen, allerdings wohl unter priesterlicher Führung, denn die Gegenstände sind im ganzen eisenzeitlichen Mitteleuropa trotz großer Form- und Stoffvielfalt nur höchst selten individualisiert.

→ Stein, Knochen, → Horn, Geweih, Metalle, Glas und → Bernstein sind die häufigsten Materialien. Bei Hirschhorn, Eisen, Glas und Bernstein galt belegtermaßen bereits der Werkstoff als unheilabwehrend, woraus un- oder nur andeutungsweise geformte, zerbrochene oder absichtlich verformte Stücke ihre Wirkung bezogen.

Steine, am augenfälligsten durchlöcherte, Mineralien in ihrer Kristallform, Muscheln, Versteinerungen wie z. B. Ammoniten, ließen sich als Sexual-, Fruchtbarkeits- oder Lebenserneuerungssymbole lesen. Schneckenhäuser, in denen das Weichtier überwintert, Hirschgeweihe, die sich jährlich erneuern, illustrierten den Glauben an die → Unsterblichkeit der Seele, während die Zähne von → Eber und → Bär für das Kräfteverhältnis standen, das sich im jeweiligen Tier ausdrückt.

Steinzeitliche Waffen und Werkzeuge, den Ahnen oder Göttern zugeschrieben, besaßen starke, positive Kräfte.

Es ist anzunehmen, daß sich die Amulettwirkung steigern ließ, indem magisches Material in eine sorgfältig gewählte, symbolische Form gebracht wurde. Sie durfte so einfach sein wie ein eiserner Ring oder Reifen, oder so komplex wie die bis ins letzte Detail ausgestalteten Menschen- oder Tierfigürchen, nackte Männlein und Weiblein, und vorwiegend → Hirsche, → Eber, → Hunde, Enten (vgl. → Vögel). Bernstein- und Glasperlen, letztere am wirksamsten mit aufgesetzten, andersfarbigen »Augen«, und die unzähligen Schuh-, Körbchen-, Beil-, Ring-, → Rad-, Keulen- und Rähmchenanhänger befinden sich irgendwo dazwischen und erinnern verblüffend an die heute noch gängigen Anhänger für Uhr- und Glücksketten.

Abnutzungsspuren verraten, welche Amulette zu Lebzeiten getragen wurden, am häufigsten fanden sich solche in Gräbern von Kindern und Jugendlichen. Sehr oft wurden sie jedoch erst den Toten mitgegeben, oder sogar speziell für sie angefertigt. Im Normalfall sollten sie den Verstorbenen auf der Reise in die → Anderswelt schützen und ihm den Übergang in ein neues Leben erleichtern.

Amulette in Form von Bronzeanhängern: Menschenpaar (Stuttgart-Uhlbach); Rind und Hirsch (Stuttgart-Uhlbach); Schuhe (Unterlunkhofen, Kanton Aargau).

Außer der Norm, bei gewaltsamem oder unzeitlichem Tod, bei Ermordeten, Verunfallten, Seuchenopfern, bei Kindern, Wöchnerinnen oder kinderlos Verstorbenen, richtete sich die Wirkung der Amulette auf die Hinterbliebenen: sie bannten den »gefährlichen Toten« ins Grab und hinderten ihn so am Umgehen.

Der häufige und weitverbreitete Gebrauch von Amuletten zeigt an, daß die Festlandkelten um 500 v. Chr. glaubten, die geistige Welt, und damit ihr Schicksal, im Leben und im Tod, durch eine Form des → Zaubers beeinflussen zu können. Andererseits verrät er auch die Furcht vor negativen Einflüssen und dämonisierten Toten, die der Sorgfalt nach zu schließen, mit der man sie sich vom Leibe zu halten suchte, das Denken und Trachten der Menschen regelrecht beherrschten.

Anderswelt
Abweichend von den anderen Indoeuropäern dachten sich die Inselkelten (über die festländischen ist kaum etwas bekannt) ihre Anderswelt, das Reich der Abgeschiedenen, nicht von der realen Welt getrennt, nicht als abgesonderte Sphäre unter der Erde oder in himmlischen Gefilden, sondern im Hier und Jetzt. In den Sagen ist sie überall und nirgendwo: Die Menschen leben mitten in ihr, auch wenn sie sie normalerweise mit ihren sterblichen Augen nicht wahrnehmen. Genauso sind die Toten den Lebenden sehr nahe, auch wenn sie sich gewöhnlich nicht mit deren Angelegenheiten befassen. Einmal im Jahr, zu → *Samhain*, fallen die Konventionen, und die beiden Welten begegnen sich ungehindert. Individuen gelingt der Wechsel von der einen zur andern jederzeit, denn Sterbliche können sich in Unsterbliche verlieben und umgekehrt: → Oisín z. B. wird von → Niam »mit dem Goldhaar« in die Anderswelt geholt, → Cúchulainn von → Fand, → Conle von der schönen Unbekannten. Überhaupt statten alle großen → Helden wie → Pwyll, → Fionn, Cúchulainn oder König → Artus der Anderswelt einen oder mehrere Besuche ab, und noch der heilige Columcille (vgl. → St. Columcille) wird auf Iona von Andersweltbewohnern aufgesucht.

Höhlen (vgl. → Cruachan), Seen und → Quellen dienen ihr als Eingang, aber öfter genügt ein Wind, ein Nebel, eine Wasserfläche, und schon schlägt die eine in die andere Welt um.

Megalithhügel (vgl. → Bruig na Bóinne), natürliche Erhebungen, vor allem, wenn sie unvermittelt aus der Ebene aufragen (vgl. → *síd*), Inseln, Inselgruppen, vor allem im Westen bei Sonnenuntergang (vgl. → *Tir na nOg*), abgeschiedene Bergtäler, weite Ebenen sind die bevorzugten Stätten von Andersweltgestalten, die seit der Christianisierung ein Dasein als → Feen oder → Elfen führen. Manche Feenpaläste befinden sich unter der

Der Eingang zur Anderswelt: Grabkammer von Bryn Celli Dhu (Anglesey, Wales).

Erde oder der Wasseroberfläche. Die Anderswelt entspricht der realen bis in jede Einzelheit. Auch hier ist die Oberschicht in prächtigen Fürstenhöfen organisiert, wo sie sich die Zeit mit immerwährenden Festen, bei köstlicher Speise und nie versiegendem Trank, bei Musik, Tanz, Dichtung, Liebesgenuß und Jagd, vertreibt. Hier gibt es weder Krankheit noch Kummer, Tränen noch Tod, sondern nie endende Glückseligkeit.

Und doch ist diese Welt des Friedens und der Harmonie zur gleichen Zeit von Ungeheuern, Geistern, Gespenstern und greulichen Hexen bevölkert, einer grausamen, verschlagenen, gewalttätigen, zauberkundigen Horde, und erschallt vom Kriegslärm, da sich die verschiedenen Fürsten in schrecklichen Schlachten gegenseitig zerfleischen.

Widersprüchlichkeit ist das eigentliche Charakteristikum dieser Welt: Eine ganze Reihe von Orten verschiedener Namen bezeichnet sie, aber grundsätzlich gibt es nur die eine, Dutzende von Fürsten und Fürstinnen regieren darinnen, aber letztlich ist ihr alleiniger Herrscher der große → Dagda, der ursprüngliche Sonnen- und Ahnengott, der beim »Festmahl der Anderswelt« den Vorsitz führt. Sie ist nicht zeitlos, aber die Dauer ihrer Zeit richtet sich nicht nach Konvention und Erfahrung. Augenblicke sind Jahre, und was lang anmutet, ist in Wirklichkeit schnell vorbei. Sie ist das Land der Lebenden und der Toten, der Ahnen und der ewigen Jugend, der schönen Frauen und der großen Männer. Sie ist der Born aller Weisheit; hier lernen die → Helden ihre magischen Kunststücke, holen sich die Dichter Inspiration und die → Druiden ihre → Zauber, mit denen sie die reale Welt beschwören. Hier wird auch der wunderbare Schatz gehütet, den Beherzte heben wollen: hier wohnt die absolute Wahrheit.

Hier treten die Gegensätze hervor, halten sich aber gegenseitig in Schach, so daß den Widersprüchen der Boden entzogen wird: Hier bleibt alles in der Schwebe. Wo nichts festgelegt ist, bestehen auch unbegrenzte Möglichkeiten. Nicht umsonst besitzt der Dagda den → Kessel der Fülle und die Keule, die sowohl belebt als auch tötet. Er versteht jedes Handwerk und kennt alle Künste, er ist der Erzeuger, der

Fruchtbarmacher, er läßt die Möglichkeiten Gestalt für die reale Welt annehmen, holt diese jedoch wieder nach einer gewissen Zeit in die Anderswelt zurück, um sie in die Gesamtmöglichkeit zurückzuführen.

Andraste

Dio Cassius (2./3. Jh. n. Chr.) erwähnt, daß Andraste vom britischen Stamm der Iceni (im heutigen Norfolk) verehrt wurde, und beschreibt, wie deren Königin → Boadicea vor der Offensive gegen römische Kolonisten die Göttin um ein Zeichen bat, indem sie einen → Hasen freiließ und aus dessen Lauf auf einen für sie günstigen Ausgang schloß. Den Dank an die Göttin schloß sie mit einem Gebet um Sieg, Errettung und Frieden für ihr Volk, das von den Römern aufs Schlimmste provoziert worden war. Dieser Andraste brachte Boadicea nach dem Sieg in einem heiligen Hain Römerinnen zum → Opfer dar.

Andraste, »die Unbesiegbare«, wird gern als »→ Kriegsgöttin der Iceni« etikettiert, aber manches spricht dafür, daß ihr Machtbereich weit umfassender war. Der Mond- und Fruchtbarkeitscharakter des ihr heiligen Tieres, die Tatsache, daß Frauen, nicht Krieger, geopfert wurden, die bizarre Tötungsart – eine Parodie auf die römische Weiblichkeit, oder ein Fluch, ein → Zauber, der die weiblichen Funktionen der Feindinnen lahmlegen sollten – weisen darauf hin, daß Andraste die keltische Muttergöttin repräsentiert, in ihrem Aspekt als Verteidigerin, Schützerin und Rächerin von Stamm und Territorium.

Annwn

Versuchsweise als »Nicht-Welt« wiedergegeben, bezeichnet Annwn die → Anderswelt der Waliser. Die Geschichte von → Pwyll, dem Herrscher von Dyfed aus dem → *Mabinogion*, schildert, wie dieser unweit seines Sitzes Arberth (heute Narberth, Gr. Dyfed) im bewaldeten Tal von Glynn Cuch auf der Jagd seine Leute aus den Augen verliert und plötzlich → Arawn, dem Herrn von Annwn, gegenübersteht. Der Fürst der Anderswelt und der Fürst der realen Welt verbinden sich in Freundschaft miteinander: Pwyll erweist Arawn einen großen Dienst, indem er sich bereit erklärt, auf ein Jahr und einen Tag Aussehen, Fürstensitz und Gattin mit diesem zu tauschen. Pwyll verbringt seine Tage nach Art der Andersweltbewohner mit »Essen und Trinken, Singen und Gelage«, in angenehmen Gesprächen oder auf der Jagd, bis es zum grimmigen, aber siegreichen Zweikampf mit Arawns Erzfeind kommt, wobei ihm dessen Territorium zufällt. Bis zum Ablauf der Zeit regiert er beide Andersweltländer zusammen so erfolgreich, daß ihm der Ehrentitel »Oberhaupt von Annwn« verliehen wird.

Charakteristischerweise ist die Geographie von Annwn im altwalisischen Gedicht *Preidu Annwfn (Die Beraubung der Anderswelt)* ganz verschieden. → Artus und seine Getreuen müssen eine Meerfahrt unternehmen, bis sie die Unterwasserfestung Caer Siddi (vgl. → *síd*) erreichen. Das Ziel ihrer verhängnisvollen Expedition – nur sieben Mann kommen von drei Schiffen lebend zurück – ist der Raub des magischen → Kessels der Fülle, der das Herzstück der Anderswelt ausmacht.

Aoibheal

Das Christentum verwies die mütterliche Schutzgöttin der Stämme von Nord-Munster, Aoibheal, auf den Platz der → Feenkönigin dieser Region. Craig Liath (Craglea), der »Graue Fels«, gilt als ihr → *síd*, ein ca. 310 m hoher Hügel, ca. 5,5 km nordwestlich von Killaloe (Gr. Clare) mit herrlicher Aussicht über die Wasser von Lough Derg. Auf dem Kirchhügel von Killaloe soll die berühmte Festung Kincora der O'Brien gestanden haben. Aoibheal begleitet diese Familie denn auch bis auf den heutigen Tag als → *banshee*. Der Sage nach zog sie 1014 jedoch mehr als → Morrígan/→ Badh mit dem Hochkönig Brian Ború in die Entscheidungsschlacht von Clontarf (Dublin), nicht ohne ihm den Sieg über die Wikinger auf Kosten seines eigenen Lebens vorauszusagen (vgl. → Cliodna).

Apfelbaum → **Baum**

»Apollo«

Die → *Interpretatio Romana*, die die Götter Galliens ihrer Beliebtheit nach aufzählt, nennt den gallischen »Apollo« gleich nach dem Hauptgott → »Merkur«. Caesar ordnet Apollo »das Vertreiben von Krankheiten« zu, entzieht sich aber weiteren Beschreibungen durch die vage Bemerkung, von diesem, von Mars, Jupiter und Minerva hätten die Kelten »etwa die gleiche Vorstellung wie andere Völker«. Dabei gilt dieser ursprünglich vorderasiatische Gott als der komplexeste der Olympier. In der *Ilias* erlegt er seine Feinde mit Pestpfeilen, bei den Etruskern galt er als düsterer Seuchengott. Durch das aus der indischen Mythologie bekannte Umkehrungsprinzip – »Wer verwundet, muß auch heilen«, noch heute der Grundsatz der Chirurgen – wurde er zum Heiler und Lichtträger. Caesars Zeitgenossen beließen es beim Heiler und teilten die Licht- und Sonnenkomponente noch nicht, während die keltische Welt – der Apollokult war natürlich weit über Gallien hinaus verbreitet – Wert darauf legte.

Das um 300 v. Chr. von Hecataeus von Abdera verfaßte Buch über die Hyperboräer existiert noch als Zusammenfassung bei Diodorus Siculus. Danach befand sich in deren Heimat, einer Gallien gegenüberliegenden Insel mit angenehm temperiertem Klima, ein prächtiger, runder Apollotempel sowie eine Stadt, deren Bewohner berühmt für ihr Leierspiel waren. Es kann sich dabei nur um die Britischen Inseln oder Irland handeln, und schon früh ist → Stonehenge mit dem Sonnentempel identifiziert worden.

Im Keltengebiet sind es einheimische Götter, die mit der Erneuerung der Lebenskräfte, mit Licht, Wärme, Sonne (vgl. → Gestirne) zu tun haben, die unter dem Deckmantel des klassischen Apollo, dem Licht- und Heilergott, dem Gott der Klarheit, der → Wahrsagerei und der Künste (des Leierspiels), dem treffsicheren Schützen und Führer der Jugend, Platz finden.

Sie überleben oft in den Beinamen des keltischen »Apollo« und identifizieren ihn als solchen, auch wenn die plastische Darstellung gänzlich klassischen Vorstellungen angepaßt ist. Seine Heiligtümer befinden sich mit Vorliebe an warmen und kalten Heilquellen. Das dahinterliegende Konzept muß sich im allgemein indoeuropäischen Rahmen bewegt haben: Der keltische Gott des Lichtes, der Sonnengott, ist zugleich Herr der → Anderswelt, aus der sich das Leben ewig erneuert. → Gewässer, vor allem → Quellen, sind eine Gabe dieser Welt, die das potentielle Leben in die reale Welt hinaustragen, denn ihnen wohnt der lebensspendende (Sonnen-)Funke inne, was an den brodelnden, »kochenden«, Thermalquellen besonders schön zur Geltung kommt (vgl. → Muttergöttinnen, → Elemente). Sowohl der irische → Dian Cécht, der → Dagda und der walisische → Brân heilen in diesem Sinne, indem sie die Toten durch »Aufkochen« zum Leben erwecken! Die meisten Beinamen nehmen in einer Weise auf diesen Ideenkomplex Bezug: »Apollo Alepomaros«, »der große Reiter«, dürfte auf den Sonnengott anspielen, desgleichen »Amarcolitanus«, »der Gott mit dem weiten Blick«, die beide von gallischen Weiheinschriften stammen.

»Anextiomarus«, »der große Schütze«, mit den Anklängen an Apollos früheste Funktion, kommt aus Nordengland und rückt den Heiler-Schützen jedoch auch in die Nähe der Jagdgottheiten → »Diana« und → »Silvanus«, wobei wohl das Bild eine Rolle spielte, daß der Gott die Krankheit »vertreibt«, »zur Strecke bringt«.

→ »Belenus«, an den die Stadt Beaune im französischen Rhônetal erinnert, hängt, passend für einen sonnenhaften Gott, mit »hell, glänzend« zusammen; die Silbe »Bel« findet sich im irischen → *Beltene* und walisischen → Beli wieder. Der Dichter Ausonius (Ende des 4. Jhs. v. Chr.) beschreibt Apolloheiligtümer in Aquitanien und erwähnt einen Priester, Phoebicius, namentlich, aber der Schwerpunkt der Verehrung lag in Südfrankreich, Norditalien und in den Ostalpen.

→ »Bormo«, »Bormanus«, »Borvo« ist verwandt mit dem lat. »fervere« und dem ir. »berbaim«. Beides bedeutet »kochen«, was sich auf das Sieden und Aufwallen der Thermalquellen, die aus der Erde sprudeln, bezieht. Bourbonne-les-Bains, Bormio, Bormanicus sind nur einige Ortsnamen in Frankreich, Norditalien, Spanien, die mit Hilfe des Gottesnamen gebildet wurden.

Der britische »Cunomaglus«, »Fürst der Hunde«, von West Kington (Gr. Wiltshire), knüpft über den → »Hund« sowohl an die Jagd als auch an die Anderswelt an. Ca. 1,5 km davon entfernt wurde der Tempelbezirk von Nettleton Shrub ausgegraben, der unter dem Schutz von »Apollo«, »Diana« und »Silvanus« stand. In der langen, viereckigen

Halle dürften sich die Pilger-Kurgäste zum heilsamen Tempelschlaf niedergelegt haben.

Von Schottland bis Rom und von Holland bis Ungarn sind Weiheinschriften an »Apollo Grannus« belegt. Er gehört zu den Göttern, die die Römer sozusagen rückimportierten, denn, wie Dio Cassius berichtet, rief ihn Kaiser Caracalla zusammen mit Asklepios und Serapis an. Die Frage, ob sich dessen Epithet vom irischen Wort für »Sonne«, »grian«, oder der indogermanischen Wurzel für »heiß, warm« herleitet, hat unter Keltologen zu einigen Diskussionen geführt. So wird er, je nach Anschauung, als »der Glänzende« oder »Herr des warmen Wassers« wiedergegeben. Vom mythologischen Konzept her kommt es auf dasselbe heraus. Bei beiden Ableitungen ist die Sonnenkraft mit dem Wasser verbunden. Zu den wichtigsten Kultorten »Apollos« gehört das heutige Aachen, dessen heiße »Aquae Granni«, die Basis des Namens, noch immer aus der Erde sprudeln und in die Kurzentren münden. Granheim in Württemberg sowie verschiedene Orte namens »Grand« in Frankreich gehen auf diesen Heilergott zurück.

»Apollo Livicus«, bekannt aus Bonn, bringt durch das ir. »lé«, »Farbe«, einen weiteren Aspekt des Sonnenlichtes mit hinein. Ein Anknüpfen an die Verbindung Licht–Wasser–Regenbogen ist denkbar, so daß der Beiname vielleicht als »Schillernder« wiedergegeben werden darf.

Nordengland lieferte fünf Weiheinschriften an den »Apollo → Maponus«, »den großen Sohn«, einen jugendlichen Gott, der auch hin und wieder auf dem Festland auftaucht und vermutlich dem »bonus puer phosphorus Apollo«, »dem tüchtigen Jüngling, Lichtträger Apollo« aus Dazien (dem heutigen Rumänien) entsprach. »Apollo Maponus« in Britannien erbte den walisischen Mythos vom »Sohn der großen Mutter, → Mabon ap → Modron, der bruchstückweise noch in der Geschichte von → Kulhwch und → Olwen enthalten ist. Der gefangene Mabon muß von König → Artus und seiner Schar befreit werden, damit er sich mit dem → Hund, Drudwyn, an der Jagd auf den magischen → Eber, → Twrch Trwyth, beteiligen kann. Damit hätten wir noch ein Beispiel für die bereits festgestellte, spezifisch britische Verbindung von Jagen und Heilen. Einige Inschriften und Darstellungen weisen jedoch darauf hin, daß dieser Maponus zusätzlich sowohl mit dem Harfenspiel als auch mit der Dichtung im Zusammenhang stand.

Ein »Apollo Moritasgus«, »Seewassermasse« (vgl. → Gewässer), herrschte zusammen mit einer Göttin → Damona über die Quell- und Tempelanlage von → Alesia, einem der wichtigsten gallischen Oppida mit großem Pilger- und Kurbetrieb (vgl. → Votivgaben).

»Toutiorix« von Wiesbaden, »Oberster Stammesgott«, kam möglicherweise nicht direkt als Heiler, sondern als Gesunderhalter des Stammes an die Spitze der Hierarchie.

Der »Apollo Virotutis«, »Wohltäter der Menschheit«, aus Savoyen geht wohl in dieselbe Richtung.

In vielen Fällen wurde dem Gott eine einheimische Göttin, die Verkörperung des Territoriums im weitesten Sinne, zur Seite gestellt, die erst die Entfaltung seiner Kräfte verbürgte (vgl. → Muttergöttinnen), eine Damona, Bormana (vgl. → Bormo), oder, wie bei der großen Tempelanlage von Hochscheid bei Trier, eine → Sirona. Verschiedene, an »Deo Apollini et Sanctae Sironae« adressierte Weihesteine sowie zwei fast lebensgroße Statuen des Gottes und der Göttin wurden unter anderem dort gefunden. Sie sind, zusammen mit einem Modell der zugeschütteten Anlage, im Rheinischen Landesmuseum Trier zu sehen.

Arawn

Durch beharrliche, höfliche, Fragen erreicht → Pwyll, der König von Dyfed, daß sich ihm der aus dem Nichts aufgetauchte, graugewandete Jäger auf dem grauen → Pferd mit »Arawn, König von → Annwn« vorstellt (vgl. → *Mabinogion*). Der Umstand, daß der erste Streich des Herrn von Annwn tötet, weitere wieder lebendig machen, und die Erwähnung der → Schweine in der Geschichte von → Math, dem Sohn von Mathonwy, verraten seine ursprüngliche Funktion als Herr der walisischen → Anderswelt.

Immerhin kennzeichnen ihn noch die graue Farbe, das umfassende Wissen – der Zusammenstoß mit Pwyll über den toten → Hirschen ist offensichtlich das Ergebnis seiner sorgfältigen Regie – und seine Zauberkräfte als übernatürliches Wesen.

Die christlichen Redakteure taten ihr Bestes, ihn als ebenso vollkommenen Ritter wie Pwyll darzustellen. Beider Betragen gipfelt in einjähriger sexueller Abstinenz um der gegenseitigen Ehre willen, ein Verhalten, das etwa demjenigen eines → Dagda genau entgegenläuft.

Arduinna

Auch wenn die hübsche Bronze aus den Ardennen die Arduinna auf dem Wildschwein reitend darstellt, darf sie deswegen noch lange nicht zur »Göttin des Wildschweins« vereinfacht werden (vgl. → Schwein).

Arduinna, auf einem Wildschwein reitend (Zeichnung nach einem Bronzefigürchen aus den Ardennen).

Bedeutungsvoll ist, daß die Arduinna den Ardennen den Namen gab, d. h. daß sie als Verkörperung jenes stark bewaldeten Gebirgszuges im heutigen Belgien und Luxemburg galt. Damit war sie für alles, was dort wuchs und gedieh, verantwortlich, einschließlich der Wildschweine (vgl. → Muttergöttinnen).

An erster Stelle stand wohl schon die Erhaltung des Wildes, seiner Gesundheit und Fruchtbarkeit, doch war dies unmöglich ohne den passenden Lebensraum, ausreichend → Gewässer und Nahrung für die Tiere. Konsequenterweise darf man sich vorstellen, daß Arduinna ganz konkret, z. B. für die → Quellen, das Wachsen der Waldweide, das Heranreifen von Eicheln und sonstigen Waldfrüchten zuständig war, das Gleichgewicht zwischen männlichen und weiblichen Tieren herstellte, dafür sorgte, daß keine Art auf Kosten der andern überhandnahm, Seuchen und Schädlinge abwehrte und vor Waldbrand und sonstigen Katastrophen schützte.

Vom Menschen, in der Eigenschaft des Jägers oder des Siedlers, verlangte sie sowohl Ehrfurcht als auch Dankbarkeit (vgl. → Votivgaben).

Verhielt er sich richtig, ernährte sie ihn mit, indem sie ihm Fleisch, Nüsse, Früchte, Beeren, Wildgemüse und (Heil-)Kräuter zukommen ließ. Ebenso gab sie ihm Material zum Hausbau, für Kleider und Geräte an die Hand und versorgte ihn mit Feuer (vgl. → Elemente) und Wärme. Verletzte er ihre Gebote, entzog sie ihm die Fürsorge – an sich Strafe genug – oder rächte sich, indem sie die Kräfte des Waldes gegen ihn wendete, ihn den wilden Tieren auslieferte oder ihm einen Unfall zustoßen ließ.

In gallorömischer Zeit lebten Göttinnen solch waldreicher Gebiete wie die Arduinna oder die → Abnoba unter dem Namen der klassischen Diana weiter (vgl. → »Diana«).

Arianrod

Der Tochter von → Dôn und → Beli Mawr, Arianrod, ist die christliche Überarbeitung des → *Mabinogion* schlecht bekommen: In der Geschichte von → Math, dem Sohn des Mathonwy, bleibt sie als widersprüchliche Gestalt, ohne echte Motivation, zurück. Auf Vorschlag ihres Bruders → Gwydion soll sie das Amt einer »Fußhalterin« bei ihrem Onkel Math übernehmen, ein Posten, den nur eine Jungfrau besetzen darf. Prompt besteht sie die Eignungsprüfung nicht: beim Übersteigen von Maths Zauberstab läßt sie einen kräftigen Jungen fallen, den Math auf den Namen → Dylan taufen läßt. Beim ersten Schrei des Kindes findet Arianrod zur Tür hinaus, nicht ohne noch ein zweites Päckchen zu verlieren, das Gwydion in ein Seidentuch hüllt und in einem Kästchen verschließt, noch bevor einer der Anwesenden einen Blick darauf werfen kann. Es entpuppt sich als ein zweiter Junge, den Gwydion aufziehen läßt und der sich außerordentlich schnell entwickelt. Er fühlt eine große Zuneigung zu seinem Onkel, und als der Junge etwa vier Jahre alt ist, aber wie ein achtjähriger aussieht, besuchen sie die Mutter in ihrer Festung, Caer Arianrod, in der Meeresenge von Menai (NW-Wales).

Arianrod wird sehr zornig über den lebenden Beweis ihrer nicht mehr intakten Jungfräulichkeit und der damit verbundenen Schande. Wenigstens symbolisch möchte sie dem Jungen die Existenz absprechen, indem sie ihm Namen, Waffen und eine Frau »aus dem Geschlecht derer, die zur Zeit die Erde bewohnen« verweigert. Durch List und → Zauber bringt Gwydion sie jedoch dazu, daß sie selbst den Namen → Lleu »Geschickthand« (vgl. → Lug) über ihn ausspricht und ihm eigenhändig Waffen und Rüstung anlegt. Gwydions und Maths vereinte Magie verschaffen Lleu die Blumenfrau → Blodeuedd.

Unzweifelhaft war Arianrod als Tochter der Dôn ursprünglich eine Göttin; ihre Funktion läßt sich allerdings aus den Bruchstücken nicht ohne weiteres erschließen.

Die *Triaden* (vgl. → drei) kennen sie als eine der drei »Weißen oder Segensreichen Frauen der Britischen Inseln«, was sie in die Nähe der dreifachen → Muttergöttin rücken ließe. Andererseits dürfte ihr Name »Arianrod« = »Silberrad« auf einen Himmelskörper anspielen. Britische Keltologen reihen sie unter die Göttinnen der Morgendämmerung oder der frühen Morgensonne ein, die die Tagessonne aus sich heraussetzen. Dabei wird aber Dylan, der erste Junge, übersehen. Dieser ist durch das → Element des Wassers mit der → Anderswelt verbunden und könnte daher sehr wohl die Rolle der Dämmerungen übernehmen. Lleu, der so schnell wächst, wird allgemein als Sonnengott oder -held interpretiert. So müßte Arianrod zwei Schritte hinter den Sonnenaufgang zurücktreten, wobei sie sich unter den Nachtgestirnen wiederfände. Ein Hinweis in diese Richtung wäre, daß das Sternbild der nördlichen Krone bei den Inselkelten als ihr Schloß gegolten haben soll. Sie selbst könnte den Platz des Mondes eingenommen haben. Das würde nicht nur der Name »Silberrad« unterstützen; das hartnäckige Beharren auf Jungfräulichkeit erhielte dadurch einen Sinn, stimmt es doch mit der, aus anderen indoeuropäischen Mythen bekannten, Keuschheit der Mondgöttin überein.

Art

Der Sohn des → Conn und König von → Tara gibt nur ein kurzes Gastspiel im → *Historischen Zyklus:* In der *Schlacht von Mag Mucrama* kämpft er auf der Seite seines Neffen, Eogan, Sohn des → Ailill Aulom, gegen dessen Ziehbruder, Lugaid Mac Con, der das Hochkönigtum von Tara usurpieren wird. Wohl wissend, daß sie auf verlorenem Posten stehen, zeugen beide in der Nacht vor der Schlacht einen Sohn, Eogan mit der Tochter eines → Druiden, Art mit der Tochter eines → Schmiedes, die den berühmten Hochkönig, → Cormac, zur Welt bringt. In dieser stark euhemerisierten Erzählung nehmen die beiden Sterblichen die Plätze von → Muttergöttinnen ein (vgl. → Clothru).

Das → *Echtrae Airt Meic Cuinn (Abenteuer von Art, Sohn des Conn)* gehört zu jenen, die die → Oberhoheit und → rechtmäßige Herrschaft Irlands aus der → Anderswelt herleiten (vgl. → Conn, → Cormac). Die treibende Kraft für Arts Fahrt in die Anderswelt ist → Bécuma. Anfänglich in ihn verliebt, heiratet sie den Vater, sorgt dafür, daß der Stiefsohn von Tara verbannt wird, betrügt ihn schließlich mit Hilfe ihrer Freunde aus dem → *síd* beim Brettspiel, so daß er verliert und sie ihm unter → *geis* befehlen kann, Delbchaem, »schöne Form«, die Tochter Morgans, aus der Anderswelt herzubringen.

Der damals noch junge Prinz läßt sich von seinem Boot von einer wunderbaren Insel voll prächtiger → Bäume, bunter → Vögel und lieblicher Frauen zur andern tragen. Diese nehmen ihn liebevoll auf, weisen ihm den Weg und klären ihn über die ihm lauernden Gefahren auf. Nach dem dunklen Ozean, dem undurchdringlichen Wald, dem Abgrund voller Ungeheuer, dem schwindelerregenden Bergpfad erwarten ihn sieben Hexen mit einem Bad aus geschmolzenem Blei. Er muß an dem mit keiner Waffe zu schlagenden Sohn Morgans »mit den schwarzen Zähnen« vorbei, sowie an den Zwillingsschwestern, von denen die rechte (vgl. → rechts) ihm einen Becher Wein, die linke (vgl. → links) einen Becher Gift anbietet, bevor er die hohe Bronzemauer der Festung erreicht, in der Mutter Coinchend Cenfada ihre Tochter Delbchaem gefangenhält, da sie nach der Weissagung der Druiden sterben muß, wenn diese heiratet (vgl. → Ysbaddaden). Ringsum auf der Mauer stecken die Köpfe (vgl. → Kopfkult) der Freier, die sich ihr zu nähern wagten – ein einziger Platz ist noch frei . . .

Aber dank Arts Mut, Stärke und Wissen steckt am Ende nicht der seine, sondern Coinchends Kopf auf der Stange, und er gewinnt Delbchaem, wie → Kulwhch seine → Olwen.

Delbchaem ist in jeder Beziehung das Gegenteil der verlogenen, lüsternen, ungerechten Bécuma, und in ihrer Wahrheit, Weisheit und Großzügigkeit bringt sie die → rechtmäßige Herrschaft nach Tara zurück.

Die Göttin Artio mit dem Bären (Bronzegruppe aus Muri bei Bern, Bernisches Historisches Museum).

Artio

Es ist kein Zufall, daß Stadt und Kanton Bern einen → Bären im Wappen führen und das Wappentier im städtischen »Bärengraben« sogar live zu besichtigen ist, denn seit der Steinzeit sind Spuren des Bärenkultes in der Schweiz belegt. Die keltischen Helvetier müssen ihn in einer ihnen gemäßen Form weitergeführt haben, denn 1832 kam in Muri bei Bern die inzwischen berühmt gewordene Weihegabe der Licinia Sabinilla an die Göttin Artio zu Tage (heute im Besitz des Historischen Museums, Bern). Es handelt sich um eine Figurengruppe, die im 2. Jh. v. Chr. entstanden sein dürfte. Soweit erkennbar, ist es eine mächtige Bärin, die auf dem Sockel mit der Weihinschrift DEAE ARTIONI LICINIA SABINILLA auf eine sitzende Frauengestalt zustrebt. Es sieht so aus, als habe diese eben dem zottigen Vierbeiner aus der in der Rechten gehaltenen Schale von den in ihrem Schoß liegenden Früchten verfüttert; etwas Apfelartiges steckt in der halboffenen Schnauze, aus der die Zunge etwas heraushängt, nicht anders als beim heutigen Wappentier. Der von Früchten und Ähren überquellende Korb auf dem kleinen Altar bestätigt die Sitzende als Göttin der Fülle, als → Muttergöttin. Ein stilisierter, an Blättern und Früchten als Eiche erkennbarer Baum (vgl. → Bäume) beschließt diese mythologische, heute nicht mehr ohne weiteres lesbare Szene.

Obwohl das Tier (gr. »arktos«, ir. »art«) für sich selber spricht, sind im Laufe der Zeit alle möglichen Etymologien, u. a. walisisch »âr« = »Acker«, »art« = »Stein« bemüht worden, um den Namen »Artio« zu erklären. Heutzutage klassifiziert sie die Mehrzahl der Keltologen als »Bärengöttin«, d. h. als eine Göttin, die sowohl das Tier vor dem Jäger als auch den Jäger vor dem Tier schützt. Damit wird übergangen, daß schließlich eine Frau, nicht ein Jäger, diese Gruppe gestiftet hat. Die Funktion der Artio muß also bedeutend weitergreifend gewesen sein.

Seit der grundlegenden Arbeit von J. J. Bachofen, *Der Bär in den Religionen des Alterthums* (1863), sollte eigentlich die antike Einschätzung der Bärin als vollkommenste Tiermutter nicht unbekannt sein: Sie wurde geradezu zum Symbol für Mutterliebe.

Tier und Göttin sind einander zugetan, wie die Rekonstruktion der Gruppe überzeugend zeigt, denn das Zurückweichen der Sitzenden vor dem Raubtier ist nicht beabsichtigt, sondern auf das Verbiegen der Bronze zurückzuführen. Sie ergänzen sich: Beide versinnbildlichen Mütterlichkeit, einmal mehr vom Aspekt des Hervorbringens der neuen Generation, seien es Pflanzen, Früchte, Tier- oder Menschenkinder, einmal mehr von demjenigen des Nährens, Pflegens und Umsorgens her.

Artio ist sowohl die Göttin der unbestellten, bewaldeten Erde und deren menschlichen und tierischen Bewohner als auch aller gebärfähigen Frauen. Einerseits kam sie den Bedürfnissen des Jägers und Waldbewohners nach Nahrung und Schutz entgegen – unzweifelhaft war jener »Biber« ein solcher, der den Namen »Artio« verehrungshalber tief in die Felswand in einer Schlucht im Ferschweiler Plateau an der luxemburgischen Grenze meißelte – andererseits half sie den werdenden und stillenden Müttern, und schützte die Säuglinge und Kleinkinder (vgl. → »Diana«).

Überzeugt vom männlichen Geschlecht des Bären in der Muri-Gruppe, kommt der

Schweizer Ethnograph Christinger zwangsläufig zu einer andern Interpretation. Er sieht in dem beeindruckenden Tier den durch die Eiche angekündigten keltischen »Jupiter«, der die unbebaute Erde aufsucht, um mit ihr eine → Heilige Hochzeit zu vollziehen, die das Leben der wilden Tiere und großen Wälder sicherstellt. Christinger untermauert seine These mit dem Hinweis auf einen Volksbrauch von Arles-sur-Tech in den Pyrenäen, wo seit undenklicher Zeit am 2. Februar die Hochzeit des »Bären«, eines verkleideten Dorfburschen, mit der »Rosetta«, einer Frauenfigur, gefeiert wird.

Tischplatte der »Tafelrunde« (13. Jh.), 1522 neu gestaltet mit dem Porträt Heinrichs VIII. als König Artus (Great Hall, Winchester).

Artus von Britannien

Es ist ein erstaunliches Phänomen: Artus von Britannien, der bei Nennius erwähnte einfache »dux bellorum« (Heerführer), der im frühen 6. Jh. n. Chr. den Eroberungsmarsch der Sachsen auf ein paar Jahrzehnte hinaus aufhielt, wird zum Mittelpunkt des großartigsten festländischen Sagenkreises, zum Vorbild des europäischen Fürsten schlechthin. Bis in unsere Zeit steht der Artusstoff auf der Bestsellerliste, und Künstler aller Sparten lassen sich davon inspirieren.

Niemand mehr sieht heute in Geoffrey of Monmouth (12. Jh.), dessen *Historia Regnum Britanniae (Geschichte der britischen Könige)* den französischen und, indirekt, auch den deutschen Dichtern des Mittelalters als Vorlage diente, den Erfinder »König Artus von Britannien«. Jahrhundertelang vor der Niederschrift gehörte Artus ins mündliche Repertoire der Dichter und Sänger im keltischen Raum.

Die historisch undeutliche Gestalt zog mythologische Strukturen, einschließlich der christlichen, magnetisch an.

Der Prozeß beginnt, noch ehe Artus das Licht der Welt erblickt. Seine schöne Mutter → Ygerne, die Gemahlin des Herzogs von Cornwall, kommt nur durch → Merlins → Zauber zu diesem berühmten Sohn von Uther Pendragon, auf ähnliche Weise überlistet wie Alkmene oder Fiachna Finns Gattin.

Wie unzählige → Helden und Halbgötter vor ihm wird das Kind aus Furcht vor Gegnern unerkannt, weitab vom stiefväterlichen Hof, aufgezogen. Einem → Cúchulainn gleich, begeht er als Halbwüchsiger eine Heldentat, indem er als einziger das Schwert aus dem → Stein zu ziehen vermag, was ihn als rechtmäßigen König legitimiert. Die übernatürliche Waffe, → Exacalibur, verdankt er letztlich der → »Dame vom See« (vgl. → Gewässer), an die er sie vor seinem Tode wieder zurückgeben muß.

In seinen besten Jahren heiratet er mit der jungen Ginevra (vgl. → Gwenhwyfar) zwar die schönste Frau aus dem Adel, aber sie ist ihm untreu oder wird von einem Nebenbuhler entführt, wie → Gráinne von → Diarmaid, oder → Deirdre von → Naoise.

Dessen ungeachtet regiert er erfolgreich inmitten eines prächtigen Hofes nach Vorbild der Fürstenhöfe der → Anderswelt, umgeben von den tüchtigsten Rittern, im Stile eines → Fionn mac Cumhail. Artus' Tafelrunde ist u. a. als Symbol des Tierkreises ausgelegt worden.

In der walisischen Überlieferung wirkt Artus als Retter des → Mabon ap Modron und führt die Jagd auf → Twrch Trwyth an. Er stattet → Annwn einen Besuch ab, um den → Kessel der Fülle zu rauben. Kein Wunder, daß er auf dieser Grundlage zur treibenden Kraft für die Suche nach dem → Gral werden konnte.

Schließlich wird er aus den eigenen Reihen verraten: Zwar tötet Artus den aus Inzest mit seiner Schwester → Morgane hervorgegangenen Sohn und Neffen Mordred, der ihm nach Thron und Leben trachtet, wird aber in der Schlacht von Camlan selbst tödlich verwundet. → Drei vornehme Damen oder Feen, unter ihnen seine Schwester Morgane, bringen ihn übers Meer zur Andersweltinsel → Avalon, von wo er eines Tages geheilt wiederkehren wird.

Volkstümlichere Varianten bestehen darauf, daß er, inmitten seiner Ritter, in England, Schottland oder Wales, in einer Höhle schläft, bis ihn Britannien ruft. In diesem Rahmen gilt er auch als Riesentöter – zuweilen sogar als Riese selbst, der auf einer Bergspitze sitzt oder Steinchen von der Größe eines Felsbrockens aus seinem Schuh in die Landschaft schleudert.

Avalon
Nach Geoffrey of Monmouth ist Avalon die Insel, auf die → Morgane den tödlich verwundeten → Artus zur Heilung bringt, identisch mit der walisischen »Ynys Avallach«, der »Apfelinsel« und der »Insula Pomorum« aus Geoffreys *Vita Merlini*. Hier herrschen paradiesisch-schlaraffenlandähnliche Zustände: Unter der Obhut von Morgane, der Fee, und ihren → neun Schwestern werden die Menschen bei voller Gesundheit über hundert Jahre alt. Die Insel liegt gegen Sonnenuntergang, im Westen: Avalon ist eine der vielen Inseln der keltischen → Anderswelt.

Während sie kein Dichter geographisch festmacht, ankern sie die Mönche der Abtei Glastonbury eindeutig auf britischer Scholle. 1191 entdeckten sie auf ihrem Friedhof einen Baumsarg mit einem weiblichen und einem männlichen Skelett, in dessen Deckel sich ein Kreuz mit der Aufschrift befand: »Hier liegt der berühmte König Artus mit seiner zweiten Frau Ginevra auf der Insel Avalon begraben.«

Die Gleichsetzung von Glastonbury (Gr. Somerset) mit Avalon kommt nicht von ungefähr. Die drei Hügel südlich und südwestlich vom Stadtkern, Tor, Chalice Hill und Wearyall Hill, formten tatsächlich eine Insel inmitten einer ausgedehnten See- und Sumpflandschaft. Noch heute steigen die berühmt gewordenen »Nebel von Avalon« aus dem feuchten Gebiet auf und geben dem ganzen Land etwas Unwirkliches.

Avalon: Turm der St. Michaelskirche auf dem Glastonbury Tor.

Der am auffallendsten geformte, jäh aufragende Hügel war den Funden nach bereits in der Steinzeit ein Kultzentrum der großen → Muttergöttin. Vermutlich stellte der Hügel selbst ihren Leib dar, der alles Leben entläßt, um es im Tode zurückzuholen. Ähnliches Gedankengut klingt noch bei den Kelten nach, die im Tor den Eingang zur Anderswelt erblickten, über die der Gott → Gwynn ap Nudd (vgl. → Nodens) herrschte.

Spuren einer vorchristlichen Anlage auf dem Gipfel könnten von einem druidischen Kollegium stammen.

Jedenfalls mühten sich die christlichen Mönche mittels einer St. Michaelskirche, das Heidentum zu überwinden. Noch St. Collens Leben aus dem 6. Jh. beschreibt die Konfrontation zwischen dem Heiligen und dem »Feenkönig«, Gwynn ap Nudd, »dem Herrn von → Annwn«, der den frommen Mann in seinen prächtigen Palast bestellt. Er bietet St. Collen Speise und Trank an, was dieser wohlweislich ablehnt. Empört über das rauschende Gelage im Bergesinneren, sprengt der Heilige Weihwasser um sich, worauf die Herrlichkeit unter Donnergepolter verschwindet.

Da, wo der → Kessel der Fülle bereits ein Begriff war, konnte sich das christliche Konzept des → Grals besonders gut ansiedeln: Joseph von Arimathea soll denn auch den Abendmahlskelch hierhergebracht und unter dem Chalice Hill (Kelch-Hügel) vergraben haben. Prompt errichtet er der christianisierten Großen Mutter, der Muttergottes, die erste Kirche Britanniens. Auf dieser Lady Chapel gründete Glastonburys Primatsanspruch über alle Kirchen Englands.

Eine Anekdote aus dem Leben St. Gildas (6. Jh.) faßt noch vor der Entdeckung von Artus Grab die wichtigsten Motive zu Glastonbury-Avalon zusammen. Melwas, der »König von Sommerland«, der euhemerisierte Fürst der Anderswelt, entführt Ginevra, die die Rolle der geraubten → Muttergöttin innehat, in seine Festung auf dem Tor. Artus versucht vergeblich, über das Wasser zu gelangen. Auf Einspruch des Heiligen gibt sie Melwas schließlich an Artus zurück, und die beiden Gegner versöhnen sich in der Marienkirche.

Axt

Seit der Steinzeit boten sich Axt bzw. Beil als Symbole an, in Form ritueller, besonders schön gearbeiteter Gegenstände, oder als Attribute einer Gottheit wie des ursprünglich syrischen Jupiter Dolichenus. Dessen Doppelaxt dürfte die lebensspendenden und lebenszerstörenden Kräfte des → Blitzes versinnbildlicht haben.

Im keltischen Raum wurden Axt oder Beil keinem bestimmten Gott mehr zugeordnet – abgesehen von → Esus, der auf dem Schifferaltar von Paris und dem Altar von Trier als Baumfäller dieses Werkzeug handhabt.

Das Symbol muß sich zur Andeutung grundsätzlich positiver Kräfte geweitet haben. Eine → Rosmerta von Gloucester z. B. stützt sich auf eine langstielige Doppelaxt, was ihre Rolle als Heilerin unterstreicht (vgl. → »Apollo«).

Auf Münzen stehen Axt/Beil für Sonnen- und Lichtkräfte, vor allem, wenn die Darstellung durch → drei Kugeln die Drei betont. Nicht in großen Mengen, aber durchgehend finden sich Axt- und Beilanhänger als → Amulette in keltischen Gräbern. Sie wurden vor allem Kindern und jungverstorbenen Frauen, vermutlich zur allgemeinen Unheilabwehr, auf den Weg in die andere Welt mitgegeben.

Das *tau gallicum*, die Abstraktion der Doppelaxt, galt im mittelalterlichen Frankreich ungebrochen als Abwehrmittel gegen den bösen Blick und gegen Seuchen. Moreau erwähnt, daß die Stadtmauern von Clermont noch in christlicher Zeit das Zeichen zum Schutz der Bürger vor der Pest trugen.

Äxte und Beile im Kleinformat waren beliebte Weihegaben an die Götter: Einige aus britischen Votivhorten sind mit Kreuzen, Sonnen- und Himmelssymbolen versehen; gallo-römische Bronzebeilchen aus dem Tempelbezirk von Allmendingen bei Thun (heute Bernisches Historisches Museum) tragen die Namen von → »Merkur«, → »Neptun« → »Minerva« und den → Muttergöttinnen.

Badh

Eine der → drei Morrígna (Plural von → Morrígan) ist Badh; sie steht in den verschiedensten Sagenfassungen mitunter für die Morrígan, seltener für → Nemain oder → Macha. »Badh Catha«, »Schlachtenrabe«, wird sie genannt wegen der Fähigkeit, sich in einen jener schwarzen → Vögel zu verwandeln, die schauerlich über das Schlachtfeld krächzend sich am Fleisch der Gefallenen gütlich tun. Manchmal ist sie dem Kriegsgott → Nét zugesellt: Ihr Eingreifen in den Kampf ist jedoch rein magischer Art. Ihr markdurchdringender Schrei, ihr Anblick und aktiver → Zauber verbreiten Todesfurcht und schwächen die Kampfkraft der Krieger.

Dies ist besonders wirksam, wenn sie bereits vor der Schlacht den Männern als → »Wäscherin-an-der-Furt« erscheint, die die zerhauenen

Leichen und Rüstungen der zu fallenden Helden im blutigen Wasser wäscht.

Sie kann als verführerische junge Frau auftreten, öfters jedoch als groteske, alte Hexe, als »großmäuliges, schwarzes, flinkes, rußiges Weib, hinkebeinig und auf dem linken Auge schielend«; »schwarzschillernd, wie der Rükken eines Hirschkäfers, war jedes Glied an ihr« *(Togail bruidne Da-Choca [Die Zerstörung der Festhalle Da Chocas])*. In der Parallelsage *Togail bruidne → Da Derga (Die Zerstörung der Festhalle Da Dergas)* stelzt ein langbeiniges, widerliches Weib nach Sonnenuntergang in die Halle, »dem das Schamhaar bis zu den Knien reicht und das den Mund an der Seite des Kopfes hat« (Thurneysen).

Beidesmal kündet sie den Anwesenden den bevorstehenden Untergang an. König → Conaire erkennt in ihr die Seherin und möchte Genaueres über sein Schicksal erfahren (vgl. → Wahrsagerei). »Daß weder Haut noch Fleisch von dir von hier herauskommen wird, außer was die Vögel in ihren Klauen davontragen« (Thurneysen), ist die düstere Antwort.

Nur auf sein Drängen hin gibt sie einen ihrer Namen preis: »Cailb«, um gleich darauf in der magischen Stellung (vgl. → Zauber), »auf einem Fuß, mit einer Hand, in einem Atem«, die Anwesenden mit vierzig weiteren in alliterativen Gruppen, darunter auch »Badh«, zu verwirren. Sie ist also auch eine wortgewaltige Zauberin. Bei der Ehre des Königs erzwingt sie die Aufnahme im → *bruiden*, obwohl es → *geis* ist für Conaire, nach Sonnenuntergang einem einzelnen weiblichen Wesen Obdach zu gewähren. So trägt Badh aktiv zum Tod des Königs bei. Dasselbe widerfährt → Cúchulainn. Einst hatte er die Morrígan beleidigt, indem er ihre Verführungskünste nicht beachtete. In *Aided Conculain (Cúchulainns Tod)* ist es Badh, hier die Tochter des von Cúchulainn erschlagenen Calatín, die den Ulsterhelden in den Tod treibt. In Gestalt seiner Geliebten → Niam, fordert sie ihn auf, den Männern von Connaught im Verband mit ihren sechsundzwanzig zauberkundigen Brüdern und Schwestern ganz allein entgegenzutreten. ... Kurz vor dem Kampf wirft sie mit einem Bratspieß nach ihm, den der Held zwar zurückschickt, wobei er Badh durchbohrt, was

Weihestein mit Inschrift an die Göttin [C]athubodva (Hochsavoyen).

aber keinerlei Eindruck auf das Zauberwesen macht.

Andersherum genügt ein Blutstropfen, der vom Spieß auf Cúchulainns Kopf fällt, um ihm und seinem treuen → Pferd die Hälfte ihrer Kräfte zu rauben.

Als der Held schließlich tot ist, läßt sich Badh in Rabengestalt (vgl. → Vögel) mit drei gräßlichen Schreien auf seiner Schulter nieder.

Daß Badh Catha auf dem europäischen Festland keine Unbekannte war, beweist der beschädigte Weihestein aus Hochsavoyen mit der Aufschrift »[C]athubodva«. Möglicherweise darf der auf Münzen abgebildete reitende Raben- oder Krähenvogel ebenfalls als Badh interpretiert werden.

Bär

Unzweifelhaft pflegten die Kelten den prähistorischen Bärenkult Europas in ihnen angemessener Weise weiter, und es gibt zumindest Anhaltspusnkte für die ihm zugrundeliegenden Wertvorstellungen.

Am augenfälligsten verkörpert das Tier physische Stärke, und es ist kaum zufällig, daß es bis in die irischen Heiligenlegenden hinein in dieser Eigenschaft eine Rolle spielt. So stellt z. B. ein braver Braunpelz seine Kräfte St.

Bärenamulett aus Jet (Bootle, Gr. Lancashire).

Gallus zur Verfügung und schleppt ihm zum Kirchenbau Holzstämme herbei.

Als Winterschläfer, der im Frühjahr wiedererwacht, gibt der Bär ein Bild für die Endlichkeit des Todes bzw. die → Unsterblichkeit der Seele ab. Der Bewohner dunkler Höhlen konnte als Herrscher der → Anderswelt gelten, analog dem Ahnen der Sippe oder eines Stammes, der im Grabhügel ruht. Ir. »Art« oder »Math«, gall. »Matus« = »Bär« waren verbreitete Eigennamen genau wie »Artgenos« oder »Mac Math« = »Sohn des Bären«. Ältere Keltologen halten es nicht für ausgeschlossen, daß das Konzept des Königs → Artus letztlich aus einer solchen totemistischen Wurzel stammt.

Die Bärin galt als Vorbild mütterlicher Fürsorge, was sie den → Muttergöttinnnen anglich, wie im Falle der → Artio.

Weiterere Götter, die mit dem Bären in Verbindung standen, waren der Matunus von Risingham in Northumberland und der »→ Merkur Artaios« aus Gallien.

Bärenzähne und Bärchenanhänger aus dem ganzen Keltengebiet sowie Jetbärenfigürchen aus Nordengland, die den Toten als → Amulette mitgegeben wurden, dürften sowohl Bärenstärke, ein Weiterleben im Jenseits und Mütterlichkeit/Fruchtbarkeit symbolisiert haben.

Bäume

Wie die Sonne (vgl. → Gestirne) und → Jahreszeitenfeste, so führte auch der Baum den Kelten den druidischen Hauptlehrsatz von der Unendlichkeit des Lebens und der Endlichkeit des Todes fortwährend vor Augen

Ein Laubbaum im Winter war zwar »tot«, aber nur »auf Zeit«, ein Immergrüner veranschaulichte die Durchsetzungskraft des Lebens. Kein Wunder, daß die Bäume den Kelten heilig waren. Ihre frühen Götterdarstellungen dürften sich aus der Baumverehrung entwickelt haben. Vom lebenden, einem Gott geweihten Baum, der Behausung göttlicher Kräfte, zum roh behauenen Baumstamm (vgl. → Götterdarstellung) als Symbol derselben, war kein großer Schritt. Einen größeren erforderte die Übertragung des Konzeptes auf Stein und Metall, aber auch da sitzen → Masken und Figuren im stilisierten Blattgewirr oder tragen Blätterkronen. A. Ross führt einen »→ Merkur Erriapus« aus gallorömischer Zeit an, der noch als ein aus Blattwerk herausguckender Kopf dargestellt wurde.

Weiheinschriften an Baumgötter aus keltischen Landen, wie z. B. den »deus Robur«, den Eichengott aus Angoulême, den »Olloudios« = »Großer Baum«, der auch in Britannien verehrt wurde, »Fagus«, den Buchengott aus den Pyrenäen, »Alisanus«, den Ebereschen- und »Abellio«, den Apfelgott aus Gallien, sind häufig. Aus dem Rahmen fällt die Inschrift an einen »deus sex arbores«, einen Gott, der sich anscheinend in sechs heiligen Bäumen gleichzeitig manifestierte.

Der heilige Baum war ganz konkret mit dem Territorium eines Stammes verwurzelt, wodurch er dem dazugehörigen Menschenverband im wahrsten Sinne des Wortes als Stamm-Baum galt, der das Gedeihen des Stammes und seine Verbundenheit mit den Göttern von Himmel und Erde widerspiegelte.

Dieser Lebensbaum zwischen Himmel und Erde formte einen Mikrokosmos, der in seiner Übersichtlichkeit den Menschen das Gefühl von Zusammenhalt und Schutz gab. Diese Ordnung bildete auch die Folie für die Stammesorganisation, und es war nur folgerichtig, daß die Zeremonien zur Einsetzung eines neuen Königs unter diesem Baum stattfanden.

Ein Angriff darauf oder dessen Zerstörung beraubte den Stamm seines Haltes – eine oft und gern von verfeindeten Parteien benützte, von klugen christlichen Missionaren tunlichst vermiedene, psychologische Waffe!

Esus fällt den Baum, in dem sich die drei Kraniche und der Stier verbergen (Relief, Rheinisches Landesmuseum, Trier).

Der → Esus auf den Altären von Paris und Trier, der die → Axt an einen Baum legt, dürfte in einem solchen Akt begriffen sein. Es ist bekannt, daß auch Fürsten der → Anderswelt miteinander Krieg führten. Nach der Rekonstruktion des Mythos durch J.-J. Hatt muß Esus auf feindlichem Territorium nach den → drei Kranichen (vgl. → Vögel) gesucht haben. Anders ist das Paradox eines Gottes, der den Bäumen besonders nahestand – seine Opfer wurden ihm durch Erhängen in seinen Bäumen dargebracht –, gleichzeitig aber bei der Zerstörung eines Baumes abgebildet wird, nicht aufzulösen.

Für den Makrokosmos liegt der Gedanke eines das Himmelsgewölbe stützenden »Weltenlebensbaumes« nahe, eine Weltenachse, die die Ordnung des kosmischen Gefüges aufrecht erhält. Bricht diese zusammen, stürzt der → Himmel ein, das einzige, was, laut Alexanderanekdote, die keltischen Abgesandten fürchteten. Ähnliche Vorstellungen galten auch für die Anderswelt, wie die Beschreibung von → *Tir na mBéo* zeigt.

Bäume, diese Lebensträger, wurden der Erde (vgl. → Elemente) als → Opfer dargebracht. Auf dem Festland sowie in Britannien sind rituelle Schächte (vgl. → Schacht), oft von großer Tiefe, untersucht worden, in denen sorgfältig in Opfergaben gepackte Holzstämme, manche noch mit Ästen und Wurzeln, staken. In der Vendée z. B. war ein solcher Baum eine 4 m lange Zypresse! Solche Opfer waren untrennbar von Fruchtbarkeitsriten, bei denen der Baum vermutlich die kosmische Zeugungskraft versinnbildlichen sollte, die Mutter Erde befruchtend.

Nach der Schichtung der Opfergaben zu schließen, wurden die Bäume nach einem bestimmten Ritual versenkt, und vermutlich davor in einer Prozession, wie auf dem → Kessel von Gundestrup, dem Volke gezeigt. Diese Darstellung betont übrigens nachdrücklich die Lebenskräfte des Baumes: Er ist nicht abgehackt, sondern wird, Wurzel voran, dahergetragen. Zudem ist der Stamm und jedes einzelne anmutig gebogene Blatt von feinen, punktieren Linien umgeben, was nur die »grüne Energie« andeuten kann.

Heilige Bäume im Kollektiv gaben als Hain, Wald oder baumumstandene Lichtung die → Kultstätten ab, die nicht unbedingt einen Schrein oder ein Götterbild brauchten.

Krieger führen in ihrer Prozession einen Baum mit (Ausschnitt des Kessels von Gundestrup, Nationalmuseet, Kopenhagen).

Das gesamtkeltische Wort für den heiligen Baum, »bile«, Bestandteil der gallischen Ortsnamen »Bilem« oder »Biliomagus« (»Ebene des heiligen Baumes«), ist noch immer im neuirischen Wörterbuch zu finden – genauso wie der Baum in der irischen Landschaft! Nach der Christianisierung werden die heiligen Bäume entweder den → Feen zugeschlagen oder von den → Heiligen der keltischen Kirche übernommen.

Unter dem 20. April berichtet der Festkalender St. Oengus Mac Oengobans (ca. 780–840) von einem Baum »im Osten der Welt«, den die Heiden verehrten und gegen den alle Heiligen einmütig fasteten (vgl. → Zauber), bis er zusammenbrach. St. Ruádan von Lorrhas Baum zog seines wohlschmeckenden, alle ernährenden Saftes wegen Klosterschüler in hellen Scharen an, was die anderen Klöster natürlich verdroß. St. Ciaráns von Saighir, um den die moderne Straßenverbreiterung auf Drängen der Einheimischen einen ehrfürchtigen Bogen macht, wird noch immer von Pilgern besucht, die ihre Votivgaben daran hinterlassen.

Es dürfte mehr als nur Zufall sein, daß der Vater des Míl, der Stammvater aller Milesier, ausgerechnet → »Bile« heißt und Irland an → *Beltene*, dem Anfang der fruchtbaren Jahreszeit, erreicht: Maibäume werden bis heute in vielen Gegenden noch aufgestellt!

Die → Anderswelt, als Spiegel der realen, besaß ebenfalls ihre besonderen Bäume, deren wunderbare Früchte Riesen und sonstige Ungeheuer hüteten. Der Kampf mit diesen und der Raub der Früchte sind beliebte Sagenmotive.

Zuweilen teilen die Andersweltbewohner jedoch solche Früchte mit den Sterblichen. Meist sind es schöne Frauen, die einen Helden damit in die Anderswelt locken, manchmal auch Männer, wie jener hünenhafte Trefuilngid, der auf → Tara erschien, mit einem Zweig in der Hand, an dem Nüsse, Äpfel und Eicheln wuchsen. Aus den »Beeren«, die er zurückließ, entwickelten sich die → fünf heiligen Bäume Irlands, die ein → *Dindsenchas*-Merkvers zusammenfaßt:

> Der Baum von Ross,
> Der Baum von Mugna,
> Der uralte Baum von Dathi,
> Der verzweigte Baum von Uisneach
> Und der uralte Baum von Tortu . . .

Die fünf Bäume dürften den fünf Provinzen – eine nach jeder Himmelsrichtung und eine in der Mitte – entsprochen haben. Auch hier gehören Baum und Territorium zusammen und mehr noch, denn der definierende Vers stellt, trotz christlich kontrolliertem Text, die Verbindung von Gott und Baum her: »Der Baum von Ross, eine Eibe . . . ein gerader, fester Baum, ein verläßlicher, starker Gott...«

Die Bäume Dathis, Tortus und → Uisneachs sind Eschen, derjenige Mugnas eine Eiche. Apfel, Birke, Buche, Eberesche, Eibe, Hasel, Holunder, Schlehe, Stechpalme und Ulme sind ebenfalls als heilige Bäume für die keltischen Gebiete belegt. Bei dem religiös-kulturellen Wert der Bäume war es unausbleiblich, daß sie zu Orts-, Stammes- und Eigennamen herangezogen wurden.

→ Avalon aus der → Artus-Sage ist die Apfelinsel; die nordirische Stadt Derry geht auf den »Eichenwald Calgachs«, »Doire Calgaich«, Durrow, in der Republik Irland, auf die »Ebene der Eiche«, »Daire Magh«, zurück. Die Insel Iona in Schottland beinhaltet die Eibe, »Í«, und die englische Stadt Colchester mit großer Wahrscheinlichkeit »coll«, »den Hasel«. Die Euburones leiteten sich von der »Eibe«, die Lemovices von der »Ulme« her. »Mac Ibar«, »Sohn der Eibe«, Mac Dregin, »Sohn des Schlehendorns«, »Derdraigin«, »Tochter des Schlehendorns«, »Mac Cuill«, »Sohn des Hasels«, »Mac Cuilin«, »Sohn der Stechpalme«, wal. »Guerngen«, »Sohn des Holunders«, »Dergen« wal., oder »Mac Dara« ir., »Sohn der Eiche«, und »Caer Ibormeith«, »Eibenbeere«, sind Namen, die in irischen und walisischen Sagen und Heiligenlegenden auftauchen.

Der Apfelbaum hat die stärkste Beziehung zur → Anderswelt. Neben Avalon sind »Emhain Abhlach« und »Ynys Avallach« (vgl. → Manannán mac Lir) Apfelinseln.

Die Abgesandte der Anderswelt läßt → Bran einen »silbernen Zweig mit kristallenen Blüten« aus Emhain Abhlach zukommen – was diesen zur Seefahrt animierte.

Äpfel kommen immer in den Körben und Füllhörnern der → Muttergöttinnen vor – möglicherweise entwickelten sich die drei Kugeln der → Rigani daraus. Andersweltäpfel sind Lebensspender: Der liebeskranke → Conle nimmt einen Monat lang nichts anderes zu sich, wobei die Frucht nicht abnimmt; → Clíonas bunte → Vögel ernähren sich ausschließlich davon.

Den Archäologen ist das schlichte Birkenrindenhütchen ein Rätsel, womit der sonst so prunkvoll ausgestattete Fürst von → Hochdorf begraben wurde. Die konische Form – aus der runden Rindenscheibe wurde ein Segment geschnitten und dann zusammengenäht – entspricht der Kopfbedeckung des Kriegers von Hirschlanden, der, seiner Maske wegen, als ein toter, auf sein Hügelgrab wartender Hallstattfürst beschrieben worden ist. Im Norden Europas gilt die Birke noch immer als Lebensbaum schlechthin: Dem Hut darf wohl der Charakter eines → Amuletts zugeschrieben werden, unter dessen Schutz der Verstorbene den Tod komplikationslos hinter sich bringen sollte.

Im Winter versorgten die Früchte der Buche, die Bucheckern, Mensch und Tier ganz real mit Lebenskräften. Dasselbe gilt für die Beeren der Eberesche – überdies ein Heilmittel gegen »Winterkrankheiten« wie Rheuma, Katarrh oder Gicht. Die leuchtend → rote Farbe der Beere verband den Baum mit der Anderswelt. Bis in die jüngste Zeit wurde er, z. B. in Irland, als mächtiger → Zauber gegen bösartige Feen verwendet. Zweige vom Vogelbeerbaum wurden über Haustür und Scheunen befestigt, der Rauch des Holzfeuers bannte den Einfluß der Feen, und einen Menschen, mit einem festen Ebereschenstock in der Hand, wagten sie auch in der finstersten Nacht nicht anzugreifen.

Die Eiche spielte unzweifelhaft eine große Rolle bei den Kelten, ist aber in der Forschung auf Grund von z. B. Claudianus' oder Plinius' Aussagen auf Kosten anderer Bäume überbewertet worden. Allgemein ist man davon abgekommen, das Wort »Druide« von griech. »drus« = »Eiche« herzuleiten, seit aufgefallen ist, daß kein klassischer Schriftsteller diese Verbindung expressis verbis angab. → Misteln wachsen auch auf Eichenbäumen, so daß sich die von Plinius d. Ä. beschriebenen Zeremonien ebenfalls, aber nicht ausschließlich, auf diesem Baum abspielen konnten.

Ein mächtiger Eichenbaum entsprach dem Kräfteverhältnis, das sich in einem bestimmten einheimischen Gott ausdrückte: Maximus von Tyrus' Satz, für die Kelten sei die Eiche das Symbol Jupiters gewesen, stammt aus dem 2. Jh. n. Chr. und ist nur gültig, solange ein von den Kelten mit Jupiter identifizierter Gott gemeint ist. Am Eichenbaum ließ sich der göttliche Wille ablesen, was möglicherweise

St. Ciarans heiliger Baum (Clareen, Gr. Offaly).

Paps of Dana östlich von Killarney (Gr. Kerry).

Irlands heiliger Berg Croagh Patrick bei Westport (Gr. Mayo).

Der baumumwachsene Shannon Pot in noch ganz ursprünglichem Zustand (Gr. Cavan).

In den Kreidekalk geschnittene »Herkules«-Figur bei Cerne Abbas (Gr. Dorset).

Weihegaben, werden an Marienstatue und Baum der Quelle von Doon bei Kilmacrenan (Gr. Donegal) befestigt.

auch mit der Eichel zusammenhing, die, roh genossen, das Bewußtsein verändern kann. Diese Frucht war Nahrungsmittel für Mensch und Tier, allen voran für die wilden und zahmen → Schweine, mythologisch die Tiere der Unsterblichkeit! Die heilende Wirkung der Eiche durch deren Gerbstoffe müssen bekannt gewesen sein – interessanterweise werden sie in der Volksheilkunde heute noch gegen »zehrende Krankheiten«, Schwächezustände, Magen-Darm-Erkrankungen und Vergiftungen angewendet. Wiederum ging vom heiligen Baum eine direkt belebende Heilwirkung aus!

Eichenzweige und -laub in einem nordenglischen Grab sollten offensichtlich Schutz- und Lebenskräfte der Eiche dem Verstorbenen über den Tod hinaus nutzbar machen. Solche Überlegungen bestimmten wohl die Wahl schwerer Eichenbalken zum Bau fürstlicher Grabkammern ebenso sehr, wie die rein materiellen Aspekte von Härte und Dauerhaftigkeit (vgl. → Hochdorf, → Magdalenenberg).

Diese Lebenskräfte sind greifbar für → Math und → Gwydion, die Magier, die die Blumenfrau → Blodeuedd u. a. aus »Eichenblüten« entstehen lassen, und deren unglückseliger Gatte → Lleu nützt als halbverwester Adler (vgl. → Vögel) den Schutz der Andersweltеiche.

In Irland war die Eibe wichtiger als die Eiche, trotz der großen Verehrung, die ihr ein heiliger Columcille (vgl. → St. Columcille) noch im 6. Jh. entgegenbrachte. Wenn möglich, gründete er seine Klöster, beispielsweise Durrow und Derry, in der Nähe von Eichenwäldern. Laut Vita sah er »in jedem Eichenblatt einen himmlischen Engel«, und beim Gedanken, einen solchen Baum zu fällen, überfiel ihn blankes Entsetzen. Die Verse

> Obwohl ich echt fürchte
> Tod und Hölle,
> Mehr fürcht' ich rund heraus
> Den Klang der Axt im Derry des Westens . . .

werden ihm zugeschrieben.

Columcille unterscheidet sich von den vorchristlichen Kelten nur dadurch, daß er das Göttliche schlechthin, nicht einen bestimmten Gott, in der Eiche verehrt.

Heilige Bäume galten im Volksglauben als unsterblich: Walisische Kleriker setzten die Lebensdauer der Eibe auf 19683 Jahre an, womit sie sie zum langlebigsten Geschöpf der Erde machten.

Sie besitzt die Eigenschaften der heiligen Bäume in Potenz: immergrün, → rote Beeren, die als Gift und Arznei Verwendung finden, sehr zähes, hartes und rötliches Holz.

Wegen dieser mehrfachen Verbindung zur Anderswelt glaubte man sie mit starken Zauberkräften begabt. Türpfosten, tragende Teile von Möbeln – besonders Betten – und Trinkgeschirr wurden abwehrhalber daraus gefertigt.

Die Wahrsage- und Zauberstäbe der → Druiden bestanden ebenfalls aus Eibe. Nach der Entführung → Étaíns schickt ihr Gatte nach dem Druiden Dallan, der mittels »vier Eibenstöcken, auf die er → Oghamzeichen schnitt«, das Versteck der Königin ausfindig macht.

Iona in Schottland war nicht die einzige Insel, die mit der Eibe und wahrscheinlich auch mit dem Druidentum zu tun hatte. Die Vita deutet jedenfalls an, St. Columcille habe dort bei seiner Ankunft »falsche Bischöfe« gefunden, welche er prompt hinauswarf. Beggery Island im Hafen von Wexford war St. Ibars Territorium, das er mit Vehemenz gegen → St. Patrick verteidigte. Alles deutet darauf hin, daß dieser vorpatrizische Bischof ein keltisches Heiligtum, zusammen mit dem Namen des heiligen Baumes, übernommen hatte.

Die Bedeutung der Haselnuß als Lebensmittel und Wintervorrat ist durch deren häufige Erwähnung in Mythologie und Sagen zu ermessen. Bei gerechter Regierung des → rechtmäßigen, d. h. von den Göttern bestimmten Königs, tritt, sozusagen als Bonus, u. a. ein Überfluß an Haselnüssen auf. Bis weit ins Mittelalter wurden Rekordernten in den Annalen verzeichnet. → Mac Cuill, »Sohn des Hasels«, ist einer der drei Könige der → Tuatha Dé Danann, Gatte der → Banba, einer der drei Verkörperungen Irlands. Hier besteht eine echte Hierogamie (vgl. → Heilige Hochzeit), deren Zweck die Fruchtbarkeit des Landes ist, woran sich nichts ändert, auch wenn die christlichen Schreiber Mac Cuill die Göttlichkeit absprechen und ihn als »Verehrer des Hasels« aufführen. Wie auch immer, die Kraft in der Haselstaude und ihre Wirkung sind gemeint. Seit alters her gilt die Haselnuß im Volk als Aphrodisiakum, als Heilmittel bei Bleichsucht und Blutarmut, wobei die moderne Forschung die blutdrucksteigernde Eigenschaft derselben nur bestätigen kann! Die Haselnuß unterstützt das Leben also dadurch, daß sie die sexuellen Kräfte zu stärken vermag – Grund genug, daß in Muirchus Vita von St. Patrick der Heilige und ein gewisser »Mac Guill« heftig aneinandergeraten. Es ist natürlich »Mac Cuill«, der von St. Patrick auf die Insel Man, das Andersweltreich des → Manannán mac Lir, verbannt wird!

Wenig erstaunlich, daß im Fürstengrab → Hohmichele ein Schälchen mit Haselnüssen gefunden wurde; sie dürften als Symbol für das Leben schlechthin gegolten und auf ein Weiterleben nach dem Tod hingewiesen haben. Eine ähnliche Entdeckung wurde in Ashill (Gr. Norfolk) gemacht: In einem Quellschacht waren, sorgsam in Haselblätter und -nüsse eingebettet, Urnen versenkt worden. Damit hätte die aus der irischen Mythologie bekannte → Quelle von Segais bzw. Conlas Quelle nachgeahmt worden sein können, die »Quelle der Inspiration und allen Wissens«.

Einzig → Nechtan, der Gatte der → Boand, und seine → drei Mundschenke wagten sich an jenen geheimnisvollen, von den »→ neun Haselbäumen des Wissens« umstandenen Ort. Die Nüsse fielen hinunter ins Wasser, wodurch Blasen mystischer Eingebung aufstiegen, und wurden vom Salm der Weisheit (vgl. → Fische) verschluckt oder vom Fluß Boyne weggetragen.

Der Schlehendorn ist der bekannteste, den → Feen heilige Baum; wer sich an ihm vergreift, ist ihrer Rache sicher. Seit der Steinzeit wurde die Schlehe als Nahrungsmittel geerntet und als Wintervorrat aufbewahrt. Sie ist ein vorzüglicher Vitamin- und Mineralienlieferant und beugt daher Mangelkrankheiten vor. Heute bieten Reformhäuser Zivilisationsgeschädigten wieder Säfte und Elixiere aus der Schlehe, laut Beipackzettel »zur Stärkung der Lebenskräfte«.

Balor

Als einer der Könige führt Balor, der Enkel des → Néit, die → Fomorier in der Zweiten Schlacht von → Mag Tuired an. Er ist der Schwiegervater → Cians, des Sohnes von → Dian Cécht, denn Ethniu (vgl. → Ethne), seine Tochter wurde zur Bekräftigung des Bündnisses zwischen den → Tuatha Dé Danann und den Fomoriern dem jungen Heiler zur Frau gegeben.

Balor führt den Beinamen »der mächtigen Schläge« oder auch seines riesigen Auges wegen, dessen Blick eine Armee auszulöschen vermag, »mit dem verderbenbringenden Auge«. Gewöhnlich ist es unter einem Lid von solcher Schwere verborgen, daß vier kräftige Männer nötig sind, es hochzustemmen.

Balor wütet unter den Dé Danann, u. a. tötet er König → Nuadu, bis sich ihm sein Enkel → Lug entgegenstellt und im Augenblick, als sich das Riesenlid erhebt, einen → Stein mit solcher Wucht von seiner Schleuder schwirren läßt, daß das tödliche Auge durch die Hirnschale getrieben, am Hinterkopf Balors austritt und vernichtend auf dessen eigene Reihen wirkt. Damit ist der endgültige Sieg der Dé Danann über die Fomorier eingeleitet.

Nach einer anderen Fassung erhält Lug vom sterbenden Balor die Empfehlung, zwecks Steigerung der Eigenkräfte sich dessen abgeschlagenes Haupt (vgl. → Kopfkult) auf das seinige aufzusetzen. Mißtrauisch pflanzt es Lug jedoch auf eine Steinsäule (vgl. → Stein), worauf diese, vom heruntertriefenden Gift zerfressen, in vier Stücke birst.

Die 1835 aufgeschriebene, bis heute in der Grafschaft Donegal bekannte Volkssage macht aus Balor einen gefürchteten Seeräuber, der seinen Sitz auf der Burg Dun Balor auf Tory Island hat. Ein Zyklopenauge sitzt mitten auf seiner Stirn, das zweite, mit dem »súil Bhalair«, dem »bösen Blick«, auf dem Hinterhaupt.

Der Prophezeiung der → Druiden, sein Enkel werde ihn umbringen, begegnet Balor dadurch, daß er seine Tochter im »Tor Mór«, dem »großen Turm« auf Tory, hinter Schloß und Riegel setzt. Seine Räubereien werden immer dreister, und schließlich eignet er sich durch → Zauber, indem er sich in einen Hüterjungen mit brandrotem Haar verwandelt, die wunderbare → Kuh des Territorialherrn Mackineely an. Laut Druiden wird dieser sie vor Balors Tod nicht wiedererlangen, denn der Dieb behält sie beständig unter seinem bösen Blick. List, Zauber und die Hilfe einer → Fee sind nötig, damit Mackineely zu dem Mädchen vorstoßen kann, das von ihm Drillinge empfängt. Der tobende Großvater will jene gleich nach der Geburt ertränken lassen, aber die Fee rettet Lug und bringt ihn zum Aufziehen zu seinem Onkel → Gavida, dem → Schmied.

Unterdessen trifft Mackineely Balors Strafe: Er schlägt ihm über einem großen, weißen Quarzstein den Kopf ab. Laut Volksüberlieferung sind die »roten Blutspuren« am »Cloch Cheannfhaolad«, dem »Kineelystein« auf dem Grundstück des Ballyconnell-Hauses gegenüber Tory Island, noch zu sehen.

Lug wächst zu einem geschickten Schmied heran. So hat er eines Tages Gelegenheit, den Tod seines Vaters zu rächen, indem er Balor eine rotglühende Eisenstange durch das todbringende Auge treibt.

Balor stirbt, »verblutet« auf der Halbinsel Bloody Foreland, das noch immer für seine Sonnenuntergänge berühmt ist, denn die Sage ist so stark mit Sonnensymbolen und -bildern befrachtet – dem einäugigen Riesen, dem rothaarigen Jungen, der rotglühenden Eisenstange, und nicht zuletzt dem topographischen Namen, daß es sich bei Balor ursprünglich um eine Erscheinungsform des Sonnengottes gehandelt haben muß, wie im Fall des → Goll oder → Aed.

Er dürfte die starke, sengende, aber alte Sonne (der Großvater) darstellen, dem Lug, die junge Morgensonne (Enkel), feindlich gegenübersteht. Mit dem ersten, gebündelten Lichtstrahl – oder dem treffsicheren Wurfgeschoß – bewirkt er den »Tod« bzw. den Untergang der alten Sonne.

Banba

Den christlichen Schreibern des *Lebor Gabála Érenn*, die die keltische Überlieferung mit der jüdisch-christlichen in Einklang zu bringen hatten, bereitet Banba offensichtlich Kopfzerbrechen. Einerseits setzten sie → Cessair als erste Einwohnerin Irlands vor der Sintflut an, anderseits heißt es, Banba sei als erste mit dreimal fünfzig Jungfrauen und drei Männern auf der Insel aufgetaucht. Zwar läßt sich die ganze Gesellschaft mittels einer Seuche innerhalb einer Woche aus der Welt schaffen – aber Banba bleibt. Noch im Bewußtsein des christlichen Kompilators ist sie von solch hervorragender Wichtigkeit, daß sie auf der Bergspitze Tul Tuinde überlebt – an sich eine heretische Abweichung in der christlichen Historiographie, die Noah zum Stammvater der neuen Menschheit macht, und ein verwunderlicher Stein des Anstoßes für nachfolgende Kommentatoren. Spätestens bei diesem Kompromiß wird deutlich, daß Banba mehr als nur eine »eponyme Göttin« ist. Sie ist die Muttergöttin überhaupt, die Verkörperung der Landmasse Irland, die sich in einer → Dreiheit als Banba, → Fodla und → Ériu manifestiert.

Als Banba und Ériu stellt sie ein Zauberheer auf, um die eindringenden Söhne des → Míl abzuschrecken oder zu prüfen. Erst nach deren druidischem Gegenzauber heißt sie die → Milesier willkommen – in Gestalt der Ériu/Fodla bezeichnenderweise sogar auf dem Hügel von → Uisnech.

→ Amergin muß jedoch allen → drei Erscheinungsformen Irlands versprechen, daß die Insel auf ewig die drei Namen tragen wird.

Diese höfliche Anerkennung sichert den Eroberern die Gunst der ewig währenden Territorialgöttin, und sie prophezeit ihnen, daß die Insel auf alle Zeiten ihnen gehören, und daß es, was den Fruchtbarkeitsaspekt betont, kein besseres Inselland und kein vollkommeneres Volk geben werde.

→ Donn, der, die alte Göttin verachtend, auf seine Götter und die Stärke der Milesier pocht – an sich den offiziellen christlichen Standpunkt vertritt –, wird am Gedeihen der Insel keinen Anteil haben, und sein Stamm wird sie nie bewohnen! Bei der nächsten Gelegenheit bezahlt er, der die Insel mit Waffengewalt nehmen will, für die Nichtbeachtung der »Mutter Irland« mit dem Leben.

banshee

Die anglisierte Form von ir. »beansí(d)«, »Feen-Frau« bzw. »Frau aus dem Feenhügel« (vgl. → *síd*) ist »Banshee«, in christlicher Zeit die → Feenkönigin, in vorchristlicher die mütterliche Schutzgöttin von Territorium und Stamm.

Auch als das irische Sozialgefüge unter dem Druck der englischen Kolonialpolitik längst auseinandergebrochen war, blieben solche Feen den alten, nunmehr meist land- und besitzlosen Adelsfamilien treu – gesellschaftlich ersetzte ihr Erscheinen geradezu das Adelsprädikat! Sie pflegten nachts mit unheimlichen Klageschreien den Tod eines Mitgliedes »ihrer Familie« anzukündigen. P. Logan listet noch 1980 146 irische Familien auf, deren Geschick mit der *banshee* verbunden ist!

In der Volkskunde gehört sie zu den bestbeschriebenen Figuren: Sie zeigt sich als »kleine Alte«, in weißen oder → roten Gewändern, zuweilen rot beschuht. Ihr prächtiges Haar, ob weiß, golden, braun oder rot, trägt sie lang und lose und kämmt es mit einem → goldenen oder silbernen Kamm.

Ihr Rufen, das den Menschen die Haare zu Berge stehen und sie unendliche Einsamkeit verspüren läßt, ertönt oft nur → dreimal – manchmal dauert es jedoch die ganze Nacht an. Distanzen sind für sie gegenstandslos; in vielen Beispielen kündet sie den Tod von Verwandten in Amerika oder Australien an.

Im Südwesten Irlands wird sie auch »ban caointe«, »Klagende«, oder sogar »badhbh caointe«, »klagende → Badb« genannt, was unmittelbar an die vorchristliche Raben- bzw. Krähengöttin (vgl. → Vögel) anknüpft. Noch im ersten Drittel des 14. Jhs. tritt sie in *Turloughs Kriege* als → Wäscherin-an-der-Furt am Lough Rask im Burren (Gr. Clare) als gräßliche Riesenhexe auf. Sie wäscht die abgeschlagenen Köpfe (vgl. → Kopfkult) der zu fallenden Krieger und macht den Anführer Donough O'Brien höhnisch darauf aufmerksam, daß sich der seinige auch unter der greulichen Wäsche befinde – daß ihm sein Kopf, obwohl er noch in dessen Genuß sei, nicht mehr gehöre. Zwar bedrohen sie darauf die Speere der Kämpfer, aber sie läßt sich von einer Böe außer Reichweite tragen und krächzt weiterhin Unheil auf sie herab. Die Truppe wurde bei Corcomroe bis fast auf den letzten Mann aufgerieben!

Bath

Eines der wichtigsten keltischen → Heiligtümer Britanniens war Bath (Gr. Avon), lange bevor die Römer die *aquae Sulis*, die heiße → Quelle der Göttin → Sul, für ihren pompösen Tempel- und Badebezirk faßten und den Kult der einheimischen Göttin der → »Minerva« übertrugen.

»Medusenhaupt« (Bath).

Ausgrabungen im Quellenbezirk erbrachten Tausende von → Münzen, auffallenderweise größtenteils mit einem Frauenkopf darauf. Mehrere dieser → Votivgaben stammten aus der Eisenzeit.

Der augenfälligste Kompromiß zwischen keltischen und klassischen mythologischen Vorstellungen zeigt sich im »Medusenhaupt« (vgl. → Kopfkult), auf dem Schild der Minerva vom Giebelfeld des Tempels. Im Gegensatz zur Gorgo-Medusa ist das stirnrunzelnde, schnurrbärtige Antlitz dasjenige eines Mannes! Für die Gedankenverbindung mit der klassischen Vorlage sind die Schlangen verantwortlich, die sich durch den dichten Bart winden; im keltischen Bezugssystem jedoch signalisieren sie, daß dieser Gott etwas mit der Erde (vgl. → Elemente) zu tun hat.

Die übergroßen, weit offenen Augen haben zwar, als Anleihe an die Medusa, einen durchbohrenden Blick, passen aber genauso gut zu einem »Gott-der-alles-sieht«, d.h. einem Himmelsgott. Diese Rolle unterstreichen die zwei Flügel, die sich über den Ohren im Haargewirr ausmachen lassen, sowie die angedeutete Sonnenkomponente, denn Haar und Bart sind in kräftigen Strahlen-Strähnen kranzartig um das ganze Gesicht herum angeordnet. Das »Medusenhaupt« dürfte somit gleichzeitig den Gemahl der keltischen Göttin (vgl. → Taranis) dargestellt und vor Unheil geschützt haben.

Der mehr legendäre als geschichtliche »König Bladud« aus Geoffrey of Monmouths *Historia Regnum Britanniae (Geschichte der britischen Könige)* von 1136, der Sohn des Hudibras und Vater des Königs Lear (vgl. → Llŷr) ist zweifelsohne dessen rationalisierter Nachfolger. Ihm wird nicht nur der Bau der Bäder, »die für die Bedürfnisse der Sterblichen so angebracht sind«, zugeschrieben, er soll auch die → »Minerva« als Schutzgöttin eingesetzt haben. Er entzündete in deren Tempel das heilige Feuer (vgl. → Elemente), das nie ausgehen durfte, was verdächtig gut zu einem → Taranis paßt. Als großer Zauberer konstruierte er sich schließlich Flügel, erlebte aber beim Probeflug eine Bruchlandung direkt über dem Apollotempel von London, was ihn das Leben kostete.

Die Darstellung des zweiten in Bath verehrten Götterpaares, → Nemetona und Loucetius, ist konventioneller Art, dürfte aber grundsätzlich den gleichen Sachverhalt wie die erstere anzeigen.

Das Römerbad, dessen Thermalwasser mit unverminderter Stärke – 1135 l pro Tag – aus der Erde tritt, ist zu dem hervorragenden Roman Baths Museum ausgebaut worden, das die Fundgegenstände von Quelle und Tempelanlage nach den modernsten Erkenntnissen ausstellt.

Baum → **Bäume**

Bécuma

Die Gattin des Labraid, »Der-die-Hand-schnell-ans-Schwert-legt«, ist Bécuma, eine → Tuatha-Dé-Danann-Frau, die wegen Ehebruchs mit Gaidiar, dem Sohn des → Manannán mac Lir, aus der → Anderswelt verbannt wird. Ausgesetzt im Meer, läßt sie sich von ihrem Boot jedoch ganz gelassen nach Irland treiben, denn sie hat Absichten auf → Art, den Sohn von → Conn der Hundert Schlachten, den sie vom Hörensagen liebte.

Statt seiner trifft sie jedoch an ihrer Anlegestelle, dem Hügel von Howth nördlich von Dublin, auf den um seine verstorbene Gattin trauernden Vater, den ihre Schönheit nicht gleichgültig läßt. Geschickt präsentiert sie sich als Delbchaem, Tochter des Morgan, und ist nur allzugern bereit, seine Frau zu werden, allerdings unter der Bedingung, daß Art auf ein Jahr vom Hof verbannt wird. Die auf Täuschung, Unwahrheit und Unrecht basierende Königsherrschaft bringt jedoch Komplikationen, in deren Verlauf Bécuma zwar durchschaut wird, um deretwillen sich Conn aber noch nicht von ihr zu lösen vermag.

Bécuma versucht nun, Art ins Verderben zu schicken, indem sie ihn zuerst mit Hilfe von Andersweltfreunden beim Brettspiel betrügt und darauf unter → *geis* zwingt, die echte Delbchaem aus der Anderswelt zu holen.

Allerdings macht sie die Rechnung ohne Arts Mut und Geschicklichkeit, so daß ihr übles Ansinnen auf sie selbst zurückfällt und sie ihren Platz in → Tara für Delbchaem räumen muß.

Auch wenn Bécuma die christliche Moralauffassung stark zu spüren bekam, bleibt in ihrer Geschichte noch genug, um den keltischen Glauben an die Magie der Wahrheit, Aufrichtigkeit (vgl. → Zauber) und Rechtmäßigkeit (vgl. → rechtmäßige Herrschaft) zu belegen.

Bé Find

Auch Bé Find, ir. »die weiße Dame«, die Mutter → Fraechs und die Schwester der → Boann, ist in der Sage eine → Fee, die ihren Sohn großzügig mit einem ganzen Haushalt ausstattet, u. a. mit »zwölf weißen → Kühen mit → roten Ohren«. Sie gehörte offensichtlich zu den gütigen, spendenden → Muttergöttinnen, was ihre zuweilen erwähnte Verbindung mit → Aed unterstreicht.

Belatucadros

Etwa auf dem Gebiet von Cumbria, Nordengland, sind eine Reihe von Weiheinschriften an Belatucadros, den »Schönen, Strahlenden«, bekannt. Er war der Kriegsgott jener britischen Keltenstämme, die den Römern am längsten Widerstand entgegengesetzt hatten, ziemlich sicher identisch mit dem gehörnten Gott, dessen Abbildungen gehäuft in Nordengland auftreten. Unter römischer Besetzung wurde er mit dem → »Mars« identifiziert und als »Mars Belatucadros« weiterverehrt.

Gehörnter, mit Speer und Schild bewaffneter Gott vom Typ eines Belatucadros (Maryport, Gr. Cumbria).

Belenus

Auch wenn ihm M. Dyllon und N. Chadwick einen griechischen und F. Benoit einen ligurischen Ursprung bescheinigen, zählt in erster Linie, daß Belenus zu einem keltischen Gott wurde, dessen Kult in Gallien, vor allem im Süden, in Norditalien, den Ostalpen und spurenweise in Britannien nachweisbar ist.

Tertullian hebt ihn als Hauptgott der Noriker hervor, und Herodian bemerkt leicht tendenziös, in Aquileia sei Belenus »als Apollo ausgegeben worden«.

Belenus, »der Scheinende, Helle, Glänzende» (vgl. → *Beltene*), besaß vermutlich gewisse Komponenten, vor allem wohl Sonnen-, Wasser- und Heilerqualitäten, mit dem klassischen Apollo gemeinsam, so daß er nach der römischen Machtübernahme als keltischer → »Apollo« weiterverehrt werden konnte, oft sogar mit dem Beinamen »Belenus«.

Beli Mawr

Daß »Beli der Große«, der Sohn des Mynogan, Britanniens König war, läßt uns das → *Mabinogion* nur indirekt wissen, indem es seinen Erben erwähnt. Taten und Titel dieser eindeutig mythologischen Figur sind anscheinend Nebensache, was spätere Überlieferer gestört haben muß, denn bei Nennius taucht er als Bellinus, Sohn des Minocannus und König von Britannien auf, der dem Caesar entgegentritt!

Was ursprünglich zählt, ist die Erwähnung der Nachkommen, → Lludd, → Casswallawn, Nynnyaw und → Llevelys.

In einer walisischen Triade wird → Arianrods Vatersname mit »Beli« angegeben, woraus geschlossen werden darf, daß → Dôn, seine Gattin, und er möglicherweise der Erzeuger ihrer weiteren Kinder → Gwydion, → Gilvaetwy, → Amaethon und → Govannon war. Beli Mawr hält in der walisischen Überlieferung die Stelle eines → »Dis Paters«, ähnlich dem irischen → Dagda oder → Bíle, d. h., er ist der Vater des Volkes, der Ahne, zu dem im Tode alle zurückkehren, also einer der Totengötter, ein Fürst der → Anderswelt.

Belisama

Einer der Beinamen der gall. → »Minerva«, der gern mit »Allerglänzendste« übersetzt wird.

Beltene

Eines der beiden wichtigsten → Jahreszeitenfeste, die das Jahr der Inselkelten in zwei gleichgroße Hälften teilten, ist *Beltene* bzw. *Beltine*, der 1. Mai. Das Wort setzt sich aus der Silbe »bel«, wie in → »Belenus« oder → »Belisama«, »hell, glänzend«, und »tine«, »Feuer« (vgl. → Elemente), zusammen. Es war der Auftakt zur Sommerzeit, zur Sömmerung für die Herden und zum sorgloseren Leben bei guter Nahrungsversorgung für Frauen, Kinder und Hirten auf den höher gelegenen Sommerweiden.

Schon aus diesem Grund trieben die → Druiden seit altersher zu diesem Zeitpunkt unter Beschwörungen das Vieh zwischen zwei Feuern durch, um es gegen Krankheiten und sonstige Übel für das kommende Jahr zu feien. Der Brauch hat sich unter den irischen Bauern bis tief in die Neuzeit hinein erhalten.

So freudvoll der *Beltene*-Tag war – die Nacht davor gehörte den Bewohnern der → Anderswelt, den → Feen und Hexen, wogegen u. a. Hügelfeuer und Ebereschenzweige (vgl. → Bäume) schützen.

Das → *Mabinogion* gibt einige Beispiele der unheimlichen Dinge, die in jener Nacht passieren können. → Rhiannons neugeborenes

Söhnchen verschwindet, und von → Teyrnon Twrvliants Fohlen, die jedes Jahr an *Beltene* zur Welt kommen, fehlt am Morgen jede Spur. Hätte Teyrnon nicht den Mut gehabt, bei der Stute zu wachen, wäre die riesige Klaue, die durchs Fenster nach dem Rößlein griff, unbemerkt geblieben. Er hackte den dazugehörigen Arm ab und stürzte auf das Schmerzgebrüll zur Tür hinaus – nur um dort Rhiannons Kind, → Pryderi, zu finden, das das Ungeheuer eben geraubt hatte.

In der Geschichte von → Llud und → Llevelys ertönt als zweite »der drei Plagen Britanniens« jeden Maiabend der grauenvolle Schrei eines kämpfenden Drachens, »der den Menschen durchs Herz fuhr, sie in Panik brachte, so daß die Männer die Farbe und Kraft verloren, die Frauen Fehlgeburten erlitten, die Kinder völlig durcheinander gerieten und Tiere, → Bäume, Erde und Wasser alle unfruchtbar wurden«.

Die Nacht mit ihrem Tag, diese Mischung aus Üblem und Gutem, bildet die Naht, die Grenze zwischen den beiden Jahreshälften, was seinen symbolischen Ausdruck in manchen Gegenden Irlands im lange ausgeübten, traditionellen Ausbessern der Zäune zu diesem Datum fand.

Grundsätzlich war *Beltene* das Fest des Neubeginns, mythologisch vorgegeben durch die Ankunft → Partholons, der → Tuatha Dé Danann und → Bíles mit seinen Milesiern in Irland. Auch im Sozialen machte *Beltene* den Anfangspunkt: angefangen von der großen Versammlung von → Uisnech, bei der u. a. Streit geschlichtet wurde, über Dienst- und Heiratsverträge bis hin zum gesetzlich festgelegten Scheidungstermin.

Berge

Die Verehrung von Bergen ist nichts ausdrücklich Keltisches, wurde jedoch in allen keltischen Ländern im großen Maßstab praktiziert.

Das Kräfteverhältnis eines Berges, ausgedrückt allein schon in seiner aufragenden Majestät im Hochgebirge, in den Gegensätzen von fruchtbarer Alpweide und ewigem Schnee, sommerlichem Überfluß und winterlichen Lawinen, wurde als Gottheit aufgefaßt, oder zumindest galt die Spitze eines Berges als Sitz derselben. Wie verbreitet diese Form der Verehrung war, läßt sich an den unzähligen Kreuzen ablesen, mittels derer die Berge christianisiert wurden.

Dokumentiert wird sie durch → Kultstätten, Weiheinschriften und → Votivgaben, letztere zuweilen in ganzen Horten, wie der Fund von Estfeld im Kanton Uri belegt, mit denen die Götter geehrt und besänftigt wurden.

Manchmal richteten sich Inschriften an anonyme Kräfte, wie »an die Berge« aus den Pyrenäen, öfter gelten sie einem individuellen, einheimischen Gott, wie dem »Vosegus«, dem Gott der Vogesen, dem Alpengott »Poeninus«, nach dem u. a. das Wallis, »Vallis Poeninia«, heißt, oder dem → Belenus, der den drei Belchen, dem badischen, schweizerischen und elsäßischen, den Namen verlieh.

Aber auch die → Muttergöttinnen entfalteten ihre Wirksamkeit bis in die höchsten Bergregionen: Das sagenumwobene »Vrenelisgärtli«, das Gärtchen, d. h. der fruchtbare, gehütete Ort der Verena am Glärnisch (Kanton Glarus), geht nach J. U. Hubschmied auf das gall. »*werena« für eine Fruchtbarkeitsgöttin zurück, und ein nicht ungewöhnlicher Name einer hochgelegenen Alpweide ist »Marèche«, von »alpis Matrisca«, »die Alp der Mutter«, oder »Les Marèches«, der → (drei) Mütter.

Antike Schriftsteller machen keinen Hehl daraus, daß den Römern vor den Alpen graute – Überreste gallo-römischer Paßheiligtümer, wo auf halbem Weg Dankopfer dargebracht werden konnten, sind z. B. noch auf dem Julier und dem Maloja (Kanton Graubünden) zu sehen.

Gerne wurden hochgelegene Heiligtümer dem Himmelsgott mit der starken Wetter-Komponente, dem → »Jupiter« unterstellt – Unwetter im Gebirge kann tödlich werden. Ihm wurde gewöhnlich der Ortsgott ähnlicher Funktion als Beiname zugesellt, einen »Brixianus« vom heutigen Brescia, einen »Latobius« bei den Noriskern, einen »Uxcellinus« möglicherweise aus der Gegend um Oscella am Simplon.

Auf der Paßhöhe vom Großen St. Bernhard, wo später die Bernhardiner ihr Hospiz führen sollten, stand das gallo-römische Heiligtum des »Jupiter Poeninus« an einer Stelle, die seit der Eisenzeit als heilig galt.

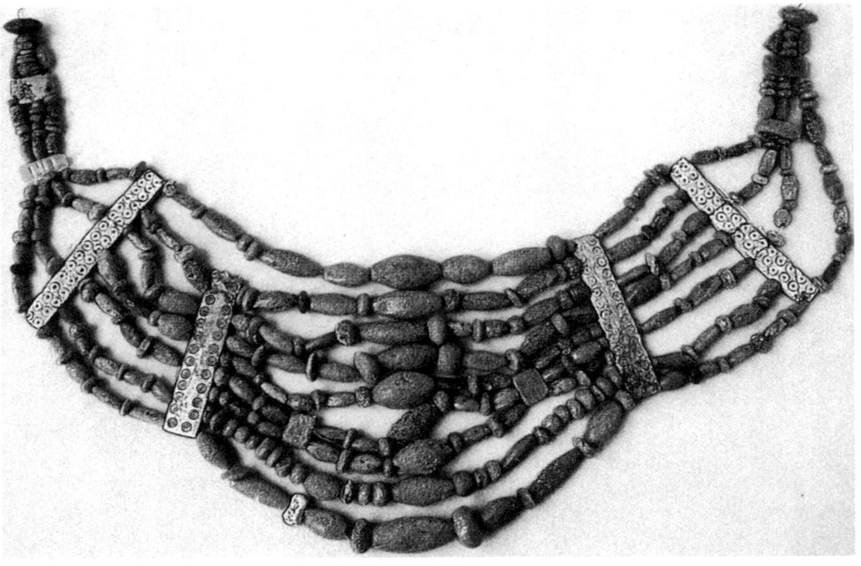

Prächtiges neunsträngiges Bernsteinkollier mit ca. 390 Perlen (Dürrnberg, Grab 67; Keltenmuseum, Hallein).

War die Verehrung mehr von Ehrfurcht als Furcht genährt, so wurde ein prominenter Berg gern dem besonderen Stammesgott geweiht, z. B. der Magdalensberg in Österreich, dem »→ Mars Latobius« oder der Puy-de-Dôme in Frankreich dem → »Merkur«.

In Irland waren Berge zumeist mit → Lug verbunden, und zwar so hartnäckig, daß sich das Christentum genötigt sah, sie samt heidnischem Ritual zu christianisieren und zu übernehmen. Die beiden bedeutendsten heiligen Berge, Croagh Patrick über Westport (Gr. Mayo) und Mount Brandon (Gr. Kerry), tragen nicht nur die Namen der Heiligen, sie sind auch fest in deren Heiligenleben verankert.

Beide werden von Pilgern noch heute einmal jährlich um → *Lugnasa* herum bestiegen, und zwar nachts, obwohl es von der Kirche mittlerweile der vielen Unfälle wegen untersagt wurde, oder in den frühen Morgenstunden, um den Aufgang der Sonne auf dem Berg zu erleben.

Bernstein

Gegen Ende der Hallstattzeit bis in die Frühlatènezeit trugen Frauen und Mädchen der Oberschicht auffallend viel Bernstein, meist in schweren, einsträngigen Ketten oder prächtigen, mehrfachen Colliers mit bis zu einigen hundert Perlen. Praktisch alle Keltenmuseen besitzen Beispiele; besonders schöne Exemplare finden sich in Budapest (Magyar Nemzeti Múzeum), Wien (Naturhistorisches Museum, Prähistorische Abteilung), Hallein (Dürrnberg-Hallein: Keltenmuseum), Villingen-Schwenningen (Franziskaner-Museum), Stuttgart (Württembergisches Landesmuseum). Diese sowie auch einzelne gedrechselte Perlen, manche mit feinsten Radialbohrungen, wurden den oft sehr jungen Toten mit ins Grab gegeben. In Verbindung mit anderen, eindeutigen → Amuletten ist deren Schutz- und Abwehrcharakter gesichert. Treten sie allein auf, läßt sich die Grenze zwischen Schmuck und Amulett nicht mehr ziehen. L. Pauli betont in seiner umfassenden Studie keltischer Grabbeigaben nicht umsonst, daß Bernstein (und Glas) die Funktion von Amuletten übernehmen konnte.

Bei Männern treten Amulette selten auf. Am Hals des Fürsten von → Hochdorf lagen zwei große und drei kleinere, vermutlich auf eine Schnur gereihte Bernsteinperlen. Bernsteinstückchen unter den Werkabfällen verrieten, daß diese für den toten Fürsten angefertigt worden waren, was in Richtung Amulett weist (vgl. → Totenkult).

Bernstein muß bei den Kelten, wie bei den klassischen Völkern, weniger einen materiell-ästhetischen als einen symbolischen Stellenwert gehabt haben: Das Material an sich war bereits magisch. Es dürfte der → goldenen Farbe, der Wärme und des sanften Lichtes wegen mit der heilenden und lebensspendenden Kraft der Sonne (vgl. → Gestirne) in Verbindung gebacht worden sein oder dem (Sonnen-)Funken im Wasser, der imstande ist, einen neuen Lebenszyklus in Gang zu bringen (vgl. → »Apollo«, → »Quellen«).

Bíle

Nach dem → *Lebor Gabála Érenn* ist Bíle längst nicht der einzige Anführer der letzten Eroberungswelle Irlands: Zehn Söhne des Bregon, ein Sohn des Bíle, acht des → Míl, drei des Eremón, vier des Eber und zehn »starke Männer« (vgl. → »Herkules«), ziehen nach Irland, um den Tod von → Íth zu rächen und Irland in Besitz zu nehmen. Was Bíle interessant macht, ist der Satz: »Bíle und Míl, von ihnen stammen alle Gaelen ab«, denn damit wird er zum Stammvater aller → Milesier. Dahinter steht das mythologische Konzept des Todesgottes, dem Herrscher der → Anderswelt, vergleichbar mit dem gallorömischen → »Dis Pater«.

Birke → **Bäume**

Bláthnad

Wie → Blodeuedd steht Bláthnad, »Blümchen«, zwischen zwei Männern und entscheidet sich zu Gunsten ihres Geliebten → Cúchulainn gegen ihren Gatten → Cú Roi. Dieser Dreiecksgeschichte dürfte sehr wohl der Mythos der → Rigani zugrunde liegen. In einer Version der Sage sind die zur Muttergöttin passenden Attribute der Fülle noch nicht verschwunden: Sie wird zusammen mit einem riesigen → Kessel geraubt, »in dem dreißig Rinder Platz hatten«, sowie → drei → Kühen, die den Kessel täglich mit ihrer Milch füllen und drei → Vögeln, die auf den Ohren der Kühe sitzend ihnen beim Melken vorsingen.

Blitz

Wie die andern Indoeuropäer sahen die Kelten im Blitz die Waffe des Himmelsgottes, nur besaß ihr → Taranis, im Gegensatz zum römischen Jupiter oder germanischen Thor, eine Sonnenkomponente (vgl. → Rad).

»Jupiter« von Le Châtelet mit Donnerkeil, Blitzsymbolen und Rad (Musée des Antiquités Nationales, St. Germain-en-Laye).

Blitz wie Sonne sind himmliches Feuer (vgl. → Elemente), eine ambivalente, wohltätige und zerstörerische Kraft. Einerseits löst der Blitz den Regen aus, der zur Fruchtbarkeit der Erde, zum Keimen und Wachsen notwendig ist, andererseits gefährdet er das Leben von Mensch, Tier und Baum.

In der festländischen Überlieferung sind Taranis und → »Jupiter« die »Donnerer«. Im Museum von St.-Germain-en-Laye befindet sich die überaus interessante Darstellung des »Jupiter« von Le Châtelet. In der erhobenen Rechten hält der Gott den aus zwei Strängen »gezwirnten« Donnerkeil – aus Lebens- und Todeskräften? –, im Begriff ihn zu schleudern, wobei er über der rechten Schulter, an einem starken Draht aufgereiht, → neun → S-Zeichen hängen hat. Letztere werden gern als Sonnensymbole interpretiert. Mit der linken Hand stützt er sich auf das → Rad.

In der irischen Sage sind es die Einäugigen → Aed, → Goll, → Balor, die den verderbenbringenden Aspekt von Sonne bzw. Blitz verkörpern. Auf der mythologischen Ebene muß diesen Gestalten ein Sonnengott zugrunde gelegen haben, der im Zorn, zuweilen unter einem schweren (Wolken-)Lid, den verderbenbringenden Lichtstrahl hervorschoß.

Abgesehen davon sind die Waffen der Götter und → Helden konventionellerer Art: Mehrheitlich sind sie langgezogen, strahlartig – Speer, Pfeil, Schwert, Eisenstab, Keule –, selten ein Wurfgeschoß, wie ein → Stein oder der rätselhafte *tathlum*. Üblicherweise führt → Lug seinen magischen Speer – nur in der Balorepisode bedient er sich der Steinschleuder –, der wie → Nuadus unfehlbar tödliches Schwert, zu den Schätzen der → Tuatha Dé Danann gehört. Umgekehrt fallen Lug und Lleu ebenfalls durch Speere! → Mac Cécht kämpft sowohl mit seinem riesigen, bluttriefenden Speer als auch mit seinem funkensprühenden Schwert, während dasjenige von Fergus mac Roich »blitzt«. → Cúchulainn und → Fionns Schwerter leuchten im Dunkeln; beide sind Vorgänger von König → Artus' → Excalibur. T. F. O'Rahilly entlarvt sogar mittels Etymologie Cúchulainns Geheimwaffe, den → *gae bolg*, als Blitz. Diese Wunderwaffen stammen letztlich aus der → Anderswelt, wo sie der göttliche → Schmied im Feuer (vgl. → Elemente) für den Gott oder Helden schmiedet. Letzterer erhält eine solche Waffe zuweilen auch von Andersweltbewohnern zum Geschenk (vgl. → Dame vom See, → Fee) oder aber erzwingt sie sich von diesen wie Cúchulainn (vgl. → Scáthach).

Blodeuedd

Die Frau, die → Math und → Gwydion aus »Eichenblüten (vgl. → Bäume), Ginster und

»Blodeuedd wird in eine Eule verwandelt« (Bronzestatuette; Musée Alésia, Alise-Ste. Reine).

Mehlkraut« für Lleu zusammenzaubert, ist Blodeuedd bzw. Blodeuwedd aus dem → *Mabinogion*, da die zum zweiten Mal von Gwydion ausgetrickste → Arianrod ihrem Sohn eine Menschenfrau verweigert. Schon bald nach der Hochzeit jedoch verliebt sich die schöne, junge Blumenfrau (wal. »blodeu« = »Blumen«) in → Goronwy, der ihre Liebe erwidert.

Um Lleu aus dem Weg zu schaffen, bringt Blodeuedd, Besorgnis um das Wohlergehen ihres Gatten heuchelnd, diesen dazu, ihr zu zeigen, auf welche Weise er zu Tode gebracht werden kann. Goronwy tötet den Nichtsahnenden aus dem Hinterhalt, worauf Lleu als Adler (vgl. → Vögel) in die → Anderswelt fliegt. Dank Gwydion gewinnt er seine Menschengestalt zurück, so daß er seine ungetreue Gattin zur Rechenschaft ziehen kann. Er schenkt ihr das Leben, verwandelt sie aber in eine Eule (vgl. → Vögel), die ihr Gesicht vor dem Tageslicht verbergen muß und von allen Vögeln gejagt werden darf.

Mit »Blodeuwedd bedeutet ›Eule‹ in der Sprache unserer Tage, und deswegen sind die Vögel der Eule feindlich gesinnt«, bestätigt der Erzähler die Richtigkeit dieses Sachverhaltes.

Wie in der Sage von → Blathnad, der irischen Blumenfrau, haben sich auch hier Bruchstücke vom Mythos der keltischen → Muttergöttin erhalten, und zwar, da die Eule in dieser Dreiecksgeschichte eine solch wichtige Rolle spielt, in Gestalt der → »Minerva«, so wie sie Hals- und Armring von Reinheim porträtieren (vgl. → Eulengöttin).

Boadicea

König Prasutagus vom Volk der Iceni (im heutigen East Anglia) hatte vor seinem Tod um 59 v. Chr. versucht, durch → Gold und Land seine Autonomie von den Römern zu erkaufen. In ihrer Gier beschlagnahmten diese jedoch das ganze Territorium. Als seine Gemahlin, Boadicea, zum Widerstand aufrief, wurde sie in einer schnellen Strafexpedition wie eine gemeine Sklavin ausgepeitscht und ihre Töchter vergewaltigt. Damit war nicht nur eine keltische Königin tödlich beleidigt worden, sondern auch eine → Druidin, denn Boadicea war Priesterin der Göttin → Andraste. Als ob sie deren Rolle als Rächerin des Territoriums übernommen hätte, brannte sie als schreckliche Vergeltungsmaßnahme, nach Suetonius' Zerstörung des druidischen Heiligtums auf Anglesey (vgl. → Môn) in NW-Wales, die jungen Römerstädte Colchester, London und Verulamium (= St. Albans) bis auf den Grund nieder. Im darauffolgenden Kampf mit drei Legionen römischer Berufssoldaten hatte ihr zahlreicher, jedoch loser Verband keltischer Krieger keine Chance mehr. Die Königin entkam zwar vom Schlachtfeld, gab sich aber, vielleicht als → Opfer an ihre Göttin, selbst den Tod.

Boand

Der wichtigste Fluß Ostirlands, der Boyne (vgl. → Gewässer), war bereits auf Ptolemäus' Weltkarte als »Buvinda« eingetragen, vermutlich entstanden aus »*Bou-vinda«, »Kuh-weiß-Göttin«. Die → Kuh als Verkörperung des mütterlichen Prinzips ist eine allgemeine indoeuropäische Vorstellung, genauso wie die Göttin in Kuhgestalt oder als Besitzerin von Kühen.

Die Festlandkelten kannten sie z. B. als → Damona, in Englands Norden taucht sie mit ziemlicher Sicherheit als → Verbeia und in Irland in den verschiedenen Sagenfassungen als Boand bzw. Boann auf. Unzweifelhaft war sie eine große, königliche → Muttergöttin im Stile einer → Rigani oder → Rhiannon. Wie bei → Medb herrscht auch hier Verwirrung darüber, wer ihr Gatte ist: → Nuadu, → Nechta, → Elcmar oder → Dagda. Alle vier weisen sich als Besitzer von → Bruig na Bóinne oder → Síd Nechtan aus, heutzutage Carbury Hill (Gr. Kildare), an dessen Fuß die christianisierte »Dreifaltigkeits-Quelle« des Boyne entspringt, also als Fürsten der → Anderswelt.

Die Herrscher des Totenreiches, die die Lebensimpulse weitergeben müssen, damit das Leben weitergehen kann, sind von der Muttergöttin abhängig. Wie → Medb ist sich Boand dessen sehr wohl bewußt und verschenkt ihre Liebe nach eigenem Gutdünken. Das Ergebnis ihrer Verbindung mit dem Dagda ist → Oengus. In der Geschichte von Nechtas → Quelle drückt sich die sexuelle Überlegenheit der Muttergöttin in reiner Provokation aus. Diese Quelle, die außer Nechtas Mundschenken niemand sehen kann – und schon gar nicht eine Frau –, ohne Schaden an den Augen zu nehmen, umschreitet sie »aus Übermut, um ihre Macht zu erproben«, dreimal im Gegenuhrzeigersinn, also nicht → *deisiol*! Darauf wallt das Wasser und ertränkt Nechtas Gattin samt ihrem Schoßhündchen (vgl. → Hund) und läuft in einem breiten Fluß zum Meer. In einer anderen Fassung ist der die christliche Moral verletzende Seitensprung der Auslöser für den Boyne: Die Ehebrecherin kommt zur Quelle, um »die Spuren ihrer Schuld zu tilgen«, woraufhin das Wasser hochschießt und sie ertränkt. An anderer Stelle wird Boand auch als Mutter der Drillinge Gotraige (= »Klage-«), Gentraige (= »Lach-«) und Suantraige (= »Schlafweise«) genannt, die als Harfner bei → Fraech im Dienst stehen.

Prophetisch warnt sie ihre Schwester → Bé Find, daß Fraech im selben Jahr, in dem er heiratet, sterben muß. Andererseits bringen Fraechs Mutter und die hundertfünfzig schönen Gefährtinnen der Boand den verletzten Jüngling in den Feenhügel von → Cruachan und pflegen ihn über Nacht gesund.

Damit deckt diese irische Muttergöttin in ihrer Beziehung zum Wasser (vgl. → Elemente) Gebiete wie Heilen, Wahrsagen, Musik ab, die auf dem Festland ein → »Apollo« verwaltet. Auch in der üblichen Rolle als großzügige Spenderin kommt Boand in den Sagen nicht zu kurz.

So stattet sie z. B. Fraech für seine Brautfahrt aus mit »fünfzig Mänteln, schwarzblau wie der Mistkäfer, ... fünfzig weißen Leibröcken mit goldenen Schnörkeltieren bestickt, ... fünfzig Silberschildern mit Goldrand und entsprechenden Lanzen, die in der Nacht wie Sonnenstrahlen glänzen (vgl. → Blitz), ... fünfzig Schwertern mit Goldknauf, ... fünfzig schwarzgrauen Pferden mit goldenem Gebiß und purpurnen Schabracken mit Silberfäden ...« (Thurneysen).

Bodb

Ein Sohn des → Dagda, Bodb Derg, »der → Rote«, ist einer der Könige der → Tuatha Dé Danann und Vater des → Aed. Nach der Christianisierung wird er zum mächtigen, allwissenden Feenkönig (vgl. → Feen) von Munster, im → *Síd ar Femen,* dem Steinhaufengrab auf dem vielbesungenen Slievenamon (Gr. Tipperary). Bei der Suche nach der Traumgeliebten seines Halbbruders → Oengus wird er schließlich eingeschaltet und findet sie auch.

Er ist der Meister des → Friuch, des magischen Schweinehirten, der eine der beiden Hauptrollen im → *Táin Bó Cúailnge* zu spielen hat (vgl. → Metamorphose).

Bodbs → Schweine sind ebenso unsterblich wie diejenigen des → Manannán mac Lir – er besorgt den Braten für → Mac Da Thós Gastmahl. Nach einer anderen Überlieferung ist Bodb einer der Herren von → Bruig na Bóinne.

All das weist auf einen Gott von der Art eines Dagda hin, dem Mittler zwischen Tod und Leben und Vorsitzenden beim Gastmahl der Abgeschiedenen.

Bormo, Bormanus, Borvo, Bormana

Jene als göttlich empfundenen Kräfte, die eine Thermalquelle »zum Kochen« bringen und dadurch heilend und fruchtbar machend wirken, wurden von den Kelten als »Bormo«, »Bormanus«, »Borvo« personifiziert und, da sie auch als dem weiblichen Prinzip zugehörig aufgefaßt werden konnten, gelegentlich als »Bormana«. Gemeinsame Weiheinschriften sind selten. Gewöhnlich fand der Gott seine Partnerin in der → Damona (vgl. → Götterpaare). Durch die → *Interpretatio Romana* wurden die drei männlichen Namen zum Beiwort des keltischen → »Apollo«.

Bran

Der Sohn des Febal, Bran, ist die Hauptgestalt eines der feinsten → *echtrai* der irischen Literatur, das bereits im 7. Jh. schriftliche Form angenommen haben dürfte:

Zauberhafte Musik schläfert Bran unweit seines Palastes ein; beim Erwachen findet er neben sich einen silbernen Zweig mit weißen Apfelblüten (vgl. → Bäume), den er mit nach Hause nimmt. Dort begrüßt ihn eine fremde Schöne mit einem langen Gedicht, in dem sie die Freuden der → Anderswelt besingt, wo es weder Verrat noch Tod noch Leiden gibt. Dieses Land des Friedens ist von Musik erfüllt. Ihre klangvollen Worte beschwören aber auch eine überwältigende Symphonie von Farben herauf: U. a. galoppieren → goldene, himmelblaue und vogelbeerrote → Pferde über den silbernen Strand.

Nicht umsonst wird der Ort als »ildathach« = »vielfarben«, »schillernd«, »regenbogenfarben« bezeichnet. Tausende betörender, prächtig gewandeter Frauen leben auf dieser Insel im Meer (vgl. → Gewässer).

Kaum ist die letzte Silbe verklungen, schnellt der Zweig in die Hand der vormaligen Besitzerin zurück.

Bereits am folgenden Tag sticht Bran mit siebenundzwanzig, d. h. → drei mal → neun Gefährten in See, um → *Tir na mBan* zu suchen. Unterwegs treffen sie auf → Manannán mac Lir, der in seinem Streitwagen über die Wellen rollt – für ihn ist das Meer eine blumengeschmückte Wiese und die Salme (vgl. → Fische) darinnen sind hüpfende Lämmer – und ihnen den Weg zur Insel der Frauen weist.

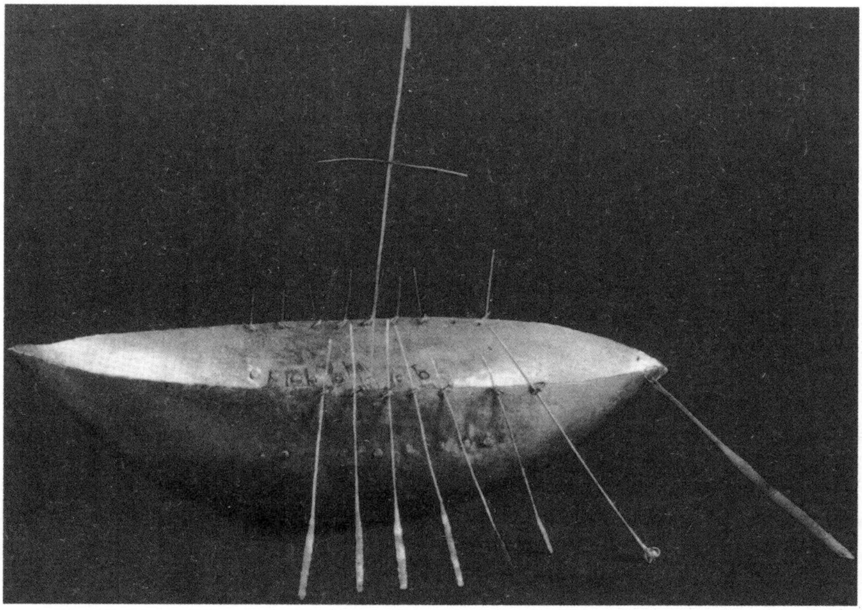

»Brân, Sohn des Febal, sticht mit seinen Gefährten in See, um die Andersweltinsel zu suchen« (Goldboot aus dem Broighter-Hort; National Museum, Dublin).

Doch davor liegt die »Insel der Fröhlichkeit«, deren Bewohner fortwährend lachen. Auch Brans Abgesandter fängt damit an, als er die Insel betritt, und bricht erneut in Gelächter aus beim Gedanken, auf das Schiff zurückzukehren.

Mit der Beschreibung dieses Eilands nimmt die Abenteuergeschichte ein Element der → *immrama* auf.

Die Frauen bereiten den Reisenden einen herzlichen Empfang; für jeden der Ankömmlinge steht bereits ein Lager bereit. Die köstlichen Speisen, die sie vorgesetzt bekommen, werden nicht weniger, soviel sie auch verzehren.

Nach ihrem Zeitgefühl haben Bran und seine Freunde ein Jahr auf der Insel verbracht, als sich das erste Heimweh meldet. Bran ordnet die Rückfahrt an, eindringlich gewarnt von den Frauen, unter keinen Umständen Irlands Erde zu betreten. In der Heimat erkennt sie keiner mehr: Die »Seefahrt Brans« gehört zum Schatz der Sagenerzähler! Kaum berührt der Heimwehkranke den Strand, sinkt er als Aschenhäufchen in sich zusammen. Bran verabschiedet sich von der Menschenmenge, die sich seine Abenteuer anhörte und wendet sich wieder dem Meer zu.

Erzählungen dieser Art sowie der Typ der *immrama* (vgl. → Mael Dúin) fanden ihre Apotheose in der *Navigatio Brendani* (vgl. → St. Brendan).

Brân

Nach dem dritten Zweig des *Mabinogion* ist Brân »Beidigeidfran«, »der Gesegnete«, ein Sohn von → Llyr und Penardunn, einer Tochter des → Beli, Bruder des → Manawydan und der → Branwen und Halbbruder von → Evnissyen und → Nissyen, von Amtes wegen der »gekrönte König dieser Insel... auf dem Thron von London«. Er gibt Branwen dem König Matholwch von Irland zur Frau, woraufhin Evnissyen den Gast so schwer beleidigt, daß Brân nur eine Versöhnung zustande bringt, indem er seinem Schwager seinen magischen → Kessel schenkt, der Tote wieder zum Leben erweckt.

Aber das Mißtrauen bleibt und holt das königliche Paar nach einem Jahr in Irland ein: Matholwch verstößt seine Gattin, obwohl sie ihm einen Sohn geboren hat.

Branwen ruft Brân zu Hilfe, der mit einem Heer nach Irland übersetzt. Er, der so riesenhaft ist, daß er in kein Haus paßt, watet, seine Musikanten huckepack tragend, einfach durch die Irische See. Beim Anblick dieses wandelnden Berges zerstört Matholwch die Brücke über die Liffey, um ihn am Vormarsch zu hindern – aber Brân legt sich mit den Worten »das Haupt soll die Brücke bilden« über den Fluß und läßt seine Schar über sich hinwegschreiten.

Die Iren sind zähneklappernd zu allem bereit – Matholwch dankt ab, Branwens Sohn wird gekrönt, und um Brân zu ehren, erbauen sie ihm ein Haus, in dem er endlich Platz findet.

Wieder treten Evnissyens Machenschaften störend dazwischen. Diesmal lösen sie einen Vernichtungskampf zwischen den beiden Parteien aus; sieben aus Brâns Schar überleben. Er selbst, von einem vergifteten Speer »am Fuß« verletzt, bittet seine Freunde, ihm das Haupt vom Rumpf zu trennen und im »weißen Hügel von London«, vermutlich dem Tower Hill, zu begraben, und zwar »mit dem Gesicht gegen Frankreich«, was Britannien vor Invasionen schützen soll. Dann eröffnet er ihnen, was die Zukunft bringen soll: Zusammen werden sie beim Gesang von → Rhiannons → Vögeln ein siebenjähriges Festgelage auf der Burg von Harlech (Gr. Gwynedd) abhalten, dann ein achtzigjähriges auf der Insel Grassholm vor der Pembrokeküste. Brâns Haupt wird sie mit allem Notwendigen versorgen und ihnen solch angenehme Gesellschaft leisten wie bisher. Öffnen sie jedoch die »Tür zum Bristol-Kanal«, ist es Zeit, den Bestimmungsort London aufzusuchen. Alles erfüllt sich nach Brâns Weissagung.

Nach einer Überlieferung außerhalb des *Mabinogion* wirkt Brâns Haupt als Schutz der Insel, bis König → Artus es ausgräbt und damit die Sachseneinfälle provoziert.

Brân ist in der Forschung mit allen möglichen, teilweise sehr umstrittenen Interpretationen belegt worden: seines Namens »Brân« = »Rabe« wegen als Rabengott, als Sonnen- oder Unterweltsgottheit und, hauptsächlich von A. Ross, wegen der speziellen Erwähnung der Musikanten als Gott der Künste und als göttlicher Heerführer. Die Forscherin zieht nachdrücklich die Brân-Geschichte zur Dokumentation des → Kopfkultes heran.

Bleibt man konsequent beim Widersprüchlichkeitsprinzip der → Anderswelt, lassen sich alle Teilaspekte mühelos unterbringen. Hier wandelt sich Vergangenheit in Zukunft um, hier werden Tod und Leben ineinander geführt, hier ist der Ort aller Künste und der letzten Weisheit und Wahrheit.

Brân ist der verwundete Gott. »Am Fuß« ist mit Sicherheit ein Euphemismus, zumal eine dunkle Zeile als auf »durchbohrte Oberschenkel« anspielend aufgefaßt werden kann.

Brân wäre demnach der (temporär) zeugungsunfähige König, eine Vorstellung, die der Fischerkönig Bron in der Gralsgeschichte (vgl. → Gral) wieder aufgreift. Als Folge seiner Verletzung bleibt dessen Land öde: In Brâns Fall bleiben gleich zwei Länder wüst zurück. Irland ist bis auf »fünf schwangere Frauen« entvölkert, und von Brâns Helden sehen ganze sieben Britannien lebend wieder, das mittlerweile Usurpation, Tod und Zerstörung erfahren hat. Zudem hat Brân seinen wunderbaren, lebensspendenden Kessel eingebüßt!

Was übrigbleibt ist das Haupt, der Sitz der Lebenskraft (vgl. → Kopfkult). Es versorgt seine Freunde weiterhin – in ihm steckt das ganze potentielle Leben, wie die Haselnuß (vgl. → Bäume) in der Schale.

So ist auch seine Funktion als Schutz der Insel aufzufassen: Das Haupt enthält jede erdenkliche Abwehrmaßnahme! Aber der enthauptete Brân kann diese Lebensenergie, die Sonnenkraft, das kosmische Feuer (vgl. → Elemente), mittels dessen die Mütter neue, individualisierte Lebensformen entstehen lassen, nicht mehr aus sich heraussetzen.

Brân ist sozusagen nur der »halbe Herrscher« der Anderswelt – möglicherweise war Manawydan, von dem der vierte Zweig handelt, sein Gegenstück und seine Ergänzung.

Brân läßt sich, wie er selber sagt, als »Brücke« verstehen: als Übergang zwischen zwei Zuständen. Im Jahreszyklus entspräche er dem Winter. Brân dürfte eine Gottheit zugrunde gelegen haben, die die keltische Vorstellung vom Tod, dem Zustand zwischen »Leben und Leben«, personifizierte.

Branwen

Der Tochter von → Llyr, Branwen, »einer der drei großen Königinnen dieser Insel«, ist der zweite Zweig des → *Mabinogion* gewidmet.

Ihr Bruder, → Brân, gibt sie dem irischen Matholwch zur Frau. Ihr Halbbruder, → Evnissyen, fügt diesem eine schwere Beleidigung zu, die letztlich zu Branwens Verstoßung führt, obwohl sie ihrer Freigiebigkeit und ihres neugeborenen Söhnchens willen am irischen Hof beliebt und geachtet ist. Jetzt muß sie Küchendienst tun, und der Schlächter darf ihr täglich »zur Strafe« eine Ohrfeige verabreichen. In einer *Triade* (vgl. → drei) allerdings erhebt ihr Gatte einmal die Hand gegen sie.

Branwen trägt ihr Leid geduldig, richtet aber heimlich einen Staren ab, den sie um Hilfe nach Britannien schickt.

Wieder Evnissyens wegen artet Brâns Expedition nach Irland in ein Gemetzel aus, das Branwen mit sieben von Brâns Gefährten überlebt. Zusammen segeln sie nach Britannien, um Brâns Haupt (vgl. → Kopfkult) im »weißen Hügel von London« zu begraben. Kaum in Anglesey (NW-Wales) (vgl. → Môn) gelandet, bricht Branwen das Herz beim Gedanken, daß ihretwegen »zwei gute Inseln« verwüstet wurden. Ihre Freunde begraben sie »in einem viereckigen Grab«, noch heute als »Bedd Branwen« bekannt, am Flüßlein Alaw.

Trotz der stark verchristlichten Rolle der »stillen Dulderin« ist Branwen (wal. »Bronwen« = »Weißbrust«) unschwer als → Muttergöttin zu erkennen, oder besser, als eine ihrer drei Erscheinungsformen. Ihr Kind, die besondere Betonung ihrer Großzügigkeit und ihre Beziehung zu den → Vögeln sind ihr davon geblieben. Möglicherweise war die Grundstruktur der Geschichte Persephone-ähnlich, wobei eher ein Raub als eine Hochzeit Branwen nach Irland gebracht haben dürfte.

Brennus
Verschiedene klassische Autoren überliefern die Taten eines Keltenführers namens Brennus, und Geoffrey von Monmouth stellt in seiner *Historia Regum Britanniae (Geschichte der britischen Könige)* einen Brennius, Sohn des Dunvallos, als kelto-britischen König vor.

Ersterer kann, wenn schon, historisch nur aus zwei Persönlichkeiten bestanden haben, kommt er doch sowohl 387 v. Chr. bei der Schlacht an der Allia und der anschließenden Belagerung und Einnahme Roms vor, als auch 297 v. Chr. bei der Plünderung Delphis – nach Pausanius nur ein Plünderungsversuch.

Brennus I., ein Senonenfürst, bescherte den Römern den bis dato schwärzesten Tag ihrer ruhmreichen Geschichte – nach Livius die erste Niederlage nach 360 siegreichen Jahren. Sein »vae victis«, »Wehe den Besiegten«, haben die stolzen Stadtstaatler jahrhundertelang nicht verwunden, ebensowenig, daß »ein Volk, das die Welt regieren sollte«, sich mit 1000 Pfund → Gold von den Barbaren loskaufen mußte. Livius schiebt daher prompt ein eher unwahrscheinliches Gefecht ein, in dessen Verlauf den Kelten das Lösegeld wieder abgenommen wird.

Brennus I. soll dem niedrigsten und kürzesten Alpenpaß, dem Brenner, den Namen gegeben haben, wiewohl die Senonen, wie die Boier und Lingonen, eher den Mons Poeninus, den großen St. Bernhard (vgl. → Berge, → Jupiter«) benützt haben dürften.

Von Brennus II. wird berichtet, er sei, angezogen von den fabelhaften Schätzen des Heiligtums von Delphi, mit einem 152000 Fußsoldaten und 10000 Reiter starken Keltenheer in Griechenland eingefallen. Nach Diodorus brach er beim Anblick der menschengestaltigen Griechengötter, die überdies in Tempeln eingesperrt saßen (vgl. → Götterdarstellungen, → Kultstätten), in schallendes Gelächter aus. Um dem Gegner vor Delphi in die Flanke zu fallen, ließ er einige Tausend seiner Soldaten an der Ausweitung des Flusses Spercheius zu einem sumpfigen See (vgl. → Gewässer) das Wasser schwimmend, watend, oder über rasch geschlagene Brücken überqueren. Auch dieser Zusammenstoß endet nach den meisten Klassikern mit einer keltischen Niederlage, obwohl parallel dazu Berichte vom Gold von Delphi, das schließlich mit den Tectosagen nach Toulouse gelangte, im Umlauf sind. Nach Pausianus z. B. ergriffen die Götter selbst mit Schneestürmen, Erdbeben, Gewittern, Geistererscheinungen und Panik Partei für die Griechen. Brennus wurde im Kampf tödlich verwundet und beging Selbstmord, indem er »Wein pur« trank, nach anderen Fassungen sich erdolchte, oder wie Brân seine Gefährten um den Tod bat.

Brennius, dessen Gastfreundschaft besonders hervorgehoben wird – er verköstigt das ganze Volk der Allobroger –, bildet mit Belinus (vgl. → Beli, → Belenus) ein Brüderpaar derselben mythologischen Wertigkeit wie Brân und → Manawydan, → Lludd und Llevelys, mit dem Unterschied, daß er mit diesem verfeindet ist, bis es der Mutter (vgl. → Muttergöttinnen) gelingt, die beiden zu versöhnen. Darauf unternehmen sie einen gemeinsamen Feldzug aufs Festland, erobern Gallien und unterwerfen die Römer, indem Brennius, wie Brennus I. die Stadt belagert und sie dann, vom Bruder unterstützt, verheert.

Außer der wackeligen Historizität sind den drei Heerführern, vom Namen abgesehen, den z.B. J. Markale als Latinisierung von Brân versteht, Züge dieses → *Mabinogion*-Charakters gemeinsam. Darüber hinaus führen sie ihre Kriegszüge nach dem mythologischen Muster der Raubzüge in die → Anderswelt aus.

Bres

Es sind die Frauen der → Tuatha Dé Danann, die Bres' Wahl zum König durchsetzen, nachdem → Nuadu das Amt niederlegen mußte. Sie hoffen damit, die Bande zwischen den Tuatha Dé Danann und den → Fomoriern zu verstärken, denn Bres, »der Schöne«, ist wie sein Gegenspieler → Lug ein halber Fomorier, jedoch väterlicherseits, wird aber von den Tuatha Dé Danann adoptiert und wächst unter ihnen auf.

Die Männer fügen sich wenig begeistert und knüpfen die Wahl an die Bedingung, daß die Macht bei etwaigem Mißbrauch sofort niederzulegen sei. Das Mißtrauen ist nur allzu berechtigt: Bald stöhnt das Land unter den Abgaben, die Tuatha Dé Danann verarmen. Der große → Dagda, zum Frondienst abkommandiert, muß für Bres eine Festung bauen; → Ogma hat Feuerholz zu schleppen! Die ganze Sippe ist schwach vor Hunger, denn Bres gibt »ihren Messern keine Gelegenheit, fettig zu werden«, und »sooft sie ihn auch besuchten, nie roch ihr Atem nach Bier«.

Dazu sperrt er ihnen jegliches Vergnügen, denn er hält sich weder Dichter, Musikanten, Akrobaten noch Narren am Hof. Bres ist geizig. Es ermangeln ihm die eigentlichen Königstugenden Gastfreundschaft und Freigiebigkeit, was ihn disqualifiziert und ihm »die erste Satire Irlands« einträgt.

→ Cairbre, der in einem dunklen Kämmerchen ohne Feuer auf dem Fußboden übernachten mußte, abgespeist mit kaum mehr als drei harten Brötchen, faßt diese Beleidigung seines Berufsstandes, diesen empörenden Rechtsbruch – das Gesetz schrieb vor, wie → *fili* zu empfangen waren –, in ätzende Verse, die Bres' Gesundheit für immer untergraben.

Jetzt bestehen die Tuatha Dé Danann auf Abdankung, aber Bres läuft zu den Fomoriern über, so daß die Zweite Schlacht von → Mag Tuired unausweichlich wird.

Nach deren Sieg sieht Bres seine ehemaligen Untertanen als Gefangener wieder und bittet um sein Leben. Bei angemessener Kompensation soll es ihm geschenkt werden. Aber Kühe, die das ganze Jahr Milch geben, oder das Angebot vierteljährlicher Ernten reichen den Tuatha Dé Danann nicht. Erst die Preisgabe des günstigsten Tages zum Pflügen, Säen und Ernten, jedesmal ein Dienstag (vgl. → Coligny-Kalender), erfüllt die Bedingung.

Während zwei Fassungen des → *Lebor Gabála Érenn* knapp mitteilen, Bres sei in der Zweiten Schlacht von Mag Tuired gefallen, fügt die dritte kryptisch hinzu, »Bres fiel durch Lug Lamfadas → Zauberei«.

Nach dem → *Dindsenchas* mußte sich Bres, beim Milchstehlen in Munster erwischt, auf einen Zauberstreit mit Lug einlassen. Dieser läßt dreihundert hölzerne, mit Sumpfwasser gefüllte Kühe wie echte aussehen. Bres, für den es → *geis* ist, an jenem Ort Gemolkenes abzuschlagen, leert dreihundert Kessel der ekligen Brühe, worauf er nach längerem Siechtum eingeht.

Beide Anekdoten verraten, warum Bres den Tuatha-Dé-Danann-Göttinnen so sympathisch ist: Er steht ihnen nahe, er kennt sich in den Geheimnissen der Vegetation aus. Er ist deshalb als Fruchtbarkeitsgott gedeutet worden – J. de Vries vergleicht ihn sogar mit Freyr, dem skandinavischen Gott der Fruchtbarkeit, der Schönheit und des Reichtums. Doch dieser irische Fruchtbarkeitsgott besitzt in keltischer Manier eine Doppelnatur. Als Herrscher hat er alle Möglichkeiten des Fruchtbarkeitsgottes, setzt sie aber nicht ein – er ist geizig, er hortet alles und jedes. Erst abgesetzt und besiegt, teilt er sich mit. Er repräsentiert einerseits die als Potential des Lebens aufgefaßten

Todeskräfte, andererseits kennt er die Magie, die die Lebenskräfte freisetzt. Im Jahreszeitenzyklus stünde er an der Stelle des Winters, der nach seiner Herrschaft in die neue Vegetationsperiode übergeht.

Brian, Iuchar und Iucharba

Die drei Söhne der → Dana, Brian, Iuchar und Iucharba, manchmal als die → »drei Götter der → Tuatha Dé Danann« bezeichnet, treten nur als Trio auf. R. Thurneysen hält es für möglich, daß sie aus einem vor-Dé-Danann'schen Götterstratum stammen. Es sind schattenhafte Gestalten, die sich nur hervortun, indem sie → Cian umbringen, wofür sie von → Lug gezwungen werden, eine Entschädigung zu bezahlen, bei deren Beschaffung sie selbst das Leben verlieren (vgl. → Tuirinn).

Bricriu

Der bekannteste Unfriedensstifter der irischen Sage ist Bricriu »Nemhthenga«, »Giftzunge«, vergleichbar mit → Evnissyen aus dem → *Mabinogion*. Mit Raffinesse zettelt er Intrigen an, z. B. die Entführung der → Flidais oder die Beschaffung des *ollam*-Titels (vgl. → *fili*) gegen Lohn für einen jungen Dichter, zu Lebzeiten des rechtmäßigen Trägers.

Immer nähert er sich seiner Umwelt mit der Hoffnung auf Erfüllung ihrer geheimsten Wünsche – um die Menschen dann gegeneinander auszuspielen, mit Vorliebe die → Helden von Ulster, wie das *Fest des Bricriu (Fledh Bhricrenn)* berichtet: Zwar bereitet Bricriu das Festmahl ein ganzes Jahr vor, aber der Ulsterhof nimmt die Einladung nur unter Druck an – Bricriu droht, er würde sonst Fürst gegen Edle, Sohn gegen Vater, Tochter gegen Mutter und »die Brüste jeder Frau von Ulster« gegeneinander aufhetzen. Immerhin werden zur Sicherheit acht bewaffnete Bürgen gestellt, die Bricriu, gleich nach der Eröffnung des Gastmahls, aus der Halle hinauswerfen sollen.

Bricriu ist es nicht neu, daß ihn die Helden nicht unter sich dulden. An seiner prächtigen, eben fertiggestellten Festhalle hat er sich eigens einen Turm mit Glasfenstern anbauen lassen, so daß er von seinem Lager aus alles mitverfolgen kann!

Außerdem macht er sich schon zuvor an → Loegaire, → Conall und → Cúchulainn heran und flüstert jedem zu, daß ihm, als dem größten Helden von Ulster, die »Heldenportion« → *curad-mír*, d. h. das beste Stück Fleisch, gebühren solle. Natürlich glauben die Helden, den Konflikt mit Waffengewalt lösen zu müssen, da alle drei diese fordern! → Sencha jedoch behält einen kühlen Kopf, empfiehlt, die Heldenportionen unter die drei aufzuteilen und die Entscheidung auf später, d. h. zwei weitere Geschichten, aufzuschieben. Enttäuscht über den harmonischen Ausgang lauert Bricriu den drei Gemahlinnen Fedelm, Lennabair und → Emer auf und überzeugt jede einzelne davon, daß ihr allein der Vortritt vor allen Frauen Ulsters gehört. Die drei schreiten darauf zuerst würdig zur Festhalle zurück, laufen dann immer schneller und rennen schließlich mit »bis zu den Hüften gehobenen Hemden« auf das Tor zu, das Sencha wohlweislich geschlossen hält, um ein Blutbad unter den Männern zu vermeiden. Die Damen machen die Sache durch einen »Wettstreit mit Worten« unter sich aus, in dem jede sich und ihren Gatten rühmt. Loegaire reißt nun zwei Balken aus der Wand, um die Frauen hereinzulassen, während Cúchulainn die gesamte Hauswand hochhebt und sie dann mit solcher Wucht wieder fallen läßt, daß Bricrius kunstvoller Turm umstürzt und ihn und seine Frau, zum offensichtlichen Vergnügen des Erzählers und dessen Publikum, auf den Misthaufen katapultiert. Auf der reinen Erzählebene sorgt Bricriu etliche Male für komische Entspannung und bildet darüber hinaus den Motor für jene Geschichten, die die Heldenhaftigkeit Cúchulainns beweisen. Bricriu ist zwar eine weniger düstere Figur als → Mac Da Thó, aber ihm in mythologischer Funktion sehr ähnlich.

Brigantia

Als die Römer um 43 v. Chr. Südengland eroberten, saßen die Brigantes, eine Konföderation keltischer Stämme mit beträchtlichem vorkeltischen Anteil, schon seit Jahrhunderten zwischen dem Mersey und der schottischen Grenze. Das damalige Oberhaupt dieses Verbandes war die Königin → Cartimandua, aber der grundsätzlich einigende Faktor war die Verehrung der Brigantia, »der Hehren«, »Hohen«, als oberste Göttin und gemeinsame

Mutter. Brigantia gehört somit in die Reihe der großen königlichen → Muttergöttinnnen, zu → Rigani, → Dôn, → Dana, und dürfte identisch sein mit der irischen → Brigit. Beide Namen nützen den Stamm ir. »brig« = »Hoheit, Machtfülle« und bilden die Grundlage zu Ortsnamen quer durch Europa. Diese Brigit/Brigantia reicht mit ihren Wurzeln bis in die Mutterkulte der Steinzeit zurück. Die einzige mit Namen versehene Darstellung der Brigantia, das Relief von Birrens (heute im Besitz des National Museum of Antiquities of Scotland, Edinburgh) ist vergleichsweise jung und stark klassisch beeinflußt. Es zeigt die Gottheit als gekrönte, auf einer Kugel stehende Göttin mit den Attributen der Minerva. Brigantia personifizierte das Territorium, schützte es in Kriegszeiten unter dem Aspekt der Kriegerin (vgl. → Andraste, → Morrígan) und kümmerte sich im Frieden um die Herden, und, in Form der Flüsse (vgl. → Gewässer), wie Braint und Brent, um die Fruchtbarkeit des Bodens. Eine Inschrift von Irthington an die »deae Nymphae Brigantiae« deutet auf eine Heilerfunktion hin.

Brigit

Das irische Gegenstück zur → Brigantia ist Brigit. Es ist nicht ausgeschlossen, daß jene Brigantes, die sich im Südwesten Irlands und auf der Ebene von Meath niederließen, die große Göttin unter diesem Namen nach Irland brachten, wo sie natürlich neben allerlei anderen bereits verehrt wurde.

Der Name geht auf einen indoeuropäischen Stamm zurück und bedeutet »Hoheit«, »Erhabenheit«. Eine Reihe von Orts- und Flußnamen wurden aus ihm gebildet: Bragança in Portugal, Bregenz, die ehemalige Hauptstadt der Brigantes am Bodensee, Brig im Wallis, die Ebene von Brega in Irland sowie Braint, Barrow und Brent in Britannien und Irland. Interessanterweise entwässert ein »Brent«, unweit von Glastonbury, das ehemalige Sumpfgebiet um die Insel → Avalon.

In Irland nahm Brigit einen solchen Rang ein, daß ihr Name gleichbedeutend mit »Göttin« wurde. Das → *Lebor Gabála Érenn* stellt sie als Tochter des → Dagda und Besitzerin der beiden magischen Ochsen Fea und Femen vor (vgl. → Stier). → *Cormacs Glossar* (frühes 10. Jh.) bezeichnet sie als Dichterin und Prophetin, Schutzherrin der → *fili*, während ihre beiden gleichnamigen Schwestern Ärzte und → Schmiede bzw. Handwerker in ihre Obhut nahmen. Brigit kann also als dreifache Göttin in → drei Verkörperungen erscheinen.

Neben diesen aristokratisch-kreativen Berufen der → Druidenklasse unterstanden ihr die Landwirtschaft mit dem Bauerntum. Brigit sorgte für Vieh und Ernte und hielt in Gestalt der Flüsse das Land fruchtbar. Den Frauen stand sie bei der Geburt bei und hielt ihre schützende Hand über die Kinder. Unzählige ihr geweihte → Quellen weisen auf ihre Heilerfunktion. Ihr eigentliches Attribut war jedoch das Feuer (vgl. → Elemente) – »Brigits feuriger Pfeil« wurde sprichwörtlich.

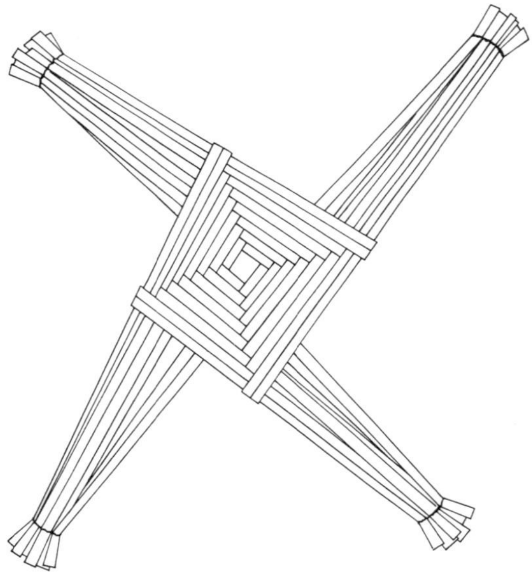

St. Brigids-Kreuz.

Ihr göttliches Feuer war letzlich vom selben kosmischen Ursprung wie die Sonne: Brigit besaß eine nicht zu unterschätzende Sonnenkomponente – ihr Sonnensymbol, ein Swastika, übernahm die → St. Brigid von Kildare als »St. Brigids-Kreuz«.

In Kriegszeiten zählten vor allem die Männer der Provinz Leinster auf ihre Unterstützung. Dort, in Kildare, neben einer heiligen Eiche (vgl. → Bäume), stand ihr Heiligtum, das christianisiert werden sollte.

Das *Buch von Leinster* (vgl. → *Lebor Laignech*) macht Brigit zur Mutter des → Bres anstelle der → Ériu. An sich ändert dieser Namenswechsel nichts an ihrer Funktion – denn → Banba, → Fódla, → Ériu sind ebenfalls Manifestationen der dreifachen Muttergöttin.

Nach der gebräuchlicheren Überlieferung war sie die Gattin des Bres und schenkte ihm den Sohn → Ruadán, den sie tragischerweise wieder verlor, so daß zum erstenmal »Schreien und Weinen«, d. h. die rituelle Totenklage in Irland ertönte (vgl. → *banshee*), womit Brigit auch den Tod in ihren Wirkungsbereich mit einbezog.

Brigit wird von Keltologen gern als keltische → »Minerva« apostrophiert – zu Recht, da viele ihrer Funktionen mit denen der klassischen Göttin zusammenfallen; sie ist jedoch nicht die einzige, die sich unter deren Deckmantel begibt (vgl. → Rigani, → Brigantia, → Sul)! Gegen die große Muttergöttin Brigit kam die frühkeltische Kirche nicht auf, so daß ihr nichts anderes übrigblieb, als sie zu christianisieren.

bruiden

An sich war ein *bruiden* eine Hügelfestung mit weiter Sicht, die Gäste aufnahm, erlangte jedoch mehr die Bedeutung einer Banketthalle eines Fürsten der → Anderswelt, in der sich das immerwährende Festmahl und der Verzehr des magischen → Schweines abspielte.

Laut der *Geschichte vom Schwein des → Mac Da Thó* standen in Irland zur Zeit → Medbs und → Ailills neben dem *bruiden* von Mac Da Thó noch fünf weitere: von Forgall Manach, Mac Da Reo, Da Choca, Da Derga, Blai Briuga. Jeder war ausgestattet mit einem unerschöpflichen → Kessel und Ruhebetten für die Gäste. Die Darstellung der Zerstörung dieser Festhallen bildet geradezu eine literarische Gattung.

Bruig na Bóinne

Mit »Bruig na Bóinne« bezeichnet die irische Sage sowohl den ganzen Megalithfriedhof (vgl. → Megalithgräber) von ca. fünfundzwanzig Gräbern in der Schleife des Boyne (vgl. → Boand) als auch die drei größten auf den Bodenwellen von Knowth, Dowth und vor allem → Newgrange. Die Grabhügel gelten als Eingänge zur → Anderswelt, als die Paläste, die herrschaftlichen Häuser, die wunderbaren Wohnungen der ehemaligen → Tuatha-Dé-Danann-Götter, wo → Nuadu, → Dagda, → Elcmar, → Oengus dem großen Festmahl für die Abgeschiedenen vorsitzen (vgl. → *síd*).

An anderer Stelle ist jedoch auch ganz nüchtern von Bruig na Bóinne als dem Grab des Dagda und seiner Söhne bzw. Enkel oder → Diarmaids die Rede.

Buche → **Bäume**

Caer Ibormeith

Der Traum von Oengus (Ailsinge Oenguso) erzählt, wie → Oengus aus unglücklicher Liebe zu einer schönen Unbekannten aus der → Anderswelt dahinsiecht. Nach langer, komplizierter Suche, in die → Boand und → Dagda verwickelt werden, findet schließlich → Bodh den Namen des Mädchens heraus. Sie ist Caer Ibormeith, »Eibenbeere« (vgl. → Bäume), die Tochter von Ethal Ambuail aus dem → *Síd Umain* in Connacht. Ihr Vater hat jedoch keine Macht über sie, denn ihre Zauberkräfte (vgl. → Zauber) sind stärker. Jedes zweite Jahr läßt sie sich und ihre 150 Frauen in Schwanengestalt (vgl. → Vögel) zu → *Samhain* auf dem Lough Bél Draco nieder. Oengus trifft sie dort endlich und darf sie umarmen, nachdem er versprochen hat, sie wieder zum See zurückkehren zu lassen. Daraufhin wird auch er zum Schwan, und zusammen umkreisen sie dreimal das → Gewässer, um sich dann im → Bruig na Bóinne als Ehegatten häuslich niederzulassen.

Cailb

Auf seinen Namen angesprochen antwortet das gräßliche alte Weib, das König → Conaire in der *Zerstörung der Festhalle → Da Dergas* aufnimmt, mit »Cailb«, um gleich Dutzende weiterer Namen hinterherzuschicken, u. a. auch → Badh. Cailb ist also identisch mit Badh: Beides sind letzlich Manifestationen der → Muttergöttin, die dem Leben entgegenwirkt und so zur Kriegs- und Todesgöttin wird.

caillech

In der irischen und schottischen Volksüberlieferung ist die *caillech*, das häßliche, alte Rie-

»Die Söhne Calatins töten Cúchulainn mit einem vergifteten Speer« (*verzierte Lanzenspitze; Magyar Nemzeti Múzeum, Budapest*).

senweib, das sich im Handumdrehen zu einem strahlend schönen, jungen Mädchen wandeln kann, eine beliebte Figur. »Caillech« bedeutet wörtlich die Verschleierte, die mit der Kapuze (vgl. → *genius cucullatus*).

Sie wird für die Lage von Hügelzügen, Bergen, Seen oder Inseln verantwortlich gemacht, und Dolmen, Menhire, Steinhaufen (vgl. → Steine) sind ihr »aus der Schürze gefallen«.

Bei der Ernte wurde die letzte Garbe »caillach« genannt und vielerorts als Puppe ausstaffiert. Niemand jedoch band sie gern, aus Furcht, »die Alte den Winter durchfüttern zu müssen«. In manchen Gegenden wurde sie zum Erntedank feierlich in die Kirche getragen oder an einem Ehrenplatz im Haus aufgestellt. Im Frühjahr bekam sie das Vieh oder die Pferde, sozusagen als Präventivmedizin, zu fressen.

Die *caillech* geht auf die keltische → Muttergöttin zurück, und zwar in deren Winteraspekt: alt, absterbend, jedoch Kräfte für den neuen Lebenszyklus sammelnd.

Die berühmteste *caillech*, »die Alte von Beare«, *caillech* Bhérri, von der gleichnamigen Halbinsel im Südwesten Irlands (Gr. Cork/Kerry), fand im 8./9. Jh. Eingang in die frühe irische Literatur. An der *caillech* Bhérri läßt sich die Entwicklung von der Göttin bis zur volkstümlichen Gestalt lückenlos ablesen: Topographische Namen weisen nach, daß sie in ganz Irland verehrt wurde; der Stamm der Corco Duibne stand unter ihrem besonderen Schutz. Ihre Kinder und Enkel schwollen zu »Völkern und Rassen« an, allein auf der Halbinsel Beare kümmerte sie sich um fünfzig Pflegekinder, denn sie erlebte ihre Jugend siebenmal erneut, während sie den jeweiligen Gatten als Greis begrub. Sie besaß den berühmten → Stier von Connra, an den A. Ross eine Sage anknüpft, nach der vier Kraniche (vgl. → Vögel) durch dessen Blut ihre frühere Menschengestalt wiedererlangten. Diese Geschichte tönt wie ein entferntes Echo des → Rigani-Mythos.

Ein Kleriker macht die *caillech* im 8./9. Jh. in einem großartigen lyrischen Gedicht zur »Nonne von Beare«. Jetzt, da das Christentum auf dieser Erde keine → Metamorphose mehr erlaubt, ist sie endgültig alt geworden und setzt in wehmütigen Worten und glanzvollen Bildern die Macht und Schönheit ihrer Jugend ihrem hilflosen, verarmten und verschrumpelten Alter entgegen.

Cairbre

Der Sohn Etans, Cairbre, älter Coirpre, ist jener Dichter (vgl. → *fili*), der sich für → Bres' ungebührliche Behandlung mit der ersten Satire Irlands rächt. Dies kostet den unwürdigen König Gesundheit und Thron (vgl. → Zauber).

Cairbres Mutter, eine der beiden Töchter des → Dian Cécht, war selbst eine Dichterin und wird gelegentlich mit der → Brigit identifiziert.

Calatín

Ein Giftmischer und Haarspalter ist Calatín, der Connaughter; seine vergifteten Speere töten unfehlbar innerhalb von → neun Tagen. Er stellt sich im → *Táin Bó Cuailnge* → Cúchulainn zum Zweikampf mitsamt seinen siebenundzwanzig Söhnen und einem Enkel, mit der Begründung, sie alle zählten als ein Mann, da sie »Glieder seiner Glieder« seien. Mit Hilfe eines Freundes macht ihnen Cúchulainn den Garaus, nichtsahnend, daß er damit dem Schicksal eine Waffe gegen sich selbst in die Hand gibt. Calatín wurden Sechslinge nachgeboren, → drei Knaben und drei Mädchen, → *bodhs*, bzw. eine *bodh* in drei Aspekten. Sie sind eindeutig dämonische Wesen, was → Medb unterstützt, indem sie sie auf einem Auge blenden und ihnen einen Fuß und eine Hand entfernen läßt. Siebzehn Jahre lang un-

»Zum Fest der Carman versammeln sich u. a. die Tänzerinnen, Tänzer, Jongleure und Akrobaten« (Bronzefiguren aus dem Hortfund von Neuvy-en-Sullias; Musée Historique, Orléans).

terrichtet sie sie in → Zauberei und schürt Rachegefühle gegen Cúchulainn.

Für die Schlacht von Muirthemne schmieden die Söhne in je einem »Tag von sieben Jahren« drei Speere (vgl. → Blitz) – einer davon wird Cúchulainn tödlich treffen.

Carman

Die Festversammlung Carmans war, mit einer Unterbrechung, bis 1023 das große, religiös-soziale Ereignis für die Bewohner der Provinz Leinster. Lange, kunstvolle Gedichte aus den *Büchern von Leinster* (vgl. → *Lebor Laignech*) und *Ballymote* (14. Jh.) berichten bis in alle Einzelheiten, wie sie verlief. Dreijährlich im August fanden an sieben Tagen, nach Stämmen geordnet, Spiele statt, u. a. Pferde- und Wagenrennen, dazwischen war Gelegenheit für politisch-organisatorische Konferenzen, Gesetzgebung und Rechtsprechung, mythologische und geschichtliche Rezitationen und Belehrung, Dichtung und Musik, sowie reine Unterhaltung durch Jongleure, Akrobaten, Possenreißer. Drei Märkte, je einer für Lebensmittel, Vieh und »die fremden Griechen... für Gold und kostbare Gewänder«, bezogen Handel und Wirtschaft ein. Die Versammlung war sakrosankt. Den Vorsitz über siebenundvierzig Unterkönige, die Berufsstände und das gemeine Volk führte der König von Leinster. Streit in jeder Form, Schuldeintreibung und sogar Scheidungen waren untersagt. Jeder Friedensbruch wurde ungewöhnlich streng geahndet.

Der Kernpunkt der Zusammenkunft war der große, rasenüberzogene Grabhügel Carmans (vgl. → Totenkult). Eine Überlieferung, die allerdings nach jüngerer Konstruktion aussieht, führt den Namen Carman auf den Helden Garman der → Fianna zurück, die ursprüngliche jedoch auf Carman, eine mächtige Zauberin, die mit ihren → drei unheimlichen Söhnen »Dian«, »Dubh« und »Dothur« = »Gewalttätig«, »Finster« und »Übel«, »von Athen nach Irland kam«. Was sie auf ihrem Weg antraf, »vernichtete und verseuchte« sie »mit Zaubersprüchen, Zauberformeln und Zaubergesängen« (vgl. → Zauber). Ihre Söhne hinterließen ebenfalls Zerstörung »durch Magie und falsche Vorspiegelung«, wo immer sie hintraten.

In Irland angekommen, »verdarben sie die Fruchtbarkeit des Landes«, was die → Tuatha Dé Danann in solche Wut versetzt, daß sie ihr ganzes magisches Potential, → *fili,* Satiriker, → Druiden, Hexen, den vier entgegenwerfen mit dem Erfolg, daß sie die Söhne über das Meer zurückdrängen und ihnen das Versprechen abnehmen können, nie zurückzukehren. Zur Sicherheit behalten sie die Mutter als Geisel, worauf diese »aus Kummer« bald stirbt. An anderer Stelle heißt es, »der Tod sei in unsanfter Form zu ihr gekommen«, d. h., daß sie eines gewaltsamen Todes gestorben sei (vgl. → Opfer). Vor ihrem Ende verpflichtete Carman die Tuatha Dé Danann, ihr zu Andenken ein Fest mit Spielen und einem Jahrmarkt einzusetzen – was diese getreulich einhielten, »solange sie in Erinn lebten«.

Carman repräsentiert die Kräfte der »negativen« → Muttergöttin, derjenigen, die sich gegen ihre eigene Funktion wendet, die verwüstet statt zu ordnen, zerstört statt wachsen zu lassen, hungern läßt statt zu ernähren, den Tod bringt an Stelle des Lebens. Dürre, Frost, Seuche, Krankheit sind die Mittel, die die Fruchtbarkeit zunichte machen.

Das Fest erwuchs also aus der Vorstellung, daß es den Tuatha Dé Danann gelang, die Anti-Lebenskräfte zu überwinden, den Tod zum Sterben zu bringen und damit den Lebenskräften einen solchen Aufschwung zu geben, daß die Fruchtbarkeit von Erde, Vieh und Mensch für die nächsten drei Jahre, bis zum nächsten Fest, sichergestellt war.

Die Carman-Gedichte sprechen diesen Zusammenhang deutlich aus: Das Fest hatte einen stark religiösen Charakter, war eine religiöse Pflicht und Übung. Wer es nicht mitfeierte, wurde mit dem Erlahmen der Lebenskräfte bestraft, was sich äußerte in:

Kahlköpfigkeit, Feigheit, frühzeitigem Ergrauen
– ein König ohne Weisheit, ohne Reichtum,
ohne Gastfreundschaft, ohne Wahrheit.

Andererseits durften Anwesende rechnen mit:

Korn, Milch, Friede, Wohlergehen, Gedeihen,
→ Gewässer in aller Fülle,
gerechte Gesetze, Treue gegen den König . . .

(vgl. → rechtmäßige Herrschaft).

Cartimandua

Im Gegensatz zu → Boadicea verbündet sich die Königin der Brigantes (vgl. → Brigantia), Cartimandua, mit den Römern und liefert ihnen den um Hilfe bittenden König der Silures, Caratacus, aus. Sie ersparte damit ihrem Volk eine Invasion und rettete dem Verfolgten das Leben, das er allerdings als Geisel in Rom verbringen mußte.

Geschichtsbücher stellen Cartimandua gern als verräterisches, treuloses Weib hin, zumal sie sich von ihrem Gatten scheiden ließ, als dieser sich der antirömischen Revolte anschloß, und seinen Adjutanten heiratete. Nichtsdestotrotz entspricht ihr Verhalten dem Prinzip der territorialen → Muttergöttin, die sich mit dem → rechtmäßigen Herrscher vermählt, um die Fruchtbarkeit der Erde zu gewährleisten. Sie dürfte sich genauso wie Boadicea mit der Muttergöttin identifiziert haben, allerdings nicht mit dem Aspekt der Kriegerin und Rächerin, sondern der Schützerin und Erhalterin, die ihr Volk nicht an einer überlegenen Kriegstechnik zugrunde gehen lassen wollte – wie es schließlich der Partei ihres Exgatten geschah.

Casswallan

Nach dem → *Mabinogion* bemächtigt sich Casswallan, → Belis Sohn, → Brâns Thron während dessen Abwesenheit und verwüstet das Land. Das Herz von Brâns Sohn »brach aus Verzweiflung«, weil von dem unter einem Tarnmantel (an anderer Stelle vielfarbenen Mantel) kämpfenden Casswallan außer dem mordenden Schwert (vgl. → Blitz) nichts zu sehen war, so daß er nicht erfahren konnte, wer seine Gefährten tötete.

Durch Casswallan verliert → Manawydan sein Erbe; Pryderi, der einerseits Manawydan unterstützt, huldigt andererseits Casswallan als seinem Oberherrn.

Eine *Triade* (vgl. → drei) zählt ihn, zusammen mit Manawydan und → Lleu zu den → drei »großen Schuhmachern« Britanniens, während das *Mabinogion* Pryderi an dessen Stelle setzt. Verdächtigerweise fällt jedoch ganz unmotiviert Casswallans Name, als Pryderi und Manawydan beschließen, sich dieser Kunst zuzuwenden.

Ferner existiert in der walisischen Manuskript-Sammlung *Myvyrian Archaeology of Wales* eine Überlieferung, wonach Casswallan seine Geliebte Fflûr, eine Blumenfrau wie → Blodeued und → Bláthnad, aus den Händen der Römer errettet, was die Eroberung Britanniens nach sich zieht. Dieses historisch-mythologische Gemisch setzt Geoffrey of Monmouth fort, indem er an Casswallans Stelle den von Caesar erwähnten König Cassievelaunus von Wales und der Bretagne treten läßt, als »Bruder des → Lug und zweiter Sohn des Heli« (sic). Er bekämpft den römischen Eroberer und bringt ihm → drei Niederlagen bei, bevor er sich ausgehungert ergibt.

Soweit sich diese Bruchstücke eines Mythos deuten lassen, scheint sowohl dem mythologischen Casswallan als auch dem historischen Cassievelaunus ein Gott Modell gestanden zu haben, der die Ergänzung z. B. zu einem Brân bildete. John Rhys gibt ihm, des Tarnmantels wegen, den er als das helle, strahlende Tageslicht sieht, eine starke Sonnenkomponente. Demnach wäre er der Gott der → Anderswelt, der das Leben wiedererzeugt. Als Handwerker rückt er in die Nähe des → Lug. Daß er ausgerechnet Schuhe anfertigt, weltweit ein sexuelles Symbol, unterstreicht die Rolle als Hervorbringer des Lebens, besonders im Zusammenhang mit Fflûr, die wie die anderen Blumenfrauen eine → Muttergöttin gewesen sein dürfte.

Cathbad

Der ganze Hof von Ulster, inklusive König → Conchobar, beugen sich bedingungslos der wohlbegründeten Autorität des obersten, königlichen → Druiden, Cathbad. Dieser beherrschte wie kein zweiter die Kunst, Glücks- und Unglückstage zu unterscheiden (vgl. → Coligny-Kalender) und in die Zukunft zu sehen (vgl. → Wahrsagerei), zwei Disziplinen, in denen er seine Schüler in → Emhain Macha unterrichtete.

Nach zwei Sagenfassungen ist Conchobar Cathbads Sohn und verdankt sein Leben dem Umstand, daß der Tag günstig war, »einen König mit einer Königin zu zeugen«, eine Gelegenheit, die sich seine Mutter, Prinzessin → Ness, nicht entgehen ließ.

Als Cathbad vor seinen Schülern demjenigen, der an diesem Tag gewillt war, Männerwaffen aufzunehmen, eine kurze, jedoch brillante Heldenkarriere voraussagte, pflanzte sich der damals siebenjährige → Cúchulainn vor seinem König auf und verlangte die Erwachsenenausrüstung. Sein Lebenslauf bewies die Richtigkeit der Prophezeiung. Ebenso bewahrheitete sich Cathbads Zukunftsprognose für → Deirdre: Am Schrei der Ungeborenen vermochte er ihre Schönheit sowie ihr Verhängnis vorherzusagen. Cathbad wirkt in einigen Sagen auch als Magier. Zwischen die erschöpften Ulstermänner und ihre Feinde zaubert er Wasser, und dem über den selbstverschuldeten Tod seines Sohnes → Conlai halb verrückt gewordenen Cúchulainn läßt er barmherzig die Meereswellen als Angreifer erscheinen, so daß er sich an ihnen bis zur Erschöpfung austobt, statt in den eigenen Reihen zu rasen.

Cenn Cruach → **Crom Cruach**

Ceridwen

Die mittelalterliche *Hanes Taliesin (Geschichte Taliesins)* gibt uns Einblick in das Wirken, vielleicht sogar des Prototyps, der großen walisischen Muttergöttin. J. Markale bringt Ceridwen in Zusammenhang mit der griechischen Korë und der römischen Ceres und schlägt für alle drei die indogermanische Wurzel »ker« = »wachsen« vor (vgl. → Cernunnos). Sie ist die Gattin des hochgeborenen Tegid, dem Kahlen von Llyn Tegid, dem sagenumwobenen Bala Lake im Norden von Wales, unter dessen Wellen sich ihre → Anderswelt-Wohnung befindet. Die bemerkenswertesten ihrer Kinder sind Creirwy, »die schönste Frau der Welt«, und → Morvan oder Afangdu, ein solches Monstrum, daß es als Vorlage zum Teufel taugt.

Um dessen bodenlose Häßlichkeit auszugleichen, will Ceridwen ihren Sohn durch den »Trunk der Inspiration und aller Weisheit« zum berühmtesten Seher und Weisen aller Zeiten machen. Ein Jahr und ein Tag brodelt der Kräutersud in Ceridwens magischem → Kessel unter der Obhut von → Gwion Bach, der das Feuer nicht ausgehen lassen darf. Kurz vor Ablauf der Zeit verbrüht er sich den Finger an → drei Tropfen, worauf er ihn unwillkürlich in den Mund steckt (vgl. → Fionn). Von dem Augenblick an ist er ein Erleuchteter, vor dem Vergangenheit, Gegenwart und Zukunft offenliegen, einschließlich der Gefahr, die ihm von Ceridwen droht. Er flieht, den berstenden Kessel hinter sich lassend, in Gestalt eines → Hasen, eines → Fisches, eines → Vogels, aber die → Muttergöttin verfolgt ihn als → Hund, Fischotter und Falken (vgl. → Metamorphose). Schließlich zieht sich Gwidion zu einem Weizenkorn zusammen, das Ceridwen als schwarze Henne, ein Symbol für die Erde, aufschluckt, davon schwanger wird und ihn als solch hübschen Jungen wieder zur Welt bringt (vgl. → Wiederverkörperung), daß sie ihn nicht zu töten vermag. Sie steckt ihn daher in einen Fellsack und wirft ihn ins Meer (vgl. → Gewässer). Prinz Elphin, »der Glücklose«, fischt den Sack am Vortag von → *Beltene* aus einer Fischreuse, findet das Kind und gibt ihm den Namen → Taliesin.

Cernunnos

Gehörnte Götter entsprechen allgemein europäischen, wenn nicht universalen Vorstellungen und reichen bis in die Anfänge der Bronze-, möglicherweise bis in die Steinzeit zurück. Die Kelten trugen diese bis in die gallo-römische Periode hinein, wobei sich natürlich im Laufe der Zeit die mythologische Einbettung änderte und sich die Betonung der Funktionen dieser Götter regional verschieben konnte. Trotzdem läßt sich ab dem 4. Jh. v. Chr. von Irland bis Rumänien ein Gott mit ähnlichen Zügen feststellen. Meist von einem → Hirschgeweih gekrönt und mit einem → Torques geschmückt sitzt er, von einer → Schlange begleitet, mit untergeschlagenen Beinen in sogenannter Buddhahaltung da. Diese relativ klar umrissene Ikonographie, die noch immer Raum für örtliche Varianten bietet, rechtfertigt für diese Erscheinung den gebräuchlichen Sammelnamen »Cernunnos«, »der Gehörnte«. »Cer« dürfte der indoeuropäischen Wurzel »ker« = »wachsen« entsprechen (vgl. → Ceridwen): Er ist der Gott, der mit Wachstumskräften zu tun hat, die sich an seinem Haupt als Hörner manifestieren. Die Inschrift »[C]ERNUNNOS« auf dem Nautendenkmal im Musée de Cluny, Paris, hat ihn geliefert. Das Relief darunter zeigt ein jugendliches, vollippiges Antlitz, an dessen Schläfen oder Helm zwei stilisierte, mit je einem Halsring behangene Geweihstangen ansetzen. Darüber befinden sich gut ausgebildete Rinderohren, obwohl der Gott ganz normale Menschenohren besitzt. Dieser Cernunnos ist der Gott der in seinem Falle unter der Erde angesiedelten → Anderswelt, der die im Tode gefangenen, gehorteten Lebensimpulse wieder freisetzt und mit Hilfe der → Muttergöttin Gestalt annehmen läßt. Er ist es, der die Säfte in den Pflanzen hochtreibt, der die Reproduktionskräfte in Mensch und Tier anregt. Er ist ein Gott des Lebens im weitesten Sinne, von Fruchtbarkeit, Wachstum, Bewegung, Handel und Verkehr, Beutezügen und erfolgreichen Kriegen. Er wird gern mit dem → »Dis Pater« gleichgesetzt; → Esus und → »Merkur« stehen ihm nahe und sind, regional bedingt, teilweise oder ganz identisch mit ihm. Er kann, vor allem in Britannien, eine Komponente mit dem »Mars« teilen.

Eine Felszeichnung im → Val Camonica in Norditalien dokumentiert den Beginn der Entwicklung dieses Typs des »Gehörnten«. Übergroß und ehrfurchtgebietend steht der mit einem Hirschgeweih Ausgestattete vor seinem winzigen, menschlichen Verehrer. Auch er hält die Hände zum Gebet erhoben, in der traditionellen *orans*-Geste, wobei sein rechter Arm ein → Torques schmückt. Seine Begleiterin ist die gehörnte → Schlange. Es ist das Verdienst des Direktors des Museo Didattico

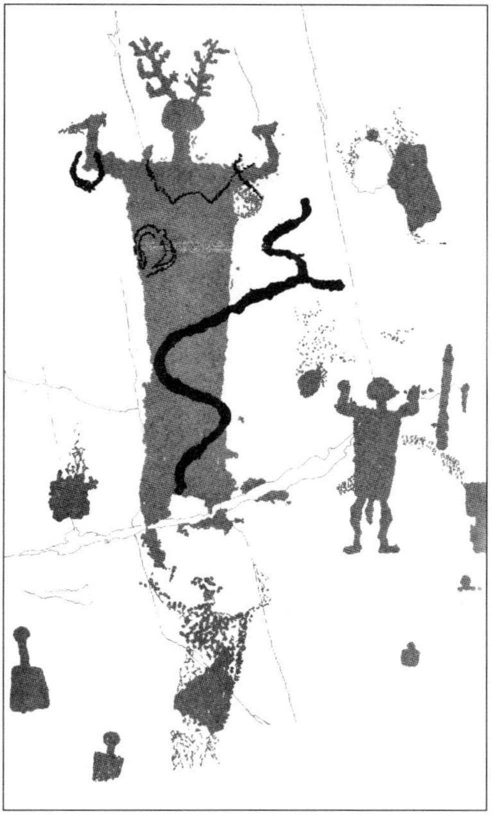

Cernunnos mit Torques und gehörnter Schlange (Felszeichnung, Val Camonica).

d'Arte e Vita Preistorica von Capodiponte, Ausilio Priuli, durch Abnehmen der Oberfläche herausgefunden zu haben, daß die Schlange nicht, wie auf den üblichen Abbildungen, auf der linken Hüfthöhe hinter seinem Rücken hervortritt, sondern sich vor ihm in zwei großen Schwingungen aus der Erde emporwindet. A. Ross fiel auf, daß dieser Cernunnos, im Gegensatz zu seinem Verehrer, nicht phallisch ist. Es ist die Schlange, das Kürzel für die Erdkräfte, für die Muttergöttin, die sich an der Stelle des Phallus befindet. Das Bild ist genial in seiner Suggestionskraft: Die aus dem Boden zwischen den Füßen des Gottes sich kraftvoll emporwindende Schlange deutet die Vereinigung des männlichen und des weiblichen göttlichen Prinzips an und gleichzeitig das Aufsteigen der Vegetationskraft nach dem Winter. Per Assoziation wird der heilige Baum (vgl. → Bäume) miteinbezogen. Da zu Füßen der Gruppe einige jener Schaufeln liegen, mit denen die Asche der Toten zusammengekehrt wurde, spielt auch die Auferstehung vom Tode hinein. Außerdem wird auf diese Weise die Schlange zum Gegenstand der Verehrung und Anbetung – sowohl für den kleinen Menschen als auch für den mächtigen Gott. Alles in allem feiert der Cernunnos vom Val Camonica den Triumph des Lebens über den Tod.

Allein Gallien kennt über dreißig Cernunnos-Darstellungen. Im 3. Jh. setzte sich die sog. »Buddhahaltung« durch. Der feingestaltete Gott von Bouray im Museum von St. Germain-en-Laye trägt zwar den Torques, aber keine Hörner – dafür enden seine untergeschlagenen Beine in Hirschhufen. Seine übergroßen Emaille-Augen bzw. das eine übriggebliebene hat den schmelzenden Blick eines Rehs. J.-J. Hatt reiht ihn unter die Cernunnos/→ Esus-Mischformen ein (vgl. → Rigani). Ähnlich steht es mit der Statue im Museum von Besançon: Dem jungen Mann im Schneidersitz sprießen Hirschohren!

In Reims im Musée St. Remi sitzt unter einem kräftigen Hirschgeweih der Gott mit dem Torques, flankert von → »Apollo« und → »Merkur«, mit gekreuzten Beinen auf einem Podest und läßt einen wahren Sturzbach von Münzen aus einem anscheinend unerschöpflichen Sack herausquellen. Ihm zu Füßen, links und rechts vom goldenen Strom, stehen sich ein → Stier und ein → Hirsch vis-à-vis.

Die beiden Statuen von Autun (im Musée Rolin) und von Sommerécourt (im Musée d'Épinal) ähneln sich darin, daß sich der Gott mit zwei Schlangen befaßt. In Autun sitzt eine gedrungene, torquestragende, schnauzbärtige Bronzefigur im Schneidersitz auf einem Polster. In das Körbchen auf seinen Knien schaut von links und rechts je eine Schlange mit Widderkopf (vgl. → Widder) hinein; sie bilden einen Gürtel auf seinem Rücken und enden in Fischschwänzen. Halterungen auf der Stirne zeigen an, daß dieser Cernunnos einst Hörner trug.

Derjenige von Sommerécourt begnügt sich mit Geweihansätzen. Er kauert mit gekreuzten Beinen auf einer niedrigen Bank und hält ebenfalls etwas Korbartiges in den Händen. Zwei Schlangen legen sich über seine Arme und Schultern. Seine Begleiterin (vgl. → Rigani) füttert eine dritte.

Auf dem Relief von Vendeuvres, bei J.-J. Hatt, stehen zwei jugendliche Götter links und rechts des Cernunnos auf eingerollten Schlangen und ziehen ihn am Hirschgeweih mitsamt seinem großen Geldbeutel unter der Erde hervor.

Die ausdruckvollste Darstellung des Cernunnos befindet sich auf dem → Kessel von Gundestrup. Er sitzt in »Buddhahaltung« mit einem verzweigten Hirschgeweih auf dem Haupt, einen Torques um den Hals, einen zweiten in der Rechten, während die Linke die gehörnte Schlange hochhält, von einer Anzahl von Tieren umgeben. Diese Szene läßt eine ganze Schule von Keltologen, allen voran J. Vendryes, annehmen, daß es sich hier um den aus der indischen Mythologie bekannten Pashuprati, den »Herrn der Tiere« handelt, wie ihn z. B. das Siegel von Mohenjo-Daro darstellt. Einige nehmen dabei eine direkte Verbindung zu indischen Vorbildern an, andere reden von einer Parallelerscheinung. Letzteres scheint wahrscheinlicher; der Herr über die Lebenskräfte hat ja auch die Tierwelt unter sich.

Der bretonische, etwas obskure Heilige St. Corneille bwz. Cornely, Hüter des Hornviehs, geht seinem Namen nach auf den gehörten Gott zurück.

Auf der britischen Insel und in Irland ist er ebenfalls bekannt, obwohl er sich dort mit einem noch älteren Gehörnten vermischt. Eine der interessantesten Darstellungen ist im Corinium Museum in Cirencester zu sehen. Die Beine des Gottes sind zu zwei Schlangen geworden, die sich links und rechts hochschlängeln und gegen zwei mit Goldstücken gefüllte Börsen auf dessen Schultern züngeln.

A. Ross führt einen Cernunnos aus Meigle, Schottland, an, einen »Herrn der Tiere«, mit der örtlichen Variante von Stierhörnern statt einem Hirschgeweih, umgeben von → Bär, → Wolf und Otter. Das »Volk der Gehörnten«, die Cornavii, saßen im 1./2. Jh. n. Chr. in der Gegend von Caithness; sie standen vermutlich in demselben Verhältnis zu diesem wie die Brigantes zu ihrer → Brigantia.

Cernunnos (Ausschnitt des Kessels von Gundestrup, Nationalmuseet, Kopenhagen).

In der walisischen Literatur finden sich Spuren des Cernunnos. → Morvan, das behaarte Monster aus dem → *Mabinogion*, trug Hörner (vgl. → Horn). In → *Owein oder die Dame vom Springbrunnen* wird der »schwarze, einäugige, einfüßige Riese mit dem Eisenspeer« geschildert, der zwar erschreckend aussieht, aber nicht unfreundlich seine Macht über alle wilden Tiere demonstriert, die ein Hirsch für ihn zusammenröhrt: »Schlangen, Vipern, Löwen und allerlei Tiere . . .«

Auf der Boa-Insel im Lough Erne (Gr. Fermanagh) sitzen zwei rätselhafte, vorchristliche Steinskulpturen Rücken an Rücken, in was vor der Beschädigung eine »Buddhahaltung« gewesen sein muß. Die eine Seite unter dem bärtigen Antlitz sitzt mit gekreuzten Armen, die andere, die phalllische, mit gekreutzen Beinen da. Dort, wo die Köpfe oben zusammenstoßen, ist ein Loch, das ein Geweih hätte aufnehmen können. Allerdings fehlen Torques und Schlange.

In der irischen Sage landet Cernunnos als → Conall Cernach, »der Hornträger«, und bei diesem spielt gerade die Schlange eine große Rolle. Der Ulsterheld hilft → Fraech dessen entführte Frau und Söhne in den Alpen suchen. Eine schreckliche Schlange, vor der er mehrfach gewarnt wird, bewacht die Gefangenen; als Conall sich jedoch der Burg nähert, schießt diese »in seinen Gürtel« und bleibt darin, bis Conalls Mission erfüllt ist und er obendrein »die besten Schätze« aus der Burg getragen hat. Dann erst verläßt sie ihren Platz, »ohne daß sie sich gegenseitig Schaden zugefügt hätten«.

In der christlichen Überlieferung geschieht etwas Absonderliches. Einerseits übernehmen die Heiligen der keltischen Kirche Cernunnos' Rolle als »Herrn der Tiere«: St. Ciarán von Saighir baut seine erste Zelle mit Hilfe eines → Ebers; Wolf, Fuchs und Dachs werden seine ersten Mönche, während St. Ciarán von Clonmacnois → Hirsch und Fuchs dienen und St. Kevin von Glendalough Reh, Wolf, Otter, Eber und → Vögel gehorchen. Gelegentlich erscheint Cernunnos in »Buddhahaltung« auf Hochkreuzen, z. B. auf einem der Kreuze von Clonmacnois und »St. Adamnáns Kreuz« auf dem Kirchhof von → Tara. Andererseits sieht in ihm die Christenheit entweder den Teufel, wie ihn z. B. das Marktkreuz von Kells (Gr. Meath) darstellt, oder – vor allem in den romanischen Ländern – den »cocu«, den gehörnten Ehemann (vgl. → Rigani)!

ces noiden

Ir. *»ces noiden«* bzw. *»noinden«*, oft nur *»ces«*, »Kindbettschwäche«, bezeichnet den Schwächezustand, der seit → Machas Verfluchung (vgl. → Zauber) immer wieder über die Männer von Ulster kommt, wenn Gefahr im Anzug ist, was von ethnologisch orientierten Keltologen als eine Art Kollektiv-Couvade angesehen wird. Natürlich nützt → Medb diesen Zeitpunkt für ihren Feldzug nach Ulster (vgl. → *Táin Bó Cuailnge*).

Cessair

Je nach Fassung der ersten Invasionsgeschichte im → *Lebor Gabála Érenn* ist es Cessair, nicht → Banba, die Irland als erste mit fünfzig Frauen besiedelt. Ihr Vater, »Bith« = »Leben«, ihr Gatte → Fintan und → Ladra, der Steuermann, begleiten sie. Eine Version macht sie zur Enkelin Noahs, der sich jedoch weigert, sie und ihre Schar in der Arche aufzunehmen. So sagen sie sich von Gott los, nehmen sich einen Götzen und machen unter Cessairs Leitung ein Konkurrenzunternehmen auf. Der Sturm treibt das Schiff schließlich an die Küste Irlands. Die Männer teilen die Frauen unter sich auf: Fintan und Bith erhalten siebzehn, Ladra sechzehn. Als Ladra und Bith sterben, marschieren die Frauen geschlossen zu Cessair und Fintan zurück, der vor dem Ansturm flieht. Cessair bricht das Herz, da sie sowohl den Vater als auch den Gatten verloren hat.

Diese kuriose Geschichte ist das Bruchstück eines keltischen Sintflutmythos, in dem Cessair vermutlich die Rolle der göttlichen Stammutter für das neue Menschengeschlecht spielte. Sogar in diesem Fragment wird deutlich, daß Cessair und ihre Frauen, besonders in engem Zusammenhang mit dem Meer (vgl. → Gewässer), weibliche Urgewalten verkörpern. Allerdings lassen die christlichen Schreiber diese ergebnislos auf Irland auflaufen – Cessair und ihre Frauen sterben alle »sieben Tage vor der Flut«.

Cian

Nach der bekannteren Überlieferung ist Cian einer der Söhne des → Dian Cécht, Gatte der Ethniu (vgl. → Ethne) und Vater des → Lug. Eine stark euhemerisierte Fassung macht ihn zum Sohn »des Dichters« → Ailill Auloms, »Nackt-Ohr«, und der Druidin Sadb. Als das Paar unter einem Schlehdorn (vgl. → Bäume) einherfährt, läßt sich die Frau von ihrem Gatten reife Früchte herunterschütteln und ißt davon. Zu Hause bringt sie einen kräftigen Jungen zur Welt, über dessen Scheitel sich von Ohr zu Ohr eine Hautfalte zieht, die mit dem Kind wächst. Als Erwachsener verbirgt er den Makel sorgfältig – keiner seiner Barbiere, die notgedrungen das Geheimnis erfahren, überlebt, bis auf einen, der die Falte aufschneidet. Ein Wurm schlüpft heraus und frißt alles Erreichbare. Er wächst erschreckend rasch, und nach einem Jahr besitzt er bereits hundert Köpfe, von denen jeder »einen Krieger samt Rüstung und allem« verschlingen kann. Nicht einmal ein Palastbrand vernichtet das Untier; es flieht in die dunkle Höhle von Ferma in West Kerry.

J. Rhys interpretiert nach der damals vielbeachteten Theorie der Naturphänomene Cian als Sonnengott, den der Wurm, die Dunkelheit, an sich verschlingen müßte.

Cian endet jedoch durch seine Erzfeinde → Brian, Iuchar und Iucharba, denen er in Gestalt eines → Schweins zu entkommen sucht.

Allenfalls ließe sich die Todesart in Beziehung zur Sonne setzen: Es wird gesteinigt, bis nur noch eine blutige Masse übrigbleibt, eine Reminiszenz an den Sonnenuntergang.

Lug zwingt die Mörder *eric*, Wiedergutmachung, zu zahlen.

Cliodna

Noch heute ist Cliodna in der Gr. Cork topographisch dreifach verankert: durch den Fels »Carraig Chlíodhna«, ca. 10 km ssw. von Mallow, seit alters her einer der Eingänge zur → Anderswelt, durch einen gleichnamigen zweiten in der Brandung von Ross Carbery Bay sowie durch »Tonn Chlíodhna«, »Cliodnas Welle«, die zu gewissen Zeiten von den Höhlen dieses Küstenabschnitts mit einem seltsam seufzenden Geräusch eingesogen wird. Sie ist eine der → drei magischen Wellen (vgl. → Gewässer) der irischen Mythologie, die entweder den Tod des Königs von Südirland oder Katastrophen für die → Helden von Ulster (vgl. → *Ulsterzyklus*) ankündigen.

Cliodna war eine → Muttergöttin, vergleichbar mit → Rigani oder → Rhiannon, und wird wie diese von → Vögeln begleitet. Sie waren buntfarben, nährten sich von den Äpfeln der Anderswelt (vgl. → Bäume) und heilten mit ihrem süßen Gesang die Kranken. Als Tochter des ranghöchsten Gelehrten (vgl. → *ollam*) am Hofe → Manannán mac Lirs gehörte sie zu den → Tuatha Dé Danann. Sie besaß zwei Schwestern, Aoife und Edain (vgl. → Étaín), d. h., sie trat wie → Brigit gleichzeitig in drei Funktionen auf. Die drei Mädchen ließen sich von Ciabhan, dem Königssohn von Ulster und schönsten Mann der → Fianna, und seinen Freunden, den Königen von Indien und Griechenland, nach Irland entführen. Kaum angekommen, ging Ciabhan, Cliodna schlafend am Strand von Ross Carbery Bay zurücklassend, auf die Jagd. Er sollte sie tot wiedersehen. In seiner Abwesenheit hatte sie eine mächtige Woge ertränkt. Der Fels wurde ihr Grabstein. Von da an wirkte sie in der Anderswelt weiter, wo sie z. B. → Taghd mac Céin bzw. → Cian liebreizend empfing und bewirtete. Beim Abschied gab sie Taghd ihre Vögel »als Führer und zur Unterhaltung« mit.

Die Christianisierung machte sie zur → Feenkönigin von Südmunster und zur Tochter des letzten → Druiden Irlands, die, vom Vater unterrichtet, selbst eine mächtige → Zauberin wurde. Nach dieser Überlieferung ist sie Schwester → Aoibheals. Folgerichtig wird sie die → *banshee* der mächtigen Familie O'Keefe von West Cork.

Clothru

Die Tochter → Eochaid Fedlechs, des Hochkönigs von Irland, war als eine der → drei Schwestern → Medbs ursprünglich eine Erscheinungsform der königlichen → Muttergöttin, was sich deutlich in ihrem Verhältnis zu ihren Brüdern zeigt.

Als sich die Drillinge gegen den Vater empören, begeht sie im Wissen, daß sie fallen werden, am Vorabend der Schlacht zur Sicherung eines Nachkommens mit jedem Inzest. Ihr Sohn heißt »Lugaid-mit-den-roten-Streifen« wegen der zwei → roten Linien, die über seinen Körper laufen und die → drei Erbteile der → drei Väter voneinander abgrenzen!

Zudem ist Clothru eine Gattin von → Fergus Mac Roich und die Schwägerin → Conchobars.

Als Königin von Connaught residiert sie auf Inis Clothran, der heutigen Insel Inchcleraun in der Nordhälfte des Lough Ree (Gr. Longford) nördlich von Athlone. Medb soll ihre Schwester umgebracht haben, um die Herrschaft Connaughts an sich zu reißen.

Cocidius

Am nordenglischen Cocidius ist die Entwicklung vom einheimisch-keltischen zum keltisiert-römischen Gott dank einer Anzahl von Weiheinschriften gut verfolgbar. Der Name wird, passend zu einem Gott des Krieges und der Schlachten, mit »coch« = »rot« zusammengebracht.

Auf den beiden Silberblechen von Bewcastle im Museum von Carlisle (Gr. Cumbria), die möglicherweise von dem in spätrömischen Quellen erwähnten *fanum* (vgl. → Kultstätten) des Cocidius stammen, ist der Gott auf

Cocidius, hier als Jäger mit Hund und Jagdbeute (Museum of Antiquities, Newcastle-upon-Tyne).

dem kleineren als rundköpfiger, mit einem Speer bewaffneter, stilisierter Strichmann abgebildet, auf dem größeren als Kiltträger, mit klugem, hundeähnlichen Gesicht über etwas, das einer spanischen Halskrause gleicht. Als Ergänzung zum Speer trägt dieser einen Schild.

In Nordostengland wandelte sich Cocidius zur Jagdgottheit. Das Museum of Antiquities von Newcastle-upon-Tyne besitzt z. B. eine Gemme, die ihn im Profil unter einem Baum zeigt, einen erlegten Hasen, an dem ein Hund begeistert schnüffelt, an den Hinterläufen hochhaltend. Nach der römischen Eroberung werden die Weiheinschriften im Westen an den »→ Mars Cocidius« und im Osten an den »→ Silvanus Cocidius« gerichtet.

Coligny-Kalender

Ende des letzten Jhs. kamen bei Coligny, nö. von Bourg-en-Bress (Dép. Ain) Bruchstücke einer Bronzetafel zum Vorschein, die zusammengesetzt einen keltischen Kalender ergeben. Mit Sicherheit waren es die → Druiden, die diesen um Christi Geburt errechneten und mittels römischer Buchstaben und Zahlen in gallischer Sprache abfaßten. Der Kalender befindet sich heute im Musée de la Civilisation Gallo-Romaine in Lyon.

Fragmente des Coligny-Kalenders (Musée de la Civilisation Gallo-Romaine, Lyon).

Sechzehn Spalten à vier Monate waren zu einem Fünfjahreszyklus von zweiundsechzig Mondmonaten zusammengefaßt, plus zwei einzuschiebende als Ausgleich zum Sonnenjahr.

Über die Zeiteinteilung hinaus verrät der Kalender etwas von der Einstellung der Gallier bzw. ganz allgemein der Kelten zur Zeit: Sie wurde als von positiven oder negativen Kräften regiert erlebt. Die Monate waren nach »dunkel« oder »hell«, »gut« oder »nicht gut« eingeteilt; die Tage wiederum nach »günstig« oder »ungünstig« (vgl. → Cathbad). → Jahreszeitenfeste ergaben Fixpunkte, an denen religiöse Feiern auf dem Hintergrund der dazugehörigen Mythologie stattfanden.

Conaire Mór

Auch wenn das → *Lebor Gabála Érenn* Conaire Mór mac → Eterscél von → Tara als historischen König aufführt, »zur Zeit, als die Jungfrau Maria geboren wurde und → Cúchulainn starb«, auch wenn er als Schwiegersohn des → Conn der Hundert Schlachten gilt und T. F. O'Rahilly in ihm »einen König der Ernean« sehen möchte, der einer »Laginian'schen« Attacke zum Opfer fiel, so weist die Sattheit des ihn umgebenden mythologischen Gewebes darauf hin, daß er einen oder mehrere Vorläufer gehabt haben dürfte. Es ist nicht ausgeschlossen, daß es sich ursprünglich um einen Gott vom Typ des → Brân handelte; in den erhaltenen Fassungen hat Conaire Mór die Rolle des Sagenhelden angenommen. Thurneysen setzt ihn »an den Anfang der Sagengestaltung, in die erste Hälfte des 8. Jhs.«. Die Geschichte erfuhr im 9. und 11. Jh. Bearbeitungen, wie sie das → *Yellow Book of Lecan* und das → *Lebor na hUidre* überliefern.

Der Kern dieser, neben dem → *Táin Bó Cuailnge* detailliertesten, mit dem → Ulsterzyklus lose verbundenen Sage, erzählt in *Die Zerstörung der Festhalle → Da Dergas (Togail Bruidne Da Derga)* vom Tod des eben noch vollkommenen, noch immer jugendlich-schönen Königs. Von einem gewissen Zeitpunkt an zwingen ihn die Umstände, eines nach dem anderen seiner *gessa* (vgl. → *geis*) zu brechen und seinen Untergang selbst herbeizuführen.

Er entstammt aus für → Helden typischen Familienverhältnissen: Seine Mutter ist → Mes Buachalla, eine Enkelin → Étaíns. Die Vaterschaft variiert nach Sagenfassung: In Frage kommen König Eterscél von Tara, Mes Buachallas Gemahl, ein → Elf der → Anderswelt, eine inzestuöse Verbindung mit Cormac oder Eterscél, an anderer Stelle ihr Vater, oder jener Unsterbliche, der sie vor der Hochzeit in Vogelgestalt besuchte. In allen Versionen soll ihr Kind dazu angehalten werden, keine → Vögel zu jagen.

Der Junge wächst in engstem Kontakt mit seinen → drei Ziehbrüdern auf, mit denen er Kleidung, Waffen, Pferde und Mahlzeiten teilt. Seine Anhänglichkeit geht so weit, daß er jedem eine seiner drei übernatürlichen Gaben lehrt: das scharfe Hören, den Blick auf weite Distanz und das genaue Abschätzen.

Nach Eterscéls Tod muß durch → *Tarbfeis* der neue König bestimmt werden. Der rituelle Schläfer sieht im Traum einen nackten, jungen Mann mit einer Steinschleuder auf Tara zuschreiten.

Alles strömt zum Fest, nur Conaire, vom Wagenrennen weggeholt, will später nachfahren. Auf der Höhe von Dublin fällt ihm ein Schwarm großer, weißer oder gesprenkelter Vögel auf, die er mit der Schleuder bis ins Meer verfolgt. Im Wasser streifen sie ihre Vogelgewänder ab und attackieren ihn. Zu seinem Glück stellt sich einer der Vogelmenschen schützend vor ihn, klärt ihn darüber auf, daß die Vögel seine Verwandten seien und legt ihm ans Herz, Vögel künftig in Frieden zu lassen. Weiterhin enthüllt er ihm, daß er König von Tara werden würde und spricht die *gessa* über ihn aus, die er als König zu beachten hat. Er darf nie → rechts an Tara und → links an Bregia vorbei; er darf die »krummen Tiere von Cerna« nicht jagen; er darf keine → neun Nächte von Tara fernbleiben; er darf in keinem Haus übernachten, dessen Feuerschein nach außen dringt und in das man hineinsehen kann; die → drei → Roten dürfen ihm nicht zum Haus eines Roten vorangehen; während seiner Herrschaft muß das Rauben aufhören; keine einzelne Frau bzw. kein Paar darf ihn nach Sonnenuntergang besuchen; den Streit zweier seiner Untertanen darf er nicht außerhalb Taras schlichten.

Nackt wie er ist, wandert er auf die Königsfestung zu, bereits von der Menge erwartet, die jedoch von einem bartlosen Jüngling als König wenig angetan ist. Aber er ist der von der Vorsehung Erwählte.

Die älteste Fassung liefert noch die Beweise seiner Vorbestimmung (vgl. → rechtmäßige Herrschaft). Der Königswagen, der jeden Unrechtmäßigen herunterwirft, läßt ihn aufsteigen; die Pferde, die sonst bocken, ziehen an; das Königsgewand paßt wie angegossen. Selbst die → Steine sind einverstanden mit der Wahl: Die engstehenden Felsblöcke Blocc und Bluigne rücken auseinander und lassen ihn durch, und → Lia Fál brüllt auf: Conaire sei der rechtmäßige König. Seine Herrschaft ist dementsprechend gesegnet – mit reichem Fischfang und knietiefer Eichelmast (vgl. → Bäume) im Herbst für die → Schweine. Der große → Dagda persönlich wird sein Küchenmeister. Totschlag hört im ganzen Land auf, »und die Stimme des einen tönt dem andern wie Musik. Von Mitte Frühling bis Mitte Herbst bewegt kein Wind den Schwanz der Kühe; Gewitter und Stürme gibt es nicht« (Thurneysen). Einzig die Ziehbrüder ärgern sich über das Raub- und Mordverbot. Heimlich gehen sie ihren üblen Gewohnheiten nach, scharen Gleichgesinnte um sich und provozieren den König, bis er sie zum Tod verurteilt. Weichherzig begnadigt er sie im letzten Augenblick und schickt sie in Verbannung. Auf See treffen sie eine britische Seeräuberbande unter → Ingcél, »dem Einäugigen«, und beschließen, gemeinsame Sache zu machen, erst in Britannien, dann in Irland.

Wenig später versöhnt Conaire zwei Streithähne auswärts, die sich weigerten, zu ihm zu kommen, wodurch er eines seiner *gessa* bricht. Von da ab läuft der Bruch der weiteren wie eine Kettenreaktion ab: Diese Reise hält ihn länger als neun Nächte von Tara fern. Auf dem Rückweg steht das O'Neill-Territorium im Kriegszustand in Flammen, ein Zeichen, daß seine Herrschaft zusammenbricht, und er weicht links von Bregia aus und läßt Tara rechts liegen.

Unwissentlich jagt er und seine Schar darauf die verbotenen Tiere von Cerna.

Für die Nacht braucht die Gesellschaft Unterkunft, und Conaire erinnert sich an die Halle seines Freundes → Da Derga (des Roten), die allen gastfreundlich offensteht. Er schickt → Mac Cécht voraus, um Feuer (vgl. → Elemente) zu machen.

Plötzlich reiten vor ihm drei Gestalten: auf roten Pferden, mit roten Waffen, in roten Gewändern – die Haare, sogar die Zähne sind rot. Grauen überfällt Conaire, denn sie lassen sich nicht einholen und sind weder durch Bitten noch durch Versprechungen vom Vorausreiten abzubringen. Dreimal murmeln sie, sich umwendend, unheimliche Sprüche, wobei sie sich als die Reiter des → Donn Detsorach, »mit Zahnausfall«, bezeichnen, die »leben, obschon sie tot sind«. An diesem Punkt führt die eine Fassung → Fer Caille ein, der ein gesengtes, fortwährend quiekendes → Schwein auf dem Rücken trägt (vgl. → Mac Da Thó), in Begleitung seiner Frau Cichuil, einer richtigen → *caillech*. Obwohl die Sonne längst untergegangen ist, lassen sie sich nicht von Conaire abweisen, womit sie den König erneut mit seinen Geboten in Konflikt bringen. Die andere Fassung läßt → Cailb bzw. → Bodb auftreten, kaum daß Conaire und die Seinen von Da Derga im → *bruiden* willkommen geheißen worden sind. Mit ihrer bedrohlichen Prophezeiung (vgl. → Wahrsagerei) bewirkt sie eine ähnliche gedrückte Stimmung unter den Gästen wie das unheimliche Paar und zwingt Conaire ebenfalls zur Nichtbeachtung seines *geis*.

Mittlerweile sind die Seeräuber mit solchem Getöse gelandet, daß die Festhalle erzittert, die Waffen von den Wänden fallen und Conaire an ein Erdbeben denkt. Ironischerweise wünscht er sich seine tapferen, geliebten Ziehbrüder herbei, damit sie ihm beistünden. Statt dessen werden die üblen Gesellen vom großmächtigen Feuer im *bruiden* angelockt und können durch die Speichen der Wagenräder die Ereignisse in der Festhalle verfolgen – womit Conaires Schicksal besiegelt ist. Ingcél schildert seinen Gefährten alle Anwesenden inklusive Conaire, »den schönsten Mann der Welt, ohne Makel und Fehl« und noch immer voll jugendlicher Anmut. Sein Lager mit der silbernen Decke, sein wie der Mainebel in allen Farben schillernder Mantel und die goldene → Rad-Brosche, die ihm »vom Kinn bis zum Nabel reicht«, passen eher zu einem Gott oder → Elf als zu einem Sterblichen. Den Kopf im Schoß des einen, die Füße in dem des anderen Ziehvaters, schläft er unruhig, dreimal aufschreckend, um seinen Untergang vorauszusagen. Ein Gefährte bemerkt dabei, Conaire wäre fähig, die Festhalle allein gegen alle Feinde zu halten, solange ihm das Trinken nicht verweigert werde.

In der Tat bleibt Conaire im darauffolgenden Kampf unbesiegbar, bis ihm die feindlichen → Druiden einen entsetzlichen Durst anzaubern. Er bittet Mac Cécht vergeblich um einen Trunk Wasser (vgl. → Elemente) – alle Flüssigkeit ist beim dreimaligen Brand des *bruiden* zum Löschen benutzt worden. Schließlich geht Mac Cécht mit Conaires → goldenem Becher los, »der so groß ist, daß man einen Ochsen und ein gesalzenes → Schwein darin sieden könnte«, und sucht Irlands Quellen und Flüsse (vgl. → Gewässer) erfolglos nach Wasser (vgl. → Elemente) ab. Endlich findet er in Connaught eine Quelle, »die sich nicht vor ihm verbergen kann«, füllt den Becher und kommt rechtzeitig zum *bruiden*, um die beiden Männer umzubringen, die dem inzwischen verdursteten Conaire das Haupt vom Rumpf trennen (vgl. → Kopfkult). Das Wasser leert er in den Schlund von Conaires Kopf, worauf sich dieser lobend über Mac Cécht und seine Taten äußert. Darauf stürzt Mac Cécht den fliehenden Feinden nach. Mit Conaire fallen nur → neun Mann, die Seeräuber verlieren Tausende!

Conall Cernach

Ausgerechnet die Etymologie für Conall Cernach aus dem *Coir Anmann*, der zuweilen recht phantasievollen »Namensdeutungsliste« (ca. 13. Jh.), die mit »Buckeligkeit« und »Schiefhals« operiert, um anscheinend jeden Zusammenhang mit dem keltischen → Cernunnos von vornherein auszuschließen, läßt die Katze aus dem Sack: »›Cernach‹ heißt er, wegen einer Ecke *(cern)* an der einen Kopfhälfte.« Diese ist das Resultat eines Kampfes um eine Frau »in Schottland«, gern ein euhemerisierter Ausdruck für die → Anderswelt. Eher jedoch klingt in dieser Erklärung das → Rigani-Motiv durch.

Die Mischform → Esus/→ Cernunnos mit einem Hirschohr ist aus Besançon bekannt – warum keine solche mit einem Hornansatz?

Dies ist Wasser auf die Mühle von A. Ross, die auf Conall Cernachs → Schlangen-Attribut im *Wegtreiben der Rinder von → Fraech* aufmerksam machte.

»Conall Cernach besitzt einen Buckel auf der Stirn« (gehörnter Kopf aus Chester, Gr. Northumberland; Museum of Antiquities, Newcastle-upon-Tyne).

Den von den Christen verteufelten Gott trifft die Zensur der Klosterschreiber besonders stark: Jeder Hinweis auf die Funktion als Lebensbringer und Erzeuger ist gelöscht, mit Ausnahme solch feiner Andeutungen wie in der Beschreibung Conalls in *Die Zerstörung der Festhalle → Da Dergas*. Er wird als »schönster Krieger Irlands« bezeichnet, Besitzer einer weißen und einer → rotgesprenkelten Wange und eines blauen und eines schwarzen Auges. Sein goldfarbener Haarschopf ist so dicht, daß darüber ausgeschüttete Haselnüsse (vgl. → Bäume) darinnen steckenbleiben!

Es ist demnach christlicher Taktik zu verdanken, daß dieser Sohn → Amergins und Neffe → Conchobars, Ziehbruder → Cúchulainns und zweitgrößter Held am Ulsterhof, wie → Brân mehr mit dem potentiellen Leben zu tun hat: Er ist der passionierteste Kopfjäger der irischen Sage (vgl. → Kopfkult)!

In *Scél mucce Maic Dathó (Die Geschichte vom → Schwein des → Mac Da Thó)* rühmt er sich dem Connaughter Cet gegenüber, daß er seit der Waffenaufnahme täglich einen Connaughter getötet habe und keine Nacht ohne den Kopf eines Connaughters unter dem Knie schlafe. Cet, der als bisheriger Sieger im Begriff war, das Schwein zu zerlegen, wünscht sich darauf seinen Bruder Anlua herbei, der es den Ulstermännern zeigen würde. Mit den Worten »aber hier ist er doch« zieht Conall dessen Kopf aus seinem Gürtel und schlägt diesen Cet so gegen die Brust, daß Blut über dessen Lippen schießt. Darauf zerteilt Conall das Schwein, wobei er sich den ganzen Speckbauch des Tieres, der für → neun Männer gereicht hätte, einverleibt und den Connaughtern nur die Vorderfüße übrigläßt.

Unter den Helden, die er zu Tode bringt, befindet sich → Ailill, Medbs Gemahl, → Mes Gegra, dessen Kopf er sich selbst aufsetzt (vgl. → Kopfkult) und dessen Gehirn den Ball abgibt, an dem → Conchobar Mór sterben wird, sowie → Lugaid, der Cúchulainn enthauptete. Zu Ehren seines toten Ziehbruders stellt Conall einen ganzen Strauß von auf Weidenruten gespießter Feindesköpfe zusammen, die er alle → Emer vorstellt, bevor sie an gebrochenem Herzen stirbt. Er begräbt sie und Cúchulainn in einem tiefen Grab.

Das Zwiegespräch mit seinem Vater Amergin am Ende der *Zerstörung der Festhalle Da Dergas* hätte zu jeder seiner Aktionen gepaßt. Wie er über und über mit Wunden bedeckt vor seinem Vater erscheint – der Speerarm hängt nur noch durch Sehnen mit dem Leib zusammen – bemerkt dieser voll Genugtuung, daß dieser Arm in der Nacht gefochten habe. »Jawohl, alter Krieger«, erwidert Conall, »manch einer erhielt den Todestrunk durch ihn, vor der Halle.«

Vermutlich, weil harmlos erscheinend, blieb dem toten, aus Rache für Cú Roi ermordeten Conall Cernach die lebensspendende Qualität des alten Gottes erhalten. Trinken die Ulstermänner aus seinem Riesenschädel (vgl. → Kopfkult) Milch – er ist so groß, »daß vier Leute darin das Brettspiel *fidchell* spielen konnten, oder ein Paar auf seinem Lager darin Platz fanden« –, werden sie ihre »Schwäche« (vgl. → *ces noiden*) überwinden und ihre frühere Kraft wieder erlangen.

Conchobar mac Nessa

König Conchobar ist die Achse, um die sich der Hof von → Emain Macha dreht, der Mittelpunkt des → *Ulsterzyklus*. Er und seine → Helden, wie → Cúchulainn, → Conall Cernach, → Fergus Mac Roich, → Bricriu, → Sencha, → Amergin, der Dichter (vgl. → *fili*) und der → Druide → Cathbad, dienen u. a. als Vorbild für König → Artus und seine Tafelrunde.

Jahrhundertelang galt Conchobar uneingeschränkt als historische Persönlichkeit, deren Daten mit der Geburts- und Todesstunde Christi zusammenfallen. Die mühelose Einfügung in die christliche Mythologie ist verdächtig: König Conchobar verkörpert offensichtlich Werte, die dem irischen Bewußtsein so teuer waren, daß sie ins Christentum hinübergenommen werden mußten (vgl. → Brigit) – es sind dieselben, die ein Gott in der vorchristlichen Mythologie vertrat. Ausrutscher zweier christlicher Schreiber bestätigen dies: Der Kompilator des → *Lebor Laignech* übernimmt Cúchulainns Mutter, Conchobars Schwester/Tochter, → Dechtire unbesehen als »Göttin« und derjenige des → *Lebor na hUidre* Conchobar selbst als »diá talmaide«, »Gott der Erde«.

Wie zu erwarten, spielen sich bereits seine Empfängnis und Geburt unter besonderen Umständen ab. Als mögliche Väter werden Cathbad und der König und Dichter Fachtna Fáthach genannt. Üblicherweise trägt Conchobar jedoch den Namen seiner Mutter → Ness. Diese beschafft ihrem Siebenjährigen das Königreich Ulster, indem sie Fergus Mac Roich nach dem gleichen Prinzip wie → Oengus den → Dagda überlistet. Sie will nur unter der Bedingung die Gattin des damaligen Hochkönigs von Ulster werden, daß dieser ihrem Sohn gestattet, ein Jahr lang zu regieren. Nach keltischem Empfinden umfaßt ein Jahr, ein Winter und ein Sommer, die Zeit schlechthin (vgl. → Zeitenberechnung), und so bleibt Fergus nach Ablauf der Frist keine Wahl als zurückzutreten. Erst nachdem dieses Konzept nicht mehr geläufig war, wurden Rechtfertigungen nötig: Die Ulstermänner seien vergrätzt gewesen, weil sie Fergus als Brautpreis verkaufte, oder Ness habe ihnen das Leben so angenehm gemacht, daß sie Conchobar behalten wollten.

Conchobars Eigenname ist vom Fluß entliehen (vgl. → Gewässer), aus dem Cathbad das Neugeborene im letzten Augenblick herausfischt. Dieses »Ins-Wasser-Fallen«, diese Verwandtschaft mit dem Wasser (vgl. → Element) ist der Schlüssel zur Funktion des ehemaligen Gottes; er ist derjenige, der die Lebensimpulse mit der Materie vereint, er ist der große Befruchter und Hervorbringer vom Typ des → Esus/→ Cernunnos. König Conchobar ist das Emblem der alten Götter geblieben: Schüttelt er die silberne Gerte mit den → drei → goldenen Kugeln der → Rigani, verstummt der Hof.

Es ist kein Zufall, daß er Fergus Mac Roich ablöst, dem er an Virilität kaum nachsteht. Als Hochkönig steht ihm nicht nur das Recht der ersten Nacht mit jeder Braut zu, sondern er hat das Recht auf jede Frau in seinem Reich. Er ist es auch, der dafür sorgen will, daß sein Neffe Cúchulainn eine Frau bekommt. Er selbst ist mehrmals verheiratet, u. a. mit → Medb und ihren »zwei Schwestern« → Clothru und → Eithne bzw. → Mugain, eine klare Euhemerisierung der großen → Muttergöttin in drei Aspekten (vgl. → Brigit).

Medb verläßt ihn gegen seinen Willen »aus Übermut«, wie spätere Schreiber moralisierend zusetzen, eher jedoch einem → Rigani-Mythos folgend. Sie vermählt sich darauf mit → Ailill mac Máta von Connaught, was die freundschaftlichen Beziehungen zwischen den beiden Provinzen nicht eben fördert (vgl. → *Táin Bó Cuailnge*).

Nichtsdestotrotz ist Conchobar ein vorbildlicher Herrscher, ein kluger, gerechter Richter und tapferer Krieger. Sein Palast ist der glanzvollste Irlands und an seinem Hof ist niemals Mangel an Nahrung und Trank: Jeder erhält jeden Abend ein → Schwein, ein Rind und ein ganzes Faß für sich allein. Conchobars riesenhafter → Kessel wird nie leer. Friede und Fruchtbarkeit herrschen im ganzen Land. Conchobar und seine 365 Höflinge, von denen jeder für eine Abendmahlzeit aufkommt, verkörpern zusammen das Jahr, wobei Conchobar dessen Anfang und Ende noch besonders betont, da er die große, siebentägige → *Samhain*-Feier stiftet, die jeder zu besuchen hat. Sie beginnt → drei Tage vor dem eigentlichen Feiertag und endet drei Tage danach.

Nach dem Muster des keltischen Gottes verbindet also Conchobar das Ende mit dem Neubeginn.

Solche Stellen gibt es, getreu dem Prinzip der Zyklizität, immer wieder in Conchobars Leben. Zu Anfang des → *Táin Bó Cuailnge* liegt auch er, wie alle anderen Ulstermänner, an der »Schwäche« darnieder (vgl. → *ces noiden*, → Macha).

Nach der Schlacht gegen Eogan mac Durthach, einer Verkörperung von Untergang und Tod, findet ihn Cúchulainn auf dem Schlachfeld, schon von allen Seiten mit Erde bedeckt, und schleppt ihn samt dessen halbtotem Sohn nach Hause.

Fahrten in die → Anderswelt gehören ebenfalls zu Conchobars Karriere: Er geht zum Festmahl des → Schmieds Cualann, dessen Höllenhund → Cúchulainn erledigt, und nimmt an den Banketten → Bricrius und → Mac Da Thós teil.

Die Wende zum Lebenswinter kommt bei Conchobar mit der unseligen Geschichte von → Deirdre und → Naoise und dem Verrat an den Söhnen von → Uisnech.

Nach einer Trauerzeit um Deirdre verlobt er sich mit der schönen → Fee → Luain, die drei Dichter (vgl. → *fili*) Conchobar vor der Hochzeit abspenstig machen wollen. Die Standhaftgebliebene überschütten sie mit derartigen Verwünschungen (vgl. → Zauber), daß sie daran zugrunde geht.

Zu der Zeit muß Conchobar eine Schlappe von Medbs und Aillius Wagenlenker einstekken. Diesem gelingt es, hinten auf den Wagen aufspringend, den Kopf des Königs zu packen (vgl. → Kopfkult); dieser muß durch Erfüllung einer Forderung sein Leben erkaufen: Ein ganzes Jahr lang müssen sich die Jungfrauen und unbemannten Frauen Ulsters jeden Abgend um den Wagenlenker scharen und ihn in unmißverständlichen Gesängen als ihren Geliebten besingen – und das auf König Conchobars eigenem Territorium!

Das Ende ereilt Conchobar im Einklang mit der ehemals göttlichen Funktion: Er unternimmt den Versuch, dem Viehräuber Cet das Handwerk zu legen, und es kommt zum Kampf in Connacht. Cet stiftet jedoch die Frauen von Connacht dazu an, den König unter dem Vorwand beiseite zu nehmen, wie es euphemistisch heißt, »seine Schönheit zu bewundern« – eine andere Fassung spricht von »der männlichen Form«.

Während ihn die Frauen umringen, legt Cet den mit Kalk verbackenen Gehirnklumpen des Mesgegra auf die Schleuder und schießt diesen an Conchobars Kopf, so daß er zu zwei Drittel darin steckenbleibt und der König zu Boden stürzt. Conchobars Arzt kann die Kugel nicht ohne Lebensgefahr entfernen. Er näht die Wunde mit einem zu Conchobars Haar passenden → goldenen Faden zu und ermahnt ihn, gemäßigt zu leben: keine Aufregung und vor allem keine sexuelle Erregung! Sieben Jahre vermag der König das Gebot zu halten. Dann erfährt er durch Zeichen von der Kreuzigung Christi, was ihn in solche Raserei über das Unrecht am Sohne Gottes versetzt, daß die Naht platzt und der Stein samt seinem eigenen Gehirn herausspringt.

Wie bei → Brân und → Conair Mór bringt auch hier die Überbetonung des Hauptes den Tod.

Conlai

→ Cúchulainns Sohn Conlai wächst bei seiner Mutter → Aífe »in Schottland« bzw. der → Anderswelt auf, bis er groß genug ist, den vom Vater hinterlassenen Goldring zu tragen. Dann erinnert ihn Aífe an die von Cúchulainn über ihn ausgesprochenen *gessa* (vgl. → *geis*): Conlai darf keinem seinen Namen nennen und niemandem den Zweikampf verweigern. So greifen eines Tages Cúchulainns Wachen den Siebenjährigen in seinem Bronzeboot mit den vergoldeten Rudern in der Bucht von Dundalk auf, versuchen aber vergeblich, seinen Namen aus ihm herauszubekommen. → Conall Cernach, der Gewalt anwenden will, wirft er nieder und fesselt ihn zur allgemeinen Erheiterung.

→ Emer möchte vermeiden, daß Cúchulainn selbst die Herausforderung des Jungen annimmt, da sie die Verwandtschaft zwischen diesem und ihrem Gatten ahnt. Sie scheitert am starren Ehrbegriff Cúchulainn: Ulsters Ehre wegen müßte er sogar seinen eignen Sohn töten. Genauso stur läßt er sich nicht darauf ein, zu zweit zu dem Fremden hinzutreten. Im Zweikampf erweist sich der Sohn als so geschickt und stark, daß er den Vater mehrmals in Bedrängnis bringt, bis dieser ihn schließlich in der Furt mit dem → *gae bulga* tötet. Sterbend gibt sich der Junge zu erkennen und beklagt, daß ihm Aífe dieses Kunststück nicht beigebracht habe. Erschüttert trägt ihn Cúchulainn zu den Ulstermännern hinüber, gräbt ihm eigenhändig ein Grab und singt die Totenklage. In anderen Fassungen bleibt er tagelang unansprechbar oder fängt in den eignen Reihen an zu rasen, bis → Cathbad einschreitet.

Conle

Das Abenteuer Conles, ein → *echtrae* aus dem 8. Jh., ist ein Musterbeispiel für die Entführung eines sterblichen Geliebten in die → Anderswelt. Conle und sein Vater → Conn der Hundert Schlachten verfolgen vom Hügel von → Uisnech aus das Herannahen einer wunderschönen, prächtig gewandeten Frau, die sich als Bewohnerin des »Landes der Lebenden« (vgl. → *Tir na mBeo*) vorstellt, »wo es weder Tod noch Sünde noch Vergehen gibt«. Da nur Conle die Schöne sehen kann und sein Vater sichtlich irritiert wissen will, mit wem er spricht, wendet sich die Stimme mit dem Grund ihres Herkommens an ihn. Sie gesteht, daß sie Conle liebt und ihn mitnehmen will. Sehr beunruhigt bestellt Conn beim → Druiden einen Gegenzauber (vgl. → Zauber), und unter den Druidengesängen verschwindet die Unsterbliche, nicht ohne Conle einen Apfel (vgl. → Bäume) zuzuwerfen, von dem sich der Liebeskranke einen Monat lang ernährt.

Darauf erscheint sie wieder, lädt Conle erneut ein und warnt – offensichtlich ein christlicher Einschub – Conn vor Druidenzauber. Conle fällt die Entscheidung nicht leicht, denn er liebt sein Volk. Die Sehnsucht jedoch ist größer. Er springt in das gläserne Schiff der schönen Frau und rudert mit ihr über das Meer dem Land zu, »welches das Gemüt eines jeden, der dahin geht, entzückt«. Seither hat sie niemand mehr gesehen.

Conn Cétchathach

Die irischen Genealogen und Historiker verpassen Conn der Hundert Schlachten von → Tara zwar einerseits genaue Regierungsdaten (122–157 v. Chr.), andererseits belassen sie ihm den ungehinderten Zutritt der Götter und → Helden zur → Anderswelt.

Davon abgesehen wirft sich ihm die aus der Anderswelt verstoßene → Bécuma unter falschem Namen an den Hals, obwohl sie sich eigentlich für Conns Sohn Art, aus der Ehe mit der verstorbenen → Ethne, interessiert. Auf ihr Verlangen hin wird nicht nur die Hochzeit mit ungebührlicher Eile begangen, sondern Art, der Bruder des in die Anderswelt entschwundenen → Conle, wird für ein Jahr vom Hof verbannt. Auf einer unrechtmäßigen Herrschaft (vgl. → Rechtmäßige Herrschaft) ruht jedoch kein Segen – dem Land mangelt es in dieser Zeit an Korn und Milch. Den → Druiden zufolge kann nur das Blut eines unschuldigen Jungen sündenloser Eltern die durch das Vergehen befleckte Erde Taras entsühnen (vgl. → Opfer). Conn übernimmt die Suche nach dem Unschuldigen und läßt sich von Bécumas Boot zu einer Andersweltinsel tragen, wo er die Königin → Rígru (vgl. → Rigani, → Rhiannon) »mit den großen Augen« mit ihrem Gatten Dáire, »dem Wunderbaren«, und deren Sohn Ségda vorfindet. Dieser ist der Gesuchte. Diese »heilige Familie« verpflegt Conn vorbildlich. Anderntags trägt er den Eltern vor, daß Irland von ihrem Sohn gerettet werden könne, ohne jedoch das Opfer zu erwähnen, worauf der Junge trotz deren Protest nach Tara mitgeht.

Im kritischen Augenblick erscheint Rígru mit einer → Kuh als stellvertretendem Opfertier. Aus deren »doppeltem Bauch« erheben sich ein einbeiniger und ein zwölfbeiniger Vogel (vgl. → Vögel), die Ségda und die »Männer Irlands« symbolisieren und die miteinander kämpfen. Der einbeinige siegt, weil »das Recht auf seiner Seite ist«. Mutter und Sohn, dieses → Modron- und → Mabon-, → Rhiannon- und → Pryderi-ähnliche Paar, empfehlen sich, nicht ohne Conn einzuschärfen, von Bécuma, der Sünderin zu lassen, um weiteres Unheil zu vermeiden.

Noch unter dickem, alttestamentarisch-christlichem Anstrich demonstriert diese Geschichte neben dem Prinzip der → rechtmäßigen Herrschaft die Langmut und Großzügigkeit der großen → Muttergöttin.

T. F. O'Rahilly sieht in »Conn« = »Kopf«, »Haupt«, »Sinn« und »Verstand« einen ehemaligen, göttlichen Andersweltfürsten, analog zu → Pwyll, »dem Haupt von → Annwn«, was seine Rolle als Stammvater der Bevölkerung der alten, die Nordhälfte Irlands umfassenden Provinz Connaught noch unterstreicht (vgl. → »Dis Pater«).

Das aus beträchtlich älteren Stücken im 11. Jh. zusammengesetzte → *echtrae, Baile in Scáil (Die Verzückung der Erscheinung)*, schickt Conn mit derselben Selbstverständlichkeit in die Anderswelt, mit dem Unterschied, daß er hier als rechtmäßiger und daher dynastiegründender Herrscher auftritt.

Auf einem seiner täglichen Kontrollgänge über Taras Erdwälle (vgl. → Elemente) in Begleitung dreier Druiden und → *fili* – es soll verhindert werden, daß sich → Feen oder → Fomorier unbemerkt Taras bemächtigen – tritt der Hochkönig Irlands unvermittelt auf einen → Stein, der laut aufschreit, worauf ihn die Druiden über den → Lia Fál aufklären, jedoch nur angeben können, daß die Anzahl der Schreie Conns Nachkommen auf dem Thron von Tara entsprechen, aber nicht, wer sie sein werden.

Da senkt sich dichter Nebel über die Gruppe, aus dem ein Reiter auftaucht, der sie zu einer Ebene führt (vgl. → Mag Mell), unter deren großem → goldenem Baum (vgl. → Bäume) sich ein stattliches Haus mit weißgoldenem First breitmacht. Darinnen sitzt ein junges Mädchen mit goldener Krone auf einem kristallenen Sitz, vor sich ein Silberfaß mit Goldeinfassung, neben sich ein Goldfaß und einen Goldbecher, während sich die herrliche Erscheinung auf dem Thron daneben als → Lug, Sohn der Ethniu (vgl. → Ethne), zu erkennen gibt. Die Gekrönte, die → Oberhoheit Irlands, reicht Conn eine riesenhafte Ochsen- und Schweinerippe zur Stärkung und kredenzt ihm den »Trunk der Souveränität« (vgl. → Medb), worauf Lug über fünfzig Königsnamen rezitiert, die in → Ogam auf vier Eibenstäben (vgl. → Bäume) aufgeführt werden. Danach verschwinden beide und lassen Conn mit den kostbaren Gefäßen und den Stäben zurück.

Connlas Quelle bzw. die Quelle von Segais → **Quellen**

Cormac mac Art

Die unter modernen Historikern und Keltologen umstrittene Historizität König Cormacs von → Tara samt seiner seit je propagierten

Daten 227–266 n. Chr., berührt die Mythologie nicht im geringsten: Was zählt, ist die systematische Hochstilisierung des wenig bekannten Cormac mac Cuinn bzw. Cormac der Gaelen der frühen Sagen zum Sohn von → Art und Enkel Conns, zum Protagonisten des dritten → *echtrae*, das von der Erlangung der Königsherrschaft handelt. Cormac wird zum Prototyp des irischen Königs, zum Vertreter der → rechtmäßigen Herrschaft. Beeinflußt wurde diese Entwicklung sicher durch → Fionn mac Cumhaill und seine *Fianna*, die einen starken Gegenpol forderten. Grundsätzlich stand aber seit dem Gott → Lug die Verkörperung des Königsprinzips sozusagen unbemannt zur Verfügung. Das → *Lebor na hUidre* nennt nicht von ungefähr Cormac in einem Atemzug mit → Conair Mór, → Conchobar mac Nessa und → Oengus, dem Sohn des → Dagda. Diese nähern sich dem Ideal an, während Cormac es, dank der besonderen Betonung seiner Weisheit und Gerechtigkeit, ausfüllt, was ihm den Titel eines »irischen Salomo« einbringt.

Mythologische Strukturen stützen ihn schon vor dem ersten Atemzug ab (vgl. → Art), verstärkt durch Geburt und erste Lebensjahre: Seine Mutter → Étaín, »die Tochter des → Schmieds«, bringt ihn unter freiem Himmel, bei Donner und → Blitz zur Welt, und eine Wölfin (vgl. → Wolf) nährt ihn mit ihrer Milch.

Im zartesten Alter bricht sein Gerechtigkeitssinn durch. Selbstverständlich kümmert er sich zeitlebens um seine Wolfsfamilie, die, als er nach Tara umsiedelt, mitkommt. Hier entfährt ihm das erste Urteil, das dasjenige seines zweiten Ziehvaters, des Usurpators von Tara, korrigiert: Schafe, die die Blaufarbstoffkräuter der Königin abgeweidet hatten, sollten dieser zur Kompensation überlassen werden. Klein-Cormac empfand dies als unangemessene Bereicherung des königlichen Haushalts und ließ vor der ganzen Erwachsenenrunde verlauten, daß die Wolle zur Wiedergutmachung genügte, weil die Pflanzen schließlich nachwachsen würden.

Alle waren begeistert. Zur übersinnlichen Bekräftigung rutschte der Teil des Hauses, in dem das falsche Urteil gesprochen wurde, den Hügel hinunter, womit bis heute die Claoin Fherta, die »schiefen Gräben« an Taras Nordhang, erklärt werden.

Diese geistige Heldentat (vgl. → Fionn, → Cúchulainn) bringt Cormac die Herrschaft von Tara ein. Rechtmäßig wird sie jedoch erst durch die Vermählung mit der → Oberhoheit Irlands (vgl. → Heilige Hochzeit). *Die Belagerung von Dromdamghair* spricht andeutungsweise davon: Cormac pflegte sich tagelang in das Heiligtum seines Studierzimmers zurückzuziehen, um sich mit Gesetzgebung zu befassen, wobei ihm einst → Oengus mit einer günstigen Prognose für die Zukunft erschien. Cormac stieg das, was er ihm mit »großem Nachdruck prophezeite, berauschend zu Kopf« (vgl. → Medb). Folgerichtig macht ihn eine Überlieferung zum Gatten der Medb Letderg, dem Leinsterduplikat der Königin von Ulster.

Eshada Tige Buchet (Die Melodie von Buchets Haus) hingegen erzählt, wie er → Ethne, die Tochter des Caher Mór von Irland und Pflegetochter des vor lauter Großzügigkeit verarmten Buchets, zu seiner Königin macht. Der Name ist belanglos – beide meinen ursprünglich die königliche → Muttergöttin.

Bezeichnenderweise vergütet Cormac Buchet gleich nach »Bezahlung des Brautpreises« alle Auslagen so vielfach, daß dieser nicht mehr weiß, wohin er mit all dem Vieh soll.

Unter Cormacs Regierung erlebt Irland einen Fruchtbarkeitsboom wie noch nie: Kälbchen kommen alle → drei Monate gesund und stark zur Welt, jede Ackerfurche ergibt einen ganzen Sack Korn, die Flüsse wimmeln von Fischen, und es fehlen die Gefäße, um alle Milch der Kühe aufzufangen.

Technik und Wissenschaft nehmen einen ungeahnten Aufschwung. Cormac besitzt eine Riesenflotte und läßt die erste mit Wasser betriebene Mühle auf Tara installieren. Er gründet eine Universität mit je einer Abteilung für Militär-, Geschichts- und Rechtswissenschaft. Sein Palast im »Rath der Könige« auf Tara, in der Doppelfestung »Cormacs Haus« und »Königssitz«, übertrifft alles Dagewesene – kurz, unter Cormac erlebt Irland sein goldenes Zeitalter.

Das *Buch von Ballymote* schildert Cormac, auf das noch ältere *Buch von Navan* zurückgreifend, an dem von ihm eingesetzten Fest von Tara (vgl. z. B. → Carman) als schönen Mann mit langem, gewelltem, → goldenem Haar. Er trägt einen → roten, mit Stern- und Tiermustern eingelegten Rundschild, einen von einer edelsteinbesetzten Goldbrosche zusammengehaltenen Purpurmantel und einen schweren, goldenen Halsring (vgl. → Torques). Seine Ausstattung ähnelt bis zu den mit Goldstreifen verzierten Schuhen derjenigen des Fürsten von → Hochdorf. Dabei war er »ebenmäßig gewachsen, schön von Gestalt, ohne Fehl und Makel«.

Trotzdem kommt das Idealbild nicht ganz ohne Schatten aus: Cormacs Großzügigkeit und Gastfreundschaft bringt Tara an den Rand des Ruins, worauf der König von Munster den doppelten Tribut mit der fadenscheinigen Begründung fordert, daß die aus Ost und West bestehende Provinz eigentlich zweifach zahlen müßte, was zu einem gewaltigen Zusammenstoß mit den → Druiden Munsters (vgl. → Mog Ruith) und zu einer empfindlichen Niederlage führt.

Es bleibt auch nicht bei dieser einen, denn er soll in den Jahren zwischen 227–231 allein dreiundzwanzig Schlachten geschlagen haben. Auch ihm erschien die → Badb als → Wäscherin-an-der-Furt. Mehrmals des Landes verwiesen, gelingt ihm die Rückkehr in kürzester Zeit, aus Schottland sogar mit einem zusätzlichen Königstitel.

Seine Regierungszeit ist geprägt von der ständigen, rivalisierenden Auseinandersetzung mit → Fionn mac Cumhaill, die in der unglücklichen Geschichte mit Cormacs Tochter, → Gráinne, gipfelt.

Ausgerechnet ein Verbrechen beendet seine Königslaufbahn: Um die Beleidigung von einem von Cormacs Söhnen zu rächen, tötet der »starke Mann« (vgl. → »Herkules«) der Deisi den Prinzen mit des Vaters eigenem, unfehlbaren Speer (vgl. → Blitz) auf Tara, wobei er dem König im Handgemenge ein Auge ausstößt. Zwar zieht ihn Cormac in → Uisnech vor Gericht, muß aber wie → Nuadu des Makels wegen abdanken. Den Lebensabend verbringt er mit dem Verfassen von Ratschlägen an seinen Sohn, Carbery Lifechar, ein Werk, das unter dem Titel *Tecosca-na-Ríg* zum Handbuch für Prinzenerziehung wurde.

Das *Abenteuer Cormacs* (vgl. → *echtrae*) in den *Büchern von Lecan, Ballymote* und *Fermoy* bringt die eigentliche Apotheose des großen Königs, der an einem Maimorgen auf den Erdwällen (vgl. → Elemente) Taras einem herrlichen Krieger aus der → Anderswelt gegenübersteht. Sie verbrüdern sich (vgl. → Pwyll), und er überläßt Cormac seinen wunderbaren Zweig mit den → drei → goldenen Äpfeln (vgl. → Bäume, → Rigani) unter der Bedingung, daß er drei Forderungen offen hat. Cormac probiert die magische Wirkung des Zweigs, der beim Schütteln solch angenehme Musik verströmt, daß sogar Verwundete, Kranke und Trauernde friedlich einschlafen, sogleich mit Erfolg an seinem Hof aus.

Er setzt ihn auch zur Beruhigung der Gemüter ein, als der Unsterbliche übers Jahr seinen Sohn, seine Tochter und schließlich seine Frau mitnimmt. Zwar muß er sie, durch den Schwur gebunden, gehen lassen, setzt ihr aber durch dichten Nebel bis in die Anderswelt nach.

Wieder sehend, findet er sich auf einer weiten Ebene vor einem silbernen Haus wieder, das Männer eifrig, aber vergeblich, da sie der Wind dauernd wegbläst, mit Vogelfedern zu decken suchen. Ein anderer Mann verbrennt sinnlos einen großen Baum nach dem andern im Feuer. Unweit davon sprudelt neben einem prächtigen Palast eine helle, von → neun Haselstauden (vgl. → Bäume) umstandene → Quelle. → Fünf Salme (vgl. → Fische) schlucken die herabfallenden Nüsse und lassen die Hülsen unter musikalischem Geplätscher auf fünf Bächen davontreiben.

Im Palast heißen ihn ein edler Krieger und eine schöne Frau willkommen. Ein Mann bringt gegen Abend ein → Schwein, das er zur Mahlzeit zurüstet, das aber nicht garen kann, ohne daß vier Wahrheiten (vgl. → Zauber) darüber gesprochen werden – eine für jedes Viertel. Der Mann erzählt darauf, daß das Schwein, jeden Abend verspeist, am Morgen wieder lebendig sei; der Krieger, daß sich alle nötigen Landarbeiten von selbst erledigten; die Frau, daß die Milch und Wolle ihrer sieben → Kühe bzw. Schafe die ganze Anderswelt versorgte; Cormac, wie ihm seine Familie abhanden kam, worauf das Schwein verzehrt werden kann. Cormac bewundert den → goldenen Becher seines Gastgebers und erfährt,

Coventina, dargestellt in Form dreier Quellnymphen (Carrawburgh am Hadrianswall, Gr. Northumberland).

daß drei Lügen ihn in drei Teile zerfallen, drei Wahrheiten aber wieder ganz werden lassen, was sogleich demonstriert wird. Jetzt endlich gibt sich der Krieger als → Manannán mac Lir zu erkennen und stillt Cormacs Wissensdurst. Die dümmlichen Dachdecker sind diejenigen von Irlands Dichtern (vgl. → *fili*), die materielle Schätze horten, der Feuermacher ein junger Verschwender, und die Quelle ist »die Quelle der Wahrheit«; die fünf Bäche stehen für die fünf Sinne, »die es zum Lernen braucht«.

Cormac erwacht am Morgen auf dem grünen Rasen Taras; den Zweig und den Becher darf er zeitlebens behalten.

Es ist nicht erstaunlich, daß die christliche Überlieferung auf einen solchen König nicht verzichten mochte, stand seine strenge Moral ohnehin der christlichen nahe. Sie machte ihn daher zu einer Art Märtyrer, denn aus Rache für seine Sympathie gegenüber dem Christentum sollen ihm schäbige kleine Dämonen, *sheevras*, auf Geheiß der → Druiden eine Salmgräte schräg in den Hals geraten lassen haben, so daß er daran erstickte.

Zwar bestanden die Druiden darauf, ihn im → Bruig na Bóinne beizusetzen, aber durch ein kleines Wunder ließen sich die Ochsen seines Leichenwagens nicht dahin lenken, und er wurde im christlichen Friedhof von Rossnaree, auf dem Südufer des Boyne, beigesetzt.

Coventina

Zum Heiligtum (vgl. → Kultstätten) der nordenglischen Göttin Coventina, beim Römerfort Procolitia, heute Carrawburgh am Hadrianswall, ziemlich genau in der Mitte zwischen Carlisle und Newcastle-upon-Tyne, gehörten zwei → Quellen. Eine dritte floß unweit davon in einem Mithraeum, in dem uncharakteristischerweise ebenfalls ein Frauenfigürchen gefunden wurde.

Die erste und zweite enthielten eine Menge archäologischen Materials: über 14000 britorömische Münzen, Nadeln, bronzene Votivköpfchen, ebensolche → Hunde und → Pferdefigürchen (vgl. → Votivgaben), Schmuck, Topfscherben und den Schädel eines Menschen (vgl. → Kopfkult). Ebenso konnten beschriftete und bebilderte Altarsteine aus den Quellen oder deren Umgebung geborgen werden.

Die Göttin wurde bei nacktem Oberkörper, mit Wellen oder fließenden Tüchern bekleidet, sowohl als Einzelfigur als auch unter dem Aspekt der → Dreiheit in ähnlicher Gewandung dargestellt.

Die berühmteste Skulptur zeigt sie hingegossen auf einem großen Wasserpflanzenblatt,

Weihestein für die Quellgöttin Coventina (Carrawburgh am Hadrianswall, Northumberland).

in der Rechten etwas Sprießendes haltend, während sich der linke Ellbogen auf eine Urne stützt, die einen Wasserstrahl entläßt. Eine andere bildet sie als → drei langhaarige Nymphen ab, die mit der Linken (vgl. → links) eine Vase hochhalten und mit der Rechten (vgl. → rechts) ein Gefäß ausschütten – als ob sie den Kreislauf des Wassers, vom Himmel zur Erde und wieder zurück, darstellen wollten.

Grundsätzlich gehörte Coventina zu den → Muttergöttinnen und verkörperte die fruchtbarkeitsspendende Quelle. Die Nadeln unter den Votivgaben unterstreichen diese Funktion, während das Hündchen sowohl auf die Heilkräfte als auch auf die Beziehung zur → Anderswelt Bezug nimmt. Das Pferd könnte die Verbindung zu Himmel und Sonne (vgl. → Gestirne) schaffen. Diese Göttin vermochte demnach verlorene Lebenskräfte zurückzugeben, ein Konzept, das der Schädel potenziert: Er weist darauf hin, daß sie mithilft, die im Tod gesammelten Lebensmöglichkeiten wieder in eine physische Gestalt überzuführen.

Credne
Der Feinschmied (vgl. → Schmied) im Team von → Goibniu und → Luchta, die in Präzisionsarbeit die → Tuatha Dé Danann für die Schlacht von → Mag Tuired aufrüsten, ist Credne. Er hilft Dian Cécht, → Nuadu die silberne Armprothese anzupassen, so daß dieser jeden Finger bewegen kann.

Crom Cruach
Nach dem *Buch von Leinster* (vgl. → *Lebor Laignech*) saß auf der »Ebene der Niederwerfung«, Mag Slecht bei Ballymagauran sw. von Ballyconnell (Gr. Cavan), der »Hauptgötze Irlands«, ein großer, aufrechtstehender, goldüberzogener → Stein, umgeben von zwölf kleineren, silber- bzw. bronzeverkleideten.

Bis zu → St. Patricks Ankunft sollen ihn alle Völker Irlands verehrt haben, König → Tigernmas (1618 v. Chr.) mit besonders üblen Folgen. »Sie warfen sich sooft vor ihm nieder, bis ihre Stirnen und Nasenspitzen, ihre Kniescheiben und Ellbogen entzweigingen, so daß drei Viertel der Menschen Irlands an dieser Ehrbezeugung starben . . .«, weiß das → *Dindsenchas* zu berichten.

Der Gott selbst dezimierte die Iren sogar noch weiter, denn als Entgelt für Milch und Korn verlangte er jährlich zu → *Samhain* die ersten Feldfrüchte und die Erstgeborenen jeder Familie zum → Opfer.

Das *Tripartite Life of St. Patrick* betont den Kummer der Bevölkerung, so daß St. Patrick im Lichte eines Erlösers erscheinen kann: Er stürzt Crom Cruach und läßt die Steine fast ganz unter der Erde verschwinden. Der Kompilator im 9./10. Jh. will sie noch gesehen haben.

Vielleicht ist diese christliche Auslegung eines Megalithmonuments wirklich nur vom alttestamentarischen Moloch inspiriert. Vielleicht hatte er eher mit den Tierkreiszeichen und der Kalenderberechnung (vgl. → Coligny-Kalender), vielleicht mit einer harmloseren Form von Fruchtbarkeitsriten zu tun.

Allerdings ist der Ort nicht zu Unrecht gewählt. Beim Dorf Killycluggin befindet sich ein Steinkreis, dessen Mittelpunkt ein mit kurvolinearen Latène-Mustern verzierter Stein war, demjenigen von Turo ähnlich, der irgendwann einmal zerschlagen und außerhalb des Kreises deponiert worden war. Er befindet sich heute im National Museum, Dublin; noch immer hält sich das hartnäckige Gerücht, daß es sich dabei um Crom Cruach handelt.

Cruachan

Die Dienerin → Étaíns, Cruachan, ursprünglich wohl ein Aspekt dieser → Muttergöttin, verlieh der Residenz der Könige von Connaught ihren Namen. Hier fand u. a. das »Kopfkissengespräch« zwischen König → Ailill und Königin → Medb statt, der Auftakt zum → *Táin Bó Cuailnge*.

Die Überreste dieser Königsstadt, Ringwälle, Erdhügel und »der Friedhof der Könige«, eine der → drei großen Nekropolen Irlands (vgl. → Bruig na Bóinne), liegen im Umkreis der Kreuzung von Rathcrogan, auf der Kalksteinerhebung zwischen Tulsk und Bellanagare nw. der Grafschaftshauptstadt Roscommon. Nw. des Friedhofs führt die flache »Katzenhöhle« (vgl. → Katzen) Owenygat unter einem künstlichen, → Ogam-beschrifteten Eingang ins Erdinnere. Sie dürfte mit der in der Sage erwähnten »Höhle von Cruachan«, dem Zugang zur → Anderswelt, sowie der »Höllenpforte Irlands« der christlichen Überlieferung, identisch sein. Hauptsächlich zu → *Samhain* herrschte reger Zweibahnverkehr zwischen den Welten. → Nera z. B. fand dort Heim und Familie, während ihr auf der anderen Seite Dämonen in Mensch- und Tiergestalt entstiegen. Aus Cruachan kommt die → Morrígan auf ihrem einbeinigen Klepper geritten, hier wohnt das gefährliche, dreiköpfige Andersweltgeschöpf → Ellén, ein Verwandter des → Aillén mac Midna.

Um den größten Helden zu bestimmen, läßt Ailill im Anschluß an → Bricrius Fest drei greuliche Zauberkatzen aus Cruachan los, vor denen sich → Loegaire und → Conall »auf die Dachsparren flüchten«, → Cúchulainn hingegen die ganze Nacht kein Auge zutut, weil er dem Biest, das sich in seine Kammer geschlichen hat, jedesmal eins überziehen muß, wenn es versucht, sich an seiner Mahlzeit oder ihm selbst zu vergreifen.

Ein andermal entsendet das → *síd* von Cruachan weiße bzw. rostfarbene → Vögel, deren giftiger Atem alles verdorren läßt, oder schwarze Zauber- →Schweine, die nicht zählbar sind, denn jeder, der es versucht, erhält ein anderes Resultat. Wo diese ihre Füße hinsetzen, berichtet das → *Dindsenchas*, wächst sieben Jahre weder Gras noch Korn noch Blatt.

Crunnchu

Der wohlhabende Ulster-Landmann, dem → Macha ihre Liebe schenkt, ist Crunnchu, dessen törichte Prahlerei jedoch ihren Tod verursacht und »die Schwäche« (vgl. → *ces noiden)* über die Ulstermänner bringt.

Cúchulainn

Der unbestrittene → Held der irischen Sage ist Cúchulainn: → *Táin Bó Cuailnge (Der Rinderraub von Cooley)* räumt sowohl seinen Taten als auch seiner Jugendbiographie breiten Raum ein. Einzelsagen gestalten weitere entscheidende Ereignisse seines kurzen Lebens. Das lange, dreiteilige *Bricrius Fest* dient nur dazu, ihn als Sieger um die Spitzenposition der Helden Irlands hervorgehen zu lassen, nicht nur seiner phyischen Kraft (vgl. → Bricriu), seiner Geschicklichkeit und seines Mutes (vgl. → Cruachan, → Cú Roi) wegen, sondern hauptsächlich auf Grund seiner moralischen Stärke.

Der Tod von → Goll mac Garbada und der Tod Garbs von Glenn Rige schildert noch im 12. Jh., wie Cúchulainn den »Ehrensitz des Heldenkämpfers« zuerkannt bekommt, eine Szene, die an → Lugs Auftritt auf → Tara erinnert: Spätabends, mit den erbeuteten Köpfen des Riesen Goll und des Menschenfressers Garb im Wagen, begehrt Cúchulainn, sich bescheiden als »Jüngling von Ulster« anmeldend, Einlaß in → Conall Cernachs Burg, wo der ganze Ulsterhof zu Besuch weilt. Der Torhüter denkt nicht daran, so einem Hergelaufenen vor dem Morgen das Tor zu öffnen, was Cúchulainn derart erzürnt, daß er die Toreinfassung nebst dreihundert Dienern demoliert und sich mit blanker Waffe auf König → Conchobar stürzt. → Sencha verhindert ein Blutbad, und die Versöhnung geht in eine regelrechte Siegerehrung über. Cúchulainn wird auf den Ehrenplatz geführt, trinkt aus Conchobars Silberbecher Met, während sein Wagenlenker Pfähle für die Köpfe anspitzt und von Cúchulainns Heldentaten berichtet.

Die Anlehnung an Lug ist selbstverständlich: Die eine Überlieferung sieht in Cúchulainn die → Wiederverkörperung des Gottes, die andere dessen Sohn, den Mutter → Dechtire nach dreifacher Empfängnis zur Welt bringt. Lug erscheint ihr im Traum, klärt sie über die Zusammenhänge auf und wünscht, daß das Kind Setanta genannt wird. Dechtire heiratet → Sualdaim mac Roich, wodurch sie ihrem Sohn einen »irdischen Vater« und das Patrimonium von Muirthemne verschafft.

Eine Fassung erzählt, wie Conchobar den Jungen Finchem der Gattin → Amergins als Ziehbruder Conalls übergeben möchte, wogegen verschiedene Ulsterhelden, u. a. Sencha und → Fergus, protestieren, weil sie die Stelle des Ziehvaters für sich beanspruchen. Nach dem Spruch des weisen Richters Moran von → Emhain Macha sollen alle Anteil an seiner Erziehung haben und ihn ihre Fähigkeiten lehren, denn der Knabe werde dereinst für alle Ulstermänner eintreten. Trotzdem ist Cúchulainn ausdrücklich vom → *ces noiden* ausgenommen, was ihm im *Rinderraub* zugute kommen soll. Ein noch heute wirksamer erzähltechnischer Kniff schiebt Cúchulains Jugendtaten im *Táin* zwischen die sonst monoton wirkenden Kampfabfolgen und legt sie Fergus in den Mund. Die Connaughter sitzen vor der Furt Ath Gabla, die Cúchulainn mit einem glatt durchgehauenen, vierzinkigen Baumstamm, auf dem zur Verzierung vier Connaughter Köpfe stecken, gesperrt hat, und König → Ailill möchte nun gern wissen, wer dies angerichtet habe.

So gibt Fergus sieben Episoden zum Besten und erzählt, wie der Fünfjährige, bewaffnet mit Kinderschild und Spielspeer, Hockeyschläger und Ball, von zu Hause weglief, um mit den Knaben von → Emhain Macha zu spielen. Aus Unkenntnis der Hofetikette betritt er ihr Territorium, ohne sie um ihren Schutz zu bitten, worauf ihn die 150, zum Teil natürlich viel Älteren angreifen, was bei dem Knirps das erste Mal die berüchtigte »Wutverzerrung«, eine Form der → heiligen Raserei, auslöst. In diesem Zustand geht er auf die Jungen los und erreicht, daß sie sich unter seinen Schutz stellen müssen. Er rettet König Conchobar das Leben, indem er den Halbtoten auf dem Schlachtfeld mit Schweinebraten erquickt (vgl. → Schwein) und ihn darauf nach Hause schleppt. In dieser Zeit kommt er zu seinem Namen, unter dem er auf ewig bekannt sein wird. Setanta ist des Königs Liebling, den er gern beim Gastmahl des → Schmiedes Cualan dabeigehabt hätte, aber der Junge ist in sein Ballspiel vertieft und verspricht, später nachzukommen. Als alle Gäste in Cualans Festung versammelt sind, läßt der Schmied seinen Hüterhund los (vgl. → Hund), ein cerberusähnliches Biest, »das → neun Männer an → drei Ketten halten mußten«, ohne sich Gedanken um den Knaben zu machen. Dieser läuft dem Hund direkt in die Fänge – statt jedoch in Panik zu geraten, stopft er ihm den Ball in den Rachen, packt ihn an den Hinterläufen und schmettert ihn gegen eine Steinsäule. Die Ulsterhelden, die den Kampf entsetzt von den Wällen mitverfolgen, tragen den Jungen im Triumph in die Festung. Nur Cualan ist unglücklich über den Verlust des Tieres, worauf Setanta verspricht, ein Junges derselben Rasse aufzuziehen und bis zum Zeitpunkt, in dem es eingesetzt werden könne, dessen Dienst selbst zu versehen. So wird Setanta zu Cúchulainn – dem Hund des Cualan. Von da ab liegt das → *geis* auf ihm, niemals das Fleisch seines Namensvetters zu essen.

Mit sieben läßt er sich, von → Cathbads Prophezeiung (vgl. → Wahrsagerei) geleitet, die Waffen des Erwachsenen geben. Die ersten fünfzehn zerbricht er beim Ausprobieren, erst die Ausrüstung des Königs hält seinen Kräften stand. Dasselbe wiederholt sich bei den Kampfwagen: Erst der königliche, samt Wagenlenker, ist gut genug für den kleinen Helden.

Begeistert vom erweiterten Aktionsradius, will Cúchulainn gleich den Grenzdienst von Ulster übernehmen und setzt den erwachsenen Wächter Conall, da dieser nicht damit einverstanden ist, außer Gefecht, indem er ihm die Wagendeichsel entzweischießt. Jetzt wagt er sich über das bekannte Territorium hinaus und tötet die drei Söhne Nechtans, die gefährlichen Andersweltgeschöpfe »Betrug«, »Schwalbenschnell« und »Schlau«. Die drei Köpfe (vgl.

→ Kopfkult) verstaut er im Wagen, bevor er vor deren laut schreienden Mutter davonrast, so schnell, daß er »seinen geschleuderten Stein einholt«. Aufgekratzt durch dieses Abenteuer, fängt er sich auf dem Heimweg einen → Hirschen, ein Tier, von dessen Existenz er bis dahin noch keine Ahnung hatte, und bindet ihn hinten an der Deichsel fest. Dann holt er sich ein Dutzend Schwäne (vgl. → Vögel) lebend vom Himmel herunter und zwingt den Hirschen durch seinen hypnotischen Blick stillzuhalten, so daß der Wagenlenker zwischen dem Geweih, den scharfen Eisenrädern und den wildgewordenen Pferden absteigen und sie einsammeln kann. Sie werden an lange Schnüre gebunden und fliegen als Wolke über dem Wagen her, der sich mit großer Geschwindigkeit Emhain Macha nähert.

Der Kampf, die rauschende Fahrt, das Bezwingen der Tiere versetzen Cúchulainn in die heilige Raserei des Kriegers, der im Blutrausch den Göttern näher steht als den Menschen und zwischen Freund und Feind nicht mehr zu unterscheiden vermag. Nur etwas ganz Unvorhergesehens kann ihn auf die Erde zurückbringen. So treten ihm die edlen Damen Ulsters unter ihrer Königin → Mugain mit entblößten Brüsten entgegen, worauf der junge Held sein Gesicht schamhaft abwendet: Solchen »Kämpfern« fühlt er sich noch nicht gewachsen. In dem Augenblick packen ihn kräftige Männerfäuste und setzen ihn, um seinen Kampfesmut zu kühlen, in ein Faß kaltes Wasser, das aufkocht und die Dauben sprengt. Im zweiten Bottich wirft das Wasser noch faustgroße Blasen, im dritten wird es nur noch warm. Diese Prozedur wird allgemein als eine der weltweit geübten Initiationsriten gedeutet, mit der ein Halbwüchsiger ins Erwachsenendasein tritt.

Nicht ohne Besorgnis fragen sich die Leute von Connaught, was sie wohl von dem inzwischen Siebzehnjährigen zu erwarten haben, nachdem der Siebenjährige bereits solche Heldentaten vollbracht habe.

Vorläufig tyrannisiert sie Cúchulainn Tag und Nacht mit seiner Steinschleuder und tötet Hunderte, inklusive → Medbs Schoßhündchen (vgl. → Hund). Kein Ulstermann wagt mehr, nur zu zweit oder zu dritt auszutreten – sie gehen zu zwanzig oder dreißig!

Da → Ailill befürchtet, Cúchulainn könne auf diese Weise in kurzer Zeit seine Armee aufreiben, schließt er mit ihm einen Vertrag über einen täglichen Zweikampf, was dem Helden recht ist, da es seine Verzögerungstaktik unterstützt: er kann ganz allein die Connaughter sowieso nicht aufhalten, aber ihren Vormarsch kann er solange hindern, bis die Ulstermänner die »Schwäche« überwunden haben.

In dieser Zeit sucht ihn die → Morrígan als verführerische junge Frau auf und bietet ihm ihre Hilfe an. Cúchulainn weist sie und ihre Liebe schroff zurück, womit er sie sich zur gefährlichen Feindin macht.

Gewöhnlich unterschätzen ihn die Connaughter Helden, die sich zum Zweikampf melden. Cúchulainn ist nach der *Trunkenheit der Ulstermänner* ein kleiner, schwarzbrauiger Jüngling, jedoch mit großer Ausstrahlung. Noch bartlos, malt er sich deshalb zuweilen einen auf, um von den erprobten Kämpen ernstgenommen zu werden. Aber er ist ein Ausbund an Kraft und verfügt dank der ausgezeichneten Ausbildung bei → Scathach,→ Uathach und → Aífe über eine Reihe von Kunststücken, sogenannte *cles* wie den »Salmsprung«, das »Donnerkunststück« oder den »Apfelkniff«, sowie über die tödliche Geheimwaffe → *gae bulga*, deren Gebrauch zu → Conlais Leidwesen Aífe nur seinem Vater beibrachte. So ist Cúchulainn grundsätzlich jeder Sieg sicher, sogar über den achtundzwanzigfachen → Calatín, auch wenn er schwer verwundet daraus hervorgeht.

Paart sich mit der Verwundung jedoch noch Erschöpfung – von → *Samhain* bis → *Imbolg* hat er keine Nacht geschlafen und nur über Mittag, jeweils mit der Lanze in der Faust, etwas genickt, so schlägt angesichts der feindlichen Übermacht auch für einen Cúchulainn die Stunde tiefster Verzweiflung. An einem solchen Tiefpunkt löst ihn sein Vater Lug → drei Tage lang ab, behandelt, ein Gebet sprechend, seine Wunden und läßt ihn einen langen Heilschlaf tun.

Unglücklicherweise nützen die Connaughter diese Zeit, um Cúchulainns einstige Kameraden, das Knabenkorps von Ulster, aufzureiben, was dieser in tiefster Trauer rächt: Siebenundzwanzig Hemden »schnürt er sich auf die Haut, um ihm die Besinnung zusammenzuhalten...« (Thurneysen), denn jetzt ergreift ihn die Wutverzerrung des Erwachsenen: Er zittert an allen Gelenken und Gliedern, sein Körper dreht sich in der Haut, so daß Füße und Knie nach hinten, Fersen und Waden nach vorne weisen. Die Adern schwellen zu Kindskopfgröße an, ein Auge versinkt im Kopf, »...daß es kaum ein Kranich... erreichen könnte«, während das andere übergroß heraustritt. Bei verzerrtem Mund klappen Wangen und Kinnbacken auseinander, so daß Lunge und Leber im Schlund flattern. Sein Herzklopfen tönt wie das Bellen eines Schlachtenhundes oder wie Löwengebrüll. Der »Mond des Kriegers« (vgl. → Held) steht über seiner Stirne, und ein Strahl schwarzen Blutes schießt über seinem Scheitel bis auf die Höhe eines Mastbaumes auf.

Sein Sichelwagen bringt entsetzliche Verwüstung ins feindliche Lager, links und rechts häufen sich die Leichenberge.

Der einzige, der die Zweikampfsituation unbeschadet übersteht, ist → Fergus Mac Roich, aber auch nur auf Grund einer privaten Abmachung. Tragischer verläuft die Begegnung mit dem von → Medb unter Druck gesetzten → Ferdia: Nur dank des → *gae bulga* vermag Cúchulainn seinen Freund und Waffenbruder unter Scáthach zu töten. Wie bei seinem Sohn Conlai ist es der starre Ehrbegriff des Helden, der ihn die Tat durchführen läßt.

Damals hatte sein Schwiegervater in spe, Forgall, auf die Vervollkommnung seiner Waffenkunst unter Andersweltlehrern bestanden, denn Cúchulainns Aufmerksamkeit galt der schönen, so anspruchsvollen wie klugen → Emer.

Trotz seiner kleinen Körpergröße war Cúchulainn von einer aparten – M.-L. Sjoestedt spricht treffend von einer »barocken« – Schönheit: Er besaß dreifarbenes Haar – braun am Kopf, blutrot in der Mitte, goldgeld an der Spitze – und auf jeder Wange einen gelben, grünen, blauen und violetten Fleck sowie vier Pupillen im einen und drei im andern Auge, dazu jeweils sieben Finger und Zehen an Händen und Füßen. Da er allen Damen am Ulsterhof den Kopf verdrehte, konnte er es sich leisten, wählerisch zu sein. Emer war und blieb seine lebenslange Liebe, und bis auf ein einziges Mal hatte sie keinen Grund, eifersüchtig zu sein; die Liebschaft mit Aífe lag vor ihrer Zeit als Gattin Cúchulainns.

Cúchulainns Krankenlager und Emers einzige Eifersucht erzählt von Cúchulainns Affäre mit der schönen Unsterblichen → Fand, der er sogar in die → Anderswelt nachfolgt. Zum Glück für Cúchulainns Ehe fordert → Manannán mac Lir nach einer Weile seine Gattin zurück. Cúchulainn ist über den Verlust halb von Sinnen, aber dank dem »Vergessenstrunk der → Druiden« vergißt er die Geliebte, genauso wie Emer ihre Eifersucht vergißt.

Aided Con Culainn (Cúchulainns Tod) rundet die Sagenbiographie des großen, kleinen Mannes ab. Als äußerer Anlaß ist die Schlacht von Muirthemne gegeben, der Rachezug gegen Cúchulainn für den Tod → Calatíns und seiner siebenundzwanzig Söhne, als innerer jedoch das Ablaufen der vorbestimmten Lebensspanne des Helden (vgl. → Cathbad). Böse → Vorzeichen häufen sich. Beim Ankleiden fährt Cúchulainn der Dorn seiner Brosche in den Fuß. Sein braves → Pferd → Liath Macha will sich nicht anspannen lassen, dreht seinem Herrn die → linke Seite zu und weint blutige Tränen. Sogar die → Morrígan sabotiert seine Teilnahme am Kampf, indem sie seinen Wagen in die Bestandteile zerlegt. → Leborcham versucht ihn zurückzuhalten, indem sie ihm den Tod voraussagt, aber Cúchulainn, bereits sehr genau über seine Zukunft orientiert, weiß, daß sich sein Schicksal nicht ändern läßt. Beim Abschied von seiner Ziehmutter wandelt sich die Milch, die sie ihm reicht, zu Blut.

Prompt kommt der Zeitpunkt, zu dem er trotz besseren Wissens sein → *geis* brechen muß: Drei alte Hexen bieten ihm Hundefleisch von ihrem Lagerfeuerchen an. Lehnt er ab, verletzt er die Gastgeberinnen, akzeptiert er, bricht er sein Tabu. Wie zu erwarten, wählt er das Ehrenvollere und nimmt an.

Seine Feinde, unter denen er wütet, »so daß die halben Schädel, Arme und Beine und zerspellten Knochen das Feld bedecken« (Thurneysen), manövrieren ihn in eine ähnliche Lage. Strategisch verteilt, finden sich → *fili*, die Forderungen stellen, deren Nichterfüllung Ehrlosigkeit nach sich zieht: Sie verlangen seinen Speer (vgl. → Blitz). Er wirft ihn ihnen zwar so zu, daß nebst dem Dichter → neun

Mann umkommen, aber er gibt seine Waffe ab. Dasselbe wiederholt sich noch zweimal. Als Gegenschlag entsenden die Feinde je einen von Calatíns vergifteten Speeren, wodurch jedesmal ein Fürst fällt. Der erste tötet Laeg, »den König der Wagenlenker«, der zweite Liath Macha, »den König der Pferde« und der dritte von Lugaid abgeschickte Pfeil trifft Cúchulainn, den König der Krieger Irlands, so daß ihm das Gedärm aus dem Leib tritt.

Die Gegner lassen ihn auf seine Bitte hin Wasser (vgl. → Elemente) aus dem See trinken, wobei ein Fischotter von seinem Blut leckt. Cúchulainn trifft ihn mit einem Stein und merkt, daß sein Leben endgültig verwirkt ist. Nach einer alten Prophezeiung sollte er in seinem Leben zwei Hunde töten – der Otter heißt auf irisch »Wasser-Hund«. Um aufrecht im Angesicht der Feinde zu sterben, bindet er sich mit seinem Gürtel an einen Steinpfeiler (vgl. → Steine).

In der jüngeren Sagenfassung ist es → Badh, eine der »Töchter Calatíns«, die die letzten Schritte des Helden begleitet (vgl. → Niam). Als der Held tot ist, läßt sie sich als Krähe (vgl. → Vögel) auf seiner Schulter nieder. Diesen Augenblick hat Oliver Sheppard (1865–1941) mit seiner berühmten Cúchulainn-Statue im General Post Office, Dublin, verewigt und damit dem Osteraufstand von 1916 ein Denkmal gesetzt.

Lugaid schlägt dem Toten den Kopf ab (vgl. → Kopfkult). Ähnlich wie das Haupt → Brâns auf den weißen Hügel von London, so wird Cúchulainns auf den Hügel von → Tara gebracht. → Conall Cernach, Irlands zweitgrößter Held, rächt seinen Freund und Ziehbruder vielfältig, bevor er ihm und seiner an gebrochenem Herzen gestorbenen Emer ein gemeinsames Grab bereitet.

Culhwch → **Kulhwch**

curad-mír

Klassische Schriftsteller beschreiben die festlandkeltische Sitte, beim Festmahl dem Tapfersten der Runde das beste Stück Fleisch zuzuerkennen. Nach Athenaeus, der Poseidonius zitiert, mußte »früher« im Streitfall ein Kampf auf Leben und Tod entscheiden.

Cúchulainn-Statue von Oliver Sheppard (General Post Office, Dublin).

Sowohl im *Fest des → Bricriu* als auch in der Geschichte vom *Schwein des → Mac Da Thó* spielt das *curad-mír*, ir. »Heldenteil« bzw. »portion«, eine große Rolle. Auch wenn es keine Toten mehr dabei gab, verteidigten die Inselkelten dieses Stück – gewöhnlich die Keule vom Schwein – mit Vehemenz, denn neben dem materiellen und dem sozialen hing auch ein bedeutender ideell-religiöser Wert daran: Der Krieger wurde damit von der Gemeinschaft als großer → Held anerkannt, d. h. als Mensch in einer dem Göttlichen angenäherten Daseinsform. Folgerichtig wurde er schon in der Welt der Menschen mit dem »besten Braten der Unsterblichkeit« gefeiert (vgl. → Anderswelt).

Cú Roi mac Daire

Die widersprüchlichste irische Sagenfigur ist Cú Roi mac Daire; er gehört zum ältesten Überlieferungsstratum (erste Hälfte des 8. Jhs.). Als König von Munster oder Westmunster spielt er, ein Zeitgenosse → Conchobars, → Ailills, → Medbs und → Conall Cernachs, im → *Táin Bó Cuailnge* kaum eine Rolle und ist hauptsächlich durch seine Auseinandersetzung mit → Cúchulainn mit dem → Ulsterzyklus verbunden.

Die Beziehung zwischen Cú Roi, »dem → Hund des Königs«, und Cúchulainn, »dem Hund des → Schmieds Cualann«, war zwiespältig, seit Cúchulainn und die Ulstermänner versucht hatten, Cú Roi um den ihm zugesicherten Lohn für Kampfeshilfe auf einer Expedition in die → Anderswelt zu prellen. Cú Roi hatte sich in G. Keatings Fassung die erste Wahl der Beute, → *Bláthnad*, ausbedungen. Als die von Ulster die Abmachung nicht einhielten, klemmte er sich Mädchen, Zauberkühe, → Kessel und → Vögel unter den Arm und stiefelte von dannen.

Cúchulainn, der ihn bei Cashel einholte und angriff, schleuderte er solcherart auf den Boden, daß er »bis unter die Achseln in der Erde steckenblieb«, rasierte ihm die Locken ab und bestrich die Glatze mit Kuhmist. Der Schande wegen ließ sich Cúchulainn ein volles Jahr nicht mehr am Ulsterhof blicken.

Andererseits ist es eben dieser Cú Roi, der ein für allemal Cúchulainns Stellung als erster → Held Irlands bestimmt. Da weder Conall noch Loegaire Ailills Entscheidung respektierten (vgl. → Bricriu, → Cruachan), wurde Cú Roi als Schiedsrichter angerufen.

Die drei sollen während seiner Abwesenheit – da ihn Irland einengt, unternimmt er weite Reisen, vornehmlich nach Osten – je eine Nacht seine Festung bewachen, wobei ihnen der Hausherr als grauenerregendes, langarmiges Gespenst erscheint. Dieses greift sich Loegaire und Conall und wirft sie über die Mauer. Cúchulainn, der in dieser Nacht bereits siebenundzwanzig Feinde besiegt und ein Seeungeheuer bekämpft hat, gelingt es, den »bis an den Äther reichenden Schatten« so zu bedrängen, daß er ihm → drei Wünsche freigibt, die Cú Roi anderentags erfüllt: Bestätigung als größten Helden Irlands, Verleihung des → *curad-mír* und Vortritt für seine Frau vor allen Damen Ulsters.

Dieses Urteil fechten die andern beiden bereits auf dem Heimweg an, und Cú Roi muß sich noch einmal bemühen: Er erscheint auf → Emhain Macha als großmächtiger, ungeschlachter Kerl, als sog. *bachlach*, mit riesigen, hervorquellenden gelben Augen, der sich einem »lodernden Leuchter gleich« neben dem Feuer aufpflanzt und die Anwesenden zu einem »ehrlichen Spiel« herausfordert:

Ein Krieger darf ihm jetzt den Kopf (vgl. → Kopfkult) abschlagen, anderentags steht ihm dasselbe Recht zu. Einen enormen Hackblock und ein scharfes Beil hat er gleich mitgebracht.

Als sein Kopf gefallen ist, erhebt sich der Riese munter, sammelt Kopf, Block und Axt zusammen und verschwindet. Am nächsten Tag drückt sich der Ulsterheld vor seiner Verpflichtung, und weder Loegaire noch Conall, die das Spiel wiederholen, benehmen sich besser, wenn es um ihren Kopf geht. Einzig Cúchulainn zieht es vor zu sterben, statt ehrlos zu werden, und legt seinen Kopf auf den Block.

Der Kerl schwingt das Beil unter Donnergepolter bis unter den Dachstock, setzt es jedoch, stumpfes Ende voran, behutsam auf und beglückwünscht Cúchulainn zu seinem wahren Heldentum.

Und doch tötet Cúchulainn schließlich Cú Roi in seiner Festung. Diese ist mit Caherconree in den → Slieve Mish Mountains, oberhalb von Camp, auf der Nordseite der Dingle-Halbinsel (Gr. Kerry), identifiziert worden. Es ist eine der großartigsten Hügelbefestigungen Irlands, bestehend aus einer mächtigen Trockensteinmauer, die auf 625 m Höhe eine auf drei Seiten klippenartig abfallende Felsnase abriegelt. An welchem Punkt der Erdkugel Cú Roi sich auch immer befand, durch einen Zaubergesang (vgl. → Zauber) veranlaßte er die Festung, sich jede Nacht atemberaubend schnell zu drehen, »wie ein Mühlstein«, so daß der Eingang nicht zu finden war. Der Volksüberlieferung nach pflegte er sich, in diesem sitzend, sein glänzendes Haupt- und Barthaar zu kämmen.

Es ist seine Frau → Bláthnad, die ihn zu → *Samhain* an Cúchulainn verrät. Sie bereitet ihrem Gatten ein Bad, knüpft heimlich sein Haar an einem Pfosten fest, entwendet sein Schwert und schüttet die Milch ihrer magischen → Kühe in den Bach, zum Zeichen, daß ihr Geliebter hochkommen soll. Noch immer rauscht der Finnglass, der »weiße Bach«, unterhalb von Caherconree zu Tal.

Die Widersprüchlichkeit Cú Rois – Magier, Verwandlungskünstler, Krieger, Gespenst, Schiedsrichter, Hirte, Riese, Weltreisender, Seefahrer, »Herr der Fluten«, Donnerer, Andersweltbezwinger, Stammvater der Érainn und »König der Welt« in einem – läßt sich erst auf der Ebene seiner göttlichen, mit großer Wahrscheinlichkeit einem vorkeltischen Volk entliehenen, adaptierten Vorlage lösen.

A. und B. Rees stellen eine Verwandtschaft zwischen Cú Roi und dem indischen Gott Pūšan fest, dem Schützer aller Lebewesen, Führer in die Anderswelt und Herrn der Magier, »der gelegentlich mit der Sonne identifiziert wird«.

So wie die Sage Cú Roi präsentiert, scheint letzteres eindeutig der Fall zu sein; die Betonung muß sogar auf die Sonnenkomponente gelegt werden, wimmeln die Erzählungen doch förmlich von Sonnenbildern und -anspielungen.

In die weitgespannten Funktionen des Sonnen- und Himmelsgottes passen alle von Cú Rois Tätigkeiten hinein (vgl. → Taranis, → Blitz), nicht zuletzt sein unparteiisches, gerechtes Entscheiden und das Durchsetzen der Wahrheit (vgl. → Zauber), die Zentralidee der Erzählungen.

Da Derga

Der *Zerstörung der Halle Da Dergas* nach ist Da Derga ein Freund → Conaire Mórs, Inhaber eines → *bruiden* in der Nähe Dublins, bei dem König und Gefolge übernachten wollen. Er wird als Rotschopf mit → roten Wimpern geschildert, der so eifrig für alle sorgt und herumläuft, daß seine Füße schwarz sind. »Da Derga« bedeutet »Roter Gott«: Er ist einer der Fürsten der → Anderswelt, der dem immerwährenden Fest vorsitzt (vgl. → Dagda).

Dagda

Die schriftliche Überlieferung kennt den Dagda natürlich nur noch als → Elf oder euhemerisiert als König der → Tuatha Dé Danann: Namen, Aussehen, Taten verraten jedoch auf Schritt und Tritt, daß es sich um einen Gott handelt, der im irischen Pantheon die Stelle eines Zeus oder Jupiter innehatte, Züge mit dem festländischen → Taranis und dem → Teutates teilte und dazu noch die Wirkungsbereiche eines → Dis Paters oder → Sucellos abdeckte.

Der Dagda ist mit → Eochaid Ollathair identisch. Durch den indoeuropäischen Stamm für → »Pferd« im Hauptnamen weist ihm J. de Vries eine Sonnenkomponente zu. Diese ist jedoch bereits vorhanden, da er zuweilen, an anderer Stelle, mit → Aed, seinem Sohn, identifiziert wird. »Ollathair« bedeutet »Allvater« oder »Höchster Vater«, d. h. der Dagda, Sohn oder Bruder der → Danu von den Tuatha Dé Danann, ist ein Göttervater und ein → »Dis Pater«. Das trifft in engerem Sinne zu, da → Mac Cuill, Mac Cécht, Mac Greine oft, → Bodh meistens und → Oengus und → Brigit durchgehend als seine Kinder bezeichnet werden, aber auch im weitesten Sinne, denn durch seine eiserne Keule (vgl. → Blitz), deren eines Ende tötet, während das andere belebt, ist er Herr über Leben und Tod, der Prototyp des Herrschers über die inselkeltische → Anderswelt. Er ist der schöpferische Gott, der die Lebensimpulse mit Hilfe der Muttergöttin, z. B. der → Boand, in physische Erscheinung umsetzt (Musterbeispiel Oengus), sie jedoch auch wieder aus dem Individuellen zurückholt in die unbegrenzte Möglichkeit.

So erneuert und erhält er fortwährend den Kosmos. Er hält den Vorsitz beim Fest der → Anderswelt; in seinem → *síd*, dem → Bruig na Bóinne, wachsen → drei immerzu fruchttragende → Bäume und wandert ein ewig lebendes → Schwein herum, während ein geröstetes samt einem → Kessel voll herrlicher Tranksame für jeden bereitsteht – solange, bis er seinen → *síd* an Oengus abtreten muß. Der Kessel heißt »Niemals trocken« und gehört zu den Schätzen der Tuatha Dé Danann. An anderer Stelle verläßt ihn keiner ungesättigt; jeder erhält die Nahrung, die ihm nach

Verdienst und Geschmack zukommt, eine Eigenschaft, die der → Gral übernehmen wird.

Ein weiterer Beiname Dagdas ist Ruad Rofhessa, »der Rote« bzw. »Mächtige«, »Herr allen Wissens«, besonders des okkulten, möglicherweise eine Anspielung auf die Sonne, die täglich die Welt überschaut und alles sieht. Außerdem ist die Anderswelt an sich der Ursprung allen Wissens und aller Künste.

Der Dagda ist der Obermagier, der Erzdichter, der Gott der → Druiden und → *fili*, d. h. nach G. Dumézil, der Gott der ersten Funktion. »Dagda Mór«, der »große, gute Gott«, ist weniger moralisch als vielmehr im Sinne von »gut in«, »fähig zu« zu verstehen: Was z. B. ein → Goibniu, → Dian Cécht, → Credne und → Ogma einzeln an Kunstfertigkeit beherrschen, vermag er alles zusammen. Er besitzt die Kenntnisse und Techniken aller anderen Professionen zusammengenommen, da er allwissend ist.

Des weiteren ist er ein gefürchteter Krieger und Held, Führer und Vorbild der Stämme der Dé Danann. Dank seiner Keule streut er die Gebeine der Feinde auf die Erde – »so zahlreich wie Hagelkörner unter den Hufen der Pferde«. In *Die Trunkenheit der Ulstermänner* mischt sich der »Elfenkönig Dagda« unsichtbar unter die Heldenschar und erledigt wie im Spiel mit dem einem Ende der Keule → neun Mann gleichzeitig, um sie umgehend mit dem andern wieder aufleben zu lassen. Diese Eisenkeule war so enorm groß, daß er sie auf Rädern (vgl. → Rad) hinter sich herzog, wobei sie Spuren hinterließ, so tief wie Provinzgrenzgräben.

Aber auch als Musiker tat er sich hervor: Auf der Harfe beherrschte er nicht nur die Lach-, Trauer- und Schlafweisen (vgl. → Boand), sondern er spielte auch die Jahreszeiten herbei. Der Dagda war demnach verantwortlich für die Abfolge der Zeit. Er vermochte sie, während seiner Affäre mit Boand, sogar anzuhalten. Damit gekoppelt war sein Einfluß auf Wetter und Ernte; so hatte er, wie die → Milesier zu ihrem Leidwesen erfuhren, Macht über Korn und Milch.

Der Gott der Druiden tangierte durch seine Tätigkeit die untersten Schichten, die Bauern, Tagelöhner und Sklaven im besonderen Maße und wurde in diesem Sinne auch zu ihrem Gott, war selbst jedoch nicht einer der ihren. Mit dem »Herrn der Fülle« ließ sich die Rolle als Küchenmeister von → Conaire Mór noch vereinbaren, unter seiner Würde war es jedoch, mit eigenen Händen eine Festung für → Bres zu bauen.

Interessanterweise paßte er seinem Aussehen nach eher unter das grobe Volk. Er war so ungeschlacht und groß wie → Brân: Ein Menschenpaar konnte auf seinem Löffel bequem beisammenliegen. Sein kurzer Bauernkittel deckte kaum sein gewaltiges Hinterteil. Die Manieren waren dementsprechend: Er war äußerst gefräßig, und sein Bauch hatte Ähnlichkeit mit seinem Kessel der Fülle.

Vor der Zweiten Schlacht von → Mag Tuired weilte der Dagda auf → Lugs Geheiß als Unterhändler im Lager der → Fomorier.

Diese, die seine Vorliebe für Brei kannten, kochten ihm, um ihn zu verspotten, einen solchen aus achtzig Maß Milch, Mehl und Fett sowie einigen ganzen Ziegen, Schafen und → Schweinen. Unter Todesdrohung sollte er die ungeheure, mangels passender Gefäße in eine Erdgrube gekippte Menge (vielleicht eine Erinnerung an einen rituellen → Schacht) ganz allein auffessen.

Zum größten Erstaunen der Fomorier löffelte der Dagda alles aus und fuhr schließlich noch mit den Fingern in die Vertiefung, um das letzte Restchen vom steinigen Boden zusammenzukratzen. Er nickte zwar daraufhin ein, und beim Schäferstündchen mit einer Fomorierin danach hatte er seine Schwierigkeiten, aber er brachte diese immerhin dazu, die Tuatha Dé Danann mit ihrer Magie gegen ihr Volk zu unterstützen.

Zu allen Zeiten hat sein sexueller Appetit seine Freßlust noch überboten. Zu → *Samhain* bändelte er sogar mit der → Morrígan an. Er traf sie in Connaught, als sie breitbeinig über dem Fluß Unius stand (vgl. → Gewässer), einen Fuß auf jedem Ufer, und sich wusch. In dieser Stellung hatte der Dagda Verkehr mit ihr, mit dem Erfolg, daß er, der Schöpfergott, die Zerstörungs- mit den Fruchtbarkeitskräften zu seinen Gunsten aufwog.

Dame vom See

Die Dame vom See geistert noch unter anderen Namen durch die → Artus-Dichtung, z. B.

als Viviane, Nimuë oder Morgane, »die Fee«. Sie erzieht Lancelot »unter dem See« in ihrem Palast (vgl. → Anderswelt), schenkt Artus das Schwert → Excalibur, um es vor dessen Tod wieder zurückzunehmen, und geleitet den toten König nach → Avalon.

Andererseits läßt sie sich von → Merlin umwerben und sperrt ihn in der walisischen Überlieferung schließlich durch → Zauber unter die Erde (vgl. → Elemente) in »Merlins Hügel« über der Stadt Carmarthen (Gr. Dyfed). Es ist anzunehmen, daß dieser oberflächlich verchristlichten, schattenhaften Figur die keltische → Muttergöttin Pate gestanden hat.

Damona

Die festlandkeltische Damona, die »große → Kuh«, ist eine Erscheinungsform der → Muttergöttin, eine Parallele zur → Boand bzw. → Verbeia der Inselkelten. Da sie Leben hervorbrachte, standen ihr Heil- und Regenerierungskräfte zur Verfügung, weswegen sie gern dem → »Apollo« als Gefährtin beigegeben wurde (vgl. → Götterpaare), im Thermalzentrum von Bourbonne-les-Bains (n. von Dijon) dem »Apollo« → Bormanus, in → Alesia dem »Apollo« Moritasgus.

Allein wurde sie in Bourbon-Lancy nö. von Vichy verehrt, wo sie eine Weiheinschrift mit dem Heilschlaf in Verbindung bringt.

Danann → **Tuatha Dé Denann**

Danu

Die Mutter des irischen Göttergeschlechts ist Danu bzw. Anu; mag sein, daß die beiden Namen vor der schriftlichen Fixierung verschiedenen Individualitäten gehörten – seither werden sie jedoch unterschiedslos gebraucht. *Cormacs Glossar* (10. Jh.) spricht von Anu als »mater deorum hibernensium«, und das Namensverzeichnis *Cóir Anmann* macht sie besonders für das Gedeihen Munsters verantwortlich, womit die Fruchtbarkeit des Landes angesprochen ist, denn nur dadurch ist das Wohl der Pflanzen, Tiere und Menschen gesichert.

Die beiden sanft gerundeten Hügel, 693 m bzw. 696 m, sö. von Killarney (Gr. Kerry), auf denen zuoberst je ein *cairn* sitzt, um die Silhouette noch unmißverständlicher zu machen, heißen auf irisch »Dá Chich Annan«, »die zwei Brüste der Anu«. (Die moderne Touristenkarte, der die Ordnance-Survey-Karte zugrunde liegt, benützt die englische Übersetzung »The Paps«.) Hier liegt die große Muttergöttin für jeden sichtbar in der Landschaft ausgestreckt, mehr noch, sie ist die Landschaft, die »Mutter Erde«, die Verkörperung Irlands. Auch wenn sie durch Zeit und Raum noch so viele verschiedene Namen erhält, z. B. → Banba, → Brigit, → Macha, → St. Brigid, sie ist der Prototyp jenes Kräfteverhältnisses, das hervorbringt, nährt, gedeihen läßt (vgl. → Gewässer) und, ähnlich der indischen Kali, zerstört, denn eine Notiz im → *Lebor Gabála Érenn* identifiziert die → Morrígan mit Danu/Anu. Ihre Kinder nimmt sie nach »Tod« oder Absetzung wieder zu sich (vgl. → Bruig na Bóinne, → *síd*). Das gilt für Sterbliche und Unsterbliche gleichermaßen. Die → Tuatha Dé Danann – → Brian, Iuchar und Iucharba, die noch immer recht lebenskräftigen Gestalten wie der → Dagda, → Nuadu, → Omga, → Dian Cécht und die Enkel → Lug und Brigit – waren ja Irlands Götter, auch wenn sich das *Lebor Gábala Érenn* fast überschlägt, um sie zu euhemerisieren. Danus/Anus Gegenstück ist → Dôn, die walisische Göttermutter.

In Großbritannien findet sich Danu noch auf der Ebene des Volks(aber)glaubens, in England als »Black Annis« von Dane's Hill in der Vorstadt von Leicester, einem gräßlichen Kinderschreck, bei dem der Todesaspekt überwiegt, in den schottischen Lowlands hingegen als »Sanfte Anna«, »Gentle Annie«, die Macht über Stürme hat.

Es ist sicher, daß auch die Festlandkelten diese Göttermutter verehrten – der im Mittelalter von der Bretagne ausgehende, weitverbreitete Kult der St. Anna, der Mutter Marias und Großmutter Christi, spricht dafür.

Dechtire

Auch ohne die lasche Zensur der Klosterschreiber (vgl. → Conchobar) und ohne die besondere Erwähnung ihrer »hornlosen Kuh« im → *Dindsenchas* (vgl. → Boand, → Damona) ist es offensichtlich, daß Dechtire, → Cúchulainns Mutter und König Conchobars

Wagenlenkerin (Münze der Ambianen).

Tochter/Schwester, ursprünglich zu den → Muttergöttinnnen gehörte. *Compert Cúchulainn (Cúchulainns Empfängnis)* ist das älteste Material aus dem verlorenen Manuskript von Druim Snechta (1. Hälfte 8. Jh.). Es gibt davon zwei Fassungen: In der ersten dient Dechtire auf der Jagd nach den magischen → Vögeln, die die Weide von → Emain kahlgefressen haben, ihrem Vater als Wagenlenkerin. → Drei der Gefiederten locken König und Gefolge zum → Bruig na Bóinne, wo sie von der Nacht und heftigem Schneefall überrascht werden.

Ein freundliches Paar nimmt sie in ihr enges, ganz neues Haus auf, das wunderbarerweise für alle Platz bietet, und verpflegt sie so gut, daß sie, nicht mehr nüchtern, recht lustig werden (vgl. → Anderswelt).

Im Raum nebenan überfallen die Hausfrau Wehen, und Dechtire steht ihr bei. Gleichzeitig mit einem Jungen kommt ein Füllen, → Liath Macha, zur Welt, das das Kind zum Geschenk erhält. (Eine Variante spricht von zwei Pferden und schließt damit Cúchulainns Rappen → Dubh Sainglenn ein.) Am Morgen wachen die von Ulster im Freien auf – vom ganzen Spuk sind Kind und Fohlen geblieben, und beide kommen mit nach Emhain Macha. Zu Dechtires Kummer stirbt das Kindchen. Durstig von der Totenklage, versucht sie Wasser (vgl. → Elemente) aus einem → Kessel zu trinken, wobei ein winziges Wesen immer wieder in ihren Mund hineinzuwischen sucht. Im Traum erscheint ihr der Gott → Lug und bedeutet ihr, daß der Verstorbene sein Sohn sei, den nun Dechtire als Setanta erneut zur Welt bringen solle (vgl. → Wiederverkörperung).

Die Ulstermänner schreiben Dechtires Schwangerschaft Inzest zu, da Conchobar in jener Nacht betrunken war, und verunsichern damit die Königstochter, denn als ihr Vater ihr Sualdaim mac Roich zum Gatten gibt, bricht sie die Schwangerschaft ab. Sie wird jedoch zum zweiten Mal schwanger und bringt Cúchulainn zur Welt.

Die zweite Fassung macht klar, daß Dechtire und ihre Frauen, die drei Jahre zuvor spurlos verschwunden waren, die Zaubervögel sind, die die Ulsterhelden zum Brúig locken. Wieder nimmt sie ein Ehepaar in einem anscheinend kleinen Häuschen gastlich auf. → Bricriu geht noch ein paar Schritte vors Haus und findet unweit davon ein großes, palastartiges Anwesen, in dem Dechtire mit Gemahl und Hofstaat wohnt. Seines zweifelhaften Charakters wegen verschweigt Bricriu dem König, daß die schöne Frau seine Schwester ist, worauf Conchobar, auf seinem Recht bestehend, das Lager mit ihr teilen möchte. Dechtire jedoch hat eine überzeugende Entschuldigung: Sie ist in den Wehen, und Conchobar läßt sie in Frieden. Am Morgen wacht Conchobar auf und hat ein neugeborenes Bübchen im Schoß liegen.

Deirdre

Die Hauptperson in *Die Verbannung der Söhne Uisnechs*, die schöne Deirdre bzw. Deirdriu, macht bereits vor der Geburt von sich reden: Als Ungeborenes erschreckt sie die Ulsterhelden (vgl. → *Ulsterzyklus*) beim Fest ihres Vaters Fedlimid mit einem lauten Schrei, den → Cathbad als düsteres → Vorzeichen wertet: Sie wird »Deirdriu«, »die Tobende«, heißen und mit ihrer wunderbaren Schönheit Leid und Blutvergießen über Ulster bringen. Um den Fluch abzuwenden, wollen die Ulstermänner das Kind töten, sobald es auf der Welt ist. Conchobar läßt das Mädchen jedoch ganz abgeschieden bei Zieheltern aufwachsen, umsorgt von der alten → Leborcham. Der alternde König spekuliert darauf, die zukünftige Schönheit selbst zu besitzen.

Eines Winters, als Deirdre ihrem Ziehvater beim Häuten eines Kalbes im Schnee zuschaut, fliegt ein Rabe heran, um von dem Blut zu trinken. Die drei Farben veranlassen das junge Mädchen, sich seinen Traummann auszumalen: Rabenschwarzes Haar, rote Wangen und einen schneeweißen Körper soll er haben. Unvorsichtigerweise verrät ihr Leborcham, daß auf → Naoise, einer der → drei Söhne → Uisnechs, die Beschreibung paßt. Jetzt hat Deirdre keine Ruhe, bis sie ihr Ideal zu Gesicht bekommt.

Als Naoise seinen besonderen Ruf von den Festungswällen ertönen läßt, schlüpft sie zu ihm hinaus und bedeutet ihm, daß ihr ein junger Stier besser gefalle als der alte Bulle von Ulster. Eingedenk Cathbads Prophezeiung versucht Naoise, ihre Anspielung nicht zu verstehen, aber sie packt ihn an beiden Ohren (vgl. → Zauber) und erklärt diese zu »zwei Ohren der Schmach und Schande«, falls er sie nicht entführen würde. Jetzt steht Naoises Ehre auf dem Spiel. Noch in derselben Nacht fliehen Deirdre und er samt seinen zwei Brüdern und einer ganzen Gefolgschaft über die Grenze Ulsters. Conchobar verfolgt sie in seinem Zorn bis Schottland. Im schottischen König finden sie einen Beschützer, bis sich dieser in Deirdre verliebt und alle Anstrengungen macht, Naoise und seine Brüder loszuwerden. Erneut müssen sie fliehen und setzen sich auf eine Insel zwischen Schottland und Irland ab. Die Brüder haben sich inzwischen durch ihre Tapferkeit einen weitgerühmten Namen gemacht, weswegen sich Conchobar dazu überreden läßt, alle wieder in Gnaden aufzunehmen. Er schickt ihnen sogar die Bürgen ihrer eigenen Wahl, → Fergus, Dubthach und seinen Sohn, entgegen, sabotiert aber gleichzeitig schlau den Schutz, und als die Söhne Uisnechs nur in Begleitung von Fergus' Sohn auf die Wiese von → Emhain Macha treten, läßt er sie durch → Eogan mac Durthach töten. Wegen dieses Treuebruchs laufen die Bürgen Amok und richten ein Gemetzel unter den Ultermännern an, dem dreihundert zum Opfer fallen. Außerdem laufen sie zu → Ailill und → Medb über und terrorisieren Ulster die folgenden sechzehn Jahre.

Deirdre, als Gefangene vor Conchobar gebracht, würdigt ihn keines Blickes, was sich im ganzen folgenden Jahr nicht ändert. Sie lächelt nie, ißt und schläft kaum und »färbt sich auch nicht mehr die Fingernägel rot«, sie sitzt nur da, den Kopf auf den Knien. Ihre Gedanken sind immer in der Vergangenheit, beim Leben in Freiheit mit ihrem geliebten Naoise.

Schließlich verliert Conchobar die Geduld. Er gibt sie dem zweiten Mann, den sie ebenso haßt wie ihn – Naoises Mörder. Als sie anderntags zu dritt zur Versammlung von Macha fahren, mokiert sich Conchobar über sie. Er bemerkt, zwischen ihm und Eogan mache sie Augen wie ein Schaf zwischen zwei Widdern, worauf sie ihren Kopf (vgl. → Kopfkult) an einem Fels zerschellen läßt und stirbt. Einst hatte sie vorausgesagt, niemals werde sie gleichzeitig zwei Gatten auf dieser Erde haben.

Obwohl die Sage fast gänzlich euhemerisiert ist, erinnert diese starke Frauenfigur an den Typ der irischen Göttin, die Land und Oberhoheit verkörpert: Irlands Souveränität gibt sich nur dem → rechtmäßigen Herrscher, dem wahren, aufrichtigen, auch moralisch gesunden – was Conchobar in seinem Lebenswinter nicht mehr ist, wie sein Verrat an Naoise zeigt.

deisiol

Ein zu verehrender Gegenstand, Kreuz, → Quelle, Schrein, wird bis auf den heutigen Tag in Irland *deisiol*, »von links nach rechts«, d. h. »mit der Sonne«, umgangen. Es ist die segensbringende Richtung. Das Gegenteil, *tuathbel*, wird als → Zauber in böser Absicht benützt (vgl. → Boand).

Delbaeth

Eine ganze Reihe schwer greifbarer Gestalten bezeichnet der Name Delbaeth, die im → *Lebor Gabála Érenn* an den verschiedensten Stellen auftauchen.

Letztlich scheint es sich jedoch um ein und denselben Gott zu handeln, der auch als Turell/Turein Piccreo bekannt ist. Er kommt als Gatte der → Ernmas, Vater von → Badb, → Macha, → Morrígan bzw. → Danu/Anu vor und durch Inzest mit letzterer als Vater von → Brian, Iuchar und Iucharba sowie als Sohn des → Ogma. Er besitzt eine Menge Söhne, darunter → fünf gleichnamige. An anderer Stelle geht auch das Trio → Banba,

→ Fódla und → Ériu auf seine Vaterschaft zurück. Im *Lebor Gábala Érenn* folgt er als König auf den → Dagda, aber auch der König der → Fomorier, dessen Sohn Elathan mit Ériu den schönen → Bres zeugt, trägt denselben Namen.

Delbaeth ist sicher keine Erfindung der Kompilatoren, ein bequemer Lückenbüßer, wann immer ein Name zur Hand sein mußte. Er dürfte ein wichtiger Gott gewesen sein, aber einer, der sich in einem noch älteren Pantheon als demjenigen der Göttin Danu verliert: Er gehört zu den Göttern der Dé Danann.

Delphin → **Fische**

»Diana«
Auch wenn der Legat der Ersten Legion der »Sanctissima dea Diana« einen Tempel bei Bad Godesberg stiftete, wissen wir nicht genau, was sich die Soldaten, geschweige denn die Einheimischen, darunter vorstellten. Vermutlich war sie für alle, außer den streng römisch Gebildeten, eine »Diana« verschiedener Abstufungen.

Die keltische »Diana« hatte größere Ähnlichkeit mit der aus der Apostelgeschichte bekannten »großen Diana der Epheser«, einer vorderasiatischen Fruchtbarkeits- und Muttergöttin, als mit der klassischen. Deswegen wurde sie in Gallien auch dem → »Mars« und nicht dem → »Apollo« zugesellt. Mit der klassischen Göttin teilte sie die Komponente der Herrin der Wälder, also der unkultivierten Natur und der wilden Tiere, und wurde daher auch als Göttin der Jagd verehrt. Sie dürfte sich in einem ähnlichen Vorstellungsrahmen bewegt haben wie die Henkelfigur der Bronzehydra von Grächwil (heute im Bernischen Historischen Museum). Zwar handelt es sich dabei um eine um 570 v. Chr. in der Griechenkolonie Tarent hergestellte Arbeit, die als diplomatisches Geschenk, Handelsware oder Beute auf die Nordseite der Alpen gelangte, um schließlich einem begüterten Toten ins Grab mitgegeben zu werden. Man darf jedoch davon ausgehen, daß die hoheitsvolle, geflügelte, vollbusige Frauengestalt im knöchellangen Gewand, umgeben von einem Adler (vgl. → Vögel), vier Löwen, einem → Hasen und

Bronzehydra von Grächwil (Bernisches Historisches Museum, Bern).

einem → Schlangenpaar, auch dem neuen Besitzer mehr bedeutete als eine kunstvolle Verzierung. Er dürfte in ihr, auch wenn ihm Löwen nicht geläufig waren, ein weibliches Gegenstück zum → Cernunnos erkannt haben, denn daß diese »Herrin der Tiere« den → rechten Hasen kopfaufwärts an den Vorderpfoten, den → linken kopfabwärts an den Hinterpfoten hält, könnte nicht nur ihre Rolle als Fruchtbarkeitsgöttin andeuten, sondern auch als Herrin des Lebens schlechthin, die den ewigen Kreislauf von Leben über und unter der Erde regelt. Einheimische gallische »Dianen« heißen auch → Abnoba – von den Thermalquellen Badenweiler im südlichen Schwarzwald stammt z. B. ein Altar mit der Inschrift »Dianae Abnobae« (vgl. → Arduina oder → Artio).

Die Situation in England war ähnlich. Zwar fanden sich im Norden (Housesteads am Hadrianswall), im Süden (Maidencastle, Gr. Dorset) und in London mehr oder weniger klassische Weiheinschriften und Darstellungen, jedoch immer im Zusammenhang mit einem oder mehreren Zügen der → Muttergöttin. In Irland war → Flidais die Annäherung an Diana.

Dian Cécht

Der Arzt und Heiler der → Tuatha Dé Danann, den Bischof Cormac im 10. Jh. mit »Gott der Gesundheit« glossierte, ist Dian Cécht, also eine Parallele zum festländischen → »Apollo« und seinen vielen verschiedenen einheimischen Erscheinungsformen. Er galt als Vater des → Cian und Großvater des → Lug. Nach dem → *Lebor Gabála Érenn* hatte er noch fünf Kinder, die Söhne Cu, Cethen und → Miach und die Töchter Etan, die Dichterin (vgl. → *fili*), und Airmed, die Ärztin (vgl. → Druiden). Seine berühmteste Tat war es, mit → Crednes Hilfe dem → Nuadu den in der Schlacht verlorenen Arm so kunstgerecht durch einen silbernen zu ersetzen, daß sich Finger und Gelenke voll bewegen ließen.

In der Zweiten Schlacht von → Mag Tuired machte er sich verdient, indem er für die Tuatha Dé Danann die → Quelle »Slán«, »Gesundheit«, fand und mit Heilkräutern anreicherte. Tote und Verwundete wurden vom Schlachtfeld direkt dort hineingeworfen. Sprachen er und seine Kinder Zaubersprüche darüber, entstiegen die Krieger der Quelle, bereit, sich erneut in den Kampf zu stürzen (vgl. → Kessel).

Diarmaid mac Cerbhail

Den wenigstens nominell christlichen Hochkönig Diarmaid mac Cerbhail von → Tara (gest. 565), einem Zeitgenossen Columcilles (vgl. → St. Columcille), lassen die irischen Geschichtsschreiber eines → dreifachen Todes sterben.

Da er einem verwundeten Gegner das Dach über dem Kopf angezündet hatte, so daß dieser im Wasserkessel (vgl. → Elemente, → Kessel) Schutz suchte und dabei ertrank, sollte Diarmaid nach der Weissagung (vgl. → Wahrsagerei) des → Druiden Bec mac Dé bzw. St. Ciárans von Clonmacnois dasselbe Los treffen. Der Sohn seines Feindes → Aed »Dubh«, »der Schwarze«, werde ihn im Haus eines gewissen Banbh erstechen, als Zugabe werde ihm sein eigener Firstbalken auf den Kopf fallen. Diese Prophezeiung erfuhr die Bestätigung weiterer Druidenkollegen, welche hinzufügten, der König werde zu jenem Zeitpunkt ein Hemd aus einem Flachssamen und einen Mantel aus der Wolle eines Schafes tragen, während ihm Fleisch von einem → Schwein, das von keiner Muttersau geworfen wurde, und Bier, aus einem Gerstenkorn gebraut, vorgesetzt werde.

Auf einer Inspektionsreise durch Irland lud ein Fremder den König ein, eine Einladung, die die Königin ahnungsvoll ablehnte. Daher kümmerte sich die schöne Tochter des Hauses um den Gast und legte ihm ein feines Leinenhemd und einen prächtigen Wollmantel an – ihrer Hände Arbeit: Das Hemd aus dem Ertrag eines Flachssamens, der Mantel aus der Wolle eines Schafes. Beim angenehmen Tischgespräch stellte sich heraus, daß der Schweinebraten von aus dem Muttertier geschnittenen Ferkeln stammte und das Bier aus einem sich wunderbar vermehrenden Korn gebraut war. Dem König brach der Schweiß aus: Der Blick zur Decke bestätigte, daß ein alter Balken auf dem neuen First saß – er war angeschwemmt wiederverwendet worden.

Mit dem Aufschrei: »Aber du bist nicht Aed Dubh« stürzte der König am Gastgeber Banbh vorbei zum Ausgang, wo ihn der eben Genannte mit einem Lanzenstoß abfing und das Haus in Brand steckte. Der König schleppte sich ins Bierfaß, woraufhin auch schon der Dachbalken herunterkrachte.

Das Motiv vom unentrinnbaren Schicksal nach scheinbar sinnloser Prophezeiung ist nicht spezifisch keltisch, um so mehr jedoch ist es der Hintergrund, nämlich das Festmahl der → Anderswelt, auf dem es sich entwickelt. Interessanterweise ist die Zeitenabfolge verkehrt: Das Mahl findet vor dem Tod statt. Es handelt sich natürlich auch nicht um das reale Ableben eines Königs, sondern um Mythologiefetzen, vermischt mit der Erinnerung an druidische Opferrituale (vgl. → Opfer, → Druiden, → Esus, → Taranis, → Teutates).

Diarmaid ua Duibhne

Zwar bezweifelt Dáithi Ó hÓgáin, daß Diarmaid vom Volk der Corcu Duibhne von West Munster eine Euhemerisierung des Gottes → Donn ist, obwohl er in den verschiedenen Fassungen von *Tóraigheacht Dhiarmada agus Ghráinne (Die Verfolgung von Diarmaid und Gráinne)* gelegentlich den Namen Donn oder Mac Donn annimmt. Trotzdem haftet ihm

Irlands Dolmen werden gern als »Diarmaids und Gráinnes Bett« bezeichnet (Portaldolmen von Glenroan, Gr. Tyrone).

einiges von einem Fürsten der → Anderswelt an: Er ist der Liebling der Frauen und der Ziehsohn von → Oengus von → Bruig na Bóinne. Außerdem folgt die Dreiecksgeschichte von → Fionn, → Gráinne, Diarmaid dem Muster des → Rigani-Mythos, speziell in der Version, in der sich Gráinne nach Diarmaids Tod mit Fionn aussöhnt und die Geschichte von neuem beginnen könnte.

Die Entführungsepisode ist sehr alt und war bereits im 10. Jh. schriftlich verbreitet, auch wenn heute nur noch Fragmente davon übrig sind und die geläufige Fassung aus dem 15. Jh. stammt. Diarmaid wird von Gráinne unter noch wirksameren Druck gesetzt als → Naoise von → Deirdre: Sie belegt ihn mit einem → »*geis* des Untergangs«, falls er sie nicht entführt. Gezwungenermaßen, wohl wissend, daß er alles verliert, was ihm teuer ist, nämlich Heimat, Familie, Fionn und die → Fianna, überquert er mit der Königstochter den Shannon und errichtet im Wald eine siebentürige Festung. Die mündliche Überlieferung ist weniger konfliktgeladen: Sie schreibt Gráinnes Verliebtheit Diarmaids *ball seirca*, seinem »Liebesfleck« zu, den er gewöhnlich unter einer Mütze gut verborgen auf der Stirn trägt und der allen Frauen beim bloßen Anblick den Kopf verdreht. Zufällig hatte Gráinne einen Blick darauf geworfen.

Während Fionn und seine Schar die sieben Eingänge besetzen, greift Oengus ein und trägt Gráinne unter seinem Zaubermantel (vgl. → Zauber) in Sicherheit, während sich Diarmaid durch einen gewaltigen Sprung über die Köpfe von Fionn und seinen Mannen in den Wald rettet. Zuvor provoziert er den alternden König, indem er dessen davongelaufene Braut vor aller Augen küßt, aber in Wirklichkeit hält er ihm die Treue, indem er Gráinne unberührt läßt.

Oengus Rat beherzigend, »niemals dort zu essen, wo sie kochen; niemals dort zu schlafen, wo sie gegessen haben«, entkommen sie Fionns Verfolgung, wenn auch zuweilen mit knapper Not oder erneuter Hilfe von Oengus. Viele Dolmen kreuz und quer durch Irland heißen heute noch »Diarmaids and Gráinne's Bed«, aber das Lager teilten sie erst, nachdem Gráinne Diarmaid erklärte, er möge ja im Kampf ein tapferer Mann sein, das Wasser (vgl. → Elemente), das beim Durchwaten an ihren Beinen hochspritze, sei jedoch mutiger als er.

Oengus gelingt es schließlich, sie mit Fionn auszusöhnen. Sie lassen sich mit ihren fünf Kindern auf ihren Ländern in Nord Connaught nieder und leben dort in behäbigem Frieden, bis Fionn doch noch Rache an Diarmaid nimmt.

»Diarmaids Ziehbruder ist der Eber von Ben Bulben« (Musée des Antiquités Nationales, St. Germain-en-Laye).

Diarmaids Lebensspanne ist an den → Eber von Ben Gulben = Ben Bulben (Gr. Sligo), seinen verwandelten Ziehbruder (vgl. → Metamorphose), geknüpft; aus diesem Grunde steht er unter dem *geis*, niemals einen Eber zu jagen. Wenn ihn auch Fionn nicht direkt dazu auffordert, so hält er ihn auch nicht davon ab.

Außerdem sorgt er dafür, daß Diarmaid dem mächtigen Tier allein gegenübersteht. Nach einer Fassung wird Diarmaid von dem Eber sofort tödlich verwundet, nach einer anderen erlegt er ihn, wird aber von Fionn aufgefordert, die Länge des Kadavers abzuschreiten. Dabei bohrt sich eine der vergifteten Stacheln in seine Haut. Als die → Fianna dazukommt, liegt er jedenfalls im Sterben. Fionn hätte ihn mit einem Trunk Wasser das Leben retten können, geht auch zweimal zur → Quelle, aber jedesmal, wenn ihm das Bild der Gráinne vor Augen tritt, läßt er das Wasser durch die Finger rinnen. Als er beim dritten Mal Wasser bringt, ist Diarmaid bereits gestorben. Oengus bringt seinen toten Ziehsohn auf seiner vergoldeten Bahre zum Begräbnis zum → Bruig na Bóinne.

Dichter → **fili**

Dindsenchas
Es handelt sich hierbei um eine Sammlung von Ortsnamenerklärungen, *»Dindsenchas«* bedeutet *»Geschichte des Ortes«*, in verschiedenen Fassungen aus dem 12. Jh. M.-L. Sjoested hat mit Recht das *Dindsenchas* als »mythologische Geographie Irlands« bezeichnet.

Dinomogetimaros → **Divannos und Dinomogetimaros**

»Dis Pater«
Ausgerechnet vom »Dis Pater«, von dem Caesar in *De Bello Gallico*, Buch VI, angibt, daß sich alle Gallier von ihm herleiteten, und daß er die Grundlage ihrer → Zeitenberechnung abgäbe, ist kein einheimischer Name erhalten; Weiheinschriften an ihn sind wenig verbreitet.

Der römische Dis Pater war ein Gott der Unterwelt und des Reichtums mit einer Fruchtbarkeitskomponente, der über ein Schattenreich ohne Verbindung zur Erde gebot. Die vielen verschiedenen, gut belegten Herrscher der inselkeltischen → Anderswelt jedoch waren Gastgeber, die die Abgeschiedenen beim immerwährenden Festmahl bewirteten. Sie standen dem vedischen Ahnengott Yama nahe, denn auch sie wurden als die Urväter des Stammes oder der Sippe gedacht, die, nachdem sie das Land als erste besetzt, bearbeitet und bevölkert hatten, auch als erste verstarben. Sie luden ihre Kinder ein, sie in der Anderswelt aufzusuchen (vgl. → Donn). Andererseits sorgten sie dafür, daß die Lebensimpulse auch wieder zur Erde gelangten, wo ihnen die → Muttergöttinnen sichtbare, physische Form gaben. Möglicherweise tendierte der gallische »Dis Pater« in diese Richtung.

In Süddeutschland und auf dem Balkan wurde er in etwa zwei Dutzend Fällen gemeinsam mit der → Aericura angerufen. Die Mehrzahl der Keltologen, auch wenn sich ein J. de Vries dagegen wehrt, schlagen den → Sucellus als mögliches einheimisches Äquivalent zum gallischen »Dis Pater« vor. Auf dem Festland und in Britannien dürften ihm überdies → Cernunnos bzw. »der Gehörnte«, in Irland → Donn und → Dagda entsprochen haben.

Divannos und Dinomogetimaros
Die Namen, unter denen die Gallier die Dioskuren kannten, sind Divannos und Dinomogetimaros. Göttliche Zwillinge bzw. einen göttlichen und einen sterblichen, wie z. B. die Ashvins, Castor und Pollux, sogar Romulus und Remus, gehörten zum indoeuropäischen Grundschatz. Sie waren die (berittenen) Verbindungsmänner zwischen Göttern und Menschen, kümmerten sich um Kunst und Medizin, schützten die Schwachen und brachten ganz allgemein Bewegung in die Dinge. Sie dürften bei den Galliern von Anfang an verehrt worden sein – nach der von Diodorus Siculus überlieferten Einschätzung des Timaios (3./4. Jh.) hätten die am Ozean wohnenden Kelten die Dioskuren allen anderen Göttern vorgezogen. Da diese auch Beschützer der Seefahrer waren, ist dies durchaus möglich. Mit den Römern kam ihr Kult romanisiert nach Gallien. Allerdings gibt es wenige Spuren davon, abgesehen von den gekreuzten Dachbalken, öfter in Pferdeform, die sich nach R. Christinger und W. Borgeaud überall in Europa wiederfinden, vermutlich weil die Dioskuren so bekannt waren und Andeutungen genügten. Sowohl → Lug als auch → Lleu (vgl. → Arianrod) sind Zwillinge, wobei die eine Hälfte aber bald nach der Geburt verschwindet. J.-J. Hatt reproduziert das Relief von Vendeuvres, auf dem zwei knabenhafte

Gestalten den → Cernunnos an den Geweihstangen packen und vielleicht aus einer → Quelle aus der Erde hervorziehen, und verbindet das Bild mit dem → Rigani-Mythos. Er weist darauf hin, daß sie auch auf dem → Kessel von Gundestrup abgebildet sind »auf der Suche nach den Stieren«, aus Kompositionsgründen allerdings in der → Dreizahl. Tatsächlich sind zwei identisch – sie sind am nackten Oberkörper als göttlich erkennbar.

Dôn
Die Mutter einer walisischen Götterfamilie, bestehend aus → Gwydion, → Gilvaethwy, → Amatheon, → Govannon und → Arianrod, ist Dôn. Sie ist andeutungsweise auch Gattin des → Beli Mawr, also eine Parallele zur irischen → Danu. Es ist sogar möglich, daß beide aus einer gemeinsamen indoeuropäischen Wurzel stammen; die Gebrüder Rees stellen die Dana der *Rig Veda* zur Diskussion, die den Strom und »die Wasser der Himmel« abdeckt. Sprachlich sind sowohl Dôn und Danu als auch die Namen der großen Flüsse wie der englische und russiche Don, die Donau, der Dnjepr usw. miteinander verwandt.

Donn
In keiner Fassung des → *Lebor Gabála Érenn* erscheint Donn (auch Eber Donn), der älteste Sohn des → Míl und König der → Milesier, als angenehmer Zeitgenosse. Er brennt vor Ungeduld darauf, die → Tuatha Dé Danann niederzumachen, statt eine friedliche Lösung zu suchen (vgl. → Amergin). Er beneidet seinen Bruder Ír um dessen Vorsprung beim Ans-Land-Rudern, was dessen Tod bewirkt und zur Folge hat, daß die anderen Donn von der Regierung ausschließen wollen. Er beleidigt → Banba/Ériu gröblich, indem er ihr ins Gesicht sagt, er finde es unnötig, ihr zu danken, und alles Positive seinen Göttern und seiner Kraft zuschreibt. In allen Fällen kentert sein Schiff bei der nächsten Gelegenheit, und er ertrinkt. Zwar zeigt ihn das → *Dindsenchas* von einer anderen Seite – opferbereit verlangt der von einer Seuche Befallene, zum Wohle der andern auf einem Felsen vor der Küste ausgesetzt zu werden –, alle Versionen sind sich jedoch einig, daß dieser Donn »sinser« (neuir. »sinsear«) = »Ältester«/»Ahne« gleich zu Anfang der milesischen Einwanderung sein Leben lassen muß. Er war der typische Ahnengott, der erste im fremden Land Verstorbene, der sozusagen für die Nachfolgenden den Weg in die andere Welt sucht und auskundschaftet. Sein Grab wurde zum → »Teach Duinn«, dem »Haus des Donn«, zu dem er alle seine Nachkommen bittet. Von da zum → *bruiden* ist es ein kleiner Schritt.

Donn ist also der Fürst der → Anderswelt. *Das Werben um Treblann* macht ihn zum »Sohn des → Elfs Eochaid Ollathair« (vgl. → Dagda), wobei mit großer Sicherheit ursprünglich der Dagda selbst gemeint war. Denn Donn ist der »Dagda von Munster«. Es ist zu erwarten, daß die Provinz, die die stärkste Beziehung zum Anfang und zum Ende hat (vgl. → Amergin), sich ihren eigenen, eindrücklichen Gott der Abgeschiedenen bewahrte. Interessanterweise heißt das aus einem einzigen, dunklen Felsbrocken bestehende Inselchen vor der Insel Dursey und der Beare-Halbinsel (Gr. Cork/Kerry), das seit alters her mit »Teach Duinn« gleichgesetzt wurde, »Bull Rock«, → »Stier-Felsen«. Zwar gibt es unweit davon einen »Kuh-Felsen«, aber der Zufall, daß der Stier von Cuailnge (vgl. → *Táin Bó Cuailnge*) ausgerechnet »Donn« heißt und das Kräfteverhältnis eines → »Dis Pater«/→ Dagdas aufgreift, ist doch etwas zu groß, als daß kein Zusammenhang zwischen den beiden bestehen könnte.

Donn Cuailnge
Wie sein Gegenstück → Finnbennach ist Donn, der schwarzbraune → Stier von Cuailnge (vgl. → *Táin Bó Cuailnge*), das Resultat mehrerer → Metamorphosen eines magischen Schweinehirten (vgl. → Rucht und Runce). Unter Beibehaltung seiner menschlichen Intelligenz ist er zu einem gewaltigen Tier geworden – fünfzig Halbwüchsige können seinen Rücken gleichzeitig als Spielfeld benützen. Auch magische Fähigkeiten verbleiben ihm: Einhundert Kriegern spendet er Schutz und Schatten. Sein musikalisches Brüllen läßt jedes Menschenherz höherschlagen und Kühe trächtig werden. Jeden Tag bespringt er deren fünfzig, die anderentags kalben.

Donn, der Dunkle, verkörpert in Tierform ein ähnliches Kräfteverhältnis wie der

Der kraftvolle piktische Stier gäbe eine eindrucksvolle Illustration von Donn Cuailnge ab (Burghead, Schottland).

→ Dagda; er ist mit Sicherheit ursprünglich ein göttlicher Stier. Im vierundzwanzigstündigen Endkampf, der um ganz Irland führt, gewinnt der von der → Morrígan instruierte Donn die Oberhand über seinen weißen Gegner.

Im Morgengrauen taucht er wieder auf, mit den Überresten Finnbennachs auf den Hörnern, welche er an verschiedenen Orten fallen läßt und so Ortsnamen wie »Bach des Schulterblattes«, »Furt der Leber« usw. schafft. Schließlich rast er unter seinen eignen Landsleuten auf Cuailnge, der heutigen Halbinsel Cooley (Gr. Louth), und tötet Frauen, Kinder und Halbwüchsige. Dann lehnt er sich an einen Hügel, und sein Herz zerbricht »wie eine Nuß«, er spuckt es aus »wie einen Stein aus schwarzem Blut«.

drei

Im ganzen indoeuropäischen Zusammenhang spielt die Drei eine wichtige Rolle, aber die Kelten trieben auffallend viel Aufwand mit der Zahl. Von der Triskele (vgl. → Gestirne) bis zur → St. Patricks Kleeblatt wurde alles, was mit dem Heiligen und Übernatürlichen in Verbindung stand, als Triade vermittelt: Gottheiten, einzuprägendes Wissen, Ornamente, das soziale und kulturelle Gefüge, dessen Funktionen, der rituelle, dreifache Tod, usw.

Die Forschung verweist darauf, daß bereits bei Aristoteles die Zahl, die Anfang, Mitte und Schluß umfaßt, als das Ganze gegolten hat, und sieht darin ein Symbol für »Unendlichkeit«, »Perfektion«, »Größe und Macht«, »Kraft und Vollkommenheit«, »eine Totalität«. L. Lengyel weist auf Grund des strahlenden Sonnenauges oder -dreiecks die Drei der Sonne zu. All das, obwohl sicher richtig, erklärt die keltische Vorliebe für diese Zahl noch nicht.

Die Drei, die erste Zahl mit einer inneren Spannung, die sich durch die drei gleichwertigen oder zwei gekoppelten und einer einzelnen Einheit ergibt, erlaubt ein Kräftespiel, das einem inneren Bedürfnis der Kelten, auch wenn es sich um ein durch die druidische Ideologie geschaffenes gehandelt haben sollte, entgegen kam. Ins Gewicht dürfte dabei gefallen sein, daß sich durch die Drei Gegensätze sozusagen »gleitend« verbinden lassen: Hell – Zwielicht – Dunkel, heiß – lau – kalt, Jugend – Reife – Alter, usw. Es ist also die Zahl, die sich nicht nur für die Gegenüberstellung von Dingen und Zuständen eignet, sondern auch zu deren Durchdringung. Gleichzeitig konnte die Dreiheit als Einheit aufgefaßt werden, aber auch umgekehrt, wie es die christliche Trinität für sich beansprucht.

Die bekannteste Götterdreiheit dieser Art dürften die → Matres gewesen sein. Bei den Inselkelten trat → Brigit »mit ihren zwei Schwestern« in drei Aspekten auf; die drei Individuen, → Macha, teilten denselben Namen, genauso wie die → Morrígan, die zusätzlich → Badh, → Nemain und womöglich Macha heißen konnte.

→ Banba, → Fódla und → Ériu besaßen zwar eigne Namen, alle aber verkörperten »Mutter Irland«. Ihre drei Gatten → Mac Cuill, Mac Cécht und Mac Greine waren bedingt zu Eigenaktionen fähig, handelten aber im Grunde als ein König. → Naoise und seine Brüder wiederum hießen verschieden, handelten jedoch wie ein Mann.

Auch wenn es immer wieder bezweifelt wurde, kann es kein Zufall gewesen sein, daß Lucan → Teutates, → Taranis und → Esus in eine Triade zusammenfaßte. Es ging weder um gleiche Namen noch ähnliche Funktionen, sondern um die drei keltischen Hauptgötter gleichen Gewichtes. Das ist nicht mehr von der Hand zu weisen, seit J.-J. Hatt in minutiösen Detailvergleichen herausfand, daß die gern als »Verzierung« deklarierten → Masken auf den Kannen von Reinheim (Staatliches Museum für Vor- und Frühgeschichte, Saarbrükken) und Waldalgesheim (Rheinisches Landesmuseum, Bonn) sowie eine Reihe anderer vorrömischer Stücke nach streng ikonographischen Konventionen diese Dreiheit darstellen: Taranis als → Pferd, Teutates als → Widder, Esus als Mensch. Dasselbe wiederholt sich, sozusagen in Kurzschrift, auf dem Kultstein von Euffigneix (Musée des Antiquités Nationales, St.-Germain-en-Laye), auf dem ein baumstammähnliches (vgl. → Baum) Standbild im torquesgeschmückten Kopf des Esus endet. Es hat auf der Seite ein Auge für Taranis eingemeißelt und trägt den → Eber des Teutates auf der Brust.

Nymphen (vgl. → Conventina) und die genii cucullati (vgl. → genius cucullatus) finden sich gewöhnlich in der Dreizahl, aber auch Tiere, z. B. die → Vögel der → Rhiannon, → Stiere, → Hunde und Kraniche (vgl. → Vögel), können Triaden bilden. Fünfunddreißig Stiere mit drei Hörnern sind vom europäischen Festland, ein weiteres halbes Dutzend von England bekannt.

Das Prinzip, wonach der wichtigste Teil des Darzustellenden verdreifacht wurde, erstreckt sich auch auf die Götter. M. Dillon und N. Chadwick zählten zweiunddreißig dreiköpfige bzw. dreigesichtige Götterbilder, wovon ein Drittel allein aus der Gegend von Reims stammt.

Eines der interessantesten ist der Tricephalos auf der Vase von Bavay, der den Betrachter mit den Augen zu verfolgen scheint (Cabinet des Médailles, Bibliothèque Nationale, Paris).

Britannien steuerte sechs weitere bei, während Irland mit den beiden ausgezeichneten Beispielen von Corleck und Raphoe (National Museum, Dublin) aufwarten kann.

Es sieht so aus, als ob jeder wichtige Gott – vom → Cernunnos bis zum → »Merkur« – zum Dreikopf werden konnte. Die Verdreifachung des als Essenz des Wesens und der Lebenskräfte empfundenen Hauptes (vgl. → Kopfkult) drückte eine bis zur Allwissenheit gesteigerte Machtfülle des Gottes aus. In der Sage kommen Dreiköpfe selten vor, es sei denn, wie → Ellén Trechend »Dreikopf« (vgl. → Cruachan), als unheimliches, zerstörerisches Wesen. Bei der großen Betonung der Fruchtbarkeit ist es nicht erstaunlich, daß z. B. der »Merkur« von Tongern einen dreifachen Phallus besitzt, und daß gelegentlich dreibrüstige → Muttergöttinnen verehrt wurden und in die Sage Eingang fanden.

Menschengestaltiger, torquesgeschmückter Gott mit Eber und Auge (Kultstein von Euffigneix; Musée des Antiquités Nationales, St. Germain-en-Laye).

Druiden

Zwar zeigten sich die klassischen Schriftsteller an den Druiden interessiert, manche sogar von

Dreikopf auf der Vase von Bouvay (Cabinet des Medailles, Bibliothèque Nationale, Paris).

ihrem Wissen beeindruckt, aber über ihr Wesen konnten sie sich nicht einig werden. Wenn die klassischen Zeitgenossen schon Mühe mit einer Interpretation hatten, um wieviel schwerer ist es für die Menschen des 20. Jhs., sich ein reales Bild von diesem wichtigsten sozialen Stand der Kelten zu machen, zumal sie sich noch mit den Vorstellungen der Romantik auseinanderzusetzen haben: ehrwürdig-grimmige Greise in Flattergewändern, den modernen Druidenorden: bebrillte, befangen dreinblikkende Individuen und den von den Medien verbreiteten Gestalten der Gattung Fantasy mit ihrer verblüffenden Mischung von Naturmystik und Bodybuilding.

Gaius Julius Caesar war, trotz des Mißtrauens, das er hinsichtlich seiner Propaganda für den Gallischen Krieg verdient, doch der beste Gewährsmann: Er war Politiker und Feldherr, bekleidete im Staatskult selbst priesterlichen Rang und zählte Druiden, z. B. Diviacus, zu seinen Gesprächspartnern.

In den Druiden sah er in erster Linie Männer des Geistes, Intellektuelle, die, von Militärdienst und Steuern unbelastet, ungeheueren Einfluß auf das soziale und – was ihm persönlich Kopfzerbrechen bereitete – auf das politische Leben Galliens nahmen.

Nach *De Bello Gallico* (VI, 13–14) versahen sie den Dienst der Götter, leiteten öffentliche und private → Opfer, befaßten sich mit Fragen des Rituals, unterrichteten die Jugend und waren so hoch geachtet, daß ihnen die Entscheidung in privaten und öffentlichen Streitsachen übertragen wurde. Bei größeren Vergehen hatten sie das Urteil zu sprechen. Widersetzte sich die verurteilte Partei, besaßen sie die Macht, die Missetäter vom Gottesdienst und damit aus der Gemeinschaft auszuschließen, was als härteste Strafe galt. Die Druidenschaft war unter ihrem Erzdruiden hierarchisch aufgebaut.

Strabo, der sich an Poseidonius orientiert, spricht von den drei Klassen der Barden, *vates* und Druiden, die alle drei religiöse Funktionen ausübten. Die *vates* scheinen die Seher und Weissager, die eigentlichen Ausführer der Opferhandlungen gewesen zu sein. Die Barden waren vermutlich als Komponisten und Vortragende von Hymnen und Gebeten zugezogen. Aber bei jedem Opfer mußte ein Druide zugegen sein, d. h. einer aus der ranghöchsten, gelehrtesten Klasse. Er war ein »Wissender« und hatte vermutlich mehrere Stufen der Einweihung hinter sich. Er »sprach die Sprache der Götter«, führte also eine Übersetzer- bzw. Vermittlertätigkeit zwischen den Gläubigen und ihren Göttern aus. Möglicherweise oblag ihm auch eine Aufsichts- und Schutzfunktion: Das Ritual mußte auf richtige Weise zum richtigen Zeitpunkt ausgeführt werden, um die gewünschte Wirkung zu erzielen. Vielleicht wurden die Druiden deshalb schon in klassischen Quellen gern mit »Magier« oder »Zauberer« umschrieben. Offensichtlich führten sie gewisse wichtige Zeremonien eigenhändig durch. Plinius d. Ältere beschreibt, wie der weißgewandete Druide »am sechsten Tag im Mondenzyklus« persönlich mit einer → goldenen Sichel → Mistelzweige von der Eiche (vgl. → Bäume) herunterschnitt.

Seit aufgefallen ist, daß die Etymologie von »drui« (gr. »Eiche«) und »Druide« nur auf einer Andeutung von Plinius beruht, hat die Forschung von dieser Erklärung der Bezeichnung Abstand genommen. Verschiedene andere sind in die Lücke getreten; die einleuchtendste Erklärung stammt von J. Markale, der den Superlativ »dru« mit »wid«, verwandt mit lat. »videre« = »sehen«, »wissen«, kombiniert, so daß der Druide der »sehr weit Sehende«, »sehr viel Wissende« wäre, was ihm auch tatsächlich entspricht.

Verschiedene antike Schriftsteller, darunter Cicero, sahen in den Druiden sozusagen die Pythagoräer der Barbaren, weil auch sie die Unsterblichkeit der Seele lehrten. Oft wurden sie mit den »Freunden der Weisheit«, den Philosophen, gleichgesetzt. Strabo beschreibt sie als Naturbeobachter, die selbst Moralphilosophie pflegten, d. h. ethisch hochstehende, integere Menschen, weswegen sie auch die Rechtsprechung übertragen bekamen.

Unzweifelhaft hatten die Druiden eine Schlüsselstellung in der keltischen Gesellschaft inne. Sie erzogen die Kriegeraristokratie, und es galt fast als Regel, daß jeder König seinen Lehrer zum Ratgeber machte. Von der Konzeption der → rechtmäßigen Herrschaft her gehörten Druide und König zusammen, denn der rechtmäßige König orientierte sich am Willen der Götter. Und wer kannte diesen besser als der Druide?

Der Druide beriet in diesem Sinn, und im Idealfall handelte der König danach. Auf diese Weise hatte der Druide Anteil an der Regierung, hielt aber auch die zweite Klasse, die Krieger, in der Hand, da er diesen ihre Wertmaßstäbe, ihre ganze Ideologie beigebracht hatte.

Druiden und ihr Weltbild brachten Ordnung und Zusammenhang in das Sammelsurium keltischer Stämme und Stammesverbände. Große, jährliche Zusammenkünfte im Lande der Carnutes in Gallien gaben Gelegenheit zum Abwickeln allgemein keltischer Geschäfte und überterritorialer Rechtsprechung. Bei den dort stattfindenden Feiern und Gottesdiensten müssen große, überlokale Götter verehrt worden seien.

Caesar selbst nahm an, daß das Druidentum von Britannien ausgegangen sei. Jedenfalls gab es auf der Insel → Môn, heute Anglesey, in NW-Wales eine wichtige Ausbildungsstätte, zu der Schüler aus der ganzen keltischen Welt strömten. Im Jahr 60 n. Chr. machte sich der Feldherr Suetonius mit zwei Legionen auf, um sie systematisch in Schutt und Asche zu legen, weil sie angeblich eine Brutstätte für den national-gallischen Widerstand war. Abgesehen davon hatten die Römer die humanitäre Ausrede bereit, die Menschheit von einer Ideologie befreien zu müssen, die noch Menschenopfer (vgl. → Opfer) verlangte. Der dritte Grund für den Überfall wurde nie öffentlich erwähnt, aber A. Ross gelang es nachzuweisen, daß Anglesey das Finanzzentrum der Druiden war, der Umschlagplatz für das → Gold aus den irischen Wicklow-Mountains. Die Druiden müssen also auch tief in die keltische Wirtschaft und in den Handel eingegriffen haben!

Die Forscherin ist davon überzeugt, daß wir in dem 1984 im Lindow-Moor bei Manchester gefundenen Toten, dem »Lindow Man«, einen Druiden vor uns haben. Der Mann war im selben Jahr, in dem Anglesey zerstört und → Boadiceas Revolte niedergeschlagen worden war, einem rituellen, dreifachen (vgl. → drei) Tod unterworfen worden – ein sorgfältig organisiertes, wohldurchdachtes → Opfer an die höchsten Götter, das aus größter Not heraus gebracht wurde, da es den Anschein machte, die Römer könnten auch nach Irland übersetzen.

Der noch junge Mann könnte ein irischer Aristokrat gewesen sein, der die Laufbahn des Druiden gewählt hatte. Er schien sich nicht zur Wehr gesetzt zu haben, sondern das Opfer willig auf sich genommen zu haben: → Drei schwere Schläge mit einer → Axt auf das Hinterhaupt sollten ihn wohl dem → Taranis, das Öffnen der Halsschlagader dem → Esus und das Ertränken im Wasser des Moores (vgl. → Gewässer) dem → Teutates weihen.

Irland kam tatsächlich nie unter das römische Joch. Das Druidentum entwickelte sich dort ungestört weiter, um sich schließlich erstaunlich gütlich mit dem Christentum zu einigen.

In den Grundzügen stimmen festländisches und inselkeltisches Druidentum überein.

»Drui« bedeutete auch in Irland anfangs ein Druide höheren Ranges, ein Lehrer, Berater, Vermittler zwischen Göttlichem und Irdischem. Noch → St. Columcille benützt »Druide« als Ehrentitel, denn er formuliert: »Christus, der Sohn Gottes, ist mein Druide.« Andererseits verschwand im Zuge der Christianisierung dieser oberste Rang – er verkam zu »Zauberer und Hexenmeister«. Die → *fili*, die ursprünglich den *vates*, den Sehern, entsprochen hatten, übernahmen Aufgaben und Rechte der Druiden, soweit sie sich mit dem Christentum vereinbaren ließen. Opfer und andere Rituale der Götter fielen natürlich weg.

Die Barden standen auch hier auf den untersten Stufen und schienen vor allem die Verbreitung der mündlichen Literatur, der Sagen und Heldengeschichten als ihre Aufgabe zu betrachten.

Nichtsdestotrotz ist in den Sagen und Heiligenleben vornehmlich von »Druiden« die Rede – den christlichen Schreibern war die Unterscheidung zu nebensächlich. Sie meinten damit die Weisen, Wahrsager, Ärzte, sogar die Kunsthandwerker und Künstler und natürlich die Zauberer und Magier. Die frühen Schreiber beziehen sich im allgemeinen mit Hochachtung auf die Druiden; deren Verunglimpfung ist eine Erscheinung der späten Heiligenviten. Einige dieser großen Männer und Frauen sind namentlich bekannt, z. B. → Cathbad, Bec mac Dé (vgl. → Diarmaid mac Cerbhail), → Mog Ruith oder → Fedelma.

Druiden waren alle jene, die ein höheres Studium hinter sich gebracht hatten: Söhne und Töchter des Adels erhielten zwar alle Unterricht, wer sich aber spezialisieren und die höheren Ränge erreichen wollte, mußte bis zu zwanzig Studienjahre auf sich nehmen.

Auch für die Druiden Irlands blieb die → Unsterblichkeit der Seele der Kernsatz der Lehre, doch ist im Gegensatz zu den gallischen Druiden ihre Vorstellung der → Anderswelt aus den Sagen rekonstruierbar.

Das Universum war für sie vom Göttlichen durchpulst, das sich in allen möglichen Erscheinungen manifestierte. Durch Kosmos- und Naturbetrachtung fanden sie Zugang zu ihren Göttern – ein Grundsatz, den die Heiligen der frühen irischen Kirche weiterpflegten, die übrigens in vielen Fällen die druidischen Schulen und Hochschulen übernahmen. Der Missionar Columban von Luxueil und Bobbio (gest. 615) formulierte in seiner ersten Predigt: »Wer den Schöpfer kennenlernen will, lerne seine Schöpfung kennen.«

Aus diesem Grund lebten längst nicht alle Druiden an Höfen oder in Festungen, sondern viele an einsamen Orten wie später die Heiligen. Die Naturbeobachtungen machten sie zu Astronomen, wobei auch Astrologie dazugehörte, und zu gewandten Mathematikern. Das Errechnen komplizierter Kalender (vgl. → Coligny-Kalender) und das Bestimmen günstiger und ungünstiger Tage wurde von ihnen erwartet.

Sagen und Heiligenlegenden berichten von ihrer Macht über die → Elemente und meteorologischen Erscheinungen: Sie konnten es regnen, schneien, blitzen, donnern, stürmen lassen – sogar die Sonne verfinstern.

Sie hatten Auskunft zu geben aus Wolken, Gestirnen, Vogelflügen und -stimmen, Baumwurzeln usw. Die Aussagen über die Zukunft, die Prophezeiungen, galten als vollkommenstes Wissen (vgl. → Wahrsagerei).

Das Geistige im ganzen Universum ließ sich durch Sprache beeinflussen,z. B. durch Zaubersprüche, -gesänge, Beschwörungen oder auch durch Verwünschungen und Verfluchungen. Eine ganze Reihe von Zauberhandlungen (vgl. → Zauber) sind bekannt. Lob- und Spottgedichte (vgl. → *fili*) dienten dazu, das moralische Verhalten Hochgestellter zu verändern, zuweilen darüber hinaus deren Gesundheit anzugreifen (vgl. → Bres). Ein beleidigter oder erzürnter Druide konnte kraft seiner Sprache den Beleidiger, Mensch oder Tier, tot umfallen lassen. Andererseits ließ sich durch Sprache, vor allem in Verbindung mit Kräutern, Wasser und Pflanzen, auch heilen (vgl. → Dian Cécht).

Wie schon Caesar bemerkte, fixierten die Druiden, obwohl schreibkundig, ihre heiligen Texte nicht schriftlich. Für profane Zwecke benützten sie griechische und römische Buchstaben, in Irland den Kompromiß → Ogam, aber grundsätzlich mißtrauten sie dem »toten« Buchstaben als Träger für das lebendige Wort. Außerdem sollte ihre Lehre auch keinem Unbefugten in die Hände geraten. Sie sahen unzweifelhaft den circulus vitiosus von Schrift – Schwinden der Gedächtniskräfte und Abhängigkeit von der Schrift – voraus.

Dub Sainglenn

Von genauso übernatürlicher Herkunft wie sein Herr ist Dub Sainglenn, → Cúchulainns Rappe (in jüngeren Texten: »Dubfaelenn« = »schwarze Möwe«). Nach einer Fassung kommen bei Cúchulainns erster Geburt in der → Anderswelt (vgl. → Dechtire) der → Liath Macha und der Dub Sainglenn gleichzeitig zur Welt. Nach einer andern entsteigt das schwarze → Pferd dem Loch Sainglenn, wohin es nach dem Tod seines Herrn auch wieder zurückkehrt. Diese beiden windschnellen Pferde begleiten Cúchulainn während seines ganzen kurzen Heldenlebens und ziehen, von → Laeg gelenkt, seinen Streitwagen.

Dylan

Nach dem → *Mabinogion* war Dylan ein Sohn der → Arianrod und ein Zwillingsbruder des → Lleu. Kaum getauft, machte er sich zum Meer auf (vgl. → Gewässer) und »nahm dessen Natur an und schwamm so gut wie der beste → Fisch«. Daher wurde er »Dylan, Eil Ton«, »Sohn der Welle«, oder »Eil Mor«, »Sohn des Meeres«, genannt. Er bewegte sich also völlig sicher im Wasser, speziell im Salzwasser, dem → Element der → Anderswelt.

Von ihm heißt es weiter, sein Onkel, der → Schmied → Govannon, habe ihn erschlagen, was als »einer der → drei unglückseligen Schläge« gewertet wurde.

Das klingt nach einem Nachsatz christlicher Schreiber, die mit dem Schmied, der ja oft mit dem Herrn der Anderswelt zusammenfällt, nichts mehr anzufangen wußten: In diesem Zusammenhang kann das »Erschlagen« nichts anderes bedeuten, als daß ihn der Gott der Anderswelt bei sich aufnahm.

Eber

Von Spanien bis Rumänien, von Irland bis Oberitalien gibt es kaum ein Museum, das keine keltische Eberfigur besitzt: Für die Kelten war das → Schwein das Kulttier schlechthin; das männliche, wilde war jedoch besonders geeignet, die Wertvorstellungen der Kriegerklasse zu verkörpern. Die Mächtigkeit, die schiere, physische Kraft und vermutlich noch mehr die blinde Kampfeswut, die der → heiligen Raserei glich, gaben dem Tier eine übernatürliche Note. Ein Kämpfer konnte sich auf der realen Ebene mit ihm identifizieren, auf der spirituellen sich unter dessen Schutz stellen. Kein Wunder, daß Krieger Eberfiguren als Helmzier trugen, wie z. B. auf dem → Kessel von Gundestrup, und ihre Kriegstrompeten, die Carnyx, mit Eberköpfen verzierten. Schon Hallstattgräber hatten Eberknochen enthalten;

Bronzestatuette eines Ebers (Báta; Magyar Nemzeti Múzeum, Budapest).

in Gräbern am Dürrnberg bei Hallein fanden sich die ersten Eberfibeln, während es unter den → Amuletten immer wieder, manchmal in Bronze gefaßte, Eberhauer gab.

J. -J. Hatt weist darauf hin, daß der Eber lange vor dem 1. Jh. v. Chr. mit → Teutates in Verbindung gebracht worden sein mußte, d. h., daß sich die Schutzfunktionen des Ebers und des Stammesgottes so lange annäherten, bis sie sich überlagerten und der Eber zum Symbol des Teutates werden konnte, wie z. B. auf der Statue von Euffigneix (vgl. → drei). Bis jetzt ist diese gewöhnlich als »Ebergott« etikettiert worden. Diese Beobachtung Hatts wirft ein neues Licht auf die Platte vom → Kessel von Gundestrup, mit dem Gott mit den zwei je einen Eber hochhaltenden Männern. Es ist Teutates, der zwei Krieger nach deren Verdienst beurteilt: Beide bringen ihm einen Eber mit in die → Anderswelt. Aber während ein geflügeltes → Pferd auf den tapferen wartet, lauert auf den feigen eine Art Höllenhund (vgl. → Hund).

Keine Jagd verlangt soviel Mut wie diejenige auf den blindwütigen Eber, weshalb Könige und → Helden sie zu ihrem Hauptsport machten. Davon berichtet manche inselkeltische Sage, wobei der Eber jedoch meist ein Wesen aus der → Anderswelt ist und mit Vorliebe den Jäger dorthin lockt. Wo er auftaucht, richtet er großen Schaden an, wie z. B. → Twrch Trwyth von Wales, dem möglicherweise ein ehemaliger Ebergott Modell stand, oder das irische Gegenstück Torc Triath, der »König der Eber«, aus dem → *Lebor Gabála Érenn*. Alle jedoch stellt der geisterhafte Torc Forbartach aus dem → *Fenier-Zyklus* in den Schatten, ein riesenhaftes, blauschwarzes Tier, das mit seinen bedrohlich aufgestellten Rückenborsten – die typische Stellung der Eberfiguren – tödlichen Schrecken verbreitet. Er ist eindeutig ein magischer Eber, denn ihm fehlen die Ohren, der Schwanz und die Testikel, dafür hat er enorme, weit über seine Schnauze hinausragende Hauer.

Verschiedene dieser Anderswelteber waren Menschen, die durch die Umstände oder eigene Schuld eine → Metamorphose durchmachen mußten. Der bekannteste Fall dürfte der Eber von Ben Gulben bzw. Ben Bulben sein, dessen Lebensspanne auch derjenigen seines Ziehbruders, → Diarmaid ua Duibhne, entsprach.

Eberesche → **Bäume**

echtrae
Der irische Sagentyp, in dem das Beschreiben und Ausmalen der → Anderswelt, oft als paradiesische Insel, verhältnismäßig großen Raum einnimmt, heißt *echtrae*, ir. »Abenteuer«; z. B. *Echtrae Cormaic* (Das Abenteuer → Cormacs), aber auch *Baile in Scál* (Die Verzückung der Erscheinung) gehören dazu.

Edain → **Étaín**

Eibe → **Bäume**

Eiche → **Bäume**

Eisen
Bis in unser Jahrhundert klang in den meisten keltischen Ländern die Verehrung des Eisens nach. Auf den britischen Inseln z. B. wurde zum Schutz gegen → Feen über der Wiege eines Neugeborenen eine Schere aufgehängt. Die Sagen liefern ebenfalls Beweise für die Zauberkraft des Eisens. In *Cúchulainns Krankenlager* steht → Cúchulainn dem Anderweltfürsten Labraid, »Der-die-Hand-schnell-ans-Schwert-legt«, gegen seine Feinde bei und gewinnt dank seiner Eisenwaffen. Selbst die alten Götter sind machtlos gegen Eisen.

Stierköpfiger Feuerbock aus Eisen (Ausschnitt).

Stierköpfiger Feuerbock aus Eisen (Welwyn, Gr. Hertfordshire; British Museum).

Grabfunde in der keltischen Welt ergaben, daß dem Rohstoff an sich magische Kräfte zugeschrieben wurden. Neben Hals-, Armringen und Fibeln fanden sich immer wieder unbearbeitete Eisenklümpchen als → Amulette.

Vermutlich spielte dabei die Erinnerung an das 7./8. Jh. eine Rolle, als die Kelten durch Verbesserung der Eisentechnik und präziserer Herstellung von Werkzeugen und Waffen sich die Grundlagen zu ihrer späteren Vormachtstellung schufen.

Elcmar

Nach F. Le Roux und Chr. J. Guyonvarc'h ist Elcmar, der Bruder → Dagdas, dessen pures Gegenteil: Er ist der mysteriöse, dunkle, Varuna-artige, der »große Neidische«.

In der irischen Sage blitzt diese Haltung z. B. auf, als er → Cúchulainns Wagen zerschmettert, weil dieser anscheinend einen Salm (vgl. → Fische) aus dem Fluß Boyne (vgl. → Boand) fängt. Das könnte natürlich ein symbolischer Akt sein und darauf anspielen, daß Cúchulainn den Platz des schöpferischen Gottes einnimmt, der mit der → Muttergöttin neues Leben zeugt, parallel zum Dagda. Cúchulainns Reaktion dürfte diese Vermutung bestätigen: Er schlägt Elcmar »Daumen und Zehen ab« und nimmt dessen Frau Fedelma auf ein Jahr zu sich.

Im *Werben um → Étaín* wird Elcmar, der Besitzer des → Bruig na Bóinne, als »fürchterliches, elfisches Wesen« apostrophiert.

In der bekanntesten Geschichte ist er der Gatte, eine Alternative zu → Nechtan und → Nuadu, oder der Bruder → Boands, in die sich der Dagda verliebt. Da ihm Boand geneigt ist, aber ihren Gatten fürchtet bzw. von ihrem Bruder nicht aus den Augen gelassen wird, schickt Dagda Elcmar mit einer Botschaft einen ganzen Tag lang weg, mit der Anweisung, sich gut verpflegen zu lassen. Darauf hindert er die Sonne → neun Monate lang am Untergehen, d.h. es blieb Tag, bis sein Söhnchen → Oengus zur Welt gekommen war. Als Elcmar abends zurückkehrt, wundert er sich zwar, daß es Herbst war, merkt aber nichts von dem Betrug.

Zur Unheilabwehr mit der Maske eines mächtigen, umheimlichen Gottes versehener Achsennagel (Grabenstetten; Württembergisches Landesmuseum, Stuttgart).

In einer der Fassungen prellt Oengus nicht seinen Vater Dagda, sondern seinen Ziehvater Elcmar um den Bruig na Bóinne.

Elcmar erinnert an → Bres, den geizigen, und an → Brân, den verstümmelten Gott. Die Boand-Geschichte folgt dem → Rigani-Mythos von der Muttergöttin zwischen zwei Göttergatten.

An anderer Stelle ist Elcmar passenderweise der Vater der → Bé Find, einer Göttin der Fülle.

Elemente

Daß die vier Urstoffe Erde, Luft, Wasser und Feuer den Kelten heilig waren, zeigt sich darin, daß sie diese bei ihren Schwüren als Zeugen anriefen. König Loegaire z.B., den → St. Patrick vergeblich zu bekehren suchte, wandte sich gegenüber den Männern von Leinster zuerst an die → Gestirne, Sonne und Mond, d.h. an das himmlische Feuer, und darauf an Wasser und Luft, Meer und Land. Bei Nichteinhalten des Schwurs solle ihn die Erde verschlucken, die Sonne verbrennen, der Wind (Atem) ihn verlassen ...

In rituellen Schächten (vgl. → Schacht) und Viereckschanzen (vgl. → Kultstätten) wurden die Erdkräfte vom Aspekt der Fruchtbarkeit her beschworen. Das Element ging in der → Muttergöttin, »Mutter Erde«, auf. Die → Anderswelt erstreckte sich auch unter die Erde, in die → *síde*. Phasen der Feuerbestattung wechselten mit solchen der Erdbestattung ab, oft unter aufwendigen Grabhügeln (vgl. → Totenkult), aber die Verstorbenen wurden immer der Erde zurückgegeben. Sogar → Merlin endet eingeschlossen in der Erde.

Hügel und Erdwälle, besonders rituelle Erdaufschüttungen, Orte also, an denen die Erdschicht besonders stark war, dienen auffallend oft als Treffpunkt mit dem Übersinnlichen: Könige werden dort zuerst der Boten aus der Anderswelt ansichtig (vgl. → Conle, → Conn, → Cormac, → Pwyll).

Über die Luft, die Götter (vgl. z.B. → Dechtire) und Andersweltbewohner (vgl. z.B. → Conaire) als → Vögel durchmessen können, haben auch → Druiden höchsten Ranges eine gewisse Kontrolle. → Mog Ruith fliegt mittels Vogelschwingen durch die Lüfte, und in den magischen Machtkämpfen zwischen Druiden und Heiligen überwinden beide Seiten mühelos die Schwerkraft. Druiden vermögen Winde und Stürme aufkommen (vgl. → Tuatha Dé Danann) und in sich zusammenfallen zu lassen (vgl. → Amergin).

Die Elemente Wasser und Feuer hatten einen noch höheren Stellenwert. Nach Strabo waren die → Druiden von der → Unsterblichkeit der Seele und der Unzerstörbarkeit der Welt überzeugt, glaubten aber, daß Zeiten kommen würden, in denen Wasser oder Feuer überwogen. Sie müssen als mächtige Zerstörungs-, aber auch Schutzkräfte empfunden worden sein; König Loegaires Druiden weigerten sich z. B., sich auf ein Gottesurteil einzulassen, bei dem ihre Bücher (sic) und diejenigen St. Patricks Wasser und Feuer übergeben werden sollten, mit der Begründung, dies seien (wohl wegen der Taufe und dem Heiligen Geist) besondere Götter des Heiligen.

Das Element Wasser war nicht nur unverzichtbar für alles Lebende, es wurde als eigentlicher Lebensträger angesehen. So berichten Sagen von einem sich darin befindlichen »Wurm« oder winzigen Wesen, das von Göttinnen oder Königinnen verschluckt, zur Geburt eines göttlichen oder heldenhaften Kindes führt (vgl. → Dechtire, → Étaín, → Ness) Dasselbe gilt für die beiden magischen Stiere, → Donn Cuailnge und → Finnbennach.

Das Wasser entströmt den Himmeln oder tritt als Geschenk der Anderswelt aus der Erde, wo es sich mit dem kosmischen Feuer der Sonne auflädt. Dadurch vermag es zu heilen (vgl. → »Apollo«), zu regenerieren, zu befruchten und Leben zurückzugeben (vgl. → Diarmaid mac Duibhne). Sogar → Conaires abgeschlagener Kopf (vgl. → Kopfkult) fand die Sprache zu einem Lobgedicht wieder, als ihm Mac Cécht Wasser in den Schlund goß.

Heilung und Reinigung waren in den Pilgerzentren der keltischen Welt eng miteinander verknüpft. Den Druiden war die Idee einer rituellen Reinigung bzw. spirituellen Erneuerung nicht fremd: Sowohl → Conall Cernach wie auch → Ailill Aulom empfingen eine »heidnische Taufe«. → Conchobars Untertauchen im gleichnamigen Fluß gleich nach seiner Geburt ist auch als solche gedeutet worden.

Wasser war in jeder Form verehrenswert. Tau z. B. galt als zauberkräftig, der Regen als befruchtend. → Quellen, überhaupt → Gewässer, waren Aufenthalt bzw. Verkörperung göttlicher, meist mütterlich-nährender Kräfte. Daher wurden sie sehr oft als → Kultstätten verstanden.

Das Feuer, abgeleitet von der großen, kosmischen Quelle der Sonne (vgl. → Gestirne), war das Lebenselement schlechthin. Es war ebenso unentbehrlich zum Leben wie Wasser und außerdem die Grundlage der Technik. Erst mit einem heimischen Herd, dem Zentrum des Familienlebens, ließ sich der Einwanderer richtig nieder und machte sich das Land zu eigen. Nach Giraldus Cambrensis soll es einst sogar gelungen sein, einen Brandpfeil auf eine Andersweltinsel zu schicken, worauf diese den Menschen zugänglich wurde.

Mit dem Feuer verankerte sich der Mensch auf der Erde. Mit den Feuern der Rituale bzw. der → Jahreszeitenfeste verband er sich mit seinen Göttern.

Elfen

Die männlichen Bewohner der → *síde* (vgl. *síd*) sind Elfen.

Ellén

»In t'Ellén trechend«, »dreiköpfiges Ellén« (vgl. → drei) ist ein Ungeheuer, das jeweils am Vorabend von → *Samhain* der Höhle von → Cruachan entstieg, um Irland zu verwüsten, bis → Amergin es besiegt. T. F. O'Rahilly möchte es mit → Aillen mac Midhna gleichgesetzt sehen.

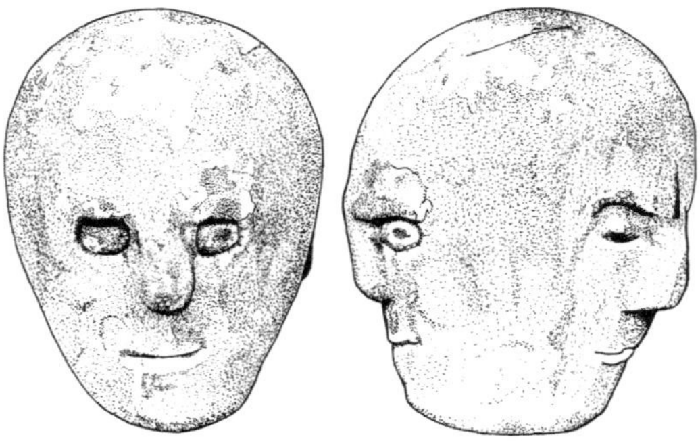

»Gott mit drei Gesichtern« (Corleck, Gr. Cavan; National Museum, Dublin).

Emain Macha

Das nach der Göttin → Macha genannte, heute unter »Navan Fort« bekannte Erdwerk ca. 3 km westlich von Armagh, war Nordirlands größtes vorchristliches religiöses und politisches Zentrum.

Ausgrabungen von 1963–1971 bestätigen dessen rituellen Charakter: Ein Erdwall umschließt die 7 ha des sanften Hügelrückens; der dazugehörige Graben befindet sich jedoch auf der Innenseite, d.h. er diente nicht der Verteidigung, sondern dem Ausschließen des Profanen (vgl. → Tara, → Kultstätten).

Die seit der Bronzezeit ununterbrochen besiedelte Erhebung wurde 95 v. Chr. zugunsten eines großen Rundbaus von 40 m Durchmesser geräumt. Der sorgfältig gestaltete Eingang und der Prozessionsweg zum östlich gelegenen Loughnashade – einem den dort gefundenen vier Bronzetrompeten nach heiligen See – charakterisieren ihn als Tempel. In der Mitte wurde, unter großem technischen Aufwand, ein 12 m hoher, von einer 200 Jahre alten Eiche stammender Pfosten errichtet – vielleicht ein Welten- oder »Stammbaum« (vgl. → Bäume).

Zehn Jahre später füllten die Bewohner von Emain Macha das Gebäude bis unters Dach mit Kalksteinbrocken, steckten das Ganze in Brand und deckten den Steinhügel anschließend mit einer dicken Erdschicht ab (vgl. → Elemente), so als wollten sie ganz bewußt den Bau von der realen in die → Anderswelt transponieren und zum Sitz ihrer Götter machen! In der Sage leben diese euhemerisiert weiter als → Cúchulainn, → Conchobar, → Deirdre und die übrigen Helden und Heldinnen des → Ulsterzyklus!

Das zum Komplex von Emain Macha gehörende, bis 1987 wenig beachtete zweite Ringfort, »Haughey's Fort«, ehemals »Rath Cimbaeth« nach dem Gatten der einen Macha genannt, enthielt nach archäologischer Untersuchung u.a. Knochen von abnormal großem Vieh sowie den Schädel des größten prähistorischen → Hundes der britischen Inseln.

Da im zweiten künstlich angelegten Wasserheiligtum am Fuße der Erhebung, im sog. »King's Stable« (»Königsstall«) neben Rotwild- wieder beträchtliche Menge von Hundeknochen zum Vorschein kamen, darf man annehmen, daß hier der Hund als Kulttier galt. Es kommt also nicht von ungefähr, daß Cúchulainn sich als »Hund von Ulster« verdingte!

Genauso zwingend legte → St. Patrick den Keim zur christlichen Metropole auf dem Hügel von Armagh, »Ard Macha«, »der Anhöhe der Macha«, ca. 3 km ö. an. Den Funden nach (in der Sakristei der Kathedrale) muß dort ein weiteres Heiligtum existiert haben.

Emer

Die Tochter des Magiers Forgall Monach, »des Verschlagenen«, Emer, ist die → Cúchulainn ebenbürtige Frau: eine große Schönheit mit wohlklingender Stimme, keusch, d.h. wählerisch, bewandert in den Künsten der wohlgesetzten Rede und des Stickens und außerdem klug.

Als Cúchulainn, um Geheimhaltung besorgt, mit solch spitzfindig-verschleierten Ausdrücken um sie wirbt, daß er nachher das Gesprochene seinem eigenen Wagenführer → Laeg erklären muß, antwortet sie ebenso scharfsinnig, wobei sie die Bedingungen stellt, unter denen sie ihn erhören würde.

Ihr Zukünftiger muß fähig sein, an jeder Furt hundert zu töten, einschließlich Emers zauberischer Tante, die ihm in verschiedener Gestalt nach dem Leben trachtet, → drei Wälle zu überspringen, auf einen Schlag acht Männer zu enthaupten, sowie Emer und ihre Ziehschwester mit dem Gewicht der Mädchen in Gold und Silber aus der väterlichen Burg herauszuholen, ohne ihre Brüder zu verwunden.

Nach der Lehrzeit bei → Scathach benötigt Cúchulainn noch zwei Jahre, bis es ihm gelingt, Emer heimzuführen. Die Zeit bestätigt die Richtigkeit der Wahl. Die beiden sind einander so zugetan, daß Emer über allerlei Abenteuer Cúchulainns hinwegsehen kann. Es macht ihr z.B. nicht das geringste aus, daß alle Damen am Hof von Ulster in ihren Gatten verliebt sind und alle, außer ihr, schöne → Vögel von ihm erhalten. Die einzige, die dieses Verhältnis empfindlich zu stören vermag, ist die Andersweltfrau → Fand, um deretwillen Cúchulainn ein Jahr lang liebeskrank darniederliegt. Schließlich folgt er ihr sogar auf eine Zeit in die Anderswelt nach.

Mit fünfzig mit blanken Messern bewaffneten Frauen überfällt Emer die beiden bei einem Stelldichein, und Cúchulainn vermag die Rivalin gerade noch vor dem wütenden Angriff zu schützen. Er versteht nicht so ganz, warum ihm seine Frau diese Freude nicht gönnt ...

Die gekränkte Emer wirft ihm vor, daß er sich nur vom Reiz des Neuen verführen ließe, denn »... alles, was glitzert, ist hübsch; alles, was neu ist, glänzt; alles, was fehlt, ist verehrenswert ...«.

Als ihr jedoch das Ausmaß der Liebe der beiden bewußt wird, spricht sie großzügig vom Verlassen Cúchulainns zugunsten Fands, was diesen zutiefst erschreckt. Fand ist seine Leidenschaft, Emer sein Rückhalt, seine dauernde Liebe. Zwar löst → Manannán mac Lir das Dilemma, aber sowohl Cúchulainn als auch Emer kommen ohne den »Trank des Vergessens« der → Druiden nicht über das Abenteuer hinweg.

Von da ab trennt die beiden Gatten nichts mehr bis in alle Ewigkeit. Über Cúchulainns Tod stirbt Emer an gebrochenem Herzen, und → Conall Cernach sorgt dafür, daß beide im selben tiefen Grab bestattet werden.

Für die Gattin eines Ex-Gottes und → Helden ist der mythologische Hintergrund Emers, abgesehen von ihrer Abstammung aus einer Familie von »Zauberern«, seltsam unergiebig. Interpretationen sind demnach spärlich; der Versuch, sie z. B. als Verkörperung der Morgendämmerung zu sehen, ist wenig befriedigend.

Emer scheint als Gegenstück eines bereits stark euhemerisierten Cúchulainn konzipiert worden zu sein, wobei ein ungewöhnlich fein schattiertes, frühes Frauenportrait um das Thema der alltäglichen, lebenslänglichen Liebe und Treue eines Paares entstand. Cúchulainns und Emers Ehe ist weder eine Götter-, noch eine Helden-, sondern eine zeitlose »Menschen«-Sage.

Entremont
Auf dem Plateau von Entremont oberhalb von Aix-en-Provence ließen sich im 3. Jh. v. Chr. die Saluvier nieder, ein Stamm jener keltoligurischen Mischbevölkerung, die sich ö. der Rhône angesiedelt hatte, und befestigten es, nach mediterranem Vorbild, mit mächtigen, beturmten Mauern zu einer Stadt, einem Oppidum. 124 v. Chr. wurde dieses von den Römern überrannt und zerstört. Entremont war nicht nur der politische Schwerpunkt, sondern neben → Roquepertuse das wichtigste religiöse Zentrum im Hinterland von Massilia

Kalksteinpfeiler mit zwölf eingemeißelten Köpfen (Entremont).

Vier »têtes coupées« (Entremont; Musée Granet, Aix-en-Provence).

(Marseille). Den Funden nach waren die Bewohner Anhänger des → Kopfkults.

Wie in Griechenstädten üblich, lag das Heiligtum (vgl. → Kultstätten) auf der höchsten Erhebung, wohinauf, nach den Bruchstücken teilweise fast lebensgroßer Figuren zu urteilen, ein von Götter- und Heldenstatuen gesäumter Prozessionsweg führte. Mitten im »Saal der Köpfe« erhob sich ein über 2,5 m hoher Kalksteinpfeiler – der Ersatz für einen Baum (vgl. → Bäume) in dieser baumlosen Gegend? Zwölf stilisierte, mundlose Köpfe mit geschlossenen Augen sind darin eingemeißelt: vier untereinander, zwei nebeneinander, und zwei Dreiergruppen (vgl. → drei), offenbar Porträts Verstorbener. Aus heute nicht mehr erfindlichen Gründen steht der zwölfte Kopf Kopf. Sollte er vielleicht andeuten, daß sich der Tod ins Leben verkehren ließ?

Im ganzen Oppidum kamen jedoch auch echte Menschenschädel zutage, an der einen Seite des Heiligtums allein fünfzehn. In manchen steckten noch die zum Festmachen über den Hauseingängen benötigten Nägel.

Den größten Teil der Ausgrabungen von Entremont beherbergt heute das Musée Granet in Aix-en-Provence. Am eindrücklichsten sind jene Fragmente, bei denen sich eine schwere Hand wie schützend auf die *tête coupée* (abgeschlagener Kopf) legt. Das war z. B. der Fall bei der mit unterschlagenen Beinen sitzenden Kriegerstatue aus dem 2. Jh. Nach der Neuzusammensetzung von 1979 lag deren Linke (vgl. → links) auf deren sechs. Auf der breiten, ausgezeichnet lederimitierten, gepanzerten Brust sitzt eine Menschenmaske zwischen stilisierten Widderhörnern (vgl. → Widder), wie J.-J. Hatt meint, eine Anspielung auf → Esus. Demnach ist es denkbar, daß dieser Krieger den Gott → Teutates, den Beschützer der Kämpfenden und Gefallenen, darstellt.

Eochaid Airem

Der Sohn des Finn mac Finnloga, Bruder → Eochaid Fedlechs und Ailill Ángubas, macht sich unwissentlich → Midir zum Rivalen, indem er sich mit dessen als Menschenfrau wiedergeborenen Gattin → Étaín vermählt (vgl. → Wiederverkörperung). Eben zum Hochkönig bestimmt und von den Untertanen gedrängt, eine Frau zu nehmen (vgl. → rechtmäßige Herrschaft), heiratet er – Ironie des Schicksals – Étaín II., die Tochter Etars, nicht nur wegen ihrer großen Schönheit, sondern weil sie »noch keinen Mann kennt«!

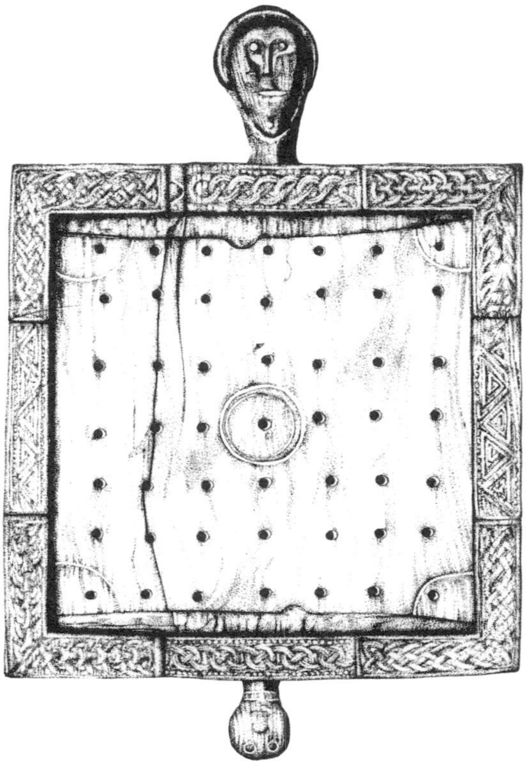

Mittelalterliches Brettspiel (National Museum, Dublin).

Wenig später sucht ihn Midir auf, um mit ihm um beträchtliche Einsätze das Brettspiel *fidchell* zu spielen. Zweimal ist Eochaid das Glück hold – 50 schwarzgraue → Pferde und eine von Midir und den Elfen in hektischer Nachtarbeit durch den Sumpf gebaute Straße sowie die Kultivation von Meath sind sein Gewinn.

Als er Eochaid beim dritten Mal verliert, wünscht sich Midir, Étaín umarmen und küssen zu dürfen, was ihr Gatte einen Monat lang herauszögern kann. Dann, obwohl der Palast schwer bewacht und verriegelt ist, steht Midir plötzlich mitten in der Halle, umfängt, von Eochaids Kriegern umringt, die schöne Frau und entschwebt mit ihr durch die Dachluke … König und Hof sehen nur noch zwei Schwäne (vgl. → Vögel) über → Tara kreisen.

Eochaid läßt darauf in allen Feenhügeln Irlands nach Étaín forschen; nach → neun Jahren erhält er die Nachricht, daß sich die Gesuchte in Brí Léith, dem heutigen Hügel von Ardagh sö. von Longford (Gr. Longford) befindet, und belagert nun dieses → *síd* weitere neun Jahre.

Schließlich entsteigen diesem dreimal 50 Frauen, die alle wie Étaín aussehen – es ist nun an ihm, die richtige zu finden. Er glaubt, sie an der anmutigen Art, wie sie Getränke zu kredenzen pflegte, erkennen zu können, erwischt jedoch seine eigene Tochter Ess, mit der er → Mes Buachalla, die zukünftige Mutter → Conaire Mórs, zeugt. Als der Irrtum entdeckt wird, zieht er erneut gegen Midir, der ihm diesmal die richtige Étaín nebst einer beträchtlichen Entschädigung herausgeben muß.

T. F. O'Rahilly ist davon überzeugt, daß die mythologischen Persönlichkeiten, die Namen und Gestalt mit dem → Pferd, ir. »ech«, teilen, letztlich auf das Sonnenpferd oder den durch die Himmel reitenden Sonnengott zurückgehen. Die Eigenschaften der Sagenfigur Eochaid – Mut, Tapferkeit, Beharrlichkeit – widersprechen dieser Theorie nicht. Was aber noch mehr zählt: Die Sage illustriert den erzkeltischen Gedanken, daß das Leben (Sonne) über den Tod (Fürst der → Anderswelt, Midir) triumphiert.

Eochaid wäre mit seinem gleichnamigen Bruder somit identisch: Der Beiname »Airem«, »Pflüger«, könnte auf den oft mit der Sonne in Verbindung gebrachten Kulturträger deuten, was die Sage selbst unterstützt. Sie berichtet nämlich, daß Eochaid heimlicherweise Midir abgeguckt habe, wie man Ochsen unter das viel wirkungsvollere Nacken- statt unter das damals gebräuchliche Stirnjoch spannen könne, und daß er diese Methode fortan angewandt habe.

Eochaid Fedlech

Vater → Medbs, → Ethnes, → Clothrus, → Mugains und der selten erwähnten Drebriu, die in → Schweine verzauberte Andersweltbewohner schützt (vgl. → Metamorphose), sowie der Drillinge (vgl. → drei), die gemeinsam Lugaid Riab Derg zeugten (vgl. → Clothru), ist Eochaid Fedlech. Als Hochkönig von Irland haftet ihm nichts Übernatürliches mehr an – er ist noch stärker euhemerisiert als sein Bruder → Eochaid Airem. Mit diesem tauscht er allerdings gelegentlich den Platz, wie z. B. in der ersten Fassung von *Der Zerstörung der Halle → Da Dergas*, was bedeutet, daß er → Étaín ehelicht und als Großvater der → Mes Buachalla in den Stammbaum → Conaire Mórs eingeht.

Eochaid mac Erc

Nach dem → *Lebor Gabála Érenn* war Eochaid mac Erc zwar der ideale, gleichzeitig aber auch der letzte König der → Fir Bolg. Er saß mit seiner Gemahlin → Tailtiu auf → Tara; während seiner zehnjährigen Regierungszeit herrschten in Irland die Zustände eines goldenen Zeitalters: »Es gab keine Nässe, außer Tau, kein Jahr ohne Ernte, und Unwahrheit war in dieser Zeit aus Irland verbannt. Er war der erste, der das Gesetz der Gerechtigkeit in die Hand nahm ...« Mit anderen Worten, Irland genoß alle Vorzüge einer → rechtmäßigen Herrschaft.

Es ist nicht recht ersichtlich, warum dieser König, der die Abstammung vom wohlwollenden Sonnengott nicht verleugnen kann, in der Ersten Schlacht von → Mag Tuired durch die → drei Söhne des → Nemed als »ersten Mann, der durch eine Speerspitze (vgl. → Blitz) in Irland umkam«, fallen muß, und das unter ähnlichen Umständen wie → Conaire Mór. Auch ihn überfällt ein entsetzlicher Durst, und er verläßt das Schlachtfeld, um Wasser (vgl. → Elemente) zu suchen, aber die → Druiden der → Tuatha Dé Dannan verstekken alle → Gewässer vor ihm.

R. A. S. Macalister, der Herausgeber des *Lebor Gabála Érenn*, hegt den Verdacht, daß der König nur einer Namensverwechslung wegen in diese Lage gerät. Denkbar ist jedoch auch, daß nach dem Gesetz der Zyklizität die eigene Waffe, der → Blitz, den Sonnengott schlagen muß (vgl. → Balor).

Eochaid Ollathair

Einer der Namen des → Dagda ist Eochaid Ollathair.

Eoghan mac Durthach

Zu den Ulsterhelden (vgl. → Ulsterzyklus) gehört auch Eoghan mac Durthach. Einerseits scheut er sich nicht, gegen → Conchobar ins Feld zu ziehen – bei dieser Gelegenheit besiegt er seinen König so vollständig, daß diesem nur die Heldentat des noch sehr jungen → Cúchulainn das Leben rettet –, andererseits begeht er den Meuchelmord an → Naoise und seinen Brüdern als Preis für die Versöhnung mit Conchobar.

Epona

Bis zu Beginn des 2. Jhs. n. Chr. Juvenal den Ruf eines Konsuls ruinieren und ihn der allgemeinen Lächerlichkeit preisgeben konnte, indem er ihn gänzlich unstandesgemäß wie einen gemeinen Pferdeknecht bei der Epona und den über den Futterkrippen im Stall gemalten Eponabildchen schwören ließ, hatte die ursprünglich keltische Göttin bereits einen langen Weg zurückgelegt. Als einzige einheimische, von den Römern übernommene Gottheit fand sie großen Anklang beim breiten Volk und stand bei der kaiserlichen Kavallerie – allein aus Rom sind elf Weiheinschriften bekannt – und den Gestüten auf dem Land in besonders hohen Ehren. Apuleius' Satire bestätigt den weitverbreiteten Brauch, für »Mutter Epona« einen Schrein im Stall herzurichten: Der arme verzauberte Esel Lucius stellt sich auf die Hinterbeine, um an ihre rosenbekränzte Nische im Stützbalken heranzukommen.

Zwar standen alle Reit- und Lasttiere sowie die Menschen vom Reiter und Fuhrknecht bis zum Pferdejungen unter Eponas Schutz, aber in erster Linie war sie für die Römer eine Pferdegöttin. Damit war, wie J. de Fries bemerkt, ihr Wirkungskreis in der Tat begrenzt. Seiner Behauptung hingegen, ihr Kult sei lokal beschränkt gewesen, steht die Tatsache gegenüber, daß zwischen Portugal und Bulgarien, den britischen Inseln und Unteritalien weit über 300 Weiheinschriften und Darstellungen gefunden wurden.

Die Epona ist ohne → Pferd undenkbar; sie wurde öfters im Damensitz, mit oder ohne Sattel, manchmal in einem Korbgestell, selten in einem Wagen, manchmal rittlings auf dem Pferd, vor einer Stute oder von Pferden umgeben dargestellt.

Ein prächtiges Beispiel der reitenden Epona stammt aus → Alesia. Sie sitzt solcherart auf

Epona von Alesia (Musée Municipale, Alise-Ste. Reine).

einem munteren, rundäugigen Rößlein, daß ihre Füße auf der einen Seite auf dem Boden aufkommen, während ihre Hand freundlich auf dem Kopf des Tieres ruht. Vermutlich wegen der Schatten des tiefeingeschnittenen Mundes zeigt sie auf Abbildungen oft ein grimmiges Gesicht, während eigentlich ein heiteres Lächeln ihre Mundwinkel umspielt. Sie reitet ohne Sattel, Zaum oder Zügel – Göttin und Tier sind in offensichtlicher gegenseitiger Zuneigung miteinander eins. Die Epona auf dem Relief von Kastell (Rheinisches Landesmuseum, Bonn) beherrscht ihr Reittier mit sicherem Zügel, und auf einer der Darstellungen im Rheinischen Landesmuseum, Trier, hält die vom Zügel unbeanspruchte Hand einen Korb mit Früchten hoch.

Im Römermuseum Schwarzenacker sitzt sie zwischen zwei Pferden, wobei sich das eine an den Äpfeln im Korb auf ihrem Schoß gütlich tut, während sie liebevoll seine Ohren krault, das andere hingegen bettelnd mit dem Huf scharrt.

Unter den Funden von Schwarzacker befindet sich u. a. ein kaum daumengroßes Pony der Epona, das in seiner Winzigkeit ein → Amulett gewesen sein könnte.

Auf dem Monument von Beihingen (Württembergisches Landesmuseum, Stuttgart) umlagern die Pferde die Göttin geradezu: Zwölf Beine auf der Rechten und sechzehn auf der Linken ergeben ein recht eindrückliches Gewirr. Auf dem unteren Teil wird Epona ein → Schwein geopfert, und → drei kräftige Pferde ziehen einen schweren Wagen.

Viele Epona-Darstellungen besitzen die unmittelbare Volkstümlichkeit mittelalterlicher Heiligenbilder.

Die Epona kommt entweder im weiten Mantel und gefältelten Unterkleid, mit bloßem Oberkörper oder, besonders an → Quellen, ganz nackt vor.

Pferdegeschirr, Zügel, Reitpeitsche usw. gehören zu ihrem Rüstzeug und können nicht, wie vor allem die französischen Keltologen anführen, als Beweis für die Rolle als Psychopomp, Geleiterin der Verstorbenen, gelten. → Hund, → Vögel und ab und zu ein Wickelkind sind Teil ihrer Ikonographie. Vielfach füttert sie eine Stute oder läßt ein steifbeiniges Fohlen von ihrer von Früchten und Korn überquellenden Patera fressen, Sie wurde gern an → Quellen mitverehrt; Pferdefiguren waren eine beliebte → Votivgabe.

Für die ihr anvertrauten Tiere erwarteten die Menschen also das Wirken einer → Muttergöttin: für Fruchtbarkeit sorgen, nähren, schützen, gesunderhalten, heilen ...

Es kommt vor, daß mit ihr zusammen die → matres angerufen wurden, in einigen Fällen sind sie auf demselben Stein dargestellt. Je eine Weiheinschrift aus Gallien, Rumänien und England sprechen sie in der Mehrzahl, als Dreiheit (vgl. → drei), an. All dies deutet darauf hin, daß die Epona als Muttergöttin aufgefaßt wurde.

Aber war sie nun wirklich nur eine auf Pferde spezialisierte Muttergöttin, was an sich bei den Kelten denkbar wäre, die ihren Aufstieg und ihre Verbreitung mindestens ebensosehr ihrer Geschicklichkeit bei der Pferdezucht und im Umgang mit Pferden verdankten wie ihrer hervorragenden Eisentechnik? Verschiedenes deutet darauf hin, daß dies bereits

Epona von Schwarzenacker (Römermuseum, Schwarzenacker).

die zweite Einengung eines ursprünglich viel weiter gefaßten Konzeptes ist.

Epona, aus dem gall. »epo«, »Pferd«, und der Göttlichkeit andeutenden Endung »ona«, kann sowohl »Pferdegöttin« als auch »göttliches Pferd« bedeuten.

Auf mehreren Monumenten tritt an Stelle der menschengestaltigen Epona eine von jungen Pferden umsprungene oder ihr Fohlen säugende Stute – Sinnbild der Mütterlichkeit. Nicht umsonst begleiten Epona durchwegs weibliche Pferde.

In Rumänien und Jugoslawien blieb Epona eine fürstliche Stellung erhalten: Die Weiheinschriften richten sich an die »Heilige Königin Epona«; gelegentlich tritt »Königin Epona« auch in Gallien auf – die zweite Darstellung von → Alesia trägt eine Krone.

Ein undatierbarer antiker, fälschlicherweise Plutarch zugeschriebener Text enthält eine Stelle des Griechenschriftstellers Agesilaos, der eine zugegebenermaßen bereits sehr populäre und euhemerisierte Legende von der Entstehung der Epona erzählt. Aus Weiberhaß habe ein Fulvius Stellus Umgang mit einer Stute gepflegt und mit dieser die Epona, die spätere Pferdegöttin, gezeugt.

Das dürfte ein Echo des indoeuropäischen Pferdemythos sein (vgl. → Pferd), der sicher auch jenen irischen Inthronisationsritus speiste, über den sich Giraldus Cambrensis im 12. Jh. moralisch entrüstet: Er beinhaltet u. a. Geschlechtsverkehr des zu weihenden Königs mit einer weißen Stute.

Die Zeremonie machte die Vereinigung des Königs mit der → Oberhoheit seines Landes sichtbar, womit die → rechtmäßige Herrschaft besiegelt werden mußte, mit anderen Worten, König und Muttergöttin in Pferdegestalt, Symbol der Erde und des Territoriums, feierten eine → Heilige Hochzeit.

Die in die Kalkhügel Englands eingeschnittenen Pferde, von denen mehrere, wie das berühmte von → Uffington, bis in die Eisenzeit zurückgehen, bezeugen einen Kult vom weißen Pferd im keltischen Britannien. Bis jetzt hat sich nicht beweisen lassen, daß sich dieser mit demjenigen Eponas deckte, aber unzweifelhaft hat Epona Züge vom Urbild des »weißen Pferdes«, vom Sonnenpferd, geerbt. Sonnenpferd oder -göttin sicherten, indem sie täglich durch die Himmel zogen, der Welt Licht und Wärme, die Grundlage des Lebens.

Das lebensspendende, wärmende, als Mutterliebe empfundene Element blieb als Sonnenkomponente der Muttergöttin erhalten, die die vorigen Konzepte abzulösen begann. Als Gemahlin des Himmelsgottes blieb sie mit den Himmeln verbunden, auch wenn sie die Erde repräsentierte und als Betreuerin der Abgeschiedenen auftrat. Sie blieb eine Heilerin, denn sie konnte die Lebenskräfte anregen und regenerieren. Ihre wichtigste Aufgabe war jedoch, neues Leben hervorzubringen, es zu ernähren und zu schützen.

Es ist möglich, daß keltische Pferdezüchter die Idee der Muttergöttin als untadelige, göttliche Stute am längsten bewahrten, auch früh schon die ersten Kontakte zur römischen Reiterei knüpften. So dürfte die Göttin übernommen worden sein, und zwar, mangels Interesse an der keltischen Mythologie, nach den äußerlichen Zügen als »Pferdegöttin«. Die inselkeltische Literatur bewahrt einige Frauengestalten, deren Namen und Handlungen das Vorbild der großen, mütterlichen Stute verraten: → Macha, → Étaín Echraide, → Rhiannon. Ihre Sagen dürften noch in Bruchstücken Parallelen bilden zu den verlorenen mythologischen Vorstellungen um die gallische Epona.

Erde → **Elemente**

Ériu

Für Ériu, einen der drei Namen (vgl. → Banba, → Fódla), unter denen sich die Verkörperung Irlands den → Milesiern vorstellte, hat sich → Amergins Weissagung, daß dieser auf ewig Irlands Hauptname sein werde, soweit bewahrheitet: Neuir. »Éire« ist heute noch die offizielle Bezeichnung der grünen Insel.

Nach einer der Fassungen im → *Lebor Gabála Érenn* empfing die Göttin Ériu dieses Grüppchen Fremder in → Uisnech und hieß sie willkommen, wofür ihr Amergin in wohlgesetzter Rede dankte, → Donn dagegen ihr, zu seinem eigenen Nachteil, grob über den Mund fuhr.

Euhemerisiert wird Ériu zur »Königin der → Dé Danann« oder einfach zu »einer Frau der Dé Danann«, wie in der *Zweiten Schlacht von → Mag Tuired* (vgl. → *Mythologischer Zyklus*). Ériu, hier die Tochter → Delbaeths, sah eines Morgens ein silbernes Schiff einen schönen, blondhaarigen jungen Mann an Land bringen. Auf dessen Brust glänzte eine große goldene (vgl. → Gold) Brosche, und in seinen Mantel waren → fünf goldene Räder (vgl. → Rad) eingewirkt. Er nannte sich Elathan, Sohn des → Delbaeth, König der → Fomorier, wohnte der jungen Frau bei und verhieß ihr die Geburt des schönen → Bres. Als ob seine Embleme – Goldbrosche und Räder – nicht genügten, ihn als Sonnengott auszuweisen, überließ er der Geliebten noch einen goldenen Ring, den derjenige tragen sollte, dem er paßte. Es ist nicht zwingend, auch wenn T. F. O'Rahilly dies fordert, daß Ériu selbst eine Sonnenkomponente besaß. Sie ist, durch ihren Geliebten und ihren Gatten Mac Greine (vgl. → Mac Cuil, Mac Cecht, Mac Greine) bereits zweifach mit der Sonne verbunden. Das Paar, → Muttergöttin Ériu und Sonnengott Mac Greine, ergeben somit höchst passende Repräsentanten für die erste, die königliche Funktion der → Tuatha Dé Danann.

Ernmas

Das → *Lebor Gabála Érenn* führt Ernmas als »Bäuerin« und Mutter von → Badb, → Macha, → Morrígan, → Dana/Ana. Es dürfte sich dabei um eine → Muttergöttin, eine »Göttin der Götter«, handeln.

Erriapus

Eine einheimische, gallische Gottheit war Erriapus. Sein Name kommt auf einigen Weiheinschriften, vor allem im Südwesten Frankreichs, vor. Er muß mit → Bäumen zu tun gehabt haben, denn er wurde als Kopf, der aus einer Blätterkrone herausschaut, dargestellt (vgl. → »Merkur«).

Esus

Lukan erwähnt Esus als zweiten der → drei einheimischen gallischen Götter (vgl. → Teutates, → Taranis), die er im Zusammenhang mit blutigen → Opfern aufzählt. In seinem Fall, so erläutern die *Berner Scholien* (vgl. → *Interpretatio Romana*), habe man je nach Leseart rituell Verwundete in → Bäume gehängt oder von zurückschnellenden Ästen zerreißen lassen.

Esus hat unter den Keltologen jeder Generation hitzige Diskussionen hervorgerufen, zumal er, wie Taranis, einmal mit dem Mars, dann wieder mit dem Merkur gleichgesetzt wird. Zur Klärung des Namens bemühten sie Ableitungen aus dem Indogermanischen, Griechischen, Iranischen, Sanskrit, Etruskischen, Italischen, Walisischen und Irischen, wobei u.a. sowohl die Bedeutung »guter Herr« als auch »schrecklicher Meister« herauskommt.

R. Lantier glaubt, daß Esus auf dem Pariser Denkmal »... den gutmütigen Ausdruck des Chefs irgendeiner Schiffer-Korporation annimmt«, wohingegen J. de Vries ihm, zwar etwas zögernd, den Platz eines gallischen Hauptgottes zugesteht und ihn gleichzeitig als »wenig freundlichen Gott« einstuft.

Isoliert tragen die beiden bekanntesten gallorömischen Esus-Darstellungen wenig zur Klärung bei. Das Relief auf dem Monument von Trier (Rheinisches Landesmuseum, Trier) zeigt einen mit einem einfachen Arbeitskittel bekleideten, barhäuptigen Mann, der im Begriff steht, einen Laubbaum zu fällen, in dessen dichter Krone → drei → Kraniche (vgl. → Vögel) sitzen, neben einem Stierkopf (vgl. → Stier), der aus dem Blätterwerk schaut.

Esus fällt einen Baum (Nautenpfeiler von Paris; Musée de Cluny).

Über demjenigen vom Pariser Schifferdenkmal, dem Nautenpfeiler (Musée de Cluny, Paris), steht wenigstens in lateinischen Buchstaben ein eindeutiges ESVS: Ein bärtiger Mann mit halbnacktem athletischem Oberkörper hackt darauf Äste von einem Baum. Der → Stier mit den drei Kranichen, der »Tarvos Trigaranus«, nimmt hier ein eigenes Feld ein – auch er steht hinter einem Baum, im Schatten einer dichten Laubkrone.

Die Deutung der beiden »Holzhackerszenen« nimmt eine erstaunliche Breite ein; u.a. werden »Rodungsarbeiten«, »ein Handwerker, der die für die Schiffer notwendigen Stämme schlägt«, oder »der Saumpfad von hinderlichem Geäst befreit« vorgeschlagen.

Mit Sicherheit ist hierbei der Baum (vgl. → Bäume) viel zu eng und materialistisch gefaßt. Der heilige Baum war eine geistige Einheit, der Lebensnerv einer Gemeinschaft. Das Umhauen kam dem Sieg über die Lebenskräfte des Gegners gleich.

J.-J. Hatt ist es gelungen, durch detaillierte Vergleiche nach den keltischen Zeugnissen ein mythologisches Muster zu zeichnen und damit Ordnung in das Gewirr von Vermutungen und Einzelbetrachtungen zu bringen. Der Esus in den vorrömischen Triadendarstellungen (vgl. → drei) ist identisch mit dem Gott mit den → »Mistelblättern«, länglichen, an einem Ende angeschwollenen Gebilden, auch »Fischblasen« genannt, die von den Schultern oder Schläfen der Skulpturen und Reliefs aufsteigen und sich von beiden Seiten über den Kopf wölben. Gute Beispiele sind u.a. die Statue von Holzgerlingen (Württembergisches Landesmuseum, Stuttgart), die Säule von Pfalzfeld (Rheinisches Landesmuseum, Bonn), worauf gleich vier Köpfe sitzen, über denen »Fischblasen« schweben, der junge Mann mit den großen Augen vom Dürrnberg (Keltenmuseum, Hallein), eigentlich ein bronzener Kannenbeschlag, der zum Signet der Ausstellung »Die Kelten in Mitteleuropa« von 1980 wurde, oder die Bronzemaske von Waldalgesheim (Rheinisches Landesmuseum, Bonn). Weiterhin nahm die Esus-Ikonographie parallele Haarsträhnen, die widderköpfige → Schlange, den Januskopf und die → S-Spiralen, das Symbol des Lebensbaumes, auf. Die allmähliche Umbildung der Mistelblätter zu einem Hirschgeweih beweist, daß → Cernunnos und Esus auswechselbar geworden waren.

Hatt fiel auf, daß der Cernunnos auf dem → Kessel von Gundestrup einmal mit und einmal ohne Geweih dargestellt ist. Die kleine Männerfigur über der linken Schulter (vgl. → links) der großen → Muttergöttin gleicht dem von den Tieren umgebenen Cernunnos bis in die Mimik hinein, genauso wie diejenige über der rechten (vgl. → rechts) ein Doppelgänger des durch das → Rad gekennzeichneten Taranis ist. Durch die Entdeckung, daß alle drei Figuren auf diesem Feld das Stirnband der Verlobten tragen, bekam J.-J. Hatt den Schlüssel zum → Rigani-Mythos in die Hand.

Die plausibelste Erklärung für die Zuordnung Esus' zum → »Mars« und zum → »Merkur« ergibt sich aus der Dreiecksgeschichte Taranis-Rigani-Esus. Nach der klassischen Parallele wurde Vulkan-Venus-Mars daraus. Außerdem teilte Esus gewiß auch Züge mit dem einheimischen »Mars«. Es ist einleuchtend, daß Esus als Gott vorwiegend der dritten

»Merkur« von Lezoux (Musée des Antiquités Nationales, St. Germain-en-Laye).

(vgl. → drei) Funktion, d.h. der produzierenden und der Welt der Abgeschiedenen, über den Reichtum in all seinen Formen gebot. Er und »Merkur« besaßen also eine genügend große Basis, um gleichgesetzt zu werden.

Ein eindrückliches Beispiel dafür ist der »einheimische Merkur« von Lezoux (Musée des Antiquités Nationales, St. Germain-en-Laye). In der rundköpfigen Figur mit Flügelhelm, übergroßen Augen und knappem Bart drückt sich so viel geballte Kraft aus, wie es ein graziler, klassischer Merkur niemals vermag. Er trägt einen knielangen, streng gefalteten Mantel mit breitem Kragen, der eine Kapuze vermuten läßt. In der Rechten hält er einen durch das Gewicht langgezogenen Geldbeutel. Zu den mit soliden Halbstiefeln beschuhten Füßen sitzen Merkurs Tiere, der Ziegenbock und der Hahn. Die dazugehörende Weiheinschrift wird jedoch als »Apronios ieuru sosi Esu«, »Apronius hat dieses dem Esus geweiht«, gelesen.

Étaín

Fraglos ist Étaín Echraide, »Schnell-reitend«, eine der großen königlichen Muttergöttinnen vom Typ der gallischen → Rigani, durch ihre Verbindung zum → Pferd neben → Macha eine weitere irische Version der → Rhiannon und der → Epona. Es gibt ihr in dem Sinne eine Sonnenkomponente, als sie dadurch die lebensspendenden Eigenschaften der Sonne mit sich verbindet.

Auffällig viele weibliche Gestalten der irischen Sage heißen entweder → Ethne, einschließlich aller möglichen Ableitungen, oder Étaín, und es ist nicht ausgeschlossen, daß diese ähnlich klingenden Namen letztlich Aspekte der Étaín Echraide benennen, zumal eine solche Triade (vgl. → drei) in *Bricrius' Gastmahl und die Verbannung der Söhne von Dael Dermait* tatsächlich vorkommt. → Cúchulainn suchte → Laegs Eltern in der → Anderswelt auf, wobei er nicht nur mit dessen Brüdern, sondern auch mit dessen drei Schwestern Ethne, Etan und Étaín bekannt gemacht wird. Sie sticken mit Goldfäden → goldene Borten, verpflegen den Helden vorzüglich, und die mittlere teilt in der Nacht das Lager mit ihm.

Diese Dreiheit erinnert an die festländischen *matres* (vgl. → Muttergöttin), die genauso gut als Einzelfiguren auftreten können, so daß man annehmen darf, Étaín, »Tochter des Schmieds« und Mutter → Cormacs, gehe, ebenfalls auf Étaín Echraide zurück.

Diese tritt als Heldin der dreiteiligen Folge *Tochmarc Étaín*, das *Werben um Étaín* auf, nicht nur die schönsten Sage des → *Mythologischen Zyklus*, sondern auch die »keltischste«, insofern sie, die linear fortschreitende Zeit ausklammernd, sich ganz im Zyklischen bewegt und wie kaum eine andere den Kernsatz der → Druiden von der Unendlichkeit des Lebens illustriert (vgl. → Unsterblichkeit der Seele). Die schriftlichen Fassungen im *Gelben Buch von Lecan* und, lückenhafter, im → *Lebor na hUidre*, sollen nach R. Thurneysen in die zweite Hälfte des 11. Jhs. gehören, während das Material selbst bis ins 9. Jh. hineinreicht. Der erste Akt beginnt mit der → Boand- → Dagda-Affäre und fährt weiter mit → Oengus' moralisch eher fragwürdigem Erwerb von → Bruig na Bóinne. Als er ein Jahr darin gewohnt hat, lädt er → Midir vom → *síd* Brí Leith ein. Weil von da ab der Text undeutlich ist, läßt sich die Handlung nur in groben Zügen verfolgen. Die zwei bekommen Streit, möglicherweise um Étaín; Oengus stößt seinem Ziehvater ein Auge aus, welches Étaín einem Gedicht zufolge wieder heilt. Zur Wiedergutmachung scheint Oengus für Midir bei Étaíns Vater, dem → Elf von Ulster, um sie anzuhalten, oder er tritt ihm diese seine Braut ab. Jedenfalls wird Midir der Gatte der schönen, gütigen Frau, für die er einen hohen, einer Muttergöttin angemessenen Brautpreis zahlt: Zwei Ebenen müssen gerodet, d.h. bebaubar gemacht und zwölf Flüsse (vgl. → Gewässer) durchgeleitet werden. Dazu verlangt Étaíns Vater das Gewicht seiner Tochter in → Gold und Silber (vgl. → Gestirne).

Ein Jahr später bringt Midir seine Gemahlin nach Brí Leith, wo die von Eifersucht verzehrte erste Frau Midirs, → Fuamnach, die Rivalin durch die Berührung mit einem Ebereschenstab (vgl. → Bäume) verwandelt (vgl. → Metamorphose): Sie zerfließt in eine Wasserlache (vgl. → Elemente), die sich zu einem Wurm zusammenzieht und schließlich in die Gestalt eines violettschimmernden Insekts von wunderbarer Größe und Schönheit übergeht. Es gibt sanfte Musik von sich, und die es umgebende Luft ist mit Wohlgerüchen erfüllt. Da sich Midir noch immer mit Étaín abgibt, läßt sie Fuamnach von einem Zauberwind wegtragen, so daß die Ärmste sieben Jahre lang zwischen »Fels und Meer« herumgeweht wird. Schließlich findet Oengus das schimmernde Tierchen, erkennt es als Étaín und baut für sie ein tragbares gläsernes Sonnenhaus, ein »grianan« – T. F. O'Rahilly vermutet darin das Himmelszelt –, das er überall hin mitnimmt und in das er sich nachts zurückzieht. Er pflegt Étaín, »bis sie wieder Körper gewinnt«.

Als Fuamnach vom Wohlergehen der Feindin hört, läßt sie sie ein zweites Mal wegblasen – wieder fliegt Étaín allen Winden preisgegeben in Irland umher, bis sie erschöpft auf dem Hausdach Étars, eines Ulsterkriegers, niedersinkt. Drinnen ist ein Gelage in vollem Gange – Étaín fällt durchs Oberlicht in den → goldenen Becher der Frau des Hauses, die sie nichtsahnend verschluckt und neun Monate später mit einer Tochter, Étaín II., niederkommt. 1012 Jahre sind vergangen seit ihrer Geburt als Tochter Ailills von Ulster und ihrer neuen Inkarnation als Étaín, Tochter Étars (vgl. → Wiedergeburt).

Im zweiten Akt heiratet → Eochaid Airem, eben Hochkönig geworden, auf Betreiben seiner Untertanen die schöne Frau, so daß Étaín, die Muttergöttin, an dieser Stelle auch als → Oberhoheit erscheint, ohne die die Königsherrschaft nicht rechtmäßig werden kann (vgl. → rechtmäßige Herrschaft). Am Fest von → Tara verliebt sich Eochaids Bruder, Ailill, so heftig in seine Schwägerin, daß er liebeskrank daniederliegt und, weil er sich niemandem anzuvertrauen wagt, jeden Tag dem Tod näherkommt. Kummervoll tritt Eochaid eine Inspektionsreise durch sein Land an und überläßt den Kranken der Fürsorge seiner Gattin, nicht ohne Anweisungen für sein Ableben zu hinterlassen.

Statt dessen geht es Ailill durch den täglichen Besuch der Königin besser, so daß er sich schließlich erkühnt und ihr den Grund seines Leidens entdeckt. Um sein Leben zu retten, ist sie schon bereit, ihm ihre Liebe zu schenken, allerdings nicht im Haus ihres Gatten. So bestellt sie ihn auf den Hügel (vgl. → Elemente) hinter dem Palast. Ailill verpaßt das Rendezvous drei Nächte hintereinander, da ihn ein unwiderstehliches Schlafbedürfnis überfällt.

Statt seiner trifft sich Midir in Ailills Gestalt mit Eochaids Gemahlin, erinnert sie daran, daß sie ehemals seine Gattin war, und gesteht ihr, daß er Ailills Verliebtheit, aber auch das Verschlafen inszeniert habe, um mit ihr sprechen zu können. Gleichzeitig bittet er sie inständig, mit ihm in sein Land (vgl. → Anderswelt) zurückzukehren, das er ihr in den glühendsten Farben schildert: Schönheit, Jugend, Glück, sündenlose Liebe und Fülle regieren dort. Étaín würde auf immer ihr Goldhaar behalten, frischen → Schweinebraten essen und neue Milch trinken.

Aber Étaín weigert sich, ihm ohne Eochaids Einwilligung zu folgen. So beschäftigt sich der dritte Akt mit der Auseinandersetzung zwischen dem Fürsten der realen und dem Fürsten der → Anderswelt, die damit endet, daß Eochaid seine Étaín wiedererlangt (vgl. → Eochaid Airem). Für wie lange? Die Sage bricht an diesem Punkt ab, ist aber so angelegt, daß sie unendlich weitergehen könnte ... Zusammen mit den Schicksalen der Sagengestalten stellt sie das Prinzip der Zyklizität selbst dar: Sie besteht aus vier ineinanderverquickten Dreiecksgeschichten von der Art des Rigani-Mythos. Den Auftakt macht die → Nechtan/→ Elcmar-Boand-Dagda-Episode, woraus sich die Midir-Étaín-Oengus-Beziehung ergibt, als Einschub erfolgt der stark christianisierte Ailill-Étaín-Midir-Einschub, um mit dem Midir-Étaín-Eochaid-Dreieck zu schließen. Nach altem Muster bewegt sich die Muttergöttin zwischen den zwei sie umwerbenden Polen, dem Gott der weiten Himmel und dem Gott der wieder zum Leben zu erweckenden Abgeschiedenen, in dieser komplexen Sage über tausend Jahre lang, d.h. durch alle Zeiten hindurch.

In einer Fassung der *Zerstörung der Festhalle → Da Dergas* erscheint Étaín als Gemahlin des »Feenkönigs Mirdir« (vgl. → Feen) und Urahne → Conaire Mórs. Ihr in seiner Vollständigkeit einmaliges Porträt ist der Erzählung vorangestellt: Étaín wird buchstäblich von Kopf bis Fuß begeistert besungen. Die Attribute, → Quelle, → Vogel, Kugeln (vgl. → Rigani), wären nicht einmal nötig, um anzudeuten, daß es sich bei der schönen, hoheitsvollen Frau mit der nahezu überwältigenden Sonnenkomponente nur um die große, königliche Muttergöttin handeln kann: »Sie saß am Rande der Quelle, mit einem silbernen Kamm mit Goldornamenten, wusch sich in einem Silberbecken mit vier → goldenen Vögeln ... Sie trug einen Purpurmantel ... zusammengehalten von silbernen und goldeingelegten Broschen, und ein grünseidenes Untergewand mit Goldstickerei. Wunderbare Tiermuster aus

Gold und Silber zierten Brust und Schultern ... Die Sonne schien auf sie, so daß die Männer das Gold im Sonnenschein glänzen sahen ... Zwei vierfach geflochtene, goldene Flechten lagen um ihr Haupt, und an jeder Endlocke war eine Kugel befestigt. Ihre Haarfarbe glich der gelben Irisblüte im Sommer oder reinem, blankgeriebenem Gold ... Sie hatte den Gang einer Königin ... Sie war die schönste, lieblichste, feinste von allen Frauen der Welt, die Männeraugen je erblickten.«

Eterscél

Als Vater von → Conaire Mór kommt Eterscél, König von Tara, in Frage, wobei die Familienverhältnisse, gelinde gesagt, undurchsichtig sind. In *Vom Samen Conaire Mórs* ist Eterscél der Gatte von Ess und damit der Schwiegervater von → Eochaid Airem und Étaín. Durch Inzest mit seiner Tochter bzw. Stieftochter → Mes Buachalla zeugt er Conaire Mór, was diese jedoch bis zu Eterscéls gewaltsamem Tod durch → Nuadu Nécht, »König von Leinster«, geheimhält.

In *Die Zerstörung der Festhalle → Da Dergas* lebt Eterscél mit der Prophezeiung (vgl. → Wahrsagerei), daß ihm eine Unbekannte ein berühmtes Kind schenken würde. Seine Hirten hatten die als Kleinkind ausgesetzte → Mes Buachalla im geheimen großgezogen und halten das junge Mädchen in einer türlosen Flechtwerkhütte verborgen. Allgemein wird diese für eine Vorratskammer der Hirten gehalten, bis einer der Höflinge, neugierig geworden, durch das Oberlicht hineinguckt und die Schöne erblickt. Mit dieser Nachricht eilt er sofort zum König, der der Wahrsagung eingedenk befiehlt, die Hütte am folgenden Tag aufzubrechen und Mes Buachalla, die er zur Seinen machen will, an den Hof zu bringen. Aber ohne sein Wissen kommt ihm in der Nacht der Vogelmann (vgl. → Vögel) aus der → Anderswelt zuvor. Wie → Sualdam mac Roich im Falle → Cúchulainns muß sich auch Eterscél – in dieser Fassung – mit der Rolle des »irdischen Vaters« des → Helden begnügen.

Ethne

In der irischen Sage ist Ethne (Eithne, Ethniu, Eithliu bzw. Ethlenn) ein beliebter Name für weibliche Anverwandte von Göttern, Göttinnen, Königen und → Helden, der ziemlich wahllos von den verschiedenen Fassungen benützt wird. Es kann sich dabei nur um Varianten desselben Namens handeln, und trotz verschiedener Beinamen dürfte dieselbe mythologische Persönlichkeit gemeint sein. So ist z. B. Ethniu/Ethlenn die Tochter → Balors und Mutter des → Lug, Ethne diejenige von Conhaire mac Mogan Láma, einem Doppelgänger von → Conaire Mór.

Die Gattinnen → Conns und → Conchobars heißen so, gelegentlich auch diejenige → Cormacs. Trotz der starken Überlieferung einer → Emer bekommt auch → Cúchulainn zuweilen eine Ethne zugeteilt. Eine der Schwestern → Medbs ist eine Ethne; Königstöchter, Andersweltfrauen und Feen tragen ebenfalls diesen Namen.

Grundsätzlich steht die Göttin E(i)thne hinter all diesen Sagenfiguren, die dem englischen Fluß Inny den Namen gegeben hat. Sie muß eine Erscheinungsform der großen → Muttergöttin gewesen sein.

Nach T. F. O'Rahilly soll Ethne ein zusätzlicher Name der → Boand gewesen sein.

Eulengöttin

Die Raute bzw. das Auge ist seit der Steinzeit ein Symbol der Großen Mutter. Die Gedankenverbindung zwischen ihr und der Eule, dem → Vogel mit den großen Augen, führte dazu, daß sie gerne entweder eulengesichtig oder mit der Eule als Attribut dargestellt wurde. Sie ist die Urmutter der klassischen Athene und der keltischen »Eulengöttin«, deren Name als → Rigani vermutet werden kann.

Das Fürstinnengrab von Reinheim (um 400 v. Chr.) liefert die beiden feinsten Darstellungen: Zwei gleiche, stilisierte Frauenfiguren, auf deren Kopf eine scharfschnablige, großäugige Eule sitzt, bilden die Enden eines gewundenen, goldenen → Torques und eines glatten, schweren Goldarmreifs (Landesmuseum für Vor- und Frühgeschichte, Saarbrücken).

In der inselkeltischen Sage tauchen zuweilen Göttinnen bzw. Anderswelt-Bewohnerinnen auf, deren große Augen besonders hervorgehoben werden oder sogar Teil des Namens sind, wie z. B. bei Königin Rigrú »mit den

Spätbronzezeitliche »Göttin mit großen Augen« (Faardal, Nationalmuseet, Kopenhagen).

großen Augen« (vgl. → Conn Cétchathach). Die walisische Sage hält die Verbindung → Blodeuedd–Eule fast gewaltsam aufrecht.

Evnissyen

Der Sohn des Eurosswydd aus dem → *Mabinogion* entspricht dem irischen → Bricriu: Wie dieser sät er bei jeder Gelegenheit Zwietracht. Er verschuldet den Streit zwischen Walisern und Iren, der so weit eskaliert, bis »zwei gute Inseln verwüstet sind«, denn aus Ärger, weil niemand seine Zustimmung zur Heirat seiner Halbschwester → Branwen einholte, verstümmelt er die Pferde seines neugebackenen Halbschwagers, des Königs von Irland. → Brân tut zwar alles, um die Beziehung zu retten, kann aber nicht verhindern, daß Feindseligkeiten später wieder aufflammen, so daß er schließlich eine Strafexpedition nach Irland unternehmen muß. Bei den Krönungsfeierlichkeiten für Gwern, Branwens und des Irenkönigs Sohn, womit der Frieden zwischen den beiden Völkern besiegelt werden soll, packt Evnissyen, ganz begeistert von der Einmaligkeit seiner Schandtat, den jungen Mann und steckt ihn kopfvoran ins Feuer ... Und wieder gehen die beiden Parteien aufeinander los. Im Gegensatz zu Bricriu denkt Evnissyen über seine Untat nach und schätzt deren Folgen ab. Als er erkennt, daß die Iren durch den → Kessel der Wiedergeburt seinen Landsleuten überlegen sind, schämt er sich seiner Untat und beschließt, sie zu sühnen, indem er sich opfert. Er läßt sich mit den Leichen in den Kessel werfen, streckt sich darin aber so stark aus, daß dieser gleichzeitig mit seinem Herzen in Stücke bricht. Die Zerstörung des Kessels der Wiedergeburt macht Evnissyens Verwandtschaft mit Bricriu besonders deutlich: Beide verkörpern jene Kraft, die das Leben aus dem individuellen Zustand in denjenigen der Möglichkeiten zurückführt, also das, was die Kelten unter »Tod« verstanden.

Excalibur

König → Artus' wunderbares, flammensprühendes Schwert, das ihm die → Dame vom See am Anfang seiner Laufbahn anvertraut und das er ihr vor seinem Tod wieder zukommen läßt, indem er seinen Diener/Freund Girflet/Bedivere bittet, dieses in den See (vgl. → Gewässer) zu werfen, ist Excalibur. Zweimal verweigern sie es, weil es sie um das schöne Schwert reut. Beim dritten Mal führen sie seinen Wunsch aus: Eine Hand erscheint aus dem See, ergreift es, schwingt es dreimal (vgl. → drei) und verschwindet damit in die Tiefe.

Fand

Das einzige weibliche Wesen, das → Emer gefährlich wird, ist Fand; *Cúchulainns Krankenlager und Emers einzige Eifersucht* (vgl. → *Ulsterzyklus*) berichtet davon.

Emer ist der Liebe ihres Gatten so sicher, daß es sie wenig anficht, daß die → Vögel, mit denen → Cúchulainn die Damen Ulsters zu → *Samhain* beschenken, für sie nicht ausreichen. Bei der nächsten Gelegenheit soll sie die allerschönsten bekommen. Als sich zwei mit einer → goldenen Kette verbundene auf dem See niederlassen, will Cúchulainn ihrer unbedingt habhaft werden, trotz Emers Warnung,

Illustration zu »Le Roman de Lancelot du Lac et de la Mort du Roi Artu« (15. Jh.).

die spürt, daß von ihnen Gefahr ausgeht. Zu seiner Verblüffung verfehlt Cúchulainn sie bei jedem Wurf. Die Vögel geben eine zauberhafte, beruhigende Musik von sich, bei der der Held müde und verdrossen an einen Steinpfeiler gelehnt einschläft. Im Traum erscheinen ihm zwei schöne Frauen, die eine im grünen, die andere im → fünffachen Purpurmantel, → Lí Ban, die Gattin des Andersweltfürsten Labraid, »Der-die-Hand-schnell-ans-Schwert-legt«, und ihre Schwester Fand, die Gattin → Manannán mac Lirs. Beide lächeln den berühmten Mann zwar an, schlagen ihn aber mit Gerten so lange, bis er, halbtot, kein Glied mehr rühren kann. Der Sprache nicht mehr mächtig, liegt er bis zum nächsten *Samhain* auf dem Krankenlager. Plötzlich kündet ein Bote aus der → Anderswelt den Besuch Lí Bans an, worauf Cúchulainn endlich von seinem Abenteuer mit den beiden Unsterblichen berichten kann. Auf → Conchobars Rat trifft er die Grüngewandete am selben Ort wieder. Sie richtet ihm aus, daß Fand, von Manannán verlassen, ihm ihre Liebe schenken möchte und daß König Labraid sie ihm zu überlassen

»Fand erscheint Cúchulainn zuerst als magischer Wasservogel« (Bronzeente; Undley, Gr. Suffolk).

bereit sei als Lohn für einen Tag Unterstützung im Kampf gegen seine Feinde (vgl. → Anderswelt). Cúchulainn schickt → Laeg und Lí Ban aus, um die Lage in → Mag Mell zu erkunden, und als sein Wagenlenker begeistert sowohl von der Schönheit des Andersweltlandes als auch der Fürstin Fand zurückkommt, willfährt er Labraids Wunsch, schlägt dessen Gegner und gewinnt Fand. Sie verleben miteinander einen Monat des Glücks in der Anderswelt. Beim Stelldichein in der Welt der Menschen versucht Emer die Nebenbuhlerin umzubringen. Die Feindseligkeit schlägt jedoch in Großmut um, als sich die beiden Frauen von der gegenseitigen Echtheit ihrer Gefühle für Cúchulainn überzeugen. Sie treten nun in einen Wettstreit darüber, wen er verlassen soll. Es fällt der Andersweltfrau schwer, ihre große Liebe aufzugeben, was sie in bewegte Verse faßt:

»Ach über den, der einem andern Liebe schenkt,
Wenn diese nicht hoch genug geschätzt wird,
Es ist besser für einen Menschen, weggeschickt zu werden,
Wenn er nicht so geliebt wird, wie er liebt ...«

Das Auftauchen Manannán mac Lirs rettet Fand aus dieser unglücklichen Lage; mit dem vernünftigen Argument, er benötige schließlich eine Gattin, entschließt sie sich schweren Herzens, zu ihm zurückzukehren.

Als Cúchulainn erfaßt, daß sie ihn wirklich verläßt, tobt er wie von Sinnen, setzt dem Paar in → drei gewaltigen Sprüngen nach, treibt sich tagelang ohne Speise und Trank herum und schläft auf der Straße von Midluachair. Erst der Vergessenstrank der → Druiden bringt ihm und der noch immer von Eifersucht geplagten Emer Linderung. Manannán mac Lir schüttelt seinen Mantel zwischen Cúchulainn und Fand (vgl. → Zauber), damit sie sich niemals wieder begegnen.

Fedelma
Bevor Königin → Medb ihr Heer in Bewegung setzt (vgl. → *Táin Bó Cuailgne*), holt sie bei den → Druiden die Prognose über den Ausgang des Feldzuges ein. Befriedigt von ihrem Spruch, wer auch immer falle, sie werde daraus zurückkehren, wendet sie sich ihrem Wagen zu, auf dessen Deichsel zu ihrem Befremden eine Unbekannte sitzt, die in aller Ruhe mit einem Webschwert eine glänzende Borte aus *finnruinne* (blaßgoldenen Bronzefäden) webt. Sie trägt einen »grünen, mit Punkten gesprenkelten Mantel«, den eine schwere Brosche über der Brust zusammenhält, und stellt offensichtlich das Schönheitsideal der Zeit dar. Vom »reich-blühenden Aussehen« über die »grauen, strahlenden Augen« und die → drei → goldenen Haarflechten, wovon zwei den Kopf umwinden, die dritte aber bis zur Wade herunterhängt, bis zu den »karmesinroten, sorgfältig geschnittenen, gerundeten, scharfen Fingernägeln«, wird Punkt für Punkt der Katalog weiblichen Charmes durchgegangen.

In der einen Fassung stellt sie sich als Fedelma, Seherin (vgl. → *fili*) aus Connaught vor, die in Schottland → Zauberei und → Wahrsagerei studiert habe, in einer andern als Bewohnerin des Feenpalastes (vgl. → Feen, → *síd*) von → Cruachan.

An Ort und Stelle führt sie auf Anfragen der Königin zum Beweis ihres Könnens *imbas forosnai* (vgl. → Zauber) aus, da diese wissen will, wie die Prophetin die Connaughter Armee in der Zukunft sieht. Die unheilvolle Antwort lautet: »Ich sehe sie karmesin, ich sehe sie → rot ...«, was die Königin zwar ungläubig ablehnt, aber Fedelma mit denselben Worten noch zweimal bekräftigt. Nach dem dritten Mal rezitiert sie ein zehnstrophiges Gedicht, das → Cúchulainn und seine → Helden bis in die Einzelheiten beschreibt.

Fee
Die irische Sage kennt kaum einen verschwommeneren Begriff als »Fee«. In der Einzahl und in gewissen Sagenzusammenhängen sind die weiblichen Bewohner der *síde* (vgl. → *síd*) gemeint, die männlichen sind die → Elfen. In anderen jedoch ist das Kollektiv »aes síde«, das »Hügelvolk«, damit angesprochen, das sich aus übernatürlichen Gestalten verschiedenster Herkunft zusammensetzt, nicht nur aus → Tuatha Dé Danann. Als diesen, nach der *Trunkenheit der Ulstermänner* (vgl. → *Ulsterzyklus*), → von Amergin (in anderen Erzählungen → Dagda oder → Manannán mac Lir) die Räume unter der Erde zugewiesen werden, treffen sie dort bereits auf

Vorgänger: »Sie gingen in die Hügel und Feengebiete, so daß die Feen unter Grund ihre Untertanen wurden.«

Zwischen der Welt der Feen und derjenigen der Abgeschiedenen gibt es keine Grenzen – beides ist → Anderswelt.

So wird denn in Erzählungen »Feen« für die Tuatha Dé Dannan verwendet, für die → Milesier wie z. B. → Donn – er wird Feenkönig von Limerick –, für die → Fomorier wie Elathan, Vater des → Bres, für Stammes- und Territorialgötter und -göttinnen, für die → *sheevras* ganz allgemein für Andersweltbewohner und -bewohnerinnen und, nach einer christlichen Überlieferung, für gefallene Engel.

Bis ins 17. Jh. war der Glaube an die Feen auch den Gelehrten Irlands selbstverständlich; bis in unser Jahrhundert begegnete ihnen die Landbevölkerung mit Respekt. Erst die Medienkultur scheint sie – wenigstens offiziell – aus dem Bewußtsein der Menschen verdrängt zu haben. Feen waren mehr gefürchtet als geliebt, denn sie besaßen Macht über die Lebenskräfte, die → Elemente und das Wetter. Wenn sie beleidigt wurden, konnten sie Mensch und Vieh bis auf den Tod schaden und die Ernte vernichten. Nur → Zauber und christliche Gebete vermochten vor ihnen zu schützen. Andererseits verstanden sie sich aufs Heilen, zeigten sich bei richtigem menschlichem Verhalten gütig und hilfreich und zuweilen humorvoll. Die → Feenköniginnen waren ganz besondere Schutzmächte.

Feenköniginnen

Die ehemaligen Territorial- und Stammesgöttinnen sind in Irland nach der Christianisierung entweder zu Heiligen oder zu Feenköniginnen geworden. Vielfach schützen sie bis heute alte Adelsfamilien in Form der → *banshee* (vgl. → Aine, → Aoibheal, → Clíona).

Fenierzyklus

Der *Fenierzyklus*, der die Sagen um → Fionn und die → Fianna zusammenfaßt, wurde vom 12. Jh. an so populär, daß er den → *Ulsterzyklus* bis in die Volksüberlieferung hinein verdrängte, wobei Hunderte von Steinzeitmonumenten in Irland und Schottland noch heute mit Fionn in Verbindung gebracht werden.

Neben Fionn sind die wichtigsten → Helden sein Sohn → Oisín, der Enkel → Oscar, Caílte, → Diarmaid, der → Gráinne entführte, und Conán, der Narr. In der ca. 8000 Zeilen umfassenden *Acallam na Senórech* (*Unterredung der Alten*) treffen Oisín und Caílte als uralte Greise mit → St. Patrick, dem Irenapostel, zusammen, eine Gelegenheit, Irlands vollblütiges heroisches Zeitalter mit dem zahmen christlichen zu vergleichen, wobei beträchtliche Nostalgie aufkommt. Caílte begleitet den Heiligen und streckenweise den König von Ulster kreuz und quer durch Irland, wobei er ihnen die topographischen Namen, allen voran die mit der Fianna verbundenen, im Stil des → *Dindsenchas* erklärt. Neu ist die Verherrlichung der ungezähmten Natur in Gedichten von einer solch farbigen, anschaulichen Schönheit, wie sie nur noch die Mönche der frühen irischen Kirche hervorbrachten. Von der Insel Arran vor der Küste Schottlands heißt es u. a.:

> Blütenlese von Heidefarbe auf ihrem Gestein,
> Untadeliges Gras auf ihren Hängen,
> Über den gefälligen, schöngeformten Felsen
> Das Geräusch getupfter, hüpfender Rehkitze ...

Ebenfalls neu ist das Bekenntnis zu einem ritterlichen Code: »Wahrheit war in unseren Herzen, Kraft in unseren Armen und Worthalten auf unseren Zungen ...«, den die Artusritter, zusammen mit Fionns sprichwörtlicher Großzügigkeit, wieder aufleben lassen sollten. Die neben *Cath Gabhra* (*Die Schlacht von Gavra*) und *Cath Finntrágha* (*Schlacht von Ventry*) bekannteste Prosaerzählung, *Die Verfolgung von → Diarmaid und → Gráinne*, legte nicht nur den Boden für die → Tristan- und → Isolde-Sage, sondern auch durch das Motiv vom alternden König, dem die junge Braut mit dem ebenfalls jungen Liebhaber davonläuft, zum → Artus-, Ginevra- (vgl. → Gwenhwyfar), → Lancelot-Konflikt. Beiden liegt letztlich die → Rigani-Konstellation zugrunde.

Fer Caile

Jener schwarze, einäugige, einarmige, einfüßige (vgl. → Zauber) Riese, der, ein quiekendes → Schwein auf dem Rücken, → Conaire Mór zum → *bruiden* → Da Dergas vorangeht, ist Fer Caile, »der Waldmann«. Sein gegabelter Eisenstock findet besondere Erwähnung. Er ist zweifellos ein Fürst der → Anderswelt und als Doppelgänger oder volkstümliche Erscheinung des → Dagda gesehen worden. Mit diesem teilt er gewisse Züge, genauso aber mit dem → Schmied der Anderswelt und mit → Cernunnos.

Ferchertne

Abgesehen von → Amergin ist Ferchertne, der → *ollam*, der bekannteste Dichter (vgl. → *fili*) des → *Ulsterzyklus*. Er ist der Mittelpunkt für ein Grüppchen lose angehängter Sagen über Dichter wie Atherne oder Néde.

Im *Werben um Ferb oder → Conchobars Vision* bittet ihn der König, diese Geschichte in Verse zu fassen, aber eigentlich ist er → Cú Rois Dichter, der dessen Totenklage sowie mehrere Lobgedichte geschaffen haben soll. Zugleich ist er Akteur in den Sagen um Cú Roi und rächt in zwei verschiedenen Fassungen den Tod seines Meisters, einmal, indem er → Bláthnad ersticht, ein andermal, indem er mit ihr zusammen von den Abbrüchen des Cenn Bera zu Tode springt.

Die Trunkenheit der Ulstermänner beschreibt, wie er, mit zwei Schwertern jonglierend – vielleicht eine symbolische Andeutung auf Lob- und Schmähgedichte –, im Aufmarsch der Ulstermänner gleich hinter → Cúchulainn schreitet. Er ist jener Meisterdichter, dessen Titel → Bricriu an den jungen, unerfahrenen Dichter, verkauft.

Ferdia

Der Zweikampf zwischen → Cúchulainn und Ferdia mac Daman ist die ergreifendste Episode des ganzen → *Táin Bó Cuailnge*. Die Fassung im *Buch von Leinster* (vgl. → *Lebor Laignech*) ist zwar nicht die älteste, aber die poetischste. In früheren besitzt Ferdia als deutlich übernatürlichen Zug eine Hornhaut, die ihn bis auf den → *gae bolg* unverwundbar macht; davon bleibt in dieser Version nur eine »die Haut schützende Rüstung« übrig.

Die bewaffnete Begegnung ist deshalb so tragisch, weil die beiden seit ihrer Ausbildung bei → Scáthach »Freunde, Kameraden, Mitschüler« waren: Cúchulainn, der jüngere, war Ferdias Bursche gewesen, der ihm »die Speere zu bündeln und das Lager zu bereiten hatte«. Zwar hatte Ferdia Königin → Medbs Angebot zuerst »abgeschlagen, abgelehnt und zurückgewiesen«, wurde von ihr jedoch regelrecht erpreßt, indem sie ihm → *fili* auf den Hals schickte, deren Satiren (vgl. → Zauber) die drei Beulen »Schande«, »Makel«, »Unehre«

Bronzefigur eines gefallenen Kelten (Musée Municipale, Alise-Ste. Reine).

auf seinem Gesicht sprießen lassen sollten. Schließlich nahm Ferdia an, zwar nicht der bedeutenden versprochenen Belohnung wegen, die die schöne Königstochter → Finnabair einschloß, sondern um seiner Ehre willen. → Drei Tage lang bekämpften sich die beiden Freunde mit aller Macht, nachdem sie jeweils ihre Freundschaft bekräftigende Erinnerungen an gemeinsame bis ans Mittelmeer führende Fahrten ausgetauscht und die Lage, in die sie durch Medb geraten waren, bedauert hatten.

Jeder Kampftag schloß bei Nachtanbruch mit einer herzlichen Umarmung. Nacht für Nacht sandte Cúchulainn seine eigenen Ärzte und die besten Heilmittel zu Ferdia, der sich mit Speise und Trank revanchierte.

Am vierten Tag brachte Ferdia Cúchulainn in einem unaufmerksamen Augenblick eine solch gefährliche Verletzung bei, daß dieser zum *gae bolg* Zuflucht nahm. Klagend trug er den Sterbenden über die Furt beim heutigen Städtchen Ardee, Baile Áth Fhirdia (Gr. Louth) = »Ferdias Furt«:

O, Ferdia, Verrat hat dich geschlagen,
Die letzte Schicksalswendung war unglücklich.
Du zu sterben – ich zu hinterbleiben,
Ewig kummervoll ist unsere endlose Trennung.

Die Volksüberlieferung besteht darauf, daß der Grabhügel etwas flußabwärts von der Brücke derjenige Ferdias ist.

Fergus mac Léte

Entweder der Vorgänger von → Fergus mac Roich, sein Ziehbruder oder sein Doppelgänger, der ebenfalls das Schwert »calabolc«, hier »caladcholg«, besitzt, ist Fergus mac Léte. Interessant sind *Das Abenteuer von Fergus mac Léte* und *Die Wanderung der Tuath Luchra und Fergus' Tod*, weil sich verfolgen läßt, wie die Eigenschaften des Andersweltfürsten und sein Verhältnis zum Wasser (vgl. → Elemente) sich in Märchenelemente wandeln.

Fergus mac Roich

Der christianisierende und euhemerisierende Anstrich, der aus einem keltischen Gott den → Helden Fergus mac Roich bzw. Rosa aus dem → *Ulsterzyklus* macht, ist reichlich dünn.

Gleichgültig, ob »Fergus« als »Spitze der Männer« oder »männliche Kraft« gedeutet wird, beides betont die übernatürliche Virilität des Helden – noch im 19. Jh. wurde → Lia Fál mit »Fergus' Penis« umschrieben.

Conchobars Haushalt (1. Hälfte des 12. Jhs.) gibt das Bild eines Riesen mit der Kraft von 700 Männern wieder, dessen Abendmahlzeit aus sieben → Schweinen, sieben Rindern und sieben Fässern Flüssigkeit bestand. »Er ist so groß, daß der Abstand vom Ohr bis zum Mund sieben Fuß beträgt ... Sein Nase, Mund und Glied sind sieben Zoll lang und sein Hodensack so groß wie ein Mehlsack« (Thurneysen). In der nachdrücklichen Verwendung der Zahl 7 sehen die Gebrüder Rees einen Hinweis zur Personifikation der Woche, als Ergänzung zu → Conchobar, der das Jahr darstellt. Die Überbetonung seines Geschlechts reiht Fergus unter die Götter ein, die wie → »Dis Pater« oder → Dagda die Lebensimpulse zu neuen Inkarnationen schicken, d.h. unter die Herrscher der → Anderswelt. Fergus ist nicht von ungefähr der Ahne der Ulsterhelden.

Der Vatersname »Ro-ech«, »großes Pferd«, und sein Lichtschwert, »carabolg« (vgl. → Blitz), liefern die dazu passende Sonnenkomponente.

Die die Lebensimpulse individualisierenden Muttergöttinnen → Ness, → Flidais, → Medb und → Clothru sind seine Geliebten oder Gattinnen. Sein sexueller Appetit steht demjenigen des → Dagda kaum nach: Ist Flidais nicht zu haben, braucht er sieben gewöhnliche Frauen zu seiner Befriedigung.

Auffallend stark gliedert sich sein Lebenslauf in Phasen großer Macht und solche der Niederlage und Schwäche, Heiraten und Trennungen, wie das für einen von den Jahreszeiten abhängenden Vegetationsgott zu erwarten ist. Eine Version des → *Táin Bó Cuailnge* fügt einen Anflug von → Cernunnos hinzu, indem sie Fergus' »braunes, verzweigtes Haar« erwähnt. Die Heirat mit Ness kostet ihn den Thron von Ulster zugunsten seines Stiefsohns Conchobar, der ihm in punkto Männlichkeit nicht nachsteht. Durch eine Ehe mit Clothru wird er der Schwager Medbs, mit der ihn eine jahrelange Liebschaft verbindet und die ihm Drillinge (vgl. → drei) schenkt.

Schwert mit Scheide (1. Hälfte des 3. Jh. v. Chr., Écury; Musée d'Épernay).

Die Rückkehr → Deirdres und → Naoises aus dem Exil macht ihn selbst zum Verbannten. Als Bürgen für die Söhne von → Uisnech trifft Conchobars Verrat ihn so tief in seiner Ehre, daß er nach einem Blutbad → Emain Macha niederbrennt und zu → Ailill und Medb nach Connaught zieht. So findet er sich denn im *Rinderraub* mit seinen 3000 Mann, »den Verbannten aus Ulster«, auf der falschen Seite als Gegner sowohl seines geliebten Ziehsohns → Cúchulainn, wie auch seines verhaßten Stiefsohns. Mit ersterem arrangiert er sich durch einen privaten Nichtangriffspakt; Conchobar schützt nur das entschiedene Dazwischentreten seines Sohnes vor einem gewaltigen Schwerthieb. Frustriert köpft Fergus darauf drei Hügel in der Grafschaft Meath.

Fergus' Auf und Ab ist an dieses Schwert gebunden: Der auf Ailills Geheiß Medb und Fergus beschattende Wagenlenker entwendet es unbemerkt dem schlafenden Paar und bringt es seinem Herrn. Fergus muß sich mit einer hölzernen Attrappe begnügen, bis Ailill es ihm wiedergibt, richtet dann aber großen Schaden unter seinen Landsmännern an.

Beim Zweikampf um Flidais wird er von deren Gatten Ailill Finn so geschlagen, daß er, ein Dubthach und ein zweiter Fergus – sie scheinen also eine Triade zu bilden (vgl. → drei) – wie tot daliegen und Flidais sie mit ihrem Mantel zudeckt, d.h. die Muttergöttin bedeckt sie mit Erde (vgl. → Elemente) und läßt sie wieder gesunden.

In der jüngeren *Fortsetzung vom Tode der Söhne Uisnechs* wird Fergus erst mitten im Kampf um Flidais gewahr, daß ein Holzschwert in der Scheide steckt. In dieser Fassung hat es Ailill selbst vertauscht, als er Fergus schlafend in Medbs Armen überraschte. So wird Fergus überwältigt und an den Hauptpfeiler des Palastes gefesselt. Einmal täglich wird in Anwesenheit Flidais' und einer spottenden Menge sein Glied zur Schau gestellt.

Zwar gelingt es Fergus loszukommen und Ailill Finn zu überwältigen; wie er dessen Haupt jedoch als Brautwerbung Flidais zu Füßen legt, will sie nichts mehr von ihm wissen und betrauert ihren Gatten. An anderer Stelle leben sie bis zu Flidais' Tod zusammen – in einer Fassung sogar als Königspaar von Ulster–, worauf Fergus nach Connaught zurückkehrt.

Der Tod ereilt ihn denn auch Medbs wegen. Im Verlauf von Spielen im See Finnlough in der Gr. Mayo (vgl. → Gewässer, → Jahreszeitenfeste) schwimmt Fergus eine Runde mit Medb, »die ihn mit den Beinen umschlingt«, an seiner Brust. Jetzt durchfährt Ailill Eifersucht, und er bemerkt ironisch zu seinem blinden Bruder: »Hübsch, was → Hirsch und Hirschkuh im See miteinander treiben!« Dieser schlägt nichtsahnend vor, sie zu erlegen, worauf ihm Ailill einen Speer in die Hand drückt und diesen auf den eben dem Wasser entsteigenden Fergus richtet. Der Blinde trifft den Kameraden mitten in die Brust. Fergus vermag den Speer herauszuziehen und einen → Hund damit zu töten, bevor er stirbt. Über seiner Leiche wird ein großer Grabhügel (vgl. → Totenkult) aufgeschüttet. Um diesen entsteht im 12.–14. Jh. eine neue Sagengruppe, die in der *Wanderung der lästigen Gäste* kulminiert. Grundsätzlich geht es darum, daß »kein Lebender und nur noch einer der Toten«, d.h. Fergus, die Sage → *Táin Bó Cuailnge* vollständig kennt. Die → *fili* Irlands zwingen Fergus durch Fasten (vgl. → Zauber), aus seinem Hügel hervorzukommen, um die Sage lückenlos zu rezitieren. In späteren Fassungen sind es die Heiligen, die diese Methode mit Erfolg gegen Gott oder Christus anwenden. St. Ciaran von Clonmacnois schreibt Fergus' Erzählung Wort für Wort auf das Pergament der schwarzbraunen Kuh (vgl. → *Lebor na hUidre)*.

So hält der alte Gott bis tief in die christliche Mythologie an seinem zyklischen Wiedererscheinen fest.

Feuer → **Elemente**

Fianna

Seit dem frühen 19. Jh. geistert die Fianna als »stehendes Heer des irischen Hochkönigs ... eine grobe Nachbildung der römischen Legionen Britanniens« durch die Sekundärliteratur. Dabei gehört sie zur indo-europäischen Tradition der jugendlichen Jäger- und Kriegertruppe, die die Jünglinge zu Männern erzog, um sie in die zivilisierte Gesellschaft zu entlassen, wo sie soziale Verantwortung zu übernehmen hatten.

Fliehender Hirsch auf hallstattzeitlichem Tongefäß (Prähistorische Staatssammlung, München).

Tecosca Cormaic (vgl. → Cormac) schreibt z.B.: »Jeder ist ein *fénnid*, bis er seinen eigenen Hausstand gründet.« Die frühe irische Geschichte kannte viele solcher »fianna«, »Banden«, aber nur Fionns Fianna ist, als Musterexemplar, in die Sage eingegangen. Schon M.-L. Sjoested wies darauf hin, daß die Fianna eine eigene, von der etablierten und seßhaften losgelöste Gesellschaft bildete; die Gesetze von Familie und Territorium wurden zugunsten derjenigen der Initiation aufgehoben. Die jungen Männer lebten sommers in der Freiheit der unkultivierten Natur –, winters wurden sie auf den Höfen einquartiert. Sie verbrachten die warme Jahreszeit als Nomaden, als Jäger und Sammler und waren dadurch dem Irrationalen, Unvorhergesehenen und somit den Einflüssen der → Anderswelt viel stärker ausgesetzt als dem Rationalen, Berechenbaren. Als erste Voraussetzung für einen *fénnid*-Anwärter galt nach Geoffrey Keating, daß er »die zwölf Bücher der Dichtung kannte«, d.h. daß er ein erstklassiger Dichter (vgl. → *fili*) sein mußte. Die Verbundenheit mit der Welt des Geistigen kam also vor Geschicklichkeit, Ausdauer und Kampfkraft.

Keiner wurde angenommen, der sich nicht, bis zum Gürtel in einem Loch stehend, nur mit Schild und einem armlangen Haselstock (vgl. → Bäume) bewaffnet, gegen → neun Krieger, die ihre Speere auf ihn abschossen, zu schützen wußte. Genausowenig hatte einer Chancen, dessen Haar, zu Zöpfen geflochten, bei einer wilden Hetze durch den Wald in Unordnung geriet, oder auch nur, wenn sich die Waffen in seiner Hand bewegten oder ein dürrer Zweig unter seinem Fuß knackte.

In vollem Lauf mußten angehende Fenier über einen Stab in Augenhöhe setzen, unter einem knietiefen durchkommen und sich einen Dorn aus dem Fuß ziehen, ohne das Tempo zu verlangsamen. Erst, wenn sie alle diese Prüfungen bestanden, gehörten sie zu »Fionns Volk«.

Durch diese Art von Einweihung glich sich die Fianna der sie umgebenden, ungezähmten Natur und ihren Kreaturen an – d.h. sie ahmten die Tiere, vor allem die flüchtigen Cerviden, nach, wobei Elemente des prähistorischen Hirschkultes (vgl. → Hirsch) eine Rolle gespielt haben müssen.

So erscheint die Bemerkung in *Cormacs Glossar*, Fionn habe »bei jedem Wald (vgl. → Bäume, → Kultstätten) und jedem Hügel« (vgl. → Elemente) eine Geliebte gehabt, in einem neuen Licht, denn es sind dies Frauen, die die Fianna »versorgen und ernähren«; deren mythologische Stammutter dürfte die Göttin der unkultivierten Natur gewesen sein, von ähnlicher Art wie → Arduinna, → Artio, → »Diana« oder → Flidais.

Zwar hatte die Fianna Kriegs-, Polizei- und Grenzdienst für den Hochkönig zu versehen, aber ursprünglich stand wohl der Dienst an der → Muttergöttin im Vordergrund.

fili

Zur Gelehrtenklasse der → Druiden gehörten die *fili*. Das Amt war im allgemeinen in einer Familie vererbbar, schloß aber eine bis zwölf Jahre dauernde Ausbildungszeit mit ein, während der Hunderte von Gedichten, Erzählungen, Ortsnamenserklärungen und historische Abrisse auswendig zu lernen waren. Verschiedene Grade mit festgelegten Befugnissen, Rechten und Pflichten konnten erworben werden; ein Barde z. B. war ursprünglich nur ein Vortragender von Gedichten unter Musikbegleitung, ein *ollam* nahm die soziale Stellung eines Königs ein. Das Gesetz schrieb bis in Einzelheiten vor, was welchem Rang zustand.

Mit der Zeit, besonders durch die Christianisierung, verwischten sich die Abgrenzungen: *Fili* erbten Bereiche der Druiden, gaben jedoch auch welche an unter ihnen stehende Ränge ab. Mehr und mehr besetzten sie die Stelle des Beraters des Königs, der, wie jeder Adlige, von ihren Lobgedichten oder Satiren (vgl. → Zauber) abhing.

Fili wirkten demnach im Sinne einer Zensur auf die privilegierten Schichten und konnten so moralisches Benehmen, Wahrheit (vgl. → Zauber) und Freigebigkeit durchsetzen (vgl. → Bres). Bei moralischem Defizit ihrerseits geschah es nicht selten, daß sie sich zu Tyrannen auswuchsen, die ihre Umgebung mit unvernünftigen oder übersteigerten Forderungen schädigten oder zugrunde richteten (vgl. → Cúchulainn).

Nach *Cormacs Glossar* war → Brigit die Schirmherrin der *fili* auf Grund ihrer eigenen Vollkommenheit in *filidecht*, d. h. auf dem Gebiet der Dichtung, Erkenntnis und des traditionellen Lernens sowie der Kunst des zukünftigen Wissens, der Prophetie (vgl. → Wahrsagerei). → Amergin zeigt, daß ursprünglich auch die Rechtsprechung dazugehörte.

Letztlich stammt alles Wissen aus dem Übersinnlichen, das die *fili* durch Riten und schamanistische Techniken anzuzapfen wußten. Das Wort, Formulierungen zusammen mit einer exakten Form, bildete den Kanal, um es in die reale Welt zu leiten. Der Dichter war ein Mittler zwischen der → Anderswelt und der realen. So ist auch verständlich, daß irische → Helden in der Dichtkunst versiert sein mußten (vgl. → Fianna).

Das wirksamste Gedicht entstand ex tempore (vgl. → Fionn); es wurde der direkten, göttlichen Inspiration zugeschrieben. Dichtung, überhaupt das Erzählgut, diente wie in Indien nicht bloß zur Unterhaltung; die darin innewohnenden spirituellen Kräfte wirkten sich positiv auf die Zuhörer aus. Das in der Gemeinschaft geübte Erzählen schien geradezu die sommerlichen Lebenskräfte zu ersetzen, denn in Winternächten, beim Tiefstand der Vegetationskräfte rezitiert, durfte das Publikum für aufmerksames Zuhören mit Wohlstand, Gesundheit und gesunden Nachkommen rechnen.

Der *file* war sakrosankt (vgl. → Fionn). Zu seinen Vorrechten gehörte die uneingeschränkte Bewegungsfreiheit, wodurch er dazu beitrug, bis tief ins christliche Zeitalter das keltische Weltbild mit der dazugehörigen Mythologie zu erhalten. Nicht selten wurden aus *fili* Heilige. Ihre Schulen bestanden als Stätten der irischen Überlieferung neben den christlichen Klosterschulen, und → St. Columcille ist nicht der einzige, der sich sowohl in *filidecht* als auch im christlichen Wissen ausbilden ließ. Er war es, der bei der Zusammenkunft von Drum Ceatt die Ränge der *fili* vor der Abschaffung bewahrte. So blieben sie weiterhin die eigentlichen Hüter der keltischen Kultur, auch wenn sie sich unter den verschiedenen Kolonialherren schließlich in bäuerliche Schichten flüchten mußten, da sie als Brennpunkt einer nationalen Identität gehetzt und verfolgt wurden.

Der letzte Nachfolger des *file* ist der erst heute aussterbende *shanachie*, der erbliche Geschichtenerzähler, der dafür sorgte, daß sich die keltische Mythologie in Bruchstücken wenigstens auf der Ebene der Volksüberlieferung bis in unsere Zeit hinüberretten konnte.

Finn → **Fionn mac Cumhaill**

Finnabair

Ir. »Finnabair« bedeutet, wie wal. → »Gwenhwyfar«, »weiße, helle Erscheinung«, was in Richtung »weißer Göttin«, d. h. der → Muttergöttin, weist.

Finnabair, Königin → Medbs und König → Ailills Tochter, wird von beiden im → *Táin Bó Cuailnge* schamlos als Pfand eingesetzt und jedem → Helden versprochen, der gewillt ist, für Connaught gegen → Cúchulainn zu kämpfen. Medb behandelt sie als Teil ihrer selbst, was zu unfreiwilliger Parodie der → Oberhoheit Irlands führt, wie z. B. wenn Finnabair, die Überredungskünste ihrer Mutter unterstützend, sich neben → Ferdia setzt, ihm jeden Becher Wein, den sie ihm kredenzt, mit → drei Küssen versüßt und ihn unentwegt ihren »Liebsten« nennt – besonders, da das ganze Lager weiß, daß sie in Rochad, »den schönsten Mann Ulsters«, verliebt ist.

In einer Fassung endet dieses Spiel tragisch: Finnabair »stirbt vor Scham«, als die 15 ihr diplomatischerweise anverlobten Connaughterfürsten dahinterkommen, daß sie mit Unterstützung ihrer Eltern eine Nacht mit Rochad verbracht hat, sich an Ailill rächen und 7000 Mann ihretwegen fallen.

In einer andern bietet Ailill um eines Waffenstillstands willen seine Tochter → Cúchulainn an und läßt sie ihm durch seinen Narren, der sich als König ausgibt, anverloben. Der Ulsterheld bemerkt den Betrug, erledigt den Narren mit seiner Steinschleuder, schneidet dem Mädchen die Flechten ab und spießt ihr voller Verachtung einen Steinpfeiler (vgl. → Stein) durch Mantel und Untergewand.

Eine dritte endet märchenhaft: Nach dem Kampf der → Stiere söhnen sich die Herrscher Connaughts mit Cúchulainn aus und überlassen ihm ihre Tochter. An anderer Stelle heißt es, Medb habe ihn ebenfalls häufig besucht, womit die beiden Personifizierungen der Oberhoheit wieder stimmig handeln.

In der Erzählung *Vom Wegtreiben von → Fraechs Rindern* erscheint Finnabair als unabhängige, emanzipierte junge Frau. Nicht nur gibt sie ihrem Auserwählten Zustimmung und Verlobungsring, ohne die Reaktion ihrer Eltern abzuwarten , sondern sie errettet ihn auch zum Ärger ihres Vaters aus Lebensgefahr und setzt die Verlobung mit ihm durch.

Finnbennach

Der weiße → Stier Finnbennach, wie sein Gegenspieler → Donn Cuailnge die → Metamorphose eines magischen Schweinehirten (vgl. → Rucht und Runce), kommt in → Medbs Herde zur Welt, läuft jedoch zu → Ailill über, womit er die Ausgangslage für den → *Táin Bó*

Verendeter Stier (Deckel des Kessels von Gundestrup, Nationalmuseet, Kopenhagen).

Cuailnge schafft. Das Epos endet mit dem gigantischen Kampf der beiden Stiere, wobei Finnbennach unterliegt.

Fintan

K. Meyer hat »Fintan« als »vindo-senos«, der »alte Weiß(haarig)e«, gelesen. Der Vatersname »mac Bochra« bedeutet »Sohn des Ozean«. Eine Überlieferung macht ihn zum Gatten Eblius' und damit zu → Lugs Schwager, die bekanntere aus dem → *Lebor Gabála Érenn* jedoch zu → Cessairs Gefährten. Als einziges männliches Wesen überlebt er die erste Invasion Irlands und die folgende Sintflut, und zwar in »Fintans Grab« entweder im Berg Tul Tuinde oder einem Grabhügel auf dessen Spitze, wo auch → Banba die Katastrophe abwartet.

Wie Cessairs Vater Bith bekam auch er 17 Frauen zugeteilt, die nach → Ladras Tod auf 25 anwuchsen; als sein Schwiegervater gestorben war, floh Fintan vor dem ungeteilten Ansturm der Frauen quer durch ganz Irland.

Fintan gehört wohl zu den Göttern der → Anderswelt, denen das ganze Lebenspotential zur Verfügung steht, die aber die Lebensimpulse durch den schöpferischen Akt nicht an das individualisierte Leben abgeben wollen oder können (vgl. z.B. → Bres, → Brân), d.h. sie verkörpern das, was die Kelten unter »Tod« verstanden.

Fintan existiert nach der Flut noch »5500 Jahre«, wobei er einige hundert in Gestalt eines Salms (vgl. → Fische) – T. R. O'Rahilly möchte diesen gern mit dem »Salm der Weisheit« identifiziert sehen –, eines Adlers oder Falken (vgl. → Vögel) verbrachte. Von Anbeginn ist er Augenzeuge der Geschichte der ganzen »westlichen Welt«, so daß ihn spätere Erzähler als personifiziertes Bewußtsein der irischen Geschichte benützen können. So soll er denn unter → Diarmaid mac Cerbhail (6. Jh. n. Chr.) bei einem Grenzstreit um → Tara zwischen König und Adel zugezogen worden sein.

Nach der Rezitation des Geschichtsablaufs seit Cessair bestätigte Fintan die Einteilung Irlands in → fünf Provinzen, die der Riese Trefuilngid Tre-eochair am Tag von Christi Kreuzigung festgelegt hatte, und betonte → Uisnech als Gegengewicht zu Tara.

Fintan war es auch, der die ihm von Terfuilngid überlassenen Samen pflanzte, aus denen die fünf »Stammbäume« der Provinzen wuchsen (vgl. → Bäume).

In einem oder mehreren der mindestens 25 mehr oder weniger obskuren St. Fintans Irlands dürfte sich Fintan mac Bochra ins Christentum hinübergerettet haben.

Fionn mac Cumhaill

Fast 300 Jahre lang blieb es bei der Ansicht des irischen Priester-Gelehrten G. Keating (Mitte des 17. Jhs.), daß die Zentralfigur des → Fenierzyklus, Fionn bzw. Finn mac Cumhaill, als historische Persönlichkeit aus dem 3. Jh. n. Chr. zu werten sei, auch wenn gewisse Geschichten ins Reich der Phantasie gehörten. Ende des 19. Jhs. begannen zwar zweifelnde Stimmen laut zu werden, aber erst in den vierziger Jahren des 20. Jhs. wies T. F. O'Rahilly auf die Unvereinbarkeit der verschiedenen Überlieferungen hin sowie auf die Absurdität einer 160jährigen Lebensspanne, die sich daraus ergab, daß Fionn zum Dienst unter vier Königsgenerationen von → Conn bis → Cormacs Sohn verpflichtet worden war. Mit der Behauptung: »Finn und seine Gefolgschaft existierten nie. Finn ist letztlich der göttliche → Held → Lug, genauso wie → Cúchulainn« brachte er die vielen mit der Akribie von Jahrhunderten zusammengestellten Stammbäume ins Wanken. Anderen, z. B. Dáithí Ó hÓgáin, blieb es vorbehalten, die ungemein komplexen mythologischen Strukturen zu entwirren, denen Fionn seine Existenz als Sagenfigur verdankt.

Ein altirischer Text (6. Jh.?) läßt einen Find von König → Nuadu Nécht abstammen und leiht damit den ersten Faden zum genealogischen Hauptstrang, der Fionn mit dem Königshaus von Leinster verknüpft – Nebenstränge brachten ihn mit Munster in Verbindung, während die Sagen bis heute in ganz Irland verbreitet sind.

In der Leinster-Überlieferung wartete bereits ein mythologischer Dichter-König, »Find-File«, »Fionn, der Dichter« (vgl. → *fili*) darauf, ihn mit der Dichter-Seher-Komponente auszustatten. Eine irische Triade (vgl. → drei) erinnert schattenhaft an einen dreifachen, göttlichen Fionn: Ó hÓgáin glaubt, ihn mit dem festländischen Vindonnus/Vindus in Verbindung bringen zu dürfen, der die ersten Silben der Städte Vindonissa (Windisch, Schweiz) und Vindobona (Wien) bildet und etwa auch dem → »Apollo« zugeordnet wurde. Verwandt sind wal. »gwynn«, ir. »fin(d)«, bret. »gwenn«, »weiß/hell«, aber auch im übertragenen Sinne von »erleuchtet/weise«. Vindos dürfte demnach ein Gott der Weisheit, wenn nicht Allwissenheit, gewesen sein, vielleicht auch derjenige, der die göttliche Inspiration schenkte. Jedenfalls paßte er zur Sonnen-und-Wahrsage-Komponente des »Apollo«.

Er könnte mit dem sonst namenlosen, dreiköpfigen bzw. dreigesichtigen Keltengott (vgl. → drei) im Zusammenhang gestanden haben. Von → Lug trennte ihn nur ein kleiner Schritt, zumal der Dreiköpfige ab und zu mit den »Merkur«/Lug-Attributen dargestellt wurde. Finns und Lugs Sagen weisen viel Ähnlichkeit auf; noch → St. Brendans (6. Jh.) Vater heißt Findlug.

Alle Fassungen sind sich einig, daß Fionns Vater ein gewisser Cumhall war, »ein junger Krieger«, »König von Leinster«, »Heerführer der → Fianna«. Die Forschung begrüßte ihn bereits freudig als den überall auf Keltengebiet nachgewiesenen Gott Camulos, gelegentlich ein Beiname des »Mars«, als klar wurde, daß die ursprüngliche Namensform »Umhall« hieß und das »C« auf den Einfluß von »mac« zurückzuführen ist. Entweder weil Cumhall seinem König den Gehorsam verweigerte, oder weil er die schöne Tochter des → Druiden Tadhg, Sohn des → Nuadu, entführte, wurde er degradiert und mußte die Führung der Fianna an → Goll mac Morna abgeben. Nach einer Weissagung sollte Tadhg, wie → Balor, durch seinen Enkel Leben und Besitz verlieren.

Die junge Muirna war schwanger, als ihr Geliebter in der Schlacht von Cnucha (Castleknock, bei Dublin) von Golls Hand fiel, womit das Motiv der Blutrache zwischen den Sippen Morna und Baoiscne einsetzt, das Fionns Biographie durchzieht und der er letztlich zum Opfer fällt.

Muirna floh mit ihrem Söhnchen in die Wildnis, kaum daß es geboren war, aus Furcht vor dem feindlichen Clan. An anderer Stelle zog es seine Ziehmutter in einem hohlen Baum oder in einer Höhle in den Slieve Bloom Mountains (Gr. Offaly) auf.

Nach → Cúchulainns Vorbild legte sich auch um Fionn eine Sagengruppe von »Jugendtaten«. Seine Entwicklung ist eng mit dem → Element des Wassers verknüpft: Gleich nach der Geburt fiel er hinein bzw. wurde er hineingeworfen, kam aber, statt zu ertrinken, wie → Conchobar mit einem → Fisch in den Händen wieder hoch. Auch seinen Namen verdankt er dem Wasser. Bei einem Wettkampf mit Gleichaltrigen im See (vgl. → Gewässer) gelang es ihm, → neun Knaben unterzutauchen, worauf alle Umstehenden wissen wollten, wer der Sieger sei. Das Wortspiel »Fionn«, d.h. »der Hell(haarig)e« bzw. »der Weise« war die Antwort.

Ein andermal läßt ihn eine Feenfrau (vgl. → Fee) nach zwei verlorenen Broschen auf dem Boden des Sees von Slieve Gullion (Gr. Armagh) tauchen; der Knabe kommt als Greis an die Oberfläche, so daß ihn seine Kameraden nicht mehr erkennen. Er bringt zwar die Andersweltbewohnerin dazu, ihm seine Jugend zurückzugeben, behält aber neben seinem jugendlichen Goldschopf einen Teil des schlohweißen Haares des Alters: Beides war »fionn«, aber noch viel wichtiger, es deutete an, daß Fionn bereits als Kind die Weisheit des Alters besaß.

Diesen Widerspruch versuchen Dutzende von Erzählungen zu erklären, etwa vom Typ: Fionn wird von einem Mann mit einem → Schwein auf dem Buckel oder von einer schönen Frau in die → Anderswelt gelockt und trinkt dort von der → Quelle.

Die → drei Hüterinnen der Quelle der Weisheit versuchen, ihn am Trinken zu hindern, wobei beim Handgemenge Wasser herumspritzt, das dessen Lippen netzt.

Fionn entsteigt dem See von Slieve Gullion als verschrumpelter Alter, worauf die Fianna den Fürsten des → *síd* zwingt, ihm durch einen Trunk aus einem → goldenen Becher seine Jugend zurückzugeben, was ihn nebenbei zum weisesten Sterblichen macht.

Fionn und seine Gefährten versuchen, in die Anderswelt einzudringen, aber die Tür wird ihnen vor der Nase zugeschlagen, wobei Fionns Daumen zwischen Tür und Rahmen eingeklemmt wird. Um den Schmerz zu lindern, steckt er diesen in den Mund und findet sich plötzlich von übernatürlichem Wissen erleuchtet. Von da ab braucht er die Geste nur zu wiederholen, um jedwede Kenntnis zu erlangen. Spätere Geschichten lassen ihn auf dem Daumen herumkauen, was an das Ritual der → *fili*, *imbas forosnai* (vgl. → Zauber), erinnert. Vor allem die Volksüberlieferung machte seinen »Weisheitszahn« für das übernatürliche Wissen verantwortlich.

Die bekannteste Erklärung faßt eine Reihe dieser Elemente zusammen: Um der Immunität der *fili* willen, denn der junge Demne fürchtet den Clan Morna, begibt er sich zum Dichter »Fionnéics«, »Fionn dem Seher« in die Lehre. Dieser sitzt bereits seit sieben Jahren am Fluß Boyne (vgl. → Boand), denn Fionn war verheißen, den »Salm der Weisheit« (vgl. → Fische, → Quelle) zu fangen. Wer sich diesen einverleibte, dem stand alles erdenkliche Wissen zur Verfügung. Schließlich bringt er dem Jungen einen Fisch mit der Anweisung, diesen zuzubereiten, aber unter keinen Umständen davon zu essen. Pflichtbewußt führt dies Demne aus, verbrennt sich daran jedoch den Daumen und steckt ihn zur Kühlung in den Mund. Gleichzeitig durchfährt ihn die Erleuchtung. Der Seher begrüßt ihn, seinen Namen auf ihn übertragend, als den »wahren Fionn« und heißt ihn den Fisch aufessen.

Sofort gibt dieser knabenhafte Fionn eine Probe seines Dichters-/Sehertums ab (vgl.

→ Wahrsagerei), indem er aus dem Stegreif ein Gedicht spricht: Naturlyrik, wie sie für den → *Fenierzyklus* typisch ist.

Fionns Rolle als Kämpfer und Krieger setzt ebenfalls früh ein: Der Siebenjährige errettet wie der Gott → Lug die → Tuatha Dé Danann, den Hof von → Tara, aus großer Gefahr. Jährlich zu → *Samhain* erscheint dort → Aillén mac Midna, »der Brenner«, und setzt mit seinem feurigen Atem den Palast ungehindert in Brand, da er alle mit Zaubermusik eingeschläfert hat. Fionn hält den Feuerschnaubenden ab, indem er zwischen sich und ihn »seinen purpurgesäumten Mantel« in die Luft wirft und das Andersweltwesen auf dem Rückzug zum *síd* mit seinem Speer (vgl. → Blitz) erlegt. Goll muß Fionn zum Lohn für die Heldentat die Führung der Fianna abtreten.

Wie vorausgesagt, nimmt der Heranwachsende seinem Balor-ähnlichen Großvater die »Festung von Almu«, d.h. den Hügel von Allen (Gr. Kildare), ab, ein eigentliches *síd*, was Nuadu als Gott der Anderswelt kennzeichnet. Dies ist von jetzt ab Fionns Palast. In einer anderen Fassung erschlägt er Nuadu.

Rivalitäten zwischen dem Hochkönig von Tara und dem mächtigen Seher/Dichter und Krieger Fionn auf seiner Andersweltfestung waren unausweichlich, insbesondere, da ihn sein Titel »righfheinnid« zum »König der Fianna« machte, eine Institution, die des öfteren mächtiger war als der Hochkönig mitsamt seinem Hofstaat. Mehrere Erzählungen leben von dieser Spannung und berichten von gegenseitigen Übertrumpfungsversuchen, wobei Fionn nicht selten die Sympathie auf seiner Seite hat, wie z.B. als Cormac, bereits reichlich angetrunken, Fionn zum Kampf herausforderte, indem er damit prahlte, er werde ihn »unter den Füßen des → Kessels« durchgehen lassen – was in einer Niederlage für Cormac endet. Er selbst muß sich der schmählichen Handlung »angesichts aller Männer Irlands« unterziehen, um den durch ihn in Gefangenschaft geratenen Cairbre freizukaufen. Loyal, wie Fionn ist, kommt er dem König an der gegenüberliegenden Kesselseite entgegen und geht dort unter den Füßen durch. Die Heirat mit der Tochter seines Vorgesetzten, das probateste Mittel, die Rivalität beizulegen, versucht Fionn nach dem Fiasko mit → Gráinne ein zweitesmal mit deren Schwester Ailbhe, »der Sommersprossigen«, die ihm → drei Söhne schenkt.

Die Sagenentwicklung machte Fionn zu einem Weiberhelden – die Volkssage erzählt, er habe in jedem Bezirk eine Frau gehabt.

Die Fianna jagte mit besonderer Vorliebe Wildschweine und → Hirsche. Als der → Hund Bran einen besonders massigen → Eber nur zögernd angeht, ruft ihm Fionn eine ganze Liste siegreicher Kämpfe mit → Schweinen in Erinnerung. Zu Hirschen hatte sowohl Fionn als auch seine engste Familie eine besondere Beziehung: Fionns erster Name, »Demne« bzw. »Damne«, bedeutete »kleiner Hirsch«, derjenige seines Sohnes → Oisín »kleines Rehkitz«, derjenige des Enkels Oskar »der Hirschliebende«. Die Andersweltfrau Blái Derg, die Mutter Oisíns, besuchte Fionn in Gestalt einer Hirschkuh. Diese auffallende Betonung der Geweihträger läßt Keltologen wie z.B. J. de Vries und J. Markale an letzte Ausläufer des prähistorischen Hirschkultes denken.

Fionns Affinität zu Hunden war fast ebenso groß, nicht nur, weil sein Amt die Verantwortung für die königliche Meute miteinschloß, sondern auch, weil seine beiden Lieblinge, Bran und Sceolain, die → Metamorphose vom Menschen zum Tier mitgemacht hatten und eigentlich seine Vettern waren.

Fionn und die Fianna wanderten mit besonderer Leichtigkeit von der realen in die Anderswelt und wieder zurück. Unzählige Abenteuer drehen sich um Begegnungen mit Geistern, am liebsten kopflosen, Riesen, → *caillechs*, magischen Tieren, Ungeheuern und allerlei Spukgestalten.

Mit der *Schlacht von Ventry* (Ventry auf der Dingle-Halbinsel, Gr. Kerry), die aus dem 11. Jh. stammt, aber nur in einem Manuskript des 15. Jhs. erhalten ist, erreichte Fionns Ruhm den Zenith. 366 Tage hielten er und die Fianna Daire Donn, dem übernatürlichen »König der Welt«, stand und vernichteten schließlich ihn und seine europäische Koalition bis auf einen Mann, der vor der Küste Kerrys ertrank, obwohl König Cormac seinem Heerführer jegliche Hilfe versagte in der Hoffnung, ihn ein für allemal loszuwerden.

Über Jahrzehnte hatte die Beziehung von Fionn und Goll mac Morna, von Freundschaftsverträgen geregelt und verwandtschaftlichen Beziehungen gestärkt – eine von Fionns Töchtern war die Mutter von Golls Kindern –, gehalten. Gegen Ende von Fionns Leben flammte der alte Haß zwischen den beiden Sippen wieder auf; je nach Fassung hatte Fionn absichtlich oder unbeabsichtigt einen Sohn Golls erschlagen. Im darauffolgenden Kampf gelang es ihm, seinen alten Gegner zu töten. Er selbst fiel von der Hand von dessen Anhängern. Ein Gedicht aus dem 10. Jh. faßt zusammen:

Fionn wurde getötet, damals,
Mit Speeren,
Mit beklagenswerter Heldenwunde,
Aichleach, Sohn des Duibhriu, hieb
Den Kopf vom Sohn Muirnes mit dem schönen Nacken.

Andere Erzählungen fügen noch die Söhne Uirghrius hinzu, deren Vater ebenfalls schon Cumhall nachgestellt hatte.

Alle älteren Texte gehen davon aus, daß Fionns Tod am Boyne erfolgte, dort also, wo seine Karriere als Seher begann, als er den Fisch der Weisheit aß. Eine Sage aus dem 11. Jh. geht nach Fionns Tod diese wichtige Episode noch einmal durch, wobei allerdings die Pole von Jugend und Alter vertauscht sind.

Der alternde Fionn wollte sich und seinen Getreuen beweisen, daß er noch rüstig war, und suchte deshalb das Boyne-Ufer auf, um den Heldensprung, der ihn als Jüngling berühmt gemacht hatte, zu wiederholen. Eine alte Frau bot ihm einen Trunk aus einem → Horn an, was einer alten Prophezeiung zufolge den Anfang seines Endes einleiten sollte. Fionn kannte diese Bestimmung, versuchte trotzdem den Sprung von einem Fels zum andern, verfehlte die Landung und stürzte zu Tode.

Aichleach schlug ihm den Kopf ab (vgl. → Kopfkult), wofür ihn die Söhne Uirghrius töteten. Sie brachten Fionns Haupt in ein leeres Haus, wo sie ihren Fisch kochten und unterdessen den Kopf vors Herdfeuer (vgl. → Elemente) legten. Kaum hatten sie jedoch den Fisch verteilt, als der Kopf zu sprechen begann und mit Nachdruck seine Portion forderte.

Fir Bolg

Die Fir Bolg der vierten Einwanderungswelle teilen mit den → Tuatha Dé Dannan (der fünften) die Vorfahren. Nach → Nemeds Tod rieben die → Fomorier dessen Volk bis auf eine Schiffsladung voll auf, die »nach Griechenland« ins Exil segelten. Im Jahre 2400 sollen sie, an → Lugnasa, als »Fir Bolg«, wortwörtlich »Männer der Säcke«, nach Irland zurückgekehrt sein. Das *Lebor Gabála Érenn* unternimmt drei eher bizarre Erklärungsversuche zu dem Namen: Säcke, womit sie Erde für ihre griechischen Herren schleppen mußten, Säcke, in denen sie irische Erde als Gegenmittel gegen giftige Reptilien mitgenommen, oder Säcke, aus denen sie ihre Boote konstruiert hätten. Während den unter den Keltologen einsetzenden, kaum weniger bizarren Spekulationen von »Trägern weiter Hosen« bis »Verehrer des Gottes Bolg« blieb praktisch unbeobachtet, daß bereits Ende des 17. Jhs. der Connaughter Gelehrte und Historiker R. O'Flaherty die Fir Bolg mit den Belgiern, die sich um 100 v. Chr. in Irland niederließen, in Verbindung gebracht hatte, eine Theorie, die heute auf allgemeine Zustimmung stößt. Allerdings mußten sich diese die mythologische Stilisierung zu Männern der Tat als Gegensatz zu den Tuatha Dé Danann, den Männern des Geistes, gefallen lassen.

Die → fünf Söhne Delgas, die Anführer der Fir Bolg, teilten Irland in fünf Provinzen und setzten die Monarchie als Regierungsform ein, wobei ihr König → Eochaid mac Erc ein Musterbeispiel der → rechtmäßigen Herrschaft lieferte. Die wichtigste Königin war → Tailtiu.

An sich hätten sich diese beiden verwandten Völker ideal ergänzt. Auf Grund der auffallenden Betonung ihrer Waffen – u. a. erfinden sie »Waffen mit Spitzen« – werden die Fir Bolg zur zweiten Dumézilschen Funktion gerechnet, die in → Zauber und Magie bewanderten Tuatha Dé Danann zur ersten. Sie müssen sich jedoch in der Ersten Schlacht von Mag Tuired bekriegen als Folge des durch das indoeuropäische System gegebenen Auseinandersetzungsbedürfnisse zwischen der sakralen und der temporären Macht. Die Fir Bolg werden geschlagen, nicht jedoch ohne König → Nuadu außer Gefecht zu setzen, und fliehen auf die Inseln. Um Christi Geburt sollen sie sich wieder auf dem Festland angesiedelt haben, wo ihnen u. a. → Ailill und → Medb Land in Connaught anboten.

Fische

In der keltischen Ikonographie stehen Fische nicht im Vordergrund, spielen jedoch eine wichtige Rolle in der inselkeltischen Sage.

»Epona reitet über das fischreiche Meer« (Relief: Agassac).

Die obligaten Delphine schmücken zwar gallorömische Mosaike, oder Fische begleiten darauf Meeresgötter, mehr jedoch, um Wasser (vgl. → Elemente) anzudeuten, sie kommen aber auch auf Münzen vor: L. Lengyel macht u. a. auf zwei aquitanische aufmerksam, auf denen Fische den Lebensodem für einen realistischen und einen abstrakten Kopf versinnbildlichen. Auf dem Portikus von → Roquepertuse fand sich ein Fisch mit gespreizten, ehemals polychromen Flossen, und das Musée Saint Raymond in Toulouse besitzt eine → Epona, die über das Meer reitet. Auf dem Relief sind zwar nur drei Fische dargestellt, aber ihre wild-bewegten Schwänze erwecken den Eindruck, daß das Wasser von Fischen wimmelt.

Ein Weihestein für → Nodens vom Tempelbezirk → Lydney Park über dem Severn läßt eine männliche Figur erkennen, die einen Salm fängt. Als Echo des gemeinsamen Mythos suchen → Artus' Boten in der Geschichte von → Kulhwch und → Olwen den Salm von Llyn Llyw auf, das älteste und zugleich weiseste Tier, denn es allein weiß, wo → Mabon gefangen sitzt; es lädt sogar zwei der Artusritter ein, sich auf seine Schulter zu setzen, und bringt sie severnaufwärts nach Gloucester, wo Mabon im Kerker schmachtet.

Dies erinnert an die Abbildung des Delphins auf dem → Kessel von Gundestrup, auf dem → links von → Cernunnos eine kleine Gestalt nach Osten reitet. Die klassische Idee des Delphins als Psychopomp dürfte hier übernommen worden sein: Der Fisch bringt einen Verstorbenen zu einer → Anderswelt-Insel im Meer (vgl. → Gewässer). Ein Relief im Museum von Sens kombiniert eine Schlange mit einem Delphinkopf; wenn man die Schlange mit → Cernunnos in Verbindung setzen darf, könnte dieses Seeungeheuer dieselbe Funktion gehabt haben.

Die inselkeltische, christliche Überlieferung verlagert die Betonung auf die Forelle, die in der heiligen → Quelle wohnt und weder gebraten, gebacken noch gekocht und auch sonst in keiner Weise zu Tode gebracht werden kann. Vom glühenden Grill rutscht sie wieder ins Wasser, was in der Volksüberlieferung die schwarzen Streifen gewisser Forellenarten erklärt. Unzählige Legenden berichten von den üblen Folgen, die der Frevel nach sich zieht.

Die vorchristliche bleibt beim Salm; ein mythologischer Überhang erscheint noch in St. Fionan Cams *Vita*; sein Vater war der rotgoldene Salm von Lough Leane (Killarney, Gr. Kerry). → Metamorphosen von Sagengestalten schließen gewöhnlich einen Zeitabschnitt als Salm mit ein (vgl. → Fintan, → Tuan mac Cairill). Der Fisch wird »eó fis«, »Salm der Weisheit«, genannt, lebt im Boyne (vgl. → Boand) und ernährt sich von den Haselnüssen (vgl. → Bäume) der Weisheit (vgl. → Quellen). Er ist unsterblich, obwohl ihn

→ Fionn verspeist und dadurch seine übernatürliche Weisheit gewinnt. T. F. O'Rahilly glaubt, daß er mit demjenigen vom Wasserfall von Assaroe (vgl. → Aed) identisch sei, eine Manifestation des Gottes der Anderswelt. → Fintan müßte dessen Doppelgänger sein.

All dies weist darauf hin, daß wenigstens für die Inselkelten »Leben«, »Weisheit« und »Anderswelt« unter dem Symbol des Salms in eins zusammenfielen.

Horntragende Göttin von Londinium (British Museum, London).

Flidais

Der dichterische Ausdruck »buar Flidais«, »Flidais' Vieh«, bedeutet »Wild«, insbesondere → »Hirsche«, so daß hinter der irischen Sagengestalt »Flidais Foltchain« = »Schönhaar« eine Göttin vermutet werden darf, wie sie der Kultwagen von Stettweg präsentiert (Landesmuseum der Steiermark, Johanneum, Graz), wie sie der → »Diana« zugrunde liegt oder jenen seltenen, gehörnten Frauengestalten, von denen z. B. das British Museum in London eine besitzt. Dieses Bronzefigürchen unbekannter Provenienz zeigt eine → Muttergöttin mit Füllhorn → links, Patera → rechts, in »Buddhahaltung« (vgl. → Cernunnos) unter einem weiten Rock und einem massiven, leicht stilisierten Hirschgeweih über sorgfältig gescheiteltem Haar.

Nach dem → *Lebor Laignech* melkte Flidais' Sohn »zweifaches Vieh«, → Kühe und Hindinnen, aber im *Vom Wegtreiben der Rinder Flidais'* ist nur noch von Kühen die Rede, besonders von der berühmten »Hornlosen«, die jeden Abend 300 Männer nebst deren Familien mit Milch versorgt. Vielleicht kommt darin die Erinnerung an den Wechsel von einer nomadisierenden Jägergesellschaft zum seßhaften Viehzüchter zum Ausdruck. → *Lebor Gabála Érenn* erwähnt Flidais' vier Töchter, wovon eine Dana heißt. Flidais ist unbestritten eine ehemalige Muttergöttin; ihre sexuelle Kapazität wird sogar einem → Fergus mac Roich gerecht. Mit diesem und ihrem Gatten, Ailill Finn, bewegt sie sich in einem Dreiecksverhältnis nach dem Muster der → Rigani.

Die einfachere Erzählung findet sie gleich zu Anfang in Fergus mac Roich verliebt, dem sie »wöchentlich einen Boten zukommen läßt«. Fergus verbindet einen Bittgang um Unterstützung zugunsten der Connaughter bei ihrem Gatten mit der Absicht, Flidais zu gewinnen. Da ihn Ailill Finn durchschaut, kommt es zum Zweikampf, und Fergus und zwei seiner Kameraden treten nacheinander gegen Flidais' Gatten an, der siegt und die drei schwerverwundet liegen läßt. Flidais betätigt sich als Heilerin, breitet ihren Mantel, d. h. Erde (vgl. → Elemente) über sie und nimmt sie in ihre Burg/→ Anderswelt auf.

Die Ulsterkrieger fordern ihre Herausgabe, und die drei sind nach kurzer Zeit imstande, die Festung zu stürmen, wobei Ailill fällt, sie jedoch »100 Milchkühe, 140 Ochsen und 3000 Stück Vieh« erbeuten.

Die kompliziertere Erzählung führt Flidais' Verliebtheit auf → Bricrius' Machenschaften zurück, der Fergus in solchen Tönen preist, daß ihr Ailill Finn, ihr Gatte, minderwertig vorkommt. Sie befiehlt Bricriu, Fergus unter → *geis* zu verpflichten, bei ihrem Gatten für Connaught vorzusprechen, aber statt dessen setzt er ihn unter *geis*, Flidais zu entführen, und plaudert dann den Plan unter dem Einfluß von Alkohol bei Ailill Finn aus. Beim unausbleiblichen Zweikampf verliert Fergus die erste Runde, denn statt seines mächtigen

Schwertes findet er nur ein hölzernes in seiner Scheide, er wird gefangen und gedemütigt. Im zweiten Anlauf gelingt es ihm, den Gegner zu besiegen, als er aber als Brautgeschenk Flidais das Haupt ihres Gatten zu Füßen legt, ist es mit deren Liebe vorbei.

Zwar schließen sich Flidais und ihre Hornlose dem Rückzug der Connaughter an, aber beide werden ihnen von Ailill Finns Leuten wieder abgejagt. Sie heiratet darauf dessen Nachfolger, verläßt ihn jedoch bald und verschwindet samt magischer Kuh im See (vgl. → Gewässer) Loch Leitriach.

Fódla

Die Gemahlin → Mac Céchts, Fódla, war eine der → drei Manifestationen der die Insel Irland verkörpernden → Muttergöttin, die zusammen mit den andern beiden, → Banba und → Ériu, die → Milesier bei ihrer Ankunft willkommen heißen.

Gelegentlich wird Fódla als kriegerischer Aspekt der Triade aufgefaßt.

Fomorier

Das → *Lebor Gabála Érenn* beschreibt keine Fomorier-Invasion. → Partholon (zweite Einwanderungswelle) findet sie bereits in Irland vor und muß sich mit diesen »Einarmigen, Einbeinigen, Einäugigen« (vgl. → Zauber) unter deren König Cichol »Klapperbein« auseinandersetzen. Letzterer ist mit dem gallischen Gott Cicollos bzw. Cicollius in Verbindung gebracht worden, der manchmal als Beiname des »Mars« auftritt.

Die fomorische Vergangenheit wird in ein paar Worten erledigt; sie kamen vom »Sliab Emor«, worin Macalister den biblischen Berg Hermon vermutet. An anderer Stelle heißt es, sie seien von so weit hergekommen, daß ihre Reise, während sie sich ausschließlich von → Fischen und Seevögeln (vgl. → Vögel) ernährten, 200 Jahre dauerte.

→ Nemed (aus der dritten Einwanderungswelle) wußte sie in Schach zu halten und tötete zwei ihrer Könige, worauf sie nach seinem Ableben sein Volk durch übermäßige Tribute in den Aufstand trieben, der fehlschlug. Dreißig Mann retteten sich zu Schiff ins Ausland. Ihre Nachkommen, → Fir Bolg wie → Tuatha Dé Danann, gingen solch enge Verbindungen mit den Fomoriern ein, daß sich die Grenzen verwischten.

Fir Bolg und Fomorier koexistierten kampflos. Die drei Fomorier Gann, Segann und Genann treten plötzlich in Führungspositionen bei den Fir Bolg auf. Nach der Niederlage der ersten Schlacht von → Mag Tuired flohen deren Überlebende zu den Fomoriern auf die Inseln.

Auch die Tuatha Dé Danann waren Inselbewohner, bevor sie sich in Irland niederließen; schon vor dem Ortswechsel bekräftigten sie das Bündnis zwischen den beiden Völkern durch die Ehe Ethnius (vgl. → Ethne), der Tochter → Balors, mit → Cian, dem Sohn des → Dian Cécht. Ihr Sohn, → Lug, der Stargott der Tuatha Dé Danann, war ein Mischling, genauso wie sein Gegenspieler → Bres. Unter dem Druck der letzten Einwanderer, der → Milesier, sollte sie eine gemeinsame Stellung gegen diese beziehen ... Vorderhand bekriegen sich die beiden Seiten heftig in der Zweiten Schlacht von → Mag Tuired, als direkte Folge von Bres' Geiz, einem typisch fomorischen Zug.

Freigebigkeit kommt nur vor, wenn es darum geht, den → Dagda lächerlich zu machen, im Versuch, ihn mit Brei zu überfüttern. Nachdem Lug Balor erschlagen hat, ist den Tuatha Dé Danann der Sieg, bei ungeheuren Verlusten der Fomorier, sicher: 5000 Edle fallen, und so unzählig viel Gemeine wie »Sterne am Himmel, Sandkörner am Meer ... «.

Allein ihre Gestalt prägt die Fomorier als übernatürliche Wesen; sie werden gern als »Dämonen« definiert, aber »Chaoten«, »Kräfte des Chaos«, trifft den Sachverhalt besser. Form und Ordnung sind ihnen zuwider. Sie selbst wirken als gesichtslose Masse – gelegentlich werden sie mit Ziegen- oder Schafsköpfen ausgestattet –, denn außer Lot, Cichols furchterregender Mutter, dem Prototyp der → *caillech* mit Wulstlippen und vier Augen im Hinterkopf, werden sie im *Lebor Gabála Érenn* nicht beschrieben. Nicht umsonst sind Schafe ihre bevorzugten Tiere; nach Nemed machen die Fomorier aus Irland eine einzige Schafweide. Wie bei → Cessair und Partolons Invasion überwiegt auch bei ihnen das weibliche Element. Mythologisch gesehen ist es mehr als ein grober Scherz, daß sie den Schöpfergott zwingen, sich ausgerechnet an Brei, der undifferenzierten Masse par excellence, zu überessen. Nach ihrer Vorliebe für Inseln ist ihnen das wäßrige Element sympathisch, was ihr Name, der als »unter Meer« gelesen werden kann, unterstreicht. Sie sind also mit dem Meer (vgl. → Gewässer), dem gebräuchlichsten Symbol für das potentielle Leben, verbunden.

All diese Informationsstückchen zusammen ergeben, daß die Fomorier das Prinzip des Chaos vertreten, aber des Chaos, das die Ordnung entläßt, der gelösten, flutenden Lebensimpulse, die der Einzelerscheinung zugute kommen werden, der Gesamtmöglichkeiten des Lebens, das sich wieder individualisieren will. Sie sind in diesem Sinne die Todeskräfte, die die Lebenskräfte vor einem neuen Zyklus zurückstauen, und ergänzen so als Gegensatz jede Einwanderungswelle, die sich schöpferisch betätigt. Daher fallen auch alle Unterschiede, sobald sie in die Welt der *síde* (vgl. → *síd*) abtreten müssen.

Fraech mac Fidaig

Eine in der irischen Mythologie verankerte Figur, die sich durch Umgestaltung der Sage so veränderte, daß das göttliche Modell nicht eindeutig feststellbar ist, ist Fraech mac Fidaig bzw. Idaith.

Als Sohn der → Bé Find und Neffe der → Boand ist seine Ausgangsstellung diejenige eines → Oengus oder → Mabon: Er ist der junge Sohn der → Muttergöttin. Seine Schönheit wird immer wieder betont: → Finnabair verliebt sich beim bloßen Hörensagen in ihn. Mutter und Tante sorgen für fürstliche Ausstattung, was ihm einen prächtigen Aufzug erlaubt; dem Späher kommt seine »schöne Schar« so berauschend vor, als »stäke sein Kopf in einem Weinbottich«.

Fraech ist mit der Jagd assoziiert; seine Hunde treiben sieben → Hirsche, Füchse, → Hasen und → Eber vor die Burg und apportieren die gleiche Zahl Fischotter, was ihm einen Anflug vom »Herrn der Tiere« verleiht; ein noch greifbarer Zusammenhang mit → Cernunnos ergibt sich daraus, daß ihn → Conall Cernach über die Alpen begleitet, um seine entführte Frau und seine Söhne zurückzugewinnen.

Ihm dienen die → drei Harfenspieler, Klage-, Lach- und Schlafweise (vgl. → Dagda), eigentlich seine Cousins, die Söhne von Boand, und er ist ein ausgezeichneter *fidchell*-Spieler. Doch dem strahlenden jungen Mann ist, wie den → Helden, nur ein kurzes Leben beschieden. Die zwei Sagen, die → *Dindsenchas*, die Balladenversion, sowie seine Einbettung im → *Táin Bó Cuailnge* kreisen um seinen Tod und Weiterleben in der → Anderswelt. Im *Táin* ist er der erste Connaughter Held, der gegen Cúchulainn fällt, worauf ihn grüngewandete → Feen ins → *síd* Froich tragen. Sein Tod findet im wäßrigen → Element statt und ist gewöhnlich mit einem schlangen- oder drachenartigen Untier (vgl. → Schlange) verknüpft, das in der Wurzel einer Eberesche (vgl. → Bäume) sitzt.

Das *Dindsenchas* zeigt die Erzählstruktur am deutlichsten: Fraech geht, Finnabair zuliebe, den Vogelbeerbaum schütteln, »am Schwarzwasser der Bré«. Bevor er das Untier töten kann, verwundet es ihn schwer. Nichtsdestotrotz bringt er Baum und Tier → Medb und wird von da an im »Carn Fraech«, dem Steinhaufengrab, »gepflegt«, bzw. liegt da begraben (vgl. → Totenkult).

In der Ballade betätigt er sich als Heiler, indem er der kranken Medb Vogelbeeren bringt; diese honigsüßen, lebensspendenden Früchte hören sich an wie Mini-Äpfel der Anderswelt (vgl. → Bäume). Als ihn Medb zum zweiten Mal schickt, diesmal um einen Zweig vom Wurzelstock, erwacht das Untier und beißt ihm den Arm ab. Er stirbt und wird unter dem Steinhaufen begraben.

Das Motiv vom Vogelbeerbaum und vom Untier ist im *Vom Wegtreiben von Fraechs Rindern* mit der Werbung um Finnabair verquickt. Ohne die Einwilligung ihrer Eltern hat sie sich mit Fraech verlobt, indem sie ihm einen Goldring schenkt. → Ailill verlangt einen solch überhöhten Brautpreis, daß der Schwiegersohn in spe nicht darauf eingeht. Ailill schickt Fraech »von jenseits des Wassers«, in dem ein Ungeheuer wohnt, um Vogelbeerbaumzweige zu holen, in der Hoffnung, ihn so loszuwerden. Er durchsucht dessen abgelegte Kleider, findet den Ring und wirft ihn ins Wasser, wo ihn ein Salm (vgl. → Fische) verschluckt. Zufällig hat Fraech al-

Gott mit Leier (Paule; Nouveau Musée de St. Brieuc).

les beobachtet, fängt den Fisch und versteckt ihn. Kaum ist er mit seiner Ladung Zweige zurück, wird er mit demselben Auftrag noch einmal losgeschickt, wobei ihn das Untier angreift. Finnabair wirft sich mit seinem Schwert ins Wasser, so daß er trotz seiner Verletzungen das Tier töten kann. Kaum haben sich die Damen des Hofes seiner angenommen, marschiert Bé Find mit Boands Frauen auf und bringt ihn nach → Cruachan, wo er so vorzüglich gepflegt wird, daß er anderntags, zur → neunten Stunde, gesund entlassen wird. Er hilft Finnabair den Ring zu finden und deckt Ailills Machenschaften auf, so daß der Verlobung nichts mehr im Wege steht.

Das Werben um Treblann (13./14. Jh.) jongliert noch einmal tüchtig mit den verschiedenen Elementen. In diesen Fraech sind die Fürstentöchter im weiten Umkreis verliebt – dabei gilt für ihn Boands Prophezeiung, daß er im Jahr seiner Heirat sterben muß. Er soll auch niemals Cúchulainn bekämpfen, im »schwarzen Wasser schwimmen« (vgl. → Elemente) und seine Waffen verpfänden.

Die Enkelin → Oengus', Treblann, möchte ihn gerne zum Gatten, aber ihr Ziehvater Coirpre erlaubt es nicht, worauf sie sich von Fraech entführen läßt. Kaum zu Hause, erfährt Fraech, daß seine → Kühe und seine → drei Söhne in seiner Abwesenheit geraubt und jenseits der Alpen gebracht worden sind. Treblann in der Obhut → Donns zurücklassend, nimmt er die Verfolgung auf und hinterläßt ihr beim Abschied einen → Stein, mit dem er die Lebensspanne teilt. Coirpre rächt sich, indem er → Midir beauftragt, das Paar zu trennen, was diesem gelingt, indem er vor Treblann behauptet, ihr Gatte sei auf dem Festland umgekommen, und dann den in aller Eile zur Nachprüfung hergeholten Stein zerschlägt. Treblann stirbt aus Kummer über den Verlust ihres Mannes. Als Fraech von der Geschichte erfährt, rückt er vor Midirs → *síd* Brí Léith auf und verlangt erfolgreich die Herausgabe seiner Gemahlin. Hier gleicht Fraech einem → Eochaid Airem, d.h. letztlich, einem Gott, der die Todeskräfte überwindet.

Friuch

Zu Beginn der Erzählung *De Chophur in Dá Mucado* (*Vom* [...] *der zwei Schweinehirte*) heißt der magische → Schweinehirt von → Bodb Derg »Friuch«, übernimmt gegen Ende jedoch plötzlich den Namen seines Gegenspielers, »Rucht«, der zu »Runce« wird (vgl. → Rucht und Runce, → Metamorphose).

Fuamnach

→ Midirs erste Frau Fuamnach, die → Fee, verzaubert aus Eifersucht → Étaín und läßt sie zweimal heimtückisch vom Wind forttragen. Dafür schlägt ihr → Oengus den Kopf (vgl. → Kopfkult) ab und bringt diesen zum → Bruig na Bóinne. An anderer Stelle verbrennt → Manannán mac Lir sie im → *síd* Brí Léith.

Furor → **Heilige Raserei**

Hausgott (Imst; Tiroler Landesmuseum, Innsbruck).

fünf

Während nach L. Lengyels Untersuchungen der Münzen die Fünf für die Festlandskelten vorwiegend die Totalität der Zeit symbolisierte, bedeutete diese Zahl für die Inselkelten zunächst die Totalität des Raumes. Lengyel glaubt, daß die aus der Mondzahl zwei und der Sonnenzahl drei zusammengesetzte Fünf die unbegrenzte Existenz ausdrückte. Die Zeichen auf den Münzen dafür sind z.B. fünf Kugeln, Hand, Fuß, Pentagramm, Kreuz, Männchen mit hervorgehobenen Gliedmaßen und Kopf, Quadrate aller Variationen mit betontem Mittelpunkt usw. Wirft der Reiter dem Pferd ein solches Zeichen voraus, soll das auf die Auferstehung vom Tod hindeuten. Der Hausgott von Imst (Tiroler Landesmuseum, Innsbruck) mit den fünf Ringen müßte demnach damit seine Unsterblichkeit signalisieren oder dem Gläubigen Unsterblichkeit versprechen.

Wie viele Völker brachten die Inselkelten die Fünf mit den vier durch einen Mittelpunkt zusammengehaltenen Himmelsrichtungen in Verbindung. *Cóir Anmann* (13. Jh.) bekräftigt die Ansicht, daß fünf Steine einen Steinhaufen darstellten, wobei jeder *carn* Irland symbolisierte. → Cormacs Ehrentitel war »Nia in Chairn«, »Held des Steinhügels«, d.h. »Held der fünf Provinzen Irlands«. In der Sage werden die Provinzen mit »fünf Fünftel« umschrieben; noch das neuir. Wort für »Provinz«, »cúige« (»cúig« = »fünf«) erweckt die Erwartung gleicher Teile. Wenn überhaupt waren Ulster, Leinster, Munster und Connaught grobe, ungefähr nach den Kardinalpunkten ausgerichtete Viertel. Das »fünfte Fünftel« kam entweder durch Teilung von Munster in West und Ost zustande oder durch die territoriale Auspolsterung des Zentrums, wobei »Meath«, »Mitte«, entstand.

Dieses variable Fünferverhältnis findet seine Parallele in den ebensowenig festgelegten Invasionen Irlands (vgl. → *Lebor Gabála Érenn*). Mit derjenigen → Cessairs wären es fünf, vor der sich von den andern abhebenden der → Milesier. Betrachtet man jedoch nur die nachsintflutlichen, die eigentlichen offiziellen, so sind es fünf.

→ Fintan mac Bochra brachte die Funktionen der »fünf Fünftel« auf fünf Nenner: im Norden = Kampf, im Osten = Wohlstand, im Süden = Musik, im Westen = Wissen, und in der Mitte = Königsherrschaft. Nicht umsonst peilen die Milesier, kaum gelandet, → Tara, den Mittelpunkt von Meath, an.

Auch die → Anderswelt arbeitet mit der Fünf, aber vermehrt unter dem Ewigkeitsaspekt. Ursprünglich waren es fünf → *bruiden* und fünf Andersweltfürsten, die die Abgeschiedenen zum Andersweltfest luden. → Helden wie → Cúchulainn und göttliche Wesen wie Elathan (vgl. → Ériu) trugen fünf → goldene → Räder auf Schild bzw. Mantel eingewirkt. Allgemein waren Andersweltbewohner an ihren fünffachen Mänteln oder an ihren fünffachen Schilden von den gewöhnlichen Sterblichen zu unterscheiden.

gae bulga

→ Cúchulainns Geheimwaffe ist *gae bulga*, deren Handhabung → Scathach nur dem Ulsterhelden selbst beibrachte, zum Nachteil → Ferdias bzw. dessen hornhäutigem Vorgänger Lóch, sowie Cúchulainns eigenem Sohn → Conlai. Sie wurde meist mit → Laegs Hilfe im Wasser (vgl. → Elemente) abgeschossen, von Cúchulainn mit den Zehen aufgefangen, von unten in den Leib des Gegners geschickt, wo sich, modernste Technik vorausnehmend, der speerartige Kopf in dreißig Zacken öffnete. In einer Fassung versuchte Ferdia vergeblich, sich zusätzlich zu einer steinernen Schürze mit eisernen, ledernen und samtenen Beinkleidern zu schützen.

E. O'Curry präsentiert eine Gedichtkopie aus dem 18. Jh., wobei er das ursprüngliche Gedicht, das die Geschichte des *gae bulga* erzählt, vor dem 10. Jh. ansetzt. Darin hebt Bolg Mac Buain, an anderer Stelle Ailill Érann, der Ahnengott, am Strand des Roten Meeres die Knochen eines von einem ähnlichen Geschöpf getöteten Ungeheuers auf und verfertigt daraus die Waffe, die er Mac Iubar (vgl. → Bäume) hinterläßt. U.a. kommt sie in die Hände Scáthachs und → Aífes und schließlich Cúchulainns.

Die Keltologen taten sich ebenso schwer wie mit den → Fir Bolg, diese Wunderwaffe zu enträtseln. »Bauch-Pfeil«, »Blasebalg-Pfeil«, »Blasenspeer« bzw. »Harpune«, was als Beweis für Eskimosiedlungen in Irland angeführt wurde, oder »Speer der Göttin Bolg« sind nur einige der Ergebnisse. Um einiges bodenständiger brachte T. F. O'Rahilly »Bolga« mit der indoeuropäischen Wurzel »bheleg-«, »scheinen, leuchten« in Verbindung, womit sowohl lat. »fulgur«, »Blitz«, als auch »blitzen« zusammenhängt. »Bulga«/»Bolga« wäre demnach der »Blitzende«, »gae Bulga«/»gai Bolga« der »Speer des Gewitter-« bzw. »des Sonnen- und Andersweltgottes«, d. h. der → Blitz oder Donnerkeil.

Gans → **Vogel**

Gavida

In der Tory-Insel-Version der → Balor-Sage ist Gavida der → Schmied, Mackineelys Bruder und damit → Lugs Onkel, der das gerettete Kind als Ziehsohn annimmt. In dessen Schmiede auf »Drumnatinne«, »Feuerhügel« (vgl. → Elemente), erlernt Lug das Schmiedehandwerk, was ihn befähigt, sich an Balor, dem Mörder seines Vaters, zu rächen.

Gavida entspricht → Goibniu, dem Schmiedegott der → Tuatha Dé Danann, und → Govannon, dem göttlichen Schmied der Waliser.

Gawain

Der Sohn König Loths und der Neffe König → Artus' ist Gawain, dem der walisische → Gwalchmai Pate stand. Die britischen und festländischen Sagenkreise behandeln ihn ganz unterschiedlich, so daß er einerseits als fast vollkommenes Mitglied der Tafelrunde dasteht, andererseits als komische Figur, Weiberheld und eigentlicher Anti-Ritter erscheint, als wortbrüchiger, rachsüchtiger, gewalttätiger Schuft.

In Chrétien de Troyes Werk läßt sich ihm gegenüber eine zunehmend negative Tendenz feststellen. In der mittelenglischen Dichtung *Sir Gawain and the Green Knight*, noch originalgetreuer in *Sir Gawene and the Carl of Carlyle«* – »carl«, »Kerl«, entspricht dem »bachlach« (vgl. → Cú Roi) besser als der Ritter – übernimmt er die noble Rolle → Cúchulainns, der eher den Kopf als die Ehre verlieren will, allerdings mit der Variante, daß er nicht ganz so tadellos wie sein irischer Vorgänger erscheint: Er versucht, durch eine Täuschung besser davonzukommen. In Sir Thomas Malorys *Le Morte d'Arthur* haften ihm Spuren des Sonnengottes an: Seine Kampfkraft nimmt mit dem Lauf der Sonne bis Mittag zu, um bis zum Abend wieder abzunehmen. Seit → Lancelot du Lac Gawains Brüder erschlug, sind die früheren Freunde Todfeinde. Zweimal sucht er Genugtuung, zweimal streckt ihn Lancelot mit einem wuchtigen Hieb aufs Haupt nieder, nachdem er ihn bis nach Mittag hingehalten hat. Zweimal erholt sich Gawain, aber im Kampf gegen → Mordred öffnet sich die alte Wunde, und er verblutet (vgl. → Balor). Er wird in der Kapelle von Dover Castle beigesetzt, und Malory und auch sein Verleger Caxton wiesen darauf hin, daß Gawains Kopf (vgl. → Kopfkult) zu ihrer Zeit, um 1485, daselbst zu besichtigen war.

geis
Die Bedeutung eines absoluten Ver- oder Gebots, eine tabuartige, negative oder positive Verpflichtung, ist das *geis* (pl. *gessa*): → Cúchulainn z. B. mußte jeden Kampf annehmen und durfte kein Hundefleisch essen.

Da es in jeder Situation bindend war – Nichteinhalten ging mit Unglück, Verlust der Ehre oder Tod einher –, war es für → Conchobar ein leichtes, → Fergus mac Roich von der Bürgschaft für die Söhne → Uisnechs abzulenken, indem er ihn zum Festmahl laden ließ, wohl wissend, daß er keine Einladung ablehnen durfte.

Jedes Individuum der inselkeltischen Gesellschaft – ähnliches galt wohl auch für die festländische – war durch *gessa*, wenn auch nur kollektiv, gebunden.

Unter König Loegaire z. B. galt allgemein, daß am Fest von → Tara niemand ein Feuer (vgl. → Elemente) vor dem Hochkönig entzünden durfte, was → St. Patrick sicherlich aus Absicht übertrat, um auf die neue, christliche Ordnung aufmerksam zu machen. Nach Sonnenuntergang durfte Tara von keinem Bewaffneten mehr betreten werden.

Den Ulstermännern war es verboten, in der Versammlung vor König Conchobar das Wort zu ergreifen, ihm wiederum war es untersagt, vor den → Druiden zu sprechen.

Männer und auch Frauen aus der realen und der → Anderswelt, wie → Gráinne, → Deirdre, → Bécuma, → Aífe beweisen, konnten ihre Mitbewohner zu gewissen Handlungen zwingen, indem sie sie mit *gessa* belegten. Oft sprachen diese die Druiden aus, vor allem dann, wenn es sich um Könige handelte. Je höher die soziale Stellung eines Betroffenen war, desto komplexer wurden die *gessa*. Einerseits gewährte ein solches Netz von Tabus der geheiligten Person des Königs einen besonderen Schutz vor natürlichen und übernatürlichen Gefahren, andererseits wirkte Zuwiderhandlung als negative Magie (vgl. → Zauber), die den Verlust der Herrschaft, Zerstörung und Tod nach sich zog, wie im klassischen Fall von → Conaire Mór. Auch bei ihm waren persönliche – z. B. keine → Vögel zu jagen – mit offiziellen, in den Gesetzestexten vorgeschriebenen *gessa* gemischt. Sie lagen für Hoch- und Provinzkönige gesondert vor. Grundsätzlich durfte kein Mensch mit einem Makel auf → Tara regieren (vgl. → Nuadu, → Cormac), ferner mußte der König von Tara sich vor Sonnenaufgang vom Lager erheben, mittwochs die Ebene von Brea ohne Halt durchfahren, durfte aber diejenige von Cuillin nicht nach Sonnenuntergang durchqueren, mußte vermeiden, am Montag nach → Beltene an Bord eines Schiffes zu gehen und Nordleinster → links herum zu umwandern. Ulsters König durfte z. B. nicht am Pferderennen von Rath Linni teilnehmen, dem Gesang der Vögel von Lough Swilly lauschen und an Beltene in Lough Foyle schwimmen.

Manche dieser *gessa* richteten sich nach Glücks- und Unglückstagen (vgl. → Coligny-Kalender), andere tabuisierten wirkliche Gefahrenquellen, wiederum andere hatten einen vorwiegend rituellen Charakter, der die → rechtmäßige Herrschaft stützte. Auch scheinbar willkürliche *gessa* hatten insofern einen Sinn, als sie den König zwangen, sich fortwährend seines Amtes und seiner Verpflichtungen bewußt zu sein.

Bei den → Helden gleichen *gessa* besonders stark einer übersinnlichen Manipulation, die den Tod herbeiführen soll. Zum Teil besteht das Heldentum darin, den Weg im vollen Wissen und in eigensinniger Tapferkeit zu Ende zu gehen (vgl. → Cúchulainn). Eine Fassung von → Fionns Ende berichtet, daß dieser das *geis*, niemals aus einem Horn zu trinken, ein Leben lang gewissenhaft einhielt. Auf seiner letzten Wanderung trank er lieber direkt aus dem Bach – bis er darüber aufgeklärt wurde, daß dieses → Gewässer → »Horn« hieß.

genius cucullatus
Zwar äußert J. de Vries Vorbehalte an der Echtheit des gallischen *genius cucullatus*, gibt jedoch zu, daß die Umbenennung zu »gallische Adoption des Telephoros« diese Gestalt im Kapuzenmantel nicht erklärt. Auch wenn er ein besonderer Schutzgott der Kelten Kleinasiens gewesen sein sollte, so zählt doch wohl vor allem, daß er den religiösen Vorstellungen so sehr entgegen kam, um überall in keltischen Landen angenommen zu werden, nicht anders als ein → »Merkur« oder eine → »Diana«.

Eine ausgezeichnete Darstellung kommt aus Britannien, von Housesteads am Hadrianswall

»Genii cucullati« von Housesteads (Housesteads Museum, Gr. Northumberland).

(Housesteads Museum, Gr. Northumberland). Drei füllige Gestalten stehen nebeneinander in fast knöchellangen, alles verhüllenden, faltenreichen Mänteln. Die Gesichter sind rund, die Züge kräftig, aber alters- und geschlechtslos. Manchmal tragen auch Kinder diese Mäntel, meist sind es jedoch Erwachsene. Das Corinium Museum, Cirencester, besitzt mehrere *cucullati*, einzeln oder in Triaden (vgl. → drei), oft als Begleiter der → Muttergöttin. Eines der schönsten Reliefs zeigt, was selten vorkommt, zwei der drei weiter spezifizierten: Sie sind mit Schwertern bewaffnet. Gelegentlich hält einer der *cucullati* ein Ei in der Hand, das Symbol für den Tod, aus dem das Leben schlüpft. *Cucullati* wurden oft an → Quellen, vor allem an Thermalquellen, verehrt. Sie wurden so auch mit Fruchtbarkeit und Tod sowie mit Heilkräften in Verbindung gebracht.

Ein Relief von Lower Slaughter (Gloucester City Museum) und eins von → Bath geben weitere Aufschlüsse: Das erste bringt zusätzlich zwei Raben/Krähen (vgl. → Vögel) und eine Rosette mit ins Spiel, Symbole für Nacht/Sonne, Tod/Leben, Anders-/reale Welt, sowie eine vierte, unverhüllte Gestalt mit dichtem Haar. Ein Gott? Ein *cucullatus*, der sich seines Mantels entledigt hat? Er steht → rechts von den drei Kapuzenträgern.

Auf dem Stein von Bath sind eine Göttin und ein (gehörnter?) Gott zu erkennen, die beide Zepter oder Stäbe halten. Man hat sie als → Rosmerta und → »Merkur« identifiziert, aber sie könnten ebensogut → Rigani, → Cernunnos/→ Esus darstellen, zu deren Füßen sich drei *cucullati*, angeführt von einem → Widder, nach → rechts wenden. Dieser wird als Opfertier gesehen, aber in erster Linie verkörpert er die Stoßkraft. Bei aller Vorsicht gleicht diese Komposition einer Momentaufnahme von »Schöpfergott und Muttergöttin bei der Arbeit« – sie sind dabei, die in menschliche Form gekleideten Lebensimpulse zu entlassen, wobei der Widder diesen zum Durchbruch in die reale Welt verhilft.

Die drei etwas abstrahierten *cucullati* im Corinian Museum, Cirencester (Gr.

Gloucestershire), die unverkennbar nach → links eilen, dürften Abgeschiedene sein, die den nächsten Lebenszyklus noch vor sich haben. Nur in einer polarisierten Welt sind *cucullati* zweiwertig; in einer zyklischen stellen sie das Übergangsstadium zwischen einem Leben und dem nächsten Leben dar. Der tönerne *cucullatus* von Salzburg (Oberösterreichisches Landesmuseum, Schloßmuseum, Linz) könnte mit seiner leicht gebeugten Haltung und dem zu Boden gerichteten Blick diese Zwischenstellung andeuten – ist er nicht bereits im Begriff, sich wieder aufzurichten?

Gestirne

An den Gestirnen läßt sich besonders gut beobachten, wie wenig genormt die religiösen Vorstellungen der Kelten waren: Vorkeltisches Erbe und Gedankengut aus der Hallstatt- oder Latène-Zeit waren nie abgelegt worden, sondern standen vermutlich durch die starke Betonung der exakten, mündlichen Überlieferung (vgl. → Druiden) jederzeit neuen Einflüssen von außen oder einer Weiterentwicklung aus dem Innern zur Verfügung. Gewiß wurden Akzente verschoben und neue Symbole geschaffen, aber die Veränderungen vollzogen sich an verschiedenen Orten verschieden schnell und mit Sicherheit auch klassenspezifisch in einem weitgespannten, druidischen Rahmen. Es ist deshalb durchaus möglich, daß → St. Patrick noch im 5. Jh. n. Chr. auf Anhänger eines Sonnenkultes gestoßen war. In seiner *Confessio* sagt er von sich, daß er im Gegensatz zu den Iren »an die wahre Sonne – Christus« glaube und stellt denjenigen, die den Himmelskörper verehren, ewige Verdammnis in Aussicht. Inwieweit die Iren die physische Sonne anbeteten oder deren abstrahiertes, bereits personifiziertes Kräfteverhältnis, ist nicht mehr auszumachen. Interessant ist jedoch, daß dieser selbe St. Patrick die eben erhaltene Schenkung von Armagh (vgl. → Emain Macha) dreimal → *deisiol* umschritt, um sie seinem Gott zu weihen! Diese Geste gilt bis heute im Volksritual an heiligen Stätten, z. B. keltischen Kirchenruinen, Heiligengräbern, Schreinen, Kreuzen und → Quellen. St. Patricks Zeitgenosse König Loegaire von → Tara wie auch der Sagenheld → Cúchulainn leisteten ihre Eide bei den Gestirnen (vgl. → Elemente), ein Hinweis darauf, daß sie diese personifiziert, mit Sinnen ausgestattet oder wenigstens zur Reaktion fähig erlebten.

In der europäischen Bronzezeit herrschte die flache, → goldene, mit geometrischen Mustern bzw. Symbolen versehene Sonnenscheibe als Kultgegenstand vor. Zwei der schönsten stammen aus Tedavnat (Gr. Monaghan), heute im National Museum in Dublin. Zuweilen wurden sie auf einem (von einem Pferd gezogenen) Wagen montiert gefunden. Ein Prunkstück dieser Art ist der Sonnenwagen von Trundholm (Nationalmuseet, Kopenhagen).

Die 910 Gramm schwere, runde Goldschale aus Zürich-Altstetten (heute Landesmuseum, Zürich), vermutlich keltiberischer Herkunft aus dem 6. Jh. v. Chr., verbindet die Motive der Sonne mit → Hirsch und Hirschkuh. Auch sie muß ein Kultgegenstand gewesen sein und stellte vielleicht in ihrer Rundung die Sonne und ihre Eigenschaften – Helligkeit, Glanz, Fülle – dar.

L. Lengyel bezeichnet den Reiter mit den → drei → Hörnern auf einer Münze der Urelli, der in der einen Hand eine Sonne, in der andern ein Mondsymbol hochhält, als »höchsten uranischen Gott der Kelten«.

Die Sonnenscheibe, das → Rad, der Ring und, wenn es um die Andeutung der Bewegung des Himmelskörpers ging, Swastika, Triskele und Rosette wurden von den Kelten übernommen und zu allen Zeiten, auch noch in der mit dem Christentum einsetzenden Manuskriptenkunst, immer wieder neu verwendet und kombiniert. Das → St. Brigids Kreuz wird noch heute nicht nur als Souvenir für Touristen geflochten, das Emblem der Insel Man ist noch immer die dreifüßige Trisekele. Rosetten sind schließlich in die Kirchenarchitektur eingegangen.

Die menschengestaltige Sonne kommt selten vor. Die Kathedrale von Armagh (vgl. → Emain Macha) besitzt ein schönes Exemplar, und A. Ross schließt ein schlecht erhaltenes Stück aus Maryport (Gr. Cumbria) mit ein. Espérandieu nennt die Sonnen- und Monddarstellungen aus Heddernheim (Archäologisches Museum, Frankfurt a. M.) mit Vorbehalt, da sie aus einem Mithrasheiligtum stammen könnten.

»Sonnengott« von Armagh (Kathedrale von Armagh, Nordirland).

»Sonnengott« (Heddernheim; Archäologisches Museum, Frankfurt/M.).

»Mondgott« (Heddernheim; Archäologisches Museum, Frankfurt/M.).

Wie die anderen Indogermanen sahen die Kelten in der Sonne das himmlische Feuer (vgl. → Elemente), das lebenserzeugend und -erhaltend, heilend, aber auch zerstörend wirkte – nicht nur des → Blitzes wegen, der seine eigene Ambivalenz besaß, sondern weil die Sonne sich in zwei Stadien zeigt. Die Morgen- oder auch die Frühjahrssonne, die »junge« Sonne, wärmt die erstarrte Erde, kämpft gegen den Schnee und lockt Pflanzen, Farben und Düfte hervor, während die »alte« Sonne, die Mittags- und Hochsommersonne, sengen kann. Sie ist es, die als einäugiger Riese (vgl. → Balor, → Goll) dargestellt wird. Zwar läßt sie Früchte und Korn reifen, durch ein Zuviel oder zu Unzeiten macht sie jedoch die bäuerliche Mühe und Arbeit eines ganzen Jahres zunichte: Das Ergebnis der verdorbenen Ernte ist Hunger, oft eine Hungersnot. Abgesehen davon, entlädt sich diese an sich schon »böse« Sonne besonders gern in einem Gewitter – je nach den Umständen eine Wohltat oder eine Katastrophe. Sagen und Märchen schildern den dramatischen Augenblick, in dem sich die junge und die alte Sonne feindlich gegenüberstehen (vgl. → Balor, → Lug) und die junge die alte mit derselben Waffe – dem Feuerstrahl – besiegt.

Dutzende von Göttern, Sagengestalten und Heiligen personifizierten das Kräfteverhältnis Sonne oder erbten eine Sonnenkomponente zu ihren übrigen Funktionen, z. B. → Aed und St. Aed, → »Apollo«, → Balor, → Brigit und → St. Brigid, → Cúchulainn, → Cú Roi, → Eochaid, → Epona, → Étaín, → Goll, → »Jupiter«, → Lug, → Mac Cuill, Mac Cécht, Mac Greine, → »Minerva«, → Rhiannon, → Rigani, → Sul, → Tarannis.

Da die Sonne nachts untergeht und jeden Morgen wieder erscheint, ist sie zum Symbol des über den Tod hinaus weitergehenden Lebens geworden. Die → Anderswelt-Fürsten und Ahnengötter, die wie → Dagda oder → »Dis Pater« sich gleichzeitig als Schöpfergott betätigen, besitzen daher etwas Sonnenhaftes. Ringe, Rädchen, Scheiben, runde Perlen usw. fanden sich deshalb auch als → Amulette in Gräbern.

Im Vergleich zur Sonne ist der Mond bei den Kelten schwächer vertreten. Zwar produzierte das bronzezeitliche Nordwesteuropa – Irland an führender Stelle – über 100 *lunulae*, mondsichelförmige, flache Halskragen, sakrale Schmuckstücke, oder → Votivgaben, wovon bis jetzt noch keiner in einem Grab gefunden wurde. Lengyel sieht im → Torques ein Mondsymbol: Allenfalls könnten die flachen, offenen, irischen Halskragen als solche gelten, wie etwa der Halsschmuck von Ardcrony (Gr. Tipperary), wobei die beiden leicht konvexen Endscheiben eher als Sonnen- denn als Vollmondscheiben interpretiert werden sollten.

Menschenartige Monddarstellungen sind rar, es sei denn, man zählte, was umstritten ist, alle gehörnten Götter und Göttinnen dazu (vgl. → Horn).

Es ist darauf hingewiesen worden, und nicht nur von Feministinnen, daß die → Helden der irischen Sage, einschließlich des Sonnenhelden Cúchulainn, »Mondmänner« seien, d. h., daß sie von der Sonnenkraft ihrer Gattinen lebten. Ohne sie sind sie nicht vollwertig, ein Muster, das auch die → rechtmäßige Herrschaft prägt. Inwieweit die keltischen → Muttergöttinnen von alten Mondvorstellungen beeinflußt sind – ob sie z. B. diesen ihre Assoziation mit dem Wasser (vgl. Elemente) verdanken –, ist nicht mehr festzustellen. Werden sie in der Sage geschildert, z. B. → Étaín, herrscht der Goldton vor, aber Silber entweder als persönlicher Schmuck oder als kostbarer Gegenstand wird ebenfalls erwähnt.

Der Zyklus des Mondes veranschaulicht ebenfalls die Idee vom Weiterleben nach dem Tod, sogar von einer Auferstehung nach der Mondfinsternis. Vermutlich wurden deswegen den Toten zuweilen Halbmonde als → Amulette mitgegeben. Aus den Sagenfiguren der Britischen Inseln ließe sich am ehesten → Arianrod als Nachfolgerin einer Mondgöttin denken.

Es ist bekannt, daß die → Druiden Astronomie und Astrologie betrieben und unterrichteten. Nicht nur Seefahrer und Fischer, sondern auch Binnenlandbewohner richteten sich nach den Sternen, und es ist ganz natürlich, daß Cúchulainn in *Die Trunkenheit der Ulstermänner* → Laeg bittet, die Gestirne zu beobachten, um herauszufinden, wann Mitternacht sei. Seltsamerweise spielen weder in Mythologie noch Sage, weder auf Münzen noch Monumenten die Sterne eine besondere Rolle. Von der Etymologie her ist → Sirona bzw. »Stirona« mit »stella«, »Stern«, zusammengebracht worden: Rein vom Namen her dürfte sie als »Sternengöttin« klassifiziert werden – ihre Funktion hat jedoch nicht besonders viel mit den Sternen zu tun.

Gewässer

Da das → Element Wasser den Kelten heilig war, ist es nur folgerichtig, daß alle seine Erscheinungsformen, vom Regentropfen bis zum Meer, diese Heiligkeit teilten. Eine Verehrung des Wassers in Form von → Quellen und Flüssen ist weltweit belegt und wurde zu allen Zeiten praktiziert, aber die Kelten scheinen den Aufwand, den z. B. die übrigen Indoeuropäer damit trieben, noch überboten zu haben.

Wasser in großen Mengen ist ambivalent: lebenserhaltend oder -bedrohend, befruchtend und nährend oder überflutend und zerstörend. Einerseits waren die Wasserwege die bequemsten Handels- und Transportrouten und boten Berufsgruppen wie Schiffern, Fischern, Händlern und Handwerkern eine Lebensgrundlage, andererseits war das Risiko von Untergang und Ertrinken groß.

Bäche, Flüsse, Ströme, das fließende Wasser also, veranschaulichte den Kelten die tief verwurzelte Einsicht vom ewigen Fluß aller Dinge, von der Wandlung und Verwandlung allen Lebens, der Welt und des Kosmos bei anscheinend festgesetzter Form, eine Einsicht, die deutlich dem Latène-Stil zugrunde liegt.

Das fließende Wasser entsprach dem individualisierten Leben in der realen Welt, der See und im größeren Maß das Meer illustrierten das Sammelbecken aller Lebensmöglichkeiten, d. h. das, was die Kelten unter dem Tod verstanden. Die Quelle, der Ursprung des Wassers aus der → Anderswelt, vereinte das fließende und das stehende Moment und genoß vor allem als Heilquelle die größte Verehrung durch alle Bevölkerungsschichten hindurch. Alle Zustände des Wassers zusammen ergaben den Kreislauf, der Himmel und Erde, Über- und Unterirdisches, Fruchtbarkeit und Sterilität, Leben und Tod ineinander übergehen ließ.

Alles Gewässer diente göttlichen Wesen als Behausung. Im Fluß manifestiert sich vorrangig die → Muttergöttin, die sich gütig und lebenserhaltend oder launisch und grausam zeigen konnte. Überall auf Keltengebiet gehen Flußnamen auf gal. »*dewi« oder »*dewa«, »*dewona«, »Göttin«, zurück, vom Dee in England, Schottland und Irland zur Divonne in Frankreich oder der Deba in Spanien. Ähnliches gilt für → Dana und → Dôn. Über 100 Fluß- und Bachnamen im alten Gallien sollen aus gal. »*mátir«/»*Mātronā« entstanden sein, wobei die Marne aus »*mātronā« das bekannteste Beispiel abgibt. Die Göttinnen schenkten jedoch den Flüssen auch ihre indidivuellen Namen: → Boand wurde zu Boyne, → Sequana zu Seine, Rigusia, »die Mächtige«, zur Reuss, Souconna zur Saône, → Verbeia zur Wharfe.

Den archäologischen Funden nach versuchten die Menschen seit der Steinzeit die göttlichen Kräfte im Wasser zu beeinflussen und durch → Votivgaben geneigt zu machen – ein Brauch, den die Kelten im großen Maßstab an

Schild von Battersea (Ausschnitt; British Museum, London).

Quellen, Flüssen, Seen und Sümpfen fortsetzten. So wurden z. B. der berühmte gehörnte Helm (vgl. → Horn) von der Waterloo-Brücke und der ausgesucht schöne Schild von Battersea aus der Themse gefischt. Letzterer zeigt drei formvollendete, emaillierte Kreisornamente, wovon das mittlere sich bei genauem Hinsehen zum stilisierten Eulengesicht ordnet (vgl. → »Eulengöttin«), ein wirklich passendes Weihgeschenk an den Fluß!

Die Übergangsstelle zwischen dem aufgehaltenen und dem fließenden Gewässer scheint nach der Fundstelle von La Tène bei Marin-Épagnier am Zihl-Austritt aus dem Neuenburger See und anderer in ähnlicher Lage von besonderer Wichtigkeit zu sein.

Bei La Tène kamen Hunderte von Metallgegenständen, Waffen, Werkzeugen, Fibeln, Pferdegeschirren und Wagenbeschlägen zum Vorschein (heute im Landesmuseum, Zürich).

Antike Schriftsteller kommentierten die keltische Sitte, große Mengen Edelmetall zu Ehren ihrer Götter in Seen zu versenken. Als die Römer Gallien eroberten, wurden solche Seen vom Staat versteigert – viele Käufer fanden darin gehämmertes Silber. Strabo (*Geographica,* IV, 1, 15) erwähnt einen See bei Toulouse auf dem Territorium der Tectosagen. Als der römische General Caepio diesen plündern ließ, brachte das der Staatskasse 15000 Talente an → Gold und Silber ein, dem Schänder des Heiligtums jedoch kein Glück: Er soll im Elend umgekommen sein. Strabo nimmt an, daß ein Teil der Beute noch aus Delphi stammte.

Einmal geweihte Gegenstände waren sakrosankt – kein Kelte hätte sie anzurühren gewagt: Der See selbst wurde dadurch zum Heiligtum (vgl. → Kultstätten). Ein weiteres Beispiel ist Llyn Cerrig Bach auf Anglesey in NW-Wales (vgl. → Môn), aus dem während des Zweiten Weltkrieges weit über hundert metallene Gegenstände feinsten keltischen Kunsthandwerks geborgen werden konnten.

In der irischen Sage gilt der See als Eingang zur → Anderswelt, als Reich der Feen, was er bis in die → Artus-Literatur beibehält (vgl. → Dame vom See, → Lancelot du Lac). In der walisischen Sage ist er der Wohnort → Ceridwens.

Im Sumpfgebiet mit dem gänzlich zum Stehen gekommenen Wasser und der Atmosphäre des Bedrohlich-Unheimlichen und -Trügerischen, war der Todesaspekt einerseits am stärksten betont; andererseits demonstriert gerade das Moor, wenn es sich im Frühjahr in wenigen Wochen mit neuer Vegetation, frischen Farben und Düften eindeckt, das Durchsetzen der Lebenskräfte. Im Moor ehrten die Germanen ihre Fruchtbarkeitsgöttin unter dem Namen Nerthus oder Freya, ihr opferten sie u. a. das vielleicht großartigste keltische Werkstück überhaupt, den → Kessel von Gundestrup. Er wurde in Raeve Moss in Himmerland, Nordjütland, entdeckt – Ostjütland lieferte in ähnlicher Landschaft den weniger gut erhaltenen Kessel von Brå bei Horsens. Weil in Norddeutschland und in den dänischen Mooren weitere eindeutig keltische Gegenstände, Waffen, Schilde, Schmuckstücke, aber auch behauene Steine und Holzskulpturen zum Vorschein kamen, pflichtet z. B. A. Ross der Theorie bei, daß gewisse Teile Germaniens unter stark kulturellem Einfluß einer von → Druiden gesteuerten keltischen Kriegeraristokratie gestanden haben müsse. Hunderte von Moorleichen aus norddeutschen und dänischen Torfmooren, die organische Überreste hervorragend konservieren, sind untersucht worden. Einige sind eindeutig Menschenopfer (vgl. → Opfer), die den Göttern des Moores dargebracht worden waren. A. Ross glaubt nachweisen zu können, daß der Mann vom dänischen Borre Fenn eines dreifachen Todes (vgl. → drei) gestorben ist, nicht anders wie der »Lindow-Mann« in England (vgl. → Druiden).

Die Insel im Meer als Andersweltort scheint bei allen keltischen Küstenbewohnern bekannt gewesen zu sein, am ausgeprägtesten bei den Iren. Der Gott, der über das ganze, gesammelte Lebenspotential verfügte, hieß bei ihnen → Manannán mac Lir.

Gilvaethwy
Dôns Sohn verzehrt sich vor unerfüllbarer Liebe nach Goewin, der Jungfrau, die → Math als »Fußhalterin« dient. Sein Bruder → Gwydion beschafft ihm die Gelegenheit, sich des Mädchens zu bemächtigen, und zwar auf Maths eigenem Lager. Zur Strafe verwandelt er die beiden auf drei Jahre wechselweise in ein Weibchen bzw. Männchen von → Hirsch, → Schwein, → Wolf, so daß sie »nach der Natur wilder Tiere leben müssen« (vgl. → Metamorphose). Zwölf Monate später erscheinen sie mit ihrem Jungen, das Math, da es an der Schuld der »Eltern« nicht teil hat, in ein Menschenkind verwandelt und taufen läßt. Nach Abbüßen der Strafe erhalten die Brüder ihre Menschengestalt zurück, und Math nimmt sie wieder an seinem Hof auf. Eine Triade (vgl. → drei) nennt »die Söhne des falschen Gilvaethwy« »wahre → Helden«. Sie heißen nach den drei Tieren.

Ginevra → **Gwenhwyfar**

Glanum
Ca. 2 km s. von St.-Rémy-de-Provence (Dép. Bouches-du-Rhône) liegt Glanum am Ausgang zweier enger Tälchen durch die Alpilles. Seit dem 7. und 6. Jh. v. Chr. weist der Ort Siedlungsspuren auf. Die kelto-ligurischen Glanier, ein Zweig vom Stamm der Saluvier (vgl. → Entremont, → Roquepertuse), unterhielten hier anfänglich ein bescheidenes, den → Muttergöttinnen »Matrebo Glaneikabo« und dem einheimischen Gott Glan geweihtes Heiligtum (vgl. → Kultstätten), zu dem der das Tälchen abschließende Fels und eine → Quelle gehörten. Noch im Neuir. bedeutet

»glan«, »klar, rein, pur«; der Gott Glan übte vermutlich eine Heilerfunktion aus, indem er dem Pilger und Kranken das Wasser der klaren Quelle zur rituellen Reinigung bot.

An dieser Stelle erlebten die Menschen das Wasser in seiner ganzen Ambivalenz (vgl. → Elemente, → Gewässer). Einerseits ließ es sich, aus dem Kalkstein austretend, leicht sammeln und wirkte heilend und lebenserhaltend; andererseits bedrohte es nach jedem Unwetter die Siedlung mit reißenden Überschwemmungen. Das reservoirartige Quellbecken und die Entwässerungsrinnen müssen ungefähr gleichzeitig angelegt worden sein.

Unter dem Einfluß der Griechen von Marseille und später der Römer entstand hier nicht nur ein Pilgerzentrum großen Umfangs, sondern eine ganze Stadt mit mehreren öffentlichen Brunnen, Wasserbecken, Fontänen, Tempeln, Heiligtümern, Häusern, Plätzen, Straßen und und profanen Gebäuden, z. B. die ältesten Bäder Galliens.

Es wird vermutet, daß um die Mitte des 2. Jhs. weniger zivilisierte Gallier das Heiligtum ca. 10 Jahre besetzt hielten, denn auch Glanum weist Spuren des → Kopfkultes auf. Wie in Entremont wurden auch hier Schädel mit Aufhängevorrichtungen gefunden, und sorgfältig behauene, nach griechischer Weise verzierte Stürze und Säulen wurden mit Nischen versehen, um Köpfe auszustellen.

Das über Steintreppen erreichbare Quellbecken ist noch immer mit kühlem, grünlich schimmerndem Wasser gefüllt. Es lohnt, die Nachmittagshitze eines provenzalischen Hochsommertages abzuwarten, um zu ihr hinunterzusteigen: So läßt sich etwas von der Verehrung der keltischen und klassischen Völker für das Wasser nachempfinden.

Ein modernes, angenehm gestaltetes Besucherzentrum stellt die Funde teils original, teils als Kopien aus, u. a. auch eine jener eindrucksvollen Krieger-/Götterstatuen im Schneidersitz vom 2./1. Jh. v. Chr. (vgl. → Entremont). Wie Statuen, Säulenkapitelle und Inschriften beweisen, wurden im Laufe der Zeit vielerlei Götter in Glanum verehrt, z. B. die Göttin Valetudo (Gesundheit), → Belenus, → »Apollo«, → Epona, Cybele und Attis, die Nymphen und der Halbgott und Held Herakles (vgl. »→ Herkules«).

Glastonbury → **Avalon**

Götterdarstellungen

Die Frage, ob die Kelten vor der römischen Besetzung »richtige«, d. h. menschengestaltige Götterbilder im Großformat angefertigt hätten, hat die Keltenforscher in zwei Lager gespalten. Manche von denen, für die die klassische Kultur letztlich das Maß aller Dinge ist, sprechen den frühen Kelten ihrer »primitiven Religiosität« und ebensolcher künstlerischen Ausdrucksweise wegen die Fähigkeit dazu ab. Noch 1981 schreibt W. Kimmig in Zusammenhang mit der Abwesenheit szenischer Bildkunst, wie die Griechen sie auf ihren Vasen meisterhaft ausübten: »Gerade in diesem Fehlen zeigt sich deutlich der kulturelle Rückstand des Kelten, dem zu solcher Fabulierkunst nicht nur die technische, sondern – mehr noch – auch die geistige Reife mangelte.«

Für andere, meist aus der jüngeren Generation, sind klassische Kriterien selbstverständlich fehl am Platz; ihnen ist klar, daß die relative Spärlichkeit – es ist nicht abzuschätzen, wieviel an Götterbildern zerstört worden ist – nicht auf mangelnde Fähigkeit, schon gar nicht intellektuelle, sondern auf ein durch eine andere Sichtweise bedingtes mangelndes Bedürfnis zurückzuführen ist.

Seit in den siebziger und achtziger Jahren weitere Grabstelen, z. B. diejenige von Rottenburg (8./7. Jh. v. Chr.) und drei von Tübingen-Kilchberg (7. bzw. 6. Jh. v. Chr.), zu den bekannten von Gomaringen-Stockach (7. Jh.) und Calw-Stammheim (6. Jh.) hinzugekommen sind und vor allem, seit 1963 der »Krieger von → Hirschlanden« zu Tage kam, fällt das Verdikt der Unfähigkeit ohnehin weg. Allerdings – und das ist von großer Wichtigkeit – handelt es sich bei den Stelen nicht um Götter, sondern um Tote (vgl. → Totenkult).

Es sieht so aus, als hätten sich die Kelten nur zögernd dem Stein als Medium für ihre Götterdarstellungen zugewandt, denn erst ab dem 5. Jh. v. Chr. setzen steinerne »Kultbilder« ein, z. B. das doppelseitige Kopffragment von Heidelberg (Ende 5./Anfang 4. Jh.) mit Glotzaugen, breiter Nase, einem »Kleeblatt« auf der Stirne und enormen, sich über dem Scheitel berührenden → Mistelblättern (vgl. → Mistel) bzw. Fischblasen. Das nur noch aus

Rechts: Steinerne Stele des »Janus von Holzgerlingen« (Württembergisches Landesmuseum, Stuttgart). Links: Grabstele (Rottenburg; Württembergisches Landesmuseum, Stuttgart).

einem rankenverzierten Sockel mit Unterarm und Hand bestehende Bildwerk von Steinbronn und die → »Janus»-Säule von Holzgerlingen (alle Württembergisches Landesmuseum, Stuttgart) stammen aus der ersten Hälfte des 4. Jhs. Letztere ist fast vollständig erhalten und erweckt mit dem Gesicht – leere Augennischen unter fast geraden Brauen, breite Nase, strichdünner Mund – und den aus den Schultern emporwachsenden, hornartigen (vgl. → Horn) Mistelblättern sowie den fest über den Leib gelegten Armen den Eindruck geballter Kraft.

Dieser Doppelkopf erinnert an denjenigen von → Roquepertuse aus dem 3. Jh. v. Chr. Die meisten vom Mittelmeerraum beeinflußten Krieger- und Göttergestalten Südfrankreichs (vgl. → Entremont, → Glanum) gehören ins 2.–1. Jh. v. Chr., genauso wie der mächtig wirkende böhmische Kopf von Mšecké Žehrovice, der einen schweren → Torques trägt. Arbeiten in Stein, aber auch Felsmalereien wie im → Val Camonica (vgl. → Cernunnos) bleiben die Ausnahme. Möglicherweise war den Kelten das Material zu fest und verfestigend, denn die keltischen Götter stehen für die Umsetzung eines lebendigen Kräfteverhältnisses.

Caesar überliefert, sie hätten »plura simulara«, viele Götterbilder, gehabt, die jedoch hölzern gewesen sein müssen. Im Hinblick auf die heiligen → Bäume der Inselkelten, zu denen die mit wenigen Axthieben angedeutete Gottheit eine Weiterentwicklung derselben Idee darstellt, ergibt das mehr Sinn als die Benutzung von Stein. Noch heute werden z. B. im Wallis (Schweiz) als geistig empfundene Wesen, Hexen, Dämonen, Gnome mit wenigen Streichen des Schnitzmessers aus Baumstrünken und knorrigen Ästen »herausgeholt«. Im 1. Jh. n. Chr. spottet Lukan über die unförmigen, jeder Kunst baren baumstamm- oder klotzartigen Götterbilder der Kelten: »simulara deorum arte carent caesisque extant informia truncis« (*Pharsalia,* III).

Anschauungsmaterial dazu wurde u. a. aus dem alten Genferseebett geborgen, wie jene baumstrunkartige, überlebensgroße, menschengestaltige Gottheit mit Kapuze, vielleicht vom Typ des → *genius cucullatus*, die um 80 v. Chr. angefertigt worden sein dürfte und vermutlich über der Schiffanlegestelle stand.

Das 1. Jh. v. Chr. und n. Chr. bringen eine Menge hölzerner, größerer und kleinerer → Votivgaben mit sich, hauptsächlich an → Quellen, wobei schlecht zwischen Göttern und Menschen zu unterscheiden ist, da beide oft den → Torques tragen. Auch Süddeutschland kennt ein ca. 60 cm hohes Standbild, das die Göttin → Sirona darstellen soll und aus einer Quelle von Pforzheim stammt.

Aber Holz als organisches, vergängliches Material braucht besonders günstige Bedingungen, um überdauern zu können, ganz zu schweigen von der leichten Vernichtbarkeit durch Feuer, was mancher christliche Missio-

Eichenholzstatue aus dem keltischen Hafen von Genf (Kopie im Landesmuseum Zürich, Original im Musée d'Art et d'Histoire, Genf).

nar ausnützte. Im britischen und irischen Klima ebenso wie in Dänemark haben verschiedene Holzfiguren, männliche und weibliche, meist mit betonten Geschlechtsorganen, vor allem im Moor oder an anderen wassergesättigten Stellen überlebt. Die beeindruckendste ist die unbekleidete Figur der alten Frau von Ballachulish (National Museum of Scotland, Edinburgh), ein Prototyp der → *caillech*. Sie wurde in den Überresten eines Flechtwerkschreins entdeckt (vgl. → Kultstätten).

Ein weiterer Grund, warum bis jetzt verhältnismäßig wenige Götterdarstellungen gefunden wurden, ist wohl auch, daß nicht nach kulturspezifischen Kriterien danach gesucht wurde, obwohl schon längst bekannt war, daß sich die Kelten früh mit der metallenen Kleinplastik angefreundet hatten. Das mit Feuer und Wasser (vgl. → Elemente) zu bearbeitende Metall war insofern »lebendig«, als es umgeschmolzen seine Form immer wieder verändern konnte (vgl. → Schmied). Zwar gibt es mitunter ganzgestaltige Bronzefiguren wie beim Votivhort von Balzers (Liechtenstein) aus dem 5.–4. Jh. v. Chr., größere Masken vom Typ von Montsérie (Musée Massey, Tarbes, Dép. Hautes-Pyrénées) oder die schwere Zinnmaske, die in der Wasserleitung von → Bath zum Vorschein kam, aber die Norm sind die kleinen Köpfe (vgl. → Kopfkult) und → Masken, womit die Kelten ihre Kult- und Profanobjekte, → Kessel, Kannen, → Torques, Arm- und Fingerringe schmückten. Sie wurden nie, wie die Götterbüsten und Ganzfiguren auf dem einmaligen Kessel von Gundestrup, als Darstellungen wirklich ernst genommen, sondern gerne als Ausgeburt der keltischen Phantasie etwas belächelt, bis J.-J. Hatt erkannte, daß es sich dabei genau wie beim Kessel um die großen, vorrömischen Götter

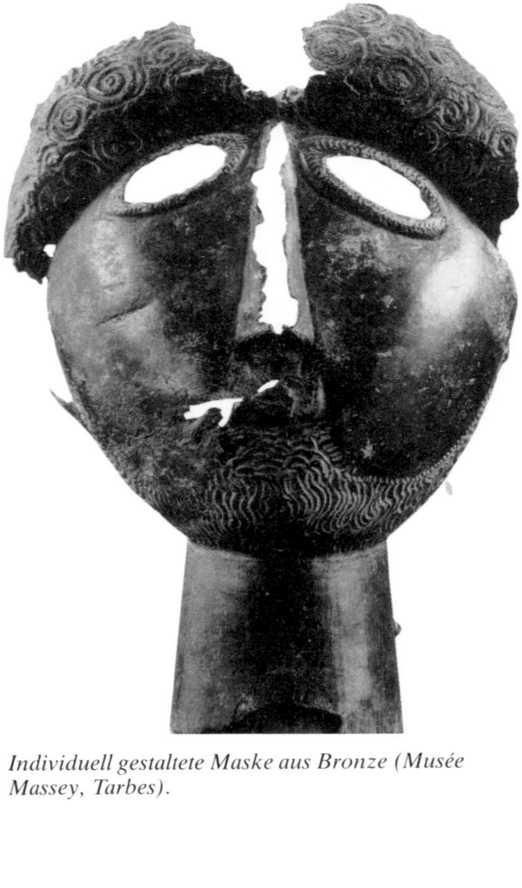

Individuell gestaltete Maske aus Bronze (Musée Massey, Tarbes).

→ Taranis, → Esus/→ Cernunnos, → Teutates und → Rigani handelt (vgl. → drei, → Gold).

Götterpaare
Es gehört zu den grundsätzlichen keltischen Vorstellungen, daß die Zusammenarbeit des männlichen und des weiblichen Prinzips für das Leben in all seinen Formen und damit für den Wohlstand verantwortlich ist. In der inselkeltischen Sage benötigt der König eine die → Oberhoheit symbolisierende schöne Frau nicht nur als Ergänzung, sondern auch als Überhöhung: Durch die Verbindung entsteht ein drittes (vgl. → drei), die → rechtmäßige Herrschaft.

Ein ähnliches Konzept dürfte den Götterpaaren zugrunde gelegen haben, die als weitere Besonderheit neben den Triaden (vgl. → drei) überall im keltischen Raum auftraten. Es brauchten keine Paare im Sinne von Ehegatten gewesen zu sein, sondern Götter zweier ähnlicher Bereiche, die dessen weiblichen und männlichen Aspekten Gerechtigkeit widerfahren ließen, und die sich gegenseitig in ihren Kräften steigerten. Die Göttin erfüllte dabei in erster Linie die Aufgabe der territorialen → Muttergöttin. Sie konnte sich eines römischen Namens bedienen, wobei es zu für Römer eher seltsamen Zusammenstellungen kam, z. B. → »Mars« und → »Diana«. In vielen Fällen behielt sie den keltischen Namen, während sich ihr Partner ihr anglich: »→ Mars Visucius« und »Visucia«, »→ Apollo Grannus« und → Sirona oder → »Dis Pater« und → Aericura, → »Mercurius« und Rosmerta. Die Mehrzahl der Götterpaare trat unter einheimischen Namen auf, z. B. Luxovius und Brixia/Bricta, → Sucellus und → Nantosuelta, → Bormo und → Damona, Bormanus und Bormana (vgl. → Bormo)

Göttliche Zwillinge → **Divannos und Dinomogetimaros**

Goibniu
Der → Schmied unter den → Tuatha Dé Danann, Goibniu, war ursprünglich der Schmiedegott, den andere indogermanische Überlieferungen z. B. als Hephaistos oder → Vulkan kannten. Das → *Lebor Gabála Érenn* reiht ihn unter die sieben Könige der Tuatha Dé Danann. Mit → Luchta und → Credne formt Goibniu eine Triade (vgl. → drei), die in flinker Teamarbeit die Waffen für die zweite Schlacht von → Mag Tuired schmiedet: Goibniu fertigt mit drei Handgriffen die Eisenteile, → Luchta stellt die Schäfte her, und Credne paßt sie zusammen. Die Waffen sind unfehlbar, und »kein Fleisch, in das sie ritzen, soll danach jemals wieder die Süße des Lebens kosten«. Die drei werden als Götter der Kunstfertigkeit »dána« apostrophiert, was zur Vermengung mit den »tre de Danann«, den drei Göttern der Tuatha Dé Danann führt, so daß in manchen Texten diese Triade die schattenhafte von → Brian, Iuchar und Iucharbar ersetzt.

Nachts erneuerten sie stumpfe oder zerbrochene Waffen, so daß ihre Krieger trotz heißer Kämpfe am Morgen so gut gerüstet waren wie tags zuvor. Die → Fomorier sandten → Ruadán, um das Rätsel zu erkunden, und instruierten ihn, Goibniu zu töten. Ruadán bat sich einen der Speere Goibnius aus (vgl. → Blitz). Kaum hielt er ihn in Händen, warf er damit nach dem Schmied, der verwundet diesen zurückschickte und Ruadán durchbohrte. Darauf tauchte er in → Dian Céchts Heilquelle (vgl. → Quellen) unter und entstieg ihr geheilt. Dieses mythologische Muster erinnert stark an den Sonnengott (vgl. → Gestirne), und T. F. O'Rahilly macht sich stark für die Identität von Goibniu und → Balor. An anderer Stelle ist es jedoch Goibniu, der für Lug die Waffe schmiedet, womit er Balor erlegt.

Goibniu teilt noch einen weiteren Zug mit dem Sonnengott (vgl. → Gestirne) und Herrn der → Anderswelt. → Manannán mac Lir übergibt ihm den Vorsitz vom »Fled Goibnend«, dem Andersweltfest Goibnius, das »den Hochkönigen der Tuatha Dé Danann« ewige Jugend verleiht. Goibniu braut dazu eigenhändig das Getränk, das trunken macht.

Die Volksüberlieferung verlegt Goibnius Schmiede bzw. Grab entweder in den großen Hügel von Millmount, südlich von Drogheda (Gr. Louth), oder auf die Nordseite der Wicklow Mountains an der Ostküste, woher Irlands legendäres Gold stammt.

In den Heiligenleben taucht er als Gobbán Saer, als Baumeister mit magischen Fähigkeiten auf, der zu → neunt, d. h. mit acht Gefährten, ein Jahr und einen Tag an der Kirche von

St. Mo-Ling baut, während sich die Volksüberlieferung seiner als Gobán Saor, dem schlagfertigen Alleskönner und Hansdampf in allen Gassen, bemächtigt hat. Goibnius Parallele in der Tory-Version der Balor-Lug-Sage ist → Gavida, sein walisisches Gegenstück ist → Govannon.

Gold

Galliens Eroberung durch Caesar brachte Rom eine Goldschwemme, die den Edelmetallmarkt ruinierte. Zeitgenossen nannten unverblümt das Gold den wahren Grund für die Feldzüge und beklagten den sittlichen Verfall, der mit der »verfluchten Goldgier« einherging. Auch Suetonius nahm eine Generation später kein Blatt vor den Mund und sprach in seiner *Kaiserbiographie* von der Plünderung von Tempeln und Heiligtümern und der Vernichtung von *oppida* um der Staatskasse willen. Über Generationen hatten die Gallier Gold gehortet: Nach ihrer aus der Bronzezeit überkommenen Anschauung kam ihm vorwiegend ein sakralmagischer, nicht ein merkantiler Charakter zu. Irland machte die Entwicklung zum Münzwesen nicht mit, Britannien führte es erst im 1. Jh. v. Chr. ein, während das Festland bereits seit Mitte des 4. Jhs. nach dem Vorbild Philipps von Makedonien und seines Sohnes, Alexander des Großen, Goldmünzen prägte.

Jedes bedeutende *oppidum* setzte in seinem Gebiet eigene Münzen in Umlauf. Die ersten Emissionen sowie stammesfremde Prägungen, vor allem mit eigenständigen, aus der Mythologie geschaffenen Motiven, endeten gewöhnlich als → Votivgaben für die Götter. So diente das Edelmetall nach wie vor und in erster Linie statt dem Handel dem Verkehr mit dem Göttlichen und demonstrierte die Eigenschaften der göttlichen Wesen statt die Solvenz des Staates.

Goldene Sakralgegenstände nahmen überall im Keltengebiet breiten Raum ein: Sonnenscheiben, *lunulae,* Votiv- und Trankopferschalen (vgl. → Gestirne) sowie die ebenfalls aus der Bronzezeit stammenden goldenen Boote, wie sie in Broighter (Gr. Derry), heute im National Museum, Dublin, gefunden wurden und vermutlich mit der Vorstellung von der Reise der Abgeschiedenen über → Gewässer zur → Anderswelt zu tun hatten.

Antike Schriftsteller betonen die keltische Vorliebe für massiven Goldschmuck. Einen Diodor von Sizilien mutete es offensichtlich exotisch an, daß nicht nur Frauen, sondern auch die Männer Galliens sich mit Finger-, Arm- und Halsringen schmückten. Strabo führt die Sitte auf »Torheit, Prahlerei und Putzsucht« zurück, wobei er vom theoretisch noch existierenden puritanischen Römerideal her urteilte.

Aber abgesehen davon, daß die Schmuckstücke als soziale Rangabzeichen oder Trachtenzubehör fungierten, wurde Gold gewiß auch seiner unheilabwehrenden, gesundheitsfördernden Wirkungen wegen getragen. Die klassischen Völker waren ebenfalls von der Heilkraft des Goldes, z. B. bei unstillbaren Blutungen oder Vergiftungen, überzeugt.

Vom → Torques ist bekannt, daß er ursprünglich den Göttern, → Helden, Frauen und Fürsten vorbehalten war und erst allmählich auch von den adligen Kriegern getragen werden durfte. Er galt nie als reines Ornament, sondern blieb ein in der Mythologie verankertes Symbol.

Ähnliches dürfte für die Mehrzahl der von Gräbern oder Votivhorten bekannten Schmuckstücke gegolten haben, eine These, die sehr viel handgreiflicher geworden ist, seit J.-J. Hatts detaillierte Untersuchungen dartun, daß es sich bei den Köpfen (vgl. → Kopfkult) und → Masken auf den Goldgegenständen und Appliken aus den Gräbern, z. B. von Weiskirchen und vom Ferschweiler Plateau (beide Rheinisches Landesmuseum, Trier) oder Schwarzenbach (Antikenmuseum, Berlin), bei dem Arm- und Fingerring von Rodenbach (Historisches Museum der Pfalz, Speyer), bei den Menschen- und Tierfiguren wie auf den beiden Reifen von Reinheim (Landesmuseum für Vor- und Frühgeschichte, Saarbrücken) oder bei den Mensch-Tier-Kombinationen auf den Ringen des Votivhortes von Erstfeld (Schweizerisches Landesmuseum, Zürich) (vgl. → Berge) um Darstellungen der großen keltischen Götter (vgl. → Taranis, → Esus, → Teutates) und der → Muttergöttin (vgl. → Rigani, → »Eulengöttin«) handelt. Die nur 0,5 cm große gehörnte → Schlange auf dem Wangenschutz des Helms von Agris (Musée municipale, Angoulême) spricht für sich selbst. Aber auch das, was gern unter »geometrische Muster« zusammengebündelt wird – Kreise, → Räder, Spiralen, → S-Zeichen, → Mistel-Blätter bzw. Fischblasen, Rauten, Ranken, Rosetten usw. –, sind Kürzel für mythologische Figuren und Sachverhalte.

Bestimmte Goldgegenstände, z. B. goldverzierte Prunkwaffen für die Krieger der Frühzeit oder Fingerringe für die Frauen, durften in den Gräbern der verschiedenen sozialen Gruppen nicht fehlen, auch wenn sie, wie im Extremfall vom Fürsten von → Hochdorf, an Ort und Stelle für den Toten angefertigt werden mußten. Auch beim Gold der Toten werden die sozialen und magischen Funktionen untrennbar miteinander verbunden gewesen sein.

Als »auffallend und bemerkenswert« erschien Diodorus Siculus die Haltung der oberländischen Kelten gegenüber ihren Heiligtümern: In den Tempeln und heiligen Orten (vgl. → Kultstätten) läge viel Gold herum, das jedoch aus Furcht vor den Göttern kein Eingeborener anzurühren wage, »obgleich die Kelten äußerst geldgierig sind«. Dasselbe galt für Votivgaben in den Seen (vgl. → Gewässer) und → Quellen.

A. Ross ist davon überzeug, daß in Irland und Britannien die → Druiden den Goldhandel als eine sakrale Angelegenheit fest in der Hand hielten und das berühmte irische Gold aus den Bergen von Wicklow auf einer durch Schreine und Tempel geheiligten Goldstraße von Anglesey, NW-Wales (vgl. → Môn), quer durch England zum Stamm der Iceni lenkten, dem Verteiler fürs Festland. Auffallenderweise kamen im heutigen East Anglia alles in allem über sechzig → Torques zu Tage, darunter das Prachtexemplar von Snettisham, vielleicht das schönste britische Goldobjekt überhaupt (British Museum, London). Sie waren alle mit großer Sicherheit für die Götter, nicht für Menschen angefertigt worden. Die Druiden hätten demnach einen regelrechten Devotionalienhandel betrieben und überwacht, an dessen Gewinn offenbar auch der Stammesfürst teilhatte – es ist nicht von ungefähr, daß die römische Goldgier den Aufstand → Boadiceas herausforderte.

Lange bevor Caesar das Schlagwort von der »Gallia Aurifera«, dem »Goldland Galliens«, benützte, hatten die klassischen Völker nach dem Goldreichtum der Barbaren, hauptsächlich der Skythen und der Kelten, geschielt. Diese saßen tatsächlich in den ergiebigsten Bergregionen der Iberischen Halbinsel und Südfrankreichs, den West- und Ostalpen, den Vogesen und dem Schwarzwald, aber auch in den Bergen Cornwalls, Wales', Schottlands, Nordirlands und Wicklows. Praktisch überall handelte es sich um Flußgold, das ohne große Investition gewonnen werden konnte. Mit einem Anflug von Neid stellt Diodurus Siculus z. B. fest, daß in Gallien die Natur die Bewohner mit dem begehrten Material versorge »ohne die Mühe des Bergbaus«, da Bäche und Flüsse goldhaltigen Sand in Mengen führten, der nur ausgewaschen zu werden brauchte.

Die genaue symbolische Bedeutung des Goldes für die Kelten ist nirgends festgehalten worden. Die Verbindung Gold/Wasser dürfte jedoch, was auch vom → Bernstein angenommen werden kann, in Richtung des Komplexes Sonne bzw. himmlisches Feuer im Wasser (vgl. → Elemente) gegangen sein, womit die indische Mythologie das Zustandekommen des Lebens als Prinzip erklärt: Ein Befruchtungsvorgang kosmischer Proportionen, der das Lebenspotential selbst erzeugt.

Seit der Bronzezeit kommen Gold und Bernstein als Grabbeigaben vor, zuweilen sogar als kombinierte Materialien. Ein Grabhügel von Upton Lovell (Gr. Wiltshire) enthielt neben goldenen Schmuckstücken über 1000 Bernsteinperlen und ein zweiter Tumulus aus Wiltshire u. a. in Goldfolie gefaßte Bernsteinscheiben – offenbar besonders mächtige Sonnenscheiben (vgl. → Gestirne), beides im Museum von Devizes.

Noch im 5. Jh. bekam ein Verstorbener in Saint-Sulpice (Schweiz) eine als Sonne gestaltete Scheibenfibel mit ins Grab: Um eine Bernsteinhalbkugel legt sich ein mit Ringen gefüllter Doppelkreis aus Goldblech, während strahlenartig auf dem Rand Goldkügelchen sitzen. Die Fibel sollte wohl nicht nur das Dunkel des Todes bannen, sondern dürfte auch die Hoffnung auf ein Weiterleben ausgedrückt haben.

Goll mac Morna

»Goll« bedeutet »einäugig« bzw. der »Einäugige«, ein Beiwort, das auf eine ganze Reihe mythologischer Figuren paßt, u. a. → Aed, → Fintan mac Bochra, den Salm der Weisheit (vgl. → Fische) oder → Balor »mit dem bösen Blick«, die alle auf das eine feurige Auge des Sonnengottes (vgl. → Gestirne) zurückgehen.

Goll vom Clan Morna entwickelte sich mit der Zeit zum Erzfeind → Fionn mac Cumhaills. Sein Vater hatte bis zu seinem Tod die → Fianna geführt, worauf Cumhaill die Truppe befehligte, bis ihn Goll tötete. Darauf übernahm dieser die Fianna, mußte jedoch den Oberbefehl nach zehn Jahren an den siebenjährigen Fionn abtreten, als Belohnung für den Sieg über → Aillén, den Brenner. Somit standen sich die Anführer der beiden mächtigen Sippen, Morna und Baioscne, nicht nur als Rivalen, sondern auch als zur Blutrache Verpflichtete gegenüber, eine Spannung, aus der ein nicht unbedeutender Teil des → *Fenierzyklus'* lebt.

Sie wird noch dadurch erhöht, daß Goll die Balor-artigen Züge seines Urbildes verliert, und er, stark vermenschlicht, Fionn an Edelmut und Tapferkeit nicht nachsteht. Im 12. Jh. überbieten sich die beiden Gegner förmlich an Ritterlichkeit: Eines der damals entstandenen Gedichte beschreibt, wie Goll bei der Verteidigung der Furt über den Shannon übermüdet einschläft. Fionn geht ungehindert darüber, wartet mit gezücktem Schwert, statt ihn umzubringen, dessen Erwachen ab und läßt ihm erst noch Zeit, sich zum Kampf zu rüsten. In dem Augenblick erscheint Verstärkung für Goll, die dieser jedoch ausschlägt; er geleitet Fionn zu seiner Truppe zurück unter dem Risiko, im darauffolgenden Kampf geschlagen zu werden.

Golls Ende, gewöhnlich durch Fionns Hand, war denn auch ein ergiebiges Thema für die Dichter, die die verschiedensten Gründe für den Zusammenbruch des so lange mühsam mit Hilfe von Verträgen und Familienbanden aufrechterhaltenen Friedens anführen.

Fionn soll einen seiner und Golls Enkel (un)absichtlich erschlagen haben, Golls Anspruch auf → *curadmir*, im Fianna-Zusammenhang höchst passend der größte Markknochen des → Hirschen, soll ihm streitig gemacht worden sein, die nicht weiter ausgeführte Episode vom magischen → Schwein von Slángá und dem Tod Banbh Sionnans führte zu einem blutigen Zusammenstoß der beiden Sippen. Mythologisch am interessantesten ist die Version, die sich an den Mord an einem der Fenierbefehlshaber durch Golls Bruder anschließt, weil hier noch einmal die Elemente des alten Sonnengottes zusammenkommen. Goll muß in den äußersten Westen Irlands fliehen und sitzt, von Fionn belagert, auf einem Felsen im Meer. Ein Gedicht aus dem 14. Jh. besteht zum größten Teil aus einem Zwiegespräch zwischen ihm und seiner ihm treu nachgefolgten Gattin, die sich nicht von ihm trennen will. Nach dreißig Tagen tötet ihn Fionn mit dem »carbolg«, einem Lichtspeer (vgl. → Blitz), die Waffe, die einst Goll gehörte.

Goronwy

→ Blodeuedd verliebt sich während → Lleus Abwesenheit Hals über Kopf in Goronwy, den »Standhaften«, der auf der → Hirschjagd (vgl. → Hirsch) an ihrer Festung vorbeikommt, und lädt ihn gegen Abend zu sich ein. Auch er ist von ihr so angetan, daß er sie erst kurz vor der Rückkehr ihres Gatten wieder verläßt, nicht ohne ihr einzuschärfen herauszufinden, auf welche Art dieser umzubringen sei. Kaum erhält er die Auskunft, schmiedet er den Speer (vgl. → Blitz), womit er Lleu aus dem Hinterhalt trifft. Doch der zurückgekehrte Totgeglaubte fordert als Wiedergutmachung, daß er den Spieß bzw. Speer umdrehen darf, und tötet damit seinen Rivalen, obwohl sich dieser mit einem Steinblock zu schützen sucht. Goronwy trägt in dieser → Rigani-artigen Dreiecksgeschichte die Züge des Herrschers der → Anderswelt bzw. des alten Sonnengottes (vgl. → Gestirne), der die junge Sonne bedroht und mit der eigenen Waffe geschlagen wird.

Govannon

Vom Mythos Govannons bzw. Gofannons, dem walisischen göttlichen → Schmied, einem der Kinder → Dôns, ist kaum mehr etwas vorhanden. Er muß eine Parallelerscheinung zu → Goibniu gewesen sein, was das einzige erhaltene Detail bestärkt: Wie Goibniu seinen Großneffen → Ruadán, so erschlägt Govannon aus nicht mehr bekannten Gründen den Sohn seiner Schwester → Arianrod, → Dylan, was eine Triade als einen der → drei »unglückseligen Schläge« verzeichnet. In der walisischen Überlieferung scheint die Betonung vom Waffen- zum Werkzeugschmied verlagert worden zu sein. In *Wie → Kulhwch → Olwen gewann* verlangt → Ysbaddaden, daß sein zukünftiger Schwiegersohn »Govannon, Sohn der Dôn«, dazu bringen müsse, die vermutlich von ihm hergestellten Pflugscharen persönlich abzuliefern, eine doppelte Schwierigkeit, da er dies niemals freiwillig bzw. nur für einen → rechtmäßigen König tun würde.

Gráinne
»In einer unglückseligen Stunde wurde Gráinne Fionn gegeben, denn sie lebten in Unfrieden, bis sie sich trennten. Fionn war dem Mädchen verhaßt, ihr Haß war so groß, daß sie daran erkrankte ...« In der nur bruchstückhaften, ältesten Überlieferung (10. Jh.) ist Gráinne, König → Cormacs Tochter, bereits unglücklich mit dem alternden → Helden verheiratet, bevor sie mit dem schneidigen, jungen → Diarmaid ua Duibhne durchgeht. In anderen Fassungen stellt sie dem alten Freier unmögliche Bedingungen, um eine Heirat zu vereiteln oder wenigstens hinauszuzögern.

Fionn läßt sich scheiden und heiratet später eine zweite Tochter Cormacs – die Verschwägerung mit dem Hochkönig zwecks Beilegung lebenslanger Spannungen ist mindestens so wichtig wie die Frau.

In der bekanntesten, aus dem 15. Jh. stammenden Form *Tóraigheacht Dhiarmada agus Ghráinne (Die Verfolgung von Diarmaid und Gráinne)* aus dem → Fenierzyklus ist das junge Mädchen wenig begeistert vom Antrag eines Mannes, der ihr Großvater sein könnte, und antwortet daher ihrem Vater, der ihr die Entscheidung überläßt, mit einer Bedingung statt mit einem klaren Ja: Wenn Fionn würdig befunden würde, Cormacs Schwiegersohn zu sein, so sei er auch würdig, ihr Gatte zu werden.

Am Verlobungsmahl läßt Gráinne durch eine Dienerin der Gesellschaft – mit Ausnahme → Oisíns und Diarmaids – ein Getränk in einem → goldenen Kelchgefäß kredenzen, worauf jeder, der einen Zug getan hatte, einschläft. Gráinne setzt sich nun zwischen Oisín und Diarmaid und trägt ihnen, einem nach dem anderen, ihre Liebe an. Entsetzt lehnen beide ab, Oisín eines Konfliktes mit seinem Vater wegen und Diarmaid um der Treue zu Fionn und der → Fianna willen. Letzteres läßt Gráinne jedoch nicht gelten und beschwört ihn unter einem → *geis* »des Untergangs«, sie zu entführen. So beginnt das unstete Wanderleben kreuz und quer durch Irland, immer auf der Flucht vor Fionn.

Aber auch die nächste, große Entscheidung erzwingt sich Gráinne eigenwillig durch ihre Rede. Diarmaid hält Fionn insofern die Treue, als er enthaltsam bleibt, bis ihn Gráinne beim Durchqueren eines Wässerchens (vgl. → Elemente), das an ihren bloßen Beinen hochspritzt, mit den Worten provoziert: »Diarmaid, obwohl du tapfer bist im Kampf, finde ich, das spritzende Wasser sei kühner als du.« Erst jetzt wird die Tochter des Königs von Irland Diarmaid ua Duibhnes Frau. Es ist dies eine Episode, die die frühe → Tristan-und → Isolde-Sage wortwörtlich übernimmt. Trotz ständiger Bedrohung ist die vogelfreie Zeit in den Wäldern Irlands eine glückliche: Tiefe Liebe verbindet die beiden, sie sind so unzertrennbar wie Körper und Seele, was Gráinne, die ihr erstes Kind erwartet, in einem Gedicht besingt. Als es → Oengus schließlich gelingt, Diarmaid und Fionn zu versöhnen, zieht sich die junge Familie auf ihr Gut »Rath Gráinne« im Norden Connaughts zurück, möglichst weit weg von Fionn, und lebt dort in Wohlstand und Frieden. Noch vier weitere Kinder werden ihnen geboren: »... man sagte, keiner sei zu der Zeit vom Glück mehr begünstigt gewesen als Diarmaid ...«, aber Fionn wird, auch nach jahrelangem Warten, auf seine Rache nicht verzichten.

Weil König Cormac für Gráinne auf → Tara das berühmteste Sonnenhaus *(grianán)* auf einem Pfeiler errichten ließ, wo noch heute ein von Wall und Graben umgebener Grabhügel, »Gráinnes Fort«, ihren Namen trägt (vgl. z. B. → Carman, → Tailtiu), ist von Keltologen der älteren Generation Gráinnes Prototyp gern in der Sonnengöttin (vgl. → Gestirne) oder wenigstens in derjenigen der Morgendämmerung gesehen worden. Seither hat sich eine Etymologie durchgesetzt, die mit neuir. »gráin«, »Häßlichkeit«, zusammenhängt. So zeigt Gráinnes Namen bereits an, daß sie die → Oberhoheit symbolisiert, die Unbefugten

»Das Erscheinen des Grals in der Tafelrunde« (französisches Manuskript des 15. Jh.,; Bibliothèque Nationale, Paris).

häßlich, dem Auserwählten jedoch in strahlender Schönheit erscheint, eine Rolle, die sich durch die ganze Sage verfolgen läßt.

Grundsätzlich wurde die Erzählung von Diarmaid und Gráinne von derjenigen → Deirdres und → Naoises inspiriert, mit der sie die dominierende Frauengestalt, die ehemalige → Muttergöttin und das Motiv vom alten Gatten/jungen Liebhaber bzw. vom erhaltenden, »hortenden« und vom schöpferischen Gott teilt, wie ihn der → Rigani-Mythos vorzeichnet.

Gral

Was immer auch für Einflüsse das Konzept des Grals geformt haben, um dessentwillen sich die Artusritter (vgl. → Artus) in alle Winde zerstreuten, es sind Vorstellungen, die bis ins megalithische Zeitalter hinaufreichen, die indisches, persisches, griechisches, arabisches Wissen mit einbeziehen – eine Wurzel geht auf den keltischen → Kessel der Fülle, der Weisheit, der Wiedergeburt, kurz des Lebens, zurück. Für den Gralshüter läßt sich ein Vorbild in → Brân finden: Der Fischerkönig siecht dahin, nachdem er eine Wunde »am Schenkel« empfangen hat, und sein Land ist dadurch wüst und öde geworden.

Die → *Mabinogion*-Erzählung von → Peredur benennt zwar den Gegenstand nicht mit »Gral«, aber im Schloß seines Onkels tragen, nachdem zwei junge Männer mit einer riesigen, blutenden Lanze (vgl. → Blitz) vorbeigekommen sind, zwei Jungfrauen, die Gralsprozession vorwegnehmend, eine Silberschüssel, in der ein abgeschlagener Kopf in seinem Blut schwimmt, eine *tête coupée* (vgl. → Kopfkult), ins Nebengemach.

Ende des 12. Jhs. beschreibt Chrétien de Troyes zum ersten Male einen Gral als kostbare, edelsteinbesetzte Schale. Später erst, als entdeckt wird, daß er die Hostie enthält, die den Fischerkönig am Leben erhält, wird er zum besonderen, geheiligten Gefäß. Chrétiens Zeitgenosse, Robert de Boron, greift auf Blut als Inhalt zurück, jedoch im verchristlichten Sinne, indem er den Gral mit der Abendmahlschale gleichsetzte, in der Joseph von Arimathea das Blut Christi auffing. Der Gral, d. h. das heilige, christliche Gefäß, versorgte ihn während seiner langjährigen Gefangenschaft mit körperlicher und geistiger Nahrung, genauso wie er die Gralsritter auf ihrer tagelangen Meerfahrt nach Sarras und ihrer darauffolgenden Gefangenschaft versorgen sollte. Nach der englischen Überlieferung bringt er diesen nach Glastonbury (vgl. → Avalon). Er soll dort im Chalice Hill, an dessen Fuß die heilige Quelle, Chalice Well, in einem wohlgepflegten Garten sprudelt, vergraben worden sein. Als zuvor »450 Jahre nach der Passion Christi« der Gral in weiße Seidentücher gehüllt am Artushof erschien und an der Tafelrunde entlangglitt, fand jeder Ritter zwar die Speise an seinem Platz, die er sich heimlich gewünscht hatte, gleichzeitig fühlte er jedoch im Herzen eine solche Sehnsucht, das Mysterium des Grals zu ergründen, daß alle → Artus' Hof verließen und sich auf die Suche machten. Jetzt spielt nicht mehr das physische, sondern das spirituelle Leben die Hauptrolle. Der Gral greift, im Geistigen nährend, heilend, belebend ein, aber nicht mehr für die reale Welt, sondern für ein davon abgetrenntes Jenseits, das allerdings mit dem ewigen Leben gekoppelt ist. Sicher der wichtigste Unterschied zwischen dem christlichen Gral und seiner keltischen Vorlage ist, daß er nicht mehr als Durchlaufspunkt in einer ewigen Wiederholung, sondern als Endpunkt einer linearen Entwicklung gesehen wird.

Grian

3 km sw. von (New) Pallas Green bzw. Grean (Gr. Tipperary) an der Limerick-Tipperary-Verbindung erhebt sich über dem alten, gleichnamigen Dorf der Feenhügel (vgl. → *síd*) Cnoc Gréine, der Andersweltsitz der → Feenkönigin Grian-mit-den-glänzenden-Wangen. Neuir. »grian« heißt noch immer »Sonne« – Grian ist die zur → Fee reduzierte Sonnengöttin (vgl. → Gestirne). Sie gilt entweder als Doppelgängerin von → Áine oder als deren Nichte oder Tochter von Fer Í (vgl. → Bäume), seltener als Tochter → Fionns, und einmal wird ihr Name synonym für → Macha gebraucht. Zur Strafe, weil sie die → fünf Söhne Conalls, des Sohns von → Eochaid, verfolgten, verwandelte sie diese in Dachse (vgl. → Metamorphose). Auf der Suche nach seinen Söhnen überfiel deren Vater die Schlafende, worauf sich die Feenfrau durch das Versprechen von Wohlstand loskaufte und ihn mit magischem Staub (vgl. → Zauber) berieselte. Conall erreichte seine Festung jedoch nur noch, um sich zum Sterben hinzulegen.

Gwalchmai

»Mai-Falke« (?), Sohn des Gwyar, im → *Mabinogion* König → Artus' Neffe und einer seiner zuverlässigsten Ritter, erreicht zur Verblüffung weniger zivilisierter Elemente am Hof, z. B. → Kai, noch mehr mit Höflichkeit und freundlichen Worten als mit Waffengewalt. In einer frühen Fassung der → Tristan- und → Isolde-Sage spielt er die Rolle des Friedensstifters (vgl. → Sencha, → Nissyen).

Gwalchmai ist die Vorlage für den Artusritter → Gawain.

Gwenhwyfar

König → Artus' Gemahlin Gwenhwyfar trägt nicht nur die walisische Übersetzung von → Finnabairs (ir.) Namen, sondern sie teilt wie diese auch Züge der keltischen → Muttergöttin, und das auch noch, nachdem sie schon längst als »Ginevra« in die festländische, spätmittelalterliche Literatur eingegangen ist.

Eine walisische Triade spricht von → drei Ginevras, drei großen Königinnen, allesamt Artus' Gemahlinnen, was Ginevra in eine Reihe z. B. mit einer → Brigit oder → Macha stellt. Eine andere, die an die drei treulosen Gattinen erinnern soll, hängt Ginevra als vierte und als schlimmste von allen an. Ohne die Idee, daß sie die → Oberhoheit symbolisierte, ist nicht recht ersichtlich, warum Artus und Medraut (vgl. → Mordred) sich in den tödlichen Endkampf von Camlann stürzten, nur weil letzterer die Königin schlug. Die → *Mabinogion*-Geschichte von → Peredur macht den Zusammenhang erst klar: Ein fremder Ritter provoziert Artus, indem er der Königin den → goldenen Weinkelch entreißt, sie ohrfeigt, ihr den Inhalt ins Gesicht schüttet, und dann mit dem kostbaren Gefäß das Weite sucht.

Durch alle Zeiten und Kulturen hindurch läßt sich Ginevra mit Vorliebe entführen: Um 1130 schildert z. B. Caradoc von Llancarfan in seiner *Vita von St. Gildas*, wie Melwas, der »König des Sommerlandes«, die Königin auf dem Tor (vgl. → Gwyn ap Nudd) von Glastonbury (vgl. → Avalon) gefangenhielt, sie jedoch schließlich nach Intervention des Heiligen wieder an ihren Gatten zurückgab. In Geoffrey von Monmouths Version muß Artus seine festländische Eroberungskampagne abbrechen, weil Mordred sich der Königin bemächtigt hat.

Und dann gibt es natürlich auch noch den edelsten Ritter, der sie aus Lebensgefahr rettet und auf seine Burg mitnimmt, → Lancelot du Lac, womit die französische Überlieferung die Dreiecksgeschichte Artus–Ginevra–Lancelot ausstattete, die letztlich auf das → Rigani-Konzept zurückgeht.

Gwion Bach

Die Vorstufe zu → Taliesin ist Gwion Bach, wal. »der Kleine«. Der Junge soll mit einem blinden Alten zusammen das Feuer (vgl. → Elemente) unter → Ceridwens → Kessel hüten, das ein Jahr und einen Tag nicht ausgehen darf, damit der Kräutersud darin auf die → drei Tropfen der Inspiration zusammenkochen kann. Kurz vor Ende der Kochzeit spritzen sie auf Gwions Finger, der, wie → Fionn, vom plötzlichen Schmerz erschreckt, sie unwillkürlich in den Mund steckt und dadurch unbegrenztes Wissen aus Vergangenheit, Gegenwart und Zukunft erlangt. In einer Reihe von → Metamorphosen versucht er vergeblich, der erzürnten Ceridwen zu entfliehen. Sie verleibt sich ihn ein und bringt ihn als Wales' berühmtesten Dichter-Magier (vgl. → *fili*) wieder auf die Welt.

Gwydion

Der vierte Zweig des → *Mabinogion*, → »Math, Sohn des Mathonwy«, könnte ebensogut »Gwydion, Sohn der → Dôn«, heißen, denn was die Handlung vorantreibt, sind sein ruheloser Geist und seine zuweilen nicht ganz lauteren Initiativen.

Als Schüler seines Onkels Math ist er ein geschickter Zauberer (vgl. → Zauber), ein Dichter (vgl. → *fili*) und Kämpfer, der seine Ziele mit Energie und Gerissenheit verfolgt.

Mit Selbstverständlichkeit handhabt er die Kräfte der Pflanzenwelt: Aus Seetang und Algen wird ein Schiff, Giftpilze werden zu prächtigen Schildern, Büsche und Bäume zu Kriegern. In → Taliesin zugeschriebenen Gedichten behauptet dieser, weder von Vater noch Mutter abzustammen, sondern von Gwydion aus → neunerlei Ingredienzen, u. a. Kräutern, Blumen und Früchten, zusammengezaubert worden zu sein. In einem andern jedoch sagt er aus, daß er bereits vor Gwydion in Dôns Hof weilte. Soviel Selbständigkeit bedeutete einen großen Fortschritt in dessen magischer Laufbahn, denn als er für → Lleu die Blumenfrau Blodeuedd erschaffen will, bedarf er noch Maths Hilfe. Auch der umgekehrte Prozeß ist ihm geläufig, denn in der *Schlacht von Goddeu* soll er Bretonen in → Bäume verwandelt haben. Bis zu einem gewissen Grad besitzt er Macht über Tierformen, zaubert er doch, um → Prydery die → Schweine → Arwans abzuluchsen, die dieser weder verschenken noch verkaufen darf, bis sich die Herde verdoppelt hat, zwölf kostbar ausgestattete Pferde und Windhunde zum Tausch her. Der buchstäblich »faule Zauber« hält genau einen Tag, mit dem Ergebnis, daß im Krieg zwischen Math und Prydery Menschen unnötig umkommen, Waffen und Vorräte verschleudert werden und Prydery von Gwydions Hand fällt.

Das Manöver mit den Schweinen war Teil des großen Planes, seinem Bruder → Gilvaethwy die schöne Goewin zu beschaffen, wofür Math die beiden Brüder zur Strafe → Metamorphosen durchlaufen läßt. Jetzt nützen Gwydion seine Künste nichts mehr: Math ist sein Meister, der ihn packt, obwohl er charakteristischerweise auszubüchsen sucht, und ihn in einen → Hirschen, eine Wildsau (vgl. → Schwein) und einen → Wolf verwandelt. Soll er also für eine Weile nach den strengen Gesetzen der wilden Tiere leben, wenn er seine Kräfte und Gaben mißbraucht (vgl. → *fili*)!

Kaum ist er an Maths Hof wieder in Gnaden aufgenommen, beschwatzt er seinen Onkel, → Arianrod als »Fußhalterin« einzustellen, obwohl er wissen müßte, daß seine Schwester für das Amt nicht taugt. Immerhin kümmert er sich so liebevoll um deren zweites Kind, daß er in der Literatur gern als dessen Vater bezeichnet wird, was die Erzählung selbst jedoch offenläßt. Gegen den Willen der Mutter verschafft er mit den erprobten Methoden, Magie und List, dem Jungen einen Namen, → Lleu Llaw Gyffes, Waffen und eine Frau. Als jedoch die Verbindung in Ehebruch und Lleus Tod endet, sucht er diesen treulich überall bis in die → Anderswelt hinein, wo er im halbverrotteten Adler (vgl. → Vögel) in der Rieseneiche (vgl. → Bäume) den Gesuchten wiedererkennt und mit einem magischen Gedicht anlockt. Schon Prydery, in dessen Festung er als Dichter verkleidet Einlaß fand und den ganzen Hof mit seinen Geschichten bezauberte, »er war der beste Geschichtenerzähler, den es je gab«, genoß das Zwiegespräch mit ihm und mußte zugeben, er habe »eine gute Zunge in seinem Kopf«. An anderer Stelle sperrten ihn → Pwyll und → Pryderi aus Rache in die Unterwasserfestung Caer Siddi, wo dem Schwergeprüften in der Dunkelheit die Gabe der Dichtung zuteil wurde. Nach jeder Strophe kommt der klägliche Vogel etwas näher und läßt sich schließlich auf Gwydions Knie nieder, so daß er ihm Menschengestalt zurückgeben kann. Die ungetreue Blodeuedd bestraft er jedoch, indem er ihr Vogelgestalt gibt und sie in eine Eule (vgl. → Vögel) verwandelt (vgl. → Eulengöttin).

Gwyn ap Nudd

Die christlichen Quellen bezeichnen Gwyn ap Nudd, den »Hellen, Weisen« (vgl. → Fionn), den Sohn des → Nodens, als (Feen-)König von → Annwn. Wie Arawn ist auch er ein Jäger und Krieger. Im → *Mabinogion* eröffnet → Ysbaddaden → Kulhwch, daß die Jagd auf → Twrch Trwyth unmöglich sei ohne »Gwyn, Sohn des Nudd, dem Gott die Kräfte der Dämonen von Annwn gegeben hat, um die Zerstörung dieser Welt zu verhüten, und Gwyn kann nicht losgelassen werden«.

Der christliche Schreiber hat mit erstaunlicher Einsicht die Aufgabe des Andersweltfürsten formuliert: An der Nahtstelle des Kreislaufes löst er durch den Tod das Leben aus dem individuellen Verband, um die Lebensimpulse nach einer Zeit den → Muttergöttinnnen wieder zukommen zu lassen. Ohne ihn würde die reale Welt wirklich wüst und leer. Deswegen ist er, theoretisch wenigstens, unabkömmlich, denn natürlich nimmt er an Kulhwchs Expedition teil, sogar gute Ratschläge zur Durchführung an → Artus austeilend, da sie ja sonst zum Scheitern verurteilt wäre.

Die *Vita von St. Collen* (6. Jh.) läßt den Heiligen, nach einer Reihe vergeblicher Einladungen, den Andersweltfürsten im Tor von Glastonbury (vgl. → Avalon) endlich aufsuchen. Empört über das rauschende Andersweltfest in dessen prunkvollem Palast spritzt der heilige Mann mit Weihwasser um sich, worauf es totenstill und stockdunkel wird und St. Collen die Sinne schwinden. Er erwacht später wieder auf dem Hügel.

Als sehr interessantes Detail enthält *Kulhwch und Olwen* die Entführung der Creiddylad, »dem hoheitsvollsten Mädchen Britanniens«, am Maientag (vgl. → Beltene), knapp vor ihrer Hochzeit mit ihrem Bräutigam Gwythyr durch Gwyn ap Nudd. Die zyklische Wiederholung einer → Rigani-ähnlichen Konstellation, die → Muttergöttin zwischen zwei Göttern, die für die wiederkehrende Fruchtbarkeit der Erde im Frühling–Sommer sorgt, wird ins christlich-lineare gewendet: Artus setzt durch, daß die zwei Männer jeden Maientag miteinander um das Mädchen kämpfen (Winter–Sommer) bis zum Jüngsten Gericht. Wer dann siegt, darf das Mädchen behalten!

Hammer

Auf steinzeitlichen Felszeichnungen, vor allem in Südschweden und Südostnorwegen, kommen neben der → Axt auch Hämmer vor, entweder für sich oder als Attribut vom Vorläufer des Donnergottes Thor. In den Höhlen Frankreichs findet man das Hammermotiv ebenfalls. Seit der Bronzezeit befinden sich

Hämmer und andere Werkzeuge gern als → Miniaturen unter den → Votivgaben oder → Amuletten.

Wo der Hammer auf gallorömischen Altären abgebildet ist, kann es sich um ein Kürzel des keltischen »Hammergottes« handeln, von dem über 200 Abbildungen, hauptsächlich in den Rhône-Saône-Rhein-Tälern, vereinzelt jedoch auch in Spanien, Portugal und Britannien, gezählt worden sind. Wo er benannt wird, heißt er → Sucellus.

Entweder hält er einen kurzstieligen Hammer in der Linken (vgl. → links) von der Art, die heute noch zum Steineklopfen benützt wird, oder einen langstieligen, wie ihn Küfer verwendeten; zuweilen hat der Hammerkopf auch die Form eines Fäßchens. Die Details können verschieden sein, wichtig ist jedoch, daß der Stiel in der Mitte sitzt, was zwei deutliche Enden schafft. Dieser Hammer ist wie Thors Mjöllnir ein ambivalentes Werkzeug, vergleichbar mit → Dagdas lebensschaffender bzw. todbringender Keule.

Hammer und Doppelaxt auf dem Relief des »Hammergottes« (Badisches Landesmuseum, Karlsruhe).

Der Zusammenhang zwischen Axt und Hammer ging nie verloren: Nicht nur der litauische Donnergott Perkúnas oder sein finnisches Gegenstück Ukko wurden sowohl mit Beil/Axt als auch Hammer abgebildet; am langstieligen Hammer des »Hammergottes« von Karlsruhe (Badisches Landesmuseum, Karlsruhe) sitzt etwa ein Drittel vom Boden eine Doppelaxt, ein Symbol des wohltätigen und zerstörenden → Blitzes. Die Gedankenverbindung ist leicht nachvollziehbar, schließlich ist der funkensprühende Hammer das Werkzeug des → Schmiedes par excellence, das beim Zuschlagen ein donnerähnliches Geräusch von sich gibt. P. W. Joyce führt eine Ortsnamenserklärung an, die beweist, daß die Inselkelten diese Vorstellung teilten: Im Jahr 512 soll ein irischer Hochkönig vom Blitz in einem Feld erschlagen worden sein, das fortan »Achad-forcha« hieß, »das Feld des Blitzes bzw. des Hammers«. Noch die Vier Meister (um 1630) benützen in ihren *Annalen* den Ausdruck »forcha-teinnighe«, »vom Hammer des Blitzes getroffen worden sein«.

Hase

Bei den Indogermanen war der Hase das Tier des Mondes (vgl. → Gestirne), der das Wachstum auf Erden kontrolliert, ein Symbol der Fruchtbarkeit und ein geeignetes Attribut für die Göttin der Liebe. Die Griechen opferten ihn ihrer Aphrodite. Mangels einer einheimischen Vorgängerin der gallo-römischen → »Venus« übertrugen die Kelten diesen

Der Hase findet sich als häufiges Motiv auf gallo-römischer Keramik (Topf; Musée Romain, Avenches).

Gottheit mit Hase (Le Touget; Musée des Antiquités Nationales, St. Germain-en-Laye).

Brauch auf die → Muttergöttin, was z. B. eine Abbildung zu F. Benoits Untersuchung zur vorrömischen Kunst im Rhônetal belegt, die zwei Gestalten zeigt, die einer solchen einen Hasen übereichen.

Einheimische Keramik, mit Vorliebe bauchige Krüge und Töpfe, wie z. B. die Exemplare von Aventicum (Musée Romain, Avenches), ist zuweilen mit Kranichen (vgl. → Vögel) oder Hasen verziert, ohne den sonst üblichen Jagdzusammenhang. Die halbwüchsige Gottheit aus Le Touget (heute im Musée des Antiquités Nationales, St. Germain-en-Laye) ist ein Grenzfall. Weder Kleidung noch Waffe rechtfertigen die Klassifizierung »Jagdgottheit«; außerdem hält sie einen lebenden Hasen an den Vorder- und Hinterläufen vor dem Leib, wobei das Tier, furchtlos auf der linken Seite (vgl. → links) zu einem Hund hinunter äugt, der mit gereckter Schnauze zu ihm hochschnüffelt. Hase und Hund scheinen sich nicht feind: Ist die Annahme zu gewagt, daß hier die Zusammengehörigkeit der Fruchtbarkeits- und Todeskräfte wiedergegeben wird?

Dafür, daß Caesar Hase, Hahn und Gans (vgl. → Vögel) als die heiligen Tiere der Briten bezeichnet, sind erstaunlich wenige Zeugnisse von Hasen vorhanden; zwar erwähnen schriftliche Quellen das Opfer → Boadiceas an ihre Göttin, → Andraste, gelegentlich kommen Hasenknochen und Pelzreste an Schreinen und in Schächten vor, aber außer den Darstellungen als Jagdbeute (vgl. → Cocidius) erschöpft sich die Sammlung in ein paar Bronzefigürchen als → Votivgaben. Allerdings galt auch auf den Britischen Inseln und in Irland die internationale Assoziation zwischen Hase und Hexe. Dem Keltischen näher dürfte der Volksglaube liegen, wonach in den Adern von Hasen Feenblut kreist, weswegen sie, je nach dem Grad der puritanischen Einstellung der Gegend, gar nicht oder besonders heftig gejagt wurden. Die walisische → *Ceridwen-Sage* mußte zwangsläufig die Rollen vertauschen: Die erboste Muttergöttin wird zum Hund, → Gwion Bach zum flüchtenden Hasen (vgl. → Metamorphosen).

Die irische Volksüberlieferung bewahrte den Zusammenhang zwischen Hase und Muttergöttin bis in unser Jahrhundert. Sagen vom Typ Cians, dem Sohn des Maelmuaidh, der eine → Feen-Frau gewinnt, indem er seinen Hund auf einen Hasen hetzt, der sich vor seinen Augen in ein schönes Mädchen verwandelt, das ihm seine Liebe schenkt, unterscheiden sich beträchtlich von den Hexensagen. Nach Estyn Evans sahen die Schnitter einiger Gebiete Irlands ganz handgreiflich im Hasen die → *caillech*. Bei der Ernte feuerten sie sich gegenseitig mit dem Ruf an: »We'll put the hare out of it today«, »Heut' jagen wir den Hasen raus«, d. h. aus dem Korn.

Hasel → **Bäume**

Heilige
Christliche Heilige der inselkeltischen Kirche (vgl. → St. Brendan, → St. Brigid, → St. Columcille) übernahmen mit Vorliebe mythologische Strukturen der ehemaligen Götter und behielten sie auch bei, während die kanonisierten der Festlandkirche soviel wie möglich davon ablegten.

Heilige Hochzeit
Die Verbindung einer weiblichen mit einer männlichen Gottheit in einer Heiligen Hochzeit (Hierogamie) ist aus schwedischen Felszeichnungen bereits als steinzeitliche Vorstellung bekannt und gehört zum indoeuropäischen Grundstock, den jedoch die verschiedenen Zweige ihren Bedürfnissen anpaßten, wobei der ursprüngliche Zweck, die Fruchtbarmachung der Erde, mehr oder weniger in den Vordergrund rückte. Beim Zeus von Dodona z. B. paarte sich noch ein Naturgott mit der Erdgöttin Dione, beim olympischen dagegen ein Himmelskönig mit seiner Himmelskönigin Hera, deren Erd- und Fruchtbarkeitsaspekt immer weiter zurücktrat, während er beim skandinavischen Götterpaar Freyr–Freya eine große Rolle spielte.

Bei den Festlandkelten feierte nach J.-J. Hatt die große Muttergöttin → Rigani jährlich eine Hochzeit, sowohl mit → Taranis als auch mit → Esus/→ Cernunnos, was die Gallier in → Jahreszeitenfeste faßten. Hatt interpretiert das Relief von Saintes (heute im Musée des Antiquités Nationales, St.-Germain-en-Laye) als Darstellung einer solchen Szene: Auf der Rückseite thront Esus mit untergeschlagenen Beinen über → drei Stierköpfen (vgl. → Stier), flankiert von einer → Muttergöttin und → »Herkules«/→ Smertrios, während er auf der Vorderseite seiner Gemahlin, in einer eigentlichen Trauungszeremonie, einen → Torques überreicht.

Die Vereinigung des → Dagda mit der → Morrígan, immerhin der »großen Königin«, vor der Schlacht von → Mag Tuired ist ein Beispiel für die Überlieferung der Inselkelten. Allerdings wurde diese meist dadurch kompliziert, daß sie mit der → Oberhoheit und der → rechtmäßigen Herrschaft gekoppelt war.

Als im 12. Jh. Giraldus Cambrensis angewidert bei den Krönungsfeierlichkeiten eines Kleinkönigs von Nord-Ulster zusah, war dem walisischen Kleriker mit Sicherheit nicht bewußt, daß er einer Hierogamie beiwohnte, die ihre Parallele in einem altindischen Ritus hatte. Für ihn war es einfach nur verwerflich, daß sich der angehende König u. a. mit einer weißen Stute (vgl. → Pferde), der Muttergöttin in Pferdegestalt, Symbol des Territoriums und der Erde (vgl. → Elemente) und obendrein Verkörperung der Königsherrschaft, vereinen mußte, damit seine Herrschaft → rechtmäßig und in jeder Beziehung fruchtbar werden konnte.

heilige Quellen → **Quellen**

Heilige Raserei
Bei den ersten Anstürmen der Kelten Ende des 4./Anfang des 3. Jhs. v. Chr. verloren Etrusker, Römer und Griechen den Kopf. Der ohrenbetäubende Kriegslärm, Hörner, Trompeten, wilde Gesänge und Schlachtengebrüll, das Getöse der Wagenfahrer, die mit den Waffen an die metallbeschlagenen Wagenseiten schlugen, und der Truppen, die damit auf die Schilde hieben, entnervte sie. Was sie jedoch in Panik versetzte, waren die wild gestikulierenden, bis auf den → Torques nackten, baumlangen, blonden Krieger der ersten Reihen, die mit todesverachtender Kampfeswut die Gegner angingen.

Klassische Schriftsteller, u. a. Polybius, Diodor, Strabo, Caesar und Tacitus, schildern solche Zusammenstöße mit den Kelten nicht selten mit unverhohlener Bewunderung für die vom »furor« erfaßten Barbaren, die im Zustand der »heiligen Raserei« den Göttern näherstanden als den Menschen. Druidische Techniken (vgl. → Druiden), Riten, Magie, Gesänge, rituelle Wortgefechte und Prahlerei vor dem Zusammenprall und der Höllenlärm während des Kampfes versetzte die ohnehin heißblütigen jungen Männer in einen tranceähnlichen Zustand, in dem vermutlich auch die Schmerzempfindung absank. Den auf solche Art Angefeuerten (vgl. → Elemente) wurden von Menschenhand verfertigte Hüllen zum Hindernis im Austausch mit dem Göttlichen: Gerade die rituelle Nacktheit stellte sie

Heilige Raserei: Bronzefigur eines keltischen Kriegers (Staatliche Museen, Berlin).

in den besonderen Schutz der Götter. Durch den Glauben an die Unzerstörbarkeit des Lebens hatten sie nichts zu verlieren; auf den Ausgang des Kampfes hatten sie letztlich keinen Einfluß – den bestimmten allein die geistigen Mächte. Sie setzten ihre Hoffnung auf den der menschlichen Vernunft entzogenen, den Naturgewalten ähnelnden Angriff und stürzten sich, wie Polybios im Zusammenhang mit der Schlacht von Telamon (225 v. Chr.) beschreibt, »in ohnmächtiger Wut... wild auf den Feind«, wobei sie ihr Leben opferten, auch wenn der Kampf sinnlos geworden war.

Sie glichen den in der irischen Sage geschilderten → Helden, allen voran → Cúchulainn, der, wenn ihn die berühmte Wutverzerrung, *riastrad,* überkam, Freund von Feind nicht mehr unterscheidend solcherart raste, daß → drei Bottiche mit Wasser (vgl. → Elemente) nicht ausreichten, seine Kampfeshitze auf ein Normalmaß zu kühlen. Mit Abstrichen für die dichterische Freiheit stimmen die Aussagen über die Heilige Raserei in der keltischen Literatur und der römischen Geschichtsschreibung überein.

Heiligtümer → **Kultstätte**

Helden

Allein schon → Cúchulainn, → Fionn und → Artus beweisen, welch wichtige Rolle der Held in der inselkeltischen Gesellschaft spielte, vermochten doch diese Sagengestalten jahrhundertelang nicht nur eine große Zuhörerschaft zu fesseln (und vermögen es auch heute noch in neuen Formen Fantasy, Film und Comics), sondern sie galten Generationen als Richtlinien und machten sie in überlebensgroßen Bildern mit der von der Mythologie diktierten *condition humaine* bekannt. Auch wenn sie sich aus abgelegten Götterkonzepten entwickelten und von göttlicher oder übersinnlicher Abstammung sind, bleiben sie in erster Linie Menschen, die die positiven Werte der Gesellschaft verkörperten. Krisen und Krankheiten, Leid und gewaltsamer Tod blieben ihnen nicht erspart (vgl. z. B. → Cúchulainn, → Fergus mac Roich, → Conall Cernach). Übernatürliche Züge empfingen sie als Gaben der → Anderswelt (vgl. → Fionn), die oft genug hart erarbeitet oder unter Todesgefahr verdient werden mußten (vgl. → *gae bulga,* → Aífe, → Scatlach). In Irland läßt sich die Heldenideologie bis ins heroische Zeitalter um Christi Geburt zurückverfolgen, als noch jene auf dem Kontinent und in Britannien bereits verschwundene aristokratische Eisenzeitkultur herrschte, wie sie der → Ulsterzyklus widerspiegelt. Die Ideale, die die Helden vorleben, dürften mit denjenigen des vorrömischen Festlandes identisch gewesen sein.

Fast alle Mitglieder von König → Conchobars Hof sind mehr oder weniger hochkarätige Helden. Das Leitmotiv des Zyklus ist ja die Bestimmung des größten Helden, desjenigen, dem → *curad-mír* gebührt.

Physische Stärke, vor allem im Zweikampf mit einem möglichst ebenbürtigen Gegner, mit Gewissenhaftigkeit geübte Geschicklichkeit, die sich in *cles*, dem Heldenkunststück, formvollendet ausdrückte, Mut und Willensstärke sind unabdingbar.

Interessanterweise ist ausgerechnet Cúchulainn alles andere als von heldenhafter Gestalt; es sind jedoch die inneren Qualitäten, die ihn schließlich über alle anderen hinausheben (vgl. → Cú Roi) – die Aufrichtigkeit, womit er auch angesichts des Todes seine Ehre wahrt.

Nicht nur im Zustand der Wutverzerrung (vgl. → Heilige Raserei) durchglüht ihn Feuer (vgl. → Elemente) in solchem Maße, daß »der

Mond bzw. das Licht des Kriegers über seiner Stirne steht«, sondern er wird mehrmals splitternackt im Schnee sitzend gefunden, der rings um ihn schmilzt. Auch bei anderen Helden wird auf die Körperwärme hingewiesen: Helden besitzen Lebenskräfte in Potenz, was sie zu idealen Partnern der euhemerisierten → Muttergöttinnen macht (vgl. → Flidais, → Medb). Als eifrige Kopfjäger – ein Conall Cernach trägt sie straußweise nach Hause – greifen sie tief in den Lebenskreislauf zwischen der realen und der → Anderswelt ein (vgl. → Kopfkult). Alle setzen sie Kinder in die Welt.

Sie können mit Dichtung umgehen – bei der → Fianna ist dies obligatorisch – und sind mit gewissen magischen Praktiken vertraut. Nicht nur um ihre Kriegerausbildung zu vervollständigen oder um (Zukunfts-)Wissen zu erlangen, suchen sie die Anderswelt auf, sondern auch zu Raubzügen (vgl. → Artus) im Dienste der Menschen, zur Bekämpfung von Dämonen und anderen gefährlichen Wesen; ab und zu attackieren oder töten sie sogar den Fürsten der Anderswelt oder finden den Weg in Begleitung schöner Frauen (vgl. → Feen, → Fand) dorthin.

Helden spielen demnach in der Kriegerklasse eine ähnliche Rolle wie die → Druiden in der ersten Klasse: Sie halten den Kontakt zwischen der Welt der Menschen und der übersinnlichen Welt aufrecht.

Helden sterben üblicherweise jung: Der alternde Fionn ist eine pathetische Figur, und ein → Conchobar disqualifiziert sich gegen sein Lebensende durch unehrenvolles Handeln. Dafür ist ihr Leben vollgepackt mit Prüfungen und Aufgaben und so gerafft, daß bereits Siebenjährige Heldentaten vollbringen, indem sie sich erfolgreich den Todeskräften entgegenstellen (vgl. → Cúchulainn, → Fionn).

Sie unterscheiden sich in ihrem Bewußtseinszustand von den Nichthelden, weil sie die Folgen der von übernatürlichen Mächten erzwungenen Brüche ihrer *gessa* (vgl. → *geis*) klar erkennen und ihren Weg trotzdem nach ihren Grundsätzen zu Ende gehen, im Gegensatz z. B. zu einem → Diarmaid mac Cerbhail, der, obgleich Hochkönig von → Tara, die Augen bis zur letzten Minute vor seinem Schicksal verschließt.

Krieger von Sainte-Anastasie (Musée Archéologique, Nîmes).

Den archäologischen Funden nach fanden klassische Helden, z. B. → Herkules oder die Dioskuren (vgl. → Divannos und Dinomogetimarus) bei den Galliern großen Anklang, was vermuten läßt, daß sie ihre eigenen Heldenkonzepte auf diese übertrugen. In → Smertrios und → Ogmios haben solche überlebt.

Stelen (vgl. → Götterdarstellungen) auf Grabhügeln besonders verdienter Krieger lassen vermuten, daß es sich um Darstellungen von Helden handelt. Möglicherweise gehören auch die Büsten der Krieger von Sainte-Anastasie und Grézan aus der Latène-Zeit mit ihren enormen, haubenartigen Lederhelmen dazu (Musée Archéologique, Nîmes), aber es läßt sich darüber genausowenig mit Sicherheit sagen wie über die südfranzösischen Kriegerstatuen (z. B. → Entremont, → Glanum); ein klarer Trennungsstrich zwischen Göttern, Menschen oder Halbgöttern läßt sich nicht ziehen.

Mit einiger Gewißheit dürfen in den bis auf den → Torques nackten Krieger der ersten

Schlachtenreihen die Helden der Festlandkelten vermutet werden; im Zustand der → heiligen Raserei befinden sie sich in der typischen Stellung zwischen Göttern und Menschen.

Henwen

Die magische Muttersau (vgl. → Schwein) der walisischen Überlieferung ist Henwen, die Coll (»Hasel«?, vgl. → Bäume), einer der → drei mächtigen → Schweinehirten Britanniens, hütet, indem er ihr durch die See und über Land von Cornwall nach Wales nachfolgt, dort mir ihr herumwandernd, immer mit einer Hand auf ihren Borsten. In Gwent bringt sie ein Weizenkorn und eine Biene zur Welt, weswegen die Grafschaft für Weizen und Bienen berühmt ist, in Pembroke ein Gerstenkorn und eine Biene, wie ersteres eine Wohltat für die Menschen. Im Snowdon-Massiv schenkt sie einem → Wolf- und einem Adlerjungen(vgl. → Vögel) das Leben, und schließlich in Arfon einem getüpfelten Kätzchen, das sich zur Monsterkatze Palugs (vgl. → Katzen) auswachsen wird. Alle drei bringen Tod und Zerstörung mit sich.

Wal. »Henwen« bedeutet »alte Weiße« in seltsamer Umkehrung zu ir. → »Fintan«, »weißer Alter«, der über lange Zeiträume → Metamorphosen durchläuft. Nach der Apposition Henwen, »Sohn des Dallwyr Dallben«, könnte sie ebenfalls das Resultat eines solchen Formwandels gewesen sein – ein Geschlechterwechsel fiele dabei so wenig ins Gewicht wie bei → Gwydion und → Gilvaetwy, die ihre Strafe abwechselnd als Tiermännchen und -weibchen absitzen mußten. Möglicherweise gehört jedoch dieser Zusatz nicht zur ursprünglichen Überlieferung.

Eine zweite Triade (vgl. → drei) vermengt offensichtlich die Henwen-Geschichte mit der Jagd auf → Twrch Trwyth: Nach einer Prophezeiung wird Britannien aus der »Last von Henwens Schoß« Unheil erwachsen, worauf → Artus sie mit einem Heer durch halb Wales verfolgt, um sie zu töten, und genau das erreicht, was er vermeiden wollte: Überall bringt sie ihre positiven und negativen Gaben hervor. Henwen ist vage als »Kulturbringerin« etikettiert worden, was auf den ersten Teil ihrer Mission paßt, für den zweiten aber wenig Sinn ergibt.

Es fragt sich, ob die ursprüngliche Überlieferung nicht eher die Wanderung des Schöpfergottes mit der → Muttergöttin durchs Land beschrieb, wobei Leben an sich zustande kommt, gänzlich unabhängig davon, ob es sich positiv oder negativ auf die Menschen auswirkt.

Herecura → **Aericura**

»Herkules«

Die keltische Vorstellung von dem, was einen Helden ausmacht, deckte sich grundsätzlich mit dem Mythos des griechischen Herakles: Zwar mit außerordentlichen Körperkräften ausgerüstet, aber als Sterblicher geboren, mußte er ein Leben voller Kämpfe, Mühsal und Leid durchlaufen, bis er nach einem gewaltsamen Tod in den Olymp aufgenommen wurde. Die Griechen verehrten ihn als Sieger, Helfer und Retter; den Kelten fiel es leicht, ihren eigenen göttlichen Helden in ihm wiederzufinden.

Der Kontakt mit dem Herakles-Mythos muß früh erfolgt sein: Der Sage nach durchwandert der Griechenheld auf seiner Rückkehr von der Insel Erytheira »im äußersten Westen« Spanien, Frankreich, Italien, wobei er u. a. an der Straße von Gibraltar die beiden berühmten Säulen aufrichtete. Auf diesem Handelsweg und Pilgerpfad konnte sich der Herakleskult verbreiten. Zur Erinnerung an seine verschiedenen Abenteuer – in Frankreich wehrte er z. B. erfolgreich den Angriff einer Räuberbande ab, an der Rhônemündung soll er sich nach Pomponius Mela siegreich mit zwei Söhnen des Neptun geschlagen haben – wurden Gedenkschreine aufgestellt.

Durch die Römer lernten die Gallier Herkules kennen, bei dem sich die Betonung weiter zur Unsterblichkeit hin verschoben hatte, und der nun auch als Schützer der Gewichte neben → »Merkur« am Handel teilnahm.

Herakles/Herkules erfreute sich in Gallien großer Beliebtheit mit Schwerpunkt im Süden und Nordosten, was über hundert Weiheinschriften bezeugen. Zwischen 350 und 400 steinerne und unzählige metallene Darstellungen bilden ihn auf mehr oder weniger klassische Art mit Löwenhaut und Keule ab sowie mit Vorliebe mit jenen Gegenständen, die die Kelten von ihrer eigenen Mythologie her interes-

»Herkules«-Statuette Silberne mit Eber (Augusta Raurica; Römermuseum, Augst).

sierten, Äpfel (der Hesperiden) (vgl. → Bäume), → Eber, z. B. bei der hübschen Silberstatuette von Augusta Raurica (Römermuseum, Augst, Schweiz) oder der Hirschkuh (vgl. → Hirsch). Sie identifizierten verschiedene, nur dem Namen nach bekannte einheimische Gottheiten mit ihm, die P. M. Duval geographisch auflistet: ein Ilunnus, Andossum, Toliandossus im Südwesten, ein Graius im Südosten, ein Oglaius und Magusanus im Norden und Osten, wobei letzterer auf immerhin elf Inschriften erscheint. Den Attributen nach, vorzüglich der Keule, gehörten auch → Smertrios und → Ogmios dazu. Lukianos von Samosata (2. Jh. n. Chr.) hat uns die Reaktion eines Griechen in Gallien vor dem Bild »des Herakles, den die Kelten Ogmios nennen«, hinterlassen: Der Mann verstand die Welt nicht mehr – zwar war der Held mit den gewohnten Attributen ausgestattet, Löwenhaut, Köcher, Keule und Bogen, aber der Rest der Ikonographie erschien ihm als derart kurios, daß er nur mit Hilfe eines Eingeborenen zur mythologischen Botschaft vordrang. Fürs erste war hier der altgewordene, weise Herkules dargestellt . . .

Auch Keltologen haben sich sehr bemüht, hinter die einheimischen Gottheiten zu kommen, die den »Herkules« ausfüllen: Es wurde u. a. auf → Lug, → Teutates, → Sucellos, → Esus getippt, und J. de Vries erklärt kategorisch, es müsse sich um einen »kriegerischen Gott« handeln, mit der Rechtfertigung, die Römer hätten den germanischen Kriegsgott Donar ebenfalls als Herkules interpretiert. Thor-Donar ist wohl ein Kämpfer und Streiter, aber in erster Linie zum Schutz von Göttern und Menschen, und mit Sicherheit sind über physische Kraft und Kampfesmut hinaus die Eigenschaft des Beschützers, Helfers, Beistandes, Überwinders und Siegers die gemeinsamen Nenner vom einheimischen und vom klassischen Herkules. Ein etwas ungewöhnliches Relief im Musée Granet, Aix-en-Provence, zeigt ihn von Kopf bis Fuß gewappnet und mit einer riesigen gebogenen Keule – denn wer selbst maximal geschützt ist, kann auch andere schützen!

Unter diesem Aspekt ergibt es einen Sinn, daß er achtmal mit der → Epona auftritt, wie auch, daß er an → Quellen wie Vichy und → Glanum als Heiler verehrt wurde. Die Kaiser des 2. und 3. Jhs. förderten seinen Kult: »Herkules« schützte das Staatsoberhaupt und verbürgte den Sieg. Kaiser Commodus (Ende des 2. Jhs.) ließ sich sogar als Reinkarnation (vgl. → Seelenwanderung) des »Herkules« feiern.

In Britannien ergibt sich ein ähnliches Bild. Bei mehr oder minder klassischer Darstellung sind Weiheinschriften an einen »Herkules« einheimischer Ausprägung gerichtet, z. B. in Silchester an »Deo er[culi] Saegon«. A. Ross präsentiert das Relief von Castlesteads (Gr. Cumbria), das ihn durch einen → Torques »keltisiert« zeigt, und die ungeheuer massige Gestalt von High Rochester (Museum of Antiquities, Newcastle-upon-Tyne) schreit förmlich nach einer irischen Sagenbeschreibung von Helden, mit Gliedmaßen so dick wie der Körper eines normalen Mannes.

Am beeindruckendsten ist die 60 m hohe, 60 cm tief in den Kreidekalk von Dorset geschnittene Figur von Cerne Abbas (11 km nö. von Dorchester), die mit unübersehbarem

»Herkules« (High Rochester; Museum of Antiquities, Newcastle-upon-Tyne).

Phallus und aggressiv erhobener Keule daran erinnert, daß die Ernte und die allgemeine Fruchtbarkeit eines Landstriches genauso einer unheilabwehrenden, schützenden Kraft bedurften. Der unbekannte einheimische Gott, der sich dahinter verbirgt – → Sucellus oder der → Dagda sind wenig überzeugend vorgeschlagen worden –, besaß offensichtlich eine starke Fruchtbarkeitskomponente. Bis tief in die Neuzeit hinein wurde hier der Maibaum (vgl. → Beltene) aufgerichtet. Kinderlose Ehepaare verbrachten eine Nacht auf der Figur in der Hoffnung auf Kindersegen. Am Fuße des Abhangs sprudelt noch heute St. Augustins heilige → Quelle.

Die Iren kannten »Herkules« als → Ogma, den sie als *trénfer*, »starken Mann«, und *champion*, »Meisterkämpfer«, apostrophierten. Im → *Ulsterzyklus* ist ein solcher Mitglied von König → Conchobars Hof: Triscatal, ein gigantischer Geselle mit einer einer Löwenmähne gleichem Zottelhaar. In *Die Trunkenheit der Ulstermänner* schreitet er »unbewaffnet, nur mit einem breiten Lederschurz bekleidet; er jongliert mit einem Steinblock, den alle Clann Dedad nicht zu heben vermöchten, und tötet 27 Mann, wenn er sie nur grimmig anblickte« (Thurneysen). → Cormac mac Art verdankt sein ausgeschlagenes Auge letztlich dem »starken Mann« der Deisi.

In sozusagen säkularisierter Form bestand das Brehon-Gesetz auf mindestens einen *trénfer*, der den König überallhin zu begleiten hatte, als Leibwächter und professioneller Ausfechter von Zweikämpfen mit gegnerischen »starken Männern«. Zuweilen waren es deren vier, die den König nach allen Himmelsrichtungen schützten und mit ihm zusammen eine heilige → Fünf bildeten. Der »starke Mann« verschwand erst mit dem Zusammenbruch der keltischen Ordnung, und es wäre nachzuforschen, ob er nicht vielleicht in der Jahrmarktsfigur weiterlebt.

Sogar → St. Patrick hielt sich im 5. Jh. in St. Macartan, dem zukünftigen Bischof von Clogher, einen solchen. Einerseits war der Irenapostel peinlich darauf bedacht, sein Prestige bzw. dasjenige seines Gottes bei den Heidenkönigen zu wahren, andererseits war ein solcher *trénfer* bei den vielen Attentaten, die der Heilige in seiner *Confessio* kurz als Nebensache erwähnt, gewiß kein Luxus!

Hierogamie → **Heilige Hochzeit**

Himmel

Nach der bekanntesten Keltenanekdote soll Alexander der Große auf die Frage, was sie am meisten fürchteten, von adriatischen Gesandten die Antwort bekommen haben, nichts, außer daß der Himmel einfallen könne. Das Leben der Kelten spielte sich weit mehr als bei den bereits beträchtlich verstädterten klassischen Völkern im Freien ab. Sie fühlten sich zwischen Himmel und Erde zu Hause, unter dem Dach des Himmelsgewölbes, ähnlich wie wohl heute nur noch die Fahrenden Europas. Durch ihren Glauben an die grundsätzliche → Unsterblichkeit der Seele wohlversorgt, war der Einsturz des Himmels die entsetzlichste überhaupt denkbare Katastrophe, bedingt durch das Zersplittern des Weltenbaumes (vgl. → Bäume), die Machtlosigkeit des höchsten keltischen Gottes (des Himmelsgottes → Taranis bzw. → »Jupiters« der gallo-römischen Zeit) demonstrierend, ein vollständiger Zusammenbruch der göttlichen Ordnung.

In Extremfällen kommen solche Vorstellungen mehrmals in der irischen Sage zum Ausdruck, z. B. als → Sualdaim das Kampfgetöse → Cúchulainns und seiner 27 Widersacher vernimmt, vermutet er, entweder breche der Himmel ein, das Meer (vgl. → Gewässer) trete über seine Grenzen, die Erde bebe, oder es sei der Schrei seines Sohnes in ungleichem Kampf. Er schlägt in → Emain Macha Alarm und fährt mit dem lauten Rufen fort, auch noch, als ihm bei einem Unfall der Kopf vom Leib getrennt wird (vgl. → Kopfkult). König → Conchobar findet den Lärm übertrieben: Noch hätten sie das Meer vor sich, den Himmel über sich, die Erde unter sich.

Gerade weil der Himmelsgott ein Höchstmaß an Sicherheit garantierte, war das → Rad in allen Variationen, als Fibel oder als Anhänger auf Schmuckstücken eingehämmert, in der Funktion eines → Amulettes so sehr beliebt.

Hirsch

Die Gattung Hirsch war hervorragend geeignet, das zyklische Element der keltischen Mythologie auszudrücken: Tatsächlich dürfte die Menschheit u. a. an ihr dieses Konzept überhaupt erlernt haben. Im Laufe seiner sorgfältigen Studien über die britischen Steinzeitmonumente von Avebury und Silbury (Gr. Wiltshire) gelang es M. Dames nachzuweisen, daß, wie bereits 2000 Jahre vor ihnen die Sumerer, die Bewohner Südwestenglands um 2000 v. Chr. im Hirschen ebenfalls das Symbol der großen → Muttergöttin sahen.

In Silbury Hill, dem höchsten Bauwerk des europäischen Neolithikums, einer Monumentallandschaftsskulptur der Großen Mutter, kam Hirschgeweih an zentraler Stelle zutage, genauso wie an allen damit verbundenen Schreinen und Heiligtümern. Als einen der Belege für die europäische Verbindung von Hirsch und Muttergöttin führt Dames einen bauchigen Tontopf von Los Millares in Spanien an, auf dem sowohl die »Eulenaugen« (vgl. → »Eulengöttin«, → »Minerva«) als auch Cerviden eingeritzt sind. Das Geweih, vor allem vom Dam- und Edelhirsch, deutet mit seiner U- oder Lyra-Form (die die Kelten noch auf ihre Münzen prägten) das weibliche, durch die abstehenden Sprossen das männliche Prinzip an, was ein in sich geschlossenes, harmonisches Symbol für Fruchtbarkeit ergibt, das erst in der Bronzezeit in ein männliches und ein weibliches auseinanderfällt. Das Reh bringt eine V-förmige Variante. Der Wachstumsrhythmus des Hirschgeweihs – vom Abwerfen zwischen Februar und März bis zum Freischaben vom Bast im August – stimmt mit der neolithischen Aussaat- und Erntezeit und den verschiedenen Stadien des Kornes bis zur Reife überein. Reh- und Hirschkühe sind zudem vorbildliche Mütter, die selbst bei Gefahr treu zu ihren Jungen halten und sich, wenn nötig, für sie opfern. Die Implikationen sind weitreichend: Hirsch und Samenkorn beweisen, daß nach dem anscheinenden »Tod« das Leben weitergeht: Es ist somit nicht erstaunlich, daß Geweihe seit der Steinzeit überall in Europa in Gräbern auftauchen, zuweilen an den Köpfen der Verstorbenen befestigt oder, wie bei den Skythen, an Pferdeschädeln. Noch die Kelten der Latène-Zeit gaben ihren Verstorbenen Hirschhornscheiben und Hirschzähne als → Amulette mit.

Das Dorf Abbots Bromley (Gr. Staffordshire) ist jeweils am 4. September eine Touristenattraktion, weil hier immer noch »Horntänze« stattfinden: Die jungen Burschen tragen einen mit einem riesigen Geweih geschmückten Hirschkopf vor sich her – die »Hirschhörner« werden das Jahr über in der Kirche aufbewahrt –, während sie in direkter Nachfolge neolithischer Erntefeierlichkeiten tänzerische Figuren ausführen. Gegen Tänze und Hirschmaskeraden »cervulum facere« – wobei Hirsch- oder Rehschädel vors Gesicht gebunden wurden, zu Ehren der großen Göttin, zur Stimulierung der Fruchtbarkeit für das kommende Jahr und zugleich zum Totengedenken – nützte alles Wettern der Kirche nichts. Die Fruchtbarkeitsbräuche tauchten unter, um sich an offiziell christianisierte Anlässe zu heften: Allerseelen/Allerheiligen, Nikolaus – A. Weitnauer zitiert z. B. den hirschhorngeschmückten Oberstdorfer Nikolaus – Weihnachts-, Karnevals- und Kalendenfeierlichkeiten, die zum Teil bis auf den heutigen Tag weiterleben. Und Hubertus ist bei weitem nicht der einzige Heilige, der mit dem Hirschen zu tun hat.

Einen weiteren Aspekt bringen Funde von Reh-/Hirschknochen und Geweihteilen in Schächten (vgl. → Schacht) und Schreinen hinzu, die auf → Opfer hindeuten und noch in keltischer Zeit gang und gäbe waren. Vor der Schlacht von Sentinum (295 v. Chr.) waren die Kelten nach der Anekdote von Livius begeistert, weil sich ihnen eine Hirschkuh zum Opfer anbot. Sie sahen darin ein günstiges → Vorzeichen, ähnlich dem Mutter Erde (vgl. → Elemente) zum Geschenk dargebrachten Hirschen, der dem Opfernden das ewige Leben verbürgte. A. Brisson fand in Villeneuve-Rennville (Dép. Marne) das Skelett eines halftertragenden Hirschen, eines gezähmten also; daß er nur als Lockvogel für seine wilden Brüder gedient haben soll, ist unwahrscheinlich: Er wäre sonst kaum in einem sorgfältig hergerichteten Grab auf einem Friedhof beigesetzt worden. Es ist eher möglich, daß er die

Zwei Mädchen halten einen Hirsch am Geweih (Detail des Kultwagens von Strettweg; Landesmuseum Joanneum, Graz).

Prozession der → Muttergöttin anführte, wie es der Kultwagen von Strettweg (vgl. → Flidais) vorzeigt. Denn es handelt sich dort um eine Prozession, womöglich mit anschließendem Opfer, aber nicht um eine »rituelle Jagd«. Es sind zwei junge Mädchen, die den Hirschen links und rechts am Geweih führen. Hinter der alles überragenden Göttin schreitet ein erwachsenes Menschenpaar mit betonten Geschlechtsorganen. Die berittenen Krieger begleiten den Zug als Ehrengarde.

»Der Krieger beherrscht den Hirsch« (Felszeichnungen aus Val Camonica, Italien).

Im → Val Camonica sind Dutzende von Hirschen und Hirschkühen, ganze Hirschherden abgebildet, teils in Jagdszenen, die an diejenigen der altsteinzeitlichen Jägerkulturen in anderen Teilen Europas erinnern, teils friedlich grasend. Hier läßt sich verfolgen, wie sich, vielleicht aus einem Jäger, eine männliche Figur entwickelt, die in einem Fall deutlich phallisch abgebildet wird, in einem anderen Fall ist der Hirsch signifikanterweise ein »Einhorn«, das, auf dem Rücken des Hirschen stehend, diesen zu dominieren beginnt.

Als die Kelten ihren → Cernunnos ins Val Camonica brachten, war der Boden, mythologisch gesehen, dafür gut vorbereitet. Auf späteren Darstellungen tritt der Hirsch gern, aber nicht ausschließlich, mit Cernunnos auf, am eindrücklichsten auf dem → Kessel von Gundestrup. Das Tier steht → rechts neben der gehörnten Gottheit, ihm den feinen, großäugigen Kopf zuwendend. Sein Geweih zählt eine Sprosse mehr als die des Gottes, ein Hinweis, daß er älter ist oder vollkommener, da hier die → fünf der vier gegenübersteht?

Verbindet er sich mit → Smertrius/Vosegus, → Cocidius, → »Silvanus«, in York ersetzt er sogar den Ziegenbock des → »Merkur«, ist es entweder im Zusammenhang mit dem → Rigani-Mythos oder seinem eigenen Symbolgehalt, der in Richtung Wohlstand und Reichtum gehen dürfte.

Seit der Hallstattzeit erscheint das Hirschmotiv auf bronzenen Gürtelblechen, aber vor allem auf irdenen Töpfen, Vasen und Schalen von England bis Ungarn. Gute Beispiele für solcherart verzierte Tonware besitzt u. a. die Prähistorische Staatssammlung, Museum für Vor- und Frühgeschichte, München, die diese auch effektvoll ausstellt. Mit ein paar präzisen Strichen ist der Hirsch skizziert, gelegentlich zusammen mit ähnlichen, abstrakten Menschenfiguren, u. a. einem »Leierspieler«.

Es ist nicht ausgeschlossen, daß der Hirsch, dessen Starrheit auf den späteren keltischen Vasen Ungarns P. M. Duval als Dekadenz des keltischen Stils beklagt, den Vorläufer für das bekannte Motiv der Folklorestickerei lieferte.

Die Goldschale (vgl. → Gold) aus Zürich-Altstetten ist in jeder Beziehung ein außerordentliches Stück. Durch Aussparung der Punzierung kamen darauf Hirsche zusammen mit → Gestirnen, Sonne und Mond zustande.

So verschieden die Materialien der latènezeitlichen Hirschdarstellungen sind, so unterscheiden sie sich auch im Grad der Abstrahierung. Sehr apart und selten, weil aus Holz, ist der Hirsch aus der spätlatènezeitlichen Viereckssschanze (vgl. → Kultstätten), genauer aus dem holzverschalten → Schacht, von Fellbach-Schmiden. Fast 1 m hoch, besitzt er übergroße Augen und ebensolche Ohren und steht auf den Hinterbeinen, bei elegant erhobenen Vorderläufen, und gehört mit einem spiegelbildlichen Zwilling wohl zu einer Komposition, bei der eine Gottheit in der Mitte die beiden Figuren hält.

Auf andere Art ebenso stilisiert ist die Bronzefigur von Balzers, 3.–1. Jh. v. Chr. (Landesmuseum Vaduz, Liechtenstein). In diesen Zeitraum gehört auch das Stierfigürchen von Stuttgart-Uhlbach (Württembergisches Landesmuseum, Stuttgart), das dank der am Hinterteil befestigten Ringöse als → Amulett getragen werden konnte.

Liegender Hirsch aus Bronze (Biberg; Museum Carolino Augusteum, Salzburg).

Die kraftvolle Eleganz und die bis zum schmelzenden Blick und der gelockten Brust naturgetreue Darstellung sichert dem Bronzehirsch von Neuvy-en-Sullias (Musée Historique, Orléans) einen Platz in jedem Keltenbuch, das etwas auf sich hält. Er ist geradezu das Klischeebild des »stolzen Hirschen«. Malerisch dagegen wirkt der sich aufrichtende

Hirsch von Biberg (Museum Carolino Augusteum, Salzburg). Deutet er Auferstehung an?

Der Brigachstein (vgl. → Adnoba) präsentiert u. a. den Typ des »stolzen Hirschen« mit stark verzweigtem Geweih, während der »Gelübdestein« von Seligenstadt aus dem 2. Jh. n. Chr. (bei Espérandieu), ebenfalls der »Diana« geweiht, Szenen bringt, die Aufnahmen in freier Natur gleichen. Der Hirsch flüchtet im Sprung nach → rechts, während die Hindin ihr Junges säugt.

Diese in Stein gebannte Hirschfamilie erinnert an jene ins Wort gebannte der irischen Sage: → Fionn und seine Gattin Blai Derg und das Kitz → Oisín, ganz abgesehen von der → Fianna. Während im → Rigani-Mythos der Hirsch nur noch eine Nebenrolle zu spielen scheint, gehen die irischen und walisischen Sagen um Hirsch und Hirschkuh in die Dutzende. Muttergöttinnen bzw. Feen, schöne Frauen und Mädchen nehmen fortwährend aus irgendwelchen Gründen Hirsch- oder Rehgestalt an. Der Hirsch gehört zu den häufigsten → Metamorphosen, denen sich auch → Donn und → Mongán unterwerfen. Ein Hirsch, oftmals weiß, oder ein Reh lockt mit Vorliebe eine ganze Jagdgesellschaft wie die → Fianna, die Artusritter (vgl. → Artus) oder einzelne → Helden wie → Fionn, → Artus, → Pwyll in die → Anderswelt. Eine interessante Variante ist das goldene Hirschkalb, das den Helden in die Lage bringt, sich mit der → Oberhoheit in Gestalt einer wilden Hexe auseinandersetzen zu müssen (vgl. → Lugaid). Hirsch/Reh sind die Lieblinge der schottischen → *caillech*.

Die Waliser veranschlagten die Lebenszeit des Hirschen mit 243 Jahren, was ihn zum langlebigsten Vierfüßler macht. Die »Herrin der Hirsche« jedoch schlägt diesen bei weitem, ist doch → Flidais im Grunde niemand anderes als die Große Mutter der neueren Steinzeit.

Hirschlanden, Krieger von

Die bis jetzt einzige vollplastische, fast lebensgroße Statue (Füße fehlen) eines Hallstattfürsten kam 1963/64 bei Ditzingen-Hirschlanden in Baden-Württemberg zutage (vgl. → Götterdarstellungen). Sie lag im Graben am Fuße des Grabhügels, den er einst als Stele krönte (vgl. → Totenkult). Breitschultrig, schmalhüftig,

Krieger von Hirschlanden (Württembergisches Landesmuseum, Stuttgart).

mit mächtiger Beinmuskulatur, und bis auf den konischen Hut – vergleichbar mit demjenigen aus Birkenrinde (vgl. → Bäume) des Fürsten von → Hochdorf –, dem schweren → Torques und dem umgegürteten Antennendolch nackt (vgl. → Helden), verarbeitet er mittelitalienische Anregungen zu etwas eigenständig Keltischem. Zum Vergleich steht im Württembergischen Landesmuseum, Stuttgart, der Krieger von Capestrano daneben.

Historischer Zyklus

Den → *fili* genügte es nicht, Tatsachen chronologisch festzuhalten, um sie bei Gelegenheit zur allgemeinen Belehrung vorzutragen: Sie sonderten aus dem Geschichtsablauf Ereignisse und Persönlichkeiten aus, allen voran natürlich Könige, die in die bestehenden mythologischen Muster paßten, wodurch die Mythologie bei fortwährender Aktualisierung eine Bestätigung erfuhr. Das bedeutete jedoch, daß sich heute Historisches von Sagenhaftem kaum mehr unterscheiden läßt.

Ein gutes Beispiel ist *Esnada Tige Buchet (Die Melodien von Buchets Haus)*, von viel älterem Datum als die beiden schriftlichen Fassungen im → *Lebor Laignech* und → *Yellow Book of Lecan*. König → Cormac und → Ethne, die Tochter Cathaer Mórs von Irland und Buchets Ziehtochter, sind die Hauptpersonen auf einem Hintergrund, der an das Fest der → Anderswelt gemahnt, wobei der Ziehschwiegervater die Züge des Andersweltfürsten trägt. Die »Melodien« sind seine fröhlichen Willkommensrufe, mit denen er seine Gäste zum Eintritt in sein Haus auffordert. Vielleicht noch älteres Material enthält *Scél Baili Binnbérlaig (Die Erzählung von Baile-mit-der-klaren-Stimme)*. Baile mac Buan aus dem Norden verabredet sich mit seiner Auserkorenen Ailinn, der Tochter Lugaids mac Fergus vom Meer, am Boyne (vgl. → Boand). Ein greuliches, plötzlich auftauchendes Gespenst macht Baile glauben, Ailinn sei von den Leinstermännern ermordet worden nach der Prophezeiung der → Druiden, daß sich die Liebenden erst im Tode gehören dürften, worauf dieser vor Kummer stirbt. Auf seinem Grabhügel (vgl. → Totenkult) wächst ein Eibenbaum (vgl. → Bäume), dessen Zweige sein Ebenbild formen (vgl. → Götterdarstellungen). Darauf bringt die Nachricht vom Tod des Geliebten, die das übersinnliche Wesen überbringt, Ailinn ums Leben, aus deren Grab sich ein Apfelbaum dem Licht entgegenstreckt: »... und das Bild von Ailinns Kopf war in dessen Zweigen« (vgl. → Erriapus).

Nach sieben Jahren verfertigten *fili* aus beiden Bäumen Tafeln, worauf sie die Liebes-, Fest-, Werbungs- und Visionsgeschichten Ulsters bzw. Leinsters schnitzten. Zu → *Samhain* ließ sich König → Art die beiden Tafeln reichen, die in seinen Händen zusammensprangen und so fest hielten, wie »Geißblatt um einen Zweig«. Mit keiner Gewalt waren sie mehr voneinander zu lösen. Lange wurden sie in der Schatzkammer → Taras aufbewahrt.

Der *Historische Zyklus* umfaßt die Zeit von der Regierung → Labraid Loingsechs (3. Jh. v. Chr. bis zu BrianBorú (1001–1014). → Ailill Aulom, → Lugaid mac Con, → Suibne »der Verrückte«, → Cormac mac Art sind die mythologisch ergebnisreichsten Figuren.

Hochdorf, Fürst von

In den Jahren 1978/79 wurde der fast eingeebnete Großgrabhügel bei Eberdingen-Hochdorf

Skizze vom Grab der Fürsten von Hochdorf.

nw. von Stuttgart ausgegraben, wobei zur Überraschung der Archäologen Deutschlands einziges ungeplündertes Zentralgrab aus der späten Hallstattzeit zutage kam. In einer doppelten, blockhausartigen Holzkammer, deren Zwischenräume mit Steinblöcken gefüllt waren (vgl. → Totenkult), unter einer 50 t schweren Steinpackung, lag an der Westwand, also gegen Sonnenuntergang (vgl. → Gestirne), ein 40- bis 50jähriger, 1,87 m großer Mann auf einer bronzenen, auf Rädchen fahrbaren Liege oberitalienischen Stils, auf Tücher, Fellen, Haselzweigen (vgl. → Bäume), Kräuter und Blumen gebettet. Den Abnützungsspuren nach hatte er nur den goldenen → Torques bereits getragen: Fibeln, Armbänder, Gürtelblech, Waffenverkleidung, sogar die Schuhaufsätze aus → Gold waren an Ort und Stelle angefertigt worden, genauso wie die → fünf → Bernsteinperlen, die er als → Amulette trug. Von diesem kostbaren Schmuck sticht sein konischer Hut aus einem Stück zusammengenähter, mit geometrischen Mustern versehener Birkenrinde (vgl. → Bäume) stark ab. Er gleicht demjenigen des Kriegers von → Hirschlanden. Unter der Grabausstattung befanden sich acht mit breiten Goldblechen verzierte Trinkhörner (vgl. → Horn), die zusammen mit dem riesenhaften, 5,5 l fassenden Trinkhorn am Kopfende des Fürsten eine → Neun formen, sowie ein 500 l (!) fassender, löwenverzierter Bronzekessel (vgl. → Kessel) griechischer Herkunft, der nach Analyse des Bodensatzes einheimischen Honigmet enthalten hatte. Eine kleine goldene Schale diente als Schöpfgefäß. An der gegenüberliegenden Wand stand der vierrädrige Wagen (vgl. → Wagenkult) des Fürsten, komplett mit Joch, Zügeln und Zaumzeug für die Pferde. Darauf war bronzenes Speisegeschirr gestapelt, → drei Platten und → neun Teller, vermutlich für das Andersweltfest (vgl. → Anderswelt) bzw. die festländische Variante dazu. Der Grabhügel ist restauriert worden; die Gegenstände befinden sich im Württembergischen Landesmuseum, Stuttgart.

Horn

Als die Kelten ihre Vorstellungen durch Gehörn von → Widder, Ziege und vor allem dem → Rind auszudrücken begannen, war dieses bereits ein stark befrachtetes Symbol. Wie im Geweih (vgl. → Hirsch) faßte die neolithische Große Mutter das weibliche und das männliche Prinzip auch im Horn zusammen. Was in der ungezähmten Natur Stoß-, Kampf- und Reproduktionskraft des männlichen Tieres ausmachte, fügte sich in Gestalt des Ochsen, ihres Pflugtieres, unter ihr Joch. Andererseits war das Rind ihr Frühlingsaspekt, wenn nach dem Wintertod ihre Lebenskräfte mondsichel- (vgl. → Gestirne) und horngleich anwuchsen, und die Vegetation einen neuen Zyklus begann. Das umgekehrte Horn ist die *cornucopia*, das Füllhorn, dem die Gaben der Muttergöttin entströmen. Schon in der Bronzezeit muß sich das Horn zum Komplex Lebenskraft – Geschlechtstrieb – Potenz – Fruchtbarkeit – Kraft – Stärke ausgeweitet haben: Jetzt treten gehörnte, phallische Figuren auf sowie neue Kombinationen, z. B. gehörnte (Wasser-) →Vögel. Die Kelten führten diese Tendenz fort: Weitere mächtige Tiere, z. B. der → Eber, bekamen jetzt auch Hörner verpaßt. Die gehörnte → Schlange läßt sich bis in die Hallstattzeit zurückverfolgen, ehe sie mit → Cernunnos im → Val Camonica zusammen erscheint.

Mächtiger, ehemals dreigehörnter Stierkopf von Octodurum (Musée Gallo-Romain, Fondation Pierre-Gianadda, Martigny).

Bereits Gehörntes erhielt nach dem Prinzip der → drei ein drittes. An die fünfzig dreihörnige Stiere sind bekannt. Eines der schönsten

Beispiele ist das lebensgroße, vergoldete Bronzehaupt des Stieres von Octodurus (Martigny), obwohl das mittlere Horn bis auf den Ansatz verlorengegangen ist (Musée Gallo-Romain, Foundation Pierre-Gianadda, Martigny, Wallis).

Stierhörner mit Kugelenden (Museum von Manching).

Ein weiteres, sehr interessantes Stück ist die versilberte Figur des dreigehörnten Stieres von Maiden Castle (County Museum, Dorchester, Gr. Dorset), der drei Göttinnen auf dem Rükken trägt (vgl. → Rigani). Zuweilen enden die Hörner in Kugeln, eine unter Archäologen vieldiskutierte Eigenart, wie sie bei den Feuerböcken von Welwyn, Gr. Hertfordshire (heute im British Museum, London) oder von Kappel bei Buchau vorkommen, wo in einem Hortfund verschiedene gehörnte Tiere, alle jedoch mit Kugelabschlüssen, zutage kamen (Federseemuseum, Bad Buchau). Die einleuchtendste Erklärung faßt sie als die Kugeln bzw. Äpfel (vgl. → Bäume) der → Muttergöttin auf, womit sie den wilden Stier zähmt, seine Hörner ungefährlich macht und ihn gleichzeitig in ihren Dienst nimmt. Die Kugeln hätten demnach angezeigt, daß er ihr geweiht war, was sich auf alle möglichen Tiere übertragen ließe. Einer der wichtigsten einheimischen Götter Englands, der im Norden einen Schwerpunkt bildete, ist ein nackter, phallischer und gehörnter Krieger, der mit erhobener Waffe dasteht, wie z. B. auf dem Relief von Maryport (Gr. Cumbria). Es ist leicht zu sehen, warum er ein Vorbild für den christlichen Teufel abgab. Auch andere Gottheiten, z. B. → »Mars«, → »Merkur«, → »Jupiter« und → Esus, treten gelegentlich gehörnt auf, sogar weibliche wie die → »Venus«.

Die Benutzung von Trinkhörnern an Fürstenhöfen, aber noch mehr ihre Verwendung als Grabbeigaben, z. B. beim Fürsten von → Hochdorf, zeigt an, daß der Zusammenhang zwischen Horn und Erneuerung der Lebenskräfte auch in der späten Latène-Zeit nicht verlorengegangen war.

Gehörnter Prunkhelm aus der Themse (British Museum, London).

Nach klassischen Berichten übertrugen keltische Krieger das Hornsymbol auf ihre Helme, was u. a. der → Kessel von Gundestrup, der Triumphbogen von Orange und der prachtvolle Helm aus der Themse (British Museum, London) bestätigen. Interessanterweise enden eine ganze Reihe davon in Kugeln: Aber steht der Krieger nicht im besonderen Dienste seiner territorialen Muttergöttin? Opfert er nicht ihr zu Ehren seine Lebenskräfte wie der Ochse?

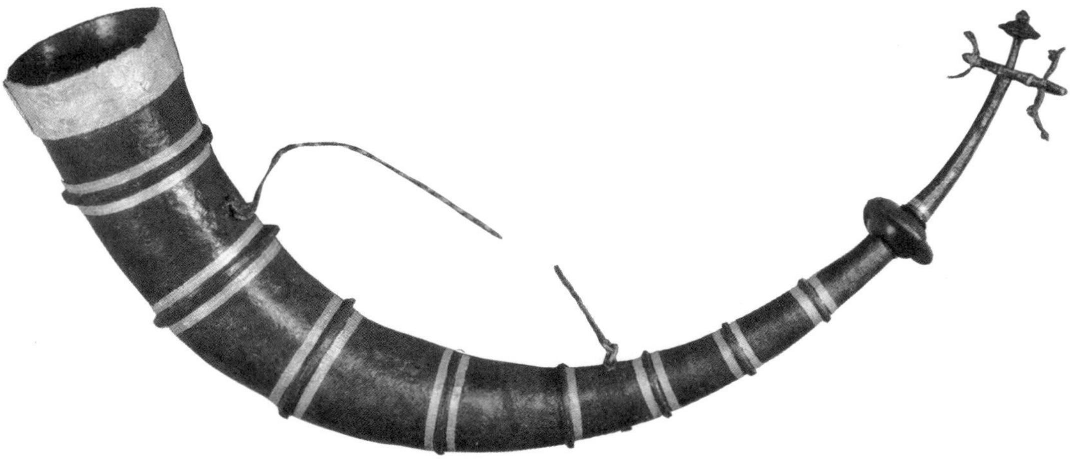

5,5 Liter fassendes Trinkhorn aus dem Grab des Fürsten von Hochdorf (Württembergisches Landesmuseum, Stuttgart).

Hund

Bei den Inselkelten bedeutete »cu« der große, starke, angriffslustige Hund, der als Wächter, Hirte und Jäger seinen Dienst versah und das männliche Prinzip vertrat, »oircne« dagegen das Schoßhündchen, ausschließlicher Frauenbesitz, das sich von der Königin an abwärts alle Damen am Hof hielten und das für das weibliche Prinzip stand. Für das Festland dürfte eine ähnliche Trennung gegolten haben.

So geschätzt der Hund für seine Dienstleistungen auch war, vermutlich beeindruckte er die Menschen noch mehr durch seine als übersinnlich erlebten Fähigkeiten: der außerordentlich feine Geruchs-, Gehör- und Orientierungssinn, der ihn den Weg nach Hause auch unter ungünstigsten Bedingungen wiederfinden ließ, so daß er als Führer und Bote eingesetzt werden konnte. Dazu kamen die zyklischen, stürmischen Brunst- und Paarzungszeiten und die exemplarische Mütterlichkeit der Hündinnen. Auch schrieb man dem Hund große Selbstheilungs- und Heilkräfte zu; noch heute kursieren Geschichten von Hunden, die durch Auslecken von Wunden Menschen das Leben retteten.

Die Gallier setzten Hunde im Kampf ein; die Iren waren berühmt für ihre Wolfshunde, die den → Wolf zur Strecke bringen konnten und nach zuverlässigen Quellen die Größe von Fohlen erreichten. Bis tief ins Mittelalter waren sie beliebte Importartikel für die Reichen und Mächtigen auf dem Festland.

Aus Haughey's Fort unweit von → Emain Macha kam in den letzten Jahren ein überdurchschnittlich großer, prähistorischer Hundeschädel zu Tage, wodurch die Sage von → Cúchulainn plötzlich einen ganz realen Unterbau bekommt. Den vielen Hundeknochen nach wurde hier eine Gottheit, die mit dem Hund zu tun hatte, verehrt. Culans großer, scharfer Hütehund ist nicht nur der Prototyp des »Cu«, sondern war ursprünglich eine Art Zerberus, der die Andersweltbehausung (vgl. → Anderswelt) des → Schmiedes auf der Anhöhe gegenüber Emhain Machas bewachte.

Die Namen, die die Silbe »cu« oder »con« enthalten, gehen in die Dutzende: Der britische → »Apollo Cunomaglus« war der »Fürst der Hunde«, Cunobelius, Vater das Caratacus (vgl. → Cartimandua), bedeutet »Hund des Belinus«, → »Cú Roi« ist dasselbe wie der walisische Cynon, »der große« bzw. »göttliche Hund«. Noch heute gibt es die O'Conors, MacCons und Quins.

Es ist jedoch mehr als nur Wertschätzung – es ist die Verehrung des Hundes als Verkörperung eines bestimmten Kräfteverhältnisses, die Irlands größten → Helden nicht nur seinen Namen von → Setanta zu Cúchulainn wechseln, sondern ihn auch sieben Jahre lang »Hundedienst« versehen läßt! In Cúchulainn kommt die irische Mythologie einem »Hundegott« am nächsten, da er alle positiven Hundeeigenschaften verkörpert. Nicht umsonst liegt auf ihm das → *geis*, kein Hundefleisch zu essen. Die Beziehung zum Hund schafft → Fionn durch seine beiden metamorphorisierten Neffen Bran und Sceolan (vgl. → Metamorphosen): Er braucht diese offensichtlich in Anlehnung an Cúchulainn.

Wie zu erwarten, gesellten die Kelten den Hund ihren Göttern zu: → Nodens, → Sucellus, → »Silvanus«, sogar → »Mars« erscheinen oft in seiner Gesellschaft, wobei die Anderswelt-, Heiler-, Jäger-, Kampf-Komponenten ineinander übergehen.

Unter den Göttinnen wird die → Nehalennia nie ohne ihren Vierbeiner dargestellt; für die → Muttergöttinnen *(matres, matronae)* ist er eines von vielen Attributen, während Epona nur gelegentlich ein Hund nachfolgt und noch seltener auf ihrem Schoß sitzt. → »Diana« ist oft mit ihrem Jagdhund zu sehen.

Bei den weiblichen Gottheiten steht die Verbindung zur Fruchtbarkeit, Mutterliebe und Heilung im Vordergrund. Der Hund weist eine starke Beziehung zur Regeneration der Heil- und Thermalquellen auf, wird er doch öfters in diesem Bereich als → Votivgabe gefunden; in → Lydney Park z. B. kamen → neun bronzene Hundefiguren und eine ganze Reihe von Steinfragmenten zum Vorschein.

Aus dem Quellheiligtum (vgl. → Kultstätte) der → Sequanan und aus dem Tempel vom Wald von Châtillon sind Statuen von Pilgern, meist Kindern, bekannt, die der Gottheit ein Hündchen zum Geschenk bringen (Musée Archéologique, Châtillon bzw. Dijon).

Überall auf Keltengebiet sind Hundeknochen und -schädel in Schächten (vgl. → Schacht) und → Quellen gefunden worden, was auf Opfer deutet: der Hund als abgesandter Bote an die Götter. Andererseits wurden Hunde auch mehrmals regelrecht bestattet, in Kästchen, Gefäßen und Urnen beigesetzt, manchmal sogar mit Menschen zusammen. In solchen Fällen dürfte der Hund die Rolle des Psychopomps, des Führers der Abgeschiedenen zur → Anderswelt, übernommen haben. Als Führer in ein neues Leben scheint er je-

Glashündchen von Wallertheim (ca. 2 cm groß; Mittelrheinisches Landesmuseum, Mainz).

doch genauso denkbar gewesen zu sein: So wurde er wohl in rund einem Dutzend Gräbern am Oberrhein verstanden, die Hundefigürchen aus Ton, Bronze und Gagat enthielten und fast alle von Kindern, hauptsächlich Mädchen, stammten.

Das kurioseste Hündchen, ein Unikum, ist das nur 2,5 cm große Tierchen aus blau-gelbweißem Glas aus Wallertheim (heute im Mittelrheinischen Landesmuseum, Mainz), das gegen alle Regeln der Grabausstattungen dem Brandgrab eines latènezeitlichen Kriegers mitgegeben worden war. Es lag zusammen mit zwei Perlen aus → Bernstein und einer blauen Glaskugel sowie einer Fibel in einer Schale – vom Material und den Begleitgegenständen her ein → Amulett. War der Krieger besonders jung verstorben? Ließ ihn ein Hinterbliebener am Schutz seiner Kindheit teilnehmen?

Davon, wie vielfältig »Hundemythologie« ausgesehen haben kann, gibt der → Kessel von Gundestrup eine Ahnung: Zwölfmal erscheint der Hund/→ Wolf in den verschiedensten Götterkonstellationen auf den Bildern: lebendig, schwebend, rennend, tot oder schlafend, als Angreifer, Wächter, Jäger oder Bote (vgl. → Rigani).

Igerne → **Ygerne**

imbas forosnai → **Zauber**

Imbolc

Die Nacht vor dem 1. Februar und der dazugehörende Tag (vgl. → Zeitenberechnung) gehörte zu den irischen → Jahreszeitenfesten (vgl. → Coligny-Kalender) und leitete den Frühling ein. *Imbolc* fand zu Ehren → Brigits statt und wurde zu → St. Brigids Geburtstag verchristlicht. Allgemein nahm die Kirche das keltische Fest als Lichtmesse in ihren Zyklus auf. Wenn auch nicht mehr, wie ehemals üblich, in allen irischen Familien, so werden heute doch noch in Kindergärten und Schulen St.-Brigids-Kreuze, eigentliche Swastika, aus Binsen geflochten und Glücksspiele gespielt, die einen Blick in die Zukunft erlauben sollen.

Wie dieses Sonnensymbol (vgl. → Gestirne) andeutet, feiert *Imbolc* in erster Line die Wiederkehr des Lichtes im deutlichen Längerwerden der Tage. Dies fällt mit der Zeit des Lammens und der Laktation der Mutterschafe zusammen: St. Brigid wird denn auf Heiligenbildern auch gern als lämmerumhüpfte → Kuh-Hirtin dargestellt.

Imbolc-Vorschriften, wonach Hände, Füße und das Haupt zu waschen waren, deuten auf eine rituelle Reinigung hin, wie sie auch die Römer in ihren *februa*-Zeremonien in der Mitte des Winterhalbjahres abhielten.

immrama

Im Repertoire des irischen Geschichtenerzählers bildeten die *immrama* (Einz. *immram*), »Seereisen«, eine eigene Gattung, auch wenn sie zuweilen nicht scharf von → *echtrae* zu trennen sind. Ihr Thema ist die Reise in die → Anderswelt, nicht so sehr der Aufenthalt dort. Nur drei von sieben aus Listen bekannte sind tatsächlich auch auf uns gekommen, wobei *Immram curaig Maíle Dúin (Die Seereise von → Mael Dúins Boot),* die längste und interessanteste ist. Nachgewiesenermaßen diente sie der *Navigatio Brendani* (vgl. → St. Brendan), die das ganze mittelalterliche Europa in Atem hielt, als Vorlage. Mael Dúin und seine Gefährten laufen 33 Inseln an, bevor sie wieder in Irland landen.

Die Gebrüder Rees nehmen an, daß *immrama* die letzten Ausläufer einer mündlichen Überlieferung sein könnten, die, wie die ägyptischen, indischen oder tibetischen Totenbücher, den Lebenden Anweisungen für die Existenz nach dem Tod gaben und sie an Hand einer Art Anderswelt-Topographie darauf vorbereiteten. Verschiedene der von Mael Dúin besuchten Inseln, wie → *Tír na mBan* oder die Inseln der → Bäume, der »ewig Lachenden« oder »Todtraurigen« oder der »kreisenden Feuerwände« sind Gemeinplätze, die in vielen Erzählungen auftauchen. Andere dürften zum esoterischen Wissen gehört haben. Womöglich brauchten nicht alle Abgeschiedenen alle Stationen zu durchlaufen, bevor sie »wieder nach Irland kamen«, d. h. ein neues Leben in der Welt der Menschen aufnahmen (vgl. → Unsterblichkeit der Seele, → Seelenwanderung).

Ingcél

Conaire Mór schickt seine zu Unrecht begnadigten Ziehbrüder nach Britannien, damit sie dort ihre Räubereien fortsetzen. Auf See treffen sie mit Ingcél Caecht, dem Königssohn von Britannien, und seiner Schar zusammen, die wie sie aus gleichen Gründen aus ihrer Heimat verbannt worden sind. Sie beschließen, gemeinsame Sache zu machen.

Der Name »Ingcél« ist als »schlechtes → Vorzeichen« gelesen worden; »Caecht« bedeutet »einäugig«. Äußerlich steht er weder einem → Goll noch einem → Balor nach, jedoch sein einziges Auge, »so breit wie eine Ochsenhaut, mit → drei Pupillen«, ist »pechschwarz«. Er ist also nicht an das Himmelsfeuer (vgl. → Elemente), die Sonne (vgl. → Gestirne), angeschlossen, das, wenn auch im → Blitz tödlich wirkend, zum ewigen Lebenszyklus gehört. Sein Auge erfüllt das Dunkel, das Nichts. Seine Fäuste sind so groß wie Erntekörbe. Er paßt zu den Ziehbrüdern, Nachkommen des → Donn, ist ihnen jedoch an Unerbittlichkeit und Zerstörungswillen überlegen, denn diese wollen wenigstens Conaire verschonen. Vom Los bestimmt, hatten sie zuerst Britannien heimgesucht und dabei Ingcéls ganze Familie ausgerottet: Jetzt wandten sie sich nach Irland, neuen Schandtaten zu. Den Überfall auf den → *bruiden* und König Conaire betrachtete Ingcél als sein gutes Recht, als die ihm zustehende Gegenleistung, wovon er sich durch nichts abbringen ließ. Als Späher blickte er durch die Wagenräder (vgl. → Rad) in die erleuchtete Festhalle und beschrieb die Anwesenden, wobei er Taten, die erst geschehen sollten, als bereits getan schilderte, z. B. sticht Conaires siebenjähriges Söhnchen mit einer stachelbewehrten Binse ihm und fünfzehn seiner Spießgesellen je eine Pupille aus. Im Kampf um → Da Dergas Halle, in dem auch Conaire fällt, entkommen nur → fünf Räuber: Einer davon ist Ingcél, die personifizierte Vernichtungskraft. Er gehört nicht zu den Anderswelfürsten, er ist keiner der keltischen »Totengötter« – ihm muß eine Gottheit zugrunde gelegen haben haben, die das Leben als solches bedrohte.

Interpretatio Romana

Die sogenannte *Interpretatio Romana* – ein von Tacitus geprägter Ausdruck für die Gleichsetzung fremder mit römischen Göttern – ist in erster Linie die Interpretation Caesars, so wie er sie im 6. Buch von *De Bello Gallico* hinterlassen hat: »Als Gott verehren sie besonders Merkur: Von ihm gibt es die meisten Bildnisse, ihn halten sie für den Erfinder aller Künste, für den Führer auf allen Wegen und Wanderungen, ihm sprechen sie den größten Einfluß auf Gelderwerb und Handel zu. Nach ihm verehren sie Apollo, Mars, Jupiter und Minerva. Von diesen haben sie ungefähr dieselben Vorstellungen wie die anderen Völker: Apollo soll die Krankheiten vertreiben, Minerva die Grundelemente des Handwerks und der Künste lehren, Jupiter die Herrschaft über den Himmel bzw. die Götter ausüben *(imperium caelestium tenere)*, und Mars soll Kriege führen. ... Alle Gallier glaubten, daß sie von Dis Pater abstammen.«

Der Umstand, daß Caesar mit diesen knapp formulierten Angaben einen Wust von aus Weiheinschriften bekannten Götternamen einfach ignorierte, sich nur auf von reinem Nützlichkeitsdenken geleitete Gleichungen einließ und obendrein den Unterschied zwischen römischen und keltischen Göttern lakonisch auf »ungefähr gleiche Vorstellungen« reduzierte, verwirrte die Keltenforscher oder aber brachte sie in Harnisch. Im offenen Widerspruch zum keltischen Stand der Dinge impliziert Caesar ein in keltischen Landen allgemein gültiges Pantheon mit Göttern klar abgegrenzter Funktionen. Vor allem löste seine Reihenfolge mit Jupiter an vierter, Merkur hingegen an erster Stelle ungläubiges Staunen und Kritik bis zu dem Punkt aus, an dem dem römischen Feldherrn Untauglichkeit als Gewährsmann bescheinigt wurde, mit dem Hinweis, er sei dem Geschwätz von Händlern aufgesessen, die naturgemäß vermehrt mit dem → »Merkur« oder sonst einem einheimischen Gott des Handels zu tun gehabt hätten. Gewiß hing diese Reaktion auch mit der Entmythisierung der Römer zusammen, die nach jahrhundertelanger Ausrichtung auf das klassische Ideal fällig war. Als Folge davon bestritten die einen, daß die Gallier über Götter verfügten, die sich über bloße *numina* erhoben, andere dagegen postulierten einen polyvalenten, allgemeingültigen, vorrömischen Keltengott, der unter klassischem Einfluß zu Einzelgöttern zerfiel. Beide Ansichten sind, gelinde gesagt, extrem; die Absprache der Caesar'schen Kompetenz geht zu weit. Erwiesenermaßen pflegte er

»Merkur«-Statuette aus Bronze (Thalwil; Landesmuseum Zürich).

Kontakte mit gallischen → Druiden und mußte, als Prokonsul der *Gallia Cisalpina*, mit der Umsetzung von klassischen in barbarische Götter und umgekehrt vertraut sein. Seit P. Lambrechts umfangreicher Ehrenrettung des gallischen Eroberers in den vierziger Jahren bewegt sich das Pendel der Mitte zu.

Caesars Ausführungen sind nützlich, solange die Identifizierung Göttertypen und Funktionen meint und keine starren Kategorien verlangt. Grundsätzlich besteht kein Grund, einen Götterhimmel von → fünf großen Göttern und einer weiblichen Gottheit anzuzweifeln, zumal sich in Irland dieselbe Anzahl für ähnliche Aufgabenbereiche vor der Zweiten Schlacht von → Mag Tuired versammelt.

Bei all dem darf nicht außer acht gelassen werden, daß das indogermanische, keltische, druidische Gedankengut schon immer im Austausch mit vorindoeuropäischem gestanden hatte: Das Volk, wie Caesar sich ausdrückt, die *miserrima plebs* mit ihrem starken Einschlag von Ureinwohnern, hielt an neolithischen, kupfer-, frühbronzezeitlichen Fruchtbarkeitsvorstellungen und vermutlich auch am Dämonenglauben fest.

In mancher Hinsicht läßt sich die Situation mit dem Christentum vergleichen: Auch im vorrömischen Gallien stand eine von einer relativ kleinen Schicht praktizierten Hochreligion einer Masse gegenüber, bei der alte und neue Konzepte nebeneinander bestanden und je nach Bedarf benutzt wurden. Besonders deutlich ist dies in Krisenzeiten (vgl. → Amulette) zu sehen.

Nach J.-J. Hatt läßt sich im römischen Gallien die Vorherrschaft eines → Götterpaares, Gott und Göttin, in den Gebieten mit besonders starkem, vorkeltischen Einfluß belegen, eine Triade (vgl. → drei) männlicher Hauptgötter in solchen, in denen indoeuropäische Ideen überwogen.

In der ersten Hälfte des 1. nachchristlichen Jhs. nennt Lukan in seinem Gedicht *De Bello Civili* → drei einheimische Gottheiten, → Teutates, → Esus, → Taranis, was wiederum eine Fülle von Kommentaren hervorrief. Das Gedicht drückt jene antidruidische Einstellung aus, aus der heraus, gekoppelt mit Goldgier (vgl. → Gold), → Môn zerstört und Britannien erobert wurde (vgl. z. B. → Druiden, → Cartimandua, → Boadicea, → Andraste). Im Extremfall ist Lukan auch vorgeworfen worden, irgendwelche barbarische, exotisch klingende Namen, die zudem noch in seine Hexameter zu passen hatten, verwendet zu haben, um die Stimmung anzuheizen. J.-J. Hatt weist jedoch überzeugend nach, daß es sich tatsächlich um die drei höchsten gallischen Götter gehandelt haben muß.

Die *Commenta Bernensia* aus dem 4. Jh., auch als »Berner Scholien« bekannt, tragen wenig zur Klärung bei. Sie setzen sowohl Teutates als auch Esus mit → »Mars« bzw. → »Merkur« gleich, Taranis dagegen mit → »Dis Pater« und → »Jupiter«, und da sie ihn auch für den Krieg verantwortlich betrachten, laden sie ihm zusätzlich eine »Mars«-Komponente auf. Damit kommt er auf eine ähnliche Konstellation wie der → Dagda.

Wenigstens steht bei allen dreien eine Tätigkeit im Vordergrund, so daß sie sich, nach G. Dumézil, in das indoeuropäische Grundmuster einordnen lassen: Taranis hatte als Himmelsgott besonderen Bezug zur Priesterklasse und übte die Oberhoheit (1. Funktion) aus, besaß aber, wenn er als Krieger und Herrscher der Abgeschiedenen auftrat, Mitspracherecht in der 2. und 3. Funktion. Teutates, der Stammesgott, war in Kriegszeiten Heerführer, beherrschte also die Kriegerklasse (2. Funktion), näherte sich jedoch in Friedenszeiten dem Schützer und Erhalter (3. Funktion) an. Esus war hauptsächlich für die Fruchtbarmachung und den Reichtum aus der Fruchtbarkeit verantwortlich (3. Funktion).

Die *Interpretatio Romana* bedingte, was oft vergessen wird, von den Kelten eine *»interpretatio gallica«*; sie sahen in den römischen Göttern nicht dasselbe wie die Römer, sondern identifizierten sie zumeist recht oberflächlich nach äußeren Merkmalen, wobei sie sich von eigenen Vorstellungen leiten ließen. Am auffallendsten ist dies bei den klassischen Göttinnen, die durchweg die Komponente einer → Muttergöttin erhalten.

Isolde

In der walisischen Sage und den Triaden (vgl. → drei) von den drei mächtigen → Schweinehirten Britanniens kommt Isolde als »Essyllt«, Gattin des March ap Meircheion (vgl. → Mark von Cornwall) vor, die dessen Schweinehirt zum Stelldichein bittet, während Drystan (vgl. → Tristan) ihn vertritt und die Schweine gegen → Artus verteidigt.

Es handelt sich hier offensichtlich um Bruchstücke eines → Rigani-ähnlichen Mythos, von dem jedoch in der berühmten festländischen Liebesgeschichte, außer der Grundkonstellation, wenig mehr als die Namen übriggeblieben sind. In der lose mit dem Artus-Zyklus verknüpften Sage ist Isolde die Tochter des Königs von Irland, um deren Hand Tristan zugunsten seines Onkels, Mark von Cornwall, erfolgreich anhält. Auf der Heimreise zu Schiff trinken Brautwerber und Braut aus Versehen den für Isolde und Mark bestimmten Liebestrank und sind fortan unlösbar aneinandergekettet. Isolde wird zwar wie vereinbart Marks Gattin, verwendet jedoch all ihren Scharfsinn und ihre Phantasie darauf, Gelegenheit zu geheimen Treffen zu finden. Eine Zeitlang verbringen die Liebenden, wie → Deirdre und → Naoise oder → Diarmaid und → Grainne, von Mark verfolgt in den Wäldern.

Cornwall bewahrt eine Reihe von mit der Topographie verbundenen Anekdoten, z. B. mit dem Kirchlein St. Sampson von Goland, ö. von Fowey (vgl. → Tristan), wo sich Mark und Isolde vor allem Volk feierlich versöhnt haben sollen, oder die Klippen auf der Westseite von St. Austell Bay, wo sich der zum Tode verurteilte Tristan durch einen kühnen Sprung aus dem Fenster vor den Schergen in Sicherheit brachte. Wie → Lancelot du Lac, so soll auch er seine Geliebte vor dem Scheiterhaufen gerettet haben. Schließlich wurde er wie dieser des Landes verwiesen. Im Exil heiratete er allein des Namens wegen »Isolde Weißhand«, die Tochter des Königs der Bretagne.

In der einen Fassung tödlich verwundet, in einer anderen von unerfüllter Liebe verzehrt, wünscht sich der sterbende Tristan die irische Isolde herbei. Sie besitzt Heilkräfte und könnte ihm das Leben wiedergeben, aber die eifersüchtige, bretonische Isolde verhindert dies, indem sie Tristan verschweigt, daß das Schiff das vereinbarte Zeichen trägt, wonach sie an Bord weilt. Da gibt Tristan auf und stirbt verzweifelt, kurz bevor die irische Isolde an sein Lager tritt.

Unbestritten gehört Isolde in die Tradition der großen keltischen Frauengestalten wie → Grainne oder → Deirdre, denen letztlich die große → Muttergöttin Modell stand.

Íth

An einem Winterabend sah Íth, Sohn des Bregon, vom Turm seines Vaters in Spanien Irland am Horizont und machte sich, trotz Bedenken der älteren Generation, mit → drei mal fünfzig Gefährten zu Schiff auf, um die Insel zu suchen. Er fand die Könige → Mac Cuill, Mac Cécht, Mac Greine im Streit, aber sie empfingen ihn freundlich. Íths guter Rat söhnte sie aus. In seiner Begeisterung fing Íth an, auf Irland Loblieder zu singen, was aber den → Tuatha Dé Danann mißfiel. »Hinter seinem Rücken« verbreiteten sie das Gerücht, er sei ein Späher, und aus Furcht vor einer Invasion verletzten sie ihn tödlich. Seine Gefährten brachten den Verstorbenen nach Spanien zurück: Jetzt machten sich die Söhne des → Míl auf, Íth zu rächen.

Iuchar → **Brian, Iuchar und Iucharba**

Iucharba → **Brian, Iuchar und Iucharba**

Jahreszeitenfeste

Die Jahreszeitenfeste, wie sie für Gallien z. B. der → Coligny-Kalender und für Irland und zum Teil für Britannien eine bis heute noch nicht ganz ausgestorbene Überlieferung bezeugt, waren die wichtigsten Ereignisse im keltischen Jahr. Die → Zeitenberechnung richtete sich noch immer nach dem neolithischen Akkerbaujahr (vgl. → Hirsch) und vermittelte die mythologische Botschaft, daß das Leben aus dem Tod, das Licht aus dem Dunkel entstand.

→ *Samhain* und → *Beltene* teilten das Jahr in eine Winter- und eine Sommerhälfte, eine »Jahresnacht« und einen »Jahrestag«. → *Imbolc,* der 1. Februar, der Frühlingsanfang, stand am Übergang der »Nacht« zum »Morgen«; *Beltene,* der 1. Mai, leitete zum Sommer, dem »Mittag«, über; → *Lugnasa,* der 1. August, führte den Herbst ein, den »Jahresabend«, und *Samhain,* der 1. November, machte den Winteranfang, an den sich die »Jahresnacht« anschloß.

Die vier Feste lagen also an den vier Übergangsstellen und banden die dreimonatigen Zeitperioden zusammen wie Kettenglieder. An diesen »Scharnieren« war die Trennung zwischen der realen und der → Anderswelt dünn oder fiel, wie bei *Samhain* oder *Beltene,* für die Nachtstunden ganz weg: Der religiöse Teil der Jahreszeitenfeste bestand denn auch darin, durch Ritual und Zeremonie einen Schutz für die Menschen aufzubauen, indem er eine Ordnung schuf und das Unvorhergesehene ausschloß. Dieses regierte im totalen Chaos auf der Seite der übersinnlichen Mächte, am deutlichsten in der Nacht vor *Samhain.* Den → Druiden oblag es, den Kontakt zur Anderswelt aufrechtzuerhalten, ohne jedoch die Kontrolle zu verlieren.

Der Rhythmus dieser außerordentlichen Tage, der das Aufleben und Absterben der Natur nachzeichnete, muß alle Kelten stark geprägt haben. Indem sie diesem Muster folgten, feierten sie sich selbst als Menschen in den verschiedenen Lebensaltern Kindheit, Jugend, Reife, Alter, in der Gewißheit, daß auf die Nacht des Todes wieder ein Morgen folgen werde (vgl. → Wiederverkörperung, → Unsterblichkeit der Seele).

»Janus«

Das Zweifache-in-Einem als Prinzip war den Kelten vertraut: → Sucellus hält den zweiseitigen → Hammer und, auf dem Relief von Karlsruhe, zusätzlich die doppelte → Axt. Die Keule des → Dagda tötet an einem Ende, am anderen belebt sie. Sie kannten die Dioskuren, den hellen und den dunklen Zwilling, und riefen sie als → Divannos und Dinomogetimaros an. Der römische Janus dürfte sie in ihren Vorstellungen bestärkt haben.

»Janus«-Darstellungen kommen selten vor, sind jedoch in ihrer Eigenständigkeit beeindruckend.

Die Stadt Autun besitzt ein als »Janustempel« bekanntes, auf zwei Seiten mehrere Meter hohes Gemäuer aus dem 1./2. Jh. n. Chr. Es ähnelt einem überdimensionalen *fanum* (vgl. → Kultstätten), denn den viereckigen Löchern auf ca. ein Drittel der Höhe nach besaß es einst einen überdachten, hölzernen Umgang.

→ Roquepertuse lieferte den wohl bekanntesten, einheimischen »Januskopf«. Obwohl nur ca. 30 cm hoch, hat er mit den glatten Stirnen, den übergroßen Augen und den sehr geraden Nasen etwas Ehrfurchtgebietendes. In dem stark vorspringenden Kinn drückt sich Wille aus. Einzig dadurch, daß sich die Winkel

»Januskopf« von Roquepertuse (Musée de la Vielle Charité, Marseille).

der feingeschwungenen Lippen des einen stärker heben, erhält dieses Antlitz einen etwas sanfteren Ausdruck. Lange ist das Mittelstückfragment als Raubvogelschnabel gedeutet worden: Nach neuerer Ansicht könnte es sich auch um → Mistelblätter gehandelt haben. Zwei solcher wölben sich (ergänzt) über dem Scheitel der energieladenen, finsterblickenden, über 2 m hohen Statue von Holzgerlingen (vgl. → Götterdarstellungen). J.-J. Hatt identifiziert die Gestalt mit → Esus.

Das Steinköpfchen von Leichlingen (12 cm) im Rheinischen Landesmuseum, Bonn, wirkt durch seine halbkugeligen, hervortretenden Augen und dem hochgebogenen Mund freundlich. Was beiderseitig ein Ohrenpaar andeutet, könnte ebensogut als heruntergeklappte Mistelblätter interpretiert werden.

Münzen mit »Januskköpfen« waren in Gallien und Britannien im Umlauf. Die interessanteste der Insel stammt von den Catuvellani: Sie trägt die klare Aufschrift CUNO für Cunobelinus (vgl. → Hund).

Dem Guildhall Museum, London, gehört ein außerordentliches, undatierbares Stück Hirschhorn (vgl. → Hirsch), in dessen Rose menschliche Züge solcherart hineingeschnitzt wurden, daß die eine Seite ein von Haar und Bartkrause umrahmtes, männliches Antlitz bildet, während die andere einem von einem Diadem überhöhten weiblichen gleicht, → Muttergöttin und Himmels- oder Schöpfergott in einem?

A. Ross führt den steinernen, etwas beschädigten Doppelkopf von Corstopitum (Corbridge, Gr. Northumberland) aus der Latène-Zeit an, dessen Seiten sich nicht entsprechen: Eine ist merklich kleiner, deutet einen Körper an und ist weniger sorgfältig gearbeitet.

In Irland findet sich im steinernen Taukreuz (vgl. → Axt, → Hammer) von Killinaboy, ca. 3,5 km nnw. von Corofin (Gr. Clare), eine

Steinerner »Januskopf« von Leichlingen (Rheinisches Landesmuseum, Bonn).

»Janus«-artige Steinfigur auf der Insel Boa (Lough Erne, Gr. Fermanagh).

weitere Seltenheit: Die Köpfe sind torquesgeschmückter Hals (vgl. → Torques) an torquesgeschmücktem Hals zusammengefügt. Eine Kopie davon ist an der Straße nach Kilfenora wieder aufgestellt worden.

Die großäugige, archaisch anmutende, rötliche Doppelfigur der Boa-Insel im Lough Erne (Gr. Fermanagh) schlägt eine deutliche Brücke zum → Cernunnos. Sie sitzt mit gekreuzten Armen bzw. Beinen da, auf der einen Seite deutlich phallisch. A. Ross glaubt, in der danebenkauernden Figur ebenfalls einen »Janus« erkennen zu können, obgleich die zweite Seite fehlt. Tatsächlich macht es den Anschein, als sei diese fein säuberlich weggeschlagen worden – vielleicht waren christliche Missionare am Werk, die die phallische Seite verschwinden ließen. Die Kalksteinfigur, mit breiterem Gesicht und über den Leib gelegten Armen, trägt zwei angedeutete Buckel über der Stirn, die als Geweihknospen (vgl. → Hirsch) ausgelegt werden könnten.

Der Anklang des »Janus« an den Cernunnos/→ Esus, sei es durch Geweihansatz oder durch Mistelblätter, ist gewiß nicht zufällig. Wenn schon im römischen Janus Anfang und Ende personifiziert wurde, so ist es durchaus denkbar, daß diese keltischen Doppelfiguren den Herrn der → Anderswelt darstellten, der das Leben auf dieser Erde nimmt und gibt.

Die Himmelskönigin »Juno« mit »Jupiter« (Relief aus Heddernheim; Archäologisches Museum, Frankfurt/M.).

»Juno«

Caesar erwähnt die Gemahlin des klassischen Jupiter in der → *Interpretatio Romana* nicht. → »Minerva« deckt in Gallien alle Gebiete der → Muttergöttin funktionenübergreifend ab.

Trotzdem erscheint »Juno« z.B. auf dem Altar von Vaison (Musée Calvet, Avignon) mit einem Pfau an der Seite → »Jupiters«. Die Linke (vgl. → links) legt sie begütigend auf seinen Arm, die Rechte (vgl. → rechts) hält eine Schale. Auf dem Relief von Tongeren hält sie, neben ihrem Himmelsgatten sitzend, dessen Rad auf dem Schoß. Mit großer Regelmäßigkeit wird sie auf den »Viergöttersteinen« dargestellt. Auf der Jupitersäule von Heddernheim (Archäologisches Museum, Frankfurt a. M.) saß das Paar ungewöhnlicherweise Seite an Seite auf einer Art Thronsessel auf der Spitze. Die Weiheinschrift ist an »I [OVI] O [PTIMO] M [AXIMO] ET JUNONI REGINAE« gerichtet. »Juno« wird als »Königin« angerufen, d. h. als Gattin des Himmelskönigs.

J.-J. Hatt stellte fest, daß Königin »Juno« 65 mal zusammen mit Jupiter Optimus Maximus vorkommt, daß das Paar die Verehrung der Gläubigen 25mal mit dem Genius des Ortes teilt sowie 15mal mit »verschiedenen Göttern«.

Die große Anzahl der Anrufe an das → Götterpaar berechtigt zu der Annahme, daß, ebenso wie → Taranis den »Jupiter« bereicherte, → Rigani ihre Qualitäten »Juno« abgab.

»Jupiter«

Nach Caesar übte »Jupiter« »imperium caelestium tenere«, d. h. die Herrschaft über die Himmel/Götter aus. Er steht in der → *Interpretatio Romana* an vierter Stelle, was die Deckungsgleichheit mit dem Jupiter Optimus Maximus, »dem Besten und dem Größten«, der römischen Staatsreligion augenfällig ausschließt

Selbst wenn Gallorömer die Formel »IOM« in ihren Weiheinschriften benützten, verrät gewöhnlich die Ikonographie, daß → Taranis in ihren Vorstellungen weiterlebte, wodurch ihr Himmelsherrscher die Dimensionen der älteren, indogermanischen Himmelsgötter, wie die des griechischen Zeus, des Gottes Latiums oder des germanischen Donar, beibehielt.

Die Gleichsetzung Taranis/Jupiter ist schriftlich nicht direkt erfaßbar. Eine Weiheinschrift aus Chester ist an »Jupiter Tarano« gerichtet, was sich aber auch auf Donar beziehen könnte; Jupiter Taranuco/Taranucno bedeutet »Jupiter, Sohn des Taranis«.

»Jupiter«/IOVIS (Detail des Nautenpfeilers; Musée de Cluny, Paris).

Auf der Nautensäule (Musée de Cluny, Paris) steht unter den deutlichen Buchstaben »IOVIS« ein mit einem Mantel bekleideter, bärtiger Mann »in den besten Jahren«, der links einen Speer (vgl. → Blitz) hält und sich rechts auf etwas stark Beschädigtes stützt – Baumstumpf? Altar? Keule? Daran scheint sich etwas Schlangenartiges hochzuwinden (vgl. → Schlange), was aus anderen »Jupiter«-Darstellungen bekannt ist. In Zusammenhang mit dem → Esus und dem → Tarvos Trigaranus der anderen Felder kann es sich hier um niemand anderen handeln als um den Ersatz für Taranis. J.-J. Hatt vermutet sogar im Genitiv »Jovis« eine beabsichtigte Angleichung zu »Taranis«.

In Gebirgsgegenden von Spanien bis Ungarn und Bulgarien verband sich »Jupiter« mit den einheimischen Göttern der Höhen und herrschte, wie einstmals Zeus auf dem Olymp, auf Berggipfeln und Pässen (vgl. → Berge), dem Himmel so nah wie nur möglich. Das trug ihm Beinamen wie »Ladicus« (Mons Ladicus, Nordwestspanien), »Beisirissa« (Pyrenäen), »Latobius« (Österreichische Alpen) oder

»Poeninus« (Schweizer Alpen) ein. Das Heiligtum (vgl. → Kultstätten) des letzteren auf dem Kleinen St. Bernhard besaß im 2./3. Jh. eine silbergetriebene Jupiterbüste (heute im Archäologischen Museum, Aosta), ein Stück, das echten Synkretismus ausdrückt. Das wallende Haar und mehr noch der dichte, in sorgfältige Locken gelegte Bart inklusive keltischem Schnurrbart machen das Haupt mit den übergroßen, weit offenen Augen mächtig. Tiefe Stirnfalten geben dem Antlitz den sorgenvollen Ausdruck eines schützenden, gegen alle Gefahren antretenden Gottes, trotz des auf der → rechten Schulter angedeuteten Blitzes oder Donnerkeils. Wie immer kann dieser sich lebensfördernd oder -verderbend auswirken. Noch mehr als im Flachland spielte »Jupiter« eine Rolle in den Bergen als Herr des rasch wechselnden Wetters: Jeder Berggänger kannte die Risiken, die er einging. Im Heiligtum des großen St. Bernhard kamen mehrere → Votivtafeln (heute im Hospiz) zum Vorschein, worauf Reisende aller Art, u. a. ein Skalvenhändler, dem (Jupiter) Poeninus ihren Dank aussprachen, und womit sie das am Fuß des Berges getane Gelübde erfüllten. In anderen Gebieten nahm Jupiter den Zusatz »Uxellinus«, »der Höchste«, an, was sich auf Berghöhen oder seinen Rang unter den Göttern beziehen konnte.

Den Beweis der Identifikation Taranis/Jupiter bringt das → Rad, das Symbol des Taranis für das Himmelsfeuer (vgl. → Himmel, → Elemente) in Sonnenform (vgl. → Gestirne) und als Blitz, das durch sein Rollen durch den Himmel das Donner(g)rollen hervorbrachte. Der klassische Jupiter hatte die Sonnenkomponente an den Helios, Sol oder Apollo abgegeben. Die vielen Altäre mit Rad, oft mit Weiheinschriften an »Jupiter«, sogar als »IOM«, dürfen nicht darüber hinwegtäuschen, daß Taranis unter dem Deckmantel Jupiters weiterverehrt wurde.

Ein Ausdruck davon ist der nackte oder nur mit einem Mantel bekleidete Gott mit dem bis zu zwölfspeichigen, meist jedoch vierspeichigen Rad, der den Blitz/Donnerkeil hält. Zwei der feinsten Beispiele sind der Jupiter von Le Châtelet (vgl. → Blitz) sowie derjenige von Landouzy-la-Ville, obwohl dessen Blitz fehlt. Beides sind kräftige, großköpfige, bärtige

»Jupiter« vom Kleinen St. Bernhard (Archäologisches Museum, Aosta).

Männer. Der Sockel des Jupiter von Landouzy trägt eine Widmung an »IOM« und die göttlichen Kräfte des Augustus.

Eine Verkleinerung dieses Gottes steht als Spiegelverzierung in einem Rad (Musée, Épernay) und sitzt, im größeren Maßstab z. B. in Alzey, zwischen Rad und Adler (vgl. → Vögel). Dieser Radgott ist in ganz Gallien bekannt, wird aber selten bezeichnet. Das letztere Beispiel hat viel mit dem Jupiter von Igstadt (Museum, Wiesbaden) gemein, der allerdings ohne Rad auf einem aus stilisierten Blumen gearbeiteten Thronsessel sitzt, ehemals einen Blitz in der Hand haltend, während der Adler neben ihm auf der Erde hockte.

Ein neues Element bringt die Rückseite des Sessels durch die zwei darauf dargestellten Delphine (vgl. → Fische) und die Muschel, die das Meer (vgl. → Gewässer) symbolisieren. J.-J. Hatt bringt sie mit »Jupiters« Aufgabe in Verbindung, die Wasser (vgl. → Elemente) der Himmel zu mobilisieren, was zur anderweitig attestierten Fruchtbarkeitskomponente des Himmelsgottes paßt, aber ebensogut lassen sie sich als Anspielung auf »Jupiters«

Funktion in der → Anderswelt verstehen. Jupiter ist der Hervorbringer der Fruchtbarkeit, aber auch der Bewahrer der Abgeschiedenen. Nicht umsonst bescheinigen ihm die *Commenta Bernensia* (vgl. → *Interpretatio Romana*) die Funktion des → »Dis Pater«. Auf dem Zeremonienstab von Willingham Fen (Cambridge University Museum of Archaeology and Anthropology) ist ein donnerkeilbewehrter, nackter Gott mit Rad, Adler, Delphinen und einem → Stier mit → drei → Hörnern abgebildet, der den Kopf (vgl. → Kopfkult) einer angedeuteten Figur in den Staub tritt. Besiegt er die »Mächte des Todes«, d. h. einen Andersweltgott, der das Leben behalten, nicht individualisieren will? Hier ist jedenfalls der »Jupiter« eindeutig in den Zyklus von Fruchtbarkeit – Tod – Anderswelt – Leben eingereiht; er hat zusätzlich die Rolle des → Esus übernommen.

»Jupiter« kann auch als römischer Militär gekleidet auftreten, d. h. die Funktion des göttlichen Kriegers aufnehmen, was die *Commenta* ebenfalls erwähnen. Die Statuen von Séguret (Musée Calvet, Avignon) und eine zweite aus der Gegend von Vaison zeigen ihn gepanzert und mit gefältelter Tunika. Erstere hält das Rad in der Rechten und ist von Adler und → Schlange begleitet, die zweite wiederholt die Pose, umfaßt mit der Rechten jedoch einen Blitz. Ist hier das Fruchtbarkeitsmoment nur angedeutet, so ist es unübersehbar auf dem Altar von Vaison (Musée Calvet, Avignon). Hier hält der gepanzerte »Jupiter« mit der linken Hand das Rad, mit der rechten den Blitz, während ihm die zu seiner Rechten stehende → »Juno« die Hand auf den Arm legt – wie zur Mahnung, mit dem Blitz zum Heil der Menschen umzugehen (vgl. → Rigani). Auf dem Relief von Tongeren sitzen »Jupiter« und »Juno« Seite an Seite, wobei sie das Rad auf dem Schoß hält. Die Prozesse der Fruchtbarkeit und des Ablebens gehörten für die Kelten zusammen.

Es ist nicht erstaunlich, daß der sog. »Dis Pater von Straßburg« (Musée Archéologique, Strasbourg) im Kapuzenmantel des keltischen Bauern (vgl. → *genius cucullatus*), der einen an die Fackel des klassischen Totengottes gemahenden Blitz hochhält, in Wirklichkeit ein »Jupiter« ist. Die verschiedenen sozialen Schichten Galliens schufen sich jeweils ihren Jupiter nach ihrem Bild.

Ob militärisch oder nackt, mit oder ohne Rad, der »Jupiter« wird gern als Blitzschleuderer dargestellt, wobei meist ein männliches oder weibliches Figürchen zu seinen Füßen kniet, dem er, wie z. B. im Rheinischen Landesmuseum, Bonn, die linke Hand auf den Kopf legt. Es ist die Geste des Schutzes, womit sich der »Jupiter« dem → »Herkules« annähert. Aber wen schützt er? Das Menschlein trägt oft einen traurigen, kummervollen Ausdruck, aber das kann sowohl für bedrängte Lebende als auch für »gefangene«, d. h. dem Lebenszyklus entzogene Abgeschiedene gelten.

Mit Schwerpunkt im Nordosten Galliens und Ausläufern bis in die Bretagne und England findet sich im zentralen Keltengebiet das erstaunliche, gallo-römische Monument der »Jupiter«-Säule bzw. »Jupiter«-Giganten-Säule.

Bei den ca. 150 bekannten Beispielen handelte es sich um bis zu 15 m hohe Gebilde. Auf dem über ein paar Stufen erreichbaren »Viergötterstein«, üblicherweise mit Abbildungen von → »Juno«, → »Merkur«, → »Herkules« und → »Minerva«, saß ein achteckiger, mit Verkörperungen von → Gestirnen und Wochentagen geschmückter Aufsatz, auf dem sich die eigentliche, hohe Säule erhob. Sie hatte unverkennbare Ähnlichkeit mit einem Baum, besonders wenn sie allerlei Blattwerk, zuweilen Eichenlaub und Eicheln (vgl. → Bäume), zierte. Die uralte Vorstellung des Weltenbaumes dürfte hier wieder aufgegriffen worden sein.

Auf der obersten Spitze reitet meist ein rad-, blitz- oder speerbewehrter (vgl. → Blitz) »Jupiter« eine große, menschliche Figur nieder, deren Beine in Schlangen enden, wie dies z. B. beim »Himmelsreiter« im Museum von Wiesbaden deutlich zu sehen ist. Dieser »anguiped« (Schlangenfüßiger) wird gern als Verkörperung der dunklen Mächte, des Chaos, der Unterwelt und des Todes gesehen, die Jupiter besiegt. Umgekehrt stützt der Gigant, in einigen Fällen die Gigantin, mit kräftigen, muskelbepackten Armen Pferd und Reiter – die Riesenfigur würde demnach die Erde verkörpern, die den Himmel trägt.

J.-J. Hatt glaubt im Reiter von Tongeren die römische Vorlage für diese seltsame Skulptur gefunden zu haben: Es handelt sich dabei um ein Siegesdenkmal der Rheinarmee, die über die germanischen Barbaren siegten. Die Kelten nützen diese Komposition, um ihre mythologischen Vorstellungen auszudrücken!

Praktisch jedes der größeren Museen im angegebenen Gebiet besitzt einen »Himmelsreiter« oder Bruchstücke von Säulen. Vollständige Exemplare befinden sich z. B. in Trier und Mainz, sorgfältig rekonstruierte in Stuttgart.

Die Gigantensäule mit dem alle anderen Götter weit überragenden »Jupiter«, auf der Säule von Walheim sind es deren zwölf, zeigt deutlicher als jede Inschrift den Rang dieses Himmelsherrschers an.

Der gallorömische »Jupiter« verfügte über eine Machtfülle, wie sie einzig dem irischen → Dagda zustand; beide haben sie eine Schlüsselstellung im Lebenszyklus inne.

Es ist nicht erstaunlich, entbehrt aber auch nicht einer gewissen Ironie, daß dieser vom Barbarengott Taranis gespiesene Gott 200 Jahre nach der Eroberung Galliens als göttlicher Kriegsführer die glühenden Hoffnungen der von den Germanen bedrohten Gallorömer auf sich vereinte; er wurde zu ihrem metaphysischen Bollwerk. Sogar die Kaiser schlossen sich an und setzten auf ihn: Ende des 3. Jhs. ließ sich ein Diokletian öffentlich zum Sohn des Jupiters erklären.

Kai

In den Artusromanen wird er gewöhnlich »Sir Kai« genannt und bereits in der → *Mabinogion*-Erzählung, *Wie* → *Kulhwch* → *Olwen gewann,* gehört er zu → Artus' Vertrautesten. Zwar rät er, um die Bräuche des Hofes zu wahren, Kulhwch nicht einzulassen, begleitet ihn dann aber treu auf seiner Brautfahrt und hilft ihm, → Ysbaddadens Bedingungen zu erfüllen. Er und Gwyr reiten z. B. auf dem Salm (vgl. → Fische) severnaufwärts zu → Mabons Gefängnis, und es ist Kai, der die Bresche in die Festung schlägt und Mabon, weiterkämpfend, auf dem Rücken herausträgt.

In dieser frühen Erzählung trägt er noch deutlich übernatürliche Züge. Sein Vater sprach schon über dem Ungeborenen die rätselhafte Propheizung aus, falls er ihm gleiche, werde er immer ein kaltes Herz und kalte Hände haben, man werde ihm niemals eine Bürde ansehen, weder von hinten noch von vorn, und niemand würde besser Feuer und Wasser (vgl. → Elemente) trotzen können als er.

Seine magischen Fähigkeiten erlauben ihm, → neun Tage und Nächte unter Wasser den Atem anzuhalten und ebenso lange ohne Schlaf auszukommen. Kein Arzt vermag die Wunden zu heilen, die er mit seinem Schwert schlägt. Nach Belieben kann er sich so groß machen wie der höchste Baum (vgl. → Bäume) im Wald – die walisische Überlieferung nennt ihn deshalb gern »Kai Hir«, »Kai den Langen«. Die Hitze, die er abstrahlt, bewahrt auch im heftigsten Regen alles, was er in der Hand hält, im Umkreis von einer Spanne vor dem Naßwerden, so daß er, wenn seinen Kameraden am kältesten war, immer Feuer entfachen konnte. Kai muß demnach einst ein Gott der Stärke und des Schutzes einer Gemeinschaft gewesen sein, ein Herr der Elemente, vielleicht ein Stammesgott in der Art eines → Teutates. Aber bereits in den jüngeren *Mabinogion*-Erzählungen wandelt sich sein Charakter. Er verspottet → Peredur wegen seiner schlechten Ausrüstung und schickt ihn, wie er glaubt, in den sicheren Tod, dem Beleidiger → Gwenhwyfars nach. Er läßt seine Kräfte am wehrlosen Zwergenpaar aus und erweist sich Überlegenen gegenüber als Feigling.

Interessanterweise nehmen die Artusromane einerseits die negativen Züge auf, machen ihn aber andererseits zum Ziehbruder von Artus.

Katzen

Den Namen »Cairbre Cinn-Cait« bzw. »Caitcheann«, »Katzenkopf«, erklärt die irische Namensdeutungsliste *Cóir Anmann* (13. Jh.) damit, daß dieser Cairbre einen Katzenkopf besessen habe oder »seinem Gott« ein solcher aufsaß – was andeutet, daß es bei den Inselkelten einen Gott, der mit Katzen in Beziehung stand, gegeben haben könnte. Für den Fall gehörte er zu den wilden, gefährlichen Wesen der → Anderswelt oder manifestierte sich als unrechtmäßiger Herrscher (vgl. → rechtmäßiger Herrschaft), denn Cairbre war ein Usurpator. Während seiner Regierungszeit reifte nur ein einziges Korn an jeder Ähre und nur eine Eichel am Eichbaum (vgl. → Bäume). Die Flüsse führten keinen Fisch, und das Vieh gab keine Milch. Seine Söhne, die alle einen Makel hatten, tötete er einen nach dem andern.

Im *Fest des → Bricriu* werden beim Wettbewerb der → Helden → drei → »Zauberkätzchen« aus → Cruachan losgelassen, mit dem Erfolg, daß → Cúchulainn eine schlaflose Nacht mit dem Biest verbringt, das entweder ihn oder seine Abendmahlzeit fressen will. → Loegaire und → Conall dagegen müssen durch ihre Flucht auf die Dachsparren eine noch ungemütlichere Nacht durchmachen.

Die Römerstadt Caerleon, heute eine Vorstadt von Newport in Südwales auf dem ehemaligen Stammesgebiet der keltischen Silurier, lieferte einige interessante Gesimsverzierungen, auf denen Männerköpfe mit Katzenohren, umgeben von → Gestirnen, abgebildet sind. Aus Wales stammt auch die berühmteste keltische Katze, »Cath Palug«, »Palugs Katze«, ein getupftes Junges von → Henwen, das Palug und seine Brüder aus der Meeresenge von Menai fischten und nichtsahnend großzogen – es sollte sich zu einer der drei Plagen von → Môn entwickeln.

Nachdem das ausgewachsene Monster dreimal sechzig Krieger verspeist hatte, wurde, nach einem frühen walisischen Gedicht, → Kai von → Artus' Hof um Hilfe gebeten. Leider fehlen die letzten Zeilen, so daß unbekannt ist, wie der Zweikampf endete. In einer andern Version kämpft Artus persönlich mit dem Ungeheuer . . .

Katzen verkörpern, ob im Zusammenhang mit einem Gott oder nicht, die zerstörerischen, lebensfeindlichen Mächte. Wenn Henwen wirklich die große → Muttergöttin ist, würde dies einmal mehr beweisen, wie nahe in der keltischen Vorstellung Tod und Leben beieinander lagen.

Kei → **Kai**

Keridwen → **Ceridwen**

Kessel
Bereits gegen Ende der Bronzezeit erscheint der metallene Kochkessel, der langsam den irdenen der Steinzeit zu verdrängen begann, auch mit sakralem Charakter. Neben den bauchigen, aus Bronzestreifen zusammengenieteten Gebrauchsgegenständen, z. B. das feine Modell von Castlederg (Gr. Tyrone), stehen von Wasservögeln (vgl. → Vögel) auf → Rädern gezogene Kultgefäße aus der Tschechoslowakei.

Für Irland regelte das Brehongesetz (vgl. → Druiden), wem ein Kessel zustand. In den Festhallen der Könige und Fürsten spielte er eine große Rolle, wenn Mengen von Fleisch zu sieden und Bier zu brauen waren. Es wird besonders betont, daß König → Conchobars Kessel nie leer wurde; er wurde ein Sinnbild für Fülle und Gastfreundschaft, beides Tugenden des rechtmäßigen Herrschers (vgl. → rechtmäßige Herrschaft).

Abgesehen vom profanen Gebrauch war der Kessel, wie archäologische und schriftliche Quellen bestätigen, das heilige, rituelle Gefäß der Kelten schlechthin, vergleichbar mit dem christlichen Kelch, den der Mythos vom Haushaltsgegenstand zum sakralen erhebt. Er wurde zum vielschichtigen Symbol, zu einem wahren Brennpunkt der Mythologie, was sich auch in seiner Ausgestaltung immer mehr zeigte: Noch einem → St. Patrick macht der Territorialkönig Daire von Armagh (vgl. → Emain Macha) einen großen Kessel zum Geschenk.

In der inselkeltischen Mythologie besitzen ihn die höchsten Götter, männliche wie weibliche. Der *Zweiten Schlacht von → Mag Tuired* nach brachten die → Tuatha Dé Danann den Kessel des → Dagda aus der Stadt Murias »in den nördlichen Inseln«, wo sie die Kunst der Magie (vgl. → Zauber) erlernt hatten, nach Irland. Keiner verließ ihn je ungesättigt, jeder erhielt die Speise, die zu ihm paßte und ihm schmeckte, ein Zug, den der → Gral übernehmen wird.

Kein Fürst der → Anderswelt kam ohne Kessel aus. In → Mac Dathos → *bruiden* saßen deren sieben über sieben Feuern (vgl. → Elemente), und wer vorbeikam, durfte sich einmal mit der Gabel etwas Ochsen- und Schweinefleisch aus der brodelnden Brühe (vgl. → Rind, → Schwein) herausfischen.

Brans Kessel diente der Wiederbelebung auf andere Weise: Wurde ein Erschlagener abends

Bronzekessel des Fürsten von Hochdorf (ca. 500 Liter; Württembergisches Landesmuseum, Stuttgart).

hineingeworfen, war er anderntags so kampftüchtig wie zuvor, allerdings seiner Sprache nicht mehr mächtig. Er verschenkte ihn seinem aufgebrachten Schwager Matholwch, dem König von Irland. Aus dem Zwiegespräch der beiden ist zu erfahren, daß dieser ursprünglich von Irland nach Wales gebracht worden war, und zwar durch ein Riesenpaar, das eines Tages vor Matholwchs eigenen Augen aus einem See (vgl. → Gewässer) auftauchte. Der König behielt es ein Jahr lang an seinem Hof, während dem die Riesin einem vollständig ausgerüsteten Krieger und allerlei anderen Kindern das Leben schenkte; die beiden Andersweltwesen betrugen sich jedoch so schlecht, daß das Volk sein Oberhaupt drängte, sie loszuwerden. Weil sie freiwillig nicht wichen, wurden sie mit viel Speise und Trank in ein eisernes Haus gelockt, das zum Glühen gebracht wurde, aber kurz vor der Verflüssigung des Metalls bahnte sich der Riese mit einem mächtigen Schulterstoß einen Weg ins Freie. Die beiden flüchteten mit dem Kessel nach Wales.

Nach Irland zurückgebracht, gereicht er jedoch niemandem zum Segen (vgl. → Bran, → Branwen), und schließlich zerstört ihn → Evnissyen im Kampf zwischen Iren und Walisern.

Die große → Muttergöttin → Ceridwen braut den Trunk der Weisheit, der göttlichen Eingebung und der Dichtung in ihrem Kessel für ihren häßlichen Sohn, dem aber → Gwion Bach/→ Taliesin zuvorkommt.

All diesen magischen Kesseln ist gemeinsam, daß sie in Verbindung mit den → Elementen Feuer und Wasser die lebendigen und lebenserhaltenden Prozesse fördern. Sie erinnern an → Dian Céchts Heilquelle (vgl. → Quellen), sozusagen der Ur-Kessel: der Schoß der Muttergöttin, die das Leben entläßt.

Steht jedoch im Kessel die Flüssigkeit (vgl. → Gewässer), birgt er den Tod, wie die Erzählung von → *Diarmaid Mac Cerbail* und seinem dreifachen Tod (vgl. → drei) verdeutlicht.

Genauso doppeldeutig wurde der Kessel in der realen keltischen Welt aufgefaßt, und zwar überall dort, wo er als → Opfer-, Grab- oder → Votivgefäß diente.

Nach Lukan wurden die Opfer für → Teutates in einem Kessel voll Wasser ertränkt; Strabo berichtet in seinen *Geographica*, wie Priesterinnen der Kimbern den Kriegsgefangenen über einem mit einer Leiter zu besteigenden enormen Kessel die Kehle durchschnitten und aus dem rinnenden Blut weissagten.

Seit der Hallstattzeit gehörte der Bronzekessel zum beliebtesten Grabgut; kaum ein wichtiger Heuneburgfürst hätte sich ohne einen solchen bestatten lassen. Dem Grab 4 von Giessübel-Talhau z. B. entstammt ein sehr solides Exemplar mit zwei Ösenpaaren, die stilisierten Menschen gleichen (heute Württembergisches Landesmuseum, Stuttgart). Es enthielt Grabbeigaben. Der 500 l fassende Bronzekessel des Fürsten von → Hochdorf aus der Hohenasperggruppe enthielt Honigmet, der vermutlich für das Fest der → Anderswelt bestimmt war. Es handelte sich bei diesem Kessel übrigens um griechische Importware; nur einen der drei Löwen, die den Rand zieren und auf dem Transport abhanden gekommen waren, formte ein einheimischer Feinschmied nach, allerdings mit etwas kümmerlichem, schläfrig blickendem Resultat.

Als Weihegaben an die Götter wurden Kessel von Schottland bis in die Tschechoslowakei in → Gewässern versenkt. J. Filip beschreibt einen großen Bronzekessel aus der heißen → Quelle von Duchcov (Dux) bei Lahošt, der 2000 Votivgegenstände (vgl. → Votivgaben), vor allem Armringe und Fibeln, barg.

Als 1911 der Wasserspiegel des Bergsees Llyn Fawr in der Gr. Glamorgan/Wales bei Konstruktionsarbeiten für ein Wasserreservoir mehrere Meter gesenkt wurde, kam ein Hort von 24 Gegenständen aus dem 6.–5. Jh. v. Chr. zum Vorschein, worunter sich auch zwei sehr schöne Bronzekessel befanden (heute im National Museum, Cardiff). Bis zu diesem Einbruch der Technik in die stille Berglandschaft galt der See als Wohnstätte einer → Dame vom See, die nach Beschreibungen der Einheimischen zuweilen am Ufer saß und ihr Haar kämmte. Das druidische Heiligtum (vgl. → Kultstätten) von Llyn Cerrig Bach auf → Môn erbrachte ähnliche Gefäße.

Die interessantesten Kessel sind die figürlich verzierten; drei der besten dieser Art sind zwar eindeutig keltische Arbeit, stammen aber aus dänischen Mooren (vgl. → Gewässer). Die beiden aus Brå (Ostjütland) bzw. Rynkeby (Insel Fünen) sind nur noch als Bruchstücke erhalten, während derjenige aus Gundestrup (Nordjütland) sich zu einem vollständigen Kessel restaurieren ließ.

Aus Brå stammt der älteste, er dürfte im 3. Jh. v. Chr. in der heutigen Tschechoslowakei gefertigt worden sein. Die Henkel sind mit stilisierten Köpfen von → Stieren, mit den Symbolen des → Taranis, → Teutates und → Esus verziert sowie einem grimmigen Eulenkopf (vgl. → Vögel, → »Eulengöttin«, → Rigani), der sich, auf den Kopf gestellt wie ein Vexierbild, in das schnurrbärtige Antlitz eines jungen Mannes mit → Hirschohren, einen → Cernunnos, verwandelt.

Derjenige von Rynkeby dürfte ein Jahrhundert jünger sein. Auf dem Rand sitzt zwischen zwei Stierköpfen mit stark betonten → Hörnern das naturalistische, ebenmäßige Köpfchen eines → Esus unter zwei schwungvollen Haarlocken in Form von Delphinen (vgl. → Fische). Seinen Hals umschließt ein → Torques mit wuchtigen Pufferenden.

Das Prunkstück der keltischen Goldschmiedekunst, der Kessel von Gundestrup (heute im Nationalmuseum, Kopenhagen), der aus 8,885 kg vergoldetem Silber besteht, kam im Jahr 1891, also vor exakt 100 Jahren, im Raevemos zutage, unweit vom Borremos, wo → drei eisenzeitliche Moorleichen (vgl. → Gewässer) gefunden wurden nebst einem befestigten Dorf aus dem 1. Jh. v. Chr., das schon damals, am Südende des Fenns, sehr abgelegen gewesen sein muß. A. Ross hält es für nicht unmöglich, daß sich dorthin eine druidische Priesterschaft (vgl. → Druiden) zurückgezogen hatte. Hinter der Art, wie dieser kostbare Gegenstand in seine Teile zerlegt und unter einer kleinen Bodenwelle, von der das weite Moor überblickbar ist, der Erde anvertraut wurde, stehen weder eine hastige Flucht noch ein Notversteck, sondern ein Ritual. Was den Kessel zusätzlich zu etwas ganz Besonderem macht, ist, daß er innen wie außen und sogar auf dem Deckel mit Abbildern von Göttern, Göttinen, heiligen Tieren und ganzen, zusammenhängenden mythologischen Szenen versehen ist.

Da Herkunft und Datierung umstritten sind – F. Drexel und P. Jacobstal glauben z. B. an eine donaukeltische Arbeit der Skordisker des 1. Jh. v. Chr., F. C. Hawkes und P. Reinecke an einen kelto-ligurischen Ursprung aus dem 2. Jh. v. Chr., während O. Klindt-Jensen Nordgallien und das 1. Jh. v. Chr. zu belegen sucht, und P. Lambrechts und seine Schüler wiederum Nordostgallien und das 3. Jh. v. Chr. vorschlagen –, stapeln sich die Interpretationsversuche zu Türmen.

Ein paar aber müssen genügen, wie die Geburt eines Gottes, Ernte- oder Jahreszeitenfeste, Opferszenen, oft als Illustration zu Lukans Text (vgl. → Taranis) aufgefaßt, Initiationen Jugendlicher in das Stammeskriegertum, die Bebilderung zum → *Táin Bó Cuailnge*, aus anthroposophischer Sicht der Schulungsweg des Menschen, oder indogermanisches Stieropfer.

Am handfestesten ist die aus jahrelanger Vergleichsarbeit entstandene Deutung J.-J. Hatts, der in den Darstellungen auf den zwölf Platten und dem Deckel die großen Götter Galliens, → Taranis, → Esus/→ Cernunnos, → Teutates und die königliche Muttergöttin → Rigani, wiedererkennt und in sorgsam geführter, streng kontrollierter Spekulation den Mythos zusammensetzt.

Der starke Auftrieb, den die Kriegerklasse zwischen dem 5.–3. Jh. v. Chr. nahm, schlägt sich in der Mythologie nieder. Die 2. Funktion etabliert ihre Götter wieder fest nach dem indogermanischen Muster. Taranis, der Himmelsgott (vgl. → Himmel), führt jetzt einen kosmischen Kampf mit den Mächten der Erde (vgl. → Elemente) und der Anderswelt, unter dem die Muttergöttin zu leiden hat, die nicht nur alle drei Funktionen versorgt, sondern sowohl am Himmel als auch an der Erde teilnimmt.

Kopfkult

Die Kelten waren Kopfjäger, was klassische Geschichtsschreibung, inselkeltische Mythologie und die Archäologie bestätigen. Was den Griechen als Gipfel der Unzivilisiertheit vorkam – Strabo überliefert, daß sich anfangs Poseidonius beim Anblick der abgeschlagenen Köpfe, der *têtes coupées*, der Magen umdrehte, später aber habe er sich daran gewöhnt –, entsprang einer religiösen Einstellung, deren Wurzeln bis in die Steinzeit reichen. Frühe Völker empfanden den Kopf als etwas Mysteriöses: Das Denken wurde als göttliche Eingebung aufgefaßt. Der Schädel umschloß also Übersinnliches und bezog daraus die Lebenskräfte für den ganzen Menschen – erst der Kopf machte ihn zum lebendigen Individuum. Er war der Sitz dessen, was unserem Begriff der »unsterblichen Seele« am nächsten kommt.

Die Kelten glaubten, daß der Kopf, gleich einer Nuß (vgl. → Bäume), vom Körper getrennt, des Menschen Fähigkeiten und Stärke, seine Lebensessenz bewahre, die seinem Besieger als Schutz und zur Unheilabwehr zur Verfügung stand. Irische Sagengestalten, u. a. → Balor, sprechen solche Vorstellungen deutlich aus, wenn die Unterlegenen den Gegner auffordern, zur Steigerung von dessen Kräften ihr abgeschlagenes Haupt auf den eigenen Kopf zu setzen. Gleichzeitig sprach der Kopf für den Sieger – je mehr Köpfe als Beute, desto tapferer der → Held.

Da unsere klassischen Gewährsmänner jedoch nichts für diese für sie abstruse Ideologie übrig hatten, spricht aus ihren Schilderungen nur Ekel über diese Barbarei, wenn sie, wie Diodor Siculus, über das Thema rapportieren: »Die Köpfe der gefallenen Feinde hauen sie ab und binden sie ihren Pferden um den Hals; die blutige Rüstung geben sie ihren Dienern und lassen sie unter Jubelgeschrei und Siegesliedern zur Schau tragen. Zu Hause nageln sie diese Ehrenzeichen an die Wand, gerade als hätten sie auf der Jagd ein Wild erlegt.«

Der Bronzebeschlag aus dem Wagengrab von Kärlich (Mittelrheinisches Museum, Koblenz) gibt dazu die passende Illustration: Er zeigt einen bärtigen Reiter mit wallendem Haupthaar zu Pferd, an dessen Zügel ein großer, runder Gegenstand baumelt ...

Diodor und Strabo stimmen darin überein, daß die Köpfe der Vornehmen in Zedernöl einbalsamiert und in Kästchen über Generationen hinweg aufbewahrt wurden. Gewann ein Fremder das Vertrauen der Besitzer, zeigten sie stolz ihre Schätze und sprachen von den Heldentaten ihrer Vorfahren. Sie versicherten, daß diese Köpfe um keinen Preis feil seien – und wenn sie mit → Gold aufgewogen würden!

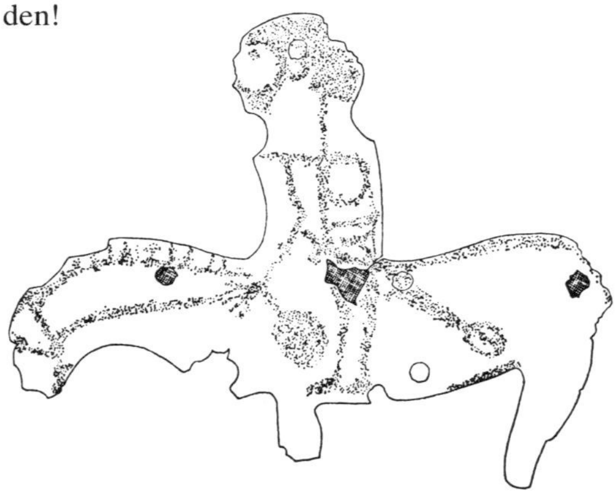

Bronzebeschlag eines Reiters (ca. 4 cm hoch), an dessen Zügel und Sattel ein runder Gegenstand baumelt (Wagengrab von Kärlich; Mittelrhein-Museum, Koblenz).

Indem ein solcher Kopf, ob vom tapferen Gegner oder vom Anverwandten, immer wieder zum Gesprächsmittelpunkt wurde, blieb der Mensch, da er nicht dem Vergessen anheimfiel, im weiteren Sinne lebendig.

Nach Livius sammelten 295 v. Chr. die Senonen bei Clusium die Köpfe römischer Legionäre ein, und gut 80 Jahre später mußte der römische Feldherr Gracchus sein Heer aus freigelassenen Sklaven, dem Kelten angehört haben müssen, unter Druck setzen, damit sie vor lauter Köpfeernten das Weiterkämpfen nicht vergaßen.

Je höher die Stellung einer Persönlichkeit, desto mehr wurde sie geehrt – jedenfalls muß das Ende des Prokonsuls Lucius Postumius vom keltischen Standpunkt aus so aufgefaßt worden sein. Sein Schädel wurde, nach Livius, von den Boiern 216 v. Chr. mit Gold überzogen und zu einem Kultgefäß für ihren Tempel (vgl. → Kultstätten) umfunktioniert, woraus Priester und Tempelvorsteher tranken.

Vermutlich mußten jeweils die besten Köpfe an den Tempel abgegeben werden, wo sie, wie in → Roquepertuse, in den Nischen der Säulenhalle ausgestellt wurden. Die Schädel stammten alle von kräftigen jungen Männern. In → Entremont steckte in einem noch die Lanzenspitze, die ihn das Leben gekostet hatte. R. Lantier sieht in der »Vereinigung einer großen Zahl von Schädeln in einem Heiligtum im Zentrum der Stadt eine regelrechte Kraftreserve«.

Die »zweite Wahl« durfte wohl mit nach Hause genommen werden zur nach der von Diodor zitierten Verwendung. Auch in Entremont und → Glanum kamen Nägel und Aufhängevorrichtungen dafür zutage – Nischen wurden an klassisch bearbeiteten Türstürzen angebracht. Der Brauch, Menschenköpfe über der Haustür anzubringen, beschränkt sich nicht auf Südfrankreich, sondern ist auch für Nordspanien und Britannien belegt.

Die irischen → Helden ziehen in den Kampf wie die Schnitter, allerdings »um Köpfe zu ernten«. Sie befestigen sie auf Stöcken, fahren sie auf den Streitwagen umher, tragen sie am Gürtel, setzen sie wie → Cúchulainn auf Steinpfeiler oder binden sie zu Sträußen wie → Conall Cernach. Ulsters zweitgrößter Held und Ziehbruder Cúchulainns ist auf Köpfe geradezu versessen – keine Nacht schläft er ohne einen unterm Knie ...

Andererseits würde Milch aus seinem riesengroßen Schädel den Ulsterkriegern ihre Manneskräfte zurückgeben ... (vgl. → *ces noiden*). Diese Idee ist keine Sagenerfindung: Die Kraft des Kopfes und die sexuellen Kräfte werden auch in Wirklichkeit zugunsten der Fruchtbarkeit zusammengeschlossen. Der auf den Steinpfeiler gesetzte Kopf der Sage entspricht den phallischen Steinen, wie sie in der ganzen keltischen Welt nachgewiesen sind (vgl. → *Lia Fál*). Von dort ist es bis zur → Schlange, speziell der gehörnten (vgl. → Horn), nicht weit. Es erstaunt nicht, daß sich Schädel in → Quellen und Schächten (vgl. → Schacht) fanden, zuweilen sogar zuunterst in Vorratsgruben. Ob der Kopf die Fruchtbarkeit des Saatgutes gewährleisten sollte? Um 180 Grad gedreht ergibt der Schädel, der Behälter für das Unsterbliche im Menschen, den → Kessel, das mächtige Symbol der Regeneration, den → Gral im christlichen Kontext.

Abgeschlagener Kopf mit darauf ruhender Hand (Entremont; Musée Granet, Aix-en-Provence).

Gewiß kommen Köpfe natürlicherweise in Gräbern vor, aber L. Pauli stieß auf eine nicht geringe Zahl von Abnormitäten – kopflose Skelette, Gräber mit überzähligen Schädeln, nur ein Schädel in einem Grab –, genug, um den Glauben an die Manipulierbarkeit des nachtodlichen Geschicks durch den Kopf nachzuweisen. Wie zentral solche Ideen waren, läßt sich in Entremont erkennen, das schließlich vom Ausstellen echter Schädel zur noch dauerhafteren Repräsentation in Stein überging.

In der keltischen Welt füllte die Darstellung des Kopfes, ob in Stein, Metall, Holz, Bein oder einem anderen Material, Bände. Die Kelten waren von der Idee »Kopf« besessen. Sie kommen an → Kultstätten und Heiligtümern vor – notabene bis in die christlichen Kirchen hinein (vgl. → St. Brendan), in → Votivhorten, Brunnen, → Quellen, Schächten und Mooren (vgl. → Gewässer), als → Masken auf jedem erdenklichen Gegenstand. Die Götterdarstellungen sind kopflastig – man sehe sich den → Kessel von Gundestrup an: → Cernunnos ist der einzige der großen Götter mit Unterleib! Aber auch der Gott von Bouray (vgl. → Esus) ist, am klassisch-naturalistischen Beispiel gemessen, lächerlich unproportioniert, fast so schlimm wie der oben angeführte Reiter von Kärlich, dessen winzige Steckenbeinchen kaum ein Drittel der Figur ausmachen. Das Ausgeformteste an den → Helden/Halbgöttern Südfrankreichs ist der Kopf, nach unten werden sie immer stärker abstrahiert. Die Kelten kannten doppelköpfige Götter (vgl. → »Janus«) oder solche mit → drei Köpfen oder Gesichtern.

Obwohl nur ca. 25 cm hoch, erweckt der Steinkopf eines Gottes, Helden oder Fürsten den Eindruck großer Macht (Mšecké Zehrovice; Národní Múzeum, Prag).

Wir wissen nicht, ob der Charakterkopf von Mšecké Žehrovice (Nationalmuseum, Prag) aus der Latène-Zeit mit seinen großen, feierlichen Augen, die wie die Schnurrbartspitzen in → Spiralen enden, jemals auf einem Körper saß. Deutet die Vertiefung zwischen den Schnurrbarthälften den Mund an – er wäre dann unnatürlich hoch oben bei auffällig langem Kinn – oder besitzt er keinen und gehört zu den »sprachlosen«, wie sie unter den südfranzösischen *têtes coupées* vorkommen und aus → Brâns → Kessel steigen, als die Abgeschiedenen, die in der → Anderswelt weiterleben? Oder stellt er selbst eine Brân-ähnliche Gestalt dar, einen Gott, der ganz aus Kopf besteht, ganz aus gesammelten Lebenskräften? Dem → Torques nach, der seinen Hals umschließt, wäre es möglich. Gehörte die Hand, die in Entremont mit schützender oder segnender Gebärde auf abgeschnittenen Köpfen ruht, einem Gott von diesem Typ an? Jedenfalls kann der göttliche Besitzer der Hand nicht identisch sein mit der sogenannten »Tarasque von Noves« (Musée Calvet, Avignon), einem löwenähnlichen Ungeheuer aus der Latène-Zeit mit einem Fell, das an einen Schuppenpanzer erinnert. Die krallenbewehrten Pfoten setzt es besitzergreifend auf zwei ungewöhnlich langbärtige Köpfe mit geschlossenen Augen, während es kauend spitze Zähne entblößt, wobei ein Arm aus seinem Maul heraushängt. Dieses Monster veranschaulicht nicht die keltische Vorstellung des Todes als Übergangsstelle zum weiteren Leben – dieses Monster verkörpert die gänzliche Vernichtung (vgl. z. B. → Ingcél).

»Tarasque von Noves«, menschenverschlingendes Ungeheuer, das seine Vorderpfoten auf zwei »têtes coupées« setzt (Musée Calvet, Avignon).

Krähe → **Vögel**

Kranich → **Vögel**

Kriegsgöttinnen
Es gibt bei den Kelten keine gesonderte Gruppe von Kriegsgöttinnen. → Andraste, → Badh, Macha, → Morrígan, → Nemain usw. sind wie alle weiblichen Gottheiten → Muttergöttinnen. Für die Kelten war es so selbstverständlich wie für die Hindus, die Gebärerin und Zerstörerin als die zwei Seiten einer Medaille aufzufassen, was sehr deutlich in den Attributen → Kuh und → Stier und → Vögel, vor allem der Krähe, zum Ausdruck kommt. Grundsätzlich konnte jede beleidigte oder erzürnte Muttergöttin, als Verkörperung des Territoriums, als rächende Kriegsfurie auftreten; sie kann aber auch die reine Lust an der Zerstörung verkörpern. Ebenso oft sucht sich jedoch die Kriegsbesessene einen Geliebten, mit dem sie sich vor der Schlacht vereint. So kommen die extrem gewordenen Verhältnisse der Todes- und Lebenskräfte wieder in ein Gleichgewicht.

Kuh
Wie → »Damona«, »große Kuh«, oder → »Boand«, »weiße Kuh« bzw. Besitzerin derselben, durch den Namen allein schon verraten, unterhielten die Kelten die indogermanische Vorstellung von der Kuh als Verkörperung oder Attribut der → Muttergöttin. Ganz deutlich wird die Verbindung in der Vorgeschichte zum *Abenteuer* (vgl. → *echtrae*) *von* → *Art, Sohn des* → *Conn*. Nach dem Rat der → Druiden muß Conn seine unrechtmäßige

Herrschaft (vgl. → rechtmäßige Herrschaft), die zum Versiegen der Fruchtbarkeit Irlands führte, sühnen. Um die befleckte Erde (vgl. → Elemente) zu reinigen, soll er den Sohn eines sündenlosen Paares opfern. Er findet den Gesuchten in der → Anderswelt. Es ist das Kind der Königin → Rigru »mit den großen Augen« (vgl. → Eulengöttin). Als der Knabe getötet werden soll, erscheint seine Mutter und bietet eine Kuh als Ersatzopfer (vgl. → Opfer) an.

→ Flidais bewahrt noch das Konzept der großen, neolithischen Mutter, der neben dem → Hirschen auch das Rind heilig war. Flidais besitzt »die Hornlose«, die jeden Abend 300 Männer samt deren Familien mit Milch versorgt. In den ältesten Sagenversionen wird → Blathnad zusammen mit einem → Kessel, → drei wunderbaren Kühen samt → Vögeln geraubt, die zwecks Steigerung des Milchertrags beim Melken singen. Es überrascht nicht, daß → St. Brigid die enge Beziehung zur Kuh erbte. Nicht nur betätigt sie sich als Viehhüterin und wird noch heute als Patronin derselben betrachtet, sondern sie wurde ihrer *Vita* nach mit der Milch einer rotohrigen Kuh (vgl. → rot) großgezogen, da sie keine andere Nahrung vertrug. Rotohrige Kühe sind jedoch → Andersweltkühe, übernatürliche Tiere. Wie unzählige Sagen aus Irland, Schottland, Wales und der Bretagene berichten, gehören sie den → Feen. Oft taucht eine solche aus einem See (vgl. → Gewässer) zusammen mit einer Kuh auf, um sich willig mit einem Sterblichen zu verbinden. Solange er sie liebt und sie nach den von ihr gesetzten Bedingungen behandelt, vermehrt sich ihre Kuh auf wunderbare Weise. Es sind kleine, flinke, ungemein kräftige Tiere, die ungewöhnlich viel Milch geben. Nach Beleidigung oder (un)willentlich angetanem Unrecht ruft die Andersweltfrau mit weitklingender Stimme ihre Tiere zusammen und verschwindet auf Nimmerwiedersehen im See.

Das schönste Andenken an die Verehrung der Kuh – wenn nicht sogar eine Darstellung der → Muttergöttin – entstammt einem Grab (6. Jh. n. Chr.) von Hallstatt, Österreich. Auf dem Rand eines bronzenen → Kessels steht eine bis in die Einzelheiten ausgeformte Kuh – in den runden Formen hat ihr der Künstler sogar die sprichwörtliche Langmut und

Kuh mit Kalb auf einem Kessel (Hallstattzeit; Naturhistorisches Museum, Wien).

Freundlichkeit dieses Tieres mitzugeben vermocht. Auf ihren Fersen folgt halb ängstlich, halb keck, ein Kälbchen (Naturhistorisches Museum, Wien).

Kulhwch

Unter dem Märchencharakter der → *Mabinogion*-Erzählung *Wie Kulhwch → Olwen gewann* hat sich ein dickes Sediment keltischer Mythologie abgelagert, leider in so feinen Fragmenten, daß es bei Motiven, Anspielungen, Vorstellungsfetzen bleibt, die ohne viel Zusammenhang diese Brautwerbung bereichern.

Vor Schreck über einen → Schweinehirten und seine → Schweine kommt die Mutter des → Helden nieder, und der Hirte bringt das Kind an den Hof ihres Gatten Kilydd. Es wird »Kulhwch«, »Schweineauslauf«, getauft, weil es in einem solchen zur Welt kam. Die Mutter stirbt; auf ihrem Grab wächst ein Schlehendorn (vgl. → Bäume), und die Stiefmutter belegt den jungen Mann mit einem Schwur, der einem → *geis* gleichkommt: »Seine Seite soll nie diejenige einer Frau berühren«, wenn er nicht Olwen, die Tochter des Riesen → Ysbaddaden, gewinnt.

Kulhwch wendet sich darauf an seinen Vetter → Artus gegen den Widerstand des Torhüters, wie einst → Lug oder → Cúchulainn. Auf seine Bitte hin schert ihm Artus die Lokken, d.h. er nimmt ihn in seine → *fianna*-artige Gemeinschaft auf und verspricht ihm seine Hilfe.

Darauf folgt eine achtseitige Aufzählung der verschiedenen Höflinge, worunter sich z. B. → Kai, → Gwynn ap Nudd, → Gwalchmei, → Taliesin, → Manawydan, ein Sohn von → Beli und der grundhäßliche → Morvan befinden, von denen viele Kulhwch in seinem Vorhaben auf die eine oder andere Art unterstützen.

Als die ausgeschickten Boten nach einem Jahr noch immer nicht zurück sind, ziehen Kulhwch und eine Handvoll Getreuer selbst aus. Vor ihnen liegt eine große Festung, und auf dem Weg dahin treffen sie auf einem Hügel (vgl. → Elemente) mit dem riesigen Schäfer Custennin zusammen, dessen → Hund die Größe eines → neunjährigen Bullen hat. Von ihm erfahren sie, daß Olwen und ihr Vater sich in der Festung befinden, werden aber gewarnt, daß bis jetzt noch niemand, der um das Mädchen warb, lebendig davongekommen sei. Es stellt sich heraus, daß Custennins Frau Kulhwchs Tante ist, die ein Stelldichein zwischen ihrem Neffen und Olwen arrangieren kann, so daß er Gelegenheit hat, sich ihr zu erklären. Die Schöne rät ihm, bei ihrem Vater, der sterben muß, wenn sie heiratet, um ihre Hand anzuhalten und alle seine Bedingungen zu erfüllen ... Es sind deren 39, und der Leser/Zuhörer kann von Glück sagen, daß nicht alle mit der gleichen Ausführlichkeit behandelt werden.

Die 13 Hauptaufgaben haben mit dem Rüsten des Hochzeitsfestes zu tun: Z. B. muß ein Stück Land an einem Tag gerodet, gedüngt, gepflügt, gesät und geerntet werden, um genügend Korn zu erhalten. Ohne → Amaethons und → Govannons Zutun ist dies nicht ausführbar. Aus der Erde geklaubte Leinsamen müssen neu ausgesät werden, damit Flachs für den Hochzeitsschleier wachsen kann – nur geht es nicht ohne die berühmten Ochsen von Wales. Nicht nur die Vögel → Rhiannons, sondern auch eine ganze Reihe magischer Gegenstände, eine Schale, ein → Horn, eine Harfe, ein → Kessel aus Irland und ein Korb, der jedem die Speise gibt, nach der er verlangt, sind zu beschaffen.

Die Toilette des zukünftigen Schwiegervaters verursacht weitere Probleme: Nur der Hauer (vgl. → Amulette) des Fürsten der → Eber ist Ysbaddaden als Rasiermesser gut genug, als *preshave* muß Kulhwch das Blut der Schwarzen Hexe besorgen, und unter der Schere und dem Kamm, die zwischen den Ohren des → Twrch Trwyth sitzen, tut er es auch nicht. So berichtet die zweite Hälfte der Erzählung fast ausschließlich über die klassische Eberjagd, zu der bestimmte Hunde, Halsbänder, Leinen und Waffen hergeschafft werden müssen. Dank → Mabon, Sohn der → Modron, scheitert das Unternehmen nicht, und Kulhwch und Olwen können endlich Hochzeit halten.

Kultstätten

Seit bei der Ausgrabung von Navan Fort, dem → Emain Macha des → *Ulsterzyklus*, die Überreste eines Rundhauses vom Beginn des 1. Jh. v. Chr. mit einem Durchmesser von 40 m und einem 12 m hohen Mittelpfeiler aus einem 200 Jahre alten Eichenbaum (vgl. → Bäume) zutage kam, das einer rituellen Landschaft zum Brennpunkt diente, läßt sich die von J. Markales mit soviel Zuversicht für viele andere Keltologen ausgesprochene Behauptung: »... es ist eine erwiesene Tatsachen, daß die Kelten vor der Unterwerfung durch die Römer und vor ihrer Assimilation an die Griechen keine Tempel gebaut haben«, nicht mehr halten, es sei denn, man definiert »Tempel« im engen, klassischen Sinne.

Z. B. → Entremont, → Glanum, → Roquepertuse bestätigen uns, daß die von der griechischen Kultur beeinflußten Südgallier bereits ab dem 3. Jh. Tempel errichteten – aber gerade in Glanum existierte zuvor ein einfaches Quellheiligtum. Hekataios von Abdera erwähnt zwar bereits einen dem → Apollo geweihten Rundtempel »auf einer Insel vor der Küste Galliens«, aber es dürfte sich dabei um eine Megalithstruktur gehandelt haben, vielleicht sogar um → Stonehenge. Von Livius wissen wir, daß die Boii einen Tempel besaßen, und von Polybios, daß die Insuber einen solchen hatten. Caesar spricht nie von Tempeln, sondern benützt den Ausdruck »locus consecratus«, »geweihte Stätte«, was sowohl auf die von Menschenhand geformten Kultstätten – vom einfachen Flechtwerkschrein aus dem 1. Jh. v. Chr., wie er die Holzfigur von Ballachulish (vgl. → Götterdarstellungen, → *caillech*) umschloß, bis zur luxuriösen Pilgerstadt mit Tempeln, Thermen, Theatern, Pilgerhallen und Säulengängen, Priesterwohnungen und Votivgabenlädchen (vgl. → Votivgaben), wie sie im französischen Sanxay (Dép. Vienne), im deutschen Hochscheid bei Trier (vgl. → »Apollo«, → Sirona) oder im britischen → Lydney Park (vgl. → Nodens) ausgegraben wurden – als auch auf die naturbelassenen Kultstätten paßt.

Solche fanden sich unter freiem → Himmel oder in Lichtungen tiefer Wälder, wo die Baumstämme (vgl. → Bäume) den Raum, das Himmelsgewölbe das Dach bildeten; in Hainen, auf Berggipfeln (vgl. → Berge), an → Quellen, in Mooren und Seen (vgl. → Gewässer), am Grab der Vorfahren (vgl. → Totenkult), beim Grabhügel der großen → Muttergöttin (vgl. z. B. → Carman, → Tailtiu) oder der → Helden.

Die Kelten nannten diese »nemeton«, was die Wurzel mit »Nemed«, »der Heilige«, teilt. Es läßt sich als Bestandteil von über einem Dutzend Ortsnamen quer durch Europa bis nach Kleinasien und auf die Britischen Inseln verfolgen, z. B. im galizischen Nementobriga, im gallischen Nementodurum (dem heutigen Nanterre), im südschottischen Medionemeton am Antoniuswall oder im Drunemeton der Galater. Durchgehend handelte es sich um Orte, die sich entweder bereits von Natur aus von der Umgebung abhoben oder um ein Stück der Erdoberfläche, das einerseits den Göttern geweiht war, andererseits durch Erde und Wasser (vgl. → Elemente) die Muttergöttin verkörperten oder ein echtes *pied-à-terre* für das Göttliche. Hier konnte es zu einem Austausch zwischen der realen und der übersinnlichen Welt kommen, weil der geheiligte Ort die Mitte zwischen den beiden, den Durchgangspunkt, bildete. Mit der Zeit wurden auch an diesen Plätzen Schreine aufgestellt, und manche werden sich zu Tempeln entwickelt haben. Diese Abgrenzung vom Profanen ließ sich jedoch auch künstlich durch die sogenannte Viereckschanze herstellen. Wall und Graben bildeten ein mehr oder weniger regelmäßiges Rechteck, zu dem gewöhnlich ein Steg oder eine Brücke führte. Dieser seltsame Denkmaltyp wurde 1885 zum ersten Mal nachgewiesen, obwohl er häufig zwischen Loire und Seine im Westen, den Alpen und dem Main im Süden bzw. Norden bis nach Mähren hinein vorkommt. Es dauerte gut siebzig Jahre, bis der rituelle Charakter dieses Gebildes nachgewiesen werden konnte. Er stand erst fest, als in Dornstadt-Tomerdingen ein trichterförmig angelegter, 5 m tiefer → Schacht gefunden wurde, in dem ein sorgfältig verkeilter Holzpfahl (vgl. → Bäume) steckte; abgesehen von drei Opferschalen kamen mengenweise Keramikscherben zutage, außerdem wurde unweit davon ein hallstattzeitlicher Friedhof entdeckt. Die Anlage von Dingharting-Holzhausen erbrachte noch aufregendere Resultate mit holzverkleideten Schächten von großer Tiefe. Seit den Ausgrabungen von 1983 steht fest, daß der → »Apollo«-Grannus-Tempel von Lauingen-Faimingen aus einer solchen Anlage heraus entstanden ist.

Mit Gewißheit bestanden die verschiedenen Formen der Kultstätten nicht nur in den verschiedenen Gebieten der keltischen Welt nebeneinander, sondern auch innerhalb derselben, je nach dem Grad der Verstädterung und dem Anschluß an die klassische Zivilisation.

Wenn Lukan im 1. Jh. n. Chr. in seiner *Pharsalia* erzählt, die → Druiden säßen in abgeschiedenen, tiefen Wäldern, wo sie sich scheußlichen Riten hingäben und ihre Götter im Wald statt in Tempeln verehrten, so hat er seine Beispiele sorgfältig ausgewählt, um das primitive Barbarentum zu unterstreichen, das es abzustellen galt (vgl. → Taranis). Es hatte immer Druiden gegeben, die in der unkultivierten Natur ihren spirituellen Beboachtungen nachgingen, genau wie es die christlichen → Heiligen, vor allem der keltischen Kirche, später tun sollten. Aber ebenso viele befanden sich, sofern sie nicht verfolgt wurden, »in der Welt«, an Königshöfen oder standen Kultstätten vor.

Die Gallorömer hatten eine eigene Tempelform entwickelt, das sogenannte *fanum*, ein kleines Gebäude mit quadratischem oder rundem, selten vieleckigem Grundriß, bestehend aus einer *cella* und einem Umgang. Ursprünglich war wohl das ganze aus Holz, wie der Fund von Heathrow (Gr. Middlesex) andeutet. Später oder in anderen Gegenden waren diese Tempel aus Stein, wie der überdurchschnittlich große → »Janus«-Tempel von Autun, behielten aber gewöhnlich den hölzernen

Rekonstruktion eines gallorömischen Umgangstempels (Römermuseum, Schwarzenacker).

Gang bei. Verschiedene Freiluftmuseen, z. B. das Archéodrome bei Beaune oder das Museum von Schwarzenacker, haben solche Tempel rekonstruiert.

Labraid Loingsech
Das Volk von Leinster betrachtete den König Labraid Loingsech, der um 300 v. Chr. die Herrschaft über ganz Irland erlangte, als seinen Ahnherrn. Die Volksüberlieferung, die darauf besteht, er hätte wie → Mark von Cornwall Pferdeohren (vgl. → Pferd) besessen, wäre nicht einmal nötig zur Vermutung, daß dahinter ein Ahnengott steckte. Frühe Gedichte nennen Labraid unverblümt z. B. »das höchste aller Wesen, außer dem heiligen König des → Himmels«, »ein Gott, der sowohl Menschen und Götter bezwingt«, während ihn das → *Dindsenchas* als → »Nechtans Sohn« bezeichnet und *Orgain Denna Ríg (Die Zerstörung von Dinn Ríg)*, die erste Erzählung aus dem → *Historischen Zyklus*, von mythologischem Material durchsetzt ist.

Labraids Großonkel Cobthach von Nord-Leinster, »der Magere«, verzehrte sich vor Eifersucht auf seinen Bruder, den Hochkönig Loegaire Lorc, und griff zu einer List, um sich der Herrschaft Irlands zu bemächtigen. Er ließ sich, wie seit der Hallstattzeit üblich, mit einem Rasiermesser als Grabbeigabe auf seinem Streitwagen auslegen (vgl. → Totenkult) und gab vor, gestorben zu sein. Als sich sein Bruder trauernd über ihn beugte, stieß er ihm die Klinge in den Rücken. Den Neffen räumte er durch Gift aus dem Weg und regierte dann selbst auf → Tara. Seinen Großneffen verbannte Cobthach außer Landes. Dieser junge Mann war stumm gewesen, bis ihn »beim Spiel ein Hurley-Stock ans Schienbein traf« – eine moderne Erklärung, die außer acht läßt, daß die Abgeschiedenen zuweilen stumm weiterleben (vgl. → Dian Cécht, → Branwen, → Kopfkult). Jetzt, da er sprach, hieß er »Labraid«, »der Sprechende«. Mit einem Dichter und dem Harfenspieler Craiphtine zog er nach Westen, wo er am Hof König Scoriaths, vermutlich in der Bretagne, sein Glück machte, indem er dessen Tochter Mariath heiratete. Sein Schwiegervater half ihm, Dinn Ríg, Leinsters Königsfestung, zu belagern, wenn auch anfänglich umsonst, bis die Angreifer darauf verfielen, den Harfner auf den Wällen (vgl. → Elemente) Schlafweisen (vgl. → Dagda) spielen zu lassen, während sie, sich die Ohren zuhaltend, darauf zurobbten. Nach T. F. O'Rahilly ist der Name des Harfners identisch mit »Straiphtine«, »Schwefelfeuer«, er bedeutet also → »Blitz«. Craiphtine wäre demnach ein Doppelgänger Labraids, der wie → Dagda, → Taranis und → »Jupiter« den → »Dis Pater« mit dem göttlichen Donnerer vereinte.

Wieder König von Leinster, söhnt sich Labraid zum Schein mit dem Mörder seines Vaters und seines Großvaters aus, lädt ihn aber »am Vorabend von Weihnachten« – ein christlicher Ersatz für → *Samhain* – zu einem großen Fest (vgl. → Anderswelt) in einem heimlich gebauten, eisernen Haus, das wie in der *Trunkenheit der Ulstermänner* oder der → *Mabinogion*-Erzählung von → Branwen zum Glühen gebracht wird. Cobthach und »700 Mann und 30 Könige« kommen darin um.

Ladra

Der Steuermann von → Cessairs Eroberung Irlands ist Ladra. Er ist unzufrieden, weil er bei der Verteilung der Frauen eine weniger erhält als Bith und → Fintan. Gleichwohl stirbt er, nach dem → *Lebor Gabála Érenn*, »am Übermaß an Frauen« als erster der drei oder »weil das Ende des Ruders durch seine Hinterbacke gedrungen sei«. Was immer das zu bedeuten hat, ob es wörtlich zu nehmen, eine Anspielung auf abwegige sexuelle Praktiken oder nur eine verballhornte Übersetzung durch einen Abschreibfehler ist – was zählt, ist allein, daß die weiblichen Wesen im Verein mit dem Wasser (vgl. → Elemente) für seinen Tod verantwortlich sind. Hier zeigt sich wieder einmal mehr die Doppeldeutigkeit jedes keltisch mythologischen Prinzips: Sowohl das Weibliche als auch das Wässerige kann Leben geben und nehmen.

Laeg mac Ringabra

→ Cúchulainns treuer Wagenlenker, Diener und Vertrauter (vgl. → Emer), Laeg mac Ringabra, der ihm mehr als einmal das Leben rettet, ihn durch Lob ermutigt oder, um ihn anzufeuern, in die berühmte Wutverzerrung versetzt (vgl. → heilige Raserei), ist selbst eindeutig eine übernatürliche Persönlichkeit. Er bewahrt für Cúchulainn den → *gae bulga* auf und schickt ihn seinem Herrn jeweils durchs Wasser (vgl. → Elemente) zu; als einziger, außer Cúchulainn, sieht er → Lug durchs Lager schreiten. Er ist über alles jederzeit informiert, kennt jeden – Freund oder Feind – und ist ein Meister in der Kunst des Wagenlenkens.

Nach dem → *Táin Bó Cuailnge* trägt er ein Wams aus Hirschleder (vgl. → Hirsch), einen Kapuzenmantel (vgl. → *genius cucullatus*) aus Rabenfedern (vgl. → Vögel) und einen Helm, während seine Stirn das rot-gelbe Ehrenband des Wagenlenkers ziert. Die beiden ebenfalls übernatürlichen → Pferde, → Dub Sainglenn und → Liath Macha, sowie den Streitwagen schützt er zuweilen mit einem Eisenpanzer (vgl. → Eisen), der gespickt ist mit Spießen und Spitzen, die strahlenartig nach allen Seiten abstehen, und macht sie durch Zaubersprüche (vgl. → Zauber) unsichtbar.

Einmal weckt er die Ulstermänner früh morgens auf solch ungestüme Weise, daß sie nackt in den Kampf stürzen (vgl. → Helden) und diejenigen, deren Zelteingang gegen Osten liegt, durch die Zeltwand im Westen hindurchsausen.

Laeg ist ein geschickter Heiler – allein die Berührung durch seine Finger genügt, damit sich Cúchulainns Wunden schließen. Aus der → Anderswelt stammend, unternimmt er mehrere Reisen dorthin (vgl. → Fand) und stellt u. a. Cúchulainn seinen betagten, purpurgekleideten Eltern sowie seinen Brüdern → Eochaid, → Aed und → Oengus und seinen Schwestern Eithne (vgl. → Ethne), Etan und → Étaín vor.

In einer Fassung von Cúchulainns Ende trifft → Calatíns Speer (vgl. → Blitz) gemäß der Prophezeiung, daß → drei Könige durch ihn fallen würden, zuerst Laeg, denn er ist der König der Wagenlenker. In einer andern wäscht er trotz seiner eignen schweren Verletzungen Cúchulainns Wunden im See (vgl. → Gewässer), so daß dieser sich rot färbt, und überbringt dann → Emer die Nachricht vom

Tod des größten → Helden von Ulster: Wie diese niemals einen zweiten Gatten, so wird auch er niemals einen zweiten Herrn nehmen. In Laeg verdichten sich die Strukturen des Sonnengottes (vgl. → Gestirne), der mit dem Streitwagen über das Himmelsgewölbe fährt: Er ist ein Entwurf, eine Verdoppelung Cúchulainns.

Lailoken
Eine Vorlage für den Zauberer → Merlin, den z. B. die *Vita* von St. Kentigern erwähnt, war Lailoken, ein schottischer Barde (vgl. → *fili*). Die Grausamkeit der Schlacht von Arthuret (um 575) bzw. um die Festung Caerlaverock auf dem Nordufer des Solway Firth, in der sein Brotherr und dessen unter seinen besonderen Schutz gestellter Sohn umkamen, brachte ihn fast um den Verstand. Er flüchtete in die caledonischen Wälder und hauste dort, mehr Tier als Mensch, noch 50 Jahre weltabgeschieden. Darüber wurde er zum Seher, der seine Visionen in Gedichtform der Menschheit hinterließ.

Lancelot du Lac
Weder im → *Mabinogion* noch in Geoffrey von Monmouths *Historia Regum Britanniae (Geschichte der britischen Könige)* kommt Lancelot du Lac, »Lancelot vom See« (vgl. → Gewässer), vor. Chrétien de Troyes, der ihn auf dem Festland bekannt machte, dürfte ihn über die bretonische Überlieferung kennengelernt haben. Ulrich von Zatzikhofen erwähnt »ein welschez buoch«, worin er das Material gefunden haben will, so daß er vielleicht dieselbe Quelle benützte. Das Thema, das die Artusromane weiter ausgestaltete, ist durch und durch keltisch und erhält deutliche Spuren der Mythologie (vgl. → Rigani, → Gráinne, → Deirdre).

Lancelot, der Sohn König Bans von Benoïc »aus der kleinen Bretagne«, wird als Säugling zur eigenen Sicherheit von der → Dame vom See entführt und in ihrem Reich, unter den Wellen, aufgezogen (vgl. → Anderswelt). Mit 18 Jahren schickt sie ihn an König → Artus' Hof, wo er sich vom ersten Augenblick in die Königin Ginevra (vgl. → Gwenhwyfar) verliebt. Ihretwegen begeht er alle seine Heldentaten und wird zum Musterbeispiel des höfischen Ritters. Gegen jede Vernunft liebt ihn die junge Königin und macht ihn zu ihrem Geliebten. Im Zustand der Sünde ist Lancelot jedoch nicht mehr würdig, den → Gral zu finden, sondern verschläft dessen Erscheinen. Erst sein Sohn Galahad wird der perfekte Gralsritter sein ...

Lange duldet Artus das Verhältnis schweigend. Als es → Mordred und seine Partei aus Eigeninteresse ans Licht bringen, muß er Ginevra als Ehebrecherin zum Scheiterhaufen verurteilen, wovor sie Lancelot in einer tollkühnen Aktion rettet, nicht ohne jedoch im Handgemenge → Gawains unbewaffnete Brüder zu erschlagen. Er macht sich damit nicht nur seinen ehemaligen Freund zum Erzfeind, er wird auch des Landes verwiesen, obwohl ihm Artus beim Zurückbringen der Königin verzeiht. So kommt es, daß der König bei Camlan ohne seinen besten Ritter in die letzte Schlacht zieht, und das Unheil seinen Lauf nimmt ...

Artus' Hinscheiden (vgl. → Avalon) trennt das Liebespaar jedoch erst recht: Nach christlicher Moral müssen Lancelot und Ginevra für ihre sündige Liebe büßen, die ihr Seelenheil bedroht und den Tod des Königs und den Untergang seines Reiches heraufbeschworen hat – sie als Nonne, er als Einsiedler bei Glastonbury.

Lear → **Llŷr**

Lebor Dromna Snechta
Noch im 11. und 12. Jh. wurde eifrig aus dem *Lebor Dromna Snechta* abgeschrieben, eine verschollene Handschriftensammlung aus der 1. Hälfte des 8. Jhs. Sie enthielt Gedichte, Notizen über die früheste Geschichte Irlands, Genealogien, außerdem wichtige Sagen, z. B. die Erzählungen von → Bran, → Conlai, → Emer, *Die Zerstörung der Festhalle* → *Da Dergas* und → *Cúchulainns Empfängnis*.

Lebor Gabála Érenn
Trotz M.-L. Sjoestadts subtiler Charakterisierung als »mythologische Prähistorie Irlands« wird das *Lebor Gabála Érenn (Das Buch der Eroberungen Irlands)*, zuweilen noch immer als Ausgeburt mittelalterlicher Stubengelehrtheit abgetan, ohne Rechenschaft abzulegen über die unmögliche Aufgabe, vor die sich die

irischen Kleriker gestellt sahen. Einerseits sollten sie die irische Überlieferung bewahren, andererseits mit der jüdisch-christlichen in Einklang bringen und z. B. überzeugend nachweisen, daß die Iren ebenfalls Nachfahren Adams seien und eine Rolle im christlichen Heilsplan zu spielen hatten. Dieser Prozeß, der bereits im 6./7. Jh. begann, fand seinen Abschluß um 1170 in diesem zugegebenermaßen langatmigen Werk, das sechs fein säuberlich getrennte Einwanderungswellen unter den Führern oder Völkern → Cessair bzw. → Banba, → Partholón, → Nemed, den → Fir Bolg, den → Tuatha Dé Danann und schließlich den → Milesiern postulierte. Es gehörte zum Repertoire der → *fili* und blieb bis ins 17. Jh. das unangetastete Standardwerk der irischen Geschichte.

Ein für unser Empfinden unmäßiger Teil davon besteht aus sorgfältig konstruierten Genealogien und einer langen Königsliste, die mit wissenschaftlicher Akribie zusammengetragen wurde. Der Rest reicht jedoch aus zu zeigen, worum es grundsätzlich ging: *Lebor Gabála Érenn* enthält Bruchstücke einer irischen Genesis. Nicht nur → Amergin läßt im Wort das Land erstehen (vgl. → Zauber); jede Invasion trägt das ihre bei, um es zu formen. Gab es bei Partolóns Ankunft erst → drei Seen (vgl. → Gewässer) und eine einzige, gerodete Ebene, so waren es nach → Nemed vierzehn Seen und dreizehn kultivierte Flächen.

Außerdem sorgten die Einwanderer für die politische Unterteilung, setzten Grenzen – die → Fir Bolg z. B. richteten die → fünf Provinzen ein –, benannten die Topographie, brachten die Grundsätze der Kultur, Ackerbau und Viehzucht, Handwerk und Kunst, Handel, das soziale System, Recht- und Regierungsform, Kult, Brauchtum und Sitte – inklusive erstem Ehebruch und die Reaktion darauf – mit sich. Auch wenn historisch belegbare Volksgruppen erscheinen und Namen, die lokalisierbar sind, so geht es in erster Linie darum, die (göttlichen) Kräfte zu nennen, die Irland zu dem machten, was die christlichen Gelehrten im 12. Jh. vorfanden.

Lebor Laignech

Eines der umfangreichsten frühen Manuskripte ist das *Lebor Laignech (Das Buch von Leinster)* (heute im Trinity College, Dublin). Es wurde vor 1160 zusammengestellt, also wenige Jahre vor der Eroberung Irlands durch die Normannen, und nimmt auf das Ereignis Bezug. Die ältesten Blätter stammen von Aed mac Crimthain, Abt von Terryglass, der mit Finn mac Gorman, dem 1160 verstorbenen Bischof von Kildare, korrespondierte. Es enthält Sagen, historische Abrisse, Gedichte und Genealogien, u. a. eine Version des → *Lebor Gabála Érenn* und die vollständigste Fassung des → *Táin Bó Cuailnge*.

Lebor na hUidre

Das Buch der dunkelfarbigen → Kuh ist die älteste Sammelhandschrift irischer Sagentexte, vornehmlich aus dem → *Ulsterzyklus*. Sie befindet sich heute in der Royal Irish Academy, Dublin, und besteht noch aus 67 Pergamentblättern. Thurneysen datiert die ältesten Teile vor 1106, diejenigen des Interpolators, der längere Passagen ausradierte, ausführlicher schrieb oder neues Material einführte, ins 13. Jh. Die Überzeugung, daß es sich bei dem Pergament um die Haut von St. Ciarans berühmter Schwarzbraunen handle, die dem jungen Mann sozusagen das Studium ermöglichte, läßt sich bis ins 14. Jh. zurückverfolgen. Seine Eltern waren nämlich laut *Vita* nicht davon erbaut, daß der Sohn die kirchliche Laufbahn ergreifen wollte und weigerten sich, ihn zu unterstützen. Nachdem St. Ciaran einen Abschiedssegen über die Herde gesprochen hatte, folgte ihm eine Kuh freiwillig wie ein Hündchen, blieb während seiner Lehrjahre bei ihm und versorgte das halbe Kloster mit ihrer Milch. Ihr Fell wurde in St. Ciarans eigener Klosterstadt, Clonmacnois, als teure Reliquie behandelt; wer darauf seinen letzten Atemzug tat, gelangte direkt ins Paradies.

→ Fergus soll St. Ciaran den → *Táin Bó Cuailnge* aus dem Grabhügel (vgl. → Totenkult) auf das Pergament diktiert haben.

Leborcham

Nicht die rührende, harmlose alte Amme, wozu sie deutsche Nacherzählungen der Sage von → Deirdre und → Naoise gerne machen, ist Leborcham, sondern eine jener Dichterinnen (vgl. → *fili*), jener unheimlicher Frauen, deren Forderung Gesetz ist. Einzig, weil es ihr

Bronzefigürchen einer alten Amme (Rheinisches Landesmuseum, Trier).

niemand zu verwehren wagt, hat sie Zutritt zu Deirdre.

Cath Étair (Der Kampf um den Hügel von Howth) aus dem *Buch von Leinster* (vgl. → *Lebor Laignech*) gibt Auskunft über sie. Leborcham ist die Tochter zweier von König → Conchobars Leibeignen, ausnehmend häßlich und gefräßig (vgl. → *caillech*). Ihr Name bedeutet »die Lange, Krumme bzw. Hinkende«, denn »... ihre Knie waren nach hinten, ihre Fersen nach vorn gerichtet«. Trotzdem vermag sie Irland in einem Tag zu durchwandern und fungiert für Conchobar als lebendige Zeitung, denn jeden Abend erzählt sie ihm alles, was sie gesehen hat. Zum Lohn erhält sie, zusätzlich zum üblichen Anteil am Hof, einen sechzigfachen Laib Brot. Überall wird sie als Botin eingesetzt; Conchobar schickt sie z. B., die Männer von Ulster aufzubieten, und → Emer → Conall Cernach in der »weiten Welt« zu suchen, um ihn vom Tod → Cúchulainns zu unterrichten.

Leborcham ist weder böse noch schlecht, doch endet, was sie in die Hand nimmt, meist tragisch.

Sie setzt Deirdre den Floh von Naoise ins Ohr, sie bringt Cúchulainn dazu, die → Vögel der → Anderswelt zu fangen, was zu seiner Liebschaft mit → Fand führt, sie findet dem alternden Conchobar die jugendfrische → Luaine, die schmählich stirbt ...

Andererseits füttert sie im *Cath Étair* den König, der seit acht Tagen nur Meerwasser (vgl. → Gewässer) und Erde (vgl. → Elemente) zu sich nahm, mit dem, was sie täglich auf ihrem Rücken von → Emain Macha herschleppt. Sie warnt Cúchulainn vor seinem letzten Gang und versucht, ihn zurückzuhalten, indem sie ihm die Folgen seines Todes voraussagt. Leborcham gehört eindeutig zu den übernatürlichen Wesen und dürfte so etwas wie die Personifizierung der Schicksalsmächte sein. Sie sorgt dafür, daß sich keine bleibenden Zustände einstellen, sondern sich alles fortwährend verändert.

Lepracháns

Ursprünglich waren die Lepracháns nicht die einfältigen Zwerglein, die die irische Touristenindustrie heute vermarktet, sondern bis in unser Jahrhundert von der bäuerlichen Bevölkerung ernstgenommene, übersinnliche Wesen mit erheblicher Macht über Lebenskraft und Fruchtbarkeit.

»Luchorpán« bzw. »luchrupán« bedeutet »winziges Körperchen«, und das → *Lebor na hUidre* ordnet sie zusammen mit den → Fomoriern »und den Ziegenköpfigen und allen anderen mißgestalteten Arten von Menschen« unter die Nachkommen Noahs (vgl. → *Lebor Gabála Érenn*). Auf Feindschaft seitens Sterblicher reagieren sie mit Vertrocknen des Korns oder Niederbrennen der Häuser. Sie sind nicht böswillig, lieben aber Schabernack, führen Menschen an der Nase herum, mit Vorliebe gierige und geizige, oder schnipseln schlafenden Frauen das Haar ab. Wer sie belohnt, für den arbeiten sie: Eine Höhle im Kalkstein um Cong (Gr. Mayo) heißt »Mullenlupraghan«, »Lepracháns Mühle«; die Bauern pflegten abends Säcke voll Korn dorthin zu bringen, um sie morgens voll feingemahlenem Mehl abzuholen.

In der ältesten Fassung von → *Fergus mac Létes Tod* (11. Jh.) bemächtigen sie sich des Königs Schwert, während dieser auf seinem Wagen ein Nickerchen macht und versuchen, ihn ins Meer (vgl. → Gewässer) zu rollen. Fergus erwacht, schnappt sich → drei der kleinen Gesellen, und die müssen nun ihr Leben erkaufen, indem sie ihm mittels magischer Schuhe die Fähigkeit verleihen, unter Wasser (vgl. → Elemente) zu gehen. Die ganze Unterwasserwelt (vgl. → Anderswelt) steht ihm offen, nur soll er sich vor Loch Rudraig hüten. Natürlich muß er dorthin und trifft unvermittelt auf ein scheußliches, quallenartiges Ungeheuer, das ihn derart erschreckt, daß sich sein Mund »bis zu den Nackensehnen« verzerrt. Die Versuche, den Makel geheimzuhalten (vgl. → rechtmäßige Herrschaft) – er selbst wird nur noch auf dem Rücken gebadet, damit er sein Spiegelbild nicht sieht –, scheitern am Ausbruch einer ungerecht behandelten Frau, die ihm sein Aussehen vorwirft. Sofort stürzt sich Fergus in den Kampf mit dem Monster, schlägt ihm den Kopf ab (vgl. → Kopfkult), geht dabei jedoch selbst zugrunde.

In der Volksüberlieferung sind die *Leprachâns* die Schuhmacher der → Feen, also wieder mit dem weltweit benützten sexuellen Symbol des Schuhes verbunden. Noch immer verbreiten billige Reiseandenken an die grüne Insel den ehemaligen Volksglauben, daß, wer eins fängt, von ihm die Stelle gezeigt bekommt, wo Töpfe voll → Gold in der Erde liegen: Der Topf hat die Form des eisenzeitlichen → Kessels!

Lia Fál

Der Steinpfeiler, *Lia Fál*, war der Krönungsstein der irischen Könige und gleichzeitig die Markierung der Mitte der »Ebene von Fál«, Irlands und der Welt, gleich einem griechischen Omphalos. → *Lebor Gabála Érenn* bezeichnet den → Stein als einen der vier Schätze der → Tuatha Dé Danann, den sie aus Falias, einer der vier Städte »in den nördlichen Inseln der Welt«, mitbrachten, wo sie sich in der Kunst der Magie (vgl. → Zauber) vervollkommneten. Der Pfeiler besaß die Eigenschaft laut aufzuschreien, sobald der → rechtmäßige König darauf trat. Von → Conaire Mór wissen wir, daß damit eine Zeremonie abschloß, bei seinem Vorgänger → Conn Cétchathach geschah es zufällig. Das Resultat war dasselbe: Der Stein brüllte so laut auf, daß es durch ganz → Tara schallte. Conns → *fili* konnten dem König auf seine Fragen nur antworten, daß der Stein »fo-ail«, »Unter-Stein«, heiße, d. h. »unter dem König«, und daß die Anzahl der Schreie der Anzahl der Könige aus Conns Samen entsprächen. Die Namen der Nachkommen entzogen sich ihrer Kenntnis – diese erfährt der König in einer glorreichen Vision von → Lug und der → Oberhoheit Irlands.

Das → *dindsenchas* wiederholt dieselbe Etymologie des *Lia Fál*, der anderweitig als »Steinpenis« beschrieben und noch im 19. Jh. mit »bod Fhearghais«, »Glied des → Fergus«, umschrieben wird. Er ist buchstäblich der Prüfstein, der über die Rechtmäßigkeit des Königs entscheidet – *Lia Fáls* Zustimmung ist die letzte in einer Reihe und insofern die wichtigste, weil sie die anderen bestätigt. Er vertritt das männliche Prinzip bei der Zustimmung zum Vorschlag der Menschen, das weibliche übernimmt die Oberhoheit.

Noch heute erhebt sich neben der → St.-Patricks-Statue ein Steinpfeiler auf Tara, der als »Lia Fál« bezeichnet ist. Er soll am Fuß des Dumna na nGiall, Hügel der Geiseln, einem Ganggrab von ca. 2100 v. Chr., gefunden worden sein und wurde später auf das Massengrab der Aufständischen von 1798 gepflanzt.

Die Schotten lassen diese Version nicht gelten. Nach ihrer Überlieferung kam *Lia Fál* mit dem ersten König der Irenkolonie Dál Riada nach Schottland, um dessen Krönung zu sanktionieren. Eduard I. soll diesen Stein 1297 von Scone nach London gebracht haben, wo er seither, mit Ausnahme der Zeit, als ihn schottische Nationalisten entführten, unter dem Krönungssessel des britischen Monarchen in der Abtei von Westminster liegt.

Liath Macha

Gleichzeitig mit → Cúchulainn in der → Anderswelt geboren, wird das Fohlen Liath Macha, das »Graue von Macha«, dem Heldenkind (vgl. → Helden) zum Geschenk gemacht – bis zu ihrem Tod werden sich die beiden nicht mehr trennen.

Liath Macha und → Dub Sainglenn ergeben zusammen das berühmte, unschlagbare, windschnelle Gespann Cúchulainns unter → Laegs meisterlicher Lenkung.

Nach einer anderen Überlieferung entstieg das → Pferd dem See (vgl. → Gewässer) von Linn Léith im Hügelzug von Sliab Fuait bei Newton Hamilton (Gr. Armagh). Cúchulainn verbringt einen ganzen Tag an seinem Hals hängend, kreuz und quer durch Irland rasend, um es für sich zu zähmen. Als Cúchulainns Ende naht, kehrt es verwundet dorthin zurück. Nach der Prophezeiung → Calatíns ist damit der zweite der → drei Könige gefallen (vgl. → Laeg, → Cúchulainn). Allerdings hindert das Liath Macha nicht daran, im *Brislech mór Maige Muirtheimne (Das große Fällen von → Mag Muirteimne)* zwei Seiten später wieder aufzutauchen und mit Bissen und Fußtritten seinen sterbenden Herrn zu verteidigen. Offensichtlich sind hier zwei Fassungen nicht besonders geschickt verbunden worden.

Lí Ban

Zu → *Samhain* überbringt Lí Ban, »Schönheit«, »Glanz der Frauen«, die Gattin des Andersweltfürsten Labraid, »Der-die-Hand-schnell-ans-Schwert-legt«, dem dahinsiechenden → Cúchulainn die Einladung ihrer Schwester → Fand in die → Anderswelt. Ein Jahr zuvor hatten sich die beiden Andersweltdamen in Gestalt von → Vögeln Cúchulainn genähert, der jedoch auf sie schoß. Darauf schlugen sie ihn mit Zaubergerten halb tot, ein Erlebnis, das Cúchulainn niemandem mitgeteilt hatte. Jetzt richtet Lí Ban aus, ihre Schwester verzehre sich vor Liebe nach ihm und Labraid sei gewillt, sie ihm zu geben, falls er ihm im Kampf gegen seine Feinde helfen.

links

Die ungünstige, mit Tod und der → Anderswelt in Verbindung stehende Seite ist die linke Seite; links herum, gegen den Uhrzeigersinn bzw. die Sonne (vgl. → Gestirne), bringt Unglück (vgl. → *tuathbel*) oder bedeutet böse Absicht. Diese unheilverkündende Richtung eignet sich für Magie (vgl. → Zauber) und Verfluchungen.

Lir

In der irischen Sage wird Lir, die »See«, kaum als eigenständige Persönlichkeit erwähnt, dafür um so häufiger als Vatersnamen. Er dürfte für das Kräfteverhältnis des Meeres (vgl. → Gewässer) gestanden haben. Ein poetischer Ausdruck nennt die Meersoberfläche »Lirs Ebene«. Auffallend ist, daß ihm seine Gattinnen wegsterben und er seine Kinder durch → Zauber verliert. *Die Tragödie der Kinder Lirs,* eine der → drei »traurigen Erzählungen Irlands« – nicht zu verwechseln mit Shakespeares Tragödie *König Lear* (vgl. → Llŷr) – ist sehr beliebt, kann aber nicht früher als im frühen 16. Jh. entstanden sein. Ausgerechnet darin kommt sein bekanntester Sohn → Manannán nicht vor.

Zu Lirs Enttäuschung, nach der Niederlage durch die → Milesier die Wahl zum König der → Tuatha Dé Danann verloren zu haben, kam der Kummer über den Tod seiner ersten Gattin. Um ihn aus seiner Schwermut herauszuholen, bot ihm → Bodh, der an seiner Statt gewählte König, seine Ziehtochter Aeb an, die ihm zweimal Zwillinge, Fionula und Aed, Fiachra und Conn, schenkte, jedoch bei der zweiten Geburt ihr Leben einbüßte. Erneut war Lir tief betrübt, so daß ihm Bodh seine zweite Ziehtochter, Aebs Schwester Aoife, antrug. Anfangs war diese eine gute Stiefmutter, aber nach und nach wurde sie immer eifersüchtiger, da Lir die Kinder über alles liebte. Ein Jahr lang war sie krank und malte sich aus, wie sie sie loswerden könnte. Der Versuch, Mörder zu finden, scheiterte, und sie selbst brachte es nicht über sich, sie zu töten. So stieß sie sie schließlich in den See von Derravarragh (Gr. Westmeath) und verwandelte sie in Schwäne (vgl. → Vögel, → Metamorphose). Nach ihrem Zauberspruch sollten sie 300 Jahre auf diesem See, 300 auf dem Mull von Kintyre in Schottland und 300 auf Erris Head in Nord-Mayo in Vogelform leben. Erst wenn der König vom Norden die Königin vom Süden heimführt, würden sie ihre Menschengestalt wiedergewinnen.

Lir und Bodh waren außer sich über Aoifes Tat, verzauberten sie in einen grauen Geier, der ruhelos durch die Lüfte fliegen sollte, konnten aber gegen diesen mächtigen → Zauber nichts ausrichten.

Glücklicherweise waren die Schwäne herrliche Sänger. Ihre Weisen ließen Kranke und Bekümmerte in tiefen Schlaf sinken und machten alle Menschen glücklich. Alle Tuatha Dé Danann kamen, um sie zu hören.

In Schottland litten die Kinder Lirs unter der Einsamkeit, im sturmgepeitschten Nordkanal, Hunger und den kalten Nächten, was Fionula in herzbewegenden Gedichten besang.

Noch schlimmer erging es ihnen auf Erris Head, im nördlichen Zipfel der Mullet-Halbinsel (Gr. Mayo); das Meer fror bis zur Achill-Insel zu, und Fionula mußte ihre Brüder buchstäblich unter ihre Fittiche nehmen, damit sie überlebten. In ihrer Not begannen die vier, Gedanken an *einen* mächtigen Schöpfergott zu unterhalten, der sie schützte – wunderbarerweise wurde das Wetter bis zum Ende dieser 300 Jahre erträglich. Sobald die Zeit um war, flogen sie nach Hause, fanden aber das → *síd* ihres Vaters verlassen und verfallen. Enttäuscht ließen sie sich auf der Insel Inishglora vor der Mullet-Halbinsel nieder. Sie freundeten sich mit dem dortigen Einsiedler, dem heiligen Mo-Chaemog, an, der sie im neuen Glauben unterrichtete und sie nicht herausgab, als der König von Connaught die vier wunderbaren Vögel als Brautgeschenk für seine Verlobte Deoch, eine Prinzessin aus dem Süden, forderte. Schließlich kam er selbst, um sie zu ergreifen, was den Zauber brach. Zu seinem Entsetzen erblickte der König statt der Schwäne drei verschrumpelte Greise und eine uralte Frau. Mo-Chaemog hatte gerade noch Zeit sie zu taufen, da starben alle vier und wurden begraben. »Und der Heilige war betrübt, daß sie nicht mehr bei ihm waren«, obwohl versichert wird, daß sie direkt in den Himmel kamen.

Lleu

Die Geburt ihrer Söhne unter peinlichen Umständen brachte → Arianrod in solch tiefe Verlegenheit, daß sie sie am liebsten ungeschehen gemacht hätte. Den einen, → Dylan, war sie wenigstens bald los, den anderen, Lleu, versuchte sie nicht wahrzuhaben, indem sie ihm Namen, Waffen und eine Frau aberkannte, es sei denn, sie selbst würde sie ihm geben, was sie aber unter keinen Umständen zu tun bereit war. Mit List und → Zauber brachte → Gwydion sie doch dazu, wenigstens was die beiden ersten Schwüre betraf.

Nachdem er seine und des Jungen Erscheinung verändert hatte, ankerte er sein Schiff vor Arianrods Festung und ließ sich als Schuhmacher melden. Die beiden fertigten zwei Paar sehr hübscher, aber nicht passender Schuhe an, so daß Arianrod persönlich aufs Schiff kommen mußte, um den Fuß messen zu lassen. In dem Augenblick ließ sich ein Zaunkönig (vgl. → Vögel) darauf nieder; der Junge zielte und traf den winzigen Vogel »zwischen der Sehne und dem Knochen eines Beines«. Arianrod sprach dem »Hellhaarigen mit der geschickten Hand« ihren Beifall aus, worauf sie Gwydion, sich ihr zu erkennen gebend, darauf aufmerksam machte, daß sie soeben ihrem Sohn einen Namen gegeben habe. Von jetzt ab hieß er »Lleu Geschickthand«. »Lleu«, der »Helle, Scheinende«, ist bereits sprachlich mit ir. → »Lug« gleichzusetzen. Beide besitzen eine starke Sonnenkomponente, und ihnen sind verschiedene Züge gemein, auch wenn die Mythen verschieden sind.

Arianrod war aufgebracht, ließ sich jedoch erneut von Gwydion und Lleu täuschen, als sie, wiederum verändert, erschienen, um ihre Burg scheinbar gegen ein Heer zu verteidigen. Widerstandslos folgte sie Gwydions Anordnung, seinem jungen Begleiter die Rüstung anzulegen, während er sich selbst wappnete ...

Gwydion und → Math verschaffen Lleu gemeinsam eine Ehefrau aus Blüten und Kräutern, aber → Blodeuedd betrügt Lleu bei der ersten Gelegenheit mit → Goronwy, der die Züge des Fürsten der → Anderswelt trägt und den Rivalen mit einem vergifteten Speer (vgl. → Blitz) buchstäblich aus der Welt schafft: Lleu fliegt als Adler aus der Welt der Menschen davon.

Nach langem Suchen findet ihn Gwydion, einem magischen → Schwein folgend, das täglich beim Öffnen des Kobens davonstob, um erst spät abends zurückzukehren. Unter einem riesigen Eichbaum (vgl. → Bäume), der auf einer weiten Ebene stand, schlang es gierig Maden und verwesende Fleischbrocken herunter, die einem Adler ganz oben im Wipfel von den Knochen fielen.

In einem Gedicht ließ Gwydion den erbarmungswürdigen Vogel wissen, daß er in ihm Lleu wiedererkannte, worauf der Adler, nach jeder Strophe etwas zutraulicher, sich von Ast zu Ast hinunterließ. Gwydion sang u. a.:

Eine Eiche wächst auf der Hochebene,
Weder Sturzregen noch Verwesung schädigen sie;
Sie hat zwanzig Handwerke getragen,
In ihren Zweigen sitzt Lleu, Geschickthand.

Die letzten zwei Zeilen spielen auf → Lugs Fähigkeiten an, die Lleu anscheinend mit ihm teilt – das → *Mabinogion* kennt ihn zwar nur als Schuhmacher, die *Triade 67* (vgl. → drei) nennt jedoch Lleu und nicht Gwydion als einen der drei → goldenen Schuhmacher von Wales.

Nach weiteren Strophen setzt sich der Adler schließlich auf Gwydions Knie, der ihn mit seinem Zauberstab berührt und ihm die menschliche Gestalt zurückgibt (vgl. → Metamorphose). Da er nur noch aus Haut und Knochen besteht, läßt ihn Gwydion von den besten Ärzten Gwynedds pflegen, so daß er schließlich Blodeuedd und ihren Liebhaber zur Rechenschaft ziehen und sein Reich wiedergewinnen kann.

Llevelys
Der weise Gott der → Anderswelt ist Llevelys, → Lludds Bruder.

Lludd
Die → *Mabinogion*-Erzählung von Lludd und Llevelys, den beiden Söhnen → Beli Mawrs, ist zwar die kürzeste, jedoch nicht minder dramatisch als die anderen. In die friedliche Regierungszeit von König Lludd, einem tapferen, großzügigen Herrscher, der weiß, wie seinen Untergebenen Schutz zu gewähren ist – um London zieht er eine mehrfach beturmte Mauer, weswegen die Stadt ihm zu Ehren fortan Caer Lludd bzw. Caer Ludein heißt –, brechen drei Plagen herein, die Britannien erschüttern. Die Auslöser der ersten sind die *corannyeid*, eine Art bösartiger → *leprecháns*, deren Ohren kein Gespräch entgeht, solange sich ein Lüftchen regt, weshalb nicht gegen sie anzukommen ist. Die zweite ist die Folge eines Schreies, der jeweils am Vorabend von → *Beltene* ausgestoßen, die Lebenskräfte im ganzen Reich lähmt. Die dritte entsteht, weil periodisch alle Vorräte, wieviel auch immer, vom Königshof verschwinden.

Da alle vor einem Rätsel stehen, läßt Lludd seine Flotte rüsten, um den weisen Bruder des Königs von Frankreich, Llevelys, aufzusuchen, eine typische Fahrt in die → Anderswelt. Damit die *corranyeids* keinen Wind von der Sache bekommen, beraten sich die beiden Könige durch ein großes, bronzenes → Horn. Die *cornucopia* wird unter christlichem Einfluß zum Sprachrohr, in dem der Teufel sitzt und alles, was sie sprechen, verdreht und gehässig klingen macht! Llevelys muß es zuerst mit Wein ausschwenken, bevor sie sich ungestört unterhalten können.

Llevelys rät, die *corrannyeids* zu einem großen Versöhnungsfest zu laden und dann mit einer Essenz aus Wasser (vgl. → Elemente) und pulverisierten Insekten zu besprühen, was die üblen Zwerge ausrotten würde, ohne Lludds Leuten zu schaden. Die grausigen Schreie führt er auf zwei erbittert kämpfende Drachen zurück und gibt Lludd genaue Instruktionen, wie sie, in kleine → Schweine verwandelt (vgl. → Metamorphose), in einer Steinkiste unter seiner stärksten Festung einzugraben seien. Für die dritte Plage macht Llevelys einen riesenhaften Zauberer verantwortlich, der den Hof mittels Sprüchen und Gesängen einschläfert (vgl. → Zauber), um dann in Ruhe abzuräumen ... Lludd soll sich mit kaltem Wasser wachhalten und ihm bewaffnet entgegentreten.

Tatsächlich ergibt sich alles so wie vorausgesagt: Das Insektenmittel vertilgt die üblen Zwerge, Lludd gräbt die Kiste unter der Festung Dynas Emrys ein (vgl. → Vortigern), und der Riese läßt vor Überraschung seinen enormen Korb ohne Boden fallen, als ihn Lludd zum Kampf fordert. Wie → Lug → Bres, so besiegt Lludd den Riesen, um ihn in seinen Dienst zu nehmen.

Lludd und Llevelys sind unzweifelhaft Götter der Britischen Inseln: Lludd ist der aktive, aufbauende, lebenserhaltende, schöpferische, Llevelys ist seine Ergänzung, der weise, lebensbewahrende der → Anderswelt. Geoffrey von Monmouth übernimmt die Geschichte von Lludd, Sohn des Heli (sic) fast wortwörtlich in seiner *Historia Regum Britanniae (Geschichte der britischen Könige),* fügt jedoch noch hinzu, Lludd liege in London in der Nähe des Stadttores Portlud, das die Sachsen »Ludgate« nannten, begraben.

J. Rhys vermutet, daß dort, wo sich heute die Kathedrale von St. Paul erhebt, Lludds Tempel stand. Die walisische Überlieferung kennt auch einen Lludd Llawereint. »Lludd mit der Silberhand«, d. h. einen Gott, der dasselbe Beiwort führt wie der irische → Nuadu Airgetlám. Über die Assimilation von »Nudd Llawereint« zu »Lludd Llawereint« zeigt J. Rhys, daß Nudd (vgl. → Nodens) und Lludd identisch sind.

Llŷr
Das wal. Gegenstück zum ir. → Lir, das noch schwerer greifbar ist als dieser, ist Llŷr. Auch der Beiname »Llediaith«, »Halbzüngiger«, führt nicht weiter. Er ist der Stammvater der »Familie des Llŷr«, wovon der zweite Zweig des → *Mabinogion* handelt; die Mitglieder sind → Brân, → Branwen und → Manawydan.

Der *Traum des Rhonabwy* fügt noch zwei weitere Söhne desselben Vaternamens hinzu: Granwen, einen von König → Artus' 24 Räten, der aber verdächtig nach dem Modell von Branwen konstruiert aussieht, und einen Caradaw, »Starkarm«, »Sohn des Llŷr vom Meer«, Artus' Vetter ersten Grades und Hauptberater.

William Shakespeare hat den walisischen Llŷr in *König Lear* dramatisiert als den alternden König, der die Tochter, die ihn wirklich liebt, verstößt und von ihren Schwestern, die er als Erbinnen einsetzt, zugrunde gerichtet wird. Als Quelle könnte Shakespeare Geoffrey von Monmouths *Historia Regum Britanniae (Geschichte der britischen Könige)* benützt haben. König Leir, der Gründer von Caerleir, d. h. Leicester, teilt sein Reich zwischen den beiden ihm schmeichelnden, älteren Töchtern und verheiratet die jüngste, Cordelia, mitgiftlos an den König von Frankreich aus Zorn über ihre ehrliche Antwort, ihre Gefühle ihm gegenüber betreffend. Die beiden älteren, die, wie der Greis zu spät erkennt, nur seinen Besitz, aber nicht ihn selber lieben, bemächtigen sich all seiner Besitztümer, so daß ihm nichts bleibt als sein alter Diener. Ohne viel Hoffnung wendet er sich an die Jüngste, die ihn aber nicht nur liebreich aufnimmt, sondern, zusammen mit ihrem Gatten, Leirs Herrschaft wiederherstellt.

Loeg → **Laeg**

Loegaire
Die Hauptperson eines ungewöhnlichen, der Sprache nach ins 9 Jh. gehörenden → *echtrae* in den *Büchern von Leinster* (vgl. → *Lebor Laignech*) und *Fermoy* (15. Jh.) ist Loegaire, der Sohn des Königs Crimthann von Connaught. Fiachna mac Rétach, ein Fürst der → Anderswelt, tritt aus dem Morgennebel mitten unter die königliche Versammlung am Énloch, »Vögel-See« (vgl. → Gewässer), und bittet um Hilfe: → Eochaid mac Sál entführte ihm die Gattin. Zwar erschlug er ihn, aber nur, um darauf seine Frau an → Goll mac Dolb, den König von → Mag Dá Chéo, zu verlieren, der ihm bereits die siebte Niederlage beigebracht hatte. Und heute steht ein neuer Kampf bevor... Jedem, der mitkommen will, bietet Fiachna → Gold und Silber an...

Loegaire folgt ihm mit fünfzig Kameraden, tötet Goll und befreit die Entführte, die jedoch in einen Klagegesang über den Tod ihrer beiden Liebhaber ausbricht. Loegaire liefert sie indessen ihrem Gatten ab. Zum Lohn gibt ihm Fiachna seine Tochter, Der Gréine, »Sonnenträne«, zur Frau, und auch seine Begleiter werden mit schönen Mädchen versorgt. Wie → Pwyll wird Loegaire Mitregent in der Anderswelt. Nach einem Jahr verlangt es ihn, Irland wiederzusehen, um sich auf immer zu verabschieden. Sein Schwiegervater stattet ihn mit Pferden aus, warnt ihn jedoch davor, den Boden Irlands zu betreten. Natürlich versuchen seine Freunde und Verwandten, ihn zurückzuhalten. Sein Vater bietet ihm sogar das Reich an – vergebens. In Gedichtform spricht Loegaire begeistert von den Freuden der Anderswelt:

> Eine Nacht von den Nächten des → *síd*
> Gäb' ich nicht für dein ganzes Reich...

Darauf kehrt er in den Feenhügel zurück und ist seither nicht mehr gesehen worden.

Loegaire Buadach
Zu den Großen am Hof von Ulster (vgl. → *Ulsterzyklus*) gehört Loegaire Buadach, »der Siegreiche«. Zusammen mit → Conall Cernach und → Cúchulainn liegt er das ganze

lange *Fledh Bhricrenn (Fest des → Bricriu)* hindurch im Kampf um → *curad-mir*, womit der größte → Held ein für allemal ausgezeichnet werden soll. Natürlich hat Bricriu diesen Wettstreit ersonnen, um die Krieger von Ulster gegeneinander aufzuhetzen, was aber nicht gelingt. Statt dessen werden sie zu einer Entscheidung zu → Ailill und → Medb geschickt. Nach der Nacht mit den → Katzen aus → Cruachan befindet die Königin, Loegaire stehe hinter Conall Cernach zurück wie Bronze hinter *finruinne* (blaßgoldene Bronze bzw. Weißgold), Conall Cernach hinter Cúchulainn jedoch wie *finruinne* hinter → Gold. So verabschiedet sie Loegaire mit einer bronzenen Trinkschale mit einem Vogel (vgl. → Vögel) aus *finruinne*, Conall Cernach mit einer aus *finruinne* und einer goldenen, während Cúchulainn eine Goldschale mit einem Vogel aus Edelstein erhält. Die → drei Helden sollen König → Conchobar die Gaben vorzeigen, der daraus den Urteilsspruch abliest. Loegaire und Conall lassen jedoch das Verdikt nicht gelten und behaupten, Cúchulainn habe Ailill und Medb bestochen. Darauf prüft sie → Cú Roi. Zwar packt der »Schatten« Loegaire »wie ein einjähriges Kind«, zwirbelt ihn zwischen den Handflächen und wirft ihn über die Festungsmauer, aber den Ausschlag gibt die Begegnung mit dem *bachlach*: Wie alle anderen außer Cúchulainn drückt sich Loegaire davor, seinen Kopf (vgl. → Kopfkult) auf den Block zu legen.

Loegaire schneidet jedoch nur im Vergleich mit dem Über-Helden Cúchulainn schlecht ab: Bricriu preist ihn in den höchsten Tönen als »mächtigen → Hammer von Bregia, heißen Hammer von Meath, ... flammendroten Donnerkeil...« (vgl. → Blitz), ein deutlicher Hinweis darauf, daß hinter Loegaire der göttliche Donnerer steht, vielleicht nicht von der allumfassenden Statur eines → Taranis, → Dagda oder → »Jupiters«, aber zumindest, da der Hammer so stark betont wird, vom Ausmaß eines → Sucellos –, zumal, da Loegaire Bern Buadach nach T. F. O'Rahilly als Ahnengott der Érainn galt.

Loucetius

Der Stammesgott der Aresaces (Ost-Treverer) war ursprünglich Loucetius, der »Helle, Strahlende« den diese mit → »Mars« kombinierten. In Gallien außerhalb des Treverergebiets ist er z. B. noch in Angers und Straßburg nachgewiesen. Offensichtlich bekämpfte »Mars Loucetius« auch Krankheiten; er wurde zusammen mit → Nemetona (vgl. → Götterpaare) in Kleinwinternheim bei Mainz sowie in → Bath in Südwestengland verehrt. Die Inschrift dort stammte von einem Treverer.

Luaine

Tochmarc Luaine acus aided Athirni (Die Werbung Luaines und der Tod Athirnes) stammt wahrscheinlich aus dem 13./14. Jh., führt aber alte Vorstellungen fort.

Nach → Deirdres Tod verfällt König → Conchobar in Schwermut. Der Hof (vgl. → *Ulsterzyklus*) liegt ihm in den Ohren, wieder eine Frau zu nehmen. → Leborcham und ihre Doppelgängerin werden auf Brautschau geschickt, und Leborcham ingen Ai entdeckt schließlich, eine große Schönheit aus der → Anderswelt im → *síd* ihres Vaters. Sie schildert Conchobar das Mädchen Luaine mit so viel Begeisterung, daß er, als er ihrer ansichtig wird, in Liebe zu ihr entbrennt. Er zahlt den Brautpreis, verlobt sich mit ihr und fährt dann nach → Emain Macha zurück, um für die Hochzeit zu rüsten.

Kaum hören die → drei Dichter (vgl. → *fili*) Athirne und seine zwei Söhne von der Verlobung, suchen sie Luaine in der Hoffnung auf reiche Geschenke auf und reagieren bei ihrem Anblick wie Conchobar. Sie behaupten, sie besitzen oder zugrunde gehen zu müssen. Da sich Luaine jedoch weder durch Schmeicheleien noch Drohungen erweichen läßt, stimmen sie Verwünschungsgesänge (vgl. → Zauber) gegen sie an, so daß eine schwarze, eine rote und eine weiße Beule auf ihren Wangen erscheint, »Schande«, »Schmach« und »Schimpf«, worüber die unglückliche Luaine vor Scham stirbt.

Zwar erschlägt Conchobar die drei Dichter aus Rache und brennt ihre Festung bis auf den Grund nieder, aber dies bringt ihm Luaine auch nicht zurück.

Luchta

Der (Waffen-)Schreiner Luchta verfertigt Schilde und Speerschäfte und rüstet im Verein mit → Goibniu und → Credne die → Tuatha Dé Danann für die Zweite Schlacht von → Mag Tuired auf.

Luft → **Elemente**

Lug

Mehr als ein Dutzend Namen größerer Städte Europas bezeugen, daß Lug ein wahrhaft gesamtkeltischer Gott war, da sie nach ihm benannt sind, z. B. Laon und Loudon in Frankreich, Leiden in Holland, Liegnitz in Polen, Carlisle in England und Lucca in Italien. Kaiser Augustus machte das heutige Lyon, damals Lugudunum, persönlich zur Hauptstadt Galliens und setzte als Gedenkfeiertag den 1. August, → *Lugnasa,* ein, in der offensichtlichen Absicht, den Gott Lug seiner kaiserlichen Göttlichkeit anzunähern.

Stämme benannten sich allenthalben nach Lug, von den Lugones in Asturien bis zu den Lougi in Schottland. Personennamen, die die Silbe »Lug« enthalten, erscheinen in der irischen Sage und Geschichte häufig, z. B. → Lugaid, Lugna, Aedlug, Findlug – es heißt, alle wichtigen Familien Irlands hätten versucht, sich von Lug abzuleiten.

Sogar Flußnamen dürften in Frage kommen: H. Butler glaubt, in »Liger« den alten Namen für die Loire gefunden zu haben.

Lug besitzt, z. B. in Varuna oder Odin/Wotan, klare indoeuropäische Parallelen. J. de Vries stellt eine Liste von neun wichtigen, gemeinsamen Punkten zwischen den beiden Hauptgöttern Galliens bzw. Germaniens auf: Sie sind tapfere Heerführer, spielen die Hauptrolle in der entscheidenen Götterschlacht, kämpfen mit Speeren (vgl. → Blitz), benützen Magie (vgl. → Zauber), Lug schließt ein Auge bei Zauberhandlungen – Odin ist bereits einäugig, beide sind Schutzpatrone der Dichter (vgl. → *fili*), sie sind mit Raben verbunden (vgl. → Vögel) und setzen Heldensöhne in die Welt. Kein Wunder, daß die Römer sowohl Lug als auch Odin mit Merkur gleichsetzten.

Der irischen Überlieferung nach ist Lug der Sohn von → Balors Tochter Ethniu (vgl. → Ethne) und → Cian, dem Sohn des → Dian Cécht, d. h. Lug ist halb → Fomorier, halb vom Volk der → Tuatha Dé Danann. → Tailtiu war seine Ziehmutter, an der er sehr hing und zu deren Andenken er das Fest *Lugnasa* einrichtete. »Lug« bedeutet »der Helle, Scheinende«, ein Synonym zu »Find« (vgl. → Fionn). → Cúchulainn und Fionn werden als seine → Wiederverkörperung bzw. Söhne angesehen, eine mythologische Konstellation, die sich als so stark erweist, daß sie in Heiligenlegenden wieder auftaucht: → St. Brendans Vater heißt Findlug, und für St. Brendan gilt, wie für Lug, daß ihm kein Mensch ins strahlende Antlitz sehen konnte . . .

Die Zweite Schlacht von → Mag Tuired schildert Lugs Ankunft am Hof des wiederhergestellten → Nuadu Argetlám als »Samildánach«, als Meister aller Künste, als uneingeschränkter Alleskönner. Die Großen der Tuatha Dé Danann sitzen eben beim Fest, obwohl die Zeiten für sie nicht unbedingt zum Feiern sind: Die Fomorier ziehen ihre Heere zusammen und rüsten, zur Unterstützung ihres Exkönigs → Bres, gegen sie auf. Im Grunde sind die Dé Danann in einer Notsituation.

Der Türhüter steht unter striktem Befehl, niemanden einzulassen, es sei denn, er beherrsche eine den Dé Danann noch nicht geläufige Kunst. Als Lug sich mit seinem ganzen Stammbaum inklusive Zieheltern anmeldet und Einlaß begehrt, will der Türhüter zuerst einmal wissen, was er denn sei. Auf die Antwort »Schreiner« hin weist er ihn ab mit dem Hinweis auf → Luchta. Lug fordert den Türhüter auf, weiter zu fragen und antwortet mit → »Schmied«. Aber auch einen solchen haben sie schon. Lug läßt nicht locker und führt das Spiel fort mit »starker Mann« (vgl. → »Herkules«), Harfner, Held, Dichter, Geschichtsgelehrter, Magier, Arzt, Mundschenk, Bronzeschmied. Schließlich schickt Lug den recht unsicher gewordenen Türhüter zum König, um zu fragen, ob sie jemanden hätten, der über alle diese Künste verfügte, worauf ihn Nuadu im *fidchell*, dem königlichen Brettspiel, prüft. Weil Lug mühelos alle Gewinne einsteckt, läßt ihn der König beeindruckt eintreten, worauf der *Samildánach* geradewegs auf den »Sitz des Weisen« zusteuert und sich dort niederläßt, »denn er war ein Wissender in allen Künsten«. Um seine Kräfte zu testen, wirft → Ogma einen riesigen → Stein durchs Haus, den Lug auffängt und zurückwirft, wobei er das abgesprungene Stück wieder festmacht. Darauf spielt Lug die → drei berühmten Melodien, die Schlaf-, Lach- und Klageweise so meisterhaft auf der Harfe, daß der ganze Hof dem Zauber erliegt, zwölf Stunden schläft, einstimmmig lacht und trauert.

Jetzt war Nuadu überzeugt davon, daß Lug die politischen Schwierigkeiten der Tuatha Dé Danann lösen und sie von der Knechtschaft der Fomorier befreien könne. Er bot *Samildánach* seinen Thronsessel und huldigte Lug, als höchste Ehre, dreizehn Tage lang stehend.

Zwar durfte Lug die Kriegsvorbereitungen mittreffen, aber aus Sorge um sein Leben sollte er nicht an der Schlacht teilnehmen. Die Tuatha Dé Danann stellten → neun Wächter um ihn auf. Lug ging zu jedem einzelnen Krieger hin und sprach ihm Mut zu, so daß sich alle »wie Könige oder mächtige Herren« (vgl. → Druiden, → Helden) fühlten. Kaum hatte der Kampf begonnen, entwischte Lug seinen Wächtern und stellte sich in die vorderste Front. Den kritischen Moment des Aufeinanderprallens milderte er durch Magie (vgl. → Zauber): Auf einem Fuß, mit einem geschlossenen Auge, Zaubersprüche intonierend, umschritt er das Heer der Dé Dannan. Seine glorreichste Stunde schlug, als er mitten im Getümmel auf seinen Großvater → Balor traf, der zu seinem eigenen Schaden »diesen Schwätzer da« sehen wollte, wozu er sein riesenhaftes Augelid heben ließ . . .

Von da ab war den Tuatha Dé Danann der Sieg sicher. Tausende von Fomoriern blieben auf dem Schlachtfeld liegen. Unparteiischer Schutzpatron der → *fili*, der er war, verschonte Lug um die Erfüllung → dreier Wünsche den Dichter der Fomorier: u. a. sollte ihm gegeben sein, die Fomorier bis zum Jüngsten Tag vom Plündern Irlands abzuhalten.

Auch mit → Bres hatte Lug ein Hühnchen zu rupfen, ließ ihn jedoch um die Preisgabe der Geheimnisse des Ackerbaus vorläufig laufen – er rechnete mit ihm später in einem Zauberwettstreit ab. Als letztes holten sich Dagda, Ogma und Lug Dagdas verschleppte Harfe aus der Festhalle der Fomorier zurück; das Instrument sprang Dagda von der Wand herunter in die Hände.

Im Ephitheton »Lamfada«, »der Langarmige« bzw. »Der-mit-der-langen-Hand«, zeigt sich deutlich Lugs Sonnenkomponente (vgl. → Gestirne): Der »lange Arm« bezieht sich sowohl auf den Sonnenstrahl als auch auf den → Blitz. Obendrein gehört ihm der magische Speer, den die Tuatha Dé Danann als einen ihrer Schätze aufbewahren.

Lug besitzt wie → »Apollo« die Fähigkeiten des Heilers: Im → *Táin Bó Cuailnge* besucht er seinen verwundeten Sohn – → Cúchulainn, für den er sichtbar ist, schildert seine strahlende Erscheinung mit dem goldgelockten Haar –, schläfert ihn durch *ferdord,* »Männersummen«, ein, untersucht seine Wunden und legt Heilkräuter hinein. Nach → drei Tagen Tiefschlaf ist Cúchulainn wieder der alte → Held.

Baile in Scáil (Die Verzückung der Erscheinung) porträtiert Lug jedoch auch als beispielhaften König und → rechtmäßigen Herrscher. In aller Pracht auf seinem Thron sitzend, empfängt er, zusammen mit der → Oberhoheit Irlands, → Conn in der → Anderswelt, um ihm die von ihm abstammenden Könige von → Tara vorauszusagen.

Aber obwohl Lug viele Bereiche mit dem → Dagda teilt – wie dieser ist er der perfekte Handwerker/Künstler, der Magier, Krieger, Harfner, Schirmherr der Dichter, Ackerbauer und Heiler –, ist er nicht einfach eine jüngere, verbesserte Ausgabe des alten Gottes, denn Lug ist kein *Ollatair*, kein Allvater. Der ewige Lebenszyklus ist für ihn selbstverständliche Grundlage, dafür ist er nicht in erster Linie verantwortlich.

Nach dem → *Dindsenchas* macht Lugs Tod seine Identität mit dem wal. → Lleu, »Geschickthand«, erst recht deutlich. Seine Gattin betrügt ihn, wie Blodeuedd Lleu und wie Lleu → Goronwy, und so erschlägt Lug deren Liebhaber Cet, einen der Söhne Dagdas. Es sind die Söhne Cets, → Mac Cuill, Mac Cecht, Mac Greine, die Lug aus Rache mit einem Speer töten, nach dem alten Prinzip, daß der Sonnengott nur mit seiner eigenen Waffe geschlagen werden kann (vgl. → Tuirinn).

Lugaid

Die irische Überlieferung kennt eine ganze Reihe von Lugaids. Nach T. F. O'Rahilly gehen sieben davon auf dieselbe mythologische Persönlichkeit zurück, die je nach Grad der

Euhemerisierung als Ahnengott, → Held oder König in den Stammbäumen der verschiedenen Stämme Irlands auftaucht und natürlich jeweils die notwendige Stilisierung erfährt.

→ Art fällt im Kampf gegen Lugaid mac Con, dem Usurpator → Taras, den sein Sohn → Cormac als weisester König Irlands ablösen wird. Lugaid Cú Roí oder mac Daire ist der Mörder → Cúchulainns, der ihn mit → Calatíns Speer (vgl. → Blitz) tödlich verwundet. Lugaid, Sohn des Íth, wird an Stelle seines von den → Tuatha Dé Danann umgebrachten Vaters wie die anderen Führer der milesischen Invasion (vgl. → Milesier) zum Ahnherrn der Iren. Lugaid Laígde oder ebenfalls mac Daire ist der Ahnengott der Ereinn von Munster. Seinem Vater wurde prophezeit, sein Sohn Lugaid würde König von Irland. Sicherheitshalber nannte er alle seine → fünf Söhne »Lugaid«. Der Auserwählte war jedoch Lugaid Laigde. Er vermochte trotz des Zaubernebels (vgl. → Zauber), das goldene Rehkitz (vgl. → Hirsch) zu fangen, und er hatte den Mut, sich zur → Oberhoheit Irlands in Gestalt einer greulichen → *caillech* zu legen, um wie → Niall Nóighiallach dafür mit ihrer Verwandlung in eine strahlende Schönheit belohnt zu werden. Lugaid Lága oder Laigne, »mit dem Speer« (vgl. → Blitz), als Doppelgänger von Lugaid Mac Conn, tötet mit diesem Art. Lugaid Riab nDerg, »Mit-den-roten-Streifen«, war der Sohn → Clothrus und Ziehsohn Cúchulainns.

Lugnasa

Das »Festspiel des → Lug« fand am 1. August statt; es war eines der vier großen → Jahreszeitenfeste der Inselkelten und in mancher Hinsicht das wichtigste. Nach → *Lebor Gabála Érenn* richtete es Lug zum Andenken an seine Ziehmutter und Amme → Tailtiu ein an dem nach ihr benannten Grabhügel (vgl. → Totenkult) im heuten Teltown (Gr. Meath) in der Krümmung des Blackwaters nw. von Navan. Mehr als ein schlecht erhaltener Ringwall ist heute nicht mehr zu sehen, obwohl hier bis 1770 eine der großen keltischen Versammlungen im Verlauf eines mehrtätigen Festes zusammentraf, von der Art wie und zeitlich parallel zum Fest der → Carman. Während Carman die grausame → Muttergöttin verkörperte, ist Tailtiu unschwer als die aus der Steinzeit vererbte Große Mutter zu erkennen, die Beschützerin der ersten Ackerbauern, von der zwar auch Mensch und Vieh, aber ganz besonders das Korn in allen seinen Stadien abhing. Auf einer Ebene war das Korn die Mutter, und die Ernte, der Tod der Mutter, erhielt die Menschen am Leben.

Lugnasa, das Fest vor der Ernte, war eine Beschwörung der Muttergöttin, das Korn in dieser gefährlichen Zeit, in der ein Gewitterregen, ein Kälteeinbruch, übergroße Hitze, Schädlinge oder Brand alles verderben kann, zu bewahren. Wenn die Menschen an *Lugnasa* der Göttin gedachten und sie ehrten, so hofften sie inbrünstig, diese werden sie nicht vergessen: Ein Ernteausfall brachte unweigerlich Hungersnot und Tod mit sich. Es war Brauch, am 1. August aus einer kleinen von Hand gezupften Garbe des noch nicht ganz reifen Getreides Brötchen zu backen, die dann in der Kirche gesegnet wurden, wie auch Tradition, daß in Irland die ersten neuen Kartoffeln – als besonderes Festmahl – an *Lugnasa* aus der Erde gegraben wurden. Ursprünglich war dies eine magische Handlung (vgl. → Zauber), die die Ernte vorausnahm und auf diese Weise sicherte. Eine weniger verbreitete Überlieferung spricht von *Lugnasa* als »Hochzeit des Lug«, was jedoch höchstens auf eine Bestätigung der → Heiligen Hochzeit herauslaufen konnte. → St. Columcilles Auslegung des Festes kann vielleicht weiterhelfen. Er ließ es als ausgelassene Lustbarkeit der Pflüger verchristlicht weiterbestehen, d. h., daß diejenigen, die die Erde für die nächste Saat bereitmachten, schon vor Ablauf des alten Fruchtbarkeitszyklus' tüchtig gefeiert wurden, damit der Kreislauf ohne Unterbrechung weitergehen konnte.

Noch heute ist die traditionelle Zeit der Eheschließung im bäuerlichen Irland der Herbst. *Lugnasa*-Feste wie diejenigen von Teltown waren vorzügliche Gelegenheiten, Heiraten zu arrangieren. Die nach *Lugnasa* gezeugten Kinder würden in der wärmsten Jahreszeit zur Welt kommen, was ihnen den besten Start gab.

Wie stark der bäuerliche Jahreszyklus das Fest von Teltown bestimmte, kommt auch darin zum Ausdruck, daß Teltown-Ehen nach Ablauf von zwölf Monaten im gegenseitigen Einverständnis des Paares in allen Ehren wie-

Pilasterkapitell mit Widmung an die Lugoves (Musée Romain, Avanches).

der gelöst werden konnten. Mann und Frau brauchten sich nur Rücken an Rücken in der Mitte des Ringwalles aufzustellen, um zu den entgegengesetzten Ausgängen hinauszumarschieren.

Weiterhin gehörten seit altersher Bergbesteigungen (vgl. → Berge) in den frühen Morgenstunden zu *Lugnasa*, um die Sonne (vgl. → Gestirne) beim Aufgang auf dem Gipfel zu begrüßen. Vermutlich ging es ursprünglich darum, die Sonne gnädig zu stimmen, und ihre verderblichen Einflüsse, zu große Hitze und heftige Gewitter, auszuschalten. Zwar hat die Kirche seit einigen Jahren die nächtlichen Kletterpartien untersagt, aber noch immer ersteigen Hunderte von Pilgern am letzten Sonntag im Juli – dem verchristlichen *Lugnasa*-Fest – den Croagh Patrick, die herrliche Pyramide über Westport (Gr. Mayo), um auf dem Gipfel einer Morgenmesse beizuwohnen.

Lugoves

Das Musée Romain im schweizerischen Avenches (Aventicum) besitzt ein Säulenkapitell mit der Aufschrift »Lugoves«, und aus dem spanischen Osma (Tarragona) stammt eine von der dort ansässigen Schuhmacherzunft gestiftete Weiheinschrift an die »Lugovibus sacrum«. Die Pluralformen von Lug könnten auf eine *Triade* (vgl. → drei) zurückgehen, von der Art, wie sie *Math, Sohn des Mathonwy* (vgl. → *Mabinogion*) als »die → drei → goldenen Schuhmacher« von Wales zitiert und *Triade 67* zusammenfaßt.

Andererseits ist eine Zweiheit ebenfalls denkbar: → Gwydion und → Lleu treten bei Arbeitsteilung gemeinsam auf: Gwydion schneidet das Leder zu, Lleu näht die Teile zusammen.

Vermutlich erklärt diese Konstellation die Beliebtheit der beiden Schutzpatrone der Schuhmacher, St. Crispin und St. Crispinian, im frühen Mittelalter Europas: Sie traten in die Fußstapfen von Lug und seinem Begleiter. Auffallenderweise gehörten sie zu den ersten festländischen Heiligen, die die keltische Kirche übernahm. Auf dem alten Klostergrund von Killclispeen, »Kirche des Crispin«, 5,5 km nö. von Carrick-on-Suir (Gr. Tipperary), sind zwei der feinsten frühen Hoch-

Südkreuz von Kilclispeen (= »Kirche des Crispin«) von Carrick-on-Suir.

kreuze Irlands zu bewundern, nebst der Basis eines dritten. Den Verzierungen nach, teils geometrische, teils bildliche Darstellungen, gehören sie ins 8. Jh. Interessanterweise starb St. Crispin eines dreifachen Todes (vgl. → drei). Da Ertränken und Verbrennen ihm nichts anhaben konnte, wurde er enthauptet... Es wird nie zu ergründen sein, inwieweit keltische Vorstellungen in solchen Legenden weiterleben.

M. Mac Neill löst die Frage nach der »Vielheit → Lugs« originell, indem sie → *Leprachán* auf »Lugh-chórpan«, »Lugh-Körperchen«, zurückführt: Immerhin sind die *Leprachán*s die *Schuhmacher* der → Feen. Das Volk hätte demnach die Kräfte Lugs in erster Linie doch wieder als Fruchtbarkeitskräfte verstanden, was nach G. Dumézil von der 3. Funktion nur zu erwarten ist.

Lydney Park

Über dem Dorf Lydney zwischen Chepstow und Gloucester grub in den dreißiger Jahren R. E. H. Wheeler den Tempel des → Nodens aus. Dieser liegt in einer eisenzeitlichen Festung, wurde Ende des 3. Jh. n. Chr. gebaut und im 4. Jh. vergrößert, dürfte aber ein einheimisches Heiligtum (vgl. → Kultstätte) ersetzt haben. Es ist eine der größten romanobritischen Tempelanlagen Englands und umfaßte neben dem Tempel Schreine, eine Halle für die Pilger, Bäder, ein Gästehaus, Votivläden und wohl auch Priesterwohnungen. Obwohl auf dem Hochplateau keine → Quelle entsprang – Wasser für die Bäder mußte hergeleitet werden –, wurde hier der Ikonographie der Funde nach hauptsächlich ein Heiler- und Wasserkult (vgl. → Elemente) betrieben. Vermutlich war der prächtige Ausblick auf das silberne Band des Severn miteinbezogen, denn in der Mythologie steht der Fluß (vgl. → Gewässer) über den Salm (vgl. → Fische) mit Nodens in Verbindung, ganz abgesehen davon, daß sich jedes Frühjahr das seltsame Spektakel des sog. *Severn Bore* wiederholt: Frühlingsflutwellen aus dem Bristol Channel stauen dann unter Getöse die Wasser des Severn bis zu 1,5 m hoch auf, was ebenfalls Eingang in den Mythos gefunden haben dürfte.

Der Tempel liegt auf Privatgrund, kann aber zu bestimmten Zeiten besichtigt werden. Auskunft gibt das Gut von Lydney Park, zu dem vor Lydney eine Auffahrt führt.

Mabinogion

Keltenforscher wie P. Mac Cana und C. Sterckx sehen in der walisischen Sagensammlung *Mabinogion* die Trümmer eines Sagenkreises um → Mabon bzw. → Maponus. Demgegenüber steht der Vorschlag, *Mabinogion* allgemeiner mit wal. »mabinogi«, »Jugenderzählung«, in Verbindung zu bringen, mit den Taten göttlicher »Kinder« bzw. Nachkommen, analog zu den Erzählungen über die → Tuatha Dé Danann Irlands.

Der heute eingebürgerte Titel war eine Kreation von Lady Charlotte Guest, die 1849 zum ersten Mal elf Erzählungen aus dem *Roten Buch von Hergest* (ca. 1400) und dem *Weißen Buch von Rhydderch* (1325) ins Englische übertrug.

Die ersten vier Erzählungen bzw. »Zweige« beschäftigen sich mit göttlichen Familien: die erste und die dritte mit derjenigen → Pwylls, die zweite mit → Llŷrs, die vierte mit → Dôns. Die Erzählungen *Pwyll, Fürst von Dyfed*, → *Branwen, Tochter des Llŷr*, → *Manawydan, Sohn des Llŷr* und → *Math, Sohn des Mathonwy* sind durch gemeinsame Persönlichkeiten mit- und untereinander verbunden und ergeben zusammen so etwas wie einen → Mythologischen Zyklus. *Wie* → *Kulhwch* → *Olwen gewann* ist die älteste Prosaerzählung, in der → Artus auftritt; *Der Traum von Maxen* und → *Lludd und* → *Llevelys* sind Musterbeispiele pseudo-historischer Geschichtsschreibung, während die jüngste, *Der Traum von Rhonabwy*, bereits unter Seitenhieben auf das zeitgenössische Wales nostalgisch auf die Sagenwelt zurückblickt. → *Owein oder Die Gräfin von Springbrunnen*, → *Peredur, Sohn des Evrawg* und *Gereint und Enid* sind in die festländischen Artusromane eingegangen.

Die *Mabinogion*-Erzählungen sind über Jahrhunderte hinweg entstanden und wurden vermutlich Ende des 11., Anfang des 12. Jhs. zu Pergament gebracht. Die Reaktion der Kleriker, nach langer mündlicher Überlieferungsperiode mit ständig verblassendem keltischen Weltbild, zerriß die letzten mythologischen Zusammenhänge, so daß wir uns mit Bruchstücken, Andeutungen und Namen zufriedengeben müssen. Trotz allem ist das *Mabinogion* neben den irischen Sagen die reichste Quelle der inselkeltischen Mythologie in Prosaform.

Mabon

Der große, göttliche Sohn Mabon, der → Modron, ist die walisische Variante zu → Maponus, den die gallorömische Zeit mit dem → »Apollo« gleichsetzte: *Wie* → *Kulhwch* → *Olwen gewann* (vgl. → *Mabinogion*) bewahrt Bruchstücke seines Mythos. Seine Anwesenheit ist dringend erforderlich, weil nur er allein mit dem → Hund Drudwyn zu jagen vermag, ohne den wiederum die Jagd auf → Twrch Trwyth unmöglich ist. → Ysbaddadens Bedingung war bewußt so gestellt: Seit Mabon als → drei Nächte (vgl. → Zeitenberechnung) alter Säugling »zwischen seiner Mutter und der Wand« weggestohlen worden war, ist jede Spur von ihm verloren.

→ Artus schickt u. a. → Kai und den Dolmetscher Gwrhyr aus, der alle Sprachen kennt und »gewisse Tier- und Vogelsprachen spricht«, denn sie sollen sich auch in der Tierwelt nach Mabon erkundigen.

Die Schwarzdrossel (vgl. → Vögel) von Kilgwri, die im Lauf ihres Lebens durch tägliches Schnabelwetzen einen Amboß auf Nußgröße abgetragen hat, kann sich nicht erinnern, ihn in dieser Zeit gesehen zu haben, ebensowenig der → Hirsch von Rhedenvre, der mitverfolgte, wie aus einem Eichenschößling (vgl. → Bäume) ein mächtiger Baum wuchs und wieder zu einem Stumpf zerfiel, oder die Eule von Cwm Cawlwyd, die → drei Wälder wachsen und zwei vergehen sah und deren Flügel nur mehr Stummel sind. Der Adler von Gwernabwy, der einst auf einem → Stein saß, von dem aus er an den Sternen picken konnte, der jetzt jedoch nur noch eine Handbreit über dem Boden steht, hat im Verlauf dieser Spanne ein einziges Mal über den Salm (vgl. → Fische) von Llyn Llyw von Mabon gehört. Der Salm endlich entdeckt ihnen, daß Mabon im Gefängnis in Gloucester schmachtet, »wo er soviel Übles gefunden habe wie niemals zuvor«, und bietet sich an, Kai und seinen Begleiter dorthin zu bringen. Hier ist eingeschoben, daß Mabon zu den → drei berühmten Gefangenen Britanniens gehöre (vgl. → Lludd), was *Triade 52* bestätigt, die ihm allerdings → Llŷr und Gweir beigibt. Kai befreit ihn heldenhaft, und Mabon schließt sich Artus an. Interessanterweise folgt er diesem in die nächsten Abenteuer unter seinem sonst kaum benützten Vatersnamen »Sohn des Mellt«, wal. → »Blitz«, was bedeutet, daß Mabon von der höchsten Götterkonstellation, der großen, göttlichen Mutter und dem göttlichen Donnerer und Vatergott (vgl. z. B. → Taranis, → »Jupiter«) abstammt, parallel zum irischen → Oengus, dem Sohn der → Boand und des → Dagda. Mit Artus besorgt er in der Bretagne weitere Hunde und nimmt mit dem Hund Drudwyn an der Hetze auf den Fürsten der → Eber teil, dessen Hauer Ysbaddaden als Rasiermesser benützen will.

Mabon wird gern als die im Kerker der Nacht gefangene Morgensonne (vgl. → Gestirne) interpretiert, was die Kelten wohl schon als Bild für die durch widrige Umstände blockierte junge, wohlwollende göttliche Kraft verstanden, die es zu befreien gilt.

Dies paßt sehr wohl zu Mabons letzter Tat in *Kulhwch*, jetzt wieder als Sohn der Modron: Er reitet dem dämonischen Twrch Trwyth in den Fluß nach (vgl. → Gewässer) und entreißt ihm triumphierend, was als Versehen des Schreibers zu werten ist, ein zweites Rasiermesser – im Zusammenhang muß es der → goldene Kamm sein.

Mac Cécht → **Mac Cuill, Mac Cécht, Mac Greine**

Mac Cuill, Mac Cécht, Mac Greine

Sie handeln sowohl als Triade (vgl. → drei), wie auch als Individuen.

Nach dem → *Lebor Gabála Érenn* sind sie die Könige der → Tuatha Dé Danann, Gatten → Banbas, → Fodlas und → Érius, die die → Milesier am Landen zu hindern suchen (vgl. → Amergin). Sie sind Götter, die das *Lebor Gabála* ebenfalls unter den formelhaften Namen Sethor, Thethor und Cethor führt, um sie jedoch in deren nächsten Bearbeitung schleunigst zu euhemerisieren:

> Mac Cuill, Sethor, der Hasel sein Gott,
> Mac Cécht, Thethor, der Pflug sein Gott,
> Mac Greine, Cethor, die Sonne sein Gott,

nach der Überlegung, daß der Verehrer eines Gegenstandes nicht dessen Gott sein kann.

G. Dumézil und seine Schule sehen die drei Namen als Hinweise auf die Funktion der drei Götter: Mac Greine stände für die erste, die die spirituelle und weltliche Macht durch König und Priester vertritt, Mac Cuill für die zweite – anscheinend hatte ein Haselstab einen hohen Stellenwert beim Aufnahmeritual der Jünglinge in die Kriegerschaft – und Mac Cécht für die bäuerliche dritte.

T. F. O'Rahilly unterbreitet Material, um die Triade als Verkörperung des Sonnengottes bzw. göttlichen Donnerers (vgl. → Gestirne, → Taranis, → »Jupiter«, → Dagda) nachzuweisen. Dabei stellt Mac Greine kein Problem dar. Mac Cécht gibt sich als solcher deutlich in *Die Zerstörung der Festhalle* → *Da Dergas* zu erkennen: → Conaire schickt ihn als ersten in den → *bruiden*, um Feuer (vgl. → Elemente) zu machen. Überdies ist er ein Krieger von enormer Statur, → Ingcél glaubt drei Männer auf der Lagerstatt zu sehen, da er auf den ersten Blick dessen Knie und Schenkel als Köpfe und Leiber zweier weiterer Männer ansieht, eine Erinnerung an die alte Dreiheit?

Das Ende der Sage unterstreicht Mac Céchts Sonnenaspekt in aller Deutlichkeit: Auf der Suche nach Wasser (vgl. → Elemente) für seinen verdurstenden König wandert er die ganze Nacht durch Irland mit dessen riesigem, goldenen Trinkgefäß, dem Sonnensymbol par excellence – man denke z. B. nur an die Goldschale von Zürich-Altstetten – und ist vor dem Morgen wieder zurück.

O'Rahilly leitet Mac Cuills Sonnencharakter unnötigerweise über »Coll, eine frühe Form von → Goll« her, denn nach dem → *Dindsenchas* ist er ebenfalls im Besitz eines Riesenspeers (vgl. → Blitz), womit er → Lug durchbohrt.

Nach keltischer Denkweise sind die beiden Theorien gut zu vereinbaren. Ein → Dagda ist schließlich, auch als Obermagier, in der Hauptsache ein Gott der Druiden und damit der ersten Funktion, aber als Heerführer hält er die zweite und als Befruchter und Schöpfer gleichzeitig die dritte in der Hand.

Mac Greine → **Mac Cuill, Mac Cécht, Mac Greine**

Mac Da Thó

Der Leinsterkönig Mac Da Thó bzw. Mac Dathó aus *Scél mucce Maic Dathó* (*Die Geschichte vom* → *Schwein des Mac Da Thó*) aus dem → *Lebor Laignech* ist unschwer als euhemerisierter Fürst der → Anderswelt zu erkennen. R. Thurneysen macht darauf aufmerksam, daß sein »eigentlicher Name ›Mes-Rhoeda‹, ›Eichelmast‹ (vgl. → Bäume), des großen Waldes« sei, und erklärt ihn als identisch mit → Mesgegra.

Mac Da Thó besitzt einen Cerberus-artigen → Hund, auf den sowohl → Ailill und → Medb, als auch König → Conchobar ein Auge geworfen haben, was Mac Da Thó in ein solches Dilemma stürzt, daß er zwei Tage und Nächte weder essen noch schlafen kann: Wie immer er sich entscheidet, eine der Parteien wird er sich zum Feind machen.

Seine Frau rät ihm pragmatisch, den Konflikt nach außen zu verlagern und den Hund beiden anzubieten, die sich dann gegenseitig darüber in die Haare geraten können.

Mac Da Thó lädt also Connaughter und Ulstermänner zusammen zum Fest im → *bruiden* ein, was Stirnrunzeln auslöst, denn die beiden Seiten sind seit »300 Jahren vor Christi Geburt« miteinander verfeindet, eine Situation so recht nach dem Herzen → Bricrius', der nun in aller Scheinheiligkeit das sieben Jahre von der Milch von sechzig Kühen genährte, gebratene → Schwein insofern zu → *curad mír* erklärt, als nur der größte → Held es zerlegen darf. Jetzt überschreien sich die Krieger gegenseitig mit ihren Waffentaten, die Stimmung lädt sich auf ... Schließlich gewinnt der Connaughter Cet die Oberhand: Schon setzt er sich auf den Sitz des Zerlegers, da erscheint → Conall Cernachs, besiegt Cet und rettet die Ehre Ulsters.

Als er jedoch den Connaughtern nur die Vorderfüße des Schweins übrigläßt, erhebt sich der Tumult erst recht, und der Leichenhaufen türmt sich. Zum Überfluß läßt Mac Da Thó seinen Hund los, der sich auf die Connaughter stürzt, die in wilden Haufen davonstieben. Dank einer gewissen poetischen Gerechtigkeit kommt auch König Conchobar bei diesem Abenteuer schlecht weg.

Diese Erzählung erinnert daran, wie sehr der Fürst der Anderswelt auf Krieg und Unfrieden unter den Menschen angewiesen ist, um seine Festhalle zu bevölkern.

Macha

Die irische Göttin Macha tritt gleich in zwei Triaden (vgl. → drei) auf: Einmal manifestiert sie sich unter drei verschiedenen Vatersnamen, das andere Mal ist sie eine der Morrígna zusammen mit → Badb und → Morrígan. Das → *Lebor Gabála Érenn* setzt gelegentlich als vierte Ana/ → Danu hinzu und macht sie zur Tochter der → Ermas.

In diesem Fall ist Macha die zur → Kriegsgöttin gewordene → Muttergöttin, worüber der aus *Cormacs Glossar* (10. Jh.) stammende Ausdruck »mesrad Machae« keine Zweifel läßt: »Machas Mast« bzw. »Ernte« sind die

»Macha mit den Pferdeohren«: Steinplastik aus der Kathedrale von Armagh.

»Köpfe (vgl. → Kopfkult) der Männer nach der Schlacht«!

Die erste Macha der → *Dindsenchas*-Aufzählung ist die Gattin des → Nemed Agnomain, eine Seherin (vgl. → Wahrsagerei), nach der eine der zwölf gerodeten Ebenen heißt. Nach dem *Lebor Gabála* starb sie »entweder am zwölften Tag oder im zwölften Jahr« nach ihrer Ankunft in Irland und wurde auf der »Höhe«, dem »Hügel« von Macha, dem heutigen Armagh (vgl. → Emain Macha) beigesetzt. Der Grabhügel (vgl. → Totenkult) der Göttin wird also, wie im Falle von → Tailtu oder → Carman, zum Mittelpunkt eines Kultes, zu dem auch Versammlungen gehören.

Die zweite ist die Tochter von → Aed Rua, »des Roten«, Macha Mongruad, »mit den roten Flechten«, die gegen den Widerstand zweier Vettern ihres Vaters die Herrschaft Irlands sieben Jahre lang fest in der Hand hielt. Einen der Rivalen, Cimbaeth, machte sie zu ihrem Gatten und ließ Rath Cimbaeth anlegen, möglicherweise Haughey's Fort (vgl. → Emain Macha).

Die dritte, Gattin des → Crunnchu, ließ die Ulstermänner für das ihr angetane Unrecht mit der »Schwäche« (vgl. → *ces noiden*) büßen. Drei → *Dindsenchas*-Versionen ziehen die Sagenentwicklung nach. Die lebensvollste berichtet vom begüterten Landmann und königlichen Herbergsvorsteher Crunnchu bzw. Crunniu mac Agnomain (sic), einem Witwer mit mehreren Söhnen. Wie er so allein in seinem Haus sitzt, tritt plötzlich eine schöne, junge Frau bei ihm ein und beginnt wortlos eine Mahlzeit zu richten, speist die Familie, erledigt die nötige Hausarbeit und legt sich am Abend zum Hausherrn. Durch ihre Anwesenheit gedeiht das ganze Gehöft, und ihr Gatte wird reich. Alles geht gut, bis Crunnchu zur Versammlung der Ulstermänner muß. Beim Abschied legte ihm seine Frau noch ans Herz, nichts Indiskretes zu sagen. Als die Menge über die Schnelligkeit der königlichen → Pferde, die eben gewinnen, jubelt, kann sich Crunnchu nicht enthalten, mit seiner Frau zu prahlen, indem er behauptet, sie liefe schneller.

König → Conchobar läßt Macha holen, und obwohl sie hochschwanger ist und König und Zuschauer inständig bittet, ihren Zustand zu beachten, muß sie den Beweis gegen die Pferde antreten. Sie gewinnt, bricht jedoch am Ziel zusammen. Sterbend bringt sie Zwillinge zur Welt, jene »emain«, womit »Emain Macha«, das heutige Navan Fort, erklärt wird. Ihr lauter Schrei bzw. ihre Verwünschung lähmt jeden in Hörweite, so daß er sich → neun Tage lang so schwach wie eine Wöchnerin fühlt. Neun Generationen lang sollte dieser Fluch auf den Ulstermännern immer dann lasten, wenn sie ihre Kräfte am notwendigsten brauchten (vgl. → *ces noiden*, → *Táin Bó Cuailnge*, → Cúchulainn).

Macha, die Frau des Crunnchu, tritt durch ihre Beziehung zu den Pferden in die Nähe der → Epona und der → Rhiannon. Unter den Funden in der protestantischen Kathedrale von Armagh befindet sich nicht nur ein von Strahlen umgebener Sonnengott (vgl. → Gestirne), sondern auch die schwer datierbare Darstellung einer kräftigen, vollbusigen Frauengestalt im Kilt des einheimischen Kriegers mit deutlichen Pferdeohren. Seit alters her heißt sie »Macha«.

Die drei Machas sind Aspekte der großen → Muttergöttin: der königlich-sakralen, der kriegerischen und derjenigen der Fruchtbarkeit, was mit den Fuktionen der dreigeteilten inselkeltischen Gesellschaft übereinstimmt.

Mac ind Óg → **Oengus**

Mac Óc → **Oengus**

Mac Roth

Auf Grund seines Namens wird Mac Roth, »Sohn der Räder« (vgl. → Rad), mit dem »Radgott« d.h. dem Sonnengott/Donnerer (vgl. → Taranis, → »Jupiter«) identifiziert. Im → *Táin Bó Cuailnge* tritt er als König → Ailills »Pferdeknecht«, Späher und Bote auf.

Mael Dúin

Ein Musterbeispiel seiner Gattung ist *Immram curaig Máele Dúin* (vgl. → *immrama*), *Die Reise von Mael Dúins Boot*. → *Lebor na hUidre* und das *Yellow Book of Lecan* (frühes 15. Jh.) enthalten Fassungen aus dem 10. Jh.; die Sage dürfte jedoch seit dem 8. Jh. mündlich im Umlauf gewesen sein. Sie ist umfangreich, strahlt aber so viel von jener grundkeltischen Eigenart, Verwunderung und Freude über Verwandlungen und immer neue Erscheinungen zu empfinden aus, daß sie nie zu einer trockenen Aufzählung verkommt.

Mael Dúins Vater, ein draufgängerischer, junger Krieger der Eoganachta Westirlands, machte eine junge Klostervorsteherin zur Mutter, kurz bevor er von Räubern erschlagen wurde. Die Königin zieht den Jungen wie ihren eigenen Sohn auf, der sich zum Liebling aller entwickelt, bis auf einen Neider, der ihm seine obskure Geburt vorwirft. Mael Dúin, der sich bis jetzt für einen Prinzen hielt, ruht nicht, bis er das Geheimnis erfahren hat, und mit derselben Hartnäckigkeit beschließt er auszuziehen, um seinen Vater zu rächen. »Der sanfte → Druide von Corcomroe« bestimmt für ihn den günstigsten Tag (vgl. → Coligny-Kalender) zum Bauen eines dreifachen Lederbootes und teilt ihm mit, daß die Anzahl seiner Gefährten siebzehn betragen soll. Dieses Gebot wird jedoch übertreten, weil → drei von Mael Dúins Ziehbrüdern darauf bestehen mitzukommen. Die Quittung erfolgt umgehend:

Bereits in Hörweite der Räuberinsel erhebt sich ein Sturm und bläst das Schiff aufs offene Meer (vgl. → Gewässer) hinaus. Zwar beginnt damit die wunderbare Reise, aber sie müssen 31 Stationen anlaufen, um – allerdings geänderten Sinnes – den Ausgangspunkt wieder zu erreichen.

Sie finden Inseln mit Ameisen so groß wie Fohlen; mit riesigen, aber wohlschmeckenden Vögeln; mit Ungeheuern, halb → Pferd halb → Hund; mit menschenfressenden Riesengäulen, die ein dämonisches Wettrennen veranstalten, und endlich eine Insel mit einem Haus voll prächtiger Betten, wo sie sich erholen können. Durch einen Schlitz in der Steintür gleiten fortwährend, von den grün- und weißgesprenkelten Wellen getragen, Salme (vgl. → Fische) ins Haus hinein. Wieder unterwegs, ernährt sie der Zweig eines Apfelbaumes (vgl. → Bäume), der nach drei Tagen drei wunderbare Äpfel trägt – Lebenssubstanz für dreimal vierzig Tage. Auf den nächsten Inseln rast ein großes Tier herum, das sich in der eigenen Haut beständig dreht, reißen Pferde sich gegenseitig blutige Streifen aus dem Fell, fressen → Schweine tagsüber Äpfel, um nachts unterirdisch den Boden derart aufzuheizen, daß er nicht betretbar ist.

Die nächste Station erreichen sie halb verhungert und tun sich an den Speisen in der nur von einer kleinen → Katze bewachten Festung gütlich. Sie ist so eifrig damit beschäftigt, von einer der vier sich in der Mitte des kostbar ausgestatteten Raums befindlichen Steinsäulen zur anderen zu springen, daß sie sich nicht um sie zu kümmern scheint.

Als jedoch einer von den Ziehbrüdern, trotz Mael Dúins Verbot, eine goldene Kette mitgehen lassen will, schießt das Kätzchen durch ihn hindurch »wie ein feuriger Pfeil« und verbrennt ihn zu Asche, so daß Mael Dúin nichts mehr übrig bleibt, als seinen Ziehbruder zusammenzukehren.

Ein Messingzaun teilt das nächste Eiland in zwei Hälften, mit schwarzen Schafen auf der einen, weißen auf der anderen Seite. Ab und zu gibt »ein großer Mann« ein weißes zu den schwarzen und umgekehrt, wobei sie sofort die Farbe wechseln. Sehr besorgt, ob ihnen beim Betreten dasselbe widerfahren würde, wirft Mael Dúin ein weißes Stäbchen auf die schwarze Seite – es wird kohlrabenschwarz. Sie machen, daß sie wegkommen ...

Wie einer der Gefährten mit seinem Speerschaft nachprüft, durchfließt die nächste Insel ein feuriger Fluß, der riesige Ochsen von noch riesigeren → Kühen trennt, die von einem Berg verdeckt sind. Ein unfreundlicher Müller läßt die Fahrenden beim nächsten Halt wissen, daß all die Säcke voll Korn, die er mahlt, aus Irland stammen: Es ist das Getreide, das sich die Leute gegenseitig mißgönnen!

Sie verlieren um ein Haar einen Ziehbruder an die Insel der ewig Trauernden und werden gut verpflegt auf derjenigen, auf der Zäune aus Gold, Silber, Bronze und Kristall das Land in Abteilungen für Könige, Königinnen, Krieger und Jungfrauen teilen.

Die junge Frau auf der nächsten Insel, zu deren Festung eine gläserne Brücke führt und die jeden, der sie betreten will, herunterwirft, zeigt ihnen drei Tage lang beim Wasserholen aus der → Quelle die kalte Schulter, begrüßt sie jedoch am vierten namentlich und nimmt sie gastlich auf. Alle sind sich einig, daß sie die perfekte Braut für Mael Dúin abgäbe – aber das Mädchen kann sich nicht entschließen ...

Laut schreiende und sprechende Vögel wohnen auf dem nächsten Eiland. Darauf heißt sie ein nur mit seinem langen Haar bekleideter Einsiedler willkommen: Er, ein gebürtiger Ire, ist auf einer Erdscholle hierher getrieben und wird seither von Gott versorgt. Die Vögel sind die Seelen seiner Kinder und Angehörigen, die auf den Jüngsten Tag warten. Auch Mael Dúin und seine Gefährten werden von Engeln gespeist.

Noch drei solcher Eremiten werden sie bei den nächsten Landungen antreffen: Einer hütet eine Quelle, die freitags und mittwochs Molke, sonntags Vollmilch und feiertags Bier und Wein spendet. Ein anderer ist von der Expedition des St. Brendan von Birr übriggeblieben; auf seiner Insel befindet sich ein See (vgl. → Gewässer), der, wie die Reisenden an einem großen, alten Vogel beobachten, als Jungbrunnen fungiert. Einer von Mael Dúins Freunden probiert ihn aus mit dem Erfolg, daß er zeitlebens weder Zähne noch Haare verliert. Der dritte war Koch im Kloster von Tory, wo er so viel Klostergut veruntreute, daß er sein ganzes Haus mit gehorteten Schätzen vollstopfen konnte. Um seines Seelenheiles willen veranlaßte ihn eine überirdische Stimme, alles über Bord zu werfen und sich allein auf Gott zu verlassen. Dieser Weise rät Mael Dúin, seine Rachegedanken fahrenzulassen. ...

Vor der Rückkehr nach Irland steht ihnen noch die Insel des riesigen → Schmiedes bevor, der ihnen glühendes Metall nachwirft, so daß das Meer aufkocht, sowie die Fahrt durch die glasklare, die grüne und die wolkendünne See, die so hauchdünn über einer Landschaft liegt, daß sie fürchten, jederzeit einzubrechen. Deutlich sehen sie, wie da unten ein gefährliches wildes Tier sich von einem Baum aus einen fetten Ochsen aus der Herde langt und verspeist. ...

Die Menschen auf der Insel, die so tief im Meer liegt, daß das Wasser wie Klippen über ihnen steht, scheinen sich vor ihnen zu fürchten, und eine Frau versucht, sie mit großen, eßbaren Nüssen zu vertreiben.

Ein Strom, der sich wie ein Regenbogen über eine Insel spannt, so daß Salme zu Hauf herauspurzeln, eine himmelhohe Silbersäule, an der ein silbernes Netz hängt, von dem sich einer der Gefährten ein Stück für die Kirche von Armagh (vgl. → Emain Macha) mitnimmt, eine Insel auf einem Sockel mit zwei verschlossenen Türen und einem Pflug obendrauf sind die Wunder vor der Insel der Frauen (vgl. → Tir na mBan). Auf dieser werden sie von der Königin und ihren 17 liebreizenden Mädchen zwar herzlich empfangen und verschwenderisch verpflegt, aber sehr bald wird ihnen klar, daß sie Mael Dúin nicht mehr gehen lassen will. Durch List und Gewalt erreichen sie die Insel, deren Bäume Beeren tragen, die einen wundervollen, berauschenden Saft abgeben: Mael Dúin liegt zwölf Stunden bewußtlos da, und die Freunde sind sich nicht sicher, ob er noch lebt. Den letzten Ziehbruder verlieren sie an die Insel der ewig Lachenden, streifen die Insel mit den rotierenden, feurigen Mauern, die nur ab und zu einen Blick auf die herrliche Landschaft, die ausgesuchten Gebäude und glücklich feiernden Menschen erlauben, und finden sich schließlich auf einem Eiland mit ganz normalem Vieh; sogar die Falken gleichen denen Irlands. Von diesen lassen sie sich heimwärts lotsen, an der Insel der Räuber vorbei, was Mael Dúin Gelegenheit gibt, ihnen zu vergeben, und endlich zurück zu ihrer alten Heimat.

Maeve → **Medb**

Mag da Chéo
»Ebene der zwei Nebel«, Mag da Chéo, ist die poetische Bezeichnung für die → Anderswelt, aber auch Name des Andersweltreiches, in dem → Loegaire Mitregent ist.

Mag Mell
»Ebene der Freuden«, Mag Mell, ist eine poetische Bezeichnung für die → Anderswelt, die oft für das Territorium eines Andersweltfürsten benützt wird.

Mag Murthemne
Die Ebene südlich von Dundalk (Gr. Louth) ist → Cúchulainns Territorium, hier versieht er seinen Grenzwächterdienst für Ulster. Die Volksüberlieferung macht die große, prähistorische Festung von Dún Dealgan bei Dundalk zu seinem Palast, lang bevor die schriftliche darauf reagiert, genauso wie sie den Steinpfeiler (vgl. → Steine) Cloghfarmore, 3 km n. von Louth, unweit der Straße nach Dundalk mit demjenigen identifiziert, an den sich der tödlich verwundete Held band, um aufrecht zu sterben.

Mag Tuired, Erste und Zweite Schlacht von
Die Frage nach der Historizität, dem Ort und der angemessenen Interpretation der *Cath Maige Tuired*, der *Schlachten von Mag Tuired*, anglisiert *Moytura*, beschäftigt Keltologen und Historiker noch immer, obwohl T. F. O'Rahilly in den vierziger Jahren seine Antworten mit der Vehemenz einer absoluten Tatsache vorbrachte. In der *Ersten Schlacht* sieht er die Erinnerung an das historische Ereignis einer schweren Niederlage der → Fir Bolg in Nord-Connaught, in der *Zweiten* die pseudo-historische Ausweitung des Balor-Lug-Motivs: den Ort bestimmt er als Moytirra East und West in der Gemeinde Kilmactranny, auf dem Ostufer des Lough Arrow in der Gr. Sligo. Bis dahin galt die Annahme, die erste Schlacht habe um Cong (Gr. Mayo) stattgefunden.

All dies berührt jedoch nicht die Tatsache, daß es sich bei *Cath Maige Tuired* in erster

Linie um eine großartige mythologische Quelle handelt. Hier stellt sich in einem großzügig angelegten Szenario das ganze nur oberflächlich euhemerisierte Götterpantheon der Inselkelten zur Schau. In der *Ersten Schlacht* besiegen die → Tuatha Dé Danann die → Fir Bolg, das magisch-kriegerische Element, und in der *Zweiten* die → Fomorier, womit sie die aufgestauten Fruchtbarkeitskräfte in ihre Gewalt bringen.

W. Stokes hat 1891 die Standardübersetzung der *Zweiten Schlacht von Mag Tuired* auf Englisch herausgebracht, das etwas gekürzte Manuskript Harl. 5280 (British Museum, London) aus dem 15. Jh., zu dem die Erste Schlacht den Auftakt macht.

Bevor sich die Tuatha Dé Danann in Irland niederließen, schlossen sie ein Bündnis mit den Fomoriern und bekräftigten es mit der Heirat von Ethniu (vgl. → Ethne) und → Cian. Kaum hatten sie die Insel betreten, als sie den Fir Bolg eine vernichtende Niederlage beibrachten, allerdings um den Preis von → Nuadus Disqualifikation als König: In der Schlacht verlor er einen Arm (vgl. → rechtmäßige Herrschaft). Der Halb-Fomorier → Bres ersetzte ihn, um sich auf dem Thron zum Tyrannen zu entwickeln, womit er die Tuatha Dé Danann in die Opposition trieb. Mittlerweile war es → Dian Cécht und → Miach gelungen, Nuadu mit einer Silberprothese bzw. einer vollbeweglichen Hand zu versehen, so daß dieser die Regierung wieder aufnehmen konnte. ...

Die erste Satire Irlands brach Bres politisch das Genick; nur mit Waffengewalt, mit Unterstützung der Fomorier, ließ sich seine Stellung halten. Während diese Truppen zusammenzogen, saßen die Tuatha Dé Danann in Nuadus Palast beim Festmahl, bei dem → Lug erschien und alle mit seinen Fähigkeiten beeindruckte. Nuadu überließ ihm die Herrschaft, um die Tuatha Dé Danann aus dieser Krise herauszuführen.

Lug, → Dagda, der u. a. als Späher zu den Fomoriern gesandt wurde, → Ogma, → Dian Cécht, → Govannon und seine Mannschaft organisierten den Kampf gegen die Fomorier, und schließlich kam es zur schrecklichen Zweiten Schlacht von Mag Tuired, in der als krönenden Abschluß Lug seinen gefährlichen Großvater → Balor tötete. Unter Preisgabe der Geheimnisse des Ackerbaus mußte Bres sein Leben erkaufen, und Lug, Dagda und Ogma holten sich Dagdas Harfe von den Fomoriern zurück. → Morrígan und → Badb stimmten einen Siegesgesang an, der in die Prophezeiung vom Weltende, eine Art Götterdämmerung, übergeht.

Mit der Zweiten Schlacht von Mag Tuired etabliert sich das neue Göttergeschlecht der Tuatha Dé Danann, indem es gleichzeitig seine Grenzen absteckt. Es ist ein Pantheon, dessen höchste Wesen Magier, Könige, Krieger, Künstler und Handwerker sind, die sich jedoch die Mächte des Chaos und der Fruchtbarkeit dienstbar machen. Nach indoeuropäischen Grundsätzen aufgebaut, spiegelt es die keltische Gesellschaftsordnung mit ihren → drei mit Rechten und Pflichten ausgestatteten Ständen wider: Priester-Königtum, Krieger und Bauern.

Magdalenenberg(le)

Am Südrand von Villingen-Schwenningen (Baden-Württemberg) wurde Mitteleuropas

Einer der mächtigen Holzbalken, aus denen die Grabkammer im Magdalenenberg(le) zusammengefügt war (Franziskaner-Museum, Villingen-Schwenningen).

Das Magdalenenberg(le), der größte Grabhügel Mitteleuropas südlich von Villingen-Schwenningen.

größter Grabhügel mit etwa 450000 m^3 Erde über einem toten Hallstattfürsten aufgeschüttet. Die Konstruktion der 5x8 m großen Grabkammer aus enormen Eichenbalken (vgl. → Bäume), die Befestigung mit Steinen und das Anhäufen dauerte, nach dendrochronologischen Messungen, fünfzehn Jahre (vgl. → Totenkult). Trotzdem wurde die Kammer bis auf die Reste eines Wagens geleert gefunden. Da Grabraub ziemlich unwahrscheinlich ist, müssen die Gebeine des Gründers der Dynastie, des Ahnherrn, bei der Auflassung des Fürstensitzes auf dem Kapf in die neue Heimat mitgeführt worden sein.

Bei der Zweituntersuchung des Hügels in den sechziger Jahren kamen überraschenderweise 126 Nachbestattungen zutage, d.h. der größte zusammenhängende Friedhof des westlichen Hallstattkreises. In gewissen Abständen fanden sich Reste sorgfältig verkeilter Holzstangen, die einst weit über den Hügel hinausgeragt haben müssen. Man hat sie als Fahnenstangen zu erklären versucht, bis die Ähnlichkeit mit den von Herodot geschilderten Begräbnissitten der Skythen auffiel. Bei diesen schloß das Trauerjahr um den Toten mit einer großen Opferzeremonie ab, wobei fünfzig der besten Pferde und Diener den Tod fanden. Sie wurden sozusagen dem Herrn nachgeschickt, indem die → Pferde ausgestopft so auf Holzstangen befestigt wurden, daß ihre Vorderbeine vorne hochragten und es aussah, als erhöben sie sich samt dem toten Reiter in die Lüfte.

Die Funde vom Magdalenenberg(le) bewahrt das Franziskaner-Museum Villingen-Schwenningen auf.

Magie → **Zauber**

»Maia«

In der klassischen Maia, der Mutter der Hermes und Tochter des Atlas, müssen die Gallorömer eine ihrer → Muttergöttinnen wiedererkannt haben, sonst hätten sie sie nicht dem → »Merkur« zur Seite gestellt (vgl. → Götterpaare). Der Kult scheint in der Gegend von Lyon begonnen zu haben, denn dort kamen drei gleichlautende Weiheinschriften zum Vorschein, die verkünden, daß ein offensichtlich sehr begüterter Freigelassener »Merkur« und »Maia« einen Tempel (vgl. → Kultstätten) gelübdehalber geweiht habe, sowie zwei Bronzestatuen der zu Verehrenden und ein Bild des Kaisers Tiberius, und daß alles öffentlich aufgestellt worden sei. Es ist möglich, daß die einheimische Rosmerta später die »Maia« ersetzte.

Noch einige Merkur-/Maia-Inschriften sind aus Savoyen bekannt; weitere stammen aus dem Rheingebiet, wohin wohl Soldaten den Kult mitbrachten.

Manannán mac Lir

Der Sohn des → Lir, »Meer« (vgl. → Gewässer), wird, solange die → Tuatha Dé Danann auf der Erde weilen, nicht in Verbindung mit ihnen erwähnt; sobald sie unter der Erde leben, macht ihn eine Überlieferung jedoch zu ihrem Hochkönig. Als solcher verteilt Manannán mac Lir, sich selbst ausnehmend, an die zehn Edelsten die *síde* (vgl. → *síd)* Irlands. Wenn ihn nicht die Rundgänge von Feenhügel (vgl. → Feen) zu Feenhügel beanspruchen, zieht sich Manannán auf die Andersweltinsel (vgl. → Anderswelt) Emain Avalach, die »Insel der Apfelbäume« (vgl. → Bäume), zurück. In → Tír Tairngire betreut er unter den »Glückseligen« die abgeschiedenen Götter, kleidet sie in *feth fiada* (vgl. → Zauber), der sie unsichtbar macht, richtet für sie das Festmahl des → Goibniu ein, welches sie vor Alter und Verfall bewahrt, und speist sie und die → Helden mit Braten von seinen → Schweinen, die, abends gegessen, am nächsten Tag wieder zur Verfügung stehen.

Vom Boot aus sieht ihn → Bran auf seinem zweirädrigen Streitwagen (vgl. → Wagenkult) über die Wellen fahren – für Manannán ist die Meeresoberfläche fester Boden, die weite, blumenübersäte Ebene von → Mag Mell. Die gesprenkelten Salme (vgl. → Fische) sind seine Kälber und Lämmer, die zwischen weißen, für Bran unsichtbaren Stuten herumspringen; noch heute sieht die Volksüberlieferung in den Sturmwellen Manannáns → Pferde. Wie im Fall von → Mael Dúin befindet sich unter dem Meeresspiegel eine Landschaft mit fruchttragenden Bäumen. ...

Manannán ist unterwegs zu Fiacha Finns Gattin, die durch ihn Mutter des berühmten Königs → Mongán werden soll: Manannán mac Lir ist also der schenkende, zeugende Andersweltgott, der Lebensimpulse zur Welt der Menschen strömen läßt. Seine Gemahlin ist → Fand, deren stürmische Affäre mit → Cúchulainn er schließlich auf immer beendet, indem er seinen Mantel zwischen den beiden schüttelt, so daß sie sich niemals mehr begegnen werden.

Eine andere Überlieferung macht → Áine zu seiner Gattin oder Tochter; er selbst besitzt ebenfalls eine Sonnenkomponente (vgl. → Gestirne), nicht nur durch seine Beziehung zu Pferden – sein berühmtestes heißt Finbarr, »Hellschopf«, oder zu Pferd und Wagen, sondern auch durch den → goldenen Pokal der Wahrheit, den er → Cormac schenkt. Eine mündliche Überlieferung der Insel Man, »Inish Manann« die ihn ganz für sich beanspruchen möchte, besteht darauf, Manannán habe → drei Beine gehabt, auf denen er, vom Nebel umwogt, atemberaubend schnell davongerollt sei. Das ergibt die Triskele (vgl. → Gestirne), bis heute das Wahrzeichen der Insel Man.

Spuren des Donnerers (vgl. → »Jupiter«, → Taranis, → Dagda) sind zusätzlich vorhanden, denn Manannán besaß ein großes Schwert (vgl. → Blitz), womit z. B. die → drei Söhne → Uisnechs gleichzeitig enthauptet wurden (vgl. → Kopfkult).

Bei einem solchen mächtigen Gott wie Manannán war eine Euhemerisierung natürlich zu erwarten. Das Resultat ist jedoch verblüffend: Der alte Herrscher über das Meer und die ihm innewohnenden Kräfte wurde in nicht weniger als vier Persönlichkeiten aufgespalten, die *Tochmac Luaine* (*Das Werben um → Luaine und Athirnes Tod*) fein säuberlich aufführt:

1. als Manannán mac Alloit, »dessen Name eigentlich Orbsen war«, geht auf einen Eintrag im → *Lebor Gabála Érenn* zurück. Er wird als → Druide der Tuatha Dé Danann angegeben, mit Wohnsitz auf der Insel Emain Ablach, hier identifiziert mit der Insel Aran vor Schottland.

Er wurde von Uillen Abrathmad erschlagen und im Lough nOirbsen begraben.

2. als Manannán mac Cirp, der König der schottischen Inseln und von Man, der zur Zeit König → Conaires lebte.

3. als Manannán mac Lir, der Kaufmann, der den Handel zwischen Irland, der Insel Man und Schottland monopolisierte. Er war ein berühmter Steuermann, der gutes und schlechtes Wetter voraussagen konnte. Deswegen »verehrten ihn die Heiden als Gott und Sohn des Meeres«. Hier wurde praktisch eine Erläuterung aus *Cormacs Glossar* (frühes 10. Jh.) abgeschrieben.

4. als Manannán mac Athgnó, der König der Insel Man und der Nordländer, der die Söhne Uisnechs durch Plünderung der Ulstermänner rächen will. Er ist der Ziehvater von → Naoise und → Deirdres Kindern.

Manannán mac Lir besaß einen Bruder, Brón, von dem, abgesehen vom Namen, kaum etwas überliefert ist. Interessant ist dies jedoch im Hinblick auf die walisische Parallele, → Manawydan und → Brân.

Manawydan

Der Sohn des → Llŷr ist das walisische Gegenstück zum irischen → Manannán, dem Beherrscher des Meeres, und obwohl das → Gewässer bei Manawydan keine Rolle mehr spielt, verrät sich der schaffende, schöpferische Gott der → Anderswelt noch in der Rolle des gänzlich euhemerisierten Kunsthandwerkers, der als Sattler, Schildhersteller und vor allem als Schuhmacher hervorragende Gegenstände herstellt (vgl. → Lleu, → Lug, → *Leprachâns*). Wie Manannán, der die → Feen-Hügel (vgl. → *síd*) verteilte, ohne an sich selber zu denken, besitzt auch Manawydan kein Land – er gehört zu den »drei nichthabgierigen Fürsten« von Wales. An sich wäre er der rechtmäßige Nachfolger seines Bruders → Brân, den die Umstände ganz zum Kopf (vgl. → Kopfkult) werden ließen, aber der Usurpator → Casswallan, ein Sohn des → Beli Mawr, hat sich dazwischengeschoben. In *Manawydan, Sohn des Llyr*, dem dritten Erzählstrang des → *Mabinogion*, nimmt er deshalb dankend das Angebot → Pryderis an, sich mit der großen → Muttergöttin → Rhiannon zu vermählen und Dyfed für ihn zu verwalten. Dieses schon etwas ältere Paar und das jüngere, Pryderi und seine Gattin Kigva, die Tochter Gwynns (vgl. → Fionn), des »Großartigen«, halten treu durch alle Abenteuer dieses Zweiges zusammen. Zu ihrem Hauptort Arbert (heute Narbert in Südwest-Wales) gehört ein »Versammlungshügel«. Bei dieser Erdaufschüttung (vgl. → Elemente) muß es sich um etwas → *síd*-artiges handeln, um ein Stück Territorium, durch das die → Anderswelt in diejenige der Menschen hineinragt. Die vier sind kaum auf dem magischen Hügel, da beginnt es zu donnern, Nebel steigt auf, und wie sich dieser verzieht, sehen sie, daß um sie herum alles Ödland geworden ist: Sie allein sind übriggeblieben, Menschen, Vieh, Pflanzen sind verschwunden. Die vier begeben sich nach England, um ihren Lebensunterhalt zu verdienen. Manawydan ist ihr Ernährer, der solch prächtige Produkte herstellt und verkauft, daß die Konkurrenz ihnen nach dem Leben trachtet. Pryderi und sogar die sanfte Kigva sind dafür, es mit den aufgebrachten Handwerkern auszufechten, aber Manawydan weigert sich, Leben zu nehmen – nicht einmal von denjenigen, die ihm Unrecht tun, bis auf eine Maus – aber dabei handelt es sich um ein Pokern mit den Zerstörungskräften. ...

Doch bis dahin gehen Pryderi und Rhiannon durch einen Zauberbrunnen verloren, und Manawydan hat sich als Jäger und sehr erfolgreicher Landmann betätigt. Seine drei Felder stehen voll von prächtigem, fast reifem Korn – die typische Situation von → *Lugnasa*, und »morgen« will er ernten, da findet er nur leere Halme vor. Am nächsten Tag ist auch das zweite Feld kahlgefressen. In der folgenden Nacht wacht Manawydan beim Feld, aus dem Scharen von Mäusen die Ähren wegtragen, schnappt sich den dicksten Nager und macht Anstalten, ihn als Dieb zu hängen. Sofort melden sich ein Klosterschreiber, ein Priester und ein Bischof, die, einer nach dem andern, unter immer höheren Angeboten die Maus loskaufen wollen. Manawydan, der ahnt, mit wem er zu tun hat, läßt nicht mit sich handeln. Schließlich gibt sich Llywd zu erkennen, der Rächer seines Freundes Gwawl, der Verkörperung der Zerstörungskräfte, dem → Pwyll im ersten Teil des *Mabinogion* Rhiannon genommen hat.

Manawydan zwingt Llywd nicht nur, Pryderi und Rhiannon heraus-, sondern auch dem Land die Lebenskräfte zurückzugeben. Erst nachdem er die Gefahr der Rache ausgeschaltet hat, läßt er die Maus los – es ist Llywds Gattin, die, weil sie ein Kind erwartet, eben nicht so flink laufen konnte wie die andern.

Maponus
Der »große / heilige Sohn«, Maponus, wurde in Galliens Südhälfte und im Norden Britanniens verehrt. Eine Urkunde der Abtei von Savigny (Dépt. Rhône) aus dem 11. Jh. erwähnt eine → Quelle des Maponus; ein Schauspieler von Bourbonnes-les-Bains – wohl zu Ehren → »Apollos«? – und ein Töpfer aus → Glanum trugen den Namen des Gottes.

1968 kam bei den Ausgrabungen in den Chamalières in Clermont-Ferrand ein Bleitäfelchen mit einem der längsten zusammenhängenden gallischen Texte zutage, eine Anrufung an den »göttlichen Maponus der Arverner, den ewig jungen ...«, was möglicherweise mit der gallischen Revolte von 68 n. Chr. in Verbindung stand.

Sechs nordenglische Weiheinschriften sind bekannt, in der Mehrzahl der Fälle als Verbindung → »Apollo-Maponus«. Die Dörfer Lochmaben und Maporiton sowie der Clochmabenstane, ein Megalithpfeiler südlich von Gretna, alle drei in Dumfriesshire, bezeugen den Maponuskult auch in Schottland. Es ist anzunehmen, daß der → Stein, der seit Jahrhunderten als Versammlungsmittelpunkt diente, jener Locus Maponi ist, den die *Cosmographia Ravennae* aus dem 7. Jh. nennt. Einer der Köpfe von Corstopitum (Corbridge, Northumberland) ist als Darstellung des Maponus interpretiert worden; das Antlitz mit den riesigen, mandelförmigen Augen unter schweren Brauen, der langen, schmalen Nase und den eingefallenen Wangen, die dem Mund einen bitteren Zug verleihen, hat jedoch etwas Leidendes, das schlecht zum strahlend jungen, die Gesundheit schützenden Gott paßt – es sei denn, die englische Kultlegende stimmt mit der walisischen überein, so daß es sich um den im Kerker schmachtenden → Mabon/Maponus handelt. Sonst kommt er als Jäger vor, was sowohl den Heileraspekt unterstreicht als auch zur Jagd auf die → Eber in der Erzählung von → Kulhwch und → Olwen (vgl. → *Mabinogion*) paßt.

»Maponuskopf« von Corstopitum (Corbridge, Gr. Northumberland).

March ap Meirchion → **Mark von Cornwall**

Mark von Cornwall
König Mark, der betrogene Gatte der → Tristan-und -→ Isolde-Sage, die erst spät den Anschluß an den Zyklus um König → Artus fand, wird im *Traum von Rhonabwy* (vgl. → *Mabinogion*) euhemerisiert und unter dem Namen March ap Meirchion erwähnt, er spielt jedoch, als Vetter ersten Grades und Berater Artus', nicht mehr als eine Statistenrolle. In älteren Quellen und in der Volksüberlieferung trägt er deutliche Züge des Fürsten der → Anderswelt. Nach einer Triade (vgl. → drei) sollen auch ihm seine → Schweine, wie einst → Pwylls (vgl. → Gwydion), gestohlen werden, diesmal von Artus. Sein Name bedeutet auf walisisch, kornisch und bretonisch → »Pferd«. Die ältesten Erzählungen sowie die Volkssage statten ihn mit Pferdeohren aus,

was ihn mit denselben Problemen der Geheimhaltung konfrontiert wie den Midas der klassischen Sage. Eine walisische Variante von Trystan und Essyllt, Gemahlin des March ap Meirchion, beruht auf dem → Rigani-Mythos: Nachdem sich March bei Artus über die Entführung seiner Gemahlin durch Trystan beschwert hatte, verfügte dieser, die Rivalen müßten sich Essyllt teilen. Der eine solle mit ihr leben, solange die → Bäume grüne Blätter trügen, der andere in der laublosen Zeit. March, als dem Gatten, wurde die Wahl überlassen, und er wünschte sich, der langen Winternächte wegen, die kahle Zeit. Essyllt jubilierte: Stechpalme, Efeu und Eibe seien immer grün, weswegen sie nie wieder zu March zurückmüsse!

Der über 2 m hohe Monolith (vgl. → Steine) mit der abgeschlagenen Spitze am Ortseingang von Fowey (Gr. Cornwall) trägt die Aufschrift »Drustanus hic jacet Cunomori filius«, »Hier liegt Drustanus, Sohn des Cunomorus«. Letzterer war im 6. Jh. König der Dumnonier: Ein bretonisches Manuskript des 9. Jh. fügt wie selbstverständlich »Mark« als Vornamen dazu, was den latinisierten Tristan zu seinem Sohn macht. Im festländischen Epos, das auch Richard Wagner benützte, ist Mark jedoch Tristans Onkel, eine düstere, mißtrauische, bösartige Figur, der den Neffen als Brautwerber nach Irland schickt, um um die Hand der schönen Isolde anzuhalten.

»Mars«

Wenn Caesar dem keltischen Mars nur die drei knappen Worte gönnt: »Martem bella gerere«, »Mars führt Krieg« (vgl. → *Interpretatio Romana*), kann der Grund für diese radikale Vereinfachung nur darin liegen, daß er sich keinesfalls auf die Komplexität des einheimischen »Mars« einlassen wollte. Unter dem Namen »Mars« wurden Dutzende einheimischer, von vorkeltischen Konzepten mehr oder weniger beeinflußte Götter eingereiht, bei denen »Kriegführen« nur einen Bruchteil der Funktionen ausmachte. Von über 200 bekannten Weiheinschriften tragen drei Viertel keltische Beinamen! Unter »Mars« kann sich demnach ein Baum- (vgl. → Bäume), ein Quell- (vgl. → Quellen) oder Berg- (vgl. → Berge) Gott verbergen, ein Gesunderhalter, Retter der Lebenden und Schützer der Toten, eine → Himmels-, → Blitz- und Fruchtbarkeitsgottheit, ein Behüter der Felder und des Viehs oder ein Stammesgott, ein → »Dis Pater« oder eine Mischung verschiedener Komponenten.

Dieser einheimische »Mars« ist die Weiterentwicklung jenes kämpferischen Gottes, der Ende der Bronzezeit die steinzeitliche Große Mutter mehr und mehr aus dem Zentrum drängte, um an ihrer Seite das männliche Prinzip zu vertreten. Aus derselben Wurzel entstand der → »Jupiter«, → Taranis, → Dagda, weswegen Berührungspunkte und Überlappungen zwischen »Mars« und diesen möglich sind. Im allgemeinen ist dieser gallische »Mars« erstaunlich friedfertig; er ähnelt dem altitalischen Schützer der Fluren oder dem frührömischen Vater des Romulus und Remus stärker als dem druidisch-keltischen Gott der zweiten Dumézilschen Funktion. Es kommt vor, daß Stämme u. a. dieser Marskonzepte wegen in sehr freundschaftlichen Beziehungen mit Rom standen, die über die Eroberung hinaus hielten. Parallel zu den Marsvorstellungen der Einzelstämme laufen in gallorömischer Zeit Ansätze zu einem vom Kaiserhaus unterstützten Marskult, der viel vom einheimischen Mars aufnimmt. Weiheinschriften höchster Honoratioren – Priester, Beamte, Militär – sind an diesen gerichtet.

Ein Teil der Mars-Beinamen erscheint nur einmal, andere füllen Regionen, wieder andere waren an wichtige Heiligtümer gebunden und strahlten zuweilen ins ganze Römische Reich aus – ein »Mars Camulus« ist z. B. in Dalmatien zu finden und »Lenus«, »Mullo«, »Rudianos«, »Segomo«, »Ulludios« tauchen in Britannien auf.

Der »Mars«-Kult Galliens ist überall da am kräftigsten entwickelt, wo die vorkeltische Entsprechung am stärksten auf das keltische Weltbild wirkte: im Hunsrück-Eifel-Gebiet bei den Treverern, bei den Stämmen der Pyrenäen, im Südwesten und im Alpengebiet. Im übrigen Gallien, vor allem im Nordosten, tritt er zurück.

Für die Treverer war »Mars Lenus« bzw. »Lenus Mars« der Stammesgott (vgl. → Teutates), beim Unterstamm der Aresaces im Rheintal als »Loucetius« bekannt. Letzterer stand dem Heiligtum (vgl. → Kultstätten) von

Kleinwinternheim südlich von Mainz zusammen mit der → Nemetona vor, deren Weiheinschrift ein mit Titeln nur so überhäufter römischer Konsul gestiftet hatte. Er dürfte in diesem »Mars« den Mars der ältesten römischen Kulte wiedererkannt haben. Weiheinschriften an »Mars Loucetius« häufen sich zwischen Mainz und Worms, sind außerhalb des Trevererterritoriums jedoch kaum bekannt. Die zwei aus Straßburg und → Bath, England, wurden nachweislich von Treverern gestiftet.

Auf dem westlichen Moselufer, außerhalb des alten Stadtbezirks von Trier, am Hang des Markusbergs, durchlief der künstlich in zwei Arme geteilte Irrbach, dessen Hauptquelle bis heute als heilkräftig gilt, die heilige Abgrenzung der Xulsigiae, Quell- und Muttergottheiten (vgl. → Muttergöttin), und das ausgedehnte Tempelgebiet des Mars, die zusammen die wichtigste Kultstätte des »Lenus Mars« ausmachten. Der Marstempel mit dem Hauptaltar war über Prunktreppen erreichbar, ein Kulttheater, Priesterwohnungen und Pilgerherbergen vervollständigten die Einrichtung. Tonscherben verrieten, daß dieser Ort seit der Bronzezeit besucht wurde. Die erste Bauetappe für den großen Tempel war um 100 n. Chr. beendet, die zweite ca. 100 Jahre später. Aber darunter kam das Fundament eines älteren Heiligtums zutage; hier dürfte also seit der Bronzezeit eine Kultstätte bestanden haben, vor allem deshalb, weil die Begleiterinnen des »Lenus Mars«, die Sulevia einerseits und die Xulsigiae andererseits, sehr alte Göttinnen sind. Der heilige Bezirk letzterer enthielt zwei Tempel, einen winzigen und einen etwas größeren, die Skulpturen bzw. deren Fragmente hauptsächlich von Kindern enthielten. Fünf stellten nackte, Früchte oder → Vögel tragende Jungen dar; unter den Bekleideten befanden sich auch ein paar Mädchen. Den einen der Jungen, mit Kästchen und Vogel, möchte J.-J. Hatt mit dem Ioventucarus, dem jungen Gott der Jugend identifizieren, wohl eine Art → Maponus, der viermal als »Mars Ioventucarus« und zweimal allein in diesem Heiligtum angerufen wurde.

Drei weitere große Tempelbezirke um Trier bestätigen die Verbindung des »Mars« mit den → Muttergöttinnen und dem Wasser (vgl. → Elemente). Derjenige von Möhn, nw. zwischen Trier und Welschbillig gelegen, war ebenfalls von einem Bach durchflossen und bestand aus einem *fanum*, einer Basilika, einem Tempel und einem Kulttheater. Unter den Votivgaben befanden sich Waffen aller Art als → Miniaturen, Statuetten der → Muttergöttinnen, ein → »Merkur« sowie eine weibliche Gestalt in Kapuzenmantel (vgl. → *genius cucullatus*, *caillech*). Die Tempel von Gusenburg und Dhronecken im Hügelgebiet sö. von Trier waren ähnlich aufgebaut, allerdings mit einer wichtigen Abweichung beim letzteren. In der ersten Hälfte des 1. Jhs. n. Chr. waren an seiner Nordmauer vier bewaffnete Krieger begraben worden: Hier galt »Mars« wohl als Schützer der Toten. Unter den Votivgaben fanden sich auch Miniaturwaffen, sechs Bronzestatuetten von »Mars« und 250 Tonfigürchen des ganzen galloromischen Pantheons: → »Venus«, → »Merkur«, »Minerva«, → »Sucellus«, → Muttergöttinen, → »Jupiter« etc. Auch hier tritt ein diesmal unbenannter jugendlicher Gott auf – »Mars Ioventucaros«?

Abgesehen davon sind Marsdarstellungen bei den Treverern kaum gefunden worden, was wohl mit der bezeugten Abneigung gegen → Götterdarstellungen zu erklären ist, die zum Wesenszug dieses archaischen »Mars« wurde. Vermutlich reichte ein Baumstamm aus (vgl. → Bäume), um sein Kräfteverhältnis anzudeuten. Das Fragment eines in Stein übersetzen Baumstammes, einer Säule, ist jedenfalls gefunden worden, auf die jemand, recht ungelenk, eine nackten Lanzenträger eingeritzt hatte! Die Funde von Trier und Umgebung besitzt das Rheinische Landesmuseum in Trier.

Sonst wurde »Mars« in mehr oder minder klassischem Gewand abgebildet: als behelmter, geharnischter, bewaffneter Krieger, wie z. B. der Bronzemars vom Hörnli, aus dem 1./2. Jh. n. Chr. (Historisches Museum, Basel), oder die Kalksteinstatuette von Einingen vom Anfang des 3. Jh. n. Chr. (Prähistorische Staatssammlung, München).

In den Pyrenäen kam »Mars Sutugius« am Ende einer langen Entwicklung als solcher an – an der Seite seines Reliefs ist ebenfalls der Lanzenträger eingekratzt, vielleicht als Orientierungshilfe für diejenigen, die sich weigerten, »mit der neuen Zeit« zu gehen. Auch an anderen Orten war der »Mars« mit der Lanze

Bronzener »Mars« vom Hörnli (Historisches Museum, Basel).

nicht verschwunden und trat, wie im Norden Englands, zuweilen mit der gehörntenn → Schlange (vgl. → Horn), mit Geldbeutel oder Swastika (vgl. → Gestirne) auf. Letzteres nähert ihn dem »Jupiter« an. Unter den meist nur einmal bezeugten Lokalgöttern finden sich weitere archaische Formen, Baum- (vgl. → Bäume), Quell- (vgl. → Quellen) oder Berg- (vgl. → Berge) Marse. Auf Inschriften erscheinen noch ein »Mars Leherennus« von ziemlich großer Verbreitung und ein »Erge deo und Marti deo«, die aber nie ganz miteinander identifiziert werden.

In den Alpen überragen »Mars Nabelcos«, »Mittelpunkt der Welt« bzw. »Omphalos«, »Albiorix«, »Herr der Welt«, »Caturix«, »Herr

Steinerner »Mars« von Eining (Prähistorische Staatssammlung, München).

der Kämpfe«, und »Rudianus«, der »Rote«, der mit dem → Pferd, Rudiobos, im Zusammenhang steht, eine Reihe von Lokalgöttern, während die Helvetier ihren »Mars« »Caturigus« oder »Caisivus« nannten, jedoch eine deutliche Tendenz zeigten, diesen durch »Apollo« zu ersetzen, d. h. hier nahm »Mars« Licht- und Heilerkomponenten an.

Die Remi, um Reims, verehrten einen »Mars Camulus«, der nichts mit → Fionns Vater zu tun hat, jedoch durch Weiheinschriften in England, Rom und bis nach Dalmatien hinein bezeugt ist. Möglicherweise war seine Partnerin eine Camuloriga (vgl. → Götterpaare). Eine Inschrift an »Mars Camulus« wurde von einem gewissen Jucudinius gestiftet, einem Angehörigen der berittenen Priesterschaft, der Laurentes Laviniates, die dem römischen Mars, Vater des Romulus und Remus, dienten. Der dem Mars geweihte Bogen in Reims trug denn auch Bilder, die auf den Gründungsmythos Roms eingingen, was eine alte, auf religiösen Vorstellungen fußende Verbindung zwischen den Remi und den Römern bestätigt, die immer in einem ausgesucht guten Verhältnis zueinander standen.

Die Leuker, als Bewohner eines typischen Durchgangslandes, ließen römische und keltische Marse verschiedenster Art nebeneinander herlaufen, mit einer gewissen Vorliebe für einen »Mars« als Ahnengott, in Richtung eines → Sucellus, und unter gleichzeitiger Förderung des »Apollo« anstelle des »Mars«.

Der »Mars Segomo« der Sequaner verlagerte sich in die Nachbarterritorien, so daß er bis in den Süden Galliens stärker vertreten war als im Stammland selbst. Er war an eines der ältesten Mars-Konzepte, Mars mit Reittier oder sogar Mars als Reittier angeschlossen, denn sein Name ist auf dem Sockel einer Maultierstatuette zu lesen. In der Kultstätte von Villards-d'Héria (Franche Comté) besaßen die Sequaner ein Heiligtum von internationalem Ruf, dem »Mars Segomo« mit Bellona (vgl. → Götterpaare) zusammen vorstand. Der von mehreren → Quellen gespiesene Bergsee, Lac d'Antre, dessen Abfluß nach einer kurzen Strecke verschwindet und 100 m tiefer, im Tal der Héria, wiederauftaucht, illustrierte selten schön die keltische Auffassung vom ewigen Zyklus des Lebens (vgl. → Gewässer). Am See oben breitete sich eine luxuriöse Anlage mit Tempel, Schreinen, Säulengang und Theater aus – hier kamen, wie in Coligny (vgl. → Coligny-Kalender), Fragmente eines Kalenders zum Vorschein – unten spannte sich eine Brücke über den Fluß, der einen zweiten Tempel trug. Ein Teil des Wassers füllte ein großes, rundes Badebecken neben einem Basilika-artigen Gebäude, und eine Halle bot Pilgern und Kranken einen Ruheort.

Auch »Mars Segomo« war meist mit den → Muttergöttinnen, »Merkur« oder → »Apollo« verbunden; sein Heiligtum zog ebenfalls viele hochgestellte Persönlichkeiten an.

Die Ambarer kombinierten »Mars Segomo« mit ihrem Berggott Dunatus. Sowohl der Kalender als auch der »Mars« von Coligny (Musée de Lyon) stammen aus ihrem Territorium. Letzterer ist ein unbekleideter, junger Mann mit lockigem Haar, der möglicherweise einst eine Lanze in der Rechten hielt. Er gleicht → »Apollo«, d.h. er vereint die Kraft und Männlichkeit eines schützenden »Mars« mit der Eleganz des Künstler- und Heilergottes.

Bei den Senonen trat »Mars« in der von Priestern des Kaiserhauses gestifteten Großinschrift von Sens zusammen mit → »Vulkan« auf, vermutlich als → Sucellus-Ersatz, und der Vesta, die als Muttergöttin aufzufassen war.

Das Museum von Avallon (Burgund) besitzt neben mehreren »Mars«-Statuen eine Inschrift an einen »Nurcius«, der dem »Mars« angeglichen wurde. Eine davon weicht vom klassischen Krieger ab und zeigt eine ähnliche »Mars«-»Apollo«-Mischung wie die Bronze von Coligny. Im Heiligtum von Montmarte d'Avallon dürfte somit gleichzeitig der einheimische wie auch der römische Mars verehrt worden sein.

Häduer und Lingones beteten zu einem »Mars Anvalonacus«, dem laut Weiheinschrift ein gewisser Licnos ein Kulttheater in Autun einrichtete, daneben pflegten sie auch den Kult des »Mars Segomo« und denjenigen des Stammesgottes der Ligones, »Mars Ciccolius«, der zuweilen mit Bellona ein Paar bildet (vgl. → Götterpaare); sein wichtigstes Heiligtum befand sich in Malain. In vier Inschriften wurde Bellona durch die keltische Litavis, »Mutter Erde« (vgl. → Elemente), ersetzt.

Das berühmte »Häduerpaar«, das in Autun, Entrains und Alise-St. Reine (vgl. → Alesia) immerhin fünfzehnmal vorkommt, kann demnach nur den »Mars« mit einer → Muttergöttin darstellen. Gott und Göttin sitzen oder stehen Seite an Seite – er mit Lanze oder Schwert (vgl. → Blitz) bewaffnet, sie mit Füllhorn (vgl. → Horn) und Schale. In den Museen von Autun und Alesia tritt zu dem Paar noch ein Kind oder ein Jugendlicher – vielleicht das Produkt der → Heiligen Hochzeit, der göttliche Sohn (vgl. → Maponus). Auf einer Darstellung (Museum von Dijon) hält der Gott einen → Hammer in der Hand: Hier ist er zum → Sucellus geworden. Dijon und Alise-St. Reine zeigen ihn stehend, mit der einen Hand sich auf den Speer stützend, in der anderen Kornähren oder einen Geldbeutel haltend. Hier gleicht »Mars« einem jungen, bartlosen → »Jupiter«.

Den Westen beherrschte »Mars Mullo«, an

den sechs Inschriften in Rennes gerichtet sind. Die Stadt ehrte einen ihrer sich um sie verdientgemacht habenden Söhne, indem sie für ihn ein *flamen*-Amt für »Mars Mullo« einrichtete und es ihm auf Lebzeiten übertrug. Der Priester seinerseits bedankte sich für die Auszeichnung, indem er in dessen Heiligtum eine Statue des »Mars Mullo« »mit allem was dazu gehört« auf seine Kosten aufstellen ließ. Auch dieser Marskult zog Mitglieder der obersten Gesellschaftsschichten an. »Mars Mullos'« wichtigste Heiligtümer außerhalb von Rennes wurden in Nantes, Allones, sw. von Chartres und in Corseul, das ursprünglich *fanum* »Marti« (vgl. → Kultstätten) hieß, unterhalten.

Bourges lieferte einige Weiheinschriften an einen »Mars Rigisamus«, der auf einer Inschrift zusammen mit einer Statue in Somerset, England, wieder auftaucht.

Der »Mars« von Vichy, »Vorocius«, im Lande der Averner, ist ein interessanter Sonderfall. Wie zwei Votivringe (vgl. → Votivgaben) mit seinem und → »Dianas« Namen andeuten, bildete er mit dieser ein → Götterpaar, d. h., es ging hier auch um den vorkeltischen mit der → Muttergöttin und dem Wasser verbundenen Mars.

Da nun beide Weihegaben aber auch an die göttlichen Kräfte des Kaiserhauses gerichtet waren, kann das wohl nur bedeuten, daß »Mars Vorocius« das Stadium der Keltisierung übersprang.

Abgesehen von den vom Festland importierten »Mars«-Typen besaß Britannien eigene »Mars«-Vorstellungen. Am ältesten dürfte wohl der unbenannte, nackte, oft phallische, göttliche Krieger sein, der Lanze und Schild trägt. Zuweilen tritt er gehörnt (vgl. → Horn) oder mit der gehörnten → Schlange auf, wobei die Grenze zum Cernunnos zerfließt. Vor allem im Norden der Insel liegt die Betonung auf dem kriegerischen Element, → Belatucadros und → Cocidius, ein »Braciaca«, vermutlich der »Gott des trunken machenden Getränks« – Alkohol förderte die → Heilige Raserei –, weisen in diese Richtung. Andererseits beweist ein Gott wie → Nodens, daß Heilen, Wasser (vgl. → Elemente), Fruchtbarkeit und die → Anderswelt in Britannien ebenfalls zur Sphäre des »Mars« gehören konnten.

Bronzener Beschlag einer Holzkanne in Form einer Maske mit »Mistelblättern« (Dürrnberg; Keltenmuseum, Hallein).

Masken

Noch immer existiert die Meinung, daß die oft fratzenartigen Masken, die Kannen, → Kessel, Achsennägel, Schmuck und vor allem Arm- und Halsreifen zieren, Phantasiegebilde seien, die, wie J. Moreau sich ausdrückt, »nicht so sehr als Bildnisse, denn als Ornamente gedacht sind; jedenfalls sind sie mehr Symbole als Portraits« (vgl. → Götterdarstellungen). In den letzten Jahren hat J.-J. Hatt nachgewiesen, daß sie sowohl Symbole als auch Porträts der großen keltischen Götter → Taranis, → Teutates, → Esus und → Rigani sind.

Math

Der vierte Zweig des *Mabinogion* ist Math, dem Sohn des → Mathonwy, dem Fürsten von Gwynedd mit dem superfeinen Ohr – auch das leiseste, vom Wind ihm zugewehte Geflüster vermag er zu hören –, gewidmet. Wie → Ysbaddaden, der bei der Vermählung seiner Tochter sterben muß, schöpft auch er die Lebenskräfte aus dem Kontakt mit einer Jungfrau, dem Lebenspotential schlechthin, denn außer im Krieg müssen seine Füße »in den Falten des Schoßes einer Jungfrau ruhen«. Seine damalige Fußhalterin, die schöne Goewyn, wird jedoch von Maths Neffen → Gydyon und Gilvaethwy vergewaltigt, so daß sie ihr Amt niederlegen muß. Math sühnt das Unrecht, indem er Goewyn zu seiner Gattin macht und die beiden jungen Männer zur Buße auf → drei Jahre in Tiere verwandelt (vgl. → Metamorphose). Der Zauberstab ist Maths wichtigstes Werkzeug: Damit gibt er den am Verbrechen der »Eltern« unschuldigen Tierjungen Menschengestalt, prüft → Arianrods Tauglichkeit zur Fußhalterin und hilft → Gwydion → Blodeuedd, aus Blumen und Blüten → Lleu zusammenzuzaubern.

Math ist hilfreich, großzügig – er stattet Lleu mit einem eigenen Fürstentum aus – und gerecht: Nach dem Vollzug der Strafe nimmt er die Neffen in Gnaden wieder auf. Er verbindet hohe Moral mit Magie, das höchste Ideal der keltischen Priester, weswegen Math vermutlich ein Gott der → Druiden (vgl. → Dagda) als Vorlage diente. Sein Name ist als → »Bär, Sohn des kleinen Bären« gedeutet worden. Dies ist nicht die einzige Verbindung Bär-Gott-Magie im inselkeltischen Raum. In Risingham, n. vom Hadrianswall, nennt eine Inschrift den Matunus den »göttlichen Bären«, von dem allerdings außer dem Namen nichts bekannt ist. Unter den → Tuatha Dé Danann gibt es einen Zauberer Mathgen, »Sohn des Bären«, der auf → Lugs Frage, was er zur Zweiten Schlacht von → Mag Tuired beizutragen gedenke, antwortet, er werde die zwölf großen Berge Irlands auf die → Fomorier stürzen lassen, so daß deren Gipfel am Boden rollten ... Die beiden »Bärensöhne« müssen nicht unbedingt physisch stark gewesen sein, sondern ihre Zauberkräfte waren mächtig, gleich denen von Bären.

Matrae, Matres, Matronae → **Muttergöttinen**

Medb

So absurd das heute auch klingt, aber Königin Medb hat vor allem in der öffentlichen Meinung Englands dem Ruf der irischen Frau nicht unbeträchtlich geschadet, als Ende des letzten Jahrhunderts sonst ernst zu nehmende Keltologen Medb genüßlich Unmoral bescheinigte und sich in Schilderungen ihrer Eigenwilligkeit, Dominanz, Launenhaftigkeit, ihres lasziven Draufgängertums und ihrer sexuellen Unersättlichkeit ergingen und dabei gänzlich ihre sagenhafte Natur verkannten.

Sogar wenn, wie diese annahmen, um Christi Geburt eine Königin Medb von Connaught existierte, was nicht völlig ausgeschlossen ist, hätte das mythologische Erbe für eine überlebensgroße Figur gesorgt, denn Medb war ursprünglich eine Göttin.

Im → *Ulsterzyklus* tritt sie als Tochter des Hochkönigs → Eochaid Fedlech, als Gegnerin der Ulstermänner im allgemeinen und → Cúchulainns im besonderen auf, wenigstens solange der von ihr organisierte Rinderraub von Cooley (vgl. → *Táin Bó Cuailnge*) im Gange ist. Nach dem »Kopfkissengespräch« im Palast von → Cruachán vergleicht sie mit ihrem damaligen Gatten, → Ailill mac Máta, die halbe Nacht Stück für Stück ihre jeweiligen Besitztümer, → Kessel, Eimer, Gewänder, Goldschmuck, Schaf-, → Schwein-, → Pferdeherden, wobei herauskommt, daß ihr nur → Donn als Gegenstück zum → Finnbenach fehlt, um zu beweisen, daß sie Ailill in keiner Weise nachsteht. Diesen Stier muß sie in ihren Besitz bringen, koste es was es wolle. So rüstet sie auf ... Allerdings waren die Beziehungen zu Ulster bereits eher prekär gewesen (vgl. → Mac Da Thó), seit Medb ihrem ersten Gatten, König → Conchobar, davongelaufen war, »aus Übermut«, wie der klösterliche Schreiber glaubt hinzufügen zu müssen. Sie genoß erst einmal ihre Ungebundenheit am Hofe ihres Vaters in → Tara, um sich dann Ailill zum Gatten zu nehmen, weil er, in ihren eignen Worten, »weder Geiz, Furcht noch Eifersucht kannte«. Da Freigebigkeit, Mut und Großzügigkeit die wichtigsten Eigenschaften des → rechtmäßigen Herrschers sind, hätte an dieser Stelle eine Ahnung hochkommen dürfen, daß Medb keine gewöhnliche Sterbliche ist ...

Allerdings verhielt sich die Sache mit der Eifersucht in der Praxis denn doch etwas anders: Sie ergreift Ailill schließlich doch, und er arrangiert ein »Versehen«, das Medbs langjährigen Liebhaber → Fergus mac Roich das Leben kostet. Medb selbst verträgt Untreue schon gar nicht. Als Ailill anfängt, dem Spiel mehr Interesse abzugewinnen als an ihr, genügt es, daß sich »ein Haselzweig (vgl. → Bäume) am ersten Maimorgen (vgl. → *Beltene*) hinter dem Gehöft hin und her bewegt«, um sein Todesurteil zu unterschreiben, das → Conall Cernach vollstreckt. Ailill ist nur einer von einer langen Kolonne königlicher Gatten – meist werden → neun aufgezählt –, denn bei Medb »stand immer ein Mann im Schatten des nächsten ...«.

Es sind die ehemals großen Schöpfergötter, mit denen sich Medb einläßt, was sie als eine der königlichen → Muttergöttinnen auszeichnet. Sie setzt eine Reihe von Kindern in die Welt, u.a. Drillinge (vgl. → drei) von Fergus und sieben Söhne von Ailill, die alle »Maine« heißen und als die sieben Wochentage interpretiert worden sind.

Sexualität ist bei Medb im hohen Grade Ausdruck ihrer besonderen Mission. Ihr Name hängt mit »*meduos«, wal. »meddw«, »trunken, berauschend« zusammen. Sie ist die Göttin, die den berauschenden Trank der Machtfülle austeilt, sie repräsentiert die → Oberhoheit Irlands. Mit ihr muß der angehende König die → Heilige Hochzeit vollziehen, um ein → rechtmäßiger Herrscher zu werden. So ist es zu verstehen, wenn → Helden, die für sie gegen Cúchulainn antreten, »mit dem Genuß ihrer Schenkel« belohnt werden, und daß sie ihre Tochter → Finnabair zum selben Verhalten anhält. Medb ist die große, göttliche Buhlerin, die in der mittelalterlichen Fortuna oder »Frau Welt« weiterlebt.

Wie zentral ihre Verbindung mit Tara ist, zeigt sich darin, daß nach Wegzug Medbs Medb Lethderg, »Halb-rot«, die Tochter Conán Cualas von Leinster, sie ersetzen muß. Sie ist ihre Doppelgängerin, ebenfalls Gemahlin von neun Königen, worunter sich → Conn, → Art und → Cormac befinden: Niemand wird König von Tara, es sei denn, »Cualas Gerstensaft komme zu ihm ...«. Dieser Medb wird der große Ringwall »Rath Maev«, mit 230 m Durchmesser auf der Süd-Ost-Verlängerung des Tarahügels gelegen, zugeschrieben.

Medb fasziniert Männer und übt enorme Macht über sie aus, was ihr als Kämpferin zugute kommt: Allein bei ihrem Anblick verlieren die Gegner zwei Drittel ihrer Kraft, ausgenommen natürlich Cúchulainn, der dasselbe Kräfteverhältnis wie sie vertritt, denn Medb besitzt wie → Epona oder Rhiannon eine starke Sonnenkomponente. Nicht nur überholt sie beim Rennen wie → Macha jedes → Pferd, sie fährt auch an der Spitze ihres Heeres – sie befehligt allein 1500 Söldner – im Streitwagen (vgl. → Wagenkult) daher, d.h., inmitten eines ganzen Geschwaders von → neun, denn je zwei schützen sie hinten und vorn und je zwei zu beiden Seiten. Diese Anordnung wurde getroffen, »damit die Schollen von den Hufen der Pferde, die Schaumflocken ihrer Mäuler oder der Staub, den diese mächtige Armee aufwirbelte, nicht das → goldene Diadem der Königin treffen und trüben würden«. Medb besitzt in den meisten Versionen vier Schwestern, es sind die → Muttergöttinnen → Ethne, → Clothru, → Mugain, → Drebriu und zuweilen eine fünfte, Ele, so daß sie, wie → Macha, in eine doppelte Triade zusammengefaßt werden könnten.

Medb hat auch mit den Lebenskräften von Pflanze und Tier zu tun. Sie besitzt einen heiligen Baum (vgl. → Bäume), »bile Meidbe«, und gewöhnlich sitzen ihr links und rechts ein Eichhörnchen und ein Vogel (vgl. → Vögel) auf den Schultern, die ihr bei einer Gelegenheit Cúchulainn zur Warnung herunterschießt, ohne die Königin zu verletzen. Die Erwähnung eines *Lugnasa*-Festes auf → Cruachán deutet auf Spuren eines Erntekultes. Wie alle mächtigen Verkörperungen Irlands (vgl. → *caillech*) formt Medb das Land mit. Muß sie Wasser (vgl. → Elemente) lassen, entstehen → drei große Dämme, und ihr Grabhügel »Miosgán Meabha«, »Medbs Auswuchs«, läßt den kegelförmigen Knocknarea westlich von Sligo wie eine weibliche Brust (vgl. → Danu) erscheinen. Dieser Steinhaufen hat ca. 60 m Durchmesser und ist ca. 10 m hoch. Es dürfte ein Ganggrab vom Boyne- (vgl. → Boand) Typ darunter liegen, aber für eine Untersuchung müßten an die 40000 t Steine von Hand weggeräumt werden.

Nach einer Überlieferung rächte Furbaid den Tod seiner Mutter Clothru, indem er seine Tante beim Bad in der → Quelle mit einem Stein aus seiner Schleuder (vgl. → Blitz) mitten auf die Stirne traf. Die Volksüberlieferung behauptet, er habe, als er der Königin unvermittelt ansichtig wurde, das, was er eben in der Hand hielt, auf die Schleuder gelegt – ein Stück Hartkäse.

Megalithgräber

Von der Bretagne und Spanien bis in die Tschechoslowakei und Ungarn, von Irland bis Italien begruben die Kelten ihre Toten nicht selten in der Nähe von Megalithgräbern. Öfter entstanden dort auch → Kultstätten, was bedeutet, daß diese Orte den Kelten als heilig galten, d.h., daß sie sie in ihre religiösen Vorstellungen miteinbezogen. Die irische Sage zeigt, was ganz konkret damit gemeint sein konnte: Der große Megalithfriedhof im Boynetal, → Bruig na Bóinne z.B., war der Wohnort der Götter, der Sitz des Fürsten der → Anderswelt und nach der Christianisierung der unterirdische Palast der → Feen und → Elfen (vgl. → *síd*).

Eine andere Nekropole des Steinzeitvolkes vom Boyne mit ca. 30 Gräbern zieht sich über den langgezogenen Rücken der Loughcrew Hills sö. von Oldcastle (Gr. Meath), nach dem höchsten Gipfel »Slieve na Calliagh«, »Berg der → *Caillech*«, genannt. Im Latène-Stil verzierte Gegenstände beweisen, daß Kelten die Grabhügel wieder benutzt hatten.

Die in ganz Irland verstreuten Dolmen gingen als → »Diarmaid und → Gráinnes Betten« in die Sagen und die Volksüberlieferung ein, d.h., sie wurden ursprünglich als die Lagerstätten des schöpferischen Andersweltgottes und der → Muttergöttin angesehen.

»Merkur«

Die über 800 Weiheinschriften, Reliefs und Statuen, die heute noch vom »Merkur« aus der ehemals keltischen Welt vorhanden sind, ganz abgesehen von den vielen teils archäologisch untersuchten, teils aus der Literatur bekannten → Kultstätten – nach den Leben christlicher Missionare wurden verschiedene Tempel noch im 5. Jh. n.Chr. besucht –, bestätigen Caesars Beobachtung: »Merkur« genoß die meiste Verehrung und wurde am häufigsten abgebildet (vgl. → *Interpretatio Romana*). Er war ein volkstümlicherer Gott als → »Mars«, beliebt bei den kleinen Leuten, den Händlern, Handwerkern, Freigelassenen, die sich vermutlich eine Existenz aufzubauen hatten, den Steuer- und Pachtzinseinziehern, Zollbeamten und Organisatoren ländlicher Gemeinden. Daß Kaiser Tiberius den Kult von »Merkur« und → »Maia« förderte, ist eine Ausnahme.

Bei der Aufzählung der Funktionen – Erfinder aller Künste, Führer auf allen Wegen, Verantwortlicher für alles, was mit dem Gelderwerb und Handel zu tun hat – schleicht sich, allerdings weniger stark als beim »Mars«, die Tendenz zur Vereinfachung ein, der sogar Keltologen gelegentlich zum Opfer fallen. Auch wenn »Mars« gern als eine Art nationaler Gott Galliens präsentiert wird, bedeutet das nicht, daß sich die Vorstellungen über »Mars« in allen Landesteilen miteinander decken. Nach der Eroberung erscheint »Merkur« zwar zumeist in klassischer Aufmachung als bartloser und bis auf den über die Schulter geschwungenen Mantel nackter junger Mann mit Flügelhut und -schuhen sowie dem Heroldsstab, wie z.B. auf den Reliefs im Württembergischen Landesmuseum, Stuttgart, aber genauso möglich ist ein Waffenträger oder ein älterer, bärtiger Mann in Landestracht. Nur selten fehlt ein prallgefüllter Beutel, meist in der Rechten (vgl. → rechts), und oft ist er von → Widder, Hahn (vgl. → Vögel) und zuweilen der → Schildkröte begleitet.

Die beiden ähnlichen, hübschen Bronzefiguren des »Merkur« von Weißenburg (Römermuseum, Zweigstelle der Prähistorischen Staatssammlung, München) und Heddernheim, seit 1893 im Museum von St. Germain-en-Laye, wurden je durch einen → Torques zusätzlich »keltisiert«.

Der »Merkur« ist das Produkt einer langen Entwicklung, zu der der klassische Hermes, der (vor)keltische → »Mars« und der pankeltische → Lug genauso wie → Teutates und → Esus, die die *Berner Scholien* beide sowohl mit »Merkur« als auch mit »Mars« identifizieren, beitrugen. J.-J. Hatt bringt noch den »→ Apollo Grannus« oder → »Belenus« mit ins Spiel, der seit dem 2. Jh. v.Chr. Teutates die Heiler-, Wahrsager- und Vermittlerrolle zwischen Himmel und Erde abgenommen hatte, und den »Widdergott«, der die kriegerische Seite des Teutates repräsentierte, eines Teutates, der seither als Ausgleich die Stelle des Herrn der Abgeschiedenen besetzt hielt (vgl. → Anderswelt). »Merkur« war also fort-

Torquesgeschmückter »Merkur« mit Hahn, Ziegenbock und Schildkröte (Heddernheim; Musée des Antiquités Nationales, St. Germain-en-Laye).

während Beeinflussungen und Assimilationsprozessen ausgesetzt, die nicht zu allen Zeiten und an allen Orten gleich rasch abliefen.

Etwa vier Dutzend Beinamen des »Merkur« sind bis heute gesammelt worden. Manche kommen, wie beim »Mars«, nur einmal vor und gehören zu Lokalgöttern, andere füllen Stammesgebiete und darüber hinaus ganze Landstriche. Besonders häufig sind die Weiheinschriften bei den Treverern/Aresaces, den Mediomatikern, Triboci und Nemetern, d.h. an der Nord- und Nordostgrenze Galliens, sowie bei den Allobrogern im Südosten.

Die Avernier betrachteten »Merkur« als ihren Stammesgott: Man weiß von zwei großen Kultstätten, die eine in Clermont-Ferrand, die andere auf dem alten Vulkankegel des Puy-de-Dôme, wo »Merkur« als »Dumias« verehrt wurde. Vermutlich stand dort oben, wo sich heute unter dem Fernsehsender noch immer die Ruinen eines ausgedehnten Tempels breitmachen, die Statue des Neron Xenodorus, woran dieser über ein Jahrzehnt gearbeitet und wofür er 40000 Sesterzien kassiert haben soll. Die Wirkung einer solchen Kolossalstatue auf dem steilen Berg, der einen Rundblick wie vom Flugzeug aus gewährt, wäre unüberbietbar gewesen und hätte die Dominanz des Gottes über das ganze Stammesgebiet, so weit das Auge reicht, ausgezeichnet veranschaulicht, ja sogar darüber hinaus, denn der »Merkur Avernus« bzw. Arvernorix, »König der Auvergne«, tritt auch am Rhein sowie im Hinterland der Treverer auf. In Bitburg ist sogar ein »Merkur Vassocaletis« registriert worden, d.h. der Gott vom Heiligtum von Clermont-Ferrand, was nach J.-J. Hatt auf Handelsbeziehungen zurückzuführen ist.

Viele der Merkur'schen Beinamen spielen auf das Tätigkeitsfeld ihres Trägers an: »Mercalis«, »Gott des Handels«, »Nundinator«, »Gott des Marktes«, »Negotiator«, »Herr des Handels«, »Adsmerius«, »Atesmerius«, »Versorger? Verteiler?«, »Peregrinorum«, »Gott der Reisenden und Fremden«, d.h. der Händler, »Viator«, »Gott der Straßen und Wege« – einer Inschrift nach stiftete ein gewisser Lucius Vatinius Felix Meilensteine für die Pilgerstraße von Sarrebourg zum Donon in den Vogesen. »Cissonius« ist mit gall. »cissus«, »Wagen« (vgl. → Wagenkult), in Verbindung gebracht worden und meint den »göttlichen Wagenfahrer« als Schützer des Wagens, eine Funktion, die der Teutates auszuüben pflegte, weswegen Achsennägel, die Rad und Wagen zusammenhielten, gern mit dessen → Maske geschmückt wurden. »Clavariates« bezog sich auf den »Gott der Zimmermänner« (Wagenbauer?), »cultor« auf einen »Gott des Landmanns«, und »visusius« soll mit »Wissen« zusammenhängen, womit nur das zukünftige, d.h. das Wahrsagen (vgl. → Wahrsagerei), gemeint sein kann.

Ein »Merkur Artaois« hatte mit dem → Bären im Sinne von Stärke oder Magie (vgl. → Zauber) zu tun, ein »Merkur Moccus« mit dem → Eber; möglicherweise war seine Vorstufe der »Baco«, ein »Schweinegott«, vielleicht im Sinne des magischen → Schweinehirten der inselkeltischen Überlieferung, vielleicht auch einfach als »guter Schweinehüter« wie Vosegus, der älteste benannte Gott auf dem Donon, der z. B. auf dem Relief von Reichshoffen (Musée Archéologique de Strasbourg) einen Frischling schützend im Arm hält, den J.-J. Hatt als den jungen Teutates auffaßt.

Problematischer ist die Identifikation des → hammerschwingenden (vgl. → Hammer) »Merkur« im selben Museum mit einem Schutzgott der → Schmiede und, auf Grund des geschlossenen und des offenen Auges unter dem Flügelhut, mit → Lug (vgl. → Mag Tuired). Hier am Rhein könnte ebensogut der permanent einäugige Gott mit dem Hammer, Odin/Wotan, gemeint gewesen sein, den die Römer ebenfalls mit dem Merkur gleichsetzten. Ortsnamen, z.B. Macouray im Luxemburgischen, Marcouray in den Vogesen oder Mercore (Saône-et-Loire), erinnern an den Schützer des Ortes oder in manchen Fällen auch an ein Heiligtum; dasselbe gilt für die nach ihm benannten Berge und Hügel, z.B. der Montmartre in Paris oder der Merkurberg über Baden-Baden. Merkur wurde überhaupt gern auf Anhöhen verehrt. Fast so bekannt wie das Heiligtum auf dem Puy-de-Dôme war die Kultstätte auf dem Donon in den Vogesen, worin sich die drei Stämme der Mediomatiker, Leuker und Triboci teilten. Hier ersetzte »Merkur« den Vosegus, der der ganzen Bergkette den Namen gab und der eine erste Romanisierung zum → »Silvanus« erfahren hatte. Eines der Reliefs vom Donon zeigt einen bis auf den über die Schulter drapierten Mantel nackten Krieger, der ein blankes Schwert vor sich hält, während seine Linke entweder tief in ein Säckchen taucht oder, wie Hatt vermutet, in einem Armstumpf endet, den der Beutel schützen soll. Das würde bedeuten, daß im Mythos des kriegerischen → Esus/Teutates eine Parallele zu → Nuadu vorgekommen sein müßte.

Der »Widdergott« (vgl. → Widder), dem sowohl der Hermes, ursprünglich der Schützer der Herden, als auch seit dem 5. Jh. v.Chr. → Teutates Pate gestanden haben muß, mündet ebenfalls in den »Merkur« ein. Dem leider kopflosen Merkurrelief im Museum von Arlon (Belgien) reicht der Ziegenbock bis fast unter die Schulter. Der Gott hält ihn → links am → Horn fest, während die Rechte ein Kurzschwert führt. Solche Darstellungen sind weit verbreitet; zuweilen ruht das Böckchen mit unterschlagenen Beinen, zuweilen steht es mit den Vorderfüßen etwas erhöht und reckt sich gegen seinen Herrn hoch. Das Rheinische Landesmuseum, Bonn, allein besitzt deren fünf. »Merkur« behält die klassischen Züge bei, aber mit der Rechten hält er einen umfangreichen Beutel auf dem Kopf des Widders fest. Verschiedene Beispiele, z.B. von → Alesia, Urbach (Lorraine) oder aus dem Rhônetal (Musée de Lyon), zeigen den Gott auf dem Widder reitend, und zwar, wie es scheint, mit ziemlicher Geschwindigkeit nach → links, womit dieser Merkur eine Andersweltkomponente annimmt (vgl. → Anderswelt). Es konnte nicht ausbleiben, daß sich diesem »Merkur« die → Schlange, am liebsten die gehörnte, zugesellte. A. Ross erinnert daran, daß in manchen Fällen, z.B. von Nantes und Unterhambach (beides bei Espérandieu abgebildet), der »Mars« mit dem Widder zusätzlich noch Stierhörner (vgl. → Stier, → Horn) trägt, was den Fruchtbarkeitsaspekt besonders hervorhebt. Eine ähnliche Wirkung erreicht das Relief von → Bath, indem es einen gehörnten Gott – vermutlich »Merkur« –, eine → Muttergöttin, möglicherweise → Rigani, → drei *genii cucullati* (vgl. → *genius cucullatus*) und den Widder zu einer Komposition vereint. Allerdings schlägt der »Merkur« von Tongern in dieser Hinsicht den Rekord: Er hält einen Vogel (vgl. → Vögel) und eine Börse in den Händen und ist dazu triphallisch (vgl. → drei). Dieser so stark mit der Fruchtbarkeit beschäftigte »Merkur« rückt sehr nahe an den → Esus heran und fällt gelegentlich mit ihm zusammen: Ein berühmtes Resultat ist der »Merkur« von Lezoux, ein älterer, kräftiger, bärtiger Mann in einheimischer Tracht, mit Flügelhut, Beutel, Knotenstock und den Tieren Hahn und Ziegenbock.

Nach dem Modell des Hermes »Dionysosträgers« hält »Merkur« zuweilen ein Kleinkind auf dem Arm, wie auf dem guterhaltenen Relief vom Musée Lorraine von Nancy. Das Büblein hat einen dicken Geldbeutel gepackt; es ist offensichtlich der junge → Esus, der »Merkur« die Reichtümer der Erde zur Verfügung stellt. Auf dem Menhir von Kernuz (Bretagne) führt ein »Merkur« neben einem → »Mars« und → »Herkules« einen kleinen nackten Esus an der Hand.

»Merkur« von Maladers, der eher einem Apollo gleicht (Rätisches Museum, Chur).

Da Esus mit den Jahreszeiten zum → Cernunnos wird, steht auch dieser dem »Merkur« sehr nahe. In Reims flankieren ihn → »Apollo« mit der Leier und »Merkur« mit Flügelhut, der, obwohl der Gehörnte den Münzregen aus seinem unerschöpflichen Sack strömen läßt, eine prallgefüllte Börse hält.

Auf dem stark mitgenommenen Relief von Conweiler (Württembergisches Landesmuseum, Stuttgart) stehen »Apollo« und »Merkur« Seite an Seite über dem Stier- → Opfer, dem → »Minerva« beiwohnt (vgl. → Rigani). Im Grunde stellen die beiden Götter die Funktionen des friedlichen Teutates dar, die sich verselbständigt haben.

Zweiköpfige Abbildungen des Hermes wurden bereits von den Römern hergestellt; indem sie den »Merkur« mit dem bärtigen Teutates verbanden, schufen die Kelten einen Dreikopf (vgl. → drei), der gelegentlich noch Widderhörner trägt. Das Thema wurde dann variiert – zwei bärtige, drei bärtige, drei ganz verschiedene Gesichter und gelegentlich ein Frauenkopf der → Muttergöttin → Rigani. Nur zwei Löcher über der Stirn für die Hörner (vgl. → Horn) und ein feingewundener → Torques verraten beim Dreikopf von Condat (Musée d'Aquitaine, Bordeaux), welches der drei hoheitsvollen, bärtigen Antlitze dasjenige des → Cernunnos ist.

Der gallorömische »Merkur« hielt in den verschiedenen Gegenden zu gewissen Zeiten fast so viele Funktionen besetzt wie der »Mars«, allerdings unter starker Betonung friedlicher Aktivitäten, der Fruchtbarkeit und allgemeinen Produktion, so daß der kriegerische Zug des Esus und des Teutates in den Hintergrund tritt.

»Merkur« zeigt sich entweder mit → »Maia« oder mit → Rosmerta. Ist das → Götterpaar zusammen zu sehen, dann machen eine ganze Reihe von Abbildungen die Verhältnisse aus keltischer Sicht ganz deutlich: Es ist die → Muttergöttin, die Reichtum und Wohlstand hervorbringt, sie ist es, die den prallen Beutel dem »Merkur« schenkt – dieser ist nur der Verteiler.

Merlin

So wie der große Zauberer und Prophet (vgl. → Druiden) in der → Artus-Sage erscheint, ist er die Schöpfung des Wallisers Geoffrey von Monmouth, die er in seiner *Historia Regum Britanniae* (*Geschichte der britischen Könige*) von 1136 zum ersten Mal auftreten läßt. Geoffrey verschmolz zwei in der inselkeltischen Mythologie verankerte Figuren, den Dichter-Propheten (vgl. → *fili*) → Myrddin/ → Lailoken und das »vaterlose Kind« (vgl. → Held), hier den von Nennius erwähnten, jugendlichen Seher Ambrosius, zu einer Gestalt, die seither alle Zeiten faszinierte: Goethe z. B. pflegte sich selbst gern als »alten Merlin« zu bezeichnen.

Merlin und König Artus auf einer britischen Briefmarke.

Merlin, der Sohn eines *incubus*, eines gefallenen Engels, und einer Demetierprinzessin und Klosterfrau, ist als → Opfer für → Vortigerns Festung vorgesehen, verblüfft jedoch den Usurpator und seine → Druiden durch seine Wahrsagergabe (vgl. → Wahrsagerei): Seine Prophezeiungen füllen den ganzen fünften Teil des Buches; u. a. sagt er das Kommen von König Artus und dessen Taten voraus.

In der Zwischenzeit steht Merlin König Aurelius zur Verfügung, für den er z. B. → Stonehenge von Irland nach Britannien verpflanzt, und dient auch dessen Bruder und Nachfolger Uther Pendragon, dem er zu → Ygerne verhilft, so daß Artus überhaupt entstehen kann.

Unter dem Einfluß festländischer Dichter läßt Merlin Artus unter fremdem Namen aufziehen, arrangiert seine Krönung nebst ein paar übernatürlicher Zeichen, die ihn zum rechtmäßigen Herrscher (vgl. → rechtmäßige Herrschaft) bestimmen, versorgt ihn mit dem ersten Schwert und macht ihn mit der → Dame vom See bekannt, die ihm → Excalibur anvertraut. Lange Jahre steht er dem König mit Rat und Tat zur Seite, bis er sich nach einer letzten, grandiosen Offenbarung der Zukunft in sein privates Schicksal zurückzieht. Er weiß, daß ihn seine Geliebte mit dem von ihm erlernten → Zauber in die Erde (vgl. → Elemente) bannen wird, aber er kann es nicht verhindern.

Mes Buachalla
Die → Muttergöttin zeigt sich in Mes Buachalla in urtümlichster Form, wenigstens in der ältesten Version der → Conaire-Mór-Erzählung *Vom Samen Conaire Mórs* aus dem 8. Jh.

Das Chaos von Mes Buachallas Stammbaum deutet darauf hin, daß die Göttin besonders schwierig zu euhemerisieren war. Fest steht allein ihre Mutter Ess, die Tochter → Eochaid Airems und → Étaíns, während die Väter zur Auswahl stehen: Ihr Großvater, der aus Versehen statt der Gattin die Tochter aus dem → *síd* holte; König Eterscel; Elfen von Brí Léith. Immerhin sind sich die Quellen einig, daß Mes Buachalla die Mutter Conaires ist, nur dessen Vaterschaft ist wiederum umstritten ... Mes Buachalla wächst »groß und häßlich« heran (vgl. → *caillech*), pflegt Umgang mit den *síde* (vgl. → *síd*) und den Meeren (vgl. → Gewässer), erlernt Magie (vgl. → Zauber) und dient als Hirtin – ihr Name bedeutet »Pflegling der Hirten«.

In *Vom Samen Conaire Mórs* ist König Eterscel von → Tara der Gatte ihrer Mutter und der Vater ihres Kindes, was Mes Buachalla bis zu dessen gewaltsamem Tod geheimhält. Während Vorbereitungen zur Königswahl in → Tara getroffen werden, enthüllt sie Conaire das Geheimnis und stattet ihn mit einem → Elfen-Heer aus, an dessen Spitze sie nach Tara marschiert, um das Königtum zu erkämpfen, »das Kleid bis auf den Gürtel heruntergelassen, ihr langes, schwarzes Haar aufgelöst, angetan mit schwarzer Rüstung ... vor ihr → Druiden, → *fili* und Hornbläser« (vgl. → Horn), der Prototyp der → Kriegsgöttin. Kein Wunder, daß die Versammlung Conaire sofort die Königsproben machen läßt (vgl. → rechtmäßige Herrschaft). In *Die Zerstörung der Festhalle* → *Da Dergas* ist die Figur der Mes Buachalla erheblich konventioneller gezeichnet. Das in einer Hundehütte (vgl. → Hund) bzw. Kälberstall (vgl. → Rind) ausgesetzte Kind wird von Hirten großgezogen und wächst zur schönen Jungfrau und geschickten Stickerin heran ... Interessant ist, daß sie in einem Flechtwerkhaus verborgen gehalten wird – was nun doch stark an die Göttin von Ballaculish (vgl. → Götterdarstellungen) erinnert.

Mesgegra

Ein Schulbeispiel für den → Kopfkult ist die Figur Mesgegras. Zusammen mit seinen → drei Brüdern Mesreda, Mesdeda und Messeda ist er eine Vervierfachung von → Mac Da Thó, dem »König von Leinster« bzw. des Fürsten der → Anderswelt.

Gegen Ende des *Cath Étair* (*Kampf um Howth*), vermutlich aus dem 8. Jh., besiegt → Conall Cernach Mesgegra im Zweikampf, d. h., der schöpferische Gott überwindet den Horder der Lebensimpulse. Sie sind in seinem Haupt gespeichert (vgl. → Brân), und der Sterbende empfiehlt Conall: »Leg meinen Kopf auf deinen Kopf, meine Würde zu deiner.« Der Kopf strebt dem Wasser zu (vgl. → Elemente), stellt beim Darüberrollen Conalls »schiefen Rücken« auf und wechselt die Farbe bei Conalls Annäherungsversuchen an Mesgegras Gattin. Die Frau klagt jedoch so heftig um ihren toten Gemahl, daß sie entseelt umsinkt; ein Haselnußstrauch (vgl. → Bäume) wächst aus ihrem Grab. Die Episode illustriert den keltischen Lehrsatz vom ununterbrochenen Lebenszyklus (vgl. → Unsterblichkeit der Seele): Der Tod entsteht aus dem Leben, das Leben aus dem Tod. Uncharakteristischerweise scheint jedoch hier der Tod das letzte Wort zu haben: Mesgegras mit Kalk verknetetes Gehirn ergibt die Kugel, die König → Conchobars Leben beendet. Da er aber als erster um Christi willen stirbt, steht ihm die ewige Seligkeit zu!

Metamorphose

Verwandlungen gehören zu den Selbstverständlichkeiten der inselkeltischen Sage, schlagen sich zuweilen jedoch auch in der bildlichen Darstellung nieder.

Götter, natürlich auch euhemerisierte, können ihre Gestalt unter Beibehaltung des menschlichen Aussehens verändern oder Tierformen beiziehen. Die → *caillech* und die → Oberhoheit Irlands treten z. B. der Gelegenheit entsprechend als alte Vettel oder als verführerische, junge Schönheit auf, → Fionn macht in einem Abenteuer den Wechsel vom jungen zum alten Mann und wieder zurück mit, → Badb, → Pwyll und Uther Pendragon, → Artus' Vater, sowie → Manannán mac Lir nehmen die Züge einer anderen Person an, um ihre Partner zu täuschen.

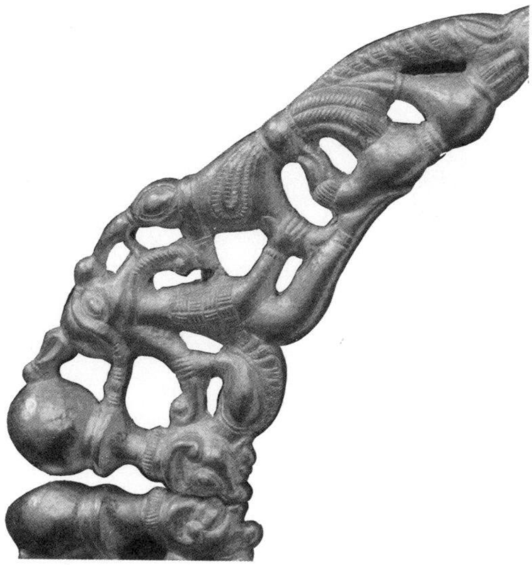

Übergang vom jungen Krieger zum bärtigen Alten (Ausschnitt eines Ringes von Erstfeld; Landesmuseum, Zürich).

Zwei → goldene Masken aus dem Frauengrab von Bad Dürkheim (heute im Historischen Museum der Pfalz, Speyer) zeigen, je nachdem, wie sie gehalten werden, ein optimistisch lächelndes, junges bartloses Gesicht oder dasjenige eines bärtigen, ernsten, reifen Mannes, während einer der Ringe von Erstfeld (vgl. → Gold, → Votivgaben) den Übergang vom jungen Krieger mit Widderhörnern (vgl. → Widder, → Horn) zum weisen Alten mit Bart und Raben (vgl. → Vögel) festhält. J.-J. Hatt sieht darin den → Teutates, der sich bald als Seher und Heiler, bald als Krieger manifestiert.

Aus der großen Menge der Tierverwandlungen müssen ein paar Beispiele genügen: Die → Morrígan attackiert → Cúchulainn nacheinander als Aal, Wölfin (vgl. → Wolf), → rote, hornlose (vgl. → Horn) → Kuh, ähnlich wie → Ceridwen, die → Gwion Bach als → Hund, Fischotter, Falke und schwarze Henne verfolgt. Blái Derg besucht → Fionn in Gestalt einer Hirschkuh (vgl. → Hirsch), → Badb und → Morrígan können sich als schwarze Vögel in die Lüfte erheben.

Andere Gestalten erleben die Verwandlung passiv, sei es, weil ihnen jemand übelwill, z. B.

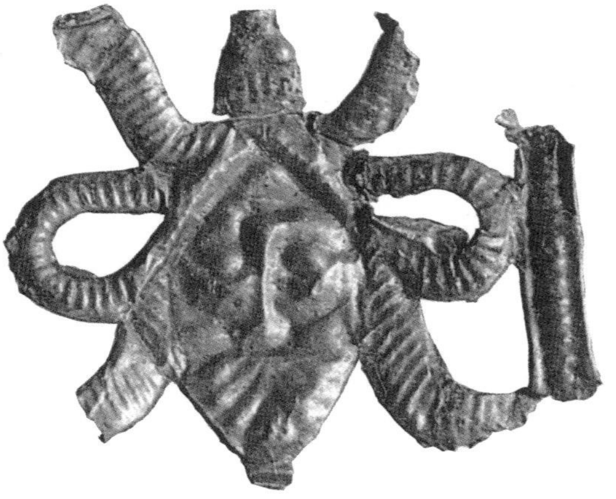

Goldbeschläge in Form von menschlichen Masken, die sich je nach Blickwinkel verändern (Bad Dürkheim; Historisches Museum der Pfalz, Speyer).

→ Fuamnach, → Étaín, Aífe den Kindern → Lirs oder → Taranis den → drei → Muttergöttinnen, die zu Kranichen werden (vgl. → Vögel), sei es zur Sühne von Fehltritten und Sünden, wie im Falle von Gwydion und → Gilvaethwy, die eine Zeitlang als → Hirsche, Wildschweine (vgl. → Schwein), Wölfe (vgl. → Wolf) leben müssen, oder wie → Twrch Trwyth, dem ehemaligen Fürsten.

Die Verwandlung vom Tier zum Menschen erfolgt weniger häufig; dennoch entpuppen sich Schwäne (vgl. → Vögel) als → Feen (vgl. → Fand, → Lí Ban), wirft ein Vogelmann aus der → Anderswelt sein Gefieder ab, um bei seiner Auserwählten zu liegen (vgl. → Mes Buachalla), macht → Maths Zauberstab Tierjunge zu Kleinkindern oder verwandelt sich eine dicke Maus in eine schwangere Andersweltdame (vgl. → Mannawydan). Mythologische Persönlichkeiten wie → Fintan und → Tuan überleben dank der Tiergestalt Jahrhunderte, vom Salm (vgl. → Fisch) zum Adler (vgl. → Vögel) und Falken bzw. vom Hirschen zum → Eber, Adler und Salm (vgl. → Wiederverkörperung).

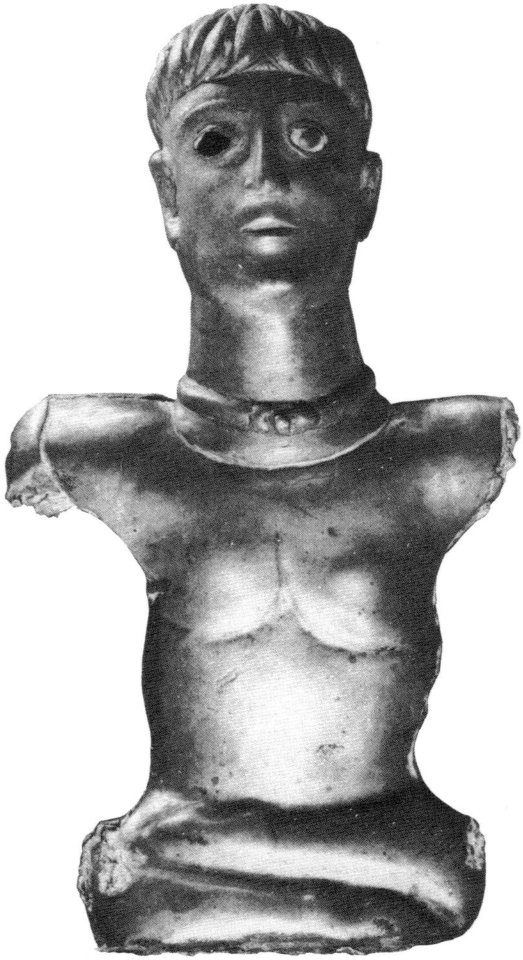

Gott von Bouray, dessen Füße in Hirschhufen enden – Esus, der sich in Cernunnos verwandelt? (Musée des Antiquites Nationales, St. Germain-en-Laye).

In der Ikonographie sind Tierverwandlungen dünn gesät. Ein ausgezeichnetes Beispiel ist der Eulenkopf (vgl. → Vögel, → »Eulengöttin«) vom → Kessel von Brå, der, auf den Kopf gestellt, einen jungen, schnauzbärtigen

Mann, den → Cernunnos, ergibt. Dieser findet sich in allen Stufen der Verwandlung Richtung Hirsch: mit Geweihknospen, voll entwickeltem Geweih, sprießenden Cervidenohren, Hirschbeinen und -füßen, gelegentlich sogar mit Schlangenbeinen, aber er scheint immer ein Zwitter zwischen Mensch und Tier zu bleiben.

Es sind ausgerechnet die klösterlichen Manuskriptschreiber, die mit Begeisterung in ihren Illuminationen Metamorphosen wiederverwenden. Man schaue sich z. B. die Anfangsbuchstaben im *Book of Kells* (Trinity College, Dublin) einmal genau an. Ohne Vergrößerungsglas läßt sich das Geflecht von Menschenkörpern, Raubtieren, → Vögeln (mit Vorliebe Kraniche), Fischen, Armen, Beinen, Pfoten, Klauen, Haaren und Schwänzen kaum in die Einzelheiten zerlegen – da laufen Haare zu Schwänzen irgendeines Fabeltieres aus, dort enden Arme in Katzenköpfen (vgl. → Katzen), Beine in Fischschwänzen (vgl. → Fische). Alles scheint in Bewegung, in ewiger Verwandlung zu sein. Hier wird deutlich, daß »Tier« bei den Kelten als Kräfteverhältnis verstanden wurde, indem sich Übersinnliches und Irdisches zusammenfand, ein Kräfteverhältnis, das ein Gott dem seinigen angliedern konnte, um seinen Funktionsradius zu erweitern.

Miach

→ Dian Cécht wird von seinem Sohn, Miach, als Arzt übertroffen. *Die Zweite Schlacht von → Mag Tuired* berichtet, wie Dian Cécht → Nuadu eine kunstvolle Silberprothese ansetzte, Miach hingegen die abgeschlagene Hand »Knochen zu Knochen, Muskel zu Muskel, Sehne zu Sehne« mit dem Arm verband und in → drei mal drei Tagen heilte. Voll Eifersucht erschlug Dian Cécht seinen Sohn. Aus dessen Grab sprossen 365 Heilkräuter, die Miachs Schwester, die Ärztin Airmed – die → Muttergöttin – nach deren Wirkung zu ordnen begann, was aber ihr Vater wieder durcheinanderbrachte. Seither kann nur ein vom heiligen Geist Inspirierter das richtige Heilkraut finden.

Midir

Der Herr des → Feen-Hügels von Brí Leíth (Hügel von Ardagh, Gr. Longford) war Midir, der Ziehvater des → Oengus. Nach einer Überlieferung brachte er seinem Zögling bei, wie er sich → Bruig na Bóinne am besten aneignen könne, verlor seinetwegen ein Auge, das jedoch wieder heilte, und lernte durch ihn seine Gemahlin → Étaín kennen. Nur ein Jahr durfte er das Glück mit dieser seiner zweiten Gattin genießen, dann kam sie ihm durch → Zauber abhanden. 1012 Jahre lang suchte er nach ihr, bis er sie in einer neuen Inkarnation (vgl. → Wiederverkörperung) wiederfand, als Angetraute des Hochkönigs → Eochaid Airem von → Tara. Sie weigerte sich, trotz seiner flehentlichen und sehr poetischen Bitten, zu ihm in die → Anderswelt zurückzukehren – es sei denn, ihr jetziger Gatte wäre damit einverstanden. ...

Mit List, etwas Gewalt und einer guten Dosis Magie (vgl. → Zauber) »gewann« Midir Étaín von Eochaid zurück und brachte sie nach Brí Leíth. Doch der Hochkönig gab sich nicht geschlagen und setzte den Feenhügel so lange unter Druck, bis er nicht nur seine Tochter Ess, sondern auch Étaín zurückerhalten hatte.

Midir wird entweder mit indogerm. »*med«, »abmessen, wägen«, womit sein Wissen gemeint sein könnte bzw. der von ihm davon gemachte kluge Gebrauch beim Wiedererlangen seiner Gattin, oder mit dem Wort für »Met«, dem berauschenden Getränk der Anderswelt, erklärt.

In der → Rigani-ähnlichen Dreiecksgeschichte müßte er die Stelle des → Esus besetzen. Als Brautpreis für Étaín muß Midir z. B. Land kultivieren und Flüsse (vgl. → Gewässer) durchleiten, d. h. also, er muß es fruchtbar machen. Spuren einer solchen Identifikation finden sich in der Erzählung aus dem → *Lebor Laignech*, *Athirne vom Geiz geheilt*. Der unersättliche Dichter (vgl. → *fili*) hatte sich von Midir dessen → drei Kraniche »der Ungastlichkeit« erfastet (vgl. → Zauber), bösartige, mißgünstige, geizige Vögel, die er als Gästeschreck einzusetzen gedachte.

Schon bei ihrem Anblick verloren Krieger den Mut. Auch wenn diese Auslegung der Kraniche eine späte, womöglich bereits christliche sein dürfte, so kommt es nicht von ungefähr, daß sie zusammen mit Midir genannt werden.

Seit 1904 ist eine Weiheinschrift aus Rom, die an einen »Teutates Medurini« gerichtet ist, bekannt, ein Gegenstück zu einem »→ Mars Meduris« aus Britannien. Vom Südrand des Waldes von Hagenau stammt ein einem »Deo Medru« geweihtes Relief (heute im Musée Archéologique de Strasbourg), das einen behelmten, bis auf den zurückgeschlagenen Mantel nackten Krieger zeigt. In der Linken (vgl. → links) hält er eine Lanze, während er sich mit der Rechten (vgl. → rechts) auf den Kopf eines seitlich hinter ihm stehenden Rindes stützt. Auf der Nordseite des Waldes wurde ein zweites, fast identisches (Musée de Hagenau) gefunden. → Kuh oder → Stier ergäben in diesem Zusammenhang als Symbol der weiblichen bzw. männlichen Fruchtbarkeit einen Sinn.

Der aus den Inschriften bekannte Name bezeichnet wohl einen → Teutates näher, einen Gott, der sich neben seiner kriegerischen Komponente um die Produktion schlechthin, also auch um Fruchtbarkeit kümmerte, der bis ins 2. Jh. v. Chr. Heil- und Wahrsagekunst, das übersinnliche Wissen, zu seinem Tätigkeitsfeld zählte und von etwa dem gleichen Zeitpunkt an begann, die Abgeschiedenen zu betreuen. Von seiner Funktion her stand er also dem → Esus nahe, genauso wie er dem → »Merkur« nahestand.

Die Eigenschaften des festländischen Medros ähneln denjenigen, die Midir von Brí Leíth an den Tag legt, so stark, daß die Midir-Erzählung die Kultgeschichte für Medros abgegeben haben könnte.

Míl

Der Sohn des → Bile, mit vollem Namen »Míl Espaine«, »spanischer Soldat«, nach einer Version auch »Galam«, ist dem → *Lebor Gabála Érenn* zufolge der Vater der acht Söhne, die mit anderen zusammen die letzte Einwanderungswelle Irlands anführten. Nach der einen Überlieferung betrat er selbst den Boden Irlands nie, sondern starb zuvor an einer Seuche. Míl galt zusammen mit Bile als Ahnherr aller Gälen.

Seine Gattin hieß Scotta, lat. für »Irin«, was die gelehrten Kompilatoren von den Skythen, dem Volk am Nordufer des Schwarzen Meeres, herleiteten.

Milesier

Nach dem → *Lebor Gabála Érenn* sind die Milesier im weiteren Sinne das Volk, das in 36 Schiffen unter 36 Anführern als letzte vorgeschichtliche Eroberer an → *Beltene* in Südwest-Irland in Inber Scéne, der tiefeingeschnittenen Bucht von Kenmare (Gr. Kerry), auftauchen. Sie sollen von Ägypten über Kreta und Sizilien nach Spanien gelangt sein – Isidor von Sevilla (6. Jh.) war z. B. überzeugt davon, daß sich »Hibernia« von »Iberia« herleitete – und zogen nach Irland weiter, um → Íths Tod zu rächen. Im engeren Sinne sind die acht Söhne des → Míl gemeint: Vermutlich war es, wie bei vielen internationalen Landnahmelegenden, ein alliterierendes Brüderpaar, hier Éber und Éremon, »Ire und Irland«. die den Anfang machten. Mit der Zeit wuchsen sie auf acht an, indem sie z. B. die Ex-Götter → Amergin und → Donn mit einbezogen. Sie sind von den Gebrüdern Rees mit den indischen Ādityas verglichen worden – auch wenn wir hier Zeugen des Mythologisierungsprozesses sind, so erfolgt dieser doch nach einem uralten Muster.

Die Milesier stießen auf den hartnäckigen Widerstand der → Tuatha Dé Danann. Obwohl sie sich den Weg über die → Slieve Mish Mountains (Gr. Kerry) erzwangen (vgl. → Banba, → Ériu, → Fodla) und → Tara erreichten, mußten sie nach der Aufforderung der Könige → Mac Cuill, Mac Cécht und Mac Greine und dem Richtspruch → Amergins zu einer »öffentlichen«, d. h. unter dem Mitwissen der Tuatha Dé Danann, aber ebenso mühsamen zweiten Landung ansetzen. Diesmal betraten sie die grüne Insel gleichzeitig von Norden und von Süden. Der Sieg bei → Tailtiu beendete die Vorherrschaft der Tuatha Dé Danann, die sich in die *síde* (vgl. → *síd*) zurückzuziehen hatten. Éber und Éremón teilten sich Irland in eine Süd- und eine Nordhälfte.

»Minerva«

Die einzige von Caesar erwähnte Göttin (vgl. → *Interpretatio Romana*) ist Minerva, die er, charakteristisch für einen Römer, als letzte nennt, was jedoch mit ihrer Popularität bei den Kelten nichts zu tun hatte. Weiheinschriften an *»Minerva«* sind von Spanien bis Ungarn, von Italien bis nach Britannien bezeugt;

Weihebeilchen vom Tempelbezirk Allmendingen bei Thun (Bernisches Historisches Museum, Bern).

Reliefs und Statuen sind in jedem Museum der ehemals keltischen Welt anzutreffen. Der römische Feldherr führt sie als Lehrerin der Grundelemente des Handwerks und der Künste (*operum* und *artificiorum*) auf, wobei die Formulierung den Anschein macht, als wisse er sie nicht ganz genau von → »Apollo« abzusetzen. Ihre Bereiche überschnitten sich auch. Wie G. Dumézil an der irischen → Brigit zeigt, war die Göttin, die mit den vier bzw. mit »Dis Pater« → fünf größten Göttern des keltischen Pantheon zusammenging, von der Funktion her nicht eingeschränkt. Sie war Dichterin, Seherin, Ärztin bzw. Druidin, Kriegerin, Handwerkerin und Künstlerin sowie → Muttergöttin in einem, so daß sie in allen → drei sozialen Klassen ihre Anhänger fand. Das war wohl auch der Grund ihrer großen Beliebtheit vor allem bei den kleinen Leuten; sie war das weibliche Gegenstück zum → Dagda.

Allein aus Gallien sind über 360 Weiheinschriften und figürliche Darstellungen der »Minerva« bekannt, wobei sich ein Schwerpunkt in der Gallia Narbonensis bildete. Aber auch im Norden und Nordwesten tritt sie gehäuft auf, vor allem der gallorömischen Viergöttersteine wegen (vgl. → »Jupiter«), wobei Belgien mit 160 Exemplaren den Rekord hält.

Es ist bezeichnend, daß diese Göttin kaum Beinamen besitzt – es ist, als ob sie überall als dieselbe universelle Kraft akzeptiert worden sei. In Saint-Lizier (Dép. Ariège) wurde sie mit → Belisama kombiniert, die von G. Roth und P. H. Duval als eine vestalische Jungfrau, Hüterin des Feuers »und einiger Gewerbezweige« eingestuft wird – was natürlich nur einen Bruchteil der »Minerva« ausmacht.

Angeblich ist der Name der gallischen »Minerva« unbekannt. Seit jedoch vor einigen Jahren die → Rigani-Inschrift von Lezoux gefunden wurde, darf die Lücke als gefüllt angesehen werden. Wir können annehmen, daß Rigani mit der → »Eulengöttin« und diese mit der »Minerva« identisch ist.

Mangels Anhaltspunkten ist es verständlich, daß die einheimische »Minerva« vor allem in mehr oder weniger klassischem Gewand erkannt wurde, mit Helm, *gorgoneion*, Speer, Schild und in Begleitung der Eule (vgl. → Vö-

»Minerva« (Römermuseum, Augst).

gel). So wird sie gewöhnlich auf den Viergöttersteinen – z. B. von Heddernheim im Frankfurter Archäologischen Museum – dargestellt. Daneben existieren feine, klassische Marmorköpfe wie derjenige von Avenches (Musée Romain) in der Schweiz.

Mitunter weicht »Minerva« in interessanten Details von der klassischen ab. Auf einer Stele von Heddernheim im obengenannten Museum ruht der Helm auf der Erde, und die Lanzenspitze ist zu Boden gekehrt – soll dies die Fruchtbarkeitskomponente besonders betonen? Aus keltischer Sicht entspricht die Lanze dem → Blitz. Diese Art von Darstellung wiederholt sich in der Gegend von Darmstadt, was bei Espérandieu eingesehen werden kann. Auf einem Fragment im Museum von Miltenberg wird der Helm sogar zum Kopf (vgl. → Kopfkult) eines bartlosen, jungen Mannes, vielleicht des Esus? Das Relief von Jagsthausen (Württembergisches Landesmuseum, Stuttgart) folgt pflichtgetreu der klassischen Vorlage, verwendet jedoch einheimische Proportionen, so daß der Kopf mit den großen Augen hervortritt, während das Relief von Burgstall im selben Museum die Eule überbetont.

Gottheit von Mandeure, möglicherweise eine »Minerva« (Historisches Museum, Basel).

Göttin von Kerguilly (Musée de Bretagne, Rennes).

»Minerva« wird von → »Apollo«, → »Merkur«, aber auch von → »Vulkan« und vom einheimischen → »Mars« begleitet. Mit »Apollo« teilt sie als »Minerva medica« gern das Patronat über Heilquellen (vgl. → Quellen).

Der Kopf der Göttin von Kerguilly-en-Dinéault (Finistère, aus dem 1. Jh. n. Chr.) im Musée de Bretagne von Rennes dürfte zu einer einheimischen »Minerva« gehört haben. Das Antlitz ist jugendlich-herb mit riesigen, ehemals wohl wie beim → Esus von Bouray mit Emaille eingelegten Augen. Auf dem knappen Bubikopf, der gleichwohl die Ohrlöckchen der klassischen Minerva beibehalten hat, sitzt ein großer Helm mit Eulengesicht, auf dem sich ein Schwan (vgl. → Vögel) unter geschwungenem Kamm mit vorgestrecktem Hals duckt. Er könnte auf die → Anderswelt-Komponente der »Minerva« anspielen. Die bis jetzt rätselhafte Statuette von Mandeure, Frankreich (Historisches Museum, Basel), könnte ebenfalls eine »Minerva« sein. Zwar gleicht die nur mit einem Mantel bekleidete Figur auf den ersten Blick eher einem »Merkur« oder »Apollo«, ist aber den Geschlechtsmerkmalen und dem breiten Becken nach weiblich. Sie trägt einen enganliegenden Helm, dem der Aufsatz fehlt, und die Gesichtszüge zeigen dieselbe ebenmäßige Strenge und dieselben übergroßen, ehemals wohl auch eingelegten Augen wie die Göttin von Kerguilly. Die Statuette besteht aus vergoldeter Bronze mit einem Eisenkern. Es scheint üblich gewesen zu sein, »Minerven« zu vergolden, wohl um das Strahlende der Göttin hervorzuheben.

Um einiges durchsichtiger ist die Situation in Britannien und Irland, wo → Brigit, → Brigantia und → Sul von → Bath offiziell mit »Minerva« gleichgesetzt wurden. U. a. ist von der »Minerva« von Bath ein feiner, vergoldeter Bronzekopf übrig, dessen Helm allerdings nie zum Vorschein kam. Ungewöhnlicherweise wurde sie in Weiheinschriften als »Sul-Minerva« angerufen, was für die Wichtigkeit der einheimischen Göttin im Bewußtsein ihrer Verehrer spricht.

Miniaturen

Zu rituellen Zwecken wurden zu allen Zeiten und in vielen Kulturen Gegenstände in Miniaturgröße, sei es als → Amulett oder als → Votiv- oder Grabbeigabe, hergestellt. Ebenso benützten die Kelten häufig die Möglichkeit, Gegenstände des allgemeinen täglichen Gebrauchs, aber auch z. B. Anker, → Räder und Waffen, Schwerter, Schilde und Lanzen durch das Kleinformat aus dem Profanen herauszuheben, so daß sie von Menschen nicht zu irgendeiner Tätigkeit benützt werden konnten. Die Objekte zeichnet große Naturtreue aus; aus England ist ein Fall bekannt, wo sogar die Maserung des hölzernen Stiels auf Metall übertragen wurde. → Äxte oder → Hämmer wurden gern mit Sonnenzeichen, z. B. Swastika (vgl. → Gestirne) oder Kreuzen, zusätzlich geweiht.

An vielen Orten kamen Miniaturwaffensammlungen zum Vorschein, wobei Mouzon (Dép. Ardennes), das Heiligtum des trevererischen → »Mars«, kaum zu überbieten ist – dort kam ein Votivarsenal von 578 Stück zutage.

Gegenstände im Kleinformat sind gewöhnlich aus Bronze, seltener aus Silber; die bis jetzt gefundenen Miniaturen von Booten sind jedoch aus → Gold.

Mistel

Plinius der Ältere informiert uns über die Mistel und deren Pflückritual bei den Kelten. Sie wurden von Eichen und mit Gewißheit auch von anderen → Bäumen unter Beachtung des Mondstandes (vgl. → Gestirne) in feierlicher Zeremonie von weißgekleideten → Druiden mit einer → goldenen Sichel geschnitten und in weißen Tüchern aufgefangen. Die Diskussion, ob die goldene Sichel wegen der großen Weichheit wirklich aus Gold oder nur vergoldet ist, liegt gänzlich daneben: Was zählt, ist die Begegnung des geheiligten, symbolgeladenen Metalles mit der heiligen Pflanze. Das Ritual schloß mit der Opferung (vgl. → Opfer) eines weißen → Stieres. Die Kelten waren davon überzeugt, daß diese Pflanze alle Krankheiten zu heilen und Unfruchtbarkeit bei Mensch und Tier zu beheben imstande sei. Es handelte sich also um ein Gewächs, das im höchsten Maße die Lebenskräfte stärkte und anregte. Es ist nicht erstaunlich, daß die Druiden mit ihrer scharfen Naturbeobachtung die Besonderheiten der Mistel entdeckten: Dieser Halbparasit ernährt sich nur über ganz bestimmte Wirte, bildet jedoch unabhängig davon Blattfarbstoff und bleibt daher immer grün. Er stellt sich sowohl dem Jahresrhythmus entgegen – bildet Früchte im Winter – als auch den Gesetzen von Licht und Dunkelheit, denn er braucht Licht zum Keimen, gedeiht aber unter einem dichten Blätterdach. Er wächst am üppigsten in der Nähe von Wasser (vgl. → Elemente), ohne jedoch selbst aufzuschwellen. Es mußte so erscheinen, als wolle diese Pflanze mit der realen Welt und deren Bedingungen nichts zu tun haben, dafür um so mehr mit der Übersinnlichen. Es ist heute nachgewiesen, daß die Mistel das Immunsystem stärken kann. Vor über siebzig Jahren sprach der Anthroposoph Rudolf Steiner von der Wirkung der Mistel gegen Krebsbildung, womit er eine Reihe von Mistelpräparaten anregte, die unter den richtigen Umständen heute mit Erfolg angewendet werden.

Detail der Pfalzfelder Säule mit »Mistelblättern« (Rheinisches Landesmuseum, Bonn).

»Mistelblatt«
Das längliche Ornament, das sich gegen das abgerundete Ende hin verbreitert und tatsächlich einem etwas stilisierten Blatt der → Mistel gleicht, heißt »Mistelblatt« bzw. »Fischblase«. Bei einer ganzen Reihe von figürlichen Darstellungen umgibt je ein Blatt beidseitig einen Kopf (vgl. → Kopfkult) oder eine → Maske. Wie J.-J. Hatt entdeckte, ist das Mistelblatt seit der Latène-Zeit zur Signatur des → Esus geworden, also passenderweise von jenem Gott, der die Wachstumskräfte beherrscht. Schöne Beispiele dazu liefern u.a. der → Janus von Holzgerlingen (vgl. → Götterdarstellungen), die Säule von Pfalzfelden (vgl. → Steine) und die Masken von Weiskirchen, Schwarzenbach und vom Feschweiler-Plateau (vgl. für alle → Gold).

Modron
Die wal. Form für lat. »matrona« = »große göttliche Mutter« (vgl. → Muttergöttin) ist Modron. Sie ist die Mutter von → Maponus, dem wal. → Mabon, dem »großen, göttlichen Sohn«, der meist nach ihr »Mabon ap Modron« heißt. Im → *Mabinogion* bekommen wir nicht mehr von Modron zu hören, als daß ihr Baby, wie → Rhiannons → Pryderi, kurz nach der Geburt spurlos verschwindet. Da Modron einem göttlichen Kind das Leben schenkt, gehört sie in die Kategorie der Göttermütter zu → Dôn oder Anu / → Danu.

Mog Ruith
Der → Druide Mog Ruith von der Valencia-Insel vor der Küste der Kenmare-Halbinsel (Gr. Kerry) stellt alle seine Amtsbrüder in den Schatten. Sein Name bedeutet »Diener/Sklave des Rades« (vgl. → Rad); sein Ziehvater war ein »Roth« (= »Rad«), Sohn des Rigoll, gewesen, und zusammen mit seinem Lehrmeister Simon Magus, den die Iren als Simon Drui, den Druiden, annektierten, erfand er ein riesenhaftes Rad, »Roth Fáil«, was O'Curry mit »Rad des Lichtes« übersetzte, bzw. »Roth Ramach«, »Ruder- oder Schaufelrad«. Wo es auftauchte, bewirkte es Katastrophen. Nachdem es zu Bruch gegangen war, pflanzte Mog Ruiths Tochter → Tlachtga ein steinernes Überbleibsel (vgl. → Steine) in Cleghile bei Tipperary (Gr. Tipperary) auf. Selbst das Fragment strahlte noch ungeheure Kräfte ab – eine Berührung zog den Tod, der Anblick den Verlust des Augenlichtes nach sich.

Mog Ruith, den noch O'Curry als historische Persönlichkeit aus dem frühen 3. Jh. n.Chr. behandelt, überlebte 19 Könige; ein ganzer Volksstamm aus Fermoy (Gr. Cork) betrachtete ihn als seinen Ahnherrn. Er besaß einen wunderbaren, mit funkelnden Edelsteinen besetzten Wagen (vgl. → Wagenkult) aus gleißendem, weiß-goldenem *finnruinne* und konnte sich in die Lüfte erheben wie ein Vogel (vgl. → Vögel).

Da zwei verschiedene Geschichten erzählen, wie er ein Auge verlor (vgl. → Goll), erscheint er in *Die Schlacht von Drom Damgaire* prompt als blinder, jedoch noch immer mächtiger, alter Mann. Dieser Zusammenprall zwischen den Scharen des Königs von Munster und den Männern von → Tara hatte König → Cormac durch eine seiner wenigen Fehlentscheidungen in seiner langen, sonst musterhaften Laufbahn auf dem Gewissen. Um Munster zu einem ungerechtfertigten Tribut zu zwingen, war er in die Provinz einmarschiert und hatte mit Hilfe seiner Druiden alle → Gewässer trockengelegt, was eine schreckliche Hungersnot zur Folge hatte. Der Munsterkönig ging seinen alten Lehrer und Ratgeber Mog Ruith um Hilfe an, der einen riesigen Stoß aus Ebereschenholz (vgl. → Bäume) so sorgfältig schichten ließ, daß »sieben Türen« entstanden. Darauf verknetete er Butter mit den Spänen von den Lanzen (vgl. → Blitz) der Munsterkrieger zu einem magischen Ball, womit er diesen in einer ohrenbetäubenden Explosion in Brand setzte, so daß die Flammen zum Himmel hochloderten. Zusätzlich schickte er seinen »druidischen Atem« in die Höhe, so daß sich schwarze Wolken zusammenzogen, aus denen ein Blutschauer regnete.

Er rief nach seinem »dunkelgrauen, hornlosen (vgl. → Horn) → Stier-Fell« (Mantel) und seinem »weißgesprenkelten Vogelkopfschmuck mit den flatternden Flügeln« (vgl. → Vögel) sowie seinem »Druidengerät«. Mit all dem angetan, erhob er sich, schamanengleich, in die Lüfte, immer der Feuerlohe (vgl. → Elemente) entlang, und wendete diese gegen Norden, so daß Cormac und seine Krieger Hals über Kopf fliehen mußten. Sie gegen → Tara verfolgend, hauchte er drei der Druiden des Hochkönigs an, so daß diese zu → Stein erstarrten.

Besprach er seinen »Handstein« mit einem Zaubergedicht (vgl. → Zauber), verwandelte sich dieser bei der Berührung mit Wasser (vgl. → Elemente) in eine Wasserschlange (vgl. → Schlange) und setzte beim Zweikampf in der Furt einen von Cormacs Druiden außer Gefecht, indem sie sich ihm um die Beine wickelte. Einem anderen folgte er als »ungeheuerlicher Aal mit feuriger Mähne« bis aufs Land. Der Stein hat in seiner Wirkung soviel mit → Cúchulainns → *gae bulga* gemeinsam, daß er unschwer als → Blitz zu erkennen ist. Eindeutig steht hinter dem euhemerisierten Druiden der Sonnengott (vgl. → Gestirne), vermutlich unter dem Namen »Roth«.

Wie T. O'Rahilly vermutet, ist es gut möglich, daß dieser ursprünglich selbst die Wasser von Munster vertrocknen ließ – die Geschichte von Cormac ist an den Haaren herbeigezogen –, um dann die himmlischen Wasser durch den Blitz wiederloszulassen. Vermutlich bezeichnete der Steinpfeiler von Cleghile, der Donnerkeil, eine Kultstätte des Sonnengottes Roth.

Môn

Als die »Mutter von Wales« wird die Insel Môn gern bezeichnet. Môn ist der walisische Name der Insel Anglesey am Nordwestzipfel von Wales. Bei den Römern hieß sie »Mona«. Ob Caesar bei der Feststellung, das Druidentum (vgl. → Druiden) stamme aus Britannien und jeder, der sich ernsthaft damit befasse, müsse dorthin gehen, Môn vorschwebte, bleibe dahingestellt. Jedenfalls befand sich dort ein großes druidisches Zentrum, d. h., die ganze Insel macht den Eindruck einer → Kultstätte mit Schulen, heiligen Hainen und einem heiligen See (vgl. → Gewässer), den den → Votivgaben nach Händler und Krieger von weit her, von Irland, Süd- und Südwest-England, besuchten.

Es war nur natürlich, daß sich dort, vor allem nach dem ersten augusteischen Druidenverbot, der Widerstand gegen die Römer sammelte. Die Druiden unterstützten die antirömische Haltung und die verschiedenen kleineren und größeren Revolten (vgl. → Boadicea, → Cartimandua), wobei sie Anglesey als Kornkammer für die Aufständischen nutzten. Die Insel besaß einträgliche Kupfer- und Bleigruben, ihren wahren Reichtum und ihre Machtstellung verdankte sie jedoch dem irischen → Gold. Hier war der von den Druiden kontrollierte Umschlagplatz, von dem es seinen Weg einer regelrechten Goldstraße entlang nach Ost-England und zum Festland antrat. Anglesey war demnach sowohl der spirituelle als auch der materielle Mittelpunkt jener nun illegalen Priesterschaft, die immer noch soviel Einfluß im Volk besaß. Wer Môn in die Hand bekam, konnte mit einem Schlag die Druiden eliminieren und ihren Reichtum einziehen. So muß Kaiser Nero kombiniert haben, als er um 60 n. Chr. Suetonius Paulinus mit einer neuen Kampagne in Britannien betraute. Tacitus schildert in den *Annalen* das Aufeinandertreffen der zwei gänzlich verschiedenen Welten. Hier die Ordnung modern ausgerüsteter römischer Soldaten aus dem halben Imperium, dort ein wilder, bis an die Zähne herkömmlich bewaffneter Haufen, den Druiden mit erhobenen Armen, Flüche gegen die Eindringlinge ausstoßend, umkreisten, während furienhafte, schwarzgewandete Frauen wie die sprichwörtlichen »Schlachtenkrähen« (vgl. → Bodb, → Morrígan) mit schrillen Stimmen die Gegner mit Verwünschungen überschütteten. Für kurze Zeit verfehlte dieses archaische Ritual seine Wirkung auf die Römer nicht – sie erstarrten vor Schreck. Dann setzte sich das Rationale und der militärische Drill durch – es dürfte kaum einer der Druiden überlebt haben. Nach der Metzelei zerstörten die Römer systematisch die heiligen Haine, scheinen aber nicht auf den heiligen See geachtet zu haben. Erst 1882 Jahre später kam der → Votiv-Hort von Llyn Cerrig Bach beim Ausbaggern des Moorbodens für einen Militärflugplatz zum Vorschein: Schwerter, Lanzen und Speere, Schilde, Dolche, → Kessel-Reste, Sklavenketten, Pferdegeschirr, Räder (vgl. → Rad) und Überbleibsel von über vierzig Streitwagen (heute im Welsh National Museum, Cardiff).

Mongán

In Rathmore, 3 km ö. von Antrim, wo noch ein großer, ovaler Ringwall zu erkennen ist, soll der zum König von Ulster euhemerisierte Mongán seinen Wohnsitz gehabt haben. Nach den *Annalen von Clonmacnois* erschlug ihn 624 n. Chr. ein »Waliser mit einem → Stein«.

Seine Abstammung jedoch zeichnet ihn als Gott oder Halbgott aus: Sein Vater war → Manannán mac Lir, der sich die Gemahlin Fiachnas von Ulster erwählte, um mit ihr ein »wunderbares Kind« zu zeugen. Mongán bedeutet »kleiner Behaarter«, d. h., er kam als bärtiger Alter, als Weiser, zur Welt. Wie → Fionn konnte er Vergangenheit, Gegenwart und Zukunft überschauen – so daß ihn die Überlieferung mit Fionn identifiziert und das Problem, daß zwischen beiden 300 Jahre liegen, den Kompilatoren überläßt. Die einen lösen es, indem sie Mongán zu Fionns Reinkarnation (vgl. → Wiederverkörperung) erklären, ein anderer aus dem 8. Jh. behauptet, Mongán sei Fionn gewesen, was er jedoch geheimgehalten habe, und wieder andere nehmen → Metamorphosen zu Hilfe, unter denen Fionn/Mongán als → Hirsch, Salm (vgl. → Fische) und Schwan (vgl. → Vögel) überdauert, um den Menschen geheimes Wissen zu eröffnen – Mongán ist demnach ein Fürst der → Anderswelt. Dort wächst er auch heran, da ihn Manannán als → drei Tage alten Säugling mitnimmt (vgl.→ Pryderi, → Mabon). Mit 16 tritt er in die Fußstapfen seines irdischen Vaters Fiachna. Seine Gattin wird einmal als »Fintigernd« , »die Helle, Schöne« (vgl. → Fionn), ein andermal als »Bréothigernd«, »die Lohende«, angegeben. Sieben Jahre bat sie ihn vergeblich, ihr alle seine Abenteuer zu schildern. Einst wurde der Hof bei der Versammlung von → Uisnech von einem Schneesturm überrascht, und Mongán, seine Gattin, sieben Gefährten und ein Dichter (vgl. → *fili*) fanden Schutz in einer baumbestandenen (vgl. → Bäume), magischen Festung – offensichtlich einem Andersweltort. Dort verfiel Mongán in Verzückung, eine Art → Heiliger Raserei, und erzählte die ganze Nacht seinen gespannt lauschenden Zuhörern. Nach Rathmore zurückgekehrt, dämmerte ihnen, daß sie nicht eine Nacht, sondern eine ganzes Jahr abwesend gewesen waren.

Die bekannteste Anekdote hängt mit Mongáns außerordentlichem Wissen zusammen und wird in zwei Versionen erzählt. Beide Male gerät er mit einem Dichter aneinander.

Der → *ollam* von Ulster vermochte mit dem jungen Mongán nicht Schritt zuhalten. Aufgestachelt durch seine Kameraden, gab der Prinz heimlich seinen Freunden Fragen ein, von denen er wußte, daß sie der Dichterfürst nicht beantworten konnte. Schon lachte der Hof bald offen, bald heimlich über ihn, als er das Spiel durchschaute und das junge Genie unter der Prophezeiung (vgl. → Wahrsagerei) verfluchte, es werde ohne Nachkommen bleiben, womit er allerdings keinen Beweis seiner Fähigkeiten lieferte.

Ulsterquellen aus dem 12./13. Jh. retten die Ehre ihres großen Königs, indem sie sogar die Abgeschiedenen bemühen. Hier besaß Mongán die Kühnheit, das Wort des Hofdichters anzuzweifeln, der außer sich geriet und damit drohte, durch eine Satire (vgl. → Zauber) König und Land zu schädigen. Erschrokken über den Ausbruch, sucht ihn Mongán mit dem Angebot, aus seinem Besitz beliebig zu wählen, zu besänftigen. Der erzürnte Dichter gibt sich mit nichts weniger zufrieden als mit Mongáns Gattin (vgl. → Oberhoheit), die er in → drei Tagen abzuholen gedenkt. Am Ende des dritten Tages, als der Königin bereits vor Kummer Tränen über die Wangen liefen, hörten sie den schweren Tritt eines mächtigen Kriegers, der vom Westen Irlands eilends dahergestapft kam: Caoilte, einer von Fionns Getreuesten, der eigens aus der Anderswelt hermarschiert, um für den König und gegen den Dichter Zeugnis abzulegen.

Mongáns Verbindung mit Dub Lacha, der Tochter des Mörders seines Vaters, macht deutlich, daß er zu den schöpferischen Andersweltgöttern gehört. Es sind Dub Lachas riesige Brüste, die ihn in Liebe zu ihr entbrennen lassen (vgl. → Danu). Ihr Eheleben ist jedoch nur von kurzer Dauer: Nach dem Rigani-Muster fordert der König von Leinster, dem Mongán seines Freundschaftsschwures wegen keine Bitte abschlagen durfte, Dub Lacha für sich. Er besucht sie zwar noch eine Zeitlang heimlich am Leinsterhof, wird dann aber entdeckt und fortgeschickt. Wie → Oengus und → Cúchulainn siecht er dahin, bis er sich mit der → *caillech*, Cuimne, zusammentut. Diese verwandelt sich in → Aoibheal »mit den strahlenden Wangen«, während sich Mongán das Aussehen des Königssohnes von Connaught (vgl. → Metamorphose) gibt. Das Paar läßt sich am Leinsterhof zum Festmahl einladen, wobei dem König von Leinster die strahlende Aoibheal so gut gefällt, daß er sie mit Begeisterung gegen Dub Lacha eintauscht ... nur erwacht er am nächsten Morgen neben der häßlichen Alten. Vom Fußende des Bettes starrt ihn ein → Hund mit einem Packsattel auf dem Rücken und einem gewundenen Halfter um den Hals (vgl. → Torques) an.

Mongán und seine geliebte Gattin hatten sich in Sicherheit gebracht und bevölkerten die Welt mit vielen Nachkommen.

Mordred

Der walisische Fürst Medraw, von dem die *Annales Cambriae* (2. Hälfte d. 10. Jh.) für das Jahr 539 v. Chr. vermeldet, daß er zusammen mit → Artus bei Camlan gefallen sei, ist der Vorgänger von Mordred. Da einer kornischen Überlieferung nach die beiden Herren sich gegenseitig die Festungen niederzubrennen pflegten, dürfte das Verhältnis gespannt gewesen sein. An einer Stelle ohrfeigt Medraw die Königin → Gwenhwyfar, was die Schlacht von Camlan nach sich zieht. Geoffrey von Monmouth ändert »Medraw« zu »Mordred« um und macht ihn zum Sohn von Artus' Schwester Anna (vgl. → Danu), dem sein Onkel für die Dauer seines Festlandfeldzuges Reich und Gemahlin anvertraut. Kaum kehrt dieser den Rücken, langt Mordred nach der Krone Britanniens und nimmt sie sich zusammen mit der Königin, die, »ihre Heiratsgelübde brechend«, in wilder Ehe mit ihm zusammenlebt – die alte → Rigani-Geschichte.

Spätere Erzähler, u. a. Sir Thomas Malory, machen ihn zum Ergebnis einer inzestuösen Begegnung mit seiner Halbschwester Morgause bzw. → Morgane. Er haßt seinen Vater und tut alles, um ihm zu schaden. Er ist z. B. die treibende Kraft hinter der Entlarvung der Königin als Ehebrecherin (vgl. → Lancelot), womit er den Artushof in zwei Parteien spaltet und das Ende herbeiführt. In der Schlacht von Camlan fällt er zwar von Artus' Hand, aber der König empfängt von ihm ebenfalls eine tödliche Wunde. Mordred gehört zu den Personifizierungen der Todeskräfte, die die → Helden tragischerweise zu Fall bringen, aber notwendig sind, damit diese in neuer Glorie wieder erstehen können. Schließlich ist Artus »rex quondam rexque futurus«, der »einstige und künftige König«!

Morgane

Als eine → Dame vom See beginnt Morgane, »Le Fay«, die → »Fee«, ihre Sagenlaufbahn in der wal. Volksüberlieferung. Der Wald um den ehemals heiligen See (vgl. → Gewässer) von

Llyn Fawr (vgl. → Kessel), an dem zuweilen eine schöne, sich das → goldene Haar kämmende Frau beobachtet wurde, heißt noch immer »Coed Morganwy«, »Wald Morganes«; sie soll der wal. Grafschaft Glamorgan den Namen gegeben haben.

Morgane ist eine → Muttergöttin – im *Prosatristan* (→ *Tristan)* erscheint sie noch mit einem → Horn, der *Cornucopia*, am Hof. Daß sie damit die Treue der Damen testen wollte – Untreue können nicht daraus trinken, ohne zu verschütten –, ist wohl eine christliche Auslegung. Keltologen betrachten sie als eine → Morrígan, → Modron bzw. → Matrona.

Durch Geoffrey von Monmouth hält sie Einzug in den Sagenkreis um König → Artus. Mit ihren acht Schwestern herrscht sie über die Insel → Avalon (vgl. → Bäume), wo sie den tödlich verwundeten König nach der Schlacht von Camlan aufnimmt, um ihn zu heilen. Chrétien de Troyes macht sie über → Ygerne zur Halbschwester von Artus. In dem Maße, wie sie sich zu Morgan Le Fay, »die → Fee«, entwickelt – sie läßt sich von → Merlin in Zauberkünsten unterrichten –, nimmt sie an negativen Zügen zu. Sie kann Ginevra (vgl. → Gwenhwyfar) nicht leiden und schwankt zwischen dem Versuch, ihr → Lancelot auszuspannen oder deren Liebschaft zu verraten. An einer Stelle bringt sie einen ihrer Liebhaber, Accolon, dazu, Artus mit dessen eigenem Schwert → Excalibur anzugreifen, das sie ihm zu diesem Zweck heimlich entwendet hat. Es ist ihre Rache, weil Artus einen ihrer vielen Geliebten im Zweikampf erschlug.

Trotzdem bringt sie Artus nach der letzten Schlacht in ihrer Barke nach Avalon. Wenn er nur lange genug bei ihr bleibt, wird er von dort geheilt wiederkehren...

Mór Muma → **Mugain**

Morna, Söhne des

→ Fionns ganze Laufbahn ist von der Furcht vor → Goll mac Mornas Söhnen, d.h. dem »Clan Morna«, überschattet: Sein Vater, seine Amme und eine seiner Frauen fallen ihnen zum Opfer. Seine Mutter muß mit ihm als Säugling in die Wildnis fliehen, um ihnen zu entgehen; sie sind die personifizierten Todeskräfte, denn am Ende fassen sie ihn doch. Um wenigstens etwas vor ihnen geschützt zu sein, beschließt Fionn, Dichter zu werden – → *fili* sind sakrosankt.

Morrígan

Die größte »negative« → Muttergöttin (vgl. → Kriegsgöttinnen) der irischen Sage ist Morrígan, auch Morrígu, Tochter der → Ernmas. Das → *Lebor Gabála Érenn* läßt keinen Zweifel aufkommen, daß Morrígan mit Anu/ → Danu identisch ist. Unter der Pluralform Morrígna bildet sie zusammen mit → Badb und → Nemain oder Badb und → Macha eine Triade (vgl. → drei). Wie Badb kann sie sich in einen schwarzen, über dem Schlachtfeld krächzenden Vogel (vgl. → Vögel, → Metamorphose) verwandeln. Ihr Name wird als »Große Königin« oder »Alb-Königin« ausgelegt, letzteres im Sinne von Nachtmahr, dem Geist jener aus der slawischen, germanischen und keltischen Volksüberlieferung bekannten »bösen Frau«, gewöhnlich einer Unfruchtbaren oder im Kindbett Verstorbenen (vgl. → Amulette), die entsetzliche Träume hervorruft, indem sie sich auf die Brust eines Schläfers setzt.

»Mahr« ist verwandt mit »Mähre«, (schlechtes) weibliches → Pferd – das Englische besitzt sogar noch die Homonyme »(night-)mare« und »mare«. Die Morrígan könnte demnach als Schattenbild der → Epona betrachtet werden. *Táin Bó Regamna* (*Das Wegtreiben der Rinder von Regamna*) enthält solche Albtraumelemente in Verbindung mit einem Pferd. Ein gräßlicher Schrei läßt → Cúchulainn aus dem Bett fallen. Nackt stürzt er sich aus dem Haus, seine Frau trägt ihm Waffen und Kleider nach. Unter Donnerrollen fährt ein Wagen (vgl. → Wagenkult) mit einem → roten, einbeinigen Pferd auf ihn zu, das solcherart daran befestigt ist, daß die mit einem Pflock gesicherte Deichselstange aus seiner Stirne ragt (vgl. → Magdalenenberg[le]). Eine rote Frau mit ebensolchen Augenbrauen, deren gleichfarbener Mantel im Staub schleift, sitzt darinnen, während ihr Begleiter, ein riesiger Mann mit einer Forke aus Haselholz (vgl. → Baum) auf dem Kopf (ein → Cernunnos?), eine → Kuh nebenhertreibt. Cúchulainn und die Rote, die Morrígan, kommen schlecht miteinander aus: Sie verspottet ihn, und er wird aggressiv. Darauf verschwindet die ganze Erscheinung bis auf einen schwarzen, auf einem Zweig schaukelnden Vogel, der den → *Táin Bó Cuailnge* voraussagt und Cúchulainn ein böses Ende prophezeit (vgl. → Wahrsagerei).

Als die Morrígan als schöne, junge Frau im bunten Gewand Cúchulainn im Kampf überraschte, um ihm ihre Liebe und ihren Besitz anzutragen, hätte er sie, wie es der → Dagda tat, befriedigen müssen, statt sie barsch abzuweisen. Vom Augenblick der Vereinigung an war dieser ihrer Hilfe sicher, und der → Fomorierkönig Indech war bereits ein Jahr vor der eigentlichen Schlacht so gut wie tot, als die Morrígan versprach, sie würde ihn seines »Herzblutes und des Heldenmuts seiner Nieren« berauben.

Wenn Keltologen, z. B. J. de Vries, den Geschlechtsakt (vgl. → Dagda) über dem Wasser (vgl. → Elemente) als »Abgleiten ins Sexuelle« auffassen und damit zu erklären suchen, daß die sexuelle Erregung und die Kampfeswut eben für den Mann gleicherweise überwältigende Leidenschaften seien, so geht das am Kern der Sache vorbei. Mit dieser Vereinigung stellt der schöpferische Gott die Balance zwischen den Lebens- und Zerstörungskräften zu seinen Gunsten ein. Passiert das nicht, richtet die Abgewiesene die Zerstörungskräfte in wilder Wut auf den → Helden, wie bei Cúchulainn. Die Morrígan wartet nur den Augenblick ab, wo er sich in der Furt ganz dem Kampf mit dem hornhäutigen Loch hingibt, um ihn zu schwächen. Sie windet sich als Aal, als »Wasserschlange« (vgl. → Schlange), um sein Bein, so daß er ausrutscht und fällt, wobei ihn sein Gegner verwundet. Cúchulainn zertritt dem Untier die »Rippen«, das jedoch nun einer Wölfin (vgl. → Wolf) und einer hornlosen (vgl. → Horn), roten → Kuh Platz macht (vgl. → Metamorphose); erstere beißt sich in seinem Arm fest (vgl. → Nuadu), und letztere überflutet ihn mit Wasser (vgl. → Elemente). Zwar schießt er der Wölfin ein Auge aus und bricht der Kuh ein Bein, aber der Kampf an zwei Fronten ist auch für einen Cúchulainn zuviel; er vermag gerade noch Loch zu überwältigen, bittet dann jedoch eine einäugige Alte (vgl. → *caillech*), die mit einer dreizitzigen (vgl. → drei) Kuh daherkommt, erschöpft um einen Trunk Milch. Sie ist, was er nicht durchschaut, die Morrígan. Ganz deutlich zeigt sich nun das Abhängigkeitsverhältnis, in dem Cúchulainn und Morrígan zueinander stehen: Die Milch Morrígans erweckt die Lebensgeister des Helden, während der Segen, den er zum Dank über die drei Züge Milch spricht, die Verletzungen der Morrígan heilt. Im Gegensatz zu Badb scheint sie auf seinen Tod nicht erpicht zu sein – sie zerlegt sogar seinen Kampfwagen, um Cúchulainn an seiner letzten Fahrt zu hindern –, sie sucht vielmehr die Auseinandersetzung mit dem ihr diametral entgegengesetzten Kräfteverhältnis, was allerdings nur zu einem gegenseitigen Schachmatt führt. Der Dagda erreicht mehr, indem er sich mit ihr vereint.

Morvan
Der abgrundtief häßliche Sohn Tegids und → Ceridwens, für den diese ihren → Kessel zum Kochen bringt, ist Morvan, »Seerabe« oder »Afangdu«. Ursprünglich ist er ein »Gehörnter«, ein → Cernunnos, den die christlichen Schreiber als Teufel auffassen. In *Wie → Culhwch → Olwen gewann* heißt es von ihm, niemand habe in → Artus' letzter Schlacht von Camlan mit ihm kämpfen wollen, »denn er hatte ein behaartes Gesicht wie ein → Hirsch!«

Moytura → **Mag Tuired**

Münzen
Nicht umsonst sind die Münzen als die metallenen Archive der Kelten bezeichnet worden. Nach einer Periode der Nachahmung griechischer Vorlagen im 3. Jh. v. Chr. gestalteten sie Zehntausende der runden Metallscheiben nach eigenen Ideen. Wie bei den → Masken handelt es sich dabei nicht einfach um phantasievolle Verzierungen, sondern um den Versuch, religiöse Vorstellungen bildlich umzusetzen und diese in Metall festzuhalten.

Münzen zirkulierten vorwiegend in den obersten Schichten, zu Handels-, aber in ebenso hohem Maße zu → Votiv-Zwecken: Die Münze besaß neben dem materiellen einen spirituellen Wert. Die Prägungen darauf sollten den Kontakt mit den Göttern herstellen und gleichzeitig pädagogisch wirken –

Oben: Münze aus dem Donaugebiet: Kopf des Herakles, von Vögeln umgeben.

Links oben: Münze der Carnutes: Adler mit Eidechse.

Links: Münze der Turones: Vogel, auf Pferd reitend.

Konzepte festigen, Glaubenssätze bestärken. Mit Gewißheit war die Münze eine wertvolle Stütze des keltischen Weltbildes, die mithalf, dessen Zusammenhang zu wahren. Es ist mehr als nur wahrscheinlich, daß britische und festländische → Druiden die Bilder entwickelten und überhaupt dem Münzwesen vorstanden, vor allem deshalb, weil der Edelmetallhandel (vgl. → Gold) durch ihre Hände gegangen zu sein scheint (vgl. → Môn). Irland hielt sich aus dem Münzgebrauch heraus.

Nach L. Lengyel, einem Experten der keltischen Numismatik, illustrieren die Münzen das Grundthema: »Der Mensch im Angesicht seines Schicksals mit seiner Sehnsucht nach Unsterblichkeit«, dasselbe also, das jeder Mythologie zugrunde liegt.

Um den religiösen Vorstellungen auf solch beschränktem Platz Ausdruck zu verleihen, mußte ein System von Symbolen geschaffen werden, eine Kurzschrift aus Elementen, die sich immer wieder neu, allerdings immer in einem bestimmten Zahlenverhältnis zusammensetzen ließen. Dazu gehört z.B. das Ei- und Schlangen-Motiv, das den Satz versinnbildlicht, daß Leben aus dem Tod, Tod aus dem Leben entsteht, Zeichen für die weibliche und männliche Fruchtbarkeit, für → Gestirne, für den unbegrenzten Raum und die Ewigkeit.

Die Tiere → Pferd, → Eber, (gehörnte) → Schlange, → Vögel, → Hund, → Hirsch spielen eine große Rolle, auch als Mischwesen zwischen Hirsch und Pferd, Vogel und Hund oder Pferd. Dazu erscheint das einbeinige und das menschenköpfige Pferd, gelegentlich der menschenköpfige Eber.

Vielfach wird die königliche → Muttergöttin abgebildet, oft in Gestalt der → Epona, aber auch → Janus-, → Drei- und Vierköpfe sind vertreten.

Mugain

Königin Mugain ist eine Tochter → Eochaid Fedlechs, eine Schwester → Medbs, → Clothrus und → Ethnes und kommt im → *Ulsterzyklus* als eine von König → Conchobars Gattinnen vor. Sie trägt den lieblichen, für eine → Muttergöttin höchst passenden Beinamen »Aitencaitrech«, »mit den Ginsterschamhaaren«. Sie ist es, die dem jungen → Cúchulainn an der Spitze ihrer Frauen mit entblößtem Busen entgegentritt. Aus den Sagenresten läßt sich das typische Verhalten einer königlichen Muttergottheit rekonstruieren: Im Kreis um Fiamain mac Foroi, der nur noch den Überschriften nach bekannt ist, muß sie von diesem entführt und vermutlich von Cúchulainn zurückgeholt worden sein. An anderer Stelle will Conchobar → Aed mac Ainnine seinen → *fili* ertränken lassen, weil er mit der Königin Umgang hatte. Dieser jedoch zeigt seinen Sonnencharakter (vgl. → Gestirne) und läßt jedes → Gewässer vertrocknen, zu dem er geführt wird. Die Brüder Rees vermuten, daß Mugain mit Mór Muma, der berühmten Königin von Munster, von der sich die Könige von Eoganach herleiten, identisch ist. Auch ihr liegt eindeutig die Sonnengöttin zugrunde: Eine poetische Wendung für das Auf- und Niedergehen der Sonne lautet »tá Mór 'na suidhe, tá Mór 'na luighe«. Mór fliegt durch die Luft oder setzt in großen Sprüngen über die Menschen hinweg, was sie in eine Art der → Heiligen Raserei versetzt. In diesem Zustand springt sie über den Wall ihrer Heimstätte und wandert zwei Jahre ziellos in Irland umher, bis ihr die Kleider in Fetzen vom Leib hängen. Der König von Cashel, Fíngen, behält sie als → Kuh-Hirtin (vgl. → Mes Buachalla) an seinem Hof. Mit Unterstützung seiner Königin vereinigt er sich mit Mór, wodurch diese plötzlich wieder ihrer Sinne mächtig wird – eine Variation des → *caillech*-Themas. Sie entpuppt sich als → Oberhoheit von Munster und macht nach dem Tode Fíngens eine ganze Reihe von Anwärtern zu den → rechtmäßigen Herrschern Munsters.

Muirchertach mac Erca

Die Biographie von König Muirchertach, dem ersten Hochkönig aus dem Hause von → Niall, mac Erca, so genannt nach seiner von seinem Vater entführten Mutter, einer schottischen Prinzessin, wurde von Flann Mainistrech, dem berühmten Dichter (vgl. → *ollam*), Geschichts- und Literaturprofessor an der dem Kloster Monasterboice im Boynetal (nw. von Drogheda) angegliederten Schule in der ersten Hälfte des 11. Jh. in ein langes Gedicht von 69 Strophen und 276 Zeilen gefaßt. Es steht im → *Lebor Laignech*.

Muirchertach fand 527 n. Chr. nach 24jähriger Regierungszeit den Tod in den Flammen seines Palastes Cleitech am Boyne. Um ihn, vor allem um sein Ende, kristallisierten sich trotz starkem christlichem Einfluß uralte, mythologische Strukturen: Allein auf seinem Jagd-Hügel (vgl. → Elemente), findet er plötzlich eine atemberaubend schöne Frau im grün- → goldenen Gewand an seiner Seite, die ihn anlächelt – ganz Irland würde er hergeben für eine Nacht mit ihr. Nach dem Namen gefragt, nennt sie sich »die Geliebte des Muirchertach mac Erca« und will unter der Bedingung bei ihm bleiben, daß er seine Familie vom Hof verbannt, niemals gleichzeitig mit ihr einen Geistlichen empfängt und nie ihren wirklichen Namen ausspricht. Verwirrt möchte Muirchertach diesen hören, um sich vorsehen zu können. Sie läßt darauf einen ganzen Schwall von Namen los, alle mit negativer Bedeutung, z. B.: »Sín« (Sturm), Stöhnen, Schrei, Gejammer, Sturmwind, Wintersturm, Winternacht (vgl. → Cailb).

Kaum im Palast, ordnet der König den Auszug seiner Kinder und seiner Gattin an, worauf letztere bestürzt ihren Beichtvater St. Cairnech davon unterrichtet. Dieser sucht so lange vergeblich den König von seiner ungerechten Handlung zu überzeugen, daß er schließlich zornig den Uneinsichtigen verflucht und im Erdwall ein Grab für ihn schaufelt. Indessen verlustiert sich der König mit seiner Geliebten beim Wein; sie kommt ihm vor wie »eine Göttin mit großer Machtfülle«.

Dieser Gedanke läßt ihn doch etwas beunruhigt nachforschen, ob sie an Gott glaube, was sie unter der Behauptung bejaht, es gäbe keine Wunder, die sie nicht auch bewirken könne. Zum Beweis läßt sie Geisterkrieger auftreten, die sich zu Muirchertachs Vergnügen bekämpfen, wandelt Boynewasser zu Wein und verwandelt ein Farnkrautbündel in ein → Schwein. Droht der König zur Besinnung zu kommen oder an das Grab zu denken, lenkt ihn Sín immer von neuem ab. Tagelang schlägt er unter Kampfgebrüll auf Felsbrocken und Grassoden ein im Glauben, es seien Feinde. Dabei verfällt er zusehends, die köstlich schmeckenden Zauberspeisen schlagen nicht an.

In der siebten Nacht nach → *Samhain* erhebt sich ein Sturm. Der Wind heult um die Festung, was der König mit »dem Seufzen eines Winternacht-Sturmes« kommentiert, worauf ihn die Schöne beschuldigt, ihren Namen ausgesprochen zu haben. In dem Augenblick fängt es wie wild zu schneien an. In dieser Nacht wirft sich Muirchertach ächzend auf dem Lager hin und her, geplagt von Träumen, in denen er verbrennt oder ertrinkt. Einmal schleicht er zur Kapelle, wo ein heiliger Mann wacht. Das Gespräch mit ihm beruhigt ihn, so daß er danach schläft. Als er erwacht, steht der Palast in Flammen – entweder hat ihn Sín in Brand gesteckt oder ein Feind, der mit Muirchertach abrechnen wollte. Dieser sucht sich vor den Flammen in ein Faß Wein zu retten (vgl. → Kessel), ertrinkt jedoch dabei, während es Feuer (vgl. → Elemente) auf sein Haupt regnet. Síns Erklärung, sie habe all dies bewirkt, um ihre von Muirchertach ausgerottete Familie zu rächen, klingt nach Konstruktion. Hier geht es, wie bei → Diarmaid mac Cerbhaill, ursprünglich wohl auch um den → dreifachen Tod (vgl. → drei). Die schöne Fremde, der der König hörig wird, könnte die negative Seite der → Oberherrschaft gewesen sein: Möglicherweise wendete sie sich nach einer gewissen Zeit, oder sobald das Alter einsetzte, gegen den Herrscher, falls dieser nicht freiwillig einem jüngeren Platz machte. Sonst sorgte sie dafür, daß er verzichtete. *Samhain* wäre der richtige Zeitpunkt für den rituellen Tod eines Königs gewesen.

Muttergöttinnen

Kaum ein anderes Volk hat die göttliche Mutter mit soviel Inbrunst verehrt wie die Kelten. Die Epheser beteten zu ihrer Diana, die Phrygier zu Cybele, Griechen und Römer zu Hera und Juno, aber die Kelten sahen in allen Göttinnen, als Vertreterinnen des weiblichen Prinzips, zuerst einmal die Mutter, selbst wenn die mütterlichen Eigenschaften ins Gegenteil verkehrt waren wie bei den → Kriegsgöttinnen, die töteten, statt Leben zu geben, verhungern ließen, statt zu ernähren, bedrohten, statt zu beschützen.

Diese starke Betonung des Mütterlichen findet ihr Gegenstück im Konzept des unzerstörbaren Lebenskreislaufes, das den Tod als zurückgestautes Leben auffaßt, dem die Mütter mit Hilfe des schöpferischen, zeugenden Gottes der → Anderswelt neue, individuelle Formen geben.

Hier vermischten sich religiöse Vorstellungen der großen, steinzeitlichen Mutter der frühen Ackerbauern mit indoeuropäischen Muttergöttinnen zu einem typisch keltischen, mehrstrangigen Kult, in dem Mütter verschiedenster Prägungen und Betonungen nebeneinander Platz fanden, Göttinnen, die das mütterliche Prinzip in der Natur, dem Land und Territorium, in Mensch, Tier und Pflanze, den → Gestirnen und → Elementen verkörperten, was Individuen aller Stände und Gruppierungen ansprach. Sicher gab es Abstufungen, die das soziale und bildungsmäßige Gefälle mit sich brachte, z. B. zwischen einer → »Minerva« und einer namenlosen Quellnymphe. Mütter aus ältester Vergangenheit wurden wie Anu/ → Danu oder → Dôn zu den Müttern des neuen Göttergeschlechts befördert – ein Prozeß, der sich bei Maria und ihrer Mutter Anna wiederholen wird. Gegen die Mütter kam das Christentum nicht an – es mußte sie als → Feen weiterleben lassen.

Wie bei der Madonna werden die Menschen zwischen den alltäglichen Müttern im eigenen Haus oder im Dorfschrein und denjenigen berühmter → Kultstätten einen Unterschied gemacht haben – sonst hätte das Pilgerwesen nicht so gut floriert (vgl. → Votivgaben), ebenso zwischen den bodenständigen Tonfigürchen und den großen, königlichen Muttergöttinnen der Mythen, z. B. einer → Rigani, → Modron oder → Étaín. Grundsätzlich war es jedoch ein und dieselbe Kraft, die sich unter all diesen Aspekten zeigen konnte und noch in vielen mehr: – als Gegenstück zu einem Gott wie Bormana zu → Bormo oder als dessen Partnerin, wie → Nantosvelta und → Sucellus (vgl. → Götterpaare), als Mutter des göttlichen Sohnes wie → Rhiannon oder

→ Modron, als Verkörperung des Landes oder des Stammesterritoriums, wie → Banba, → Fodla, → Ériu oder → Brigantia, oder als Oberhoheit wie → Medb.

Abgesehen davon konnte die Mutter der die Fruchtbarkeit und das Leben bringende Fluß sein, z.B. die Marne, von »Matrona«, »große, göttliche Mutter«, die Quelle, z.B. → Coventina, die Schutzmacht in den → Bergen, die gesunde Keim- und Sprießkraft im Ackerland wie → Tailtiu, und die allgemeine Fülle in den großen Wäldern wie → Abnoba und → Arduina, die Hüterin der → Hirsche und des Viehs wie → Flidais, wobei die → Kuh sowohl die Mutter symbolisierte als sie auch selber war.

Ferner schützten die Mütter die Wohnstätten der Menschen, die Höfe, Weiler, Dörfer, Städte, besonders wenn diese nach ihr genannt wurden. Trafen zwei Straßen aufeinander, wachte darüber Bibie, bei dreien Tribiae, bei vieren Quadrubiae, um einerseits den Reisenden vor der falschen Entscheidung zu bewahren, andererseits allerlei ungute Geister fernzuhalten – aber wurden nicht bis tief ins Mittelalter aus denselben Gründen Kapellchen und Schreine der Muttergottes an Kreuzungen aufgestellt?

Einfach als »Mütter«, »Matres«, »Matrae«, »Matronae« wurden sie im ganzen keltischen Gebiet und danach im römischen Reich von Britannien bis Italien und Ungarn von allen Schichten, vor allem jedoch vom Volk, angerufen. Sie waren außerordentlich populär, erfüllten sie doch die tiefsten Bedürfnisse der Menschen nach Schutz, Liebe und Fürsorge. Sie wurden als Einzelfiguren, zu zweit und am charakteristischsten zu dritt (vgl. → drei) dargestellt. Sie kommen als »Matres« 35mal in der Gallia Narbonensis vor, 29mal in Britannien und 28mal in den beiden Germanien, wogegen in der Cisalpina die »Matronae« mit 50 Beispielen vorherrschten und am Niederrhein mit 86 Erwähnungen den Rekord halten.

Überall wurden sie als *deae nutrices* abgebildet, ein Baby stillend, ein Wickelkind auf dem Arm oder in der Wiege, ein Kleinkind auf dem Schoß oder Krabbelkinder zu Füßen. Aus Vertillium, heute Vertault (Dép. Côte d'Or) westlich von Châtillon-sur-Seine, wo sie heute im Museum zu sehen sind, stammt wohl das

Drei Mütter mit Wickelkind, Windel, Schwamm und Wasserschale (Vertillum; Musée de Châtillon-sur-Seine).

prächtigste, naturalistischste Relief dieser Art. Seite an Seite sitzen → drei stattliche, gleichgewandete Frauen, alle mit entblößter rechter (vgl. → rechts) Brust: die erste mit einem zufrieden dreinblickenden Wickelkind, die zweite eine große Windel ausbreitend, die dritte mit Schwamm und Wasserschale – offensichtlich wurden hier die Babies nach dem Stillen gewickelt.

Die Mütter werden zuweilen von Vögeln (vgl. → Eulengöttin) oder auch Schoßhündchen (vgl. → Hund) begleitet. Auffallend oft ist ihnen der → »Mars« beigegeben, vor allem an Heilquellen (vgl. → Quellen).

Unter dem Aspekt der allgemeinen Fruchtbarkeit halten bald hoheitsvolle Damen Schalen oder Körbe voll Früchten, Ähren und Broten auf den Knien, bald ist es ein lockeres Grüppchen plaudernder Frauenzimmer. Diese Mütter sind fast immer nach einer Stadt, einem Landstrich, einem Stamm benannt, wie z.B. die »Matres Glanicae« aus → Glanum oder die »Matres Treverae« der Treverer im Hunsrück-Eifel-Gebiet.

Am Rhein entlang von Mainz bis Xanten bildete sich, von Bonn ausstrahlend, ein Schwerpunkt des Mütterkultes. Nach der Zahl der Inschriften und Weihesteinen, die unter dem Bonner Münster zutage kamen, muß sich an der Stelle ein beträchtliches Heiligtum der Mütter befunden haben. Doch bereits wenige Kilometer im Umkreis davon saßen die Kult-

»Matronae Aufaniae« von Bonn (Rheinisches Landesmuseum, Bonn).

stätten von Pesch, Zingsheim und Nettersheim, wo die »Matronae Vocallinehae«, »Fachinehae« und »Aufaniae« verehrt wurden. Um Bonn herum wirkten die Mütter vornehm: Eine, manchmal zwei, wie auf dem ausgesucht schönen Relief von Nettersheim, oder alle drei tragen große, aufgeplusterte Hauben. Auf der eben erwähnten Darstellung sitzen zwei ältere Damen rechts und links neben einer unbehaubten jüngeren, der das Haar vom Mittelscheitel über die Schultern fällt; alle drei tragen → Torques. Die Kopfbedeckungen könnten Lebensalter und Status angegeben haben: Vielleicht war die Haube den Verheirateten vorbehalten, so daß hier vielleicht Großmutter und Mutter neben der Jungfrau, der potentiellen Mutter, säßen.

Auf dem Addis bei Pesch südlich von Euskirchen wurde eine große Tempelanlage in den Jahren 1913–18 und zum zweiten Mal 1962 vom Rheinischen Landesmuseum, Bonn, untersucht. Der Hügel war eine → Kultstätte gewesen, lange bevor im 4. Jh. n. Chr. alle vor- und nachchristlichen Gebäude bis auf Fundamentreste weggefegt wurden, um einem modernen Tempel mit vier großzügigen Kultgebäuden Platz zu machen: einem typisch gallischen Umgangstempel mit farbig ausgemalter *cella*, einer Basilika, einer Säulenhalle und einem Fachwerkhaus unbekannten Zweckes. Der 16 m tiefe Brunnen überlebte alle Um- und Neubauten und enthält heute noch Wasser (vgl. → Elemente). Über 300 Inschriften und Reliefs, größtenteils von ca. 150 n. Chr., sind dort zum Vorschein gekommen, bzw. was davon noch übrig war, nachdem plündernde Germanen oder eifrige christliche Missionare damit aufgeräumt hatten. Nicht ein einziger Stein war als Gedenkstein für das Heiligtum präsentabel genug: Was heute stimmungsvoll in den waldumstandenen Fundamenten steht, ist eine Kopie von Nettersheim.

Das Rheinische Landesmuseum, Bonn, besitzt nicht nur einen ganzen Saal voller Votivsteine und Reliefs der Mütter, sondern auch ein sehr glaubwürdiges Modell des Heiligtums von Pesch.

Es war nur folgerichtig, daß Frauen ein besonders gutes Verhältnis zu den Müttern unterhielten. Diese kannten ihre Probleme – Schwierigkeiten bei der Empfängnis, Schwangerschaft, Geburt, Stillen, Kinderkrankheiten ... Speziell dafür zuständig waren die »Junones« – Juno in der Mehrzahl! –, während die »Proxumae«, die »ganz Nahen« Südgalliens, wohl vor allem bei der Geburt beistanden. Ein auffallend großer Prozentsatz der Verehrer bestand jedoch aus Mitgliedern des Militärs. Was auf den ersten Blick überrascht, ist ganz natürlich: Diese Soldaten standen an den gefährlichen Grenzen von Britannien bis Germanien. Für sie war die Lebenserhalterin und Schützerin von ganz besonderer Aktualität!

Myrddin

Der britische → Artus-Forscher Geoffrey Ashe glaubt in Myrddin die schattenhafte Spur eines Gottes aus fernster Vergangenheit gefunden zu haben, eines Gottes der Eingebung, Magie und → Wahrsagerei, vom Typ eines einheimischen → »Apollo«. Er stützt sich dabei auf die Erwähnung von »Myrddins Umfriedung« im *Weißen Buch von Rhydderch*, angeblich Britanniens allererster Name. Mit der Umfriedung könnte → Stonehenge gemeint gewesen sein oder eine ähnliche Konstruktion, was diesen Myrddin an die Quelle des Gerüchtes von der Hyperboräer-Insel mit dem Apollo-Tempel setzte (vgl. → »Apollo«). Wie dem auch sei, die walisische Stadt Carmarthen (Gr. Dyfed) nennt sich nach einem Myrddin »Caer Myrddin«, korrekter »Caer-fyrddin«, »Festung des Myrddin«. Diese lag mit großer Sicherheit nicht auf der Erhebung über dem Tywi, wo die Römer ihr Moridunum samt Amphitheater hinsetzten, sondern 3 km ö. auf dem etwas höheren »→ Merlins Hügel«, dessen Plateau eine eisenzeitliche, zungenförmige Festung, bestehend aus Wall und Graben, einfaßt. Ob an diesem Ort der Kult des Myrddin weitergepflegt wurde oder ob »Myrddin« sozusagen säkularisiert schließlich nur noch einen Magier, Dichter und Propheten bezeichnete (vgl. → *fili*), ist nicht mehr auszumachen. Fest steht, daß im 5. und im 6. Jh. je ein Myrddin in Carmarthen lebte, beides Dichter und Seher, für die Geoffrey von Monmouth, um sie unter einen Hut zu bekommen, die Daten fälschte. Es ist anzunehmen, daß beide seinen Myrddin beeinflußten, den er, mit → Lailoken und Ambrosius kombiniert, zu seinem großen Zauberer → Merlin latinisierte.

Die Volksüberlieferung behauptet, dieser sei von seiner Geliebten (vgl. → Dame vom See) in Merlins Hügel gebannt worden – in gewissen Nächten höre man ihn noch heute seufzen und stöhnen.

Mythologischer Zyklus

Der Begriff spricht für sich selbst: In diesem Sagenkreis geht es vorwiegend um das Übernatürliche, um das Leben der → Feen in den *síde* (vgl. → *síd*) bzw. um die alten Götter, um die → Tuatha Dé Danánn, den → Dagda, → Oengus, → Manannán mac Lir, → Midir und → Étaín.

Von nur vier der ganz alten Sagen ist mehr als der Titel bis auf uns gekommen. *Aislinge Oenguso* (*Oengus' Traumgesicht*), *De Babáil Sída* (*Die Eroberung des Feenhügels*), *Tochmarc Étaín* (*Das Werben um Étaín*), mit seinen drei Teilen in sich selbst ein geschlossener Minizyklus, und die umfangreiche *Schlacht von Moytura* (vgl. → *Mag Tuired*). Andere, z. B. die beiden *Schicksale / Tragödien der Kinder* → *Tuirenns* und → *Lirs* sind nur in mittelir. bzw. moderner Fassung erhalten.

Nantosvelta

Auf einem guten Dutzend Darstellungen ist Nantosvelta zusammen mit → Sucellos zu sehen, obwohl sie auch einzeln verehrt wurde.

In den letzten Jahren scheint sich die Lesung wal. »nant«, »Bach«, endgültig durchgesetzt zu haben, auf Kosten von H. Huberts Ableitung von der ir. Nominativform »Nanto« zum Kriegsgott → Néit, einer Genitivform, zumal R. Christinger darauf aufmerksam macht, daß »nant« in der romanischen Schweiz in der Bedeutung »Bach« noch gebräuchlich ist. Nantosvelta ist demnach keine Morrígan, was A. Ross des Rabenattributes (vgl. → Vögel) wegen gerne sähe. Natürlich besitzen die großen Muttergöttinnen eine lebenserhaltende und eine zerstörerische Seite (vgl. → Kriegsgöttinnen), aber bei Nantosvelta überwiegt die erstere, da sie gewöhnlich mit dem Füllhorn (vgl. → Horn) abgebildet wird. Die Mediomatiker gaben ihr ein kleines, rundes oder viereckiges Haus bei, was großes Rätselraten auslöste, zumal es manchmal oben auf einer langen Stange steht. Taubenschlag? Bienenhaus? Wohnstätte oder Graburne? Es geht sicher um den Begriff »Wohnung«, nämlich diejenige oben – deswegen die Stange –, d. h. auf der Erde, und diejenige unten, d. h. unter der Erde. Nantosvelta ist die Schützerin von Haus und Hof in der Menschenwelt und der Wohnstätten der Abgeschiedenen in der → Anderswelt.

R. Christinger zieht die Wurzel »supelta« für »svelta« in Betracht, was aus Nantosvelta »die gute Bach-Anstoßerin« machen würde, was sehr wohl mit der Vorstellung des keltischen Lebenszyklus zusammenpaßt. Sie würde demnach das Wasser (vgl. → Elemente, → Gewässer) in Bewegung setzen, so daß die Lebensimpulse wieder auf die Erde kämen, was Fruchtbarkeit für Mensch und Vieh sowie eine gute Ernte nach sich zöge.

Im Museum von Metz befindet sich das gut erhaltene, mit einer Weiheinschrift an Sucellus

Nantosvelta und Sucellos (Sarrebourg; Musée de Metz).

und Nantosvelta versehene Doppelrelief von Sarrebourg. Die Göttin steht aufrecht, ein Diadem im aufgelösten Haar, neben dem Gott, in der Rechten (vgl. → rechts) eine *patera*, während die Linke (vgl. → links) mit derselben Geste, mit der er den → Hammer hält, die Stange mit dem Häuschen oben darauf umschließt. Auf dem Feld zu ihren Füßen ist ein großer Rabe (vgl. → Vögel) abgebildet. Ein zweites Relief zeigt sie mit dem Haus auf der Stange, wie im Museum von Speyer, allein. Dort trägt sie interessanterweise das Haus oben auf der Stange in der Rechten, der materiellen, diesseitigen Seite, und ein zweites, rundes Häuschen mit Spitzdach, hinter dem der Rabe hervorguckt, in der linken, der Seite der Anderswelt.

Nantosvelta mit Haus auf der Stange und Häuschen mit Rabe (Historisches Museum der Pfalz, Speyer).

Naoise

→ Deirdres Wahl fällt auf Naoise bzw. Noísí – von deren fatalen Folgen handelt die berühmte Sage *Longes mac nUisnig* (*Die Verbannung der Söhne* → *Uisnechs*, deren älteste Fassung u. a. das → *Lebor Laignech* und das → *Yellow Book of Lecan* enthält.

Naoises Brüder werden kaum je bei ihren Eigennamen Ardán und Ainnle genannt: Die → drei handeln synchron und besitzen dieselben Eigenschaften. Alle drei sind vorzügliche Krieger und so flink, daß sie ihre Jagdbeute überholen können. Ihr besonderer Ruf ist den Menschen angenehm und macht sie glücklich, während er die Kühe (vgl. → Kuh) dazu animiert, zwei Drittel mehr Milch zu geben. Sie begleiten Naoise und Deirdre auf ihrer Flucht vor → Conchobar und teilen ihr Leben in den dunklen Wäldern Schottlands. Zusammen kommen sie zurück und fallen zu dritt Conchobars Verrat zum Opfer – in einer Fassung werden ihre drei Köpfe von nur einem Schwerthieb (vgl. → Kopfkult) vom Rumpf getrennt. Die drei Brüder gehen offensichtlich auf eine Triade (vgl. → drei) zurück, vielleicht sogar auf einen dreiköpfigen Gott. Erst in späteren Versionen, nachdem dieser Zusammenhang verlorengegangen war, erscheint Naoise als Einzelperson, z. B. als Mitschüler Cúchulainns unter → Scáthach. In der → Rigani-ähnlichen Erzählung *Die Verbannung der Söhne Uisnechs* käme Naoise der Platz von → Esus/ → Cernunnos zu. Als letzte Andeutung davon darf der milchertragssteigernde Ruf und das Leben in der unkultivierten Natur gewertet werden.

Nechtan mac Namát

Ein Doppelgänger → Elcmars ist Nechtan mac Namát, zuweilen auch Labrade. Sein Name ist aus derselben Wurzel wie → »Neptun« gebildet. Der Vatersname »Sohn des Feindes« gibt ihm einen ebenso düsteren Charakter wie diesem. Er ist der Gatte der → Boand und Hüter der → Quelle von Síd Nechtan, dem heutigen Carbury Hill (Gr. Kildare), der sich ca. 140 m aus der Ebene erhebt. Auf dessen Südostseite, im Park von Newbury Hall, entspringt die zur Trinity-Quelle verchristlichte Boyne. In der Sage vermengt sie sich mit der Quelle von Segais bzw. mit Conlas Quelle. Außer Nechtan und seinen → drei Mundschenken kann niemand sie erblicken, ohne das Augenlicht zu verlieren, denn sie enthält, nach uralter, indoeuropäischer Vorstellung, die Lebensimpulse in Form des himmlischen Feuers (vgl. → Elemente) im Wasser. Nechtan kann dieses unspezifizierte Leben hüten und bewahren, als Potenz ansammeln, aber das Individualisieren und das neue Einkleiden in die Formen der Menschenwelt muß er dem Schöpfergott, z. B. dem → Dagda, überlassen, der dann auch mit Boand den → Oengus zeugt.

Nehalennia-Altar von Colijnsplaat, gestiftet von einem Salzhändler (Rijksmuseum, Leiden).

Nehalennia

Die große → Muttergöttin Westhollands war Nehalennia. Das eine ihrer beiden Heiligtümer bei Dornburg auf Walcheren war bereits seit Mitte des 17. Jhs. bekannt, während das zweite auf Colijnsplaat nö. von Zeeland erst um 1970 entdeckt wurde: Fischer brachten Reliefs und Altäre aus dem Wasser hoch; es ist zu vermuten, daß es um 200 n. Ch. ins Meer abgesackt war. Alles in allem sind über 120 Beweise des Nehalennia-Kultes vorhanden. Das Rijksmuseum, Leiden, hat der Göttin eine eigene, kleine Abteilung eingerichtet.

Nehalennia wurde als Führerin und gute Steuerfrau angerufen und auch als solche dargestellt. Sie führt das Ruder, hält Steuer oder Paddel in der Hand, setzt mehrmals bestimmt einen Fuß auf den Bug eines Kahnes und hält in einem Falle das Tau und bewahrt so das Schiff vor dem Abdriften. Die Göttin hat also mit der Schiffahrt zu tun, sie ist es, die durch alle Fährnisse in den sicheren Hafen findet. Sie ist eine schöne, hoheitsvolle Dame in weich fallendem Faltengewand, oft auf dem Thronsessel in einer *aedicula* dargestellt, einen Korb voller Früchte auf dem Schoß und unweigerlich in Begleitung eines → Hundes, seltener eines Vogels (vgl. → Vögel). Hund, Delphine (vgl. → Fische), Fluß- und Meeresgötter, z. B. → »Neptun« (vgl. → Gewässer), sowie → Bäume und Füllhörner (vgl. → Horn) deuten an, daß ihre Rolle gleichermaßen für die reale wie auch für die → Anderswelt gilt; auch die Abgeschiedenen können sich ihrem Lotsendienst anvertrauen. In erster Linie sind es Kaufleute und Händler, Schiffer und Kapitäne, die sich für geleistete Dienste, z. B. Rettung aus Seenot, günstige Reisebedingungen und Gewinn, bedanken. Die Kaufleute sind eine recht gemischte Gruppe, vom Stammesgebiet der Treverer, aus Köln, Besançon, Augst, Rouen und Genua. Sie handelten vor allem mit Wein, Salz und Spezereien – einer war Handlungsreisender in römischer Fischsauce. Nehalennia bringt Wohlstand und Fülle durch guten Umsatz.

Néit

Nach *Cormacs Glossar* (Anfang 10. Jh.) war Néit der Schlachtengott der → Tuatha Dé Danann, Gatte → Nemains oder, nach dem → *Lebor Gabála Érenn*, Feas, die auch als → Badb erscheint.

Nemain

In den älteren Quellen ist Nemain Bé-Néit die Frau des Kriegsgottes → Néit. In der Triade → Morrígan, → Badb und → Macha nimmt sie die Stelle letzterer ein. Nemain läßt sich mit »Kriegsrausch« übersetzen. Es ist ihre Spezialität, Krieger durch ihre schrecklichen Schreie so aus der Fassung zu bringen, daß sie rasen (vgl. → Heilige Raserei), mit Vorliebe in den eignen Reihen, wodurch ungehemmtes Chaos entsteht. Im → *Táin Bó Cuailnge* tut sie das mehrmals zugunsten der Ulstermänner – vor allem nachts. Als Cúchulainn in tiefster Verzweiflung über die Übermacht der Feinde in seinen eigenen schreckenerregenden Schlachtruf ausbricht, antwortet ihm Nemain mit einem noch gräßlicheren, der »Verwirrung stiftet« in → Medbs Heer; hundert Krieger sterben vor Schreck oder weil sie ihre Waffen gegen sich selbst richten.

Nemed

Nach dem → *Lebor Gabála Érenn* erschien Nemed mit seinen vier Söhnen, seiner Frau → Macha und seinen Schwiegertöchtern dreißig Jahre nach → Partholon in Irland. Sie sollen entweder vom Kaspischen oder vom Schwarzen Meer losgezogen sein. Nemed war »Anführer«, nicht »König«; sein Name bedeutet »Heiliger, Geheiligter, Privilegierter« in dem Sinn, daß er das Recht hatte, an religiösen Versammlungen teilzunehmen. Er setzte sich energisch gegen die → Fomorier durch, besiegte sie in → drei Schlachten und tötete zwei ihrer Könige.

Zu Nemeds Lebzeiten wurde Irland um vier Seen reicher, und es gelang den Neuankömmlingen, zwölf Ebenen urbar zu machen und zwei königliche Festungen anzulegen. An sich waren dies Taten für die Zukunft, denn Nemed wurde von einer Seuche hinweggerafft und das führerlose Volk von den Fomoriern mit schweren Abgaben belegt: Zwei Drittel von Korn, Milch und Nachkommen mußten ihnen jeweils zu → *Samhain* abgeliefert werden (vgl. → Opfer), was die Nemedier schließlich in den Aufstand trieb. Anfänglich griffen sie erfolgreich den großen Turm der Fomorierfestung auf Tory-Island (Gr. Donegal) an, erlagen dann aber der Übermacht. Nur eine Schiffsladung voll vermochte sich zu retten – die Nachkommen sollten viel später, als vierte und fünfte Invasion der → Fir Bolg und der → Tuatha Dé Danann, wiederkehren.

nemeton → **Kultstätte**

Nemetona

Gewöhnlich wurde Nemetona mit dem → »Mars« zusammen verehrt, aber z. B. auf der Weiheinschrift des Konsuls A. Didius Gallus Fabricius, Veiento, einem *quidecimvir* und *sodalis* ältester und hochadligster heiliger Gemeinschaften, und seiner Gemahlin Attica, vom Heiligtum des »Mars Loucetius« von Kleinwinternheim, südlich von Mainz, steht nur ihr Name auf dem versilberten Bronzetäfelchen. Wie → Nemed, *nemeton* (vgl. → Kultstätte), Nemeter in Nordost-Gallien, deren Stammesgöttin sie wohl war, enthält ihr Name die Silbe für »heilig«. Nemetona dürfte also die »große, im Heiligtum verehrte Göttin« bedeutet haben; J. de Vries würde sie lieber als »Hochheilige« gedeutet sehen.

Nemetona wird gern als → Kriegsgöttin aufgeführt, aber im Stammesheiligtum der Aresaces mit seinem starken → Quellen-Kult besaß sie wahrscheinlich keine Kriegskomponente, abgesehen von jenem zerstörerischen Moment, das jede große Muttergöttin wenigstens potentiell in sich trägt.

Im ähnlich gelagerten Heiligtum von → Bath wurde u. a. ein → Götterpaar verehrt und auf einem Relief dargestellt: ein königlicher (gehörnter) Gott und eine hoheitsvolle Göttin, zusammen mit → Widder und → *genii cucullati*. Meist werden diese als → Rosmerta und »Merkur« angesehen; A. Ross jedoch interpretiert sie als Nemetona und Loucetius. Interessant ist, daß ein Treverer, ein Peregrinus, Sohn des Secundinus, im 1. Jh. n. Chr. eine Weiheinschrift an Lucetius Marti und Nemetonae hinterließ. Es ist sehr wohl möglich, daß sich die Funktionen von Rosmerta und Merkur mit denjenigen seiner heimischen Götter praktisch deckten.

»Neptun«

Abgesehen von etwa 20 Weiheinschriften ist »Neptun« allein in Gallien mit über drei Dutzend Abbildungen belegt, die sich stark ans klassische Vorbild halten. Sie zeigen einen kräftigen, bärtigen Mann in den besten Jahren, der, sich auf den Dreizack stützend, vom Delphin (vgl. → Fische) begleitet wird. Zuweilen verraten abweichende Einzelheiten den Typ des einheimischen, dem Namen nach unbekannten Gottes, der sich dahinter verbirgt. Sicher ist, daß sich der Funktionsbereich des »Neptun« nicht nur auf das Meer, sondern auf alle → Gewässer der Erde (vgl. → Elemente) erstreckte, weswegen er genauso oft im Binnenland wie an der Küste angerufen wurde. Das machte ihn für die Kelten zu einem Fürsten der → Anderswelt. Auf dem u. a. »Jupiter« und → »Apollo« geweihten Altar von Obernburg (Museum von Aschaffenburg) hält der charakteristisch großköpfige (vgl. → Kopfkult) Gott auf der Schmalseite wie üblich einen Delphin in der Rechten (vgl. → rechts), aber zu dem schaut ungewöhnlicherweise eine Gans (vgl. → Vögel) mit hochgestrecktem Hals empor, während der leider kopflose »Neptun« von Baden-Baden (bei Espérandieu abgebildet) zwar in der Rechten den Delphin trägt, → links jedoch ein greuliches Meeresungeheuer duldet. Darf dies als Anspielung auf eine Beschützerrolle gegenüber den Abgeschiedenen gedeutet werden? Der Pfeiler von Mavilly (Musée Archéologique, Dijon) bestätigt die Rolle des Herrn der irdischen Wasser (vgl. → Elemente). In der oberen Hälfte des einen Doppelbildes thront → »Jupiter«/→ Taranis, Donnerkeil bzw. Zepter in der Faust, und setzt den rechten Fuß auf den Rücken eines Delphins, den der bärtige → Torques-Träger, der in der Rechten ehemals den Dreizack trug, auf dem linken Arm hält. Es kann sich nur um den einheimischen »Neptun« handeln. Hier ist die Zusammenarbeit des Himmelsgottes und des Herrn der → Anderswelt dargestellt: Der eine bewegt die himmlischen Wasser durch den → Blitz, der andere läßt die Wasser aus der Erde (vgl. → Elemente) quellen. Zusammen halten sie den Kreislauf des Wassers und damit der Fruchtbarkeit und des Lebens in Gang.

Nera

Obwohl eine Vorgeschichte zum → *Táin Bó Cuailnge* hinein interpoliert wurde, ist *Echtrai Nerai*, u. a. im → *Lebor Laignech*, in erster Linie als Leitfaden zum Umgang mit der → Anderswelt gedacht. Es dürfte in die erste Hälfte des 8. Jhs. hinaufreichen. Ort der Handlung ist → Cruachan, sowohl → Medbs und → Ailills Palast, als auch das → *síd*; Zeit der Handlung ist zu → *Samhain*; die Handlung setzt ein Ritual, das gleichzeitig eine Mutprobe ist, in Gang.

In der *Samhain*-Nacht ist der ganze Connaughter Hof hinter den sicheren Palastmauern zum Festmahl rund um den → Kessel versammelt. Da bietet Ailill demjenigen, der einem am Vortag Gehenkten einen Weidenring am Bein befestigt, einen verlockenden Preis. Außer Nera wagt sich jedoch keiner in dieser Nacht auf die Richtstätte. Nera kann den Ring in mehreren Versuchen nicht befestigen, bis ihm der Tote ganz vernünftig rät, einen ordentlichen Pflock durchzustecken. Als Gegenleistung bittet er Nera, ihn zum nächsten Haus zu schaffen, da ihn dürste – er sei bereits durstig gehenkt worden. Nera ist ihm zu Diensten und lädt ihn sich auf den Rücken; aber das erste Haus ist durch einen Feuergraben (vgl. → Elemente) gegen Gespenster geschützt, denn hier wurde vor dem Schlafengehen das Feuer für die Nacht sorgfältig zugedeckt, was diesen Abwehrzauber (vgl. → Zauber) bewirkt. In gleicher Weise hält der magische See ums nächste Haus den Umgehenden in Schach. Hier ging niemand schlafen, bevor nicht alles Abwasser aus dem Haus hinaus befördert worden war. Im dritten bewirkt ein voller Wasserkübel, also stehendes Wasser (vgl. → Elemente, → Gewässer), daß der Tote eintreten kann. Er trinkt, sprüht aber den letzten Schluck über die Schlafenden, so daß sie nicht mehr erwachen. Diensteifrig bringt Nera das Gespenst zum Galgen zurück, bevor er sich dem Palast zuwendet, der zu seinem Entsetzen in Flammen steht, während daneben ein ganzer Berg abgeschlagener Köpfe (vgl. → Kopfkult) aufgehäuft liegt. Eben ziehen sich die Andersweltangreifer in den Feenhügel zurück, da schließt sich Nera ihnen an. Der König derselben empfängt ihn freundlich und quartiert ihn bei einer Witwe ein, die für ihn sorgen soll. Als Gegendienst muß er täglich ein Bündel Feuerholz in den Palast bringen. Nera freundet sich mit der Andersweltfrau an und heiratet sie heimlich.

Auf seinem täglichen Gang trifft er bei der → Quelle einen Blinden, der einen Lahmen trägt, wobei unweigerlich dessen Frage: »Ist sie noch da?« mit dem »Ja, gewiß« des Sehenden beantwortet wird. Neras Frau erklärt ihm die rätselhafte Begegnung. Die beiden sind königliche Kontrolleure, die sich täglich vergewissern müssen, ob die → goldene Königskrone noch in der Quelle liegt. Bei dieser Gelegenheit tut sie ihm kund, daß der Überfall auf Cruachan in Wirklichkeit nicht stattgefunden habe, sondern nur eine Vorschau auf *Samhain* des kommenden Jahres gewesen sei. Dann allerdings würde er Wirklichkeit werden, falls Nera den Hof ungewarnt lasse. Ailill und Medb seien vorbestimmt, das *síd* zu zerstören und die Krone aus der Quelle zu heben. Nera, der meint, → drei Tage und Nächte im Feenhügel zugebracht zu haben, werde die von Cruachan noch um den Kessel sitzend vorfinden, und solle sich mit Sommerpflanzen, Knoblauch, Primeln und Goldfarn aus dem *síd* bei Ailill und Medb ausweisen, damit sie ihm glauben. Sie werde ihm in seiner Abwesenheit einen Sohn schenken, und er möge sie doch vom Gegenangriff der Menschenwelt in Kenntnis setzen, damit sie Vieh und Gesinde retten könne.

Alles spielt sich so ab, wie Neras Gemahlin vorausgesagt hat. Nera findet den Hof Cruachan um den Kessel versammelt, so, wie er ihn verlassen hat – das Essen ist nicht einmal vom Feuer genommen worden. Ailill und Medb überfallen und berauben das *síd* zu *Samhain*, nicht jedoch bevor Nera seine Familie und sein Vieh in Sicherheit gebracht hat. Nera selbst hat in der Anderswelt seine Heimat gefunden, er kehrt nie wieder zu den Menschen zurück.

Ness

Die Tochter des Königs Eochaid Sálbuide von Ulster (vgl. → *Ulsterzyklus*), Ness, folgt in beiden Fassungen des *Compert Conchobuirs* (*Conchobars Empfängnis*) der Vorlage der königlichen → Muttergöttin.

In der älteren erkundigt sie sich beim → Druiden → Cathbad, wozu der Tag günstig sei (vgl. → Coligny-Kalender), und zögert keinen Augenblick, auf die Antwort: »Um einen König mit einer Königin zu zeugen«, ihn zu sich zu nehmen: → Drei Jahre und drei Monate geht sie mit dem glorreichen Kind schwanger. Die jüngere schließt die Erklärung ihres Namens ein: Asa, »die Sanfte, Umgängliche« wurde von zwölf Ziehvätern (Verkörperungen der zwölf Monate?) beschützt. Cathbad, hier Druide und Krieger, kam mit seiner Bande (vgl. → Fianna) aus dem Süden hergestürmt und erschlug alle zwölf. Darauf stellte sich Ness an die Spitze einer 27köpfigen Kriegerschar (→ drei mal neun) und fing, um sich zu rächen, zu rauben und plündern an, nach Art der gekränkten Muttergottheit (vgl. → Kriegsgöttinnen). Von jetzt ab wurde sie »Ni-Asa«, »Nessa« oder »Ness« genannt, »die Unumgängliche«. Bezeichnenderweise lebte sie damals in der unfruchtbaren Einöde.

Als sie einst in einer klaren → Quelle badete, stellte sich Cathbad zwischen sie und ihre Waffen und Kleider und bedrohte sie mit dem Schwert. Es blieb ihr nichts anderes übrig, als mit einem Heiratsversprechen ihr Leben zu erkaufen. König Eochaid nahm ihn als Schwiegersohn auf und beschenkte das junge Paar mit Land. Als es Cathbad nachts dürstete, schickte er Ness um Wasser (vgl. → Elemente) aus dem Fluß (vgl. → Gewässer) namens Conchobar. Sie seihte es durch ein Tuch, dennoch fanden sich zwei Würmer im Becher, die Cathbad sie zu verschlucken zwang, wovon sie schwanger wurde. Auf der Reise zum Schwiegervater setzten die Wehen ein. Cathbad prophezeite dem Kind eine großartige Zukunft, falls es erst bei Anbruch der Nacht (vgl. → Zeitenberechnung), gleichzeitig mit »Jesus Christus im Osten der Welt«, geboren würde. Ness tat ihr Bestes und kam schließlich auf einem großen, flachen → Stein nieder. In dieser Fassung wird nur lakonisch darauf aufmerksam gemacht, daß »ihr Grab noch dort« sei.

In *Conchobars Haushalt* (12. Jh.) überlebt sie jedoch Cathbad und verbindet sich mit → Fergus mac Roich, den sie zugunsten ihres Sohnes um die Herrschaft von Ulster prellt.

neun

Die Kelten erlebten die Neun als ungeheuer gewichtige Zahl – sie war im wahrsten Sinne des Wortes die Potenz der → Drei. Dreimal drei ergab eine Menge mit Absolutheitscharakter, die mit der rationalen Zählbarkeit nichts mehr zu tun hatte, denn darinnen waren auch noch die → Fünf, die Zeit und Raum erfaßte, und die vier Himmelsrichtungen enthalten. In der Neun steckte das ganze Universum.

Aus solchen Vorstellungen heraus bezog das Hochkönigtum Irlands – Hochkönig identisch mit Zentrum und vier Provinzen plus vier Provinzkönige – seine Ideologie und die Festhalle von → Tara mit ihren neun Abteilungen den Charakter eines geheiligten Zentrums. Die reale Distanz verlor sich in Unüberbrückbarkeit, als die → Milesier sich neun Wellen weit von Irland zurückziehen mußten, während sich die übersinnliche Dimension der Königin → Medb und die übernationale Macht von → Niall Nóigiallach in ihrem Verband von neun Streitwagen bzw. in seinen neun Geiseln ausdrückten. → Morgane und ihre acht Schwestern, neun Frauen insgesamt, reichten aus, um auf ihrer Insel → Avalon die ganze → Anderswelt zu repräsentieren. Neun Haselnüsse trägt der Haselbusch der Weisheit (vgl. → Bäume).

Newgrange

Das größte und aufwendigste → Megalithgrab in der Boyne-Schlaufe (vgl. → Bruig na Bóinne) ist Newgrange. Es besteht aus einem längeren Gang und einer Kammer, die ein 6 m hoher, in Kragsteintechnik geformter Dom überspannt, die beide unter einem heute noch 13 m hohen Grabhügel liegen. Das ungewöhnlichste Detail ist der »Sonnenbriefkasten«, ein Schlitz über dem Eingang, der am kürzesten Tag des Jahres einem Sonnenstrahl erlaubt, in 17 Minuten die ganze Grabkammer bis zur hintersten Steinplatte mit der berühmten Tripelspirale (vgl. → drei, → Spirale) auszuleuchten. Die Kelten dürften dies als einen Lehrsatz von der Unzerstörbarkeit des Lebens aufgefaßt haben. Es kommt also nicht von ungefähr, daß sie hier ihre Götter ansiedelten.

Niall Nóigiallach

Der Hochkönig Irlands, Niall, »der → neun Geiseln«, der die Dynastie der O'Neill begründen sollte, die bis 1002 n. Chr. auf → Tara regierte und der Britannien und das Festland durch seine ausgedehnten, tollkühnen Raubzüge in Atem hielt, hatte die denkbar schlechtesten Voraussetzungen für eine solche Laufbahn.

Seine Mutter, Cairen Chasdub »mit dem schwarzgelockten Haar«, war zwar eine sächsische Prinzessin, aber Nialls Vater → Eochaid Mugmedón, »Herr der Sklaven«, hatte sie in Britannien erbeutet. Seine Gemahlin, Königin Mongfind, tat ihr Bestes, um der schönen Fremden das Leben schwer zu machen. So ließ sie sie, in der Hoffnung auf eine Fehlgeburt, bis zum letzten Tag ihrer Schwangerschaft här-

Mit geometrischen Mustern geschmückter Eingangsstein zum Ganggrab von Newgrange (ca. 3000 v. Chr.; Gr. Meath).

teste Arbeit verrichten. Cairen kam indessen auf der Wiese von Tara nieder, wagte aber nicht, ihr Söhnchen aufzuheben, so daß es → drei Tage ausgesetzt blieb, bis der Dichter (vgl. → *fili*) Torna das Kind mitnahm, um es aufzuziehen. Erst als junger Mann sah Niall Tara wieder. Als erstes soll er seiner Mutter, die noch immer Wasser trug, Sklavenarbeit untersagt und sie in fürstlichen Purpur gekleidet haben.

Typisch für die Erzählung des → *Historischen Zyklus* schlägt Nialls Biographie unvermittelt ins Mythologische um, wohl auch aus dem Bedürfnis heraus, dessen außerordentlichen Erfolg zu erklären. Auf einem Jagdausflug mit seinen vier Stiefbrüdern, den Söhnen Mongfinds – sie waren also zu fünft (vgl. → fünf) –, verirrten sich die jungen Männer und beschlossen, an Ort und Stelle zu lagern. Während vier das erlegte Wild herrichteten, wurde einer um Wasser (vgl. → Elemente) geschickt. Unverrichteter Dinge und völlig verstört kam er zurück: An der Quelle war eine scheußliche → *caillech* gesessen und hatte das lebensnotwendige Naß von einem Kuß auf ihre ekligen Lippen abhängig gemacht.

Dem zweiten ging es nicht besser. Der dritte überwand sich zu einem flüchtigen Kuß, worauf ihm die Alte prophezeite (vgl. → Wahrsagerei), seine Verbindung mit dem Hochkönigtum werde genauso flüchtig sein: Nur zwei seiner Nachkommen sollen Könige werden. Unter Nialls leidenschaftlichen Küssen und seiner stürmischen Umarmung verwandelte sich die Alte in eine verführerische Schöne (vgl. → Metamorphose), die den Verblüfften lächelnd ansprach: »König von Tara, ich bin die → Oberhoheit …«.

Niam

Ein passender Name für Fürstinnen der Menschen- und der → Anderswelt ist Niam, die »Helle, Schöne«; letztlich gehen beide Arten auf die → Muttergöttin zurück. Die Mutter Feardomains, einer der → neun Führer der → Fianna, heißt Niam, eine andere ist eine Prinzessin von Munster, die sich von → Oisín entführen läßt, eine dritte die Königstochter von Griechenland, eine Frau »schöner als die Sonne«, die unter einem schrecklichen Gatten, einem Zwitter halb Mensch, halb → Katze, zu leiden hat. Die beiden bekanntesten sind Niam Chinnoír, »Goldhaar«, die schöne Andersweltfrau, die sich in Oisín verliebt und ihn nach → Tir na nOg holt, wo sie mit ihm eine Familie – zwei Söhne und eine Tochter – gründet, und Niam Celtchair, die Gattin → Conalls und Geliebte → Cúchulainns, der der → Held »kaum eine Bitte abschlagen kann«. Als sich die Verschwörung der Kinder → Calatins um ihn zusammenzieht, überredet sie Cúchulainn, der Einladung → Cathbads ins Glenn nam Bodar, ins Tal der Gehörlosen, zu folgen, denn dort dringt kein Schlachtenlärm hinein. Allerdings drängt ihn die → Badb, in Gestalt Niams (vgl. → Metamorphosen), auf seine Gegner loszugehen, statt sich feige zu verstecken. So beschleunigt Niam unwillentlich mit ihrem Versuch, Cúchulainn zu schützen, seinen Untergang. Als sie versucht, den Ansporn der falschen Niam als Lüge zu entlarven, glaubt ihr Cúchulainn nicht.

Nissyen
Zusammen mit → Evnissyen bildet Nissyen das walisische göttliche Gegensatzpaar: Wie der irische → Sencha ist auch Nissyen immer bestrebt, Frieden zu stiften, während sein Bruder alles daransetzt, Zwietracht zu säen. Alle lieben ihn. → Branwens Söhnchen geht mit Freuden und ohne Scheu auf diesen kaum bekannten Halbonkel zu, worauf Evnissyen in seiner Eifersucht einen teuflischen Plan ausheckt.

Nodens
Eine Entsprechung zu → Nuadu, jedoch nicht völlig identisch mit ihm, da das rhythmische Element fehlt, ist Nodens, auch Nodons, vom Heiligtum von → Lydney Park in der Gr. Gloucestershire. Nodens ist Herr der → Anderswelt, Ahne, → »Dis Pater«, Sonnen- und Schöpfergott sowie Bewahrer der Lebensimpulse, also »Tod« in einem wie der → Dagda. Interessanterweise zeigt ein Bronzefragment einen strahlenumkränzten Quadrigafahrer mit vier Rossen (vgl. → Pferd) –, der eine Keule (vgl. → Blitz) in der einen Hand hält: Nodens

Bronzener Hund vom Heiligtum von Lydney (City of Bristol Museum & Art Gallery, Bristol).

als Sonnengott. Die Sonnenkomponente ist Teil des Blitzeschleuderers (vgl. → Taranis, → »Jupiter«), des Herrn über die Lebens- und Todeskräfte und des Heilers (vgl. → »Apollo«), denn als solcher wurde den → Votivgaben nach Nodens von Lydney hauptsächlich angerufen. Eine bronzene Hand an einem langen Arm (vgl. → Nuadu), das Siegel eines Augenarztes, Nadeln, die schwangere oder unfruchtbare Frauen zu weihen pflegten, sowie eine ganze Gruppe bronzener und steinerner → Hunde und allerlei Hundefragmente kamen u.a. zum Vorschein. Die schönste Darstellung zeigt einen ruhenden irischen Wolfshund mit ausgestreckten Pfoten, den klugen Kopf aufmerksam zurückgewendet. Das Heiligtum von Lydney besaß Badebecken, obwohl das Wasser (vgl. → Elemente) hingeleitet werden mußte, dazu Tempelhallen, wo den Pilgern der Schlaf der Heilung und der Erkenntnis zuteil wurde. Nodens identifizieren deshalb eine Reihe von Votivinschriften mit → »Mars« dem Heiler, und nach der typisch britischen Vorstellung vom Zusammenhang von Heilen und Jagen (vgl. → »Apollo«) auch mit → »Silvanus«.

In seiner Eigenschaft als Bote und Fährtensucher stellt der Hund die Verbindung zur → Anderswelt her, was eine eher ungewöhnliche Entdeckung in Lydney beleuchtet: Mitten im Heiligtum öffnete sich eine Art irdener Trichter in einen Schacht. Vielleicht war dies der Versuch, die fehlende Quelle an dieser → Kultstätte zu ersetzen. Jedenfalls stellte diese Konstruktion unverkennbar einen Eingang zur übersinnlichen Welt dar: Im Trichter steckte, neben Münzen, eine Hundefigur.

Durch die herrliche Sicht auf den majestätisch zum Meer fließenden Severn war das Heiligtum an → Gewässer angeschlossen: Vermutlich wurden jene Tage, an denen sich die Laufrichtung des Wassers (vgl. → Elemente) durch die seltsamen Naturerscheinungen des *Severn Bore* (vgl. → Lydney Park) zu ändern schien, feierlich begangen. Sie muß als Lehrstück zur Reversibilität von Leben und Tod gegolten haben (vgl. → Unsterblichkeit der Seele).

Weitere Andersweltanklänge kamen durch die häufige Verwendung von Meerestiermotiven und -gestalten zustande: Ein heute zerstörtes Mosaik zeigte zwei Seeungeheuer mit ineinanderverschlungenen Hälsen, der Prototyp von → Vortigerns Drachen, sowie zwei Delphine (vgl. → Fische). Mehrere Fragmente von Wassergöttern mit Dreizack und Muscheln haben überlebt sowie die überaus aufschlußreiche Darstellung eines Mannes, der einen Salm (vgl. → Fische) fängt (vgl. → Fionn). Es kann sich dabei kaum um einen anderen handeln als um den weisen Salm, den das → *Mabinogion* (vgl. → Culwch, → Olwen) mit dem Severn verbindet – den Salm der Weisheit.

T. F. O'Rahilly sieht den Fisch und die Menschengestalt als zwei Erscheinungsformen des Herrn der Anderswelt an. Es war nur zu erwarten, daß Nodens auch mit → »Neptun« gleichgesetzt wurde.

Ein namens- und leider auch kopfloses Relief dürfte seine Begleiterin dargestellt haben: Die → Muttergöttin sitzt auf ihrem Thronsessel mit elegant übereinandergeschlagenen Beinen unter faltigem Gewand, neben sich ein imponierendes Füllhorn (vgl. → Horn).

Nodens ist mit »Wolkenmacher«, »Wohlstandsbringer« und »Fischer« übersetzt worden, wobei sich verblüffenderweise die sich daraus ergebenden Teilbereiche wunderbar ergänzen. Die Sonnen-/Blitzkomponente erzeugt die Regenwolke, die durch die Fruchtbarkeit den Wohlstand bringt – dahinter steht die göttliche Weisheit des Fischers/Fisches der Anderswelt.

Nuadu Airgetlám

Bevor die → Tuatha Dé Danann in Irland auftauchten, war Nuadu Airgetlám, »Silberhand«, bereits sieben Jahre lang ihr König. Als einen ihrer größten Schätze führten sie Nuadus Schwert, »vor dem niemals jemand entkommt« (vgl. → Blitz), aus der magischen Stadt Findias mit in die neue Heimat. Ihre erfolgreiche Auseinandersetzung mit den → Fir Bolg trübte allein der Umstand, daß Streng, Sohn des Sengann, Nuadu im Kampf einen Arm abtrennte, d.h., ihn nicht nur handlungsunfähig, sondern für die → rechtmäßige Herrschaft untauglich machte. Auf der Ebene des Gottes kommt dabei die sexuelle Symbolik zum Zuge: Die verwundete, verkrüppelte Gottheit ist unfähig, die Lebensimpulse erneut in Umlauf zu bringen (vgl. → Brân), das Land eines solchen Fürsten wird unfruchtbar, eine Vorstellung, die noch der Fischerkönig in der → Grals-Legende illustriert. Obwohl → Dian Cécht mit → Crednes Hilfe Nuadu mit einer ausgeklügelten silbernen Prothese versorgt, muß er zurücktreten. Statt dessen wird → Bres auf sieben Jahre König der Tuatha Dé Danann mit dem üblen Ergebnis, daß die Zweite Schlacht von → Mag Tuired unvermeidlich wird. Aber bis dahin ist Nuadu wieder geheilt und in seinem Amt; → Miach setzte ihm eine Hand aus Fleisch und Blut an. Seine Rückkehr nach → Tara feiert er mit einem Fest für alle Tuatha Dé Danann, in dessen Verlauf sich → Lug anmelden läßt. Diesem → *Samildánach* vertraut Nuadu tief beeindruckt die Leitung der Kampagne gegen die Fomorier an; noch einmal versichert er sich der Mithilfe seiner engsten Vertrauten am Hofe, des Zauberers, des Mundschenks, des → Druiden und des → Dagda – nicht anders als es Lug mit seiner systematischen Befragung aller Beteiligten vor der eigentlichen Schlacht tun wird –, dann kann mit den Vorbereitungen dazu begonnen werden. Die Tuatha Dé Danann sind erneut siegreich, aber kurz bevor → Balor durch → Lug fällt, wird Nuadu zusammen mit → Macha von ersterem getötet.

Interessanterweise lassen Leinster-Stammbäume → Fionn seit dem 6. Jh. auf väterlicher, seit dem 12. auf mütterlicher Seite von einem Nuadu abstammen. Dieser heißt auch Nuadu → Nécht (vgl. → »Neptun«) und wird an einer Stelle mit → Elcmar, dem Gatten → Boands, identifiziert. Nuadu war zweifellos ursprünglich ein Gott der → Anderswelt, Ahnherr derer von Leinster und Weiser in einer Person. Anscheinend konnte er sich jedoch nur periodisch schöpferisch betätigen, abhängig von seiner physischen Intaktheit. So schwankt Nuadu – möglicherweise nach Jahreszeiten – zwischen der Rolle des eifersüchtigen Bewahrers der Lebensimpulse (vgl. → Elcmar) und dem »guten Fürsten« der Anderswelt, der die Lebensimpulse sich wieder individualisieren läßt und das Land mit Fruchtbarkeit erfüllt.

Nodens ist seine britische Entsprechung, während → »Ludd Llawreint« die walisische Parallele zu »Nuadu Airgetlám« bildet.

Nudd → **Gwyn ap Nudd,** → **Lludd**

Oberhoheit

Die fülligen, steinernen Damen wie Germania, Britannia, Helvetia oder Marianne, die auf Europas Plätzen herumstehen, teilen mit der irischen Oberhoheit nur die Äußerlichkeit, daß eine weibliche Person ein Land vertritt. Die irische Souveränität jedoch sprengt den Rahmen der Allegorie; hinter ihr steht die → Muttergöttin, d.h. die Verkörperung des physischen Grund und Bodens, der Erde (vgl. → Elemente) und des Territoriums, überhöht von *flaith*, dem Recht zu herrschen. Durch die → heilige Hochzeit mit dem von ihr erwählten Gatten macht die Oberhoheit diesen zum → rechtmäßigen Herrscher und überträgt ihm die Herrschergewalt.

Das *Echtrae Baile in Scáil* (*Die Verzückung der Erscheinung*) zeigt, was für konkrete, klare Vorstellungen die Inselkelten davon hatten. König → Conn ist in der → Anderswelt eine Begegnung mit → Lug und einer schönen, jungen Frau vergönnt. Sie sitzt mit einer → goldenen Krone auf dem Haupt auf einem kristallenen Thron, offensichtlich *flaith Érenn*, Irlands Souveränität. Als erstes bietet sie Conn Speisen an, sie nährt ihn also, und zum zweiten kredenzt sie ihm einen Becher des → roten, berauschenden Gerstensaftes, »derg flaith«, wobei sie in einem Wortspiel »flaith« = »Oberhoheit« / »laith« = »Trunk«) sich selbst anbietet; gleichzeitig läßt sie sich von Lug die rhetorische Frage beantworten, ob dieser für Conn bestimmt sei. Aus dem Munde des Gottes erschallen nun die Namen aller Fürsten, die nach Conn auf → Tara regieren werden. Nach Diktat ritzt der → Druide Cesarn diesen königlichen Stammbaum auf Eibenstäbe (vgl. → Bäume) ein. Nach dem letzten Buchstaben verschwindet die Erscheinung – Conn darf Gefäß nebst Inhalt und die → Ogam-Stäbe behalten.

Die Vorstellung vom König als Gatte seines Reiches ist vorindoeuropäisch, wurde aber von Indoeuropäern übernommen. Spezifisch keltisch scheint zu sein, daß das Reich sich den Gemahl erwählt, was anderseits beinhaltet, daß die Oberhoheit einen durch Alter, Verletzung oder unmoralisches Betragen disqualifizierten König fallenlassen kann, um sich einem jüngeren, tüchtigeren, besseren zuzuwenden. Das Musterbeispiel dazu ist Königin → Medb mit ihren → neun Gatten. Die Variation des Themas durch die → *caillech* als Souveränität kommt durch eine → Metamorphose zustande. Die zugrundeliegende Idee ist einfach: Ohne rechtmäßigen Herrscher/Gatten bleibt das Land unfruchtbar, verliert die Lebenskraft, wird alt und häßlich. Das Resultat ist eine eklige Alte. Wer wie → Niall Nóigiallach, → Lugaid oder die Könige Ulsters den Mut hat, diese zu umarmen, erlebt das Wunder, daß sie sich in eine strahlend schöne, junge Frau verwandelt: Durch den richtigen Gatten kehren Lebenskraft und Fruchtbarkeit zurück.

Oengus

Mac Óc bzw. Mac ind Óc, »der junge Sohn«, verdankt sein Leben dem Seitensprung → Dagdas, dem Schöpfergott, und → Boands, der großen → Muttergöttin, die ihr Gatte, der die Lebensimpulse hortende Herr der → Anderswelt, → Elcmar/ → Nechtan, nicht befriedigen kann.

Das wunderbare Kind, das in nur einem, allerdings durch Dagdas → Zauber künstlich verlängerten Tag empfangen und geboren wurde, wird gern als Symbol des Tages gewertet, umschließt jedoch viel mehr. Oengus, wie seine Mutter sich ausdrückt, »die einzige Kraft« – J.de Fries übersetzt stark einschränkend »der allein Kräftige« –, Mac ind Óc, »der junge Sohn«, wie ihn sein Vater nennt, ist wie z.B. → Maponus/ → Mabon und vermutlich auch Iovantucarus (vgl. → »Mars«/→ »Merkur«), das göttliche Kind, der göttliche Sohn, der Ausdruck des neuen Lebens schlechthin, ein Konzept, das Christen nicht ganz fremd sein dürfte.

Oengus ist der Gott der lichten Kräfte, der überall hilfreich und schützend eingreift. Er ist auch geistig »hell«, wie die Überlistung Dagdas, in anderer Fassung Elcmar/Nechtans, zeigt, die ihn zum Herrn von → Bruig na Bóinne macht.

Oengus wuchs bei seinem Ziehvater → Midir – in einer Fassung → Manannán mac Lir – in Brí Léith als glückliches Kind heran bis zu dem Tag, als ihn ein Spielkamerad, in einer Version ein → Fir-Bolg-Junge, wegen seiner obskuren Herkunft hänselte. Midir klärte Oengus auf und stellte ihn dem Dagda vor, der ihn als seinen Sohn anerkannte und ihm leutselig einen Wunsch freigab. Oengus verlangte Bruig na Bóinne, den der Dagda jedoch behalten wollte. Darauf bat der Junge, wenigstens einen Tag und eine Nacht darin verbringen zu dürfen, was ihm der Dagda, der viel zu spät die Tragweite seines Zugeständnisses erfaßte, gern gewährte, denn wie Oengus erklärte, bedeutet Tag und Nacht »die ganze Welt«, d.h. die Zeit an sich. Sein Vater hatte ihm unwillentlich das → *síd* auf ewig abgetreten. In dieser Erzählung machte sich Oengus die geistige Dunkelheit seines Erzeugers zunutze, an anderer Stelle überwindet er Elcmar, den Eifersüchtigen, Finsteren, indem er den richtigen Zeitpunkt, → *Samhain*, abpaßt und ihn zwingt, ihm Bruig na Bóinne zu überlassen. Es mutet doch wie ein sehr seltsamer Zufall an, daß Oengus, der Lichte, der Tag, das Leben, mit List und richtigem Zeitgefühl in den Bruig eindringt, wenn man den sorgfältig konstruierten, megalithischen »Sonnenbriefkasten« von → Newgrange in Betracht zieht!

Oengus kümmert sich um die Bedrängten, schützt Leben, wenn es sein muß mit seinem Zaubermantel (vgl. → Zauber), der unsichtbar macht, baut auf, von → Diarmaid und → Grainne über die verzauberten → Schweine (vgl. → Metamorphose) Derbrius, → Medbs Schwester und seiner Geliebten, bis zu → Étaín, für die er, damit sie wieder zu Kräften und Körper kommt, ein Sonnenhaus konstruiert. Er schließt Frieden zwischen Diarmaid und → Fionn und bringt schließlich seinen toten Ziehsohn auf einer → goldenen Bahre zum Bruig. Obwohl es zum Streit zu kommen scheint, bei dem er ihm anscheinend ein Auge ausstößt, verhilft er Midir zur schönen → Étaín II. Er ist Mitspieler in mehreren Dreiecksgeschichten vom → Rigani-Typ: etwa bei Étaín und Midir; einer Englec, Tochter Elcmars, die ihn abweist, weil sie Midir liebt, worauf Oengus vor Enttäuschung Haselnüsse (vgl. → Bäume) auf den Boden wirft und klagt; und in einem Fragment, in dem er als Rivale des → Druiden Bresal um die Frau des → Schmieds auftritt. Andererseits ist er der Hauptdarsteller in einer der schönsten und ältesten irischen Liebesgeschichten, *Aislinge Oenguso* (*Oengus' Traumgesicht*), aus dem 9./10. Jh. (vgl. → *Mythologischer Zyklus*).

Oengus erblickt jede Nacht eine wunderschöne Jungfrau, die ihm auf dem *timpán* vorspielt. Versucht er ihre Hand zu ergreifen, verschwindet sie. Der Liebeskummer wirft ihn aufs Krankenlager. Boand, Dagda und → Bodb tun sich zusammen, um die Schöne aus der Anderswelt zu finden. Aber mehr als den Namen, → Caer Ibormait, und einen kurzen Blick auf sie können sie Oengus nicht verschaffen. → Medb und → Ailill zerstören das → *síd* ihres Vaters in der Hoffnung, über ihn Druck auf sie ausüben zu können. Immerhin finden sie heraus, daß Caer Ibormait und ihre Gefährtinnen sich zu *Samhain* in Schwanengestalt (vgl. → Metamorphose, → Vögel) auf dem See (vgl. → Gewässer) Bél Draco niederlassen werden. Tatsächlich bietet sich Oengus zum angegebenen Zeitpunkt der zauberhafte Anblick von 150 mit silbernen Ketten zu Paaren zusammengeschlossenen, schimmernd weißen Schwänen, deren goldene Flechten wie Krönchen um ihre Köpfe liegen. Mitten drin befindet sich Oengus' Angebetete in Menschengestalt, und nach der heiligen Versicherung, sie dürfe wieder zum See zurück, kann er sie endlich in die Arme schließen. In Schwanengestalt erheben sich beide in die Lüfte und kreisen über dem See ... Endlich einmal endet eine Liebesgeschichte glücklich: Die beiden heiraten und bewohnen fortan Bruig na Bóinne.

Ogam

Nicht nur irische Quellen, auch Nennius' *Historia Brittonum* (Mitte des 10. Jhs.) gibt

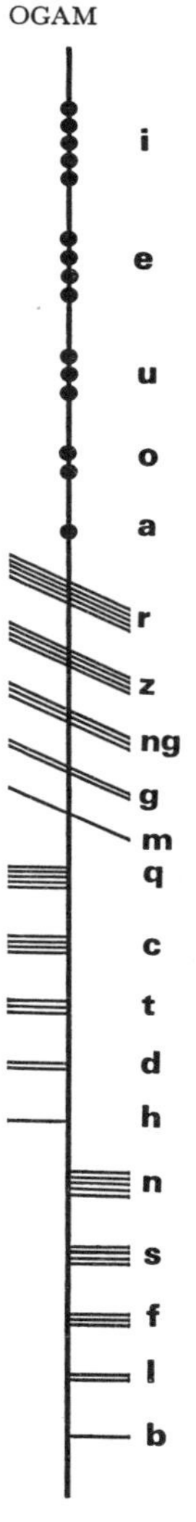

Ogam-Alphabet mit 20 »Buchstaben«.

→ Ogma als Erfinder der Ogam-Schrift an. Die Diskussion, ob ein tatsächlicher Zusammenhang zwischen Gott und Schrift bestand oder ob Volksetymologie den Bezug herstellte, kann hier ausgeklammert bleiben. Worauf es ankommt, ist die selbstverständliche Verwendung von Ogam in der Sage. Die Schrift erscheint als das, als was sie propagiert wird: nur Eingeweihten erschließbare Zeichen von vorwiegend magischem Charakter.

Ogam stützt sich auf eins der klassischen Alphabete – Uneinigkeit besteht darin, ob es sich um das griechische (chalkidische) oder um das römische handelt. Den Buchstaben entsprechen senkrechte Striche, die sich in Länge, Richtung und Anzahl unterscheiden. Sie sind in → fünf Gruppen zu je fünf Zeichen zusammengefaßt: drei für die Konsonanten, eine für die Vokale und eine für die Diphthonge – 20 Buchstaben für Einzel- und fünf für Doppellaute. Ursprünglich dürfte es sich um vorchristliche, von → Druiden zu magischen Zwecken oder zur Übermittlung esoterischer Botschaften benützte Zeichen gehandelt haben, die vorwiegend in Holz eingeschnitzt wurden. Von den 360 bekannten Ogam-Inschriften auf Stein verteilt sich der Hauptanteil von etwa 200 Exemplaren auf die südirischen Grafschaften Waterford, Cork und Kerry. Wales kennt 15, Cornwall und Devon zusammen sieben, auch Schottland und die Insel Man besitzen einige. Von den irischen gehört die Mehrzahl ins 5.–8. Jh. n. Chr. Die Zeichen wurden gewöhnlich über der Kante eines → Stein-Pfeilers angebracht, seltener einer künstlich gezogenen, senkrechten Linie nach. Die Schrift eignet sich für Kurznotizen wie Namen zur Erinnerung an Verstorbene oder zur Klärung von Grundbesitz. Dies scheint aber bereits ein säkularisierter Gebrauch von Ogam zu sein.

In der Sage steht das magische Element viel stärker im Vordergrund: → Cúchulainn z. B. hält zweimal → Medbs Heer durch magische Befehle auf (vgl. → Zauber). Einmal müssen seine Gegner einen Ring aus einem jungen Baum in gleicher Weise wie er über einen Steinpfeiler werfen, bevor sie weiter dürfen, ein andermal mit dem Streitwagen über einen gefällten Baum hinwegsetzen, wozu sie 30 Anläufe benötigen. Ein Eisenreif mit Ogamschrift soll Cúchulainn vor Mac Nechtans (vgl. → Nechtan mac Namát) Burg am Weiterfahren hindern, es sei denn, er wage den Zweikampf mit dem unheimlichen Bewohner.

Grabsteine u. a. für → Fergus mac Lété, → Conlai und schließlich für → Cúchulainn und → Emer werden als Teil des Begräbnisrituals mit dem Namen in Ogam versehen – zur Erinnerung und zum Schutz der Toten. → Fionns Hofnarr Lomna half Ogam aus einem Dilemma: Als er Fionns Frau mit ihrem Liebhaber überraschte, mußte er schwören, dem Gatten nichts zu sagen. So schnitt er die Botschaft der ehelichen Untreue, erst noch

Ogam-Steine von Drumloban, Gr. Waterford.

verschlüsselt, in Stäbe, die er so plazierte, daß sie sein Herr finden mußte.

Bei der Suche nach → Étaín kommt eine Szene vor, wie sie ursprünglich die Norm gewesen sein dürfte. Der Druide Dalan wurde, nachdem alle sonstigen Mittel erschöpft waren, nach dem Verbleib der Vermißten gefragt. Indem er Ogam-Zeichen in vier Eibenstäbe (vgl. → Bäume) ritzte, wurden ihm »durch seine Schüssel der Gelehrsamkeit« dargetan, daß → Midir die Königin im → *síd* von Brí Léith versteckt hielt.

Ogma

Die Triade (vgl. → drei) der Hauptgötter der → Tuatha Dé Danann bilden Ogma, sein Bruder → Dagda und → Lug. Er ist ihr *trenfer* und *champion* (vgl. → »Herkules«), der starke Mann und Meisterkämpfer. Unter → Bres' Herrschaft wird auch er gedemütigt und muß Brennholz von den Inseln herschleppen, ist jedoch vor Hunger so schwach, daß die See regelmäßig zwei Drittel seiner Last wieder wegschwemmt.

Als Lug auftaucht und → Nuadu diesen im königlichen Brettspiel testet, behält er sich das Recht vor, dessen Kräfte zu prüfen, indem er einen Riesenstein (vgl. → Stein), der nur mit der Kraft von 80 Ochsen bewegt werden kann, durchs Gebäude sausen läßt – und von Lug zurück erhält.

Vor den Schlachten von → Mag Tuired verspricht er Lug ganz konkrete Waffentaten in der Art eines Oberbefehlshabers der Streitkräfte. Nach der Erzählung fällt er dort im Zweikampf mit Indech, dem Fomorierkönig (vgl. → Fomorier), nur um drei Seiten später nach Art der Unsterblichen wieder aufzutauchen. Ihm ist das Schwert Orna des Fomorier-Königs → Tethra in die Hände gefallen. Als er es aus der Scheide zieht und sorgfältig reinigt, hebt es an, von seinen Waffentaten zu erzählen (vgl. → Waffenkult), eine für die Inselkelten vielfach belegte Verbindung von Kriegshandwerk und Dichtung, die auch Ogmas nächste Tat auszeichnet. Nach der Schlacht begleitet er nämlich Lug und Dagda zu den Fomoriern, um Dagdas Harfe im Triumph zurückzuholen, das Instrument, von dem nicht nur der Dichterzweig der Barden (vgl. → *fili*) lebt, sondern das für sich die Dichtung symbolisiert. Ogma handelt hier nicht allein als Mitglied der Hauptgötterdelegation; als irische Variante des gallischen → Ogmios besitzt er selbst einen Bezug zum Wort, zur Sprache, zur Dichtung. Sie kommt in seinen Beinamen zur Geltung: Cermait, »Honigzunge«, und Grianainecht, »Sonnenantlitz«, aber auch »von sonnenhaftem Ausdruck«, was an den gallischen Gott mit seiner sonnengegerbten Haut und dem strahlenden Lächeln erinnert. Der Hang zur Dichtung liegt jedoch auch in der Familie: Nach dem → *Lebor Gabála Érenn* ist Ogma der Sohn Eladans, was »Wissenschaft, Dichtkunst, Kenntnis, Geschicklichkeit« bedeutet, der Gatte (gelegentlich Sohn) »baneices«, der gelehrten Dichterin / Seherin (vgl. → *fili*) Etan, Tochter des → Dian Cécht; sein Sohn bzw. Onkel ist → Cairbre, der Dichter, dessen Satire → Bres den Thron kostete. Nach einer Abhandlung über → Ogam aus dem 9. Jh. im *Buch von Ballymote* (14. Jh.) soll Ogma diese Schrift erfunden haben, und zwar zur geheimen Kommunikation unter Wissenden.

Ogmios

Lukianos von Samosatos läßt uns durch seinen Ich-Erzähler die Reaktion eines Griechen vor dem Bild eines einheimischen → Herkules irgendwo in Südgallien miterleben. Er war, gelinde gesagt, verwirrt, denn dieser Gott, den die Kelten »Ogmios« nannten, trug zwar die gewohnten Attribute Löwenhaut, Keule, Köcher und Bogen, zeigte aber statt der jugendlich-kräftigen Heldengestalt einen verrunzelten, kahlköpfigen Alten mit der sonnenverbrannten Haut eines Seemannes, der mehr einem Charon oder Japetos ähnelte. Schon schoß dem Erzähler der Gedanke durch den Kopf, ob dies auf eine Verspottung der Griechengötter, die Rache für Herakles' siegreichen Durchzug durchs Keltenterritorium hinauslaufen sollte, als ihm noch etwas viel Merkwürdigeres auffiel: Dieser Greis zog eine beträchtliche Menschenmenge mit sich; die eifrig hinter ihm Herlaufenden waren mit an den Ohren festgemachten, in der durchlochten Zungenspitze des Gottes zusammenlaufenden → Bernstein- und → Gold-Kettchen mit diesem verbunden. Trotz dieser schwachen Fessel folgten sie willig, fröhlich und freudvoll denjenigen preisend, der sie führte, während der greise Gott sich freundlich lächelnd zu ihnen umwendete. Ein »weiser Kelte«, der zu seiner spürbaren Erleichterung gutes Griechisch sprach, klärte den Befremdeten darüber auf, daß die Kelten die Macht des Wortes nicht mit Hermes (vgl. → »Merkur«), sondern mit Herakles (vgl. → »Herkules«) verbänden, da dieser viel stärker sei. Er brauche sich auch nicht über die Darstellung des Herkules als alten Mann zu wundern, denn nach den Dichtern würde die Beredsamkeit als einzige Kunst ihren Höhepunkt erst im Alter erreichen ... Nach ihrer Meinung habe Herakles als Weiser durch seine wohlgesetzte und überzeugende Rede gesiegt und die meisten seiner Hindernisse überwunden. Er geht so weit, dessen Waffen symbolisch zu sehen, seine Pfeile seien seine geschliffenen Formulierungen gewesen.

Grundlage einer solchen Auslegung der Qualitäten Herakles' ist der bei den Kelten vielfach bezeugte Glaube an das gesprochene Wort, an die Wirksamkeit der wohlgewählten, geformten, dichterischen Rede, die unmerklich in Beschwörung und → Zauber übergeht. Belege für letzteres sind zwei an Ogmios gerichtete *defixiones*, bleierne Fluchtäfelchen (vgl. → Zauber) aus Bregenz. Nicht umsonst hat F. Le Roux Ogmios mit dem indischen Varuna verglichen. Aber dies bezieht sich auf die düstere Seite Ogmas, um die es hier, wegen der Fröhlichkeit der Szene und der Materialien der Ketten, die den Redensstrom vom Gott zu den Menschen symbolisieren, nicht gehen kann.

Was er ihnen erzählt, wird sich kaum je rekonstruieren lassen, genausowenig, wo er sie hinführt. Was bleibt ist, daß er sie führt, und daß ihm die Menschen voll Freude und Vertrauen folgen. Das dürfte sich sowohl auf das Leben in der Welt der Menschen als auch in der → Anderswelt beziehen, solange es sich um einen Ort für die Abgeschiedenen im Stil des inselkeltischen Paradieses handelt.

Oisín

Dank James Macphersons (1736–1796) Fälschungen gehört der → Held und Dichter (vgl. → *fili*) des → Fenierzyklus, Oisín, unter dem Namen Ossian zu den bekanntesten inselkeltischen Sagenfiguren auf dem Kontinent. Literati aller Nationen, u. a. Goethe, waren von der Ursprünglichkeit und dem romantischen Gehalt der angeblich im Hochland Schottlands gesammelten Werke Ossians begeistert. Erst nach Macphersons Tod stellte sich heraus, daß er wohl mündlich überlieferte Fragmente alter gälischer Dichtung benützte, diese jedoch nach eigenem Gutdünken zu einem englischen Epos verschmolzen hatte, das er unter dem Druck seines Ruhmes und dem immer lauter werdenden Ruf nach Offenlegung seiner Quellen ins schottische Gälisch zurückübersetzen ließ.

In der irischen Überlieferung ist Oisín, »kleiner → Hirsch«, Sohn des → Fionn und Blaí Dergs, der Hirschkuh, so wichtig, daß zuweilen der Fenier-Zyklus nach ihm genannt wird. Oisín ist der Vater → Oscars, und die beiden unterstützen im allgemeinen getreulich Vater bzw. Großvater Fionn, auch wenn dieser sie zuweilen mit seinem schwierigen Charakter in die Rebellion treibt. Oisín ist in dieser Triade, die die → drei Lebensalter umfaßt, der besonnenste, der gerne ausgleicht, der Maß hält – ein echter Vorläufer der → Artus-Ritter.

→ Grainne macht ihm vor → Diarmaid einen Antrag, was er höflich abzulehnen versteht, da er nicht zum Rivalen seines Vaters werden will, aber er schützt die Flüchtigen, wo er kann, und warnt sie vor Fionns Fallen. Andererseits fällt er Oscar in den Arm, als dieser → Diarmaids Tod an Fionn rächen will.

Nach der älteren Überlieferung stirbt Oisín nicht, sondern geht am Ende seines Lebens ins → *síd* seiner Mutter ein.

Eine andere, die der Dichter Michaél Comyn Mitte des 18. Jhs. niederschrieb, läßt ihn durch → Niam »Goldhaar« während der Jagd bei Lough Lene (Killarney, Gr. Kerry) nach → *Tir na nÓg* entführen. Ihr weißes Pferd trägt sie beide gegen Westen übers Meer zur Andersweltinsel (vgl. → Anderswelt), wo er sich mit der Liebreizenden vermählt, die ihm → drei Kinder schenkt. 300 Jahre verbringen sie glücklich zusammen, bis sich das Heimweh doch meldet. Oisín möchte noch einmal Irland aufsuchen, und Niam überläßt ihm ihr → Pferd mit der Mahnung, die grüne Insel nicht zu betreten. Zu Oisíns Enttäuschung ist Fionns Palast, Almu, zerfallen und von Nesseln überwuchert. Auf der Suche nach seinen Kameraden trifft er im Glenasmol, in den Bergen von Wicklow, auf den Menschenschlag, der nun Irland bevölkert, eine schwächliche, kleine, zahme Rasse, die nichts mehr vom echten Heldentum weiß. Eben müht sich ein Grüppchen vergeblich, einen Felsbrocken auf einen Wagen zu laden. Oisín beugt sich aus dem Sattel, faßt den Stein an, da zerreißt der Sattelgurt, und der → Held landet auf dem Boden – mühsam erhebt er sich als hilfloser Greis. Man bringt ihn zu → St. Patrick. Wie bei der → *caillech* ersetzt auch hier der lineare den zyklischen Zeitenlauf; Oisín ist plötzlich am Ende seines Lebens.

Bereits seit dem 11. Jh. gab es Versuche, die heidnische und die christliche Mythologie in der Person Oisíns zusammenzuschließen. Diese ersten Begegnungen zwischen dem Vertreter des heroischen und demjenigen des christlichen Zeitalters waren durchaus freundlich gewesen. Oisín und sein Kamerad, Caoilte, ließen sich taufen. Erst nach und nach verhärteten sich die Positionen. Oisín verteidigt mit Vehemenz die Großzügigkeit, Tapferkeit und die Loyalität Fionns, die Eigenschaften des → rechtmäßigen Herrschers, während sich St. Patrick immer mehr zu einem klerikalen Nörgler und Fanatiker auswächst, der Fionn das ewige Leben abspricht, nur weil er kein Christ war. Und während Oisín die Fülle der Festmähler der → Fianna rühmt, geht er mit den Gütern der Erde asketisch-knausernd um und läßt den alten Helden hungern.

ollam

Im inselkeltischen System war *ollam*, »Meister«, ein derart hoher Titel, daß er schließlich soviel wie das Maximum des Erreichbaren bedeutete, auch für andere Berufe als den ursprünglichen des Dichters; dem *ollam* standen die Rechtsansprüche eines Unterkönigs zu. Erst nach 12jährigem Studium konnte ein *file* (vgl. → *fili*) damit rechnen, als *ollam* anerkannt zu werden. Stellenweise muß die Regelung gegolten haben, daß erst beim Ableben eines Meisters ein neuer gewählt werden konnte. Andererseits bezeichnete *ollam* auch den ausgelernten Dichter. Er mußte sämtliche druidischen Praktiken (vgl. → Druiden), z. B. *imbas forosnai* (vgl. → Zauber, → Opfer), beherrschen und »alle Gedichte« kennen, d. h. imstande sein, sich jederzeit improvisierend in komplizierter, dichterischer Form auszudrükken. Das Extempore-Gedicht galt als höchste dichterische Leistung.

Der Titel schloß die Lehrerlaubnis auf höchster Ebene ein, vergleichbar der Professur. Ein *ollam* lehrte gewöhnlich an einem Fürstenhof (vgl. → Amergin, → Ferchterne). Gleichzeitig war er verantwortlich für die Erstellung und Weiterführung von Genealogien, die Aufzeichnung geschichtlicher Ereignisse und für die Erklärung von Eigen- und topographischen Namen. Natürlich bildete er Dichter bis zu seinem eigenen Grad aus – er war absoluter Experte in Verslehre und Extempore-Techniken. Bei großen Anlässen wie den → Jahreszeitenfesten und Versammlungen rezitierte er Erzählungen persönlich, wobei der wortgetreuen Wiedergabe großes Gewicht zukam: Auf diese Weise blieben mündlich überlieferte Texte über Jahrhunderte unverändert erhalten. Jeder *ollam* mußte mindestens ein Siebtel aller historischen bzw. mythologischen Erzählungen beherrschen, entwickelte jedoch auch sein Spezialgebiet, wofür er unter den verschiedenen Fürsten ausgetauscht wurde.

Olwen

Allein bei der Erwähnung ihres Namens verliebt sich → Kulhwch unsterblich in Olwen, die Tochter → Ysbaddadens. Als er die Liebliche schließlich angetan mit einer flammendroten Seidenrobe und einem → goldenen → Torques in ihrer ganzen Schönheit, mit Haaren »gelber als Ginster, ... Augen, heller als von einem einmal gemauserten Habicht oder dreimal gemauserten Falken« sieht, gesteht er ihr rundheraus seine Liebe und bittet sie, mit ihm zu gehen. Sie jedoch will das ihrem Vater gegebene Versprechen nicht brechen und nicht ohne seine Einwilligung heiraten – denn bei ihrer Vermählung muß der alte Riese sterben.

So sind denn 39 Aufgaben zu lösen, bis Kulhwch seine Olwen heimführen kann.

Olwen bedeutet »weiße Spur« bzw. »Bahn«. Wo die schöne Riesentochter einhergeht, sprießen bei jedem Schritt vier weiße Kleeblättchen – Sonnenzeichen, Triskelen. Olwen ist von ihrer ganzen Aufmachung her unschwer als ehemalige Sonnengöttin zu erkennen (vgl. → Gestirne).

Omen → **Vorzeichen**

Opfer

Götter verkörperten Kräfte wie die der Fruchtbarkeit, der → Gestirne, der → Elemente, der meteorologischen Erscheinungen, der → Gewässer, der Tierwelt sowie bestimmter Orte, die sich dem Zugriff des Menschen entzogen, von denen er jedoch abhing oder denen er ausgeliefert war. Den Funden nach hatten Menschen sehr früh das Bedürfnis gehabt, mit diesen Mächten in Beziehung zu treten, sie zu bannen oder, wenn irgend möglich, günstig zu beeinflussen. Anders als in Magie und Beschwörung (vgl. → Zauber) kam im Opfer ein emotionelles Moment zum Zuge: Das Hingeben von etwas dem Gebenden Lieb und Teuerem, vor allem, wenn es freiwillig geschah, mußte die Götter rühren, bewegen, sie mußten den Verzicht anerkennen, der Bemühungen des Menschen Rechnung tragen. Auf diese Weise erhofften die Sterblichen, die Götter, falls sie beleidigt oder erzürnt waren, zu versöhnen oder durch Dank und Ehrbezeugung weiterhin geneigt zu halten. Dieser Mechanismus war und ist in den meisten Kulturen zu finden, da aber die Kelten, wie Caesar bestätigt, ausgesprochen religiös waren, spielte das Opfer bei ihnen eine sehr große Rolle.

Einerseits verlangten die Götter Beachtung, und zwar in einer gewissen Form, in Zeremonien und Ritualen, sonst machten sie sich schadend bemerkbar, andererseits suchten die Menschen den Zusammenhang mit dem Spirituellen, das ihnen in der vom ewigen Wechsel bewegten, materiellen Welt eine gewisse Sicherheit gab. Das Opfer faßt beide Seiten zusammen. Die Opferhandlung bei den Kelten stellte, nicht anders als bei den heutigen Christen, den Kontakt mit dem Göttlichen her. Das Geopferte erhielt durch den Akt der Hingabe eine Weihe, das es über das Profane hinaushob, auch wenn es sich um Gegenstände des täglichen Lebens wie Werkzeuge, Feldfrüchte oder Tiere handelte. Privatpersonen konnten solche Opfer darbringen, angefangen von den täglichen Routinegaben – in Irland, der Bretagne und den Alpen war es bis vor kurzem noch üblich, den → Feen ein Schälchen Milch hinzustellen – über das rituelle Schlachten eines Tieres bei Krankheit, einem Unfall oder irgendeinem Unglück, wohl im Beisein eines Priesters, bis zur Darbietung des Familienschatzes zur Abwendung ernster Bedrohung, wahrscheinlich auch bei Unfruchtbarkeit. Dem einzelnen stand jedoch auch der Weg über → Kultstätten offen, was eine Pilgerfahrt einschließen konnte, zu der → Votivgaben gehörten, von der → Münze bis zu Weiheinschriften, Altären und → Götterdarstellungen. → Quellen, → Gewässer, einschließlich der Moore und → Berge erwiesen sich für Funde ganzer Votivhorde als besonders ergiebig.

Bei den → Jahreszeitenfesten war es die ganze Gemeinschaft, die das Opfer feierte. Es ging dabei wohl hauptsächlich um Feldfrüchte und Tiere und schloß ein gemeinsames Mahl ein. → Hirsch- und → Stier-Opfer sind im → Rigani-Mythos verankert, der ja auch jahreszeitenabhängig war. Wichtige Opfer mußten von → Druiden ausgeführt werden.

Ereignisse, die den ganzen Stamm betrafen, wie die Inthronisation eines Königs, wurden ebenfalls mit Opferdarbietungen gefeiert (vgl. z.B. → Pferd). Bei Rückkehr des siegreichen Stammes wurde in Tempeln oder sonst heiligen Orten (vgl. → Kultstätten) die Kriegsbeute niedergelegt: Sie war sakrosankt.

Caesar macht die Feststellung, daß die Gallier bei schwerer Krankheit, Seuchen, Krieg »oder sonst bei Lebensgefahr« Menschen statt Tiere opferten, oder daß sie es wenigstens versprächen, »denn sie glauben, die unsterblichen Götter seien nur dadurch zu versöhnen, daß man für ein Menschenleben ein anderes opfert«. Von Staates wegen würden solche Opfer regelmäßig vollzogen u.a. durch riesige Götterbilder aus Weidengeflecht, deren Glieder mit lebenden Menschen gefüllt und dann angesteckt würden, wobei es sich hauptsächlich um Verbrecher handle – seien keine vorhanden, müßten auch Unschuldige daran glauben. Kaum eine andere Stelle hat die Phantasie der Leser seither mehr beflügelt als das *Wicker Image*, der »Korbriese«, in dem Hunderte von Menschlein wie eingesperrte Maikäfer zappeln, ursprünglich aus Aylett Sammes *Britannia Antiqua Illustrata* von 1676, der seither in immer neuen und erschröcklicheren Variationen durch Publikationen geistert und zum Bild des blutrünstigen Druiden mindestens ebensoviel beigetragen hat wie die übrigen, meist aus dem Zusammenhang gerissenen klassischen Zitate von Strabo, Cicero, Tacitus und natürlich der *Berner Scholien*, die die Opfervorgänge für → Taranis, → Teutates und → Esus im einzelnen beschreiben.

Seit die Römer Menschenopfer zum Maßstab der Barbarei gemacht und die Eroberung Galliens mit dem Missionsgedanken verquickten, diesem umnachteten Volk das Licht der Zivilisation in einem ähnlichen Mischungsverhältnis zwischen ehrlichem Bemühen und Profitgier, wie es beim Imperialismus des 19 Jhs. wieder auftreten sollte, bringen zu müssen, ist das Thema Menschenopfer zu einem Politikum geworden, das mehr mit Rücksicht auf die eigene, oft sehr emotionale Position als auf die bis jetzt erforschten Tatsachen in die Diskussion geworfen wird. Das reicht von der Bescheinigung der grundsätzlichen, negativen Primitivität der Kelten über die Einschätzung als Transformationsrituale und Scheinopfer bis zum vehementen Abstreiten nur schon der Möglichkeit von Menschenopfern, vor allem von älteren irischen Keltologen, die sich mit der Imperialisten-Mentalität Englands anfang dieses Jahrhunderts konfrontiert sahen.

Dabei ist die irische Mythologie zwar nicht gerade reich an verdeckten Hinweisen (vgl. → Carman), aber sie kommen vor, und die Erzählung von → Conn und → Becuma verlangt ganz unverblümt nach dem Blut eines unschuldigen Jungen, um ein Vergehen zu sühnen.

Weltweit und zu allen Zeiten gab es Kulturen mit Weltbildern, in denen das Menschenopfer einen höheren Sinn ergab, einen sozialen und religiösen Zweck erfüllte, wobei es

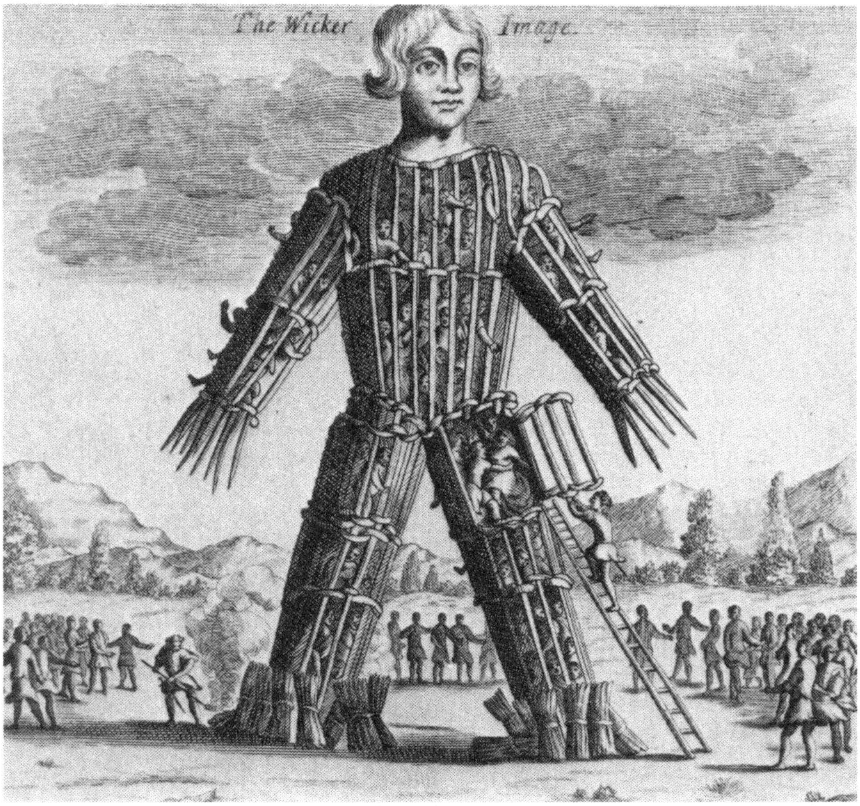

»Korbriese« (1676) von Aylett Sammes.

sich nicht unbedingt um einen »primitiven Anfang«, eine »tiergleiche Stufe« zu handeln braucht. Die Griechen z. B. kannten die Sage von Iphigenie und Orestes, und die Römer, die ebenfalls Menschenopfer dargebracht hatten, sahen mit der für Sendungsbewußte charakteristischen Schizophrenie darüber hinweg, daß in ihren Arenen – säkularisiert – dieselben Opfer weitergingen.

Menschenopfer, im Ausmaß wie sie klassische Schriftsteller beschrieben haben, sind bis heute bei den Kelten nicht nachgewiesen worden, dafür sind in den ehemals keltischen Ländern überall einzelne Menschenopfer bezeugt: Schädel mit Verletzungsspuren oder ganze Skelette im Zusammenhang mit → Kultstätten sind, abgesehen von den Moorleichen (vgl. → Druiden, → Gewässer), die greifbarsten Beweise, vor allem, da letztere öfter mit einem gedrehten Band oder Strick um den Hals gefunden wurden (vgl. → Torques).

Eindeutig ist der Opfercharakter, wenn der Nachweis des in der keltischen Literatur verschiedentlich beschriebenen dreifachen (vgl. → drei) Todes (vgl. z. B. → Diarmaid mac Cerbaill, → Muirchertach mac Erca) gelingt, wie beim *Lindow man* vom Lindow Moss am Südrand von Manchester, der 1984 beim Torfstechen gefunden wurde. Es handelte sich um einen jüngeren, kräftigen, seinen gepflegten Händen nach aristokratischen Mann, der durch einen starken Schlag auf den Hinterkopf betäubt, durch eine gewundene Schnur stranguliert und mit geöffneter Halsschlagader in einem mit Wasser (vgl. → Elemente) gefüllten Moorloch versenkt wurde. A. Ross kam nach sorgfältigen Untersuchungen zum Ergebnis, daß er nach druidischem Ritual → Esus, → Teutates und → Taranis übergeben worden war, um die drohende römische Invasion Irlands abzuwenden. Da an keiner Stelle auch nur ein Zeichen des Widerstandes seinerseits festzustellen war, muß der *Lindow man* diesen Tod freiwillig, zum Wohle der druidischen

Priesterschaft und der keltischen Welt auf sich genommen haben.

Bauopfer – bis ins Mittelalter hin und wieder heimlich weiter dargebracht – starben ebenfalls für ein ganz konkretes Ziel der Gemeinschaft: Der junge Mann im Wall von Cadbury Castle (Gr. Somerset), das große Chancen hat, das Vorbild der → Artus-Burg Camelot zu sein, sollte dieser Festung wohl Uneinnehmbarkeit verleihen. Der junge → Merlin/Ambrosius hätte sein Blut für den Turm → Vortigerns hingeben müssen, ja sogar → St. Columcille erlaubte seinem Mönch Odran, dem Briten, sich zum Sterben hinzulegen, um unter dem Fundament der neuen Kirche von Iona begraben zu werden. Bis dahin waren sie nämlich mit dem Kirchenbau nicht vorwärtsgekommen – Dämonen trugen schneller ab als gebaut werden konnte. Durch Odrans Opfer war endlich Ruhe.

Oscar

Der brave, pflichtgetreue Sohn Oisíns war Oscar, der »Hirschliebende« (vgl. → Hirsch); höchstens mit ihm zusammen erhob er sich gegen den gelegentlich allzu tyrannischen → Fionn. Er schlug sich tapfer in der → Fianna und setzte sich mit derselben Ritterlichkeit, die Oisín auszeichnete, für Bedrängte ein. Seiner Jugend wegen war er allerdings von heftigerem Temperament: Er drohte seinem widerstrebenden Großvater mit dem Tod, falls er dem sterbenden → Diarmaid zum dritten Mal (vgl. → drei) das Wasser des Lebens (vgl. → Elemente) versagte. Als dieser zwar mit gefüllten Händen zurückkam, Diarmaid jedoch bereits tot war, benötigte Oisín seine ganze Überzeugungskraft, ihn davon abzuhalten, seinem Großvater den Kopf abzuschlagen.

Oscar heiratete die schöne → Étaín, Tochter → Aeds aus dem *síd* von Beann Éadair, der Halbinsel Howth, nordöstlich von Dublin, und lebte in einer ähnlich treuen Verbindung mit ihr wie → Cúchulainn mit → Emer. Als Oscar in der schrecklichen Schlacht von Gabra (entweder Skreen, Gr. Meath, oder Garristown, Gr. Dublin), der die halbe Fianna zum Opfer fiel, im Zweikampf mit dem Hochkönig, den er zwar tötete, ums Leben kam, starb sie an gebrochenem Herzen. Sie soll unter dem 70 t schweren Deckstein des Dolmen am Fuß des Muckrock in der Schloßdomäne von Howth begraben liegen.

Ossian → **Oisín**

Owain

Nachweislich ist der Sohn des Fürsten von Rheged, Owain, eine historische Persönlichkeit aus dem 6. Jh. Eine walisische Triade (vgl. → drei) spricht von ihm als von einem Sohn → Modrons, was ihn zum Bruder → Mabons machte. In Sir Thomas Malorys *Morte d'Artur* (um 1470) ist seine Mutter jedoch → Morgane Le Fay.

Owain tritt in drei → *Mabinogion*-Erzählungen auf. Im *Traum von Rhonabwy* ist er der Herr über einen ganzen Schwarm Raben, die zuerst von → Artus' Leuten verletzt und verstümmelt werden, bis sich die → Vögel blutig rächen; all das läuft ab, während Artus und Owain am Spielbrett sitzen. In *Owain* heiratet er die Gräfin vom Brunnen, nachdem er dessen Wächter, ihren Gatten, erschlagen hat, vergißt jedoch nach der Rückkehr zum Artushof seine Gemahlin, worüber er, als er dessen gewahr wird, den Verstand verliert. Durch die treue Luned, die Dienerin der Gräfin, erhält er schließlich Gesundheit und Gemahlin zurück.

In → *Peredur* hilft Owain dem naiven, jungen Mann, ein richtiger Ritter zu werden.

Chrétien de Troyes übernahm Owain als Ritter Yvain in den festländischen Artuskreis.

Partholon

Nach dem → *Lebor Gabála Érenn* ist Partholon, der Sohn des Sera, ein Vater- und ein Königsmörder. Sein Erzeuger machte ihn zum Einäugigen und schickte ihn weg, worauf er seinen Eltern das Haus über dem Kopf anzündete, »damit sein Bruder die Königsherrschaft übernehmen konnte«, und er aus der Heimat, Sizilien oder Griechenland, floh.

Es begleiteten ihn seine → drei Söhne und ein Diener, oder seine vier Söhne – jedenfalls waren sie zu fünft (vgl. → fünf) –, seine Frau und seine Schwiegertöchter. Sie landeten in Irland, als erste nach der Sintflut, am Dienstag, dem 14. Mai, in der Bucht von Kenmare (Gr. Kerry), »als Abraham 60 Jahre alt war«.

Während ihres Aufenthaltes entstanden sieben Seen und vier Ebenen, und sie mußten sich mit den → Fomoriern unter deren Anführer Cichol, »Klapperbein«, auseinandersetzen.

Sie richteten eine ganze Reihe von Dingen neu ein: Partholon pflügte als erster mit seinen vier Ochsen in Irland, Brea baute das erste Haus, benützte den ersten → Kessel, kämpfte den ersten Zweikampf und eröffnete die erste Festhalle (vgl. → *bruiden*); Malaliach war die erste Geisel und der erste Brauer und Partholons Frau die erste Ehebrecherin. Kaum war ihr Gatte zum Jagen und Fischen aufgebrochen, versuchte Elgnat den Diener Toba zu verführen und schalt ihn einen Feigling, als dieser nicht sogleich mittat. Durstig geworden, tranken beide aus Partholons Wassergefäß (vgl. → Elemente), was dieser bei der Heimkehr merkte und den Zusammenhang erriet. Zornig erschlug er darauf Elgnats Schoßhündchen (vgl. → Hund) – die erste Tat der Eifersucht in Irland. Die Frau rechtfertigte sich mit der Schwierigkeit, den Paarungstrieb unter Kontrolle zu halten – alle anderen Lebewesen folgten ihm. Ihr Gatte sei selber schuld, er hätte ihr eben keine Gelegenheit geben dürfen ...

Wir sind nicht schuld daran,
Auch wenn's dich bitter ankommt,
Schuld bist du.
Honig und eine Frau, Milch und eine Katze
Speise und ein Freigiebiger, Essen und ein Kind
Ein Schreiner drinnen und ein präzises Werkzeug
Eins vors andere [gestellt] – ist ein groß' Wagnis!

Nach der einen Fassung starb Partholon an einer schleichenden Vergiftung, die ihm Cichol beigebracht hatte, in einer anderen, weniger überzeugenden, wurde er samt seinem nun mehr als 900(0) starken Volk, 400(0) Männer und 500(0) Frauen, 2628 Jahre »nach der Erschaffung der Welt« in einer Woche von einer Seuche hinweggerafft – zur Strafe für seine Schandtat.

Die Partholon-Episode ist so oberflächlich christianisiert, daß sie sich wie ein → Rigani-Szenario liest: die → Muttergöttin mit dem Hündchen zwischen den beiden Göttergatten – dem Horter der Lebensimpulse und demjenigen, der ihnen neue Formen gibt.

Parzival mit zwei Gralsrittern (Manessische Handschrift, 1. Hälfte 14.Jh.).

Parzifal

Sowohl Chrétien de Troyes' *Perceval* (um 1150) als auch Wolfram von Eschenbachs *Parzifal* (um 1200) erzählen grundsätzlich dieselbe Geschichte wie → *Peredur*, dessen Titelfigur absichtlich von der höfischen Welt ferngehalten, in einem langen und schmerzlichen Lernprozeß zum Ritter wird.

Aber im Gegensatz zur → *Mabinogion*-Geschichte spielt in beiden der → Gral eine zentrale Rolle, auch wenn der französische und der deutsche Ependichter verschiedene Auffassungen davon vertreten. Während Chrétien de Troyes darin ein wunderbares, geheimnisvolles Gefäß sieht, beschreibt Wolfram von Eschenbach einen himmlischen Stein.

Perceval → **Parzifal**

Peredur

Die → *Mabinogion*-Erzählung, *Peredur, Sohn des Evrawg*, stellt eine Parallele, in mancher Beziehung eine Vorläuferin zum → *Parzifal* dar. Peredurs Mutter erzieht ihr Kind im tiefen Frieden der unberührten Natur, nachdem sie den Gatten und sechs Söhne im ritterlichen Kampf verloren hat. Peredur wächst als naiver Bauernbub heran: Einmal bringt er, allerdings etwas außer Atem, zwei Hirschkühe (vgl.

→ Hirsch) mit der Herde nach Hause, im Glauben, es seien etwas verwilderte, hornlose Ziegen, und wundert sich, daß er so schnell laufen mußte, sie einzuholen ...

Ritter, u. a. → Gwalchmai und → Owein, denen er im Wald begegnet, hält er für Engel, und als er von ihnen über Ritterschaft und den Hof von König → Artus hört, bewegt ihn nur noch der eine Wunsch, dahin zu gehen, um Ritter zu werden. Als er auf seinem schlechten Pferd ankommt, hat eben eine Medraw/ → Mordred-artige Szene stattgefunden: Ein Ritter hat Königin → Gwenhwyfar geohrfeigt und ihr einen Becher Wein ins Gesicht geschüttet (vgl. → Oberhoheit). Peredur wird die Tat rächen. Auch → Kai, der sich dem Zwergenpaar gegenüber ungebührlich benahm, wird er zur Rechenschaft ziehen.

Durch eine lange Reihe von Abenteuern wächst er langsam in die Ritterrolle hinein. Es handelte sich dabei um ein erstaunliches Sammelsurium von Elementen, u. a. mythologischer Tiere, Gegenstände, Figuren, Vorstellungen wie → Hirsch, → Hund, → Cernunnos-artige Onkel, → *caillech*, → drei Schwestern, einer als Kaiserin von Konstantinopel verkleideten → Muttergöttin und → Oberhoheit mit Hündchen, blutige Speere (vgl. → Blitz), magische → Pferde, eine *tête coupée* (vgl. → Kopfkult).

Die zentrale Episode betrifft den Besuch bei seinen zwei Onkeln. Der eine, der lahmt (vgl. → Brân), lehrt ihn, niemals Fragen zu stellen, und im Haushalt des andern wird eine blutende Lanze und ein abgeschlagener Kopf auf einer Platte vorbeigetragen – die → Grals-Prozession im Keim. Auch Peredur muß Vorwürfe einstecken, weil er sich nicht nach der Bedeutung der Geschehnisse erkundigt – die Frage hätte seinen Onkel geheilt. Erst zum Schluß erfährt er, daß der Kopf auf der Schüssel seinem Vetter gehörte, den die Hexen von Gloucester töteten; dieselben haben auch seinen Onkel verkrüppelt. Peredur rächt, eine alte Prophezeiung (vgl. → Wahrsagerei) erfüllend, die beiden Schandtaten, indem er die Hexen, eine nach der anderen, umbringt.

Pferd

Bei den Kelten teilt das Pferd den Rang mit → Hirsch und → Stier, was bei einer Gesellschaft, in der die von Pferd und Streitwagen abhängige Kriegeraristokratie eine so große Rolle spielte, kaum überrascht. Die aus Oberitalien stammende metallene Kline aus dem Grab des Fürsten von → Hochdorf gibt durch die Streitwagenszene auf der Rücklehne einen Einblick in das Ansehen von Pferdegespann und Wagen (vgl. → Wagenkult). Der → *Ulsterzyklus* z. B. bestätigt immer wieder, wie sehr sich der Latène-Krieger auf seine Pferde und seinen Wagenlenker verlassen können mußte.

Religiöse Vorstellungen vom Pferd lassen sich bis mindestens in die mittlere Bronzezeit zurückverfolgen. Nach südskandinavischen Felszeichnungen war bereits damals die von Hirsch oder Pferd gezogene Sonnenscheibe (vgl. → Gestirne) gängig. Pferd und → Rad sowie Pferd und Boot, d. h. die Anderswelt-barke, waren beliebte Motive.

Beim Sonnenwagen von Trundholm (Nationalmuseet, Kopenhagen) sitzt die glänzende runde Platte auf einem Wagen und muß den Ösen nach mit etwas Zügelähnlichem am Halfter des Pferdes befestigt gewesen sein, d. h., die Sonne lenkte das Pferd. Von hier ist es nicht weit bis zur mit dem Pferd verbundenen, menschengestaltigen weiblichen oder männlichen Gottheit, wie sie noch der → Epona, → Rhiannon, → Étaín oder → Macha, dem → »Mars«, → Taranis, → »Apollo Atepomanus« oder → »Jupiter« zugrunde liegt.

Andererseits zeigen die in die britischen Kalkhügel eingeschnittenen weißen Pferde, z. B. dasjenige von → Uffington, daß das Pferd als Ausdruck eines bestimmten göttlichen Kräfteverhältnisses auch allein weiterbestand. Ähnliches läßt sich am → Taranis beobachten: J.-J. Hatt ist davon überzeugt, daß der vorkeltische »Mars« in Pferdegestalt verehrt wurde, und daß dieser solcherart auf Taranis abfärbte, daß dabei als Hybridform das menschenköpfige Pferd zustande kam, das so oft auf → Münzen erschien. Daneben blieb das Pferd für Taranis erhalten. Zwei der schönsten einheimischen Röhrenkannen, die vergoldete, etwas schlankere von Reinheim (4. Jh. v. Chr.) im Staatlichen Museum für Vor- und Frühgeschichte, Saarbrücken, und die bronzene, etwas plumpere von Waldalgesheim (4.–3. Jh. v. Chr.) im Rheinischen Landesmu-

Kanne von Waldalgesheim mit Pferd auf dem Deckel (Rheinisches Landesmuseum, Bonn).

Stellen auftaucht, z. B. an den Diademenden der Dame von → Vix, die eines der glanzvollsten hallstättischen Fürstengräber Europas belegte, oder auf Situlen wie diejenige von Este (4. Jh.) im Museo Nazionale Atestino, Norditalien (bei B. Cunliffe). Auf den ersten Blick stehen dort zwei Tiere Kopf an Kopf, bei genauerem Hinsehen laufen die Köpfe ineinander über mit der verblüffenden Wirkung eines Vexierbildes, denn plötzlich tritt eine Eule (vgl. → Vögel, → Eulengöttin) mit großen Augen und Ohren hervor. Die Pferdeflügel sind stilisiert nach der Art ägyptischer Sphinxe. Ein weiteres Pegasus-ähnliches Tier findet sich auf dem → Kessel von Gundestrup, wo ein Gott, mit großer Wahrscheinlichkeit → Taranis, zwei einen → Eber haltende Krieger prüft. Zu den Füßen des einen sitzt ein deutlich aggressiver → Hund, zu denen des anderen befindet sich das geflügelte Pferd. Es wird den Tapferen zu paradiesischen Gefilden entführen (vgl. → Unsterblichkeit der Seele, → Wiederverkörperung). Noch seltener kommen Seepferdchen vor, wie z. B. auf dem tönernen Becher von La Cheppe im Museum von St. Germain-en-Laye, die möglicherweise dieselbe Funktion hatten.

seum, Bonn, demonstrieren den Sachverhalt. Auf dem Deckel, also auf dem Kultgefäß, steht jeweils ein Pferd: mit dem ernsten, bärtigen Antlitz des Taranis, dessen Ohren überdies in → Mistelblätter übergehen auf der erstgenannten und, abgesehen von den übergroßen Augen, recht naturalistischen Aussehens auf der zweiten. Bei gewissen Stämmen behielt der »Mars« eine starke Pferdekomponente bei. → Rudiobus und »Mars Segomo« bekamen beschriftete Pferdestatuetten geweiht, »Mars Mullo« ein Maultier.

Hier dürfte die Kraft des edlen Tieres im Kampf und in der Fortpflanzung im Vordergrund gestanden haben. Die Sonnenkomponente verlagerte sich nach der dunklen Seite. Der Sonnengott, der die Nächte in den → Gewässern verbringt, ist gleichzeitig Herr der → Anderswelt; das Pferd eignet sich also auch als Psychopomp. Hierhin gehört das geflügelte Pferd, das zwar nicht oft, aber an wichtigen

Perfekt gestaltetes geflügeltes Pferdchen im Winkel zwischen Knauf und Bügel des Diadems/Torques von Vix (Ausschnitt; Musée Archéologique, Châtillon-sur-Seine).

Zwei geflügelte Pferde bilden als Vexierbild eine Eule (Detail einer norditalienischen Situle; Museo Nationale Atestino, Este).

Aus ähnlichen Beweggründen müssen kelto-ligurische Künstler die Heiligtümer Südfrankreichs mit Pferden ausgeschmückt haben. Der älteste Türsturz, von Mouriès (Museon Arlaten, Arles) aus dem 4.–3. Jh. zeigt eine ganze Herde stilisierter Pferde mit ebensolchen, z.T. mit Lanzen bewaffneten Reitern. Darin gleichen sie Pferden und Reitern vom → Val Camonica. Auf dem Porticus von → Roquepertuse (3. Jh. v.Chr.) sind in kühnen Strichen vier Pferdeköpfe im Profil gezeichnet. Auf dem Sturz von Nages (2. Jh.) im Musée Archéologique de Nîmes wechseln sich zwei galoppierende Pferde mit zwei *têtes coupées* (vgl. → Kopfkult) ab.

Pferdeschädel, ganze Skelette oder auch nur Teile davon sowie Pferdegeschirr, oft von ungewöhnlich hohem Niveau, sind überall im Keltengebiet als Opfer und Grabbeigaben bezeugt: Immer wieder wird deutlich, wie sehr das Pferd ein heiliges Prestigeobjekt war (vgl. → Magdalenenberg[le]). Das bezeugt auch die Literatur: → Evnissyens mutwillige Verstümmelung der Pferde des Iren-Königs im → *Mabinogion* ist mehr als nur eine berechnete Beleidigung des Fremden, es ist ein Frevel, den nur → Brâns lebensspendender → Kessel halbwegs aufwiegt – unterschwellig wirkt er fort, bis, wie → Branwen sagt, »zwei gute Inseln« daran zugrunde gegangen sind.

Pferdefiguren aus Holz, Ton und Bronze waren durchgehend beliebte → Votiv- und Grabbeigaben. Herausragend ihrer langen Hälse wegen die vier Tonpferdchen von Zainingen (heute Württembergisches Landesmuseum, Stuttgart) aus der Hallstattzeit. Pferdchen wurden als Fibeln und Anhänger getragen, wobei sich die Grenze zwischen Schmuck und → Amulett verwischte.

Pferde-Rituale, z.B. beim Einsetzen eines Königs, wie Giraldus Cambrensis sie noch im 12. Jh. zu seinem nicht geringen Entsetzen in Ulster miterlebte, dürften weit verbreitet gewesen sein. Der Königsanwärter hatte mit einer weißen Stute (vgl. → Epona) die → Heilige Hochzeit zu vollziehen. Daran schloß sich ein Bad in der Brühe aus dem Fleisch des Tieres, von dem er und seine Getreuen essen mußten. Die Idee dahinter war, daß er sich die Kräfte des geweihten Tieres einverleiben sollte, auf daß sie seinem Reich in Form von Fruchtbarkeit und Fülle wieder zugute kommen möchten.

Zuweilen hängt nicht nur das Geschick des → Helden im Kampf, sondern auch seine Lebensspanne vom Pferd ab; das trifft z. B. für → Cúchulainn zu. → Liath Macha und → Dub Sainglenn sind zur gleichen Stunde wie er zur Welt gekommen – als sie sterben bzw. ihn verlassen, ist es Zeit für ihn abzutreten. Bei → Pryderi zeigt zwar nicht das mit ihm geborene Füllen den Tod an, sondern es sind die zwölf schwarz-weißen Hengste mit dem → goldenen Zaumzeug, gegen die er die → Schweine der Unsterblichkeit eintauscht, wobei er von → Gwydion betrogen wird.

Pferde, die Helden begleiten, stehen sozusagen mit einem Hufpaar in der → Anderswelt, die voll solcher magischer Geschöpfe ist, angefangen von den farbig schillernden der Paradiesinseln und den herrlichen Rennern, mit denen Andersweltdamen ihre irdischen Geliebten heimholen, bis zu den gefährlichen → roten (vgl. → Morrígan, → Conaire), die Tod und Verderben bringen, oder den grauen, geisterhaften, wie sie die Fürsten der Anderswelt, z. B. → Arawn oder Gillie Deacair, besitzen. Dessen grauer Klepper legt sich mit den Pferden der → Fianna an, schlägt um sich und reißt ganze Streifen aus deren Haut wie die Pferde, die → Mael Duin auf seiner Reise antrifft.

14 Männer sind nötig, um dieses magische Biest in Bewegung zu setzen, doch dann rast es ohne anzuhalten über Land und Meer, ähnlich → Manannáns grauem Pferd, das buchstäblich über die Wellen reitet.

Pryderi

Die einzige Figur, die durchgehend in allen vier Zweigen des → *Mabinogion* vorkommt, ist Pryderi, der Sohn → Pwylls und → Rhiannons. Im ersten verschwindet er allerdings, kaum geboren, auf längere Zeit. → Teyrnon Twrvliant, der Fürst von Gwent ys Coed, »der beste Mann der Welt«, findet das Neugeborene vor seiner Stalltür. Er hatte in der Nacht von → *Beltene* dem Ungeheuer aufgelauert, das alljährlich zu diesem Zeitpunkt sein eben geworfenes Fohlen stahl, und ihm die Klaue abgehackt, womit es das Pferdchen durchs Fenster aus dem Stall angeln wollte – bei der Gelegenheit dürfte es Rhiannons Kind fallen gelassen haben.

Selbst kinderlos, war seine Gattin glücklich, den Säugling aufzuziehen, und taufte ihn, des goldenen Flaums auf seinem Köpfchen wegen, »Gwri Goldhaar«. Er wuchs nach Art der wunderbaren Kinder enorm schnell. Mit einem Jahr war er so groß wie ein Dreijähriger, mit vier Jahren beharrte er darauf, den Stallknechten das Tränken der → Pferde abzunehmen. Die aufmerksame Pflegemutter, der die starke Beziehung zu Pferden nicht entging, schenkte ihm das mit ihm zur Welt gekommene Fohlen. Pryderi sollte ein vorzüglicher Reiter werden, aber vorläufig brachten die Pflegeeltern ihren Gwri schweren Herzens an Pwylls Hof zurück, nachdem sie von Rhiannons Unglück und Strafe erfahren und die Zusammenhänge erkannt hatten. Rhiannon war überglücklich, als sie die Geschichte hörte, und ihr Ausruf: »Ich würde meine Sorge los, falls das stimmte« trug dem Jungen den neuen Namen »Pryderi«, »Sorge«, ein. Unter Mithilfe seiner Zieheltern wurde dieser zum vollkommenen Adligen erzogen, der nach Pwylls Tod in seines Vaters Fußstapfen trat, mit Geschick Dyfed regierte und um das Doppelte vergrößerte. Er nahm sich die schöne, sanfte Kigva zur Frau.

Der zweite Zweig des *Mabinogion* erwähnt ihn als einen der sieben Überlebenden der schrecklichen Schlacht in Irland, bei der → Brân verwundet wurde. Mit → Manawydan nahm Pryderi an der langen Reise durch Wales teil, die mit dem Begräbnis von Brâns Haupt (vgl. → Kopfkult) im weißen Hügel von London endete.

Im dritten Zweig zeigt er sich, eben zurückgekehrt, als treuer, großzügiger Freund, der dem land- und besitzlosen Manawydan seine verwitwete Mutter zur Frau gibt und ihm ein Teil seiner Länder als Lehen abtritt.

Das ältere und das jüngere Fürstenpaar sind sich herzlich zugetan, und das Leben scheint aus immerwährendem Festefeiern zu bestehen, bis sie beim Besuch des Gorsedd-Hügels (vgl. → Elemente) von Narbert (vgl. → Pwyll) die Rache Gwawls, ausgeführt von seinem Freund Llwyd, zu spüren bekommen. Sie haben sich kaum auf dem Hügel niedergelassen, da erfolgt ein Donnerschlag, Nebel (vgl. → Zauber) senkt sich herab, und als dieser sich wieder lichtet, ist das ganze Land öde geworden. Sie ernähren sich eine Zeitlang von der Jagd, sind dann aber gezwungen, ihren Lebensunterhalt als Handwerker in England zu verdienen, wobei sich Manawydan als Meister erweist. Auch Pryderi, der tüchtig mithilft, betätigt sich nach der Vorlage des schöpferischen Gottes, aber nur auf Zeit, dann, da ihnen die Konkurrenz nach dem Leben trachtet, ziehen sie sich wieder nach Wales zurück und leben von Jagdbeute. Einmal lockt ein weißer → Eber Pryderis → Hunde in eine großartige, plötzlich erschienene Festung, in der er mitsamt seinen Verfolgern verschwindet. Trotz Manawydans Warnung betritt Pryderi, nicht gewillt, auf die treuen Tiere zu verzichten, ebenfalls den menschenleeren Rigwall. Mittendrin befindet sich ein Marmorbrunnen (vgl. → Quelle), über dem an unendlich langen Ketten, die sich im Himmelsgewölbe verlieren, eine → goldene Schale hängt (vgl. → Gestirne). Entzückt über die feine Goldschmiedearbeit greift Pryderi danach, bleibt aber bewegungs- und sprachlos daran kleben. Rhiannon, die ihn befreien will, ergeht es nicht besser, und die beiden tauchen erst wieder auf, nachdem Manawydan seine Maus-Verhandlungen mit Llwyd erfolgreich abgeschlossen hat.

Im vierten Zweig fällt Pryderi im Zweikampf mit → Gwydion im sinnlosen Krieg um die → Schweine der Anderswelt, in den Gwydion → Math und Pryderi nur verwickelt, um ungestört seinen Plänen nachzugehen.

Pwyll

Der erste Zweig des → *Mabinogion* heißt nach dem Fürsten von Dyfed, »Pwyll«, was »Verstand, Weisheit, Urteilskraft« bedeutet. Ausgerechnet letztere jedoch läßt ihn an → drei kritischen Stellen in der Erzählung im Stich.

Der erste Teil handelt von seiner Begegnung mit → Arawn, dem Herrn von → Annwn: Auf der Jagd hat Pwyll seine Gefährten aus den Augen verloren, da bricht plötzlich ein von → Hunden verfolgter → Hirsch aus dem Unterholz. Eigentlich hätten die riesigen, schneeweißen Tiere mit → roten Ohren Pwyll stutzig machen müssen. Statt dessen treibt er sie weg und läßt, gegen alle waidmännischen Sitten, die seinen die königliche Beute reißen, wodurch er sich, wie von diesem vorausberechnet, in Arawns Schuld begibt. Um sich mit ihm auszusöhnen, willigt er in den Freundschaftsdienst ein, Arawn in dessen Gestalt (vgl. → Metamorphosen) auf ein Jahr und einen Tag in Annwn zu vertreten, um dessen für ihn unbesiegbaren Feind Havgan zu bekämpfen.

Pwyll genießt ein glorreiches Jahr in der → Anderswelt, hält aber, wohl unter dem Einfluß des christlich-ritterlichen Ehrenkodex, Arawn die Treue, indem er jede Nacht »sein Gesicht gegen die Bettkante« und den Rücken gegen die schöne Andersweltkönigin dreht.

Pwyll schlägt sich so tapfer für Arawn, daß er nicht nur Havgan unschädlich macht und dessen Reich erobert, sondern auch mit dem Ehrentitel »Pen Annwn«, »Haupt von Annwn« (vgl. → Brân), ausgezeichnet wird. Für den Rest seines Lebens steht er im besten Einvernehmen mit Arawn.

Zurück an seinem eigenen Hof von Arberth (heute Narberth, Gr. Dyfed), besteigt er im Verlauf eines rauschenden Festes den königlichen Gorsedd-Hügel (vgl. → Elemente). Dieser ist eine Kontaktstelle zur Anderswelt, denn wer sich, aus königlichem Geblüt stammend, daraufsetzt, den erwarten entweder »Hiebe und Wunden« oder ein Wunder. Für Pwyll trifft letzteres zu – die schöne Rhiannon kommt auf ihrem weißen → Pferd (vgl. → Epona), um ihm einen Heiratsantrag zu machen. Sie ist einem ihr nicht genehmen Mann versprochen worden und liebt Pwyll. Dieser geht begeistert auf das Angebot ein – in einem Jahr soll die Hochzeit am Hofe ihres Vaters stattfinden.

Hier unterläuft Pwyll der zweite Fehler: Beim Festmahl gewährt er zu Rhiannons Entsetzen großzügig, aber unbesehen, einem Fremden eine Bitte. Dies ist jedoch Rhiannons Ex-Verlobter Gwawl, »der Lichte, Helle«, der seine Braut samt dem Hochzeitsfest zurückverlangt. Pwylls Ehre gebietet, daß er die Geliebte freigibt; er erhält aber von ihr einen magischen Beutel und genaue Instruktionen, wie er sie zurückgewinnen kann. Im folgenden Jahr soll Pwyll als Bettler, zerlumpt und mit »großen, zerfledderten Schuhen an den Füßen« an Gwawls Hochzeitstafel erscheinen und darum bitten, daß man ihm seinen Sack mit Speise fülle. Rhiannon will dafür sorgen, daß »Essen und Trinken von sieben Grafschaften« das »Säckchen« noch immer nicht füllen und daß Gwawl sich mit beiden Füßen hineinstellt, um den Inhalt hinunterzupressen – dann kann Pwyll es flink zuknoten, und Pwylls Leute sollen auf den Sack eindreschen. ... Alles läuft nach Rhiannons Voraussage ab – so wurde das Spiel »Dachs-im-Sack« erfunden.

Schließlich läßt Pwyll Gwawl unter der Bedingung, daß er das Gabenausteilen übernimmt und sich nie rächen wird, wieder frei. Dieser hinkt still von dannen, und Pwyll und Rhiannon können endlich Hochzeit halten (vgl. → Heilige Hochzeit). Dieses zweite Drittel schildert die Vermählung der euhemerisierten königlichen → Muttergöttin mit dem Herrn der → Anderswelt, der für diesmal den Gott der lichten Himmelshöhen (vgl. → Taranis) ausgestochen hat (vgl. → Rigani).

Der Schluß erzählt von der Geburt des göttlichen Kindes (vgl. → Mabon/Maponus), das noch in derselben Nacht spurlos verschwindet. Die Kinderfrauen beschuldigen die Königin, es in einem Anfall geistiger Umnachtung umgebracht zu haben. Pwyll will sich zwar nicht von seiner Gattin trennen, fällt jedoch auf die Lügen herein und bestraft Rhiannon schwer. Das Kind wird endlich zurückgebracht und nimmt, großgeworden, des Vaters Stelle ein, der nach diesem dreimaligen Versagen denn auch recht sang- und klanglos verstirbt.

Quelle

Die Verehrung von und an Quellen (vgl. → Gewässer) war und ist auf der ganzen Welt verbreitet. Für die Kelten gehörte die Quelle jedoch zum Kern der religiösen Anschauung, an der sie mit solch entschlossener Inbrunst festhielten, daß dem Christentum nichts anderes übrigblieb, als sie miteinzubeziehen. Statt der Gottheiten standen jetzt die Heiligen den Quellen vor und übernahmen oft, wenigstens bruchstückhaft, die damit verbundene Überlieferung. So kommt es, daß in manchen Gegenden der ehemals keltischen Welt, z. B. in Irland, Britannien, der Bretagne, Süddeutschland und dem Elsaß, die Quellen selbstverständlich in die religiösen Sitten und Gebräuche miteinbezogen blieben. Das gilt sowohl für das Individuum wie auch für die ganze Kultgemeinschaft, die zu gewissen Feiertagen, etwa dem Jahrestag des Heiligen oder zu den → Jahrszeitenfesten, die Quelle in einer Prozession aufsucht. In Derbyshire, England, findet z. B. alljährlich »well-dressing« statt, wobei eine Gemeinde die andere im Herstellen herrlicher Bilder mit religiösen Motiven aus Abertausenden von Blumenblättern auszustechen sucht. Dies soll jedoch eine erst ein paar Jahrhunderte alte Neuerung sein, denn früher wurden die Quellen mit Laub und Blumen bekränzt. Solche Formen der Quellenverehrung dürften sich seit keltischer Zeit kaum verändert haben.

Viele der ältesten und bedeutendsten christlichen Kirchen wurden über einer Quelle erbaut oder schließen eine mit ein, z. B. Canterbury, York, Chartres, Echternach oder Würzburg.

Für die große Masse der Kelten muß die heilige Quelle die wichtigste Kontaktstelle mit der → Anderswelt gewesen sein, und zwar den → Votivgaben nach eine ganz direkt zugängliche. Das Wasser, das eiskalt, warm oder heiß, glasklar oder mineraliengesättigt, rot von Eisen, nach Schwefel riechend, salzig oder ölig aus der Erde (vgl. → Elemente) trat, wurde als Geschenk derselben betrachtet, das Fruchtbarkeit und Heilung mit sich brachte und die Lebenskräfte in der Menschenwelt förderte.

Vielfach nahm das keltische das vorkeltische Konzept des Kräfteverhältnisses, jenes »Geistes«, der sich in der Quelle manifestierte, mit auf, so daß lokale neben allgemein keltischen Göttern in derselben → Kultstätte zu stehen kamen, z. B. der → »Mars« mit den Xulsigiae, → »Apollo« mit heimischen Nymphen, Glan (vgl. → Glanum) und → Belenus. Die → Muttergöttinnen, sehr oft → Epona und die *genii cucullati* (vgl. → *genius cucullatus*), wurden allgemein an Quellen verehrt; → Sul bezog sich auf die Quelle von → Bath, → Coventina auf zwei oder drei Kultstätten am Hadrianswall in Nordengland, → Sequana auf diejenige der Seine.

Die meisten Heiligenviten, in denen Quellen vorkommen, bewahren Bruchstücke der heidnischen Kultlegende. Selten vollständig, obwohl auch sie durch die Federn christlicher Schreiber gingen, sind die so gut wie identischen Erzählungen von der Quelle von Segais bzw. von Conlas Quelle. Sie sind mit den Muttergöttinnen → Boand und Sinan, d. h. mit den

Ursprüngen der Flüsse Boyne und Shannon, verknüpft. Dieser Prototyp der Quelle befindet sich in der Anderswelt in → *Tír Tairngire* unter dem Meeresspiegel und ist von → neun Haselnußbüschen (vgl. → Bäume) umstanden, deren Nüsse ins glasklare Wasser fallen und große Blasen der Inspiration auslösen, die an die Oberfläche steigen. In der einen Fassung sind Nüsse und Blasen feuerrot (vgl. → Elemente, → rot); die Salme, die sie verschlucken, erhalten davon ihre leuchtend roten Tupfen. Offensichtlich wird hier so das indogermanische Konzept vom Feuer-im-Wasser (vgl. → Elemente), vom himmlischen Funken, der das Naß zum Lebensspender macht, eingekleidet und erklärt. An anderer Stelle gelangen die Nüsse in den Boyne und werden dort vom Salm der Weisheit (vgl. → Fische, → Fionn) aufgenommen. Die Quelle von Segais ist die Quelle der Weisheit: Fruchtbarkeit, der ewige Kreislauf des Lebens und das übernatürliche (zukünftige) Wissen fallen in eins zusammen. Sie ist der Ursprung aller Inspiration, der prophetischen Erkenntnis, der Dichtung (vgl. → *fili*), der Künste und des Handwerks – des materiellen und spirituellen Leben überhaupt! Kein Wunder, daß überall auf Keltengebiet, von Spanien bis in die Tschechoslowakei, Quell- und → Kopfkult Hand in Hand gehen, daß in Quellen Menschenschädel → Kessel oder bauchige Tongefäße ganz oder in Scherben gefunden wurden!

Erzählungen, Sagen, Volksüberlieferungen und Märchen, in denen Quellen und Köpfe vorkommen, sind zahlreich und weitverbreitet. Wie in Wirklichkeit werden Köpfe darin als → Opfergabe versenkt, werden darin gewaschen oder erzeugen im Augenblick, wo sie die Erde (vgl. → Elemente) berühren, selbst eine Quelle, ein Thema, das christliche Märtyrerlegenden unermüdlich aufgreifen: St. Reine von → Alesia und St. Kilian von Würzburg gehören zur selben langen Liste. Verschiedene schottische und irische Quellen heißen heute noch ganz offen »Quelle der in der Schlacht erbeuteten Köpfe«, »Tobar a' Chnaic«, oder »Kopfquelle«, »Tobar nan Ceann«.

Es liegt auf der Hand, daß die Quelle, die die Lebensimpulse sprudeln läßt, auch regenerieren und heilen kann. Urbild dazu ist diejenige → Dian Cécht s. Tausende von → Münzen und anderer Votivgaben, z.B. aus dem Quell der Coventina, der Sul, der Sequana, den Salzquellen von Les Chamalières in Clermont-Ferrand, beweisen, daß dort positive Erfahrungen gemacht wurden, da der Pilgerstrom über Jahrhunderte nicht abgerissen ist!

Manche dieser → Kultstätten blieben gänzlich unberührt, wie heute noch der sog. »Shannon-Pot« am Abhang des Tiltinbane (Gr. Cavan), ein kreisrundes, scheinbar bodenloses, fast schwarzes Wasserloch – eher unheimlich als lieblich –, oder der verchristlichte Trinity Well (vgl. → Boand, → Nechtan), an dessen Rand sich Schilfgras wiegt und auf dem Seerosen schwimmen. Manche Quellen wurden früh zu Brunnen gefaßt, manchmal, wie bei → Glanum, in ein über Stufen erreichbares Becken. In vielen Fällen wurden Tempel darüber errichtet, die sich zu Tempelbezirken mit mehreren Bauten und ganzen Tempelstädten ausweiten konnten (vgl. → »Apollo«, → »Mars«). Wie unentbehrlich eine Quelle für eine solche Einrichtung war, läßt sich an → Lydney Park ablesen. Hier mußte ein trichterförmiger → Schacht angelegt werden: Trotz hergeleitetem Wasser fehlte das Charakteristikum der Quelle, nämlich die Verbindung zur Anderswelt.

Rabe → **Vögel**

Rad

Es erstaunt nicht, daß eine Gesellschaft wie die keltische, die sich technisch so intensiv um das Rad bemühte, daß es erst in moderner Zeit weiterverbessert werden konnte, darin auch eine metaphysische Größe sah. Im Naturhistorischen Museum, Wien, läßt sich die beeindruckende Rekonstruktion eines solcherart perfektionierten Rades durch Knopfdruck ins Rollen bringen. Die Speichen sind so präzise mit Bronzestreifen beschlagen, daß dabei der optische Eindruck einer → goldenen, leicht gewölbten Scheibe, auf der eine → Spirale pulsierend mitläuft, entsteht – die Sonne (vgl. → Gestirne), wie sie durch die Himmel jagt.

Es dürfte sich dabei um das Rad eines Kultwagens (vgl. → Wagenkult) gehandelt haben, ein Modell des Gefährts, wie man es im Besitz des Sonnengottes und Blitzschleuderers (vgl. → Blitz) glaubte.

Der Gott mit dem Sonnen-/Blitz-Rad ist eine wohlbelegte Erscheinung, die dem → Taranis, später dem → »Jupiter« gleichgesetzt wurde. In Irland hieß er vermutlich Roth (vgl. → Mac Roth, → Mog Ruith).

Von Spanien bis Ungarn, von Irland bis Oberitalien galt das Rad als Symbol dieses Gottes. In seiner allumfassenden Häufigkeit ist es vergleichbar mit dem christlichen Kreuz; es gibt kaum ein Museum ohne Räder in verschiedenen Materialien.

Nicht nur der »Jupiter« von Le Châtelet beweist, daß Rad und → S-Zeichen zusammengehörten, verschiedentlich kamen auch Rädchen mit eingravierten oder aufgesetzten S-Ornamenten – im Grunde auseinandergezogene, doppelte Spiralen – zum Vorschein.

Räder wurden aus Ton, Eisen, Bronze, Silber, Blei und aus → Gold angefertigt. Die prächtigsten sind diejenigen vom Szárad-Regöly-Hort in Ungarn (im Ungarischen Nationalmuseum, Budapest), hohl, aus feinstem, geripptem Goldblech, mit → fünf Speichen.

Die Speichenzahl konnte von vier bis 16 variieren. Wie das Münzwesen (vgl. → Münzen) scheint das Herstellen von Rädern in den *oppida* erfolgt zu sein – in → Alesia kamen Gußformen zum Vorschein –, wohl ebenfalls unter der Kontrolle der → Druiden. An verschiedenen Orten gab es eine echte Massenproduktion – genauso wie die billigen tönernen Figürchen des Radgottes religiöse Souvenirs (vgl. → Votivgaben) –, ein Devotionalienhandel, wie er noch heute existiert. Noch nicht geklärt sind die langen Streifen winziger Rädchen, die als »keltische Rosenkränze« apostrophiert wurden. Alle Größen, vom → Miniatur-Rad bis zur gewichtigen Radbrosche, auch wenn sie nicht ganz die Proportionen »vom Kinn bis zum Nabel« des Sagen-Helden erreichen, sind vertreten. Räder wurden als → Amulette umgehängt, vermutlich auf Kleidungsstücke aufgenäht, als Fibel und Brosche angesteckt, auf Helmen, Brustpanzer und Schild angebracht, in Mäntel eingewoben. Tote erhielten sie ins Grab, vorzüglich unter oder neben dem Kopf (vgl. → Kopfkult). Räder machen einen großen Teil der Weihegaben aus, ein ganzer Hort von 200 Stück kam z. B. bei Orléans aus der Loire, sind aber auch beliebte Motive auf → Münzen. Sie wurden mit der → Axt, dem → Eber, dem → Pferd kombiniert und stellten eine Alternative zu »Jupiters« Adler (vgl. → Vögel) dar.

Das Symbol muß also neben Sonne und Blitz das Konzept der Himmelsweite, vermutlich aber auch der Bewegung, des ewigen Wechsels, des Lebenszyklus' aufgenommen haben, alles zusammen dürfte es, nicht unähnlich dem Kreuz, vielschichtiges Zeichen für höchsten göttlichen Schutz und ewiges Leben gewesen sein. Ganz folgerichtig wurde es auf Vorrats- und Saatguttöpfen eingeritzt. Verlust von Vorräten bedeutete damals umgehend Hunger, Verlust der Keimkraft des Kornes wirkte sich lebensbedrohend aus.

Rathcrogan → **Cruachan**

rechtmäßige Herrschaft

Das irische Königtum, und ehemals wohl auch das festländische, war sakral: Wie der → Druide war der Herrscher auf dem Thron ein Kanal übernatürlicher Kräfte. War der König der richtige, d. h. der von den Göttern vorbestimmte, und handelte er nach dem vorgeschriebenen Code (vgl. → *geis*), wirkte sich das zum Wohl seines Volkes aus, so daß z. B. unter → Cormac ein goldenes Zeitalter heraufziehen konnte. War er ein Usurpator oder verging er sich in irgendeiner Weise, verlor das Land die Fruchtbarkeit, die Kühe die Milch, und Seuchen suchten Mensch und Tier heim wie unter → Conn oder → Bres.

Eine Reihe von Schutzmaßnahmen sollten solche Katastrophen ausschließen: Grundbedingung für jeden Königsanwärter war die physische und moralische Makellosigkeit seiner Person. Ging sie dem König abhanden, war dies ein Grund für den Rücktritt (vgl. → Nuadu, → Conn). Bres' Geiz kostete diesen die Herrschaft, und → Cormacs Ungerechtigkeit endete in der Niederlage des Hochkönigtums, denn die hervorstechenden königlichen Tugenden waren Freigebigkeit, Wahrheit/Gerechtigkeit und Tapferkeit.

Es gehört zu den Aufgaben der → Druiden, durch → Zauber wie *imbas forosnai* oder *tarbfais* die Weichen zu stellen. Neben die Vision, d. h., das Erscheinen des zu Wählenden in Bildform, tritt die Bestimmung durch Prophezeiung (vgl. Wahrsagerei), also aus zukünftigem Wissen über den Ungeborenen oder über den unter den richtigen Umständen Geborenen (vgl. z. B. → Conchobar). Was Druiden durch intime Kommunikation mit der → Anderswelt zuteil wurde, machten übernatürliche Hilfen wie → Lia Fál, die Felsblöcke Blocc und Bluigne (vgl. → Steine), → Pferde, Wagen und Königsgewand (vgl. → Conaire Mór) dem ganzen Volk sicht- und hörbar: Der Aufschrei Lia Fáls soll in ganz Irland vernehmbar gewesen sein! Aber all diese Vorkehrungen zur Sicherung der rechtmäßigen Herrschaft waren vergebens ohne die Mitarbeit der → Oberhoheit. Erst die → Heilige Hochzeit zwischen ihr und dem König setzte der Herrschaft das Siegel der Rechtmäßigkeit auf (vgl. → Eochaid).

rechts
Die positive, der Menschenwelt und der Materie zugewandte, glückbringende Seite ist die rechte Seite. Rechts herum, mit der Sonne (vgl. → Gestirne), war die den übernatürlichen Mächten genehme Wendung (vgl. → *deisiol*).

Reinkarnation → **Wiederverkörperung**

Rhiannon
Einerseits geht es zu weit, Rhiannon als walisische → Epona zu apostrophieren, wie das L. Lengyel tut, und den ersten und dritten Zweig des → *Mabinogion* als deren Kultlegende zu lesen, andererseits sind die Parallelen zwischen der walisischen und der hauptsächlich festländischen Göttin eng.

»Rigantona«, wovon sich Rhiannon ableitet, bedeutet »große, göttliche Königin«, ein Titel, den auch Epona trägt. Verschiedene der Stuten mit Füllen, wie sie auf → Münzen und Reliefs erscheinen, dürften sich auf Rhiannon beziehen, denn sie und ihr Sohn → Pryderi haben nicht nur mit → Pferden zu tun, es gibt darüberhinaus Anzeichen, daß sich die Menschen Rhiannon wie Epona als große, göttliche Stute vorstellten. Auch sie besitzt eine Verbindung zur → Anderswelt durch ihre → drei magischen Vögel, die für die → Helden, die → Brâns Kopf (vgl. → Kopfkult) begleiten, so herrlich singen, daß sie sieben Jahre lang die Weiterreise vergessen. Als → Pwyll, ihr Zukünftiger, sie zum ersten Mal sieht, reitet sie im Schritt auf einem weißen Pferd in schimmerndem → Gold-Brokat am Königshügel (vgl. → Elemente) von Narberth vorbei. Pwyll, neugierig geworden, schickt der Fremden einen Läufer nach, um ihren Namen zu erfahren, aber je schneller sich dieser bewegt, desto mehr Vorsprung gewinnt die Reiterin. Ein Reiter auf dem schnellsten Pferd hat ebenso wenig Chancen, sie einzuholen, weder an diesem noch am folgenden Tag. Am dritten (vgl. → drei) reitet Pwyll selbst los und jagt hinter ihr her, aber erst, als er sie erschöpft anruft, sie möchte doch um des Mannes willen, den sie am meisten liebe, anhalten, zieht sie lächelnd am Zügel. Hätte er früher mit ihr gesprochen, wäre sie früher stehengeblieben. Schließlich ist sie gekommen, um ihm einen Heiratsantrag zu machen. Ihr Vater Heveydd, »Henn«, der »Alte«, hatte sie mit einem ihr nicht genehmen jungen Mann verlobt, und wenn Pwyll möchte ... Dieser ist nur zu bereit, sich mit der schönen Frau zu vermählen, aber beim Hochzeitsfest begeht er einen großen Fehler, der ihn sie nur dank ihrer Klugheit und ihrer magischen Kunst nicht auf immer an Gwawl, den Nebenbuhler, verlieren läßt. Nach der Hochzeit ermahnt Rhiannon nach der Art der → Muttergöttin Pwyll zur Großzügigkeit, d.h., niemandem eine Gabe zu verwehren, der darum bittet.

Zwei Jahre vergehen, und noch immer liegt kein fürstliches Kind in der Wiege. Die Edlen Dyfeds nehmen Pwyll ins Gebet, er solle sich eine andere Frau suchen, er jedoch will noch ein Jahr abwarten. Am Ende des dritten Jahres bringt Rhiannon den ersehnten Sohn zur Welt, der jedoch durch Unachtsamkeit der Kinderfrauen noch in derselben Nacht verschwindet. Aus Angst um ihr Leben beschmieren diese die schlafende Mutter mit dem Blut eines Hündchens (vgl. → Hund, → Epona) und bezichtigen sie des Kindsmordes im Zustand geistiger Umnachtung.

Wieder kommt für Pwyll eine Trennung nicht in Frage; er heißt jedoch die Strafe, die über Rhiannon verhängt wird, für gut. Sieben Jahre soll sie beim Steigblock am Festungstor sitzen, jedem Ankömmling ihre Geschichte erzählen und ihm anbieten, ihn auf dem Rükken in den Palast zu tragen.

Als → Teyron nach einigen Jahren ihr Kind zurückbringt, ist sie ihre große »Sorge«, »Pryderi«, los – deswegen wird ihr Sohn so genannt.

Im dritten Zweig des *Mabinogion* wird die Verwitwete die Gattin → Manawydans und erlebt mit Pryderi und der Schwiegertochter Kigva die Rache Gwawls, die der zur Rachelosigkeit Verpflichtete durch einen Freund nehmen läßt.

Rhiannon macht zwar den Ortswechsel von Wales nach England und wieder zurück mit, bleibt aber, während die Männer als Handwerker den Lebensunterhalt verdienen, im Hintergrund, bis sie im Bestreben, → Pryderi aus der magischen Festung zu retten, an der goldenen Sonnenschale (vgl. → Gestirne) hängenbleibt und wie dieser sprach- und bewegungslos auf die Nacht wartet, in der die Festung unter Donnergrollen mit Mutter und Sohn verschwindet.

Erst als Manawydan, ebenso mutig wie klug, den Gegner unter Druck setzt, werden die beiden und das Land Dyfed erlöst. Während der Gefangenschaft in der magischen Festung wird Rhiannons Verbindung zum Reittier noch einmal betont: Die große Königin muß das Kummet der Esel tragen, »nachdem sie Heu eingebracht haben«.

L. Lengyel bildet zwei Münzen ab, deren Motive auf den Rhiannonmythos anspielen

Stute, ein Fohlen säugend (Münze der Aulerci).

Hoheitsvoller Frauenkopf mit Drachen und Pferd in einem Vexierbild (Münze aus dem Donaugebiet).

könnten: Die goldene der Aulerci zeigt eine ein Fohlen säugende Stute mit den eingefallenen Flanken derer, die vor kurzem geworfen haben. Über beiden schwebt ein drachenartiges Ungeheuer mit einer deutlichen Klaue (vgl. → Beltene, → Teyron). Auf der Münze aus dem Donaugebiet ist der Kopf einer schönen, hoheitsvollen Frau vor einem Pferd abgebildet; im Haar trägt sie ein Diadem, das sich bei genauerem Hinschauen als flammender Drachen entpuppt.

Rigani

Es ist J.-J. Hatts Verdienst, den in Lezoux entdeckten Namen Rigani mit der bis dahin unbenannten, höchsten gallischen Göttin, Caesars → »Minerva«, zu verbinden und ihren Mythos in einer wohltuenden Mischung aus Intuition und solider wissenschaftlicher Überprüfung zu rekonstruieren, eine von unzähligen Detailvergleichen gelenkte Spekulation, die so nahe an die Wirklichkeit herankommt, wie das mangels schriftlicher druidischer Quellen (vgl. → Druiden) möglich ist. Rigani ist demnach das festländische Gegenstück z. B. einer → Brigit, → Brigantia, → Rhiannon oder → Sul, die königliche → Muttergöttin, wie sie bereits die → »Eulengöttin« vorzeichnete. Diejenige an den Ringenden von Reinheim zeigt sich nämlich einmal mit harten Ge-

Die große, königliche Muttergöttin mit ihren beiden Gatten (Detail des Kessels von Gundestrup; Nationalmuseet, Kopenhagen).

sichtszügen, hoheitsvoll-abweisend, kämpferisch, wobei der Raubvogel in den Vordergrund tritt, einmal weicher, mütterlich, mit Andeutung einer Schwangerschaft, schützend und mit einer bedeutend kleineren Eule. Rigani ist sowohl die Herrin der Himmel als auch der Erde (vgl. → Elemente). Der → Kessel von Gundestrup erzählt den Mythos fast vollständig, gelegentlich müssen gallische Monumente, z. B. der Nautenpfeiler aus Paris und das Relief von Trier (vgl. → Esus), zur Ergänzung zugezogen werden.

Rigani entspricht dem Dumézil'schen Schema und ist, selbst alle Funktionen vereinend, flexibel mit den → drei gesellschaftlichen Klassen verbunden: Sie ist Himmelskönigin, → Kriegs- und → Muttergöttin, kümmert sich um das Wohl der Lebenden und der Abgeschiedenen, verteilt die Reichtümer der Erde und hält ihre Hand über Künste und Handel. Mitten im Winter, in der Nacht vom 24. zum 25. Dezember, der »nuits des mères«, verläßt sie mit zwei Begleiterinnen als Triade (vgl. → drei) → Taranis und sucht → Esus in seiner unterirdischen Gestalt als → Cernunnos auf. Voll Wut und Eifersucht schickt ihr der Himmelsfürst ein gräßliches, klauenbewehrtes, wolfartiges (vgl. → Wolf) Raubtier nach, dessen Hinterbeine in Hufen enden, ein »→ Pferd/ → Hund« also, das sie verschlingen soll, von → Smertulus jedoch abgefangen und erwürgt wird. Darauf schickt der Beleidigte einen zweiten, kleineren, aber gefährlicheren Hund, dem es irgendwie gelingt, Rigani »selbdritt«, d.h. mit ihren zwei Dienerinnen, wovon ihr eine eben das Haar flicht, in Kraniche zu verwandeln (vgl. → Vögel, → Metamorphose).

Jetzt mischt sich → Teutates zugunsten Riganis ein, indem er seine Krieger rüsten läßt – wir sehen sie in feierlicher Prozession vor dem Kampf am → Opfer teilnehmen.

Was Rigani jedoch erst Menschengestalt zurückgibt, ist das Opfer eines → Stiers, wie auch ein → Hirsch-Opfer nötig ist, Cernunnos als Esus auf die Erde zurückzuholen.

Auf dem Kessel sind es die Dioskuren (vgl. → Divannos und Dinomogetimarus), die die passende Stiertriade auffinden; auf dem Nautenpfeiler geht Esus selbst auf die Suche und findet dabei den → Tarvos Trigaranos. So oder so gelingt die Rückverwandlung, und Rigani und Esus können Hochzeit halten. Das Glück auf Erden ist jedoch von kurzer Dauer. Drei Monate später verläßt Rigani den zweiten Gatten und kehrt in den Himmel zurück. Was in → Alesia im Giebelfeld der kleinen Kapelle gegenüber dem Tempel unter »Déesse aux Amours« (»Göttin mit Liebesgöttchen«) geführt wird, ist im Grunde eine regelrechte Himmelfahrt: Zwei geflügelte Genien bringen Rigani ihrem ersten Gemahl zurück. Esus muß als Cernunnos erneut unter die Erde, und der Jahreszeitenzyklus beginnt von vorn (vgl. → Jahreszeitenfeste).

Eine unerwartete Szene auf dem Kessel zeigt die Göttin flankiert von zwei Elefanten. Das Bild vermittelt durch die auf der Brust zusammengelegten Hände Riganis ein starkes Moment der Verinnerlichung. Zwei Rosetten bringen die Sonnenkomponente (vgl. → Gestirne) mit hinein. Ob es die Macht der lichten Kräfte versinnbildlichen soll? Interessanterweise halten zwei Greife einen von Taranis' üblen Hunden im Schach.

Das Relief der Muttergöttin von Naix im Musée Barrois, Bar-le-Duc, stellt mit großer Sicherheit ebenfalls Rigani dar. Sie sitzt im faltenreichen Gewand da, einen flachen Korb voller Früchte auf dem Schoß, flankiert von zwei leider kopflosen Dienerinnen mit Krügen, vor sich ein Schoßhündchen (vgl. → Hund). Ihre Haare sind zurückgekämmt, über der Stirne jedoch sind zwei große Locken künstlich zu den Widderhörnern (vgl. → Widder, → Horn) des Teutates, ihres Verbündeten, gedreht.

Im Wallis/Schweiz wurde Rigani in ihrer Eigenschaft als Himmelsgöttin mit dem → Rad

Die große Muttergöttin mit Elefanten, Greifen und einem Wolf/Hund (Detail des Kessels von Gundestrup; Nationalmuseet, Kopenhagen).

»Muttergöttin von Naix« mit zwei Dienerinnen und Hündchen (Musée Barrois, Bar-le-Duc).

dargestellt und als Cartismerta, »die Verteilerin mit dem Rad«, angerufen, wobei sich Name und Funktion → Rosmertas mit ihr vermischten. Die Göttin mit dem Rad stand an → »Jupiters« Seite, und wenn auch die Gallo-Römer sie als »Juno« anriefen, so darf man doch sicher sein, daß sie Rigani meinten.

St.-Germain-en-Laye besitzt das ausgesprochen naturalistische Relief eines Götterpaares, in dem J.-J. Hatt Rigani und → Esus sieht. Die Göttin, diesmal anmutig-mädchenhaft und kaum bekleidet, legt ihre eine Hand auf den Kopf ihres Partners, der, in der Rechten (vgl. → rechts) den Geldbeutel, in der linken (vgl. → links) die gehörnte (vgl. → Horn) Schlange, neben ihr sitzt.

Rigrú
Die Königin der Andersweltinsel (vgl. → Anderswelt), die → Conn aufsucht, um als Sühneopfer den sündenlosen Sohn sündenloser Eltern zu finden, ist Rigrú »mit den großen Augen«. Sie ist die Gattin Daires, des »Wunderbaren«, und ihr gemeinsamer Sohn, Ségda Saerlabraid, ist der Gesuchte. Sie ersetzt sein → Opfer durch eine → Kuh. Rigrú ist eine königliche → Muttergöttin; die besondere Betonung ihrer »großen Augen« ist wohl die letzte direkte Verbindung mit der → »Eulengöttin« (vgl. → »Minerva«).

Rinderraub von Cooley → **Táin Bó Cuailnge**

Roquepertuse
Das kelto-ligurische Felsheiligtum, ca. 15 km westlich von Aix-en-Provence auf einem etwas über 200 m hohen, jedoch schwer zugänglichen Hügel gelegen, gehörte ebenfalls den Saluviern, dürfte jedoch älter sein als → Entremont und bis Ende des 4. Jh. / Anfang des 3. Jh. v. Chr. hinaufreichten.

Die aus einer künstlich vergrößerten Höhle und einem gepflasterten Vorplatz bestehende → Kultstätte war durch eine ebenfalls von Menschenhand erweiterte Felsspalte, über die ein schmaler Sporn führte, vom Profanen ge-

Oben und S. 280 unten: Portikus von Roquepertuse (Ausschnitt; Musée de la Vielle Charité; Marseille).

trennt. Hier lagen die Reste des berühmten, mit Nischen und Schädeln (vgl. → Kopfkult) bestückten, auf der Rückseite ehemals schwarz-, rot- und weißbemalten Portikus, der mit den übrigen Fundgegenständen, z. B. dem Türsturz mit den Pferdeköpfen (vgl. → Pferd), den Fragmenten zweier lebensgroßer Statuen in Buddhahaltung, deren mit geometrischen Mustern geschmückter Überwurf eher auf Priester als auf → Helden schließen läßt, und dem Doppelkopf (vgl. → Janus), zum Besitz des Musée de la Vielle Charité, Marseille, gehört.

Rosmerta

Die wichtigste, hauptsächlich im Nordosten Galliens, der Rhein-Mosel- und der Rhône-Gegend belegte Gefährtin des → »Merkur« ist Rosmerta. Gut zwei Dutzend Weiheinschriften an das → Götterpaar sowie viele Reliefs sind bekannt; J.-J. Hatt glaubt an eine gewisse Institutionalisierung der beiden zugunsten älterer Paare wie → Teutates und → Rigani. Allein scheint die Göttin nicht vorgekommen zu sein. Sie ist eine der großen → Muttergöttinnen nicht nur des Füllhorns wegen (vgl. → Horn), ihres wichtigsten Attributes, sondern auch vom Namen her, der von der Mehr-

Pferdefries von Roquepertuse (Musée de la Vielle Charité, Marseille).

zahl der Keltologen als »gute bzw. große Versorgerin, Verteilerin« interpretiert wird. In Rosmerta steckt dieselbe Wurzel »smer« wie in → Smertulus, → Smertios, »Adsmerius« und »Atesmerius«, den Beinamen »Merkurs«.

Rosmerta auf dem Thronsessel; vor ihr »Merkur«, den Geldbeutel in ihre Patera leerend (Wiesbaden; Rheinisches Landesmuseum, Bonn).

Gewöhnlich wird Rosmerta als stattliche, hoheitsvolle Dame im faltenreichen, langen Gewand dargestellt, unterscheidet sich jedoch von Ort zu Ort in Einzelheiten. In → Glanum ist ihr überquellendes Füllhorn fast so groß wie sie selbst. Im Gloucester City Museum hält sie in der Linken (vgl. → links) eine langstielige Doppelaxt (vgl. → Axt), während sie mit der Rechten (vgl. → rechts) ein Schälchen über einem hölzernen Bottich ausschüttet. Auf mehreren Darstellungen hält sie den Caduceus, z. B. auf dem Relief von Bierstadt, während ein zweites aus Wiesbaden (heute im Rheinischen Landesmuseum, Bonn) sie auf einem Thronsessel sitzend zeigt. Der vor ihr stehende »Merkur« leert den Inhalt seines vollen Geldbeutels in ihre Patera; zwei kleine, geflügelte Genien kümmern sich um Füllhorn und Heroldsstab. Auf einem Relief im Museum von Mannheim gleitet, wie sonst bei → Sirona, eine → Schlange über ihre Rechte, die den Kopf auf dem Geldbeutel ruhen läßt, den die Göttin mit der Linken an sich preßt. Die Stele von Nordheim (Museum Karlsruhe) zeigt Rosmerta und »Merkur« eine Börse haltend, während in einer ganzen Reihe von Fällen, wie auf den Monumenten von Metz und Langensulzbach, die Göttin dem Gott den Beutel überreicht, d. h. Rosmerta verschafft den Reichtum der Erde, der Gott darf ihn weiterverteilen.

rot

In der inselkeltischen Überlieferung ist rot die Farbe der → Anderswelt, mit Assoziationen wie Untergang, Sonnenuntergang (vgl. → Gestirne), Verderben, übernatürliche Weisheit, Feuer (vgl. → Aed, → Elemente), Blut und, um den Kreis zu schließen, (Über-)Leben.

Rot ist gleichbedeutend mit Macht: »Ruad Rhofessa«, der »Rote, Mächtige, Herr allen Wissens«, ist einer der Titel des → Dagda. In einer Fassung sind die Haselnüsse (vgl. → Bäume) der → Quelle von Segais bzw. Conlas Quelle und die Blasen der Inspiration feuerrot. Rote → Kühe oder Kühe mit roten Ohren geben übernatürlich viel Milch, rotohrige Hunde sind windschnell, aber unheimlich.

→ Da Derga ist der »rote Gott« der Anderswelt, und im Verlauf der Zerstörung seiner Festhalle treten die → drei Roten auf, mit denen → Conaire durch ein gebrochenes → *geis* verbunden ist.

Ins Grotek-Grausige gleitet die → Morrígan in ihrem Aufzug als »Rote« mit dem einbeinigen, roten Geisterpferd (vgl. → Pferd) ab, dem die Deichelstange zum Kopf herausragt. Wie alle Gottheiten mit kriegerischem Aspekt freut sie sich über das Blut der im Kampf Gefallenen (vgl. → Wäscherin-an-der-Furt). Der britische → Cocidius, dessen Name die Silbe für »rot« enthält, wird einerseits dem → »Mars«, andererseits dem → »Silvanus« zugeschlagen.

Das Festland scheint rot hauptsächlich im Kampf- und Schlachtenzusammenhang zu sehen, wie → Rudiobus und »Mars Rudianus« andeuten – allerdings ist der vorkeltische »Mars« mit so vielen Funktionen betraut, daß die Andersweltkomponente auch dabei war.

Rucht und Runce

Die zwei magischen → Schweinehirten aus der Vorgeschichte zum → *Táin Bó Cuailnge*, u. a.

aus dem → *Lebor Laignech*, sind Rucht und Runce (vgl. → Friuch). Rucht gehört zum Hofstaat → Bodbs von Munster, Runce zu demjenigen des → Elfen Ochall aus dem → *síd* von → Cruachan in Connaught. Anfangs stehen die Herren und die Knechte miteinander jeweils in bestem Einvernehmen, dann streiten sich die beiden Andersweltfürsten (vgl. → Anderswelt), und obwohl sie sich wieder versöhnen, greifen die Händel auf die zwei Schweinehirten über. Wenn früher in Munster die Eichelernte (vgl. → Bäume) besonders üppig war, zog derjenige von Norden mit seinen → Schweinen her, um daran teilzuhaben, und umgekehrt. Seit aber »Streit gestiftet war«, versuchten beide Seiten, die Macht ihres Schweinehirten hervorzuheben. Als diesmal die Connaughter nach Munster kamen, wurden ihre Schweine verzaubert, so daß sie nicht fressen konnten und mager zurückkehrten. Im folgenden Jahr spielten die Connaughter dem Munsterhirten denselben Streich mit dem Erfolg, daß beide Schweinehirten von ihren Herren davongejagt wurden.

Von da ab richtete sich ihr ganzes Tun und Trachten darauf, sich gegenseitig zu besiegen, wobei sie → Metamorphosen zu Hilfe nahmen. Ein Jahr lang verfolgten sie sich als Raubvögel (vgl. → Vögel) unter den Namen »Ingen und Eile«, »Kralle und Flügel«, dann als Meeresungeheuer »Bled und Blod«, als Krieger »Scáth und Sciath«, »Schatten und Schild«, in einer Interpolation auch als zwei → Hirsche, und zum Schluß wurden sie zu den zwei Würmern »Cruinniuc und Tuinniuc«.

Cruinniuc verzog sich in eine → Quelle namens Uarán Garad in Connaught, Tuinniuc in diejenige Glais Cruinn auf der Halbinsel Cooley. Königin → Medb fand eines der beiden in allen Farben schillernden magischen Wesen, und es gefiel ihr sehr wohl, besonders da es mit ihr Konversation machte, ihr seine Lebensgeschichte erzählte und ihr riet, → Ailill zu heiraten. Sie war dem Zauberwurm so zugetan, daß sie ihn ein Jahr lang mit Speise versorgte.

Anders war Fiachna mac Daires Reaktion gegenüber dem magischen Geschöpf: Als er es unvermittelt neben seiner Quelle auf einem Stein sitzen sah, mußte es ihn zuerst beruhigen, ihm eine »Barke voller Glück« und »Schätze« versprechen, bevor er versprach, es zu füttern, und sich den *Táin* prophezeien ließ. Alles sollte damit beginnen, daß eine von Medbs Kühen (vgl. → Kuh) den einen Wurm, eine von seinen Kühen den anderen Wurm verschluckte, denn darauf würden sie → Finnbenach bzw. → Donn zur Welt bringen.

Weihegeschenk an Rudiobos (Neuvy-en-Sullias; Musée Historique, Orléans).

Rudiobos
Das Musée Historique von Orléans bewahrt den Hortfund von Neuvy-en-Sullias auf, u. a. die sehr hübsche Bronzestatuette eines lebhaften → Pferdes, das aufgezäumt einen Vorderfuß zum Losgaloppieren aufhebt. Über der Stirn steht ihm eine dreifache (vgl. → drei) Locke. Es wurde zwischen 100 und 150 n. Chr. mit einer Inschrift versehen und von Tempelbediensteten dem »Rudiobos« geweiht, einem Gott, der dem »Mars Rudianos« durch das gemeinsame Element für → »rot« nahegestanden haben dürfte.

S-Motiv
Das S-Motiv kommt seit der Latène-Zeit sehr oft auf Schmuck, Waffen, → Masken, Tontöpfen und Reliefs vor. J.-J. Hatt fand heraus, daß es horizontal für den → Teutates, vertikal und gegenständig jedoch für → Rigani steht.

Der → »Jupiter« von Le Châtelet trägt deren → neun auf einem Draht über der Schulter aufgereiht; das S kann also nur ein Sonnen-/Blitzsymbol (vgl. → Gestirne, → Blitz) sein.

Salm → **Fische**

Samhain
Der erste Monat des Winterhalbjahres auf dem → Coligny-Kalender ist mit »Samon« bezeichnet, und es ist anzunehmen, daß die Festland- genauso wie die Inselkelten dessen ersten Tag und die Nacht davor (vgl. → Zeitrechnung) durch eines ihrer großen → Jahreszeitenfeste besonders betonten. Auf den britischen Inseln und in Irland wurde der 1. November einschließlich der davorliegenden Nacht als »Samhain«, von »sam-fuin« = »Sommers Ende«, gefeiert.

Bis zu diesem Datum mußte das Vieh von den Sommerweiden zurück sein, überzählige Tiere wurden als Wintervorrat geschlachtet, Tribute und Abgaben wurden bezahlt, und das Leben der nächsten sechs Monate sollte sich vorwiegend im Haus abspielen – dafür begann die Saison des Geschichtenerzählens rund ums Feuer (vgl. → Elemente).

Die Nacht vor *Samhain* wurde als zeitlich in der Luft hängend empfunden: Der Sommer und das Jahr hatten mit dem Tag geendet – der Winter und das neue Jahr fingen erst wirklich mit dem nächsten Tag an. Die dazwischenliegenden zwölf Stunden fielen zwischen die Zeiten – es war unbestimmbare Zeit, also Ewigkeit: Vergangenheit, Gegenwart, Zukunft fielen zusammen.

Bis heute gehören in den Ländern, in denen dieses Fest noch begangen wird, Spiele dazu, die die Zukunft enthüllen sollen (vgl. → Wahrsagerei): Bleigießen, Ratespiele. Bei den Fragen geht es um die ewig gleichen Themen: Wer stirbt in diesem Jahr? Wer heiratet wen? Verreist? oder tritt, im katholischen Zusammenhang, in einen Orden ein? Traditionell werden Äpfel und Nüsse, vorzüglich Haselnüsse (vgl. → Bäume) gegessen.

S-Motive auf einem Gürtelhaken (Hölzelsau; Prähistorische Staatssammlung, München).

Aber nicht nur die üblichen zeitlichen Abgrenzungen brechen zusammen: Für diese zwölf Stunden hob sich *fe-fiada* (vgl. → Zauber) von den → *síde*, womit die Trennung zwischen Menschen- und Anderswelt entfiel, so daß dem Verkehr zwischen den Lebenden und den Abgeschiedenen/Unsterblichen nichts mehr im Wege stand. Jetzt häufen sich die Besuche von hüben nach drüben, → Fand und → Lí Ban z. B. suchen → Cúchulainn auf und nehmen ihn im folgenden Jahr zur selben Zeit in die Anderswelt mit.

War diese Begegnung wenigstens im ersten Teil zweideutig – Cúchulainn siechte immerhin ein volles Jahr dahin –, so war diejenige → Neras mit der Anderswelt durchaus freundlich; trotz Rückkehrgelegenheit zu den Menschen zog er es vor, im *síd* zu bleiben. Finn mac Luchta, ein König Süd-Munsters, wurde jährlich von der → *banshee* seiner Familie auf einen Rundgang durch den Feenhügel abgeholt. Andererseits unternahmen die Überirdischen zu diesem Zeitpunkt besonders gern Angriffe auf die Menschenwelt, was diese, da die *síde* schutzlos offen lagen, mit Gegenattakken, Zerstörung und Beraubung konterten. Mit → Feen und → Elfen ergossen sich auch dämonische Scharen in Tier- und Menschengestalt aus den Hügeln, z. B. die gräßlichen, kupferroten (vgl. → rot) Vögel aus → Cruachan unter der Führung eines → dreiköpfigen Geiers, eines Aasvogels. Was mit ihrem stinkenden Atem in Berührung kam, verdorrte. Noch immer gilt in Irland, nach *Samhain* keine wilden Früchte – außer den Schlehen – zu essen, sie sind dann anscheinend unbekömmlich oder sogar giftig.

Zu den Gruppen von Schädlingen gehören auch → Ellén, das ganz Irland zu *Samhain* verwüstete, oder → Aillén mac Midna, der alljährlich den Palast von → Tara niederbrannte (vgl. → Fionn). Nicht von ungefähr spielen Schutzfeuer zu *Samhain* eine Rolle. Verschiedene Quellen machen das Fest von → Tara zu einer *Samhain*-Feier, die alle drei Jahre sieben Tage lang dauerte und Spiele, Rezitationen und dergleichen umfaßte.

Beim rituellen Bankett saß der Hochkönig links, rechts, vorne und hinten von je einem Provinzkönig geschützt, eine heilige → Fünf bildend.

Mit den übrigen Andersweltgestalten drängten auch die Abgeschiedenen unter den Hügeln hervor. Die meisten Iren und Schotten ziehen es noch heute vor, die *Samhain*-Nacht bzw. *Halloween*, in den eigenen vier Wänden, im Schoße der Familie zu verbringen, auch wenn sie dies vielleicht nicht ohne weiteres zugeben, nicht anders als der Hof von Cruachan hinter sicheren Palastmauern (vgl. → Nera). Die Ausnahme machte das Jungvolk, das sich in dieser Nacht vermummt und maskiert herumtrieb, allerlei Unfug anstellend, was das Chaos erhöhte. Es ist anzunehmen, daß sie ursprünglich die Toten darstellten.

Eine Begegnung mit diesen war immer eine zweischneidige Sache. In vielen ländlichen Gegenden Irlands, Schottlands, Wales und der Bretagne wurde jeweils am Vorabend des 1. November, dem christlichen Allerheiligen, das Haus blitzblank gefegt, das Feuer besonders sorgfältig bedeckt, Stühle mit Tabakspfeifen vor den Herd gerückt und Speise und Trank hingestellt, bevor sich die Familie bei unverriegelter Haustür schlafen legte. Zwar wollte man den Toten alle Ehre erweisen, aber wehe den Lebenden, die sie zufällig überraschten oder, noch schlimmer, aufblieben, um sie zu beobachten – sie gehörten sehr bald zu ihnen. Aus diesem Grund durfte man sich in dieser Nacht niemals nach Schritten auf der Straße umwenden.

Der Volksbrauch, die Toten zu bewirten, dürfte auf ein → Opfer für die Ahnen zurückgehen. Das → *Dindsenchas* und das *Lebor Gabála Érenn* beschreiben Gemeinschaftsopfer zu *Samhain*. Nach ersterem, und zwar nach zwei Versionen, sollen die »noblen Gälen« dem Götzen → Crom Cruach von Mag Slecht, der »Ebene der Niederwerfung«, ein Drittel ihrer Nachkommen um Milch, Honig und Korn fürs kommende Jahr geopfert haben, und nach dem zweiten waren die Nemedier (vgl. → Nemead) zu *Samhain* gezwungen, zwei Drittel ihre Kornes, der Milch und ihrer Kinder an die → Fomorier abzugeben.

In dieselbe Richtung weist *Mesca Ulad* (*Die Trunkenheit der Ulstermänner*), das alle Anzeichen einer wilden *Samhain*-Feier aufweist. Die von Ulster rasen so berauscht durch Irland, daß sie über das Ziel, → Cúchulainns Festung, hinausschießen und sich irgendwo in Munster wiederfinden, einer Provinz, die jedoch alle Züge der → Anderswelt aufweist. Interessanterweise ist der Späher, der sie an → Cú-Rois Hof anmeldet, ein → Druide, ein gewisser Crom Déroil. Es ist überdies sicher kein Zufall, daß sie ausgerechnet bei dem zwielichtigen Magier landen. Sie werden zwar großzügig bewirtet, aber die Erzählung endet damit, daß sie, in einem eisernen Haus eingeschlossen, zu Tode geröstet werden sollen (vgl. → Brân) und nur durch ihre Tapferkeit entkommen.

Es fällt auf, wie oft → Helden, u.a. auch Cúchulainn, und mit welcher Regelmäßigkeit Könige, wie → Muirchertach mac Erca, → Diarmaid mac Cerbhaill, → Conaire Mór, an *Samhain* umkommen – es ist mehr als nur wahrscheinlich, daß das Leben des Königs im rituellen Tod endete, der auf diesen Zeitpunkt zu fallen hatte.

Auf dem Hintergrund von *Samhain* nimmt die Vereinigung des → Dagda mit → Morrígan (vgl. → Mag Tuired) eine neue Dimension an: Die → Tuatha Dé Danann werden die Fomorier, die Kräfte des Chaos, zu bekämpfen haben, zum Zeitpunkt, wo diese am mächtigsten sind. Dadurch, daß Dagda Morrígan für sich gewinnt, sorgt er dafür, daß die Auseinandersetzung auch noch von den Zerstörungskräften unterstützt wird. So werden Fruchtbarkeit und Lebenskraft letztlich den Sieg davontragen.

Samildanach

Der Ehrentitel → Lugs zeichnet ihn als Meister aller Künste aus, einschließlich der Kriegs- und Dichtkunst – an sich ein Synonym für den vollkommenen Weisen, auf dessen Sitz sich Lug ja auch niederläßt.

Scáthach

Auf Betreiben seines zukünftigen Schwiegervaters Forgall Monach begibt sich → Cúchulainn zu Scáthach, »der Schattenhaften«, um sich in der Waffenkunst zu vervollkommnen. Der Kern der Sage um Cúchulainns Lehr- und Wanderjahre besteht aus *Verba Scáthaige* (*Worte der Scáthach*), ein 33zeiliges, nach R. Thurneysen aus der 1. Hälfte des 8 Jhs. stammendes Gedicht. Scáthach sagt Cúchulainn nach abgeschlossener Lehre mittels *imbas forosnai* (vgl. → Zauber) in teilweise dunkler, unverständlicher Sprache den → *Táin Bó Cuailnge* im Umriß voraus.

Diese Meisterin ihres Faches, die jeden Kniff bei Angriff und Verteidigung kennt und die berühmten Kunststücke, *cles*, lehrt, ist eine weit komplexere Figur, als ihr das kulturell unpassende, aber gern benützte Etikett »Amazone« zugesteht. Wie → Fedelma ist sie Dichterin und Seherin (vgl. → *fili*), eine Fürstin, die ihr Territorium gegen → Aífe zu verteidigen hat, die nach Cúchulainns Eingreifen deren → Oberhoheit anerkennen muß, Mutter dreier Kinder – der Tochter → Uathach und der beiden Kriegersöhne Cuar und Cat – und Leiterin einer Schule für junge Krieger, die es zur Meisterschaft bringen wollen.

Sie ist eine Gestalt, die die Erzähler offensichtlich immer wieder faszinierte, denn durch die Jahrhunderte kamen neue Fassungen zustande, die letzte große im 18. Jh.

Bereits in *Tochmarc Émere* (*Werben um → Emer*) wird deutlich, daß sie keine gewöhnliche Sterbliche ist. Sie wohnt in den Alpen, die seit den gefahrvollen Übersteigungen durch die Kelten ab dem 5. Jh. auf immer mit der → Anderswelt verknüpft sind.

Ein löwenartiges Tier – wir wissen nicht, ob von Scáthach gesandt – führt Cúchulainn vier Tage lang. Am Weg begegnen ihm Gestalten, die ihn kennen und freundlich begrüßen oder verspotten, daneben jedoch auch solch hilfreiche wie der junge Mann, der ihm ein → Rad und einen Apfel (vgl. → Bäume) schenkt, mittels derer er über die »Ebene des Pechs« kommt. Dann muß er noch auf einem Seil über eine Schlucht voller Gespenster balancieren, bis er Scáthachs Festung erreicht und mit seinem Speer so an die Tür schlägt, daß dieser durch das Holz hindurchfährt. Uathach heißt ihn beeindruckt willkommen und kümmert sich liebreich um den jungen Wanderer.

In späteren Überarbeitungen wird gerade diese Stelle gern erweitert. Scáthach lebt nun übrigens in Schottland – aus den »Alpen« ist »Alba« geworden – und ist mittlerweile die Tochter des Königs von Skythien. Cúchulainn trifft u.a. auf → Ferdia und → Naoise in ihrer Ausbildungsstätte.

Diese liegt auf einer Insel, zu der eine Brücke führt, deren Mitte höher liegt als die

Holzgeschnitzter Hirsch aus dem Schacht von Fellbach-Schmieden (Württembergisches Landesmuseum, Stuttgart).

Enden und die jeden in die Luft katapultiert, der darauf tritt – eine Brücke, wie sie im → Artus-Zyklus Berühmtheit erlangt, »dünn wie ein Haar, scharf wie ein Blattrand, glatt wie ein Aalschwanz«, die sich dazu noch senkrecht aufrichten kann wie ein Mastbaum.

Nach dreimaligem, vergeblichem Versuch und einer Kostprobe seiner gefürchteten Wut (vgl. → Heilige Raserei) gelangt Cúchulainn auf die andere Seite und erfährt darauf, daß diese Brücke eins von Scáthachs Übungsobjekten ist, an dem gewöhnliche Schüler ein Jahr trainieren müssen, bis sie sie meistern.

Trotzdem nimmt die Meisterin nach Art der Andersweltbewohner den Vielversprechenden nur gezwungenermaßen auf: Uathach verrät Cúchulainn, inzwischen ihr Geliebter, wie er ihre Mutter dazu bringen kann. Er soll ihr das blanke Schwert auf die Brust setzen und sein Begehren in → drei Wünsche fassen. Die Gelegenheit ergibt sich, als er Scáthach beim Unterricht ihrer Söhne »in einer Eibe liegend« findet: Schleunigst verspricht sie, ihn vorbehaltlos zu unterrichten, ihm ihre Tochter ohne Brautpreis zu überlassen und ihm seine Zukunft zu weissagen. An anderer Stelle schenkt sie sich schließlich dem Hochbegabten selbst und läßt ihn »die Freundschaft ihrer Schenkel« genießen.

Scáthach dürfte auf eine aufs Kriegshandwerk spezialisierte → Muttergöttin zurückgehen. In mancher Hinsicht gleicht sie der → Oberhoheit Irlands: Zwar macht sie Cúchulainn nicht zum → rechtmäßigen Herrscher, aber zu einem Krieger, der sich mit Fug und Recht als oberster → Held Irlands bezeichnen darf (vgl. auch → Bricriu, → *curadmir* und → Cú Roi).

Schacht

Kultschächte, wodurch die Verbindung zu den Mächten der Erde (vgl. → Elemente), der Fruchtbarkeit und zum Totenreich aufgenommen werden sollte, lassen sich bis in die Mitte des 2. Jahrtausends zurückverfolgen; längst ist bekannt, daß die »klassischen« Völker solche weiterhin anlegten. Wie die keltische Variante aussah, ist jedoch erst in den letzten Jahrzehnten im Zusammenhang mit den Viereckschanzen (vgl. → Kultstätte) in Deutschland erforscht worden. Den Anfang machte 1958–59 diejenige von (Dornstadt-) Tomerdingen aus der späten Latène-Zeit: 5 m tief, trichterförmig, von ca. 2 m Durchmesser. Darin stak ein ca. 2 m langer, sorgfältig verkeilter Holzpfahl. In der Füllung fanden sich → drei Tonschalen. In (Dingharting-) Holzhausen kommen in derselben Viereckschanze deren drei vor. Ein gut 18 m tief in die Nagelfluh gegrabener Schacht, der mit Lagen von Holzkohle, stark eiweißhaltigem Material – Blut und Fleisch –, Lehm und Kiesel aufgefüllt war, ein 6,5 m tiefer Schacht mit einem 2 m langen Holzpfahl, den wechselweise organische und anorganische Lagen umgaben, und ein bis auf 35,6 m durch die Nagelfluh hindurchgetriebener, mit einer Holzverschalung gesicherter ähnlichen Inhalts. Periodisch wurden hier also → Opfer dargebracht und dann durch Stein bzw. Erde sozusagen »begraben«.

1972 kam die Viereckschanze von Fellbach-Schmieden zum Vorschein mit einem 20,5 m tiefen, die letzten 2 m sorgsam mit Holz ausgekleideten Schacht. Als große Überraschung kamen auf dem durch lange Leitern begehbaren Schachtboden zwei mit viel Talent geschnitzte, hölzerne → Widder und ein ebensolcher → Hirsch zum Vorschein, nebst einem Holzeimer, denn dieser Schacht war ein Grundwasserbrunnen. Hier bestätigt sich wie in → Lydney Park (vgl. → Nodens), daß Schächte und → Quellen gewisse Funktionen teilten.

Schächte waren jedoch nicht von Viereckschanzen abhängig: Im Südosten Britanniens und in Frankreich traten sie öfters in Tempelanlagen auf oder ganz ohne sichtbare Überreste einer → Kultstätte. Der Inhalt der mehr oder weniger tiefen Eingänge in die Erde ist überall ähnlich und besteht aus Tongeschirr, vor allem aus Töpfen, Holz-, Bronze-, Ton- oder Steinstatuetten, Geweihen (vgl. → Hirsch), Tier- und Menschenknochen sowie Schädeln (vgl. → Kopfkult). Ein ganzer, 4 m hoher Baum (vgl. → Bäume), komplett mit Ästen und Wurzeln wie der von Le Bernard in der Vendée, fällt schon eher aus dem Rahmen.

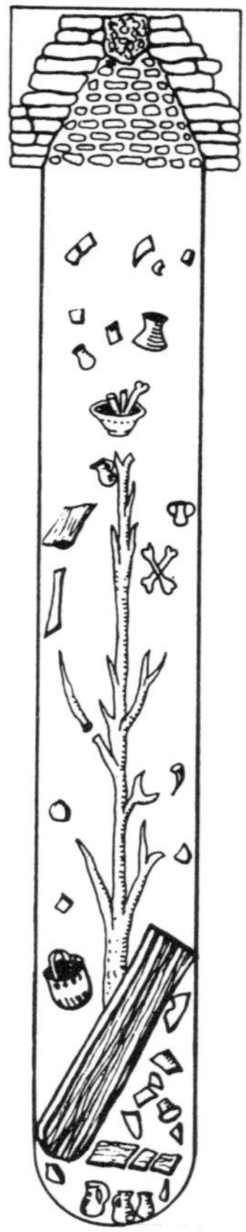

Kultschächte (Vendée).

Schildkröte

Die Kelten versahen → »Merkur« mit den Kulttieren → Widder, Hahn (vgl. → Vögel) und klassische Schildkröte. Es scheint aber, daß sie mit letzterer nicht eben viel anfangen konnte. Sie wurde oft weggelassen, während die anderen beiden Tiere häufig erscheinen.

Es sieht so aus, als hätte eine Tendenz bestanden, die Schildkröte durch die → Schlange zu ersetzen. Auf einem Relief im Archäologischen Museum von Frankfurt setzt »Merkur« den Fuß auf ihren Rücken, auf demjenigen von Mannheim ist dem Ziegenbock und dem Hahn viel Platz eingeräumt, während die Schildkröte fehlt, → Rosmerta jedoch eine Schlange trägt, und im Württembergischen Landesmuseum, Stuttgart, hält der Hahn die Schlange im Schnabel, während »Merkur« seinen schweren Beutel zwischen den Hörnern (vgl. → Horn) des Ziegenbockes absetzt.

Schlange

Die Schlange ergibt ein einzigartiges Symbol zum Verbinden von Gegensätzlichem, was Steinzeitmonumente wie das englische Avebury in der Gr. Wiltshire, das eine riesige Schlange darstellt, bereits nützten. Die Kelten griffen die Idee der gehörnten Schlange auf und machten sie durch das Aufsetzen eines Widderkopfes (vgl. → Widder) zu dem für sie typischen, hybriden Kulttier. In der Schlange faßten sie vieles aus ihrem Weltbild zusammen: Die Reptilien leben streng rhythmisch nach den Jahreszeiten (vgl. → Jahreszeitenfeste). Wird es im Herbst kühl, ziehen sie sich unter die Erde zurück; steigt die Temperatur im Frühjahr, kriechen sie an das Sonnenlicht.

Sie paaren sich auf der Erdoberfläche, produzieren Mengen von Nachkommen und verschwinden beim Absinken der Temperatur in den Untergrund. So führen sie den Menschen gleichzeitig den bäuerlichen Zyklus sowie den Wechsel von Schlafen und Wachen, Tod und Leben vor Augen; auch die Idee der → Wiederverkörperung durch ihr mehrfaches Häuten liegt nahe.

Manche von ihnen sind lebendgebärend, andere legen Eier; verschiedene sind enorm giftig, andere harmlos; gewisse leben auf dem Land, manche im Wasser (vgl. → Elemente); sie erstarren in der Kälte, überwintern im Dunklen, brauchen aber Licht und Wärme zum Leben und zur Fortpflanzung. Sie kriechen waagrecht auf der Erde (vgl. → Elemente), vermögen sich aber auch senkrecht aufzurichten. Seit jeher ist die Schlange ihrer Gestalt wegen mit dem männlichen Glied, aber ebenso mit der Nabelschnur verglichen worden. Ihr elastischer Schlund macht sie zur großen Verschlingerin, ihr Aufrichten zum Lebensbaum (vgl. → Bäume). Die Schlange vereint das männliche und das weibliche Prinzip, ist → Muttergöttin und schöpferischer Gott der → Anderswelt zugleich, denn sie steht für die Vereinigung der beiden und letztlich für jene Energie, die den Kosmos fortwährend erneuert, Pflanzen wachsen läßt und sich im Geschlechtstrieb von Mensch und Tier ausdrückt.

Die Schlange verband für die Kelten Entgegengesetztes, sie war die Achse, um die sich der Lebenszyklus drehte. Was passiert, wenn diese Einheit in zwei sich befehdende Pole zerlegt wird, wissen wir seit der Geschichte mit Eva und der Schlange im Paradies.

Bei den Kelten ist die Schlange → Mael Duins der Himmel und Erde verbindende Regenbogen, aus dem Salme (vgl. → Fische) purzeln, der Strom oder Fluß, der die → Quelle mit dem Meer (vgl. → Gewässer) verbindet, und nicht zuletzt die Heilquelle, die die Lebenskräfte erneuert.

Die Schlange, Ausdruck jener Kräfte, die unablässig werden und vergehen lassen, potenziert und mit einer gewissen Aggressivität durch die Widderhörner angereichert, war in ganz Gallien mit einem Schwerpunkt im Nordosten und bis nach Britannien bekannt – die

»Mars« von Southbroom, um dessen Fuß- und Handgelenke sich widderköpfige Schlangen winden.

einfache, gelegentlich mit drachenähnlichem Kamm überall auf Keltengebiet, von Spanien bis nach Ungarn.

Das Reptil hat eine Affinität zur → Spirale und zum → S-Zeichen, was die Figur des → »Mars« von Southbroom (Gr. Wiltshire) elegant kombiniert. Zwei widderköpfige Schlangen ringeln sich jeweils um die Fuß- und Handgelenke des Gottes und hängen als straffe S-Zeichen dazwischen.

Die Schlange begleitet Gottheiten mit starker Erd-, Fruchtbarkeits- und Heilerkomponente – in erster Linie → Cernunnos, dann → »Merkur«, → »Mars«, den Dreikopf (vgl. → drei, → Kopfkult), → »Jupiter«, → »Sirona« → »Rosmerta«, → Verbeia, → Rigani sowie das → Götterpaar → Borvo und Bormana.

Irland hat die Erinnerung an Cernunnos in → Conall Cernach bewahrt; → Fionn ist ein berühmter Schlangenjäger; Besucher der → Anderswelt werden Schlangen regelmäßig ansichtig. Die Tatsache, daß die heute noch populärste Anekdote aus → St. Patricks *Vita* berichtet, wie der Heilige Irland von Reptilien säuberte, gibt Gewißheit, daß der Kult der Schlange in Irland großes Gewicht hatte.

Schmied

Bei den Inselkelten, die die kontinentale Kultur der Eisenzeit fast unverändert weiterführten, blieben die Schmiedegötter → Goibniu, → Credne, → Gavida und natürlich → Brigit in Irland und → Govannon in Wales im höchsten Rang weiterbestehen, während Caesar im 1. Jh. v. Chr. (vgl. → *Interpretatio Romana*) Vulkan (vgl. → »Vulkan«) unter den Hauptgöttern nicht einmal erwähnt. Wie für alle andern Handwerke war → »Minerva« auch für dasjenige des Schmieds verantwortlich.

Schmiede kommen in der inselkeltischen Sage recht häufig vor: Sie können wie die → *fili* in die Zukunft sehen. Es ist z. B. Sithchenn, der Schmied, der → Niall und seine Brüder mit Waffen versorgt und in den wilden Wald schickt, so daß sie die → Oberhoheit in Gestalt der → *caillech* treffen müssen.

→ Helden wie → Cúchulainn oder → Fionn kommen zu Anfang ihrer Karriere nicht um eine Begegnung mit dem Schmied herum, die die nachhaltigen Folgen eines Einweihungsrituals hat: → Setanta erhält seinen Namen, unter dem er seine Heldentaten ausführt, Fionn die Tochter des Schmieds für die Nacht sowie zwei unfehlbare Speere (vgl. → Blitz), womit er eines jener gefährlichen, magischen → Schweine erlegt. Schmiede sind Väter oder Ziehväter von Genies wie im Falle → Amergins oder Moranns, dem weisesten Richter Irlands; die Enkel jedoch werden Könige und Helden (vgl. → Cormac).

Das Handwerk des Schmiedes bestand für die Kelten aus magischen Vorgängen: Der Schmied führte den funkensprühenden → Hammer und gab der Metallmasse, ob geschmolzen oder in Klumpen, im Feuer und Wasser (vgl. → Elemente) eine individuelle Gestalt, die sich jedoch jederzeit wieder in den ungeformten Zustand zurückführen ließ. Im Grunde vollzog jeder Schmied bei jedem Gegenstand, den er herstellte oder wieder zusammenschmolz, die Handlungen des Herrn der → Anderswelt nach, des Schöpfers und Bewahrers der Lebenssubstanz. Es ist wenig erstaunlich, daß bis in unser Jahrhundert dem Schmied im Volk die Aura des Übersinnlichen blieb, man glaubte ihn mit dem zweiten Gesicht begabt, sah in ihm den Heiler oder fürchtete seinen bösen Blick.

Schwan → **Vögel**

Schwein

Dank der Kelten haben wir heute noch »Schwein«. Allerdings ist unser Begriff vom rosigen Glücksschweinchen verharmlost und säkularisiert: Bei den Kelten besaß das Schwein (vgl. → Eber) charakteristischerweise ein doppeltes Gesicht und gehörte zu den geheiligten Tieren, die man gern den Göttern opferte (vgl. → Opfer), was wir z. B. im → Epona-Relief von Beihingen sogar in Stein haben. Mit diesen stand es in Berührung, schließlich nährte es sich von den Früchten des heiligen Baumes (vgl. → Bäume), der Eiche.

Der hohe Prozentsatz von Schweineknochen im Siedlungsabfall quer durch die keltische Welt bestätigt Strabos Angaben, daß die Kelten frisches und gepökeltes Schweinefleisch über alles schätzten. Funde wie der Vorratstopf unter dem Basler Münster, der noch Knochen eines ca. vier Monate alten Schweines enthielt, sind nicht selten. In diesem Fall war das dazugehörige Haus vermutlich um 15 v. Chr. bei der römischen Besetzung zerstört worden.

Die Beliebtheit des Schweinebratens bei den Lebenden stand derjenigen unter den Toten nicht nach: Seit der Hallstattzeit kommen regelmäßig ganze Schinken oder sonst beachtliche Stücke, d. h. deren Knochen, zusammen mit Tranchiermessern, in Adelsgräbern vor.

Das Fleisch war für das Fest der → Anderswelt bestimmt.

Schweinebraten, Synonym für Gastfreundschaft, war gleichzeitig ein Symbol für Heldenmut (vgl. → Helden), denn → *curadmir* bestand zur Hauptsache aus dem begehrten Hinterschinken. Aber bereits dies ist eine zweischneidige Sache, zumal wenn ein → Bricriu zugegen ist.

Die Götter selbst verzehrten Schweinernes beim Mahl des → Goibniu, aber → Manannáns oder → Dagdas Schweine sind nicht die einzigen, die, abends verspeist, am nächsten Tag wieder zur Verfügung stehen. Das Schwein ist der Garant für das immerwährende, angenehme Leben, ohne Alter, Kummer oder Tod – kein Wunder, daß → Gwydion mit allen Mitteln versuchte, → Pryderi das Geschenk → Arawns abzuluchsen.

Die Haut des Schweins von Duis, das → Lug u. a. als Wiedergutmachung für den Tod seines Vaters von den Söhnen → Tuirills verlangte, vermochte jeden, der sich darauf legte, von Wunden und Krankheiten zu heilen.

Wie üblich stehen den lebensspendenden, heilenden Kräften bedrohlich-magische gegenüber. Strabo findet es erwähnenswert, daß die gallischen Schweine – große, kampflustige, schnelle Tiere – frei herumwandern durften und fügt warnend hinzu, daß sie sowohl Fremden als auch Wölfen gefährlich waren.

So erscheinen denn in der Literatur – abgesehen vom → Eber – Schweine, die Tod und Verderben bringen, z. B. die → roten aus → Cruachan, die → Ailill und → Medb auf der Ebene von Mucrama vergeblich zu zählen suchen. Sie waren unsterblich, und dort, wo sie hintraten, wuchs sieben Jahre lang weder Korn noch Gras. Nach einer Überlieferung bricht der alte Streit zwischen → Goll und → Fionn wegen des Schweins von Slánga aus (eine Episode, die nicht weiter ausgeführt wird), und die große, uralte Sau → Henwen wirft überall in Wales ihre für den Menschen guten oder schädlichen Gaben, unter der souveränen Nichtbeachtung für die Sterblichen des Urwesens, das sie ist.

Schweinehirten

Im Gegensatz zu den biblischen sind die keltischen Schweinehirten von höchstem sozialen Rang: Fürsten wie → Pryderi, Königssöhne wie Drystan (vgl. → Tristan) oder Magier (vgl. → Druiden) wie → Rucht und Runce. Irische Heilige, allen voran → St. Patrick, setzen die Tradition fort. Es ist mehr als nur wahrscheinlich, daß diese magisch-göttlichen Schweinehirten auf halbem Weg der Euhemerisierung eines Schweinegottes stehengeblieben sind. Ein Moccus, ein späterer Beiname des → »Merkur«, sowie ein Baco sind aus Weiheinschriften bekannt. → Teutates kann in Gestalt eines → Ebers erscheinen, und Vosegus/ → »Silvanus«, der den Frischling im Arm hält, ist möglicherweise als »guter Schweinehirt« aufgefaßt worden. Spuren einer »guten Schweinehirtin« sind in der irischen Mythologie in Derbriu, → Medbs Schwester und → »Oengus' erster Liebe«, feststellbar. Sie schützt ihre sechs in → Schweine verwandelten Pflegekinder (vgl. → Metamorphosen), was sich mit ihrer Rolle als → Muttergöttin gut vereinbaren läßt.

Die Herren → Pryderi, Sohn des → Pwyll, Haupt von → Annwn, → Tristan, Sohn/Neffe von → Mark, Rucht und Runce, Bedienstete → Bodbs und des → Elfen Ochall sind alle eng mit der → Anderswelt verbunden. Sie sind Söhne, Stellvertreter, Doppelgänger des Fürsten der Abgeschiedenen – bis auf Coll, den Hirten → Henwens: Er ist mit großer Wahrscheinlichkeit der Schöpfergott/Herr der Anderswelt persönlich.

Schwert → **Blitz**

See → **Gewässer**

Seelenwanderung

Während ältere Keltologen wie A. Nutt alle Anstrengungen unternahmen, Seelenwanderung (Metempsychose) als allgemeines Konzept bei den Kelten nachzuweisen, verwandte eine Gruppe jüngerer ebensoviel Energie darauf, das Gegenteil zu beweisen. Was sich heute abzeichnet, ist eine Haltung der Skepsis den klassischen Zeugnissen gegenüber – unbesehene Akzeptanz verbleibt den Esoterikern wie einer Martha Sills-Fuchs. Das Ergebnis ist differenzierte Annahme.

Etwa ein Dutzend klassischer Formulierungen befassen sich mit dem keltischen Glaubensartikel der → Unsterblichkeit der Seele. Das Überleben der Persönlichkeit muß mit Gedanken an ein düsteres, nachtodliches Schattenreich Vertrauten interessant-exotisch erschienen sein. Antiken Schriftstellern, z. B. Posidonius, Strabo, Caesar, Diodorus Siculus, Lukan, bereitete das Einordnen solcher Anschauungen Mühe: Caesar suchte eine handfeste Erklärung in der Behauptung, daß dadurch die Tapferkeit der Krieger gesteigert würde, da die Todesfurcht wegfalle. Andere wie Diodorus oder Ammianus warfen die Druiden mit den Pythagoräern in denselben Topf, da diese ähnliche Ideen unterhielten ... Diese Identifikation kam also auf einer assoziativen Ebene, nicht durch einen wissenschaftlichen Religionsvergleich zustande. Caesars Aussage, daß »die Seelen den Tod nicht erleiden, aber nach dem [physischen] Tod von einem [Körper] zum anderen gehen«, die wie Diodors Aussage, »daß die Seele unsterblich sei und nach einer bestimmten Anzahl von Jahren ein weiteres Leben führen könne, wenn sie in einen anderen Körper übergehe«, letztlich auf Posidonius zurückgehen könnte, ist bereits sehr unbestimmt ausgedrückt und hat nur mehr wenig mit dem pythagoräischen System zu tun, welches die Wanderung der Seele durch alles Belebte hindurch anvisierte.

Es gibt in der inselkeltischen Literatur Fälle echter → Reinkarnation und unter den unzähligen → Metamorphosen einige, die deutlich nach dem Tod stattfinden und daher als Beispiele für die Seelenwanderung gelten könnten, z. B. → Mongán, → Fintan, → Tuan oder → Taliesin. Dies ist jedoch eindeutig nicht die Norm, drückt nicht das Schicksal der Allgemeinheit aus, handelt es sich doch durchwegs um übernatürliche Persönlichkeiten.

Segais, Quelle von → **Quelle**

Sencha mac Ailella

Das Gegengewicht zu → Bricriu ist Sencha mac Ailella, ursprünglich wie dieser eine Gottheit, jedoch eine der Weisheit und Mäßigung, die Ordnung ins Chaos bringt und in mehr als einem Fall Leben erhält. Im → *Ulsterzyklus* tritt er als Richter, königlicher Berater und einer von → Cúchulainns Ziehvätern auf. Er ist → *ollam*, »Sprecher von Ulster«, der das Recht hat, vor dem König das Wort zu ergreifen und daher folgerichtig als → Druide beschrieben wird: »Sencha mac Ailella«, heißt es in der *Trunkenheit der Ulstermänner*, »im weißen Hemd und Mantel, mit der wohlklingenden Stimme, der mit → drei Worten jeden Streit beizulegen versteht«. Er findet sich in mancher gefährlichen Situation zwischen den Fronten, z. B. an Bricrius Festmahl, bei dem sich die Ulstermänner gegenseitig an die Gurgel springen. Gewöhnlich bringt er die Erregten mit seinen klaren Anweisungen zur Vernunft; nützt dieses nichts, schüttelt er den »Friedenszweig«. Es dürfte sich dabei um einen mit Metallplättchen, Glöckchen oder Kugeln versehenen Zeremonienstab gehandelt haben, wie er seit der Bronzezeit in Verwendung war und wovon Exemplare und Bruchstücke in den Museen, z. B. im Keltenmuseum Hallein, zu finden sind. In der *Zerstörung der Festhalle* → *Da Dergas* kommt Sencha in einer Triade (vgl. → drei) zusammen mit Dubthach und Goibnenn vor, »drei gewaltige, ergraute Krieger, deren Glieder so dick sind wie die Lenden eines anderen Mannes«. Die drei liegen zum Schutz des Königs direkt neben → Conaire Mórs Lager.

Sequana

Das Musée Archéologique von Dijon stellt die Funde vom ca. 20 km nordwestlich gelegenen → Quell-Heiligtum der Seine in seinen geräumigen Kellergewölben nach neusten Erkenntnissen sehr eindrucksvoll aus. Ein großer Teil der → Votivgaben sind da: Dutzende von Holzplastiken (vgl. → Götterdarstellungen), die große Vase mit der Widmung eines gewissen Rufus an »Deae Sequana«, die ein kleineres Gefäß mit 836 → Münzen, eingebettet in Ex-Voto verschiedenster Art, enthielt, sowie die berühmte Bronzestatue der Göttin Sequana, der Verkörperung der Quelle der Seine. Die hoheitsvolle Frauengestalt steht im gallo-römischen, gegürteten Faltengewand, mit einem Diadem auf dem gescheitelten, rechts und links des klassisch-heiteren Antlitzes in Locken auf die Schultern fallenden Haar, auf einer Barke, deren Bug zum naturalistischen Entenkopf (vgl. → Vögel) umgeformt ist. Die Ente trägt eine Kugel im Schnabel: die Sonne, das Symbol der Göttin? Diese

Die Göttin Sequana, die Verkörperung der Seine, auf dem Entenboot (Musée Archéologique, Dijon).

hält ihre Hände in willkommender, spendender Gebärde vor sich, wie segnend ausgestreckt, wobei der Zeigefinger der linken Hand (vgl. → links) zur Erde bzw. zu den Tiefen des Wassers (vgl. → Elemente) weist, wohl eine Andeutung ihrer Rolle als → Muttergöttin und Herrin der → Anderswelt. Denn von dort stammt, wie die Quelle beweist, alles Leben, alle Regeneration. Den unzähligen Votivgaben nach wurde Sequana in erster Linie als gütige Heilerin angerufen. Besonders interessant in diesem Zusammenhang sind die vielen Ex-Votos von Körperteilen, Armen, Beinen, Augen, Geschlechtsorganen und Eingeweiden, die die Pilger an den um die Pforten angesiedelten Handwerkerbuden erstehen konnten. Ob die stilisierten, aber deutlich auf Gebresten wie Hernien, gebrochene Glieder, Kröpfe, Augenkrankheiten, Unfruchtbarkeit, Milchmangel usw. hinweisenden Darstellungen die Göttin daran erinnern sollten, wo der Schmerz saß, oder ob damit »sympathische« Medizin getrieben wurde – man gab der Göttin die Krankheit ab in der Hoffnung, die Gesundheit zurückzubekommen – ist nicht mehr feststellbar, womöglich war es eine Verbindung von beidem.

Sequana nennen mehrere Weiheinschriften, wovon die gallische des Lucius, Sohn des Nertecomarus, halb in griechischen, halb in lateinischen Buchstaben die ungewöhnlichste ist. Sie sagt etwas über die Klientel des Heiligtums aus: Mindestens seit dem 1. Jh. v. Chr. wallfahrte die umliegende Landbevölkerung zu ihrer Göttin – die Römer hatten, anders als z. B. in → Alesia, diese Kultstätte nie übernommen. Die Inschrift auf dem zum Madonnenaltar umfunktionierten Stein in der Kirche von Salmaise bestätigt diesen Sachverhalt: Ein Sklave, Hilariclus, stiftete ihn eines Gelübdes wegen für seinen gleichnamigen Sohn. Eine weitere ist auf dem → goldenen Ring, den Clementia Montiola der Göttin schenkte, zu lesen. Dieser ist übrigens eines der wenigen vom Material her wertvollen Geschenke; mit einigen Ausnahmen waren die Pilger mit wenigen materiellen Gütern gesegnete Bauern und Landarbeiter.

Einige von ihnen kennen wir von Angesicht zu Angesicht, denn sie ließen sich in ihren einfachen Pilgergewändern, die sie wie *genii cucullati* (vgl. → *genius cucullatus*) aussehen lassen, in Holz und Stein verewigen. Möglicherweise wurde die Pilgerfahrt und das Eintauchen im heiligen Wasser, wie heute in Indien, als eine Art Wiedergeburt erlebt. Die christliche Taufe beruht ja auf dem gleichen Prinzip. Es handelt sich um mehrere, einfache Holzfiguren, aber z. B. auch um einen oberflächlich romanisierten, streng dreinblickenden Herrn aus Stein mit beachtlichem Beutel in der Rechten und einem rundlichen, lächelnden Mann, der einen runden Gegenstand, Apfel (vgl. → Bäume) oder Kugel, in der Hand hält, sowie um einen Buben, der ein Hündchen (vgl. → Hund) auf dem Arm trägt.

Die Stadt Paris hat die Umgebung der Quelle zu Ehren des Flusses, dem sie ihren Wohlstand verdankt, mit einer Parkanlage verschönert und über dem einen Arm eine künstliche Grotte mit einer hübschen Marmornymphe von Jouffroy hingesetzt, was davon ablenkt, daß das eigentliche Tempelareal mit Maschendraht abgesperrt ist. Die heiligen

Pilgerdarstellung vom Schrein der Sequana (Musée Archéologique, Dijon).

Quellen sprudelten jenseits des Bächleins, das heute als junge Seine gilt, unter dem Felsband hervor, in dem übrigens in einem hineingehauenen Versteck die Sequana samt einem bronzenen Faun zum Vorschein kam. Die Tempelanlage erstreckt sich über drei Terrassen und war mehrmals vergrößert worden.

Zuletzt bestand sie aus einem *fanum* (vgl. → Kultstätte), einem länglichen, steinernen Tempel, Säulengängen, einem großen, gepflasterten Hof und drei Badebecken. An den Tempel angebaut waren zellenartige Räume, vermutlich die Konsultationszimmer der Ärzte-Priesterschaft. Im sumpfigen Gebiet auf dem Talboden kamen 200 hölzerne Votivstatuen zutage – Köpfe (vgl. → Kopfkult), ganze Menschen, vereinzelt auch Tierskulpturen von → Pferd und → Stier. Eine Reihe größerer Holzstatuen umstanden im Halbkreis das ovale Badebecken – hierbei könnte es sich um → Götterdarstellungen gehandelt haben.

Kaum 10 km südlich von dem der Sequana/Seine geheiligten kleinen Tal liegt die von einem obskuren St. Seine gegründete, gleichnamige mittelalterliche Abtei, die mit solch auffallender Vehemenz auch nur die Möglichkeit einer Christianisierung des Sequana-Kultes von sich weist, daß der Verdacht eher bestärkt wird.

Setanta
Der Name, der → Lug vor der Geburt für seinen Sohn bestimmt, ist Setanta. Dieser trägt ihn bis zum Vorfall mit dem → Hund des → Schmiedes Cualan – von da ab heißt er → Cúchulainn.

Sheevra
Zu den → Tuatha Dé Danann gehören die Sheevra; P. W. Joyce nennt sie jedoch deren »arme Verwandte«. Trotzdem sind sie mächtige, boshafte, dämonenartige Wesen, die sich von → Druiden manipulieren lassen wie im Falle von König → Cormac: Sie bewirken, daß er an einer Lachsgräte erstickt.

Sheila-na-Gig
Es ist erstaunlich, daß etwas über einhundert dieser vom christlichen Puritanismus so nachdrücklich als obszön verschrienen Steinmetzarbeiten auf den britischen Inseln und in Irland – da übrigens mit einem Anteil von zwei Dritteln – überlebt haben. Entgegen der gängigen Meinung beschränkt sich der Typ nicht auf dieses Verbreitungsgebiet: Verschiedene Beispiele sind in Frankreich gefunden worden.

Es handelt sich um groteske, weibliche Figuren, die ihr Geschlecht unzweideutig zur Schau stellen. Oft auf einen großen Kopf mit ebensolchen Augen, zuweilen auch mit großem Mund, und einen angedeuteten Körper reduziert, wird die überdimensionale Vulva zum Blickfang, besonders wenn die Skulptur wie beim berühmten Beispiel der Kirche von Kilpeck in der Gr. Hertfordshire, unter den Schenkeln durchfassend, die Schamlippen auseinanderhält.

Sheila-na-gig; Darstellung der keltischen Muttergöttin auf einem Kragstein (Kirche von Kilpeck, Gr. Herfordshire).

Im Grunde stellt die *Sheila* ganz konkret nichts anderes dar als das Füllhorn (vgl. → Horn).

Andere nehmen »Buddhahaltung« ein wie der → Cernunnos – wie man heute wieder weiß, ist Niederkauern die einzige vernünftige Gebärstellung – und weisen mit beiden Händen auf den geöffneten Schoß. Dabei mag der Gesichtsausdruck zwar zuweilen grimmig, abwesend oder freundlich sein – jedenfalls ist er nie lasziv. Hier wird die → Muttergöttin als Gebärerin/Zerstörerin dargestellt.

Wohl gehören die meisten Exemplare ins Mittelalter, aber die gängige Theorie, die Normannen hätten die *Sheila* in Irland eingeführt, ist Unsinn. Allerdings war bis vor kurzem das Tabu um diese Figur so dicht, daß ihre Erforschung erst in den Kinderschuhen steckt. Was sich abzuzeichnen beginnt, ist, daß an abgelegenen Orten Irlands, z. B. auf White Island in Lough Erne, im Kloster Saighir in den Ausläufern der Slieve Bloom Mountains (Gr. Offaly), einem christianisierten, heidnischen Feuer- (vgl. → Elemente) Heiligtum, vorromanische

Sheilas überlebt haben (heute im National Museum, Dublin). Offenbar konnten mittelalterliche Bildhauer auf vorchristliche Modelle zurückgreifen. Warum genau sie das zu diesem Zeitpunkt taten, ist jedoch noch nicht geklärt. Die Erklärung, Äbte hätten die Figuren zur Warnung ihrer Mönche vor Fleischeslust an Kirchen anbringen lassen, zäumt mit Sicherheit das Pferd am Schwanz auf. Die Vermutungen gehen dahin, daß die Vorstellung der *Sheila* als Verkörperung der lebenspendenden Kräfte trotz Christianisierung ungebrochen weiterlebte, so daß man sie überall dort, wo Gefahr bestand, an Brücken, Kirchen und Burgen zur Unheilabwehr anbrachte und gleichzeitig auf ihre fruchtbarkeitssteigernde, segensbringende Wirkung hoffte.

síd

Sowohl eine übernatürliche Wohnstätte als auch deren ebenfalls übernatürliche Bewohner sind mit *síd* (Plural: *síde*) gemeint. Im allgemeinen bezeichnen sie die Feen-Hügel, die → Megalithgräber wie → Bruig na Bóinne, als Einwohner die → Feen und → Elfen, allen voran die → Tuatha Dé Danann. Nach den verschiedenen Quellen sind es → Amergin, → Dagda oder → Manannán, die nach dem Sieg der → Milesier Irland so aufteilen, daß die Söhne des → Míl die Hälfte über, die Tuatha Dé Danann diejenige unter der Erde erhalten. Sie machten sich die dort befindlichen Vorgänger zu Untertanen; von Anfang an werden auch die → Fomorier als in den *síde* und den Inseln lebend geschildert. Die Welt der *síde* und die → Anderswelt laufen wie Wasserfarbenkleckse ineinander über, so daß auch die Abgeschiedenen dazugehören. Bösartige, dämonische Wesen sind ebenfalls darin angesiedelt und quellen zu → *Samhain* aus den *síde* heraus, die normalerweise *fe-fiada* (vgl. → Zauber) vor dem Blick der Menschen verbirgt.

Abgesehen von Grabhügeln gehören natürliche Hügel (vgl. → Elemente), vor allem, wenn sie auffallend geformt sind oder sich unvermittelt aus der Ebene erheben, zu den *síde*, andererseits finden sich diese auch unter → Quellen, Seen oder dem Meer (vgl. → Gewässer), zuweilen sogar in abgeschiedenen Tälern, z.B. die »Fairy Glens« der Grafschaften Antrim und Donegal. *Síde* können von Sterblichen angegriffen oder zerstört werden, wie das in den Erzählungen von → Étaín und → Midir oder → Nera geschieht. Andererseits laden die Unsterblichen gelegentlich Menschen in ihre unterirdischen Wohnungen ein oder nehmen sie so freundlich auf, daß diese freiwillig für immer bleiben. Gelegentlich benötigen *síd*-Bewohner die Hilfe der Sterblichen und umgekehrt, oder sie begeben sich in die Welt der Menschen, um eine große Sagengestalt zu zeugen.

»Síd« kann eingeschränkt für den Sitz des Andersweltfürsten gebraucht werden; → Dagda bewohnt Bruig na Bóinne, bis → Oengus ihn ihm abnimmt, Midir Brí Leith (Hügel von Ardagh, Gr. Longford), die → Morrígan → Cruachan. Ihre Paläste sind taghell erleuchtet, funkelnd von → Gold und Edelsteinen und noch reichhaltiger und prächtiger ausgestattet als die Höfe der Könige. Rauschende Feste werden darin gefeiert wie in Glastonbury Tor (vgl. → Gwyn ap Nudd).

Aes síde, »das Hügelvolk« und ihre Wohnstätten, waren den Menschen vor allem Irlands und Schottlands bis in unser Jahrhundert feste Realität. Der Schreiber von → *Cúchulainns Krankenlager* aus dem 10. Jh. schließt seine Erzählung mit der mißbilligenden Betrachtung, in der Zeit vor dem rechten Glauben hätten die Dämonen solche Macht gehabt, daß sie körperlich mit den Menschen gekämpft hätten – diese verderblichen Gespenster seien von Unkundigen für unsterblich gehalten und *síde* genannt worden. Wie wäre seine Formulierung ausgefallen, hätte er gewußt, daß dieser Glaube noch rund 1000 Jahre anhalten solle?

»Silvanus«

Der römische Silvanus wurde bei den Kelten allgemein als männliches Gegenstück zur → »Diana« aufgefaßt, weswegen sie auch gelegentlich als → Götterpaar auftraten. Wie diese war er für die unkultivierte Landschaft, die undurchdringlichen Wälder und die Jagd verantwortlich, wobei eine starke Tendenz besteht, ihm die Rolle des Herrn der Abgeschiedenen zuzuschanzen.

In Südfrankreich, in der Gallia Narbonensis, verschmolz er mit dem Hammergott (vgl. → Hammer), so daß → Sucellus, wie eine

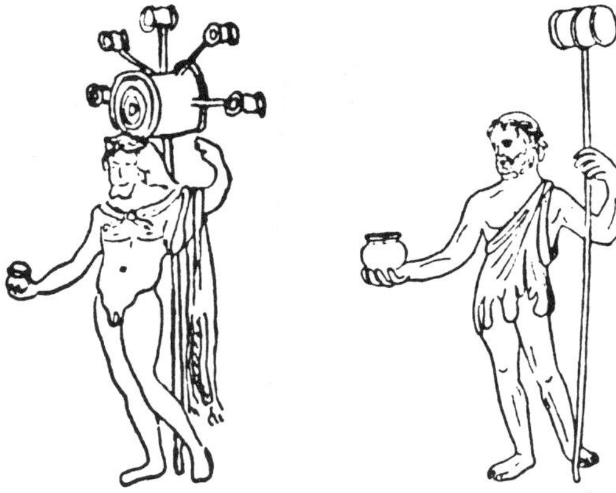

»Silvanus« übernimmt die Attribute des Hammergottes: mit mehrfachem Hammer (Vienne); mit Schale und Hammer (Orpierre); mit Hammer, Schale und Hund (Vase aus dem Rhônetal).

Bronze aus Vienne (Dép. Isère) zeigt, nur mit leichtem Mantel bekleidet erscheint oder laubbekränzt mit Lederumhang wie von Orpierre (beides bei Duval abgebildet). Im Gebiet der Haute-Garonne näherte er sich dem → Erriapus; er hatte sich zum älteren, kräftig-untersetzten Mann gewandelt, der in der einen Hand ein Gefäß oder einen Beutel, in der anderen ein Baum- bzw. Winzermesser hält.

Im Nordosten Frankreichs identifizieren ihn mehrere Inschriften mit Vosegus, der dem Bergzug parallel zum Schwarzwald (vgl. → Abnoba) den Namen gab. Er tritt als Jäger mit Köcher, Pfeil und Bogen in Begleitung eines Hundes auf und hält den jungen → Teutates als Frischling schützend im Arm. Vermutlich berichtete die Kultlegende, wie er den kleinen → Eber allein und allerlei Gefahren ausgesetzt im Wald gefunden hatte. Allerdings befand sich dieser Vosegus-Silvanus bereits auf dem Weg zum → »Merkur«.

Im Elsaß war »Silvanus'« Gefährtin → Aericura, die gewöhnlich mit → »Dis Pater« ein Paar bildet (vgl. → Götterpaare), was die Andersweltkomponente des Waldgottes bestätigt. Elfmal kommt er in Gallien zusammen mit → Epona vor. Britannien zeigt ein ähnliches Bild. Ein »Silvanus Callirius«, den A. Ross mit dem Haselstrauch (vgl. → Bäume) in Verbindung bringt, der aber auch als »König der Wälder« gelesen wird, wurde um Colchester verehrt. In der Nähe der Überreste eines Vierecktempels kam ein bronzener → Hirsch zutage zusammen mit einer bronzenen Weihetafel an »Silvanus Callirius«, die ein Kupferschmied gestiftet hatte.

Ein »Silvanus Vinotanus« muß mit Wein, vermutlich im Zusammenhang mit Trunkenheit/Welt der Abgeschiedenen, zu tun gehabt haben. Seine Altäre standen im wilden, menschenleeren, düsteren Yorkshire-Moor, wo Jagd und Anderswelt ebenso nah beieinanderlagen wie in → Pwylls' Wales.

Durch die gemeinsamen Gebiete – Fruchtbarkeit, Vegetation, Wald, → Hirsch – war es nur eine Frage der Zeit, bis verschiedene nördliche Stämme ihre nackten, phallischen Gehörnten (vgl. → Cernunnos) als »Silvanus« anriefen. Auf einem Altarrelief von Carlisle ist ein solcher, nur mit einem Mantel bekleideter, gehörnter »Silvanus« abgebildet, der, den einen Fuß auf den Fels setzend, mit der Rechten etwas Hasenartiges (vgl. → Hase) über einen kleinen Altar hält.

In den dichten Wäldern des Nordostens übernahm zudem Cocidius »Silvanus«, während im Westen der → »Mars« durchschlug. Schließlich wurden auch im → Nodens so viele gemeinsame Komponenten gesehen, daß er u. a. mit »Silvanus« gleichgesetzt wurde.

Sirona

Eine sehr alte → Muttergöttin, die über den ebenfalls bezeugten Namen »Ðirona« – das gestrichene »Ð« stand für »St/Ts«, »Tsirona« oder »Stirona« – mit »stella« und den → Gestirnen zusammenhängt, ist Sirona; auf einer Darstellung trägt sie eine Mondsichel auf dem Haupt. Das bedeutet nicht, daß sie eine Mondgöttin sein muß, sondern eher, daß sie als Göttin des Nachthimmels und damit der »Nachtseite des Lebens« und der → Anderswelt verehrt wurde. Da jedoch alles Leben in der Menschenwelt von dort kommt, ist sie vor allem für die Fruchtbarkeit, die Regeneration und die Gesundheit verantwortlich, was ihre Stellung an → Quell-Heiligtümern beweist. Weiheinschriften an sie und an ihren Gefährten → »Apollo« stammen aus dem Gebiet von Bordeaux bis Augusta Raurica (Augst, Schweiz) und Rom, mit Schwerpunkt in der Mosel-Mainz-Gegend, bei den Treverern und Nemetern. Wegen ihrer wenig ausgeprägten Erscheinungsform sind jedoch nur etwa ein halbes Dutzend einzelne und etwa ein Dutzend Doppeldarstellungen zusammen mit »Apollo«, den sie ausgezeichnet ergänzt, gesichert. Sie wurde wie jede große Muttergöttin mit Früchten, Ähren, Girlanden oder dem Szepter der Himmelskönigin dargestellt. Die schönste und von den Attributen her die interessanteste Repräsentation ist die fast lebensgroße aus dem Quellheiligtum von Hochscheid, wo u.a. die Weiheinschrift an »Deo Apollini et Sancte Sirone« zutage kam. Die etwas herbe Schönheit mit dem Diadem im zum Knoten gesteckten Haar richtet mit der Andeutung eines Lächelns ihre großen Augen prüfend auf den Besucher. Sie trägt ein einfaches, gegürtetes Gewand mit einem Mantel über der rechten Schulter und dem Arm. Die Rechte (vgl. → rechts) hält ein Schälchen mit → drei Eiern; um den linken Unterarm (vgl. → links) windet sich eine → Schlange, die sie hinter dem über die Eier hinwegzüngelnden Kopf hält.

Sirona von Hochscheid mit Schlange und Eiern (Rheinisches Landesmuseum, Trier).

Die Botschaft dieser Geste dürfte den keltischen Lehrsatz illustrieren, daß der Tod aus dem Leben (rechte Seite), das Leben aus dem Tod, hier aus dem Dunkel des Eis (linke Seite) entsteht.

Slieve Mish Mountains

Die »Gespensterberge« riegeln die Dingle-Halbinsel (Gr. Kerry) vom Festland ab und werden, zu Irlands ältesten Formationen gehörend, in den verschiedensten Zusammenhängen in die irische Sage einbezogen. Obwohl die → Milesier am weiter südlich gelegenen Kenmare River landen, ziehen sie nach dem → *Lebor Gabála Érenn* an sich unnötigerweise auf ihrem Weg nach → Tara über die Slieve Mish Mountains. Hier findet die erste große Schlacht zwischen → Tuatha Dé Danann und Milesiern statt, wobei Scota, die Gattin → Míls, eine Tochter des ägyptischen Pharo, und ihre Schwiegertochter Fas umkommen. Sie wurden je in einem Tal des Hügelzuges unter großen Grabhügeln begraben – Scota in Glanaskagheen (Scotia's Glen) südlich von Tralee, Fas in Glenfash, weiter westlich, über dem Dorf Camp.

In den Slieve Mish Mountains befindet sich Caherconree, → Cú Rois nach Sonnenuntergang rotierende Felsenfestung; hier spielt sich die Dreiecksgeschichte zwischen ihm, → Cúchulainn und → Bláthnad ab. → Amergin, der Sohn des schmutzigen → Schmieds, befähigt ein Aufenthalt im wilden Hügelzug als Halbwüchsiger, ein berühmter Dichter (vgl. → *fili*) zu werden. Alles deutet darauf hin, daß sich in diesem Teil Kerrys nicht nur vorkeltische Elemente hielten, die mit in die keltische Mythologie verarbeitet werden mußten, sondern daß diese Region den Charakter der → Anderswelt hatte.

Smertrios
Auf dem Nautenpfeiler von Paris (Musée de Cluny), der den Wandel von den keltischen zu den gallo-römischen Göttern dokumentiert, erhebt eine großköpfige, bärtige Figur in der gleichen Haltung wie → Esus, der »Holzhakker«, auf demselben Monument einen Gegenstand, Keule, → Blitz oder Donnerkeil, gegen eine große, sich vor ihm hochwindende → Schlange. Sie wird gewöhnlich als Untier interpretiert, das der kräftige Mann in Schach hält oder im Begriff ist zu erschlagen. Dabei läßt sich wegen des schlechten Zustandes des Reliefs – die ganze untere Hälfte fehlt – über die Beziehung der beiden Figuren nichts aussagen, zumal der Kopf der Schlange fehlt und es sich nicht ausmachen läßt, ob es sich vielleicht um eine gehörnte (vgl. → Horn) handelte, d.h., ob es sich um die Lebens- oder Todeskräfte handelt.

Über dem Relief lassen sich die Buchstaben »SMERT« entziffern, was sich sowohl zu Smertrios als auch → Smertulus ergänzen läßt. Beides ist belegt. Ersteres ist Beiname des → »Mars« aus dem treverischen Heiligtum von Möhn bzw. des → »Dis Pater« von Bregenz. Die Silbe »smer« findet sich u.a. auch in → Rosmerta, so daß Smertrios als »Beschaffer, Versorger, Verteiler« gelesen werden kann. Er könnte derjenige sein, der der → Anderswelt die Güter abringt. Mit Sicherheit ist dem schlecht erhaltenen Bildwerk einzig zu entnehmen, daß dieser stiernackige Gott mit seinen breiten Schultern und muskulösen Armen sein Ziel durch physische Kraft erreicht wie ein → »Herkules« oder → Ogma.

Smertulus
Nach einigem Schwanken zwischen → Smertrios und Smertulus ergänzt J.-J. Hatt in seinem neuesten Werk das »SMERT« des Nautenpfeilers zu Smertulus und sieht ihn, assimiliert zu → »Herkules«, zusammen mit den Dioskuren (vgl. → Divanos und Dinomogetimaros) als Verbündeter des → Esus/ → Cernunnos im → Rigani-Mythos. Er ist es, der den → Hirschen jagt, einfängt und opfert, so daß Cernunnos als Esus wieder zur Erde steigen darf. Im berühmten Relief aus dem Heiligtum vom Donon (heute Museum von Straßburg), das eine herkulische, nur mit einem

Gott vom Donon mit Hirsch (Musée Historique, Strasbourg).

»Triumphierender Smertulus« (Detail des Kessels von Gundestrup; Nationalmuseet, Kopenhagen).

Wolfsfell bekleidete, mit langstieliger → Axt und Jagdmesser bewaffnete Gottheit zeigt, die einen Hirschen am Geweih festhält, möchte er Smertulus sehen, der soeben den König der Wälder gefangen hat. Andere Forscher interpretieren diesen zwar als Vosegus/ → »Silvanus«, aber es ist nicht unmöglich, daß z.B. durch ein Wiederaufleben des Rigani-Mythos in der Gegend Smertulus auf den viel älteren Gott projiziert wurde.

Söhne Uisnechs
Die Söhne → Uisnechs, → Naoise und seine Brüder Ainle und Ardán, sind keine Einzelpersonen, sondern laufen auf eine Triade (vgl. → drei) hinaus, denn sie handeln, leben und sterben wie ein Mann.

Sonne → **Gestirne**

Speer → **Blitz**

Spirale
Es gibt kaum ein universaleres Zeichen als die Spirale. Die Kelten fanden sie z.B. in den → Megalithgräbern vor, allen voran die Inselkelten in → Newgrange, wo nicht nur der große Eingangsstein mit einer → drei- und mehreren einfachen bedeckt ist, sondern sich an der Rückwand der Kammer jene berühmte Tripelspirale befindet, die einmal im Jahr ein Sonnenstrahl bescheint.

Die Kelten dürften die sich ein- und auswikkelnden Spiralen als sich in- und exkarnierende Lebensimpulse/Seelen verstanden haben (vgl. → Unsterblichkeit der Seele), was sie möglicherweise bereits für die Erbauer der Nekropole von → Bruig na Bóinne waren. Bis tief in die christliche Zeit hinein behielten die Inselkelten eine Vorliebe für dieses Symbol, was die frühe Sakralkunst und die Manuskriptenillumination bestätigen. Auf dem Festland sind Spiralen seit der Stein- und Bronze-

Spiral- oder Brillenfibel (Prähistorisches Museum, Hallstatt).

Westportal von St. Brendan von Clonfert im hibernoromanischen Stil (12. Jh.; alte Klosterkirche, Gr. Galway).

zeit nachgewiesen; sie finden sich z. B. im → Val Camonica und schlossen noch in der Hallstattzeit gerne Gewandnadeln ab. Das Keltenmuseum Hallein besitzt z. B. einige sehr gewichtige, doppelte Spiralnadeln, vermutlich Abzeichen: Sie waren so groß und schwer, daß niemand diese im Alltag freiwillig getragen hätte; → drei kamen aber gleichzeitig im Grab 73 des Dürrnberg zutage.

Was sich die Kelten in jeder Phase im einzelnen unter der Spirale vorstellten, ist nicht ergründbar, außer im Zusammenhang mit → Taranis: Neben → Pferd und Triskele (vgl. → Gestirne) wurde sie zum Kürzel des Gottes. Unter diesem Gesichtspunkt zeigt sich erst die volle Ingeniosität hinter dem → Rad im Naturhistorischen Museum Wien: Es zeigt die grundsätzliche Einheit des Himmelsfeuers (vgl. → Elemente), von Sonne und → Blitz, und wie letzterer durch Bewegung, das Rollen des Wagens (vgl. → Wagenkult), aus ersterer hervorgeht.

St. Brendan von Clonfert

Der Abt-Bischof von Kerry (484–578) wird »der Seefahrer« genannt, gilt er doch als Autor der *Navigatio Brendani*, die, im 9. Jh. aufgeschrieben, in über einem halben Dutzend Sprachen das ganze Mittelalter hindurch auf der mitteleuropäischen Bestsellerliste stand. Er beschrieb unzweifelhaft eine reale Fahrt – der englische Forscher Tim Severin hat sie 1976/77 unter spektakulären Bedingungen nachvollzogen und erreichte die Küste Neufundlands –, drückte sich jedoch in den Konzepten der heidnischen und christlichen Mythologie aus, ähnlich wie → Mael Duin. Das Ziel seiner Suche war die Insel der Verheißung, die kaum verchristlichte Insel der → Anderswelt.

Stammbäume lassen sich manipulieren, und es ist von keiner großen Bedeutung, daß St. Brendan als Nachfahre von → Fergus mac Roich aufgeführt wird; der Vatersname St. Brendans, Finlug, die Zusammensetzung von Fin (vgl. → Fionn) und → Lug, mutet jedoch wie eine echte Übernahme an. Seine *Vita* ist voll von solchen: St. Brendan übernimmt Lugs heiligen → Berg, Mount Brandon (Gr. Kerry), und die Sonnenkomponente des Gottes. In der Nacht seiner Geburt steht ein weithin sichtbares Licht über seinem Haus: Sein Antlitz ist so strahlend, daß niemand es direkt aussehen kann. Der → Druide Béc mac Dé empfiehlt einem Reichen, dem heiligen Kind 30 Milchkühe und die zu dieser Stunde geborenen Kälber zu schenken (vgl. → Kuh, → Opfer). St. Brendan wird im Tober-na-Molt, der noch heute verehrten Widderquelle (vgl. → Widder, → Quelle), getauft, eine Hirschkuh (vgl. → Hirsch) nährt den kleinen Brendan mit ihrer Milch.

Aus seinem Erwachsenenleben sind neben der Seefahrt die Klostergründungen am wichtigsten. Von seiner letzten, Clonfert (Gr. Galway) auf dem Westufer des Shannon, ist noch ein erstaunliches Westportal aus dem 12. Jh. im hibernoromanischen Stil vorhanden: Ein siebenfacher Rundbogen ist über und über mit geometrischen und Tiermustern bedeckt, worüber sich ein steil hochgezogenes Tympanon erhebt. In diesem sitzen unter einem Arkadenband und vier Reihen dreieckiger Nischen 17 individuell gestaltete Köpfe, eine ganze Porträtgalerie – wie eine letzte, unerwartete Blüte des → Kopfkultes.

St. Brigid

Irlands Nationalheilige stand im 7. Jh. dem Doppelkloster (Männer und Frauen) von Kildare (Gr. Kildare) als Äbtissin vor. Es wird angenommen, daß sie ein Heiligtum → Brigids christianisierte, denn Kildare unterhielt einen Feuerkult in Form eines von einer dichten Weißdornhecke (vgl. → Bäume) abgeschirmten, von 19 Nonnen gehüteten heiligen Feuers (vgl. → Elemente). Wie noch Giraldus Cambrensis im 12. Jh. berichtet, durfte sich kein männliches Wesen hineinwagen, ohne schlimmste Konsequenzen zu befürchten. Zudem hieß das Kloster nach einer schon damals uralten Eiche, die bis ins 10. Jh. überlebte.

St. Brigids Festtag, der 1. Februar, fällt mit → *Imbolc* zusammen. Sie war das Kind einer Sklavin, aber der → Druide Maithgen prophezeite bereits dem Ungeborenen eine große Zukunft. Die rechtmäßige Gattin drang auf den Verkauf der Rivalin, aber obwohl diese zuerst an einen Dichter (vgl. → *fili*) und danach an einen Druiden kam, sicherte sich der Vater, ein begüterter Adliger, das Recht auf das Kind. Es kam »zwischen den Welten«, weder »im Haus noch außer dem Haus«, nämlich auf der Türschwelle zur Welt, und Feuer, Lichtsäulen und Flammen begleiteten es ein Leben lang. Trat die kleine Brigid beim Hüten der Kühe (vgl. → Kuh) – sie ist heute noch Schutzpatronin des Viehs – zu nahe an einen Kuhfladen, ging dieser in einer Stichflamme auf. Auch liefen die Nachbarn zusammen, weil das Haus lichterloh brannte, das Kleinkind jedoch unversehrt mitten im Feuermeer schlief.

Brigid wird mit der Milch einer → rotohrigen Kuh aufgezogen; alles, was das Mädchen in die Hand nimmt, gedeiht und vermehrt sich. Sie schenkt so großzügig wie ihre Vorgängerin, die große → Muttergöttin, Gaben an alle Armen und Kranken, einschließlich einem räudigen → Hund.

Heilige Quelle der St. Brigid mit moderner Heiligenstatue und Kreuz (nahe Kildare, Gr. Kildare).

Sie verflucht die Apfelbäume (vgl. → Bäume) einer geizigen Frau, flickt mit einem Liebeszauber (vgl. → Zauber) eine kaputte Ehe, schenkt ihren heilkräftigen Gürtel einer Armen, gibt einer Witwe das für sie gekochte Kalb lebend zurück (vgl. → Opfer), heilt Kranke und Gebrechliche und erweckt Tote.

Die Heilige hat Macht über die → Elemente, hängt ihren nassen Mantel zum Trocknen an einem Sonnenstrahl auf, bannt den Gewittersturm vom Feld, auf dem ihre Leute die Ernte einbringen; auf ihr Wort fallen Stürme in sich zusammen, und das Feuer gehorcht ihr.

St. Brigid soll eigenhändig das St. Brigids-Kreuz, eine Swastika (vgl. → Gestirne), für ihren sterbenden Vater geflochten haben, um ihm die christliche Heilsbotschaft daran zu erklären.

Ihr sind heute noch im ganzen Land und ebenso in Schottland unzählige heilige → Quellen geweiht; an ihrem Geburtsort, Faughart (Gr. Louth), sprudelt eine solche als Bächlein durch ein mit hohen → Bäumen bestandenes kleines Tal, einem regelrechten *nemeton*, einem heiligen Hain (vgl. → Kultstätten).

St. Columcille

Es gelingt St. Columcille, das Ideal des keltischen Kriegeraristokraten mit dem des christlichen Heiligen zu verbinden. Er stammte in direkter Linie von → Niall Nóigiallach ab; seine Mutter, eine → Ethne, war Königstochter aus Leinster. Ihr wurde die zukünftige Größe ihres Sohnes im Traum dargetan. Für das aufgeweckte Kind suchte der Ziehvater früh einen Wahrsager auf (vgl. → Druiden, → Wahrsagerei), der den günstigsten Tag (vgl. → Coligny-Kalender) für den Unterrichtsbeginn bestimmen sollte. Da dieser nach Befragung des Himmels und der → Gestirne (vgl. → Vorzeichen) zu dem Schluß kam, es sei sofort anzufangen, erhielt der Kleine ein mit Buchstaben verziertes Kuchenbrot, das er »halb östlich vom Wasser, halb westlich vom

Wasser«, d.h. vermutlich von der einen Seite eines Bächleins auf die andere hüpfend, verzehrte, woraus auf sein zukünftiges Territorium in Schottland und Irland geschlossen wurde. Wie ein → Held schließt Columcille seine Kindheit mit einer besonderen Tat ab. Zwar bringt er niemandem den Tod, weder einem Höllenhund (vgl. → Hund) wie → Cúchulainn noch einem Feuermonster wie → Fionn, sondern er gibt seinem toten Lehrer das Leben zurück.

Neben den christlichen Studien lernte er bei einem Barden (vgl. → *fili*, → Druiden), offenbar auch das wirksame Verfluchen von Bösewichten, denn während seiner Ausbildungszeit fällt dadurch ein Mädchenschänder tot um, und in Zukunft werden es Räuber, Mörder, habgierige Könige, »Verfolger der Unschuld«, die Uneinsichtigen und Undankbaren sein, inklusive einem wilden → Eber.

Mitten in seiner Laufbahn als Klostergründer, mit Vorliebe an Orten, die mit der Eiche (vgl. → Bäume) assoziiert waren, setzte er sich auf die Insel Iona, »Eibeninsel«, mit großer Wahrscheinlichkeit einer druidischen → Kultstätte in Schottland, ab. Jedenfalls schickte er deren »falsche Priester« weg. Allerdings war dieser Reise ins Exil ein Streit mit dem Hochkönig → Diarmaid mac Cerbhaill vorangegangen, der sich zur Schlacht von Cul Dreimne auswuchs, wobei der Heilige die O'Neill-Streitkräfte psalmodierend, → *deisiol* umschritt, nicht viel anders als ein → Lug die → Tuatha Dé Danann vor der Schlacht von → Mag Tuired. Im Lande der Pikten, in dem Raub, Mord und Anschläge aus dem Hinterhalt zur Tagesordnung gehörten, vermochte sich Columcille nur durch seine als Magie (vgl. → Zauber) aufgefaßten Wunder zu halten. Die Druiden am Königshof zeigten sich beträchtlich uneinsichtiger als das Loch-Ness-Monster, aber da Columcille selbst zur Zunft gehörte und sich unter den Schutz des »höchsten Druiden« – so nennt er Christus – stellte, gewinnt er den Zauberwettstreit. Trotzdem setzte er sich bei der Zusammenkunft von Drum Ceatt, als deren Abschaffung droht, für die → *fili* ein. Da die christliche Kirche die Priester- und Magierfunktion des Druiden nicht mehr duldete, war die Klasse der Dichter stark angeschwollen und hatte sich, abgesehen von einem großen Teil von deren Wissen auch deren Privilegien angeeignet. Die Satire war mehr und mehr ein Instrument der Erpressung statt eines pädagogischen Mittels geworden ... Es war Columcille zu verdanken, daß die Klasse nach der Beschneidung der gröbsten Auswüchse erhalten blieb: Dallan Forgail, der → *ollam* ganz Irlands, lohnte ihm dies in einem langen, komplizierten Gedicht, das noch erhalten ist.

St. Patrick

Irlands Nationalheiliger ist als Britone an sich ein Fremder, aber seine Viten stilisieren ihn unter Verwendung mythologischer Elemente sowohl zum Über-Iren als auch zur christlichen Ausgabe eines Erzdruiden (vgl. → Druide). Ausgang dazu ist seine *Confessio*, in der der historische Patrick sein Lebenswerk zu verteidigen sucht, sowie ein Brief »an die Soldaten des Coroticus« von seiner Hand.

Dem als Halbwüchsigen als Sklave nach Nord-Irland Verschleppten gelang nach sechs Jahren → Schweine-Hüten unter dem Druiden Miliuc die Flucht nach Britannien. Zum Priester ausgebildet, kehrte er jedoch auf göttliches Geheiß als Missionar ins Land seiner Gefangenschaft zurück.

Nicht nur aus Prestigegründen glich er seine Gefolgschaft dem üblichen irischen Fürstenhof an und ließ sich von einem *trenfer* (vgl. → »Herkules«, → Ogma) und einem Goldschmied (vgl. → Gold, → Schmied) begleiten. Weit wichtiger jedoch ist, daß ihn das *Tripartite Life* (*Das dreiteilige Leben*), die am weitesten verbreitete Fassung seines Heiligenlebens, als Magier erscheinen läßt, der dank seinem Gott die heidnischen Götter sowohl an Zauberkraft (vgl. → Zauber) als auch an Wortgewalt übertrifft.

Mit ungeheurer Vehemenz für einen christlichen Heiligen verflucht er alles Unbotmäßige, Druiden, Attentäter, sadistische Sklavenhalter, den ganzen Stamm der Grecraige, der ihn mit einem Steinhagel empfing und dafür in jeder Versammlung auf ewig »angespuckt und ausgelacht« werden darf, einen Wald, der kein vernünftiges Brennholz liefert, fischlose Bäche, den Hügel (vgl. → Elemente) von → Uisnech, so daß seine → Steine nicht einmal mehr zum Wassersieden taugen, und zwei Dutzend weitere Beispiele.

An der St.-Patrick-Statue beginnt der eigentliche Aufstieg zum Gipfel des heiligen Berges Croagh Patrick (Westport, Gr. Mayo).

Die bekannteste Episode erzählt, wie er trotz königlichem Verbot am Vorabend des Festes von → Tara sein Osterfeuer (vgl. → Elemente) auf dem Hügel von Slane entzündete.

Auf König Laogaires Wort rasen → drei mal → neun Streitwagen herüber – auf den Frevel steht der Tod. Umringt von den finster auf ihn herunterstarrenden Kriegern und Druiden bleibt St. Patrick nur noch Zeit, ein Stoßgebet zu donnern, so daß der Druide Lochru, der schlimmste Lästerer des Christengottes, in die Luft gewirbelt wird und Kopf voran auf die Erde prallt, wobei sein Gehirn nach allen Seiten spritzt. Als sich darauf Laogaires Krieger auf St. Patrick stürzen, bewirkt dessen Verfluchung völliges Chaos: Der → Himmel scheint einzustürzen – *die* keltische Horrorvorstellung –, die Sonne (vgl. → Gestirne) verfinstert sich, die Erde (vgl. → Elemente) bebt.

Der König kommt mit dem Leben davon, und von da ab liegen auf allen Straßen nach Tara Soldaten im Hinterhalt. St. Patrick und seine Getreuen entgehen ihnen durch den langen christlichen Zaubergesang, *St. Patricks Reh-Ruf* (vgl. → Hirsch): Die Häscher sehen nur ein Rudel Rehe durch den Morgennebel ziehen. Ganz am Schluß trippelt ein Rehkitz mit einem Bündel auf dem Rücken – es ist der zukünftige St. Benen, der die Bücher trägt.

St. Patricks Gebet schützt vor den Zaubersprüchen der Frauen, → Schmiede und Druiden. Beim offiziellen Wettstreit zwischen dem Heiligen und den Druiden müssen diese schließlich seine stärkere Zauberkraft anerkennen. Lassen sie es schneien, hebt das St. Patricks Kreuzzeichen sofort wieder auf, während sie 24 Stunden brauchen; verdunkeln sie die Ebene, läßt der Heilige umgehend wieder die Sonne scheinen; Feuer (vgl. → Elemente) greift St. Patricks Lieblingsschüler auch in einer knochentrockenen Hütte nicht an, während ein Druide in einer aus grünen Zweigen verbrennt.

Mit Fasten (vgl. → Zauber) setzt sich St. Patrick sogar Gottvater gegenüber durch: Vierzig Tage sitzt er »ohne Speise, ohne Trank«, von schrecklichen, schwarzen, dämonischen Vögeln heimgesucht, auf dem Gipfel des heiligen → Berges Croagh Patrick (Gr. Mayo), bis es der Himmel nicht mehr mitansehen kann und ihm seine Bitte, am Jüngsten Tag als Richter der Iren fungieren zu dürfen, gewährt.

Dem Hof von Cashel erklärt St. Patrick an Hand des Kleeblattes das Prinzip der Dreifaltigkeit, wobei die Vita natürlich verschweigt, daß das Konzept der Triade (vgl. → drei) schon längst bekannt war.

An sich wünschte sich der Heilige den Hügel von Armagh (vgl. → Emain Macha), muß sich jedoch mit einem Stück Land an dessen Fuß begnügen. Der Adlige Daire, der es ihm zum Geschenk macht, verdirbt es sich jedoch mit dem Heiligen, da er sein → Pferd weiterhin darauf grasen läßt. Anderntags ist dieses tot, worauf Daire, überzeugt, daß St. Patrick die Hand im Spiel hatte, diesem einen Mörder auf den Hals schickt. Kaum ist der Befehl ausgesprochen, windet sich Daire jedoch vor Schmerzen. ... Seine Frau söhnt den Heiligen mit dem Adligen aus, und das Ehepaar bietet St. Patrick nun den Hügel und einen ausländischen, prächtigen → Kessel zur Wiedergutmachung an.

Auf der Kuppe, wo später der »Altar der Nordkirche Armaghs« zu stehen kommt, findet der Heilige in einem Dickicht eine Hirschkuh mit ihrem eben geborenen Kälbchen (vgl. → Hirsch). Er verbietet seinen Gefährten, das Tierchen zu töten, nimmt es auf die Schultern und trägt es ins benachbarte Bergtal, während die Mutter sanft wie ein Lamm nachfolgt.

1,5 km ö. von Downpatrick (Gr. Down) brechen die Mineralquellen der Struell Wells (vgl. → Quellen) unter »St. Patricks Sitz«, einem Kalkfelsen, hervor und ergießen sich in mehrere natürliche Becken. Es dürfte sich um eine vorchristliche → Kultstätte gehandelt haben, die St. Patrick übernahm, genauso wie bei Lough Derg, 8 km s. von Pettigoe (Gr. Donegal). Die Höhle »St. Patrick's Purgatory«, »St. Patricks Fegefeuer« – offensichtlich ein ehemaliger Eingang zur → Anderswelt auf einer der Inseln – lockte noch im Mittelalter internationale Pilgerströme an, wurde jedoch von Cromwells Truppen zerstört. Moderne Pilger suchen »Station Island« zur wohl rigorosesten Bußfahrt Europas auf.

Steine

Die Kelten zeichnete eine starke Verbundenheit mit dem Stein aus, obwohl sie ihn erst spät als künstlerisches Material akzeptierten. Steine wurden mit Energien geladen erlebt und drückten für sie Kräfteverhältnisse aus, nicht anders als bei den Erbauern der → Megalithgräber, Dolmen, Steinkreise und Alleen zwei- bis dreitausend Jahre vor ihnen. Gewiß benützten die → Druiden Steinsetzungen, die zur Beobachtung der → Gestirne und zur Kalenderberechnung dienten, weiter. Leider hatten Keltomanen aller Zeiten die Tendenz, in jedem flachen Stein einen bluttriefenden druidischen Opferaltar zu wittern, und es gibt Hunderte von sogenannten »Druidensteinen« bzw. »-altären« in Europa, die niemals einen Druiden gesehen haben. Andererseits war es, wie archäologische Untersuchungen ergaben, gelegentlich möglich, daß Druiden → Kultstätten und damit auch Steine übernahmen: z. B. die Dolmen Irlands, die als »→ Diarmaid und → Gráinnes Betten« in die Sage und die Volksüberlieferung eingegangen sind, oder die hartnäckig sich haltende, wenn auch christliche Geschichte vom Götzen → Crom Cruach.

Es kam vor, daß die Kelten, z. B. in → Alesia, Felsbrocken bzw. Steine in gallorömische Tempelkonstruktionen miteinbezogen oder Menhire, z. B. derjenige von Kernuz in der Bretagne, durch Darstellungen → »Merkurs«, → »Mars'« und → »Herkules'« »keltisierten«, wie es später Missionare mit dem Kreuz oder Chi-Ro-Zeichen tun sollten, um diese zu verchristlichen. Solche Steine erfüllten bei den Kelten offenbar eine kultische Funktion, was Christen auch nicht allzu fremd anmuten dürfte, nicht nur, weil ein »Taufstein« eben so heißt, sondern weil überraschend oft Kirchen oder sogar Kathedralen Felsen oder Steine einbeziehen, angefangen vom »Heiligen Fels« im Felsendom von Jerusalem bis zum Menhir in der Kathedrale von Le Mans, ganz abgesehen von den vielen Kapellchen zu Ehren der Madonna oder Heiliger zum, vom oder im Stein.

Phallischer Stein (Minions, Cornwall).

den worden sein. → Lia Fál ist der Krönungsstein Taras, der die königliche Fruchtbarkeit sichern sollte; jeder Stamm dürfte einst seinen eigenen gehabt haben – derjenige von Cashel (Gr. Tipperary) z. B. wurde durch das Patrick-Kreuz christianisiert.

Turoe-Stein, mit latènezeitlichen Mustern verziert (Turoe, Gr. Galway).

Die Pfalzfelder Säule (Rheinisches Landesmuseum, Bonn) aus rotem Sandstein vom Beginn der Latène-Zeit mit den vier → Esus-→ Masken kann als keltische Variante des Menhirs gelten; es ist ein deutlich phallischer Stein, der zudem das aufrechte und doppelte → S-Zeichen der → Rigani trägt: eine in Stein gebannte Bitte um Fruchtbarkeit und zugleich Fruchtbarkeitszauber durch die Darstellung der Verbindung von → Muttergöttin und Schöpfergott.

Einfachere phallische Steine stehen mancherorts auf dem Festland, aber besonders häufig in der Bretagne, in Britannien und Irland und wurden sowohl in der Realität als auch in der Sage öfters mit einem Kopf (vgl. → Kopfkult) kombiniert. Wie die Sage von → Mog Ruith und → Tlachtga andeutet, dürften Steinsäulen auch als Donnerkeile verstanden worden sein.

In der Bretagne und in Irland existieren noch einige verzierte: die beiden gerundeten von Turoe (Gr. Galway) bzw. Castlestrange (Gr. Roscommon) aus dem 3.–2. Jh. v. Chr., mit den rollenden Latène-»Mustern«, einer bis jetzt noch nicht entschlüsselten Kombination von Symbolen, sowie die Überreste desjenigen von Killycluggin (vgl. → Crom Cruach) und diejenigen von Kermaria in der Bretagne, eine grobe Pyramidenform mit → Spiralen und Mäandern, und von Tréygastel (Dép. Côtes-du-Nord) mit seinen fast 2 m ein ausgewachsener Menhir, auf dem → S-Zeichen in Spiralen enden (Privatbesitz, bei Duval skizziert).

Von der Wiege bis zur Bahre haben die Sagenhelden in irgendeiner Form mit Steinen zu tun. Manche, z. B. Conchobar, werden auf großen Steinplatten geboren, aber nur, auch wenn die Mutter daran zugrunde geht, zum günstigen Zeitpunkt (vgl. → Coligny-Kalender). Fiacha, »Flach-Stirne«, kam zu dieser, weil sich seine Mutter beim Einsetzen der Wehen auf einen Fels im Wasser setzte, entschlossen, die Geburt um einen Tag aufzuschieben.

Steine dienen als Waffen (vgl. → Cúchulainn, → Lug, → Blitz; Köpfe werden auf Steinsäulen gepflanzt (vgl. → Kopfkult), Menschen in Stein verwandelt (z.B. → Mog Ruith), Botschaften auf → Ogam in Stein hinterlassen, → Cúchulainn bindet sich an einen Steinpfeiler, um aufrecht zu sterben, und schließlich werden über den toten → Helden Grabsteine errichtet.

Vielfach ist darauf hingewiesen worden, daß die keltischen Steinkreuze den Menhir-Kult verchristlicht fortsetzen. Die Legende von → Heiligen Irlands, Wales', Schottlands und der Bretagne, die ihre wundertätigen Altarplatten als Boote benützten, gehen in die Dutzende. Der Glaube an die positiven und negativen Kräfte im Stein ist in unserem Jahrhundert noch nicht ganz aus den keltischen Ländern verschwunden: Im Zweiten Weltkrieg wurden die gesprenkelten Verwünschungssteine von Inishmurray (Gr. Sligo) gegen Hitler »gedreht«, und noch immer schreibt man in ländlichen Gegenden gewissen, von Heiligen berührten oder gesegneten Steinen Heilkraft für Mensch und Vieh zu.

Mit christlichen Motiven versehener Stein (Inismore, Aran-Inseln).

Stier

Der Stier als heiliges Tier legte in Europa einen fast so langen Weg zurück wie der → Hirsch, bevor er Bestandteil des keltischen Weltbildes wurde. Die beiden gehörnten Tiere (vgl. → Horn) stehen einander näher als dem → Pferd; obwohl sie in der keltischen Mythologie etwa gleich gewichtig auftreten, vertritt doch der Hirsch die ungebändigten Kräfte der unkultivierten Natur, der Stier jedoch die unter die Herrschaft des Menschen gezwungenen, kultivierten. Die Art, wie der Stier bei den Kelten in der gegenständlichen Darstellung und in der Literatur erscheint, bewahrt noch etwas von jenem begeisterten Respekt der ersten Viehzüchter, die sich die gewaltige Stärke dieses massigen, unberechenbaren Tieres, dessen Brüllen an Donnergrollen erinnert, dienstbar machten. Ein blindwütender Stier zeigte alle Symptome der → Heiligen Raserei, näherte sich jedoch auch durch seine Fruchtbarkeit und Zeugungskraft dem Göttlichen, eine Vorstellungsverbindung, die die Kelten originellerweise auf den Nenner des dritten (vgl. → drei) Hornes brachten.

Analog zu Pferd, Hirsch, → Eber, → Widder, → Kuh und Eule (vgl. → Vögel) wäre eine menschengestaltige Gottheit zu erwarten, um die Kräftekonstellation des Stieres zu verkörpern, aber anders als beim → »Mars«, dem → Cernunnos, dem → Teutates und den → Muttergöttinnen findet sich keine; Andeutungen in dieser Richtung sind jedoch in der inselkeltischen Mythologie noch vorhanden.

Man darf nicht vergessen, daß die beiden Stiere des größten irischen Epos, dem → *Táin Bó Cuailnge*, → Donn und → Finnbennach, die letzte und großartigste → Metamorphose

Dreigehörnter Stier (Glanum; Musée de St. Rémy-de-Provence).

zweier magischer → Schweinehirten sind. Der Fürst der → Anderswelt von der Art des → Dagda wäre für die Rolle des »Stiergottes« denkbar, die Stelle, die im indoeuropäischen Rahmen Zeus/Jupiter besetzt hielt. Die beiden Schweinehirten bzw. der weiße und der schwarze Stier hätten je eine Seite des Fürsten der Anderswelt übernehmen können, was nicht so weit hergeholt ist, da der sterbende Sieger Donn denselben Namen trägt wie der Herr der Anderswelt aus dem Volk der → Milesier. Überdies wird dieser nach einer Überlieferung »Sohn des → Eochaid Ollathair« genannt. Gelegentlich kommt die Verbindung Adler (vgl. → Vögel) mit Stier vor, auf dem Zepterbruchstück von Willingham Fen (Cambridge University Museum) sogar zusammen mit einem → »Jupiter«, oder auf den Eimerbeschlägen von Thedby (Gr. Lincolnshire) im Scunthorpe Museum, wo ein Adler einen Stierkopf überragt.

Unter den Stammes-, Fluß- und Eigennamen wie »Taurisci« für den Stamm an der Save, »Tauriacus«, das nach J. de Vries 46mal vorkommt, oder der Tarf in Schottland, befindet sich, neben einem »Donnotaurus«, dem »herrenmäßigen Stier«, auch »Deiotarus«, der »göttliche Stier«. Zwei walisische Triaden (vgl. → drei) zählen die → drei Stieroberhäupter bzw. »Stierschützer« Britanniens auf.

Allein von den häufigen Stierknochen- und Schädel-Funden in Gräbern her ist die Verbindung des Stieres mit den Lebens- und Todeskräften ersichtlich.

Auffallend viel Raum erhält der Stier als Opfertier (vgl. → Opfer), sowohl in der bildlichen als auch in der schriftlichen Überlieferung.

Auf der an den Boden des → Kessels von Gundestrup gelöteten Metallscheibe liegt der von → Smertulus erstochene Stier todesmatt, kaum noch fähig, sein mächtiges Haupt zu heben. Auf der Stirne trägt er ein → fünfstrahliges Sonnenrad (vgl. → Gestirne, → Rad), das durch einen verlängerten Strahl mit der Mondsichel verbunden ist: wiederum die Zusammenfassung der Tages- und Nacht-/Lebens- und Todeskräfte in diesem Symbol »Stier«.

J.-J. Hatt bindet diesen verendenden Stier in den → Rigani-Mythos ein; er ist derselbe wie der → Tarvos Trigaranus vom Nautenaltar von Paris (vgl. → Esus), jenes kraftstrotzende Tier, das, den Betrachter aus dem Relief heraus direkt anschauend, → drei Kraniche (vgl.

→ Vögel) auf Kopf und Rücken balanciert. J. de Vries bemerkte, daß er die Decke des Opferstiers umhat – was er ja schließlich auch ist, denn nur durch sein Blut kann Rigani in ihrer Dreiheit wieder Menschengestalt annehmen. Die Kombination Stier/Kranich ist nicht ungewöhnlich – sie ist auf dem Relief von Trier zu sehen, auf dem Esus den Baum fällt, woraus die drei Vögel nebst dem Stierkopf herausschauen, oder auf der Rückseite des Altars von Saintes, wo Esus und Rigani ihre → Heilige Hochzeit feiern. Hier sind, buchstäblich als Basis für die königliche Muttergöttin und den Schöpfergott, zuunterst eine Triade von Stierköpfen aneinandergereiht, korrespondierend mit der Triade der Göttinnen. Die Gestalt neben dem göttlichen Paar ist der Helfer und Verbündete → Smertulus.

Stier mit drei Göttinnen auf dem Rücken (Maiden Castle, Gr. Dorset).

Die versilberte Statuette vom Heiligtum von Maiden Castle (Gr. Dorset) wandelt das Thema auf originelle Weise ab; es zeigt die Göttinnentriade im Begriff der Rückverwandlung: Drei weibliche Büsten sind dem durch die enorme Halsfalte und den gedrungenen Körper den Eindruck geballter Kraft erwekkenden Stier zwischen → Horn und den zum liegenden → S gebogenen Schwanz aufgesetzt – letzteres eine Erinnerung an → Taranis. Laut A. Ross hat sich das Stieropfer, wodurch sich Kraniche in Menschen zurückverwandeln, bis in die schottische Volkssage erhalten. Plinius erwähnte die Opferung weißer Stiere als Abschluß der → Mistel-Zeremonie; ein gleichfarbener diente dem Weissagungsritual *tarbfais*, worüber uns passenderweise → *Lebor na hUidre* unterrichtet.

Um den rechtmäßigen König (vgl. → rechtmäßige Herrschaft) zu erkennen, mußte sich ein Mann – es dürfte sich um einen → Druiden gehandelt haben – am Fleisch und der Brühe des → Opfers satt essen und »unter dieser Mahlzeit schlafen«, während vier weitere – sie bildeten zusammen eine heilige → Fünf – einen »→ Zauber der Wahrheit« darüber sangen. Der Schläfer sah darauf im Traum Gestalt und Kennzeichen dessen, der König werden sollte, in seiner augenblicklichen Beschäftigung. Der Zauber war so mächtig, daß der Schläfer die absolute Wahrheit sprechen mußte – eine Lüge hätte er nicht überlebt.

Selten sind → Kultstätten untersucht worden, ohne daß Rinderknochen zum Vorschein gekommen wären. An Schreinen wurden Stierschädel zuweilen aufgereiht, in → Schächten fanden sich Knochen und Schädel systematisch verteilt.

Aus der Fülle der Stier-Darstellungen, oft bis auf das dritte → Horn naturalistische Bronzen, wie z. B. diejenige von Glanum, sollen nur noch zwei aus der Reihe tanzende erwähnt werden.

Der Trichtinger Silberring (vgl. → Torques) endet in zwei sich in die großen, mandelförmigen Augen blickenden Stierköpfen, in deren starken Kinnbacken und den sich bucklig aufwölbenden Hörnern die ganze verhaltene Kraft des Jungtieres zum Ausdruck kommt (Württembergisches Landesmuseum, Stuttgart). Das berühmte »Weltenburger Stierl«

Bis ins Detail ausgestaltete Stierköpfe an den Enden des Trichtinger Silbertorques (Württembergisches Landesmuseum, Stuttgart).

Bronzenes Stierkalb (Weltenburg; Prähistorische Staatssammlung, München).

(Prähistorische Staatssammlung, München), ein Einzelfund aus der Nähe des Klosters Weltenburg an der Donau, ist die Bronzestatuette eines rührend-unbeholfenen, aber unternehmungslustig die Nase hebenden Stierkalbes.

Stonehenge

Für viele Keltenbegeisterte ist es eine herbe Enttäuschung, daß Stonehenge, Britanniens großartigstes Megalithbauwerk 3 km w. von Amesbury, trotz neodruidischer Sonnenwendfeiern, nichts mit den Kelten zu tun haben soll. Geoffrey von Monmouth hatte im 12. Jh. keinerlei Hemmungen, die Errichtung der gigantischen Steinkreise dem Zauberer → Merlin zuzuschreiben, als Denkmal für die Opfer des Massakers von »Mount Ambrius«. Zu einer Friedenskonferenz waren die Sachsen mit dem Dolch im Stiefelschaft hergezogen, um den nichtsahnenden Britonen auf ein Kommando Hengists die Kehle durchzuschneiden. Merlin regte eine Expedition nach Irland an, um den »Ring der Riesen«, ursprünglich aus Afrika stammend, per Schiff nach England zu verfrachten und zum Andenken an die 460 Gemeuchelten auf der Ebene von Salisbury wieder aufzurichten – so weit die *Historia Regis Britanniae* (*Geschichte der britischen Könige*). Seltsam berührt nur, daß nach neueren Untersuchungen die sogenannten *bluestones* aus den 220 km weit entfernten walisischen Preseli-Mountains stammen, und daß dort Spuren eines abgetragenen Steinkreises vorhanden sind. Die Steine wurden per Floß nach England gebracht und dann auf dieselbe Art wie die Sarsonblöcke aus den 30 km weit entfernten Marlborough Downs über Land an Ort und Stelle geschafft.

Das 14. Jh. beschränkte sich darauf, Stonehenge unter die Wunder Britanniens einzureihen; erst das 17. mit seinem neuerwachten Interesse an Archäologie verband Stonehenge wieder mit den Kelten: Edmund Bolton z.B. sah darin das Grab → Boadiceas. Der wirklich sachverständige John Aubrey drückte sich seit den fünfziger Jahren des 17. Jh. hinsichtlich dieser Verbindung vorsichtig aus, während für Dr. William Stuckeley aus der übernächsten Archäologengeneration dies bereits Tatsache war. Zwar hatte er nicht geringe Konkurrenz, denn eine von Inigo Jones beeinflußte Richtung schrieb Stonehenge den Römern zu, eine andere machte die Dänen verantwortlich – der Deutsche Georg Keysler bevorzugte die Sachsen, da er → Megalithgräber aus Schleswig-Holstein kannte, während die Theorie, die die Phönizier zu den Baumeistern machte, am Abklingen war.

Stuckeleys Ansichten setzten sich schließlich durch, und sein 1740 erschienenes Buch, *Stonehenge, a Temple Restor'd to the British Druids* machte es klar, daß er in Stonehenge

Britanniens großartigstes Steinzeitmonument dürfte bereits 2000 Jahre als Anlage existiert haben, bevor die ersten Kelten Britannien betraten (Stonehenge, Ausschnitt).

einen Druidentempel sah. Dies paßte in die Philosophie des Edlen Wilden und in die romantische Bewegung, die über Europa hinwegschwappte.

Um 1840, nach den Aufführungen von Bellinis Oper *Norma*, wußte schließlich auch der ganze Kontinent, daß Stonehenge und die → Druiden zusammengehörten. Der Weg zur populären, mystisch-schaurig-schönen Opferstätte war geebnet.

In Wirklichkeit wurde das Monument im Verlauf mehrerer Jahrhunderte zwischen dem 3. und dem 2. Jahrtausend v. Chr. – zur Zeit der Hochblüte der ägyptischen Tempel – in der auslaufenden Stein- und beginnenden Bronzezeit konstruiert. Als das Glockenbechervolk zwischen 2500 und 2000 v. Chr. die ersten »bluestones« setzte, stieß es bereits auf den äußeren Ring mit Wall und Graben. Die ganze Gegend um Stonehenge ist übersät mit den Gräbern jener Träger der bronzezeitlichen Wessex-Kultur, die die enormen Blöcke aufrichteten und die tonnenschweren Stürze, die Trilithonen, darüberlegten.

Stonehenge hatte u. a. die Funktion einer Beobachtungsstation für → Gestirne; es ist kaum vorstellbar, daß die Druiden, die Kalender (vgl. → Coligny-Kalender) berechneten und Astronomie/Astrologie betrieben, dieses, wie Versuche zeigen, präzise Instrument unbeachtet ließen. Aber nicht einmal das ist nachweisbar.

Sualdam mac Roich
Dechtires sterblicher Gatte und → Cúchulainns irdischer Vater ist Sualdam mac Roich. Wie sein berühmter Sohn ist auch er von → *ces noiden* ausgenommen und kämpft, so gut er kann, im → *Táin Bó Cuailnge* an dessen Seite. Seine größte Heldentat ist auch seine letzte. Während Cúchulainn mit knapper Not → Medbs und → Ailills Ansturm entgegensteht, schickt er Sualdam nach Ulster mit der Botschaft, die der alte Krieger laut durch

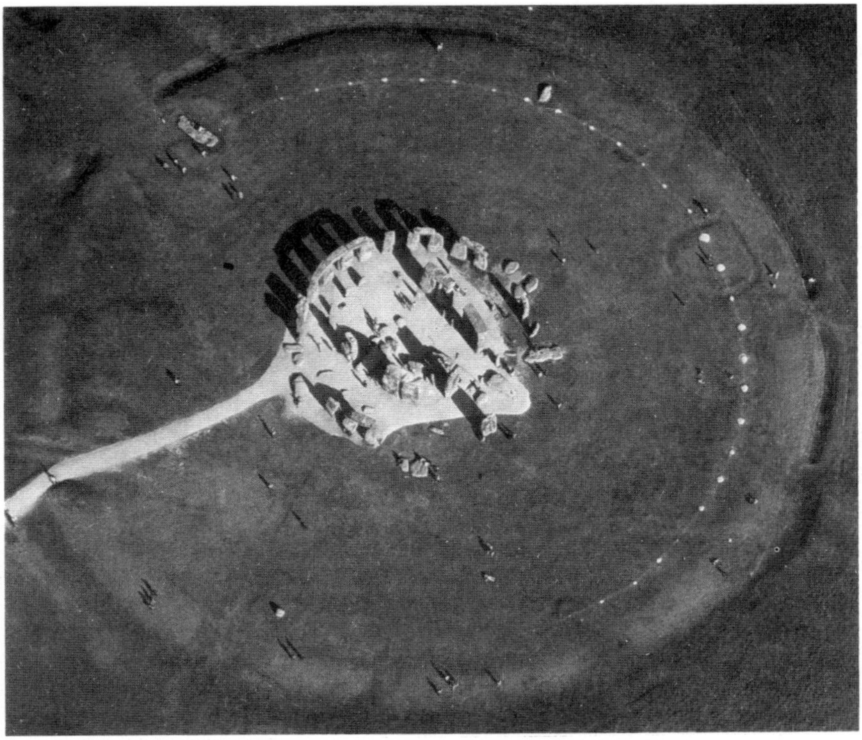

Stonehenge in der Ebene von Salisbury.

→ Emain Macha schallen läßt: »Männer werden erschlagen, Frauen geraubt, Rinder weggetrieben«. Trotz der Dringlichkeit kommt keine Antwort – denen von Ulster ist es verboten (vgl. → *geis*), vor ihrem König, und diesem wiederum, vor den → Druiden zu sprechen.

Schließlich fragt einer der Weisen in die Stille hinein: »Wer raubt, wer stiehlt, wer führt weg?« Atemlos berichtet Sualdam von Medb und Ailill und von der prekären Situation seines Sohnes – sein Mantel hänge in Fetzen, er habe trockenes Stroh in den Wunden, er sei »aus den Gelenken gegangen« ... Zwar akzeptiert der Hof die Richtigkeit, aber denjenigen, der den König beleidigt hat, trifft die Todesstrafe.

Sualdam rettet sich mit einem Sprung zum Palast hinaus, stürzt jedoch am Tor so unglücklich, daß ihm der scharfe Schildrand den Kopf abschneidet (vgl. → Kopfkult). Dieser wird auf dem Schild zurückgebracht, wobei er unentwegt die Warnung wiederholt.

Auch in der zweiten Fassung der Episode ist der Tod Sualdams so unnatürlich und konstruiert, daß mit der Erklärung ein rituelles → Opfer kaschiert worden sein könnte.

Sucellus
Gut 200 Darstellungen einer Gottheit mit dem → Hammer sind bekannt, jedoch erst der Altar von Sarrebourg (Museum von Metz), auf dem er zusammen mit → Nantosvelta zu sehen ist, klärt uns über seinen Namen »Sucellus« auf. Fast durchgehend wird dieser von »su«, der Vorsilbe »gut, ausgezeichnet«, und lat. »percellere«, »erschüttern, stoßen, niederschlagen« abgeleitet, und als »guter Schläger«, »derjenige, der gut zuschlägt«, gelesen. Wegen seiner unterschiedlichen Erscheinungsform hat er, was seine Funktion betrifft, zu gelegentlich bissigen Kontroversen Anlaß gegeben. Sieht ihn z. B. P. Lambrecht als höchsten, im Grund alleinigen Keltengott, der alle Gebiete abdeckt, so ist er für J. de Vries ein gutmütig-biederer Bauerngott des niederen Volkes. Das Hauptverbreitungsgebiet des Hammergottes ist der Osten Galliens; A. Ross registriert eine einzige Abbildung des Sucellus

und seiner Gefährtin in East Strokes (Gr. Nottinghamshire). Das Götterpaar befindet sich in Nischen unter zwei Giebeln: sie im langen Gewand mit dem → Torques um den Hals, in beiden Händen ein nicht mehr zu erkennendes Attribut, vermutlich einen Früchtekorb haltend, er mit gelocktem Haar im kurzen Kittel und einem langstieligen Hammer in der Linken. In York kam ein schöner Ring mit der Aufschrift »sucaelos« zutage, dieselbe Namensform wie bei der Weiheinschrift »IOM (vgl. → »Jupiter«) Sucaelos« von Mainz. Beides dürfte von Festländern gestiftet worden sein.

Im Rhein-Saône-Rhône-Gebiet ergibt sich eine Tendenz zum Gefälle von der erhabenen, ehrfurchtgebietenden Gottheit im Norden zur populär-gütigen im Süden, bevor sie sich in der Gallia Narbonensis mit dem → Silvanus vermischt und als fellbekleideter, leichtgeschürzter Jägergott daherkommt.

Randgebiete sind zuweilen sehr konservativ, und es ist interessant zu sehen, daß die sechs aus der Schweiz bekannten Bronzestatuetten des Hammergottes von Visp, Genf, Lausanne, Pully, Basel und Augst ein recht geschlossenes Bild ergeben: bärtige, großköpfige, muskulöse Gestalten in langärmligen, knielangen, einheimischen Kitteln, die in der Linken einen langstieligen, heute verschwundenen Hammer halten und in der Rechten die sogenannte *olla*, ein topfartiges Gefäß, tragen. Das feinste Exemplar ist der Sucellus von Visp (Musée d'Art et d'Histoire, Genf) mit seinem mächtigen, bärtigen, gelockten Löwenhaupt und breiten Brustkasten – bis zum Schnauzbart der keltische → »Jupiter«. Er trägt eine Halskette aus → Gold-Blättern, von der sich vier gelöst haben und im Begriff sind zu fallen.

Auf der Brust sitzt ein großer Nagel, dessen Kopf zwei Seiten aufweist wie ein Miniaturhammer. Es könnte der Nagel sein, der Abmachungen und Verträge »festmacht« sowie Eide bestätigt (vgl. → »Jupiter«, → Dagda, → Taranis). Darunter befindet sich ein zweiflügeliges Gebilde, das einem umgekehrten Anker gleicht und von R. Christinger als Schlüssel der Ewigkeit interpretiert wird, der die Pforte zur → Anderswelt öffnet. Sucellus hätte demnach, wie im Christentum der hl. Petrus, die Schlüsselgewalt zur geistigen Welt. Unter dem

Sucellus von Visp (Musée d'Art et d'Histoire, Genf).

linken Knie sitzt ein Z, das Zeichen des nächtlichen → Blitzes.

Es fällt auf, daß diese Hammergötter durch einen deutlichen Gürtel und entweder durch die genannten, genau übereinanderstehenden Zeichen oder eine betonte Kittelkante die Senkrechte und die Waagrechte, und damit Oben-Unten, → rechts und → links betonen. Der Gott hat also über der Erde und unter der Erde mit der Welt der Abgeschiedenen und derjenigen der Lebenden zu tun. Dieselben Charakteristika vermehren sich z. B. auf den Göttern von Prémeaux (bei MacCana) oder von Lyon (Musée St. Germain-en-Laye) um eingravierte Kreuze oder Sterne. Andere sind mit Rosetten, Kreisen oder Rädern (vgl. → Rad) verziert, kosmische Zeichen, die darauf hindeuten, daß dieser Sucellus, auch wenn sich J. de Vries dagegen verwahrt, der dunkle Doppelgänger des → »Jupiter« der → »Dis Pater« war. Dasselbe gilt für die Identifikation mit dem → Dagda, die derselbe Keltologe ironisch nur phantasiebegabten Forschern unterstellt. Mittlerweile scheint die Mehrzahl der heutigen Generation dazu zu gehören, denn für die meisten ist die wenigstens partielle Gleichheit eine Selbstverständlichkeit. Der Hammergott/Sucellus dieser Art ist ein Fürst der → Anderswelt, ein Ahnengott, der über die Lebens- und Todeskräfte, die Schätze der Erde und der Fruchtbarkeit verfügt.

Trotz allem Wohlwollen, das es ausstrahlt, entbehrt das → Götterpaar → Nantosvelta und Sucellus auf dem Relief von Sarrebourg nicht der Würde und gleitet, auch wenn sich die »kleinen Leute« und »gutbürgerlichen« Kreise an es wandten, nicht ins Hausbackene ab. Gott und Göttin sind mehr oder weniger klassisch gewandet und stehen mit ihren typischen Attributen, dem Haus auf der Stange und dem Hammer über einem großen Rabenabbild (vgl. → Vögel), der als Bote zwischen den Menschen und der Anderswelt sowohl Nantosvelta als auch Sucellus begleitet.

Das gilt noch viel mehr bei der Stele von Karlsruhe (vgl. → Hammer). Hier hat ein wahrhaft königliches, gekröntes Paar auf einem Thronsessel Platz genommen. Dreizehnmal wird Sucellus zusammen mit Nantosvelta dargestellt, hier dürfte es eine → Rigani sein, da Nantosveltas Attribute fehlen. Die Linke (vgl. → links) ruht bedeutungsvoll im Schoß, wobei sich auf solche Weise eine Mantelfalte darüberlegt, daß eine → Schlange entsteht, deren Kopf sich zur Rechten (vgl. → rechts) der Göttin hinwendet. Der Gott trägt eine stilisierte, allerdings recht weit von der naturalistischen eines → Silvanus entfernte Blattkrone und einen ähnlichen Halsschmuck wie der Sucellus von Visp. Genau wie bei diesem sind oben und unten, links und rechts deutlich markiert. Sein langstieliger Hammer ist mit der doppelten → Axt kombiniert. Ein solcher Hammergott trägt die Züge des → Taranis/ → »Jupiter«. J.-J. Hatt weist darauf hin, daß Sucellus zu den ersten vorkeltisch-keltischen Götterkreationen gehört, die sich bis in die Hallstattzeit zurückverfolgen lassen. Ein ähnliches Konzept mußte sie über kurz oder lang ablösen – das Relief von Karlsruhe scheint diesen Augenblick abgefangen zu haben.

Der Hammergott von Karlsruhe kommt sowohl ohne Gefäß als auch ohne → Hund aus, welche sonst zu Sucellus' Attributen gehören. Auf dem zerstörten Relief von Oberseebach war ein → drei-köpfiger Zerberus zu sehen, was ein Relief von Varhély schwach wiedergibt.

Im Süden trägt der sich dem → Silvanus annähernde Sucellus gern eine Tierhaut, Hund oder → Wolf, wie auf der kuriosen Bronze von Vienne, wo der Gott mit *olla* in der Haltung des ehemals mit dem langstieligen Hammer Ausgestatteten vor einer Kreuzung aus Hammer und Faß steht, dem → fünf weitere, verkleinerte strahlenförmig entsprießen. Soll hier der Sucellus in diesem komplizierten Symbol wohl noch eine Sonnenkomponente aufgebürdet bekommen?

Daß sich der Hammerkopf zum Faß ausgeweitet oder als Attribut ein Faß hinzukommt, ist der Mosel entlang, aber auch z. B. in Toul und Vichy belegt. Das geht so weit, daß manche Forscher im Gott mit dem Hammer einen Winzer-, Bierbrauer- und Küfergott sehen. Eher jedoch war der Weg umgekehrt: Wie wir aus der irischen Mythologie wissen, verfügt der Herr der Anderswelt, der Gastgeber beim Fest der Abgeschiedenen, über das trunken machende Getränk der Unsterblichkeit (vgl. → Goibniu). Aus diesem Grund dürfte diese Handwerkergruppe Sucellus zu ihrem Schutzpatron gewählt haben.

Suibne

Die Erzählung von Suibne, »Geilt«, »dem Verrückten«, König von Dal nAraide aus dem → Historischen Zyklus, ist mit der Schlacht von Moira 637 n. Chr. verbunden. Sie gehört ins 12. Jh., obwohl sie viel älteres, mythologisches Material enthält, hat jedoch nur in modernen Fassungen überlebt.

→ Druiden besaßen die Macht, Menschen durch → Zauber um den Verstand zu bringen. Im Volk blieb bis in unsere Tage die Vorstellung erhalten, Verrückte würden der Erde entrückt, die Schwerkraft überwinden und wie → Vögel fliegen können.

Nach der verbreitetsten Version verflucht kein heidnischer Magier, sondern der christliche Heilige St. Rónán, von Suibne bedroht, den noch jungen König: Er soll wie ein Vogel durch die Luft fliegen und mit einem Speer, da er diese Waffe gegen ihn erhob, erschlagen werden. Unter seiner gelben Satinflagge, umgeben von seinen Getreuen, den Ansturm der Feinde abwartend, gerät Suibne plötzlich in Panik, »voll berauschendem Schrecken« – ein Fall von verkehrt wirkender, → heiliger Raserei –, und rennt vom Schlachtfeld weg, wobei seine Sprünge immer höher werden, bis er sich flatternd auf einem Baum niederläßt. Die alten und untauglichen Schlachtenbeobachter, die darin sitzen, beschimpfen ihn bitter wegen seiner Flucht, was Suibne den Rest gibt, so daß »die Kraft seines Gehirnes in den Höhlen seines Kopfes« versagt.

Menschenscheu geworden, wendet er sich der Wildnis zu und wird wie → Lailoken/ → Myrddin zum Dichter (vgl. → *fili*), der in kunstvollen Versen seinem Mißtrauen gegenüber den Menschen und seinem Wunsch nach Freiheit, trotz Einsamkeit, Leid und Entbehrung, Ausdruck gibt. Er lebt von Quellwasser und Wasserkresse und wandert in halb Irland herum, u. a. verbringt er einige Zeit in den → Slieve Mish Mountains. Am wohlsten fühlt er sich im Gleann-na-nGealt, dem »Tal der Verrückten«, wohin alle Irren ihren Weg schließlich finden, denn die → Quelle, die dort fließt, ist heilkräftig und gibt ihnen die Gewalt über ihre Sinne zurück.

Seine Begegnungen mit Mitgliedern seines Hofes, seinen Freunden und sogar mit seiner geliebten Frau spielen sich immer nach demselben Muster ab. Nach längerem oder kürzerem Zwiegespräch von großer Poesie flieht er, sobald er spürt, daß man ihn in die Menschengesellschaft zurücklocken möchte. Jedesmal nach einem solchen Zusammentreffen komponiert er, ähnlich wie die → Fianna, wunderbare Naturlyrik, die das Leben in der kultivierten demjenigen in der von Menschenhand unberührten Natur gegenüberstellt. Als Gefährten zieht er → Hirsch, Dachs, → Wolf und → Vögel den Zweibeinern vor; die → Bäume und Sträucher, Eiche, Holunder, Schwarzdorn, Apfel, Brombeere, Eibe, Stechpalme, Birke, Esche, an die er ein berühmtes Lobgedicht richtet, sind seine Freunde.

Immerhin kehrt seine geistige Gesundheit bei → drei Gelegenheiten zurück. Beim ersten Mal überlistet ihn sein Ziehsohn und bringt ihn gebunden an den Hof, wo er sich so weit erholt, daß er die Herrschaft wieder aufnehmen kann. Alles geht gut, bis ihn eine Alte (vgl. → *caillech*) an seine geistige Verwirrung erinnert – sie handelt an ihm als negative → Oberhoheit – und ihn als Vogel (vgl. → Bodb, → Morrígan) auf den nächsten Baum begleitet. Das zweite Mal durchkreuzt St. Rónáns Gebet die lichte Phase: Auf dem Weg zum Palast erscheinen Suibne gräßliche, kopflose Gespenster und abgetrennte, kreischende und lärmende Köpfe (vgl. → Kopfkult), so daß er sich wieder ins dichte Laub hinaufflüchtet.

Das dritte Mal bringt ihn St. Mo-Ling von St. Mullins (Gr. Carlow) zur Normalität. Dieser erstaunliche Heilige, dessen tatkräftige Sanftheit die wildesten Geschöpfe zähmte – seine besten Freunde sind die Füchse, die er als vollberechtigte Kinder Gottes ins Kloster einlädt, seinen Mönchen einschärfend, sich höflich und gastfreundlich gegenüber den scheuen Gästen zu benehmen –, schließt mit ihm einen Pakt. Tagsüber soll er frei herumschweifen, am Abend aber zum Kloster zurückkehren. Die Köchin versorgt ihn mit Milch, und der Abt läßt sich alle seine Abenteuer erzählen und schreibt seine Gedichte nieder.

Für alle Beteiligten hebt eine schöne Zeit an, aber Suibne steht noch immer unter St. Rónáns Flucht, was ihm mit der Hellsicht des *file* (vgl. → *fili*) bewußt ist. Wie vorausgesagt, tötet ihn Mongán, der eifersüchtige → Schweinehirt, der Mann der Köchin, mit einem Speer (vgl. → Blitz). In einer anderen Fassung verletzt er sich beim Milchtrinken tödlich an einem Rehgeweih (vgl. → Hirsch). Er stirbt als Christ, und Mo-Ling bedauert aufrichtig den Verlust des nunmehr »heiligen Verrückten«.

Sul

Die Römer nannten → Bath »Aqua Sulis« nach der einheimischen Göttin Sul bzw. Sulis, die der heißen → Quelle vorstand, Jahrhunderte, bevor die Eroberer ins Land kamen. Weiheinschriften auf mehreren Altären setzten sie mit → »Minerva« gleich, wobei der keltische Name zuerst steht: »Sulis Minerva«. Die meisten Forscher bringen »Sul« fraglos mit »Sol« in Verbindung; eine der ernstzunehmen-

Sulis-Minerva von Bath (Baths Museum, Bath).

den Ausnahmen ist M. Dames, der die Göttin von Bath als direkte Nachfolgerin der neolithischen Großen Mutter sieht, deren Emblem das Auge war und die sowohl der → »Eulengöttin«, als auch der klassischen Minerva zu Grunde liegt. Noch im modernen Irisch existiert das Wort »súil« bzw. »sul« für »Auge, Öffnung, Hoffnung, Mund«, was sich wie Stichworte zur Beschreibung der → Muttergöttin, der Gebärerin und Verschlingerin in ihrem positiven und negativen Aspekt, liest. Damit soll Sul nicht die Sonnenkomponente abgesprochen, die sie als Gattin des auf dem Schild angedeuteten Himmelsgottes (vgl. → Bath), sowie als Herrin der Abgeschiedenen unzweifelhaft besaß, sondern auf ihre Vielschichtigkeit hingewiesen werden. Sul gehört demnach zu den großen, königlichen, mütterlichen Gottheiten, vom Range der gallischen → Rigani, der walisischen → Rhiannon, der irischen → Birgit.

Unter den reichen → Votivgaben, u.a. Schmuck und Darstellungen von Organen, was auf die Heilerfunktion der Göttin hinweist, und einer großen Menge von → Münzen fanden sich auch einige Fluchtäfelchen (vgl. → Zauber), die die düstere Seite der Göttin bestätigen.

Eines der schönsten Stücke des ganzen Museums von Bath ist der große, vergoldete Kopf der Göttin Sulis-Minerva mit seinen ebenmäßig-klassischen Zügen, der irgendeinmal vom überlebensgroßen, bronzenen Kultbild abgetrennt worden ist.

Suleviae

Suleviae sind vor allem an → Quell-Heiligtümern verehrte, weit verbreitete → Muttergöttinnen. Weiheinschriften rufen sie von Gallien bis Ungarn, von Britannien bis Italien an, wobei sich ein Schwerpunkt im Rhônetal, ein anderer in Südwest-England abzeichnet. In → Bath und Cirencester sind mehrere Weihesteine zu ihren Ehren aufgestellt worden, und zwar von einem Brucetus und dessen Sohn Sulinus, dem Steinmetz, derselbe, der der Göttin → Sulis/→ »Minerva« einen Altar weihte. Auffallenderweise teilt sein Name Sulinus die Silbe »Sul« mit Sul/Sulis und den Suleviae. Es ist wohl möglich, zumal da sie bereits der Vater verehrte, daß er diesen Namen zu ihren Ehren empfing. Ebenso dürfte ein Zusammenhang zwischen der großen Göttin und der Göttinnenmehrzahl bestanden haben, die in Bath Seite an Seite verehrt wurden, vielleicht analog zu → Modron oder Matrona und den *matres* und *matronae*: Das eine bezeichnete die königlichen, das andere die volkstümlichen Muttergöttinnen.

I. A. Richmond glaubt, die Suleviae mit den → drei wie auf dem einen Relief von → Alesia von Krabbelkindern umspielten Göttinnen von Cirencester (Corinium Museum, Cirencester) identifizieren zu dürfen.

Jedenfalls gehören die Suleviae zu einer sehr alten Schicht der Muttergöttinnen, treten sie doch als Begleiterinnen des »Mars Lucetius« und achtmal zusammen mit der → Epona auf.

Taghd

Unversehens wird die Suche Taghds, des Sohnes → Cians und Enkels → Ailill Oloums, nach seinen entführten Leuten zu einer Fahrt in die → Anderswelt. Er und seine Gefährten segeln von Munster aufs stürmische Meer hinaus (vgl. → Gewässer) und gelangen, gelockt von einem Schwarm schöner, unbekannter → Vögel, zu verschiedenen paradiesartigen Inseln (vgl. → Bran). Zwei davon sind von Vögeln in allen Größen und Farben bewohnt, manche legen feuerrote (vgl. → rot) oder dunkelblaue Eier. Als einige von Taghds Mannschaft davon essen, sprießen ihnen Federn.

In einem Wäldchen entdecken sie große, violette Beeren, von denen sich schimmernd weiße Vögel mit ebensolchen Köpfen und → goldenen Schnäbeln nähren, wobei sie solch herrliche Melodien von sich geben, daß Kranke und Verwundete dabei sofort zur Ruhe kämen.

Hier treffen sie mit der Herrin der Insel, → Cliodna, die anmutigste und lieblichste Frau der Welt, zusammen, die sie willkommen heißt. Ihre → drei Vögel, ein blauer mit feuerrotem Kopf, ein feuerroter mit einem grünen und ein gesprenkelter mit einem goldenen, lassen sich während ihres Gesprächs bei ihnen nieder; auch sie singen bezaubernd. Als es Taghd nach seiner Heimat verlangt, darf er sie als »Führer und zur Gesellschaft« mitnehmen.

Auf dieser Reise hat Taghd u. a. Gelegenheit, Inis Locha zu besuchen, die Insel, über die zwei Söhne → Bodbs regieren und auf der alle Könige Irlands seit Conn in Freuden weiterleben (vgl. → Unsterblichkeit der Seele). Hier begegnet er → Conle und seiner schönen Entführerin, hier wächst der Apfelbaum (vgl. → Bäume), dessen Frucht den liebeskranken Königssohn monatelang am Leben erhielt.

Tailtiu

Nach dem → *Lebor Gabála Érenn* war Tailtiu, »die Wohlgeformte«, eine spanische Prinzessin, die Tochter Mag Mórs, »Ríg Espaine«, »König von Spanien«, was, wie »Schottland«, → »Anderswelt« bedeuten kann. → Eochu mac Eirc, der exemplarische König der → Fir Bolg, führte sie von dort als seine Gemahlin heim. Nach dessen Tod in der *Ersten Schlacht von → Mag Tuired* – in einer Fassung läßt sie die Schlacht zuungunsten der Fir Bolg ausgehen – verbindet sie sich mit den Siegern in Gestalt des → Tuatha Dé Danann-Fürsten Eochu Garb, d. h., sie handelt nach dem Gesetz der → Oberhoheit.

Cian vertraute ihr seinen Sohn → Lug an, der seiner Ziehmutter sehr zugetan war. Tailtiu rodete den Wald Coill Cuan innerhalb der Jahresfrist und verwandelte ihn in eine blühende Kleewiese. Nach einer Version soll sie sich bei der Arbeit überanstrengt haben und an gebrochenem Herzen gestorben sein, d. h., sie opferte sich (vgl. → Opfer) zugunsten der Kultivation. Alle Fassungen sind sich einig, daß sie der Ebene ihren Namen verlieh, was im heutigen »Teltown« (Gr. Meath) im Blackwatertal erhalten ist. Als sie starb, begrub Lug sie unter einem mächtigen Hügel (vgl. → Totenkult). Ihr zu Ehren und zum Andenken richtete er die berühmte Versammlung von Teltown ein, die bis ins 9. Jh. eine feste Institution blieb und im 11. und 12. Jh. mehrmals wiederbelebt wurde.

Oenach Tailteann begann 14 Tage vor und endete 14 Tage nach → *Lugnasa* und umfaßte Wettkämpfe, Pferderennen, Vorträge der Dichter (vgl. → *fili*), religiöse Rituale, Konferenzen politischer Art und einen großen Jahrmarkt. Lug selbst soll jährlich die Trauergesänge an ihrem Grab angestimmt haben.

Tailtiu ist die wichtigste unter jenen uralten Erd- (vgl. → Elemente) und → Muttergöttinnen vom Typ einer → Carman oder → Tlachgta, Nachfolgerinnen der neolithischen Großen Mutter der ersten Viehzüchter und Ackerbauern, wie sie z. B. in Silbury Hill (Wiltshire) verehrt wurde.

An anderer Stelle heißt es, → Cúchulainn habe → Lia Fál mit seinem Schwert einen Schlag versetzt, weil er weder unter ihm noch unter seinem Ziehsohn → Lugaid aufgeschrieen habe, »so daß sein Herz von → Tara nach Tailtiu übergewechselt sei«.

Zwar ist dies offensichtlich nicht mehr als eine gelehrte Konstruktion: In keiner Überlieferung strebte Cúchulainn je nach der Krone des Hochkönigs, aber es kommt zum Ausdruck, daß das auf Tara zentrierte männliche Prinzip des Hochkönigtums als zum Monument der wichtigsten urtümlichen Muttergottheit gehörend empfunden wurde.

Interessant ist ja auch, daß die → Milesier die → Tuatha Dé Dannan ausgerechnet bei Teltown zum letzten Mal vernichtend schlugen, womit die Bahn für Tara frei war. Zwar hatte sich eine neue Eroberungswelle eingerichtet, aber die alte → Kultstätte blieb wie eh und je bestehen.

Táin Bó Cuailnge

Das Herzstück der irischen Sage, das größte Epos der Inselkelten, ist *Táin Bó Cuailnge*

(Der Rinderraub von Cooley) aus dem → *Ulsterzyklus*. Das älteste Manuskript aus dem → *Lebor na hUidre* ist jedoch von Interpolationen durchlöchert; dazu wurden zu einem späteren Zeitpunkt ganze Passagen ausradiert und neu geschrieben. Ein jüngeres aus dem → *Yellow Book of Lecan* benützt eine Vorlage aus der Mitte des 7. Jh. mit offensichtlich klassischem Einschlag. Es dürfte ein in der griechischen Mythologie bewanderter *file* (vgl. → *fili*) gewesen sein, der unter Anleihen an die *Äneis* die einheimische Überlieferung in eine würdige Form zu bringen suchte. Im 12. Jh. nahm sich ein unbekannter Bearbeiter des ersten Textes an, glättete, füllte Lücken und formulierte in einem poetisch-fließenden Stil, der jedoch die Tendenz zu barocken Auswüchsen in sich trug. Seine Bemühungen sind im → *Lebor Laignech* und in einem Manuskript des 16. Jh. in der Royal Irish Academy erhalten. Spätere Texte sind gewöhnlich Kompilationen aus allen dreien; jedes Zeitalter hat sich seinen eigenen *Táin* geschaffen. Für das Ende des 20. Jh. besorgte das Thomas Kinsella mit seiner eindrücklich und originell von Louis Le Brocquy bebilderten Übersetzung, *The Tain*, von 1969. Wie üblich nimmt er sogenannte *remscéla*, Vorgeschichten, hinzu, wie die Erzählungen von → Conchobars und → Cúchulainns Zeugung, dem Exil der Söhne → Uisnechs, Cúchulainns Werben um → Emer, vom Tod von → Aífes Einzigem (vgl. → Conlai), die zum Verständnis des *Táin* wichtig sind.

Der Ablauf des *Táin* ist schnell skizziert: Königin → Medb von Connaught rüstet gegen Ulster auf, um sich, nachdem der Versuch, den dort beheimateten schwarzen → Stier von Cooley auf friedlichem Weg zu bekommen, fehlgeschlagen ist, den → Donn mit Gewalt zu holen. Es trägt kaum zur Entspannung bei, daß ihr Ex-Gatte Conchobar König der Provinz Ulster ist, während ihr Liebhaber → Fergus, von Conchobar verdrängter Ex-König von Ulster, über den Tod der Söhne von Uisnech zu seinem Todfeind geworden ist. Medb will den schwarzen Stier unbedingt besitzen, um ihrem Gatten → Ailill, dessen Herden der weiße Stier → Finnbennach anführt, in allen Stücken ebenbürtig zu sein. Geschickt wählt sie den Zeitpunkt, an dem die Ulstermänner bis auf Cúchulainn und seinen Vater → Sualdaim an → *ces noiden* darniederliegen. Die beiden vermögen die Connaughter Streitkräfte zwar nicht aufzuhalten, aber ihren Vormarsch empfindlich zu stören und von → *Samhain* bis → *Beltene* in die Länge zu ziehen, bis die von Ulster, wieder kampffähig, den Connaughtern eine gewaltige Niederlage beibringen. Medb, der die Seherin → Fedelma die sichere Rückkehr vorausgesagt hat, kann sich nicht lange am geraubten Stier freuen. Kaum in → Cruachan angekommen, attackiert er den weißen, und die beiden magischen Tiere zerstören sich gegenseitig im Zweikampf.

Ein Gewirr von Einzelhandlungen, Angriffen und Gegenangriffen, Hinterhalten, Lage- und Personenbeschreibungen, Verhandlungen unter den Anführern mit- und untereinander, Verträgen und Vertragsbrüchen, das Auf und Ab des Schlachtenglückes und endlose Zweikämpfe zwischen Cúchulainn und den Connaughter → Helden sorgen für Bewegung, während sich Ailills und Medbs Armee samt Troß und Herden langsam von Cruachan zur Halbinsel Cooley (Gr. Louth) und etwa parallel dazu wieder zurück durch Irland schiebt. Eingebettet in diesen Rahmen ist ein großer Teil von Cúchulainns Biographie, seine Jugend- und Heldentaten, während sein Tod, obwohl direkt vom *Táin* abhängig, außerhalb stattfindet. Abgesehen von den bereits genannten, treten an wichtigen Sagengestalten noch → Finnabair, → Cathbad, → Laeg, die beiden magischen → Pferde, → Liath Macha und → Dub Sainglenn, → Ferdia und die → Morrígan auf.

Die Gesellschaft, die diese Sage schuf, war von → Druiden geregelt und nicht nur materiell, sondern vor allem vom Weltbild her noch gänzlich der archaisch-keltischen Tradition der Latène-Zeit mit ihrer Eisenverarbeitung, ihrer heroischen Ideologie und aristokratisch-kriegerischen Organisation auf dem Hintergrund ihrer Viehzüchterökonomie verhaftet. Fluten von Interpretationen sind dem *Táin* gefolgt, wie z. B. als Kampf der Sonnenkräfte gegen die Mächte der Finsternis, als historisch-politische Auseinandersetzung zwischen den Provinzen im Kampf um die Hegemonie oder als im indoeuropäischen System vorprogrammiertes Gerangel zwischen der Priester- und der

»Bedd Taliesin«, Taliesins Grab (oberhalb von Tre-Taliesin, Gr. Dyfeld).

Kriegerklasse um die Anerkennung der Vormachtstellung. All dies sind gültige Teilaspekte, aber im Ganzen geht es um eine breite, umfassende mythologische Selbstdarstellung dieser Gesellschaft, mit einem sie erhaltenden pädagogischen Inhalt für die Menschen, die darin lebten.

Taliesin

Als historische Persönlichkeit ist ein Barde (vgl. → *fili),* Taliesin, am Hof von Urien, Fürst von Rheged (Nord-England), durch drei Gedichte auf diesen und seinen Sohn, → Owain, so gut bezeugt, wie dies bei den spärlichen Daten möglich ist. Das berühmte *Buch von Taliesin* aus dem 13. Jh. enthält jedoch ein gutes Dutzend Gedichte, die eher zum mythologischen Taliesin gehören, nach dessen *Geschichte* eine Reinkarnation (vgl. → Wiederverkörperung) von → Gwion Bach. Als Prinz Elphin, »der Glücklose«, am Vorabend von → *Beltene* den Fellsack öffnete und das Bübchen herausguckte, brachen seine Begleiter in den begeisterten Ruf aus: »Was für eine glänzende/helle/schöne Stirne«, »tal-iesin«, womit der Knabe zu seinem Namen kam. Ähnlich wie → Fionn war er der junge Weise, denn zum Erstaunen Elphins machte der Säugling allen klar, daß er mehr wußte als der Fürst. Erlebte er vor dieser Inkarnation viele → Metamorphosen auf der Flucht vor → Keridwen, so schildert er sich nun als Objekt echter → Seelenwanderung nicht nur durch alle denkbaren belebten, sondern sogar durch unbelebte Zustände. Er war schon ein Wort, ein Buch, eine Brücke, eine → Axt, ein Fellboot, Schwert, Schild, Harfensaite, Regentropfen, Schaumkrone gewesen sowie sämtliche keltischen Tiere, → Stier, → Pferd, → Hirsch, → Hund, Hahn (vgl. → Vögel), Salm (vgl. → Fische), Adler und auch ein Samenkorn. Er behauptete, bei der Erschaffung der Welt, beim Fall Luzifers, bei der Geburt und Kreuzigung Christi dabeigewesen zu sein, und ist sich gewiß, auch das Weltende zu erleben: »Ich bin alt, ich bin neu ... ich war tot ... ich lebe ... ich bin Taliesin.«

Mehrmals stieg er zur → Anderswelt hinab, u. a. ist er mit von der Partie bei → Artus' Expedition. Taliesin kommt in mehreren Erzählungen des → *Mabinogion* vor – im zweiten Zweig ist er einer der sieben, die → Brâns in einer Katastrophe endende Fahrt nach Irland überleben.

Er war »pennbardd« der Waliser, was dem irischen → *ollam* entspricht, und er ist im Ortsnamen »Tre-Taliesin« auf dem Südufer der Dovey-Mündung an der Westküste verewigt. Er soll sich schließlich nach »Taliesins Stätte« zurückgezogen haben, nachdem er sich ein Leben lang an Fürstenhöfen aufgehalten hatte. Schon als 13jähriger gab er die Barden

Hügel von Tara mit Wällen und Gräben (Gr. Meath).

des mächtigen Königs von Glamorgan, Maelgwyn Gwyned, durch sein überragendes Wissen und seine Kunstfertigkeit der Lächerlichkeit preis und verhexte sie zu guter Letzt, so daß sie nur noch »blerwm, blerwm« – Schafsgeblök! – hervorbrachten. Von Tre-Taliesin führt ein steiles Sträßchen die Flanke des Moel y Garn hoch, wo auf einer Bodenerhebung, »Bedd Taliesin«, eine mit Steinplatten ausgelegte Grube unter einem Deckstein liegt, die als Taliesins Grab gilt.

Tara

Auf halbem Weg zwischen Navan und Trim liegt Tara, ir. Temair, ein ca. 185 m hoher Hügel. Er steigt so unmerklich an, daß die weite Rundsicht über die grünen Weideflächen der Grafschaft Meath jedesmal überrascht. Das ist wohl auch der Grund, warum Tara, weder geographisch das Zentrum Irlands, noch der einzige Hügel dieses Namens, jahrhundertelang – zwei sehr schöne → Gold- → Torques aus der Bronzezeit sind 1830 gefunden worden – ein Königssitz war, der sich erfolgreich gegen alle anderen Konkurrenten, inklusive dem Königshügel Temair Luachra von Munster, als ideeller Mittelpunkt durchsetzte. Hier erhob sich das männliche Symbol der Königsherrschaft, → Lia Fál, hier befand sich jedoch auch der Grabhügel der Muttergöttin Tea, der legendären Gründerin der Residenz Tara. Und auch hier fand → drei-jährlich, wie für → Tailtiu oder → Carman, ein großes Fest statt, das der Dichter-Magier → *Ollam* Fodla 1300 v. Chr. eingesetzt haben soll und das 1854 Jahre, bis 554 n. Chr., regelmäßig stattfand. 136 heidnische und sechs christliche Könige beherrschten von dieser Erhebung aus, an der die Provinzkönigtümer zusammenliefen, große Teile Irlands.

Tara ist also ein echtes, aus der Ideologie des sakralen Königtums (vgl. → rechtmäßige

Herrschaft) geborenes Symbol: der Ort, an dem der König mit seinen Provinzkönigen die kosmische Ordnung nachvollzog und in einer heiligen → Fünf dem Chaos von → *Samhain* entgegensetzte, der Ort, an dem er zum Wohle seines Volkes die → Heilige Hochzeit mit der → Oberhoheit einging, auf daß Fruchtbarkeit in seinem Land herrschte, und der Ort, an dem er in die Fußstapfen der Götter trat. Hielt hier nicht → Nuadu für alle → Tuatha Dé Danann ein großes Fest ab, zu dem → Lug während der Generalmobilmachung der → Fomorier stieß?

Der König von Tara hatte eine besondere Beziehung zum letztlich als göttlich erlebten → Feuer (vgl. → Elemente): Eine jährliche Zeremonie bestätigte einerseits seine Macht, andererseits seine Verbindung mit dem Übersinnlichen. Zu einem bestimmten Zeitpunkt im Jahr mußte das Feuer im Land gelöscht, um vom druidischen Tara neu entfacht zu werden. Auf Entzünden vor den Druiden stand die Todesstrafe, weswegen → St. Patrick mit König Laogaire in Konflikt geriet, gleichzeitig jedoch die Aufmerksamkeit auf seinen himmlischen König zog. Bis tief in die christliche Zeit hinein behielt Tara, das das *Tripartite Life* (*Das dreiteilige Leben*) von St. Patrick als »Hauptsitz der Götzenanbetung und Zauberei« bezeichnet, sein Prestige bei. St. Rúadán soll unter dem unglückseligen → Diarmaid mac Cerbhaill Tara um 550 förmlich und unter Glockengeschell verflucht haben, worauf der Königshügel verlassen worden sein soll. In Wirklichkeit regierten noch sein Sohn und sein Enkel auf Tara, das 100 Jahre später einer Seuche wegen geräumt wurde.

Heute wacht eine verwitterte, flechtenüberzogene Statue St. Patricks neben einem mageren → Lia Fál über den Wällen und Gräben der ehemaligen Königspaläste. Ganz am Südrand liegen die Reste von »König Laogaires Fort«; er soll sich im Ringwall seiner Festung in voller Rüstung begraben lassen haben (vgl. → Totenkult), aufrecht, das Antlitz seinen Feinden, den Männern von Leinster, zugewandt – ein klassischer Fall vom keltischen Glauben an die grundsätzliche Unzerstörbarkeit des Lebens (vgl. → Unsterblichkeit der Seele).

Das riesige »Rath na Ríogh«, »Festung der Könige«, umschließt den »Grabhügel der Geiseln« (vgl. → Totenkult), ein Miniaturgrab vom Typ von → Bruig na Bóinne (vgl. → Megalithgräber, → Newgrange) und die ehemaligen Paläste »Königssitz« und → »Cormacs Haus«. Auf der Nordseite liegt die große Bankettalle (230 m x 38 m), wo Nuadu seine Gäste unterhalten haben soll, während sich am Hügelhang »Rath → Gráinne« und unweit davon die »schiefen Gräben« hinziehen, die → Cormacs usurpatorischer Ziehvater durch seinen falschen Richtspruch den Hang hinunter rutschen ließ.

Taranis

Lukan bezieht sowohl → Teutates als auch → Esus und Taranis in die grausamen → Opfer mit ein, faßt jedoch die letzten beiden näher zusammen, da ihre wilden Altäre »nicht milder als der Altar der Skythischen Diana« seien, jener taurischen Artemis, der man Fremdlinge geopfert haben soll. Die *Commenta Bernensia (Berner Scholien)* (vgl. → *Interpretatio Romana*) geben an, zur Besänftigung Taranis' → »Dis Paters« würden Menschen in einem hölzernen Trog verbrannt. Er wird als Schutzgott der Krieger genannt und gleichzeitig dem → »Jupiter« gleichgesetzt – ehemals sei er durch Menschenköpfe (vgl. → Kopfkult) versöhnt worden, jetzt »freue er sich an solchen von Rindern« (vgl. → Stier, → Kuh). Taranis von »*taran«, »Donner«, ist der Donnerer und Blitzeschleuderer, der vermutlich auch den die Ernte vernichtenden Hagel schicken konnte, ursprünglich wohl ein Wettergott, der jedoch im Laufe der Zeit weitere Funktionen zugewiesen bekam.

J.-J. Hatt zeigt auf, daß er in der Latène-Zeit so stark vom vorkeltischen → »Mars« geprägt war, daß er dessen Pferdegestalt (vgl. → Pferd) übernahm, was sich an den Kannen von Reinheim und Waldalgesheim ablesen läßt. Auf derjenigen von Hallein-Dürrnberg (Museum Carolino Augusteum, Salzburg) ist er als gefräßiges Ungeheuer dargestellt mit dem Kopf des → Teutates im Maul, d. h., er ist diesem eine beständige Gefahr.

Zwar sind bis heute nur ein halbes Dutzend Weiheinschriften auf Altären an Taranis zutage gekommen, aber sie verteilen sich über ein weites Gebiet von England bis Jugoslawien.

Das menschenköpfige, bärtige Pferd auf dem Deckel der ehemals vergoldeten Kanne von Reinheim dürfte für Taranis stehen (Staatliches Museum für Vor- und Frühgeschichte, Saarbrücken).

Die griechisch abgefaßte aus Orgon an der Rhônemündung wurde an »TARANOOY« gerichtet, sie ist, wie die von Tours oder diejenige von Chester an »IOM Taranis«, an den Donner direkt gerichtet, während eine andere von Scardona (Jugoslawien) einen »Taranuco« und zwei weitere von Böckingen bzw. Goldramstein (Deutschland) einen »Taranucno« bzw. »Taranucnus« anrufen, was »Sohn des Taranis« oder »zum Taranis gehörend« bedeutet. Vielleicht ist damit auch die sich wieder verselbständigende → »Mars«-Komponente gemeint.

Obwohl J. de Vries »gar keine Notwendigkeit sieht«, Taranis mit dem → »Rad-Gott« in Verbindung zu bringen, tun gerade dies seit der frühen gallo-römischen Zeit alle jene Altäre, deren Weiheinschrift an »Jupiter« sowohl einen → Blitz als auch ein Rad tragen: Die Gallier stellten sich »Jupiter« offenbar über ihrem Radgott stehend vor. Taranis' Kürzel war die Triskele (vgl. → Gestirne) oder die → Spirale.

Bis auf den heutigen Tag haben sich, gewöhnlich zur Mitfastenzeit, in der Schweiz und in Luxemburg Taranisbräuche wie Scheibenschlagen oder das Rollenlassen brennender Räder erhalten – ehemals gehörten auch Süddeutschland, das Elsaß, das Rheinland, die Moselgegend und das Hunsrück-Eifel-Gebiet

Taranis, das Rad schleudernd (Detail des Kessels von Gundestrup; Nationalmuseet, Kopenhagen).

dazu. Bereits im 4. Jh. wurde in der *Vita* des Heiligen Vincent von Agen gerügt, daß sich »die gottlose Menge der Heiden« um einen Tempel versammelte, aus dessen Pforte in regelmäßigen Abständen, wie auf Kommando eines Dämons, ein brennendes Rad hervorkam, eine Schlucht bis zum Fluß (vgl. → Gewässer) hinunterrollte, um funkensprühend zurückzukehren. »Diese diabolische Täuschung verschwand unter dem Zeichen des Kreuzes.« In diesem Ritual wurde das himmlische Feuer (vgl. → Elemente) zur Befruchtung des irdischen Wassers (vgl. → Elemente) geschickt, wie es jene Szene auf dem → Kessel von Gundestrup schildert, worauf ein mächtiger Gott, flankiert von seinen zwei ungeheuerlichen → Hunden, → rechts ein Rad hochhält, im Begriff, es zu schleudern. Eine kleine, einheimisch gewandete Gottheit mit einem Hörnerhelm (vgl. → Horn) greift buchstäblich in die Speichen – es dürfte der einheimische »Mars« sein, der Taranis' Fruchtbarkeits- und Kriegskomponente verkörperte – direkt zu seinen Füßen ringelt sich die gehörnte → Schlange nach → rechts!

Taranis, der Herr des weiten Himmelsgewölbes, macht mittels des Blitzes die Erde fruchtbar, ist selbst jedoch kein schöpferischer Gott, denn erst wenn seine Gattin → Rigani sich mit → Esus/ → Cernunnos verbindet, wächst und gedeiht es auf Erden, und es entsteht Wohlstand.

Allerdings muß es eine Zeit gegeben haben, als Taranis die → Anderswelt und die Fruchtbarkeit als »Dis Pater«, »Jupiters« dunklen Doppelgänger, analog zum irischen → Dagda innehatte, sonst würden ihn die *Scholien* nicht mit diesem identifiziert haben. Münzen und einige Darstellungen vom Typ des »Dispater von Straßburg« (vgl. → »Jupiter«) halten diese Vorstellung fest.

tarbfais
Stieropfer/-Fest (vgl. → Stier).

Tarvos Trigaranos
Der → Stier mit den → drei Kranichen (vgl. → Vögel).

tathlum
Eine magische Waffe, eine nach Geheimrezept zusammengesetzte Kugel, u. a. aus → Bären- und Krötenblut, Sand von Armorikas Küste und dem Roten Meer, eine Art Zementball, »schwer, feurig, fest« wurde als *tathlum* bezeichnet. → Lugs Schleuderstein (vgl. → Stein), womit er → Balor traf, soll ein solcher *tathlum* gewesen sein (vgl. → Blitz).

Tarvos Trigaranus, der Stier mit den drei Kranichen (Nautenaltar; Musée de Cluny, Paris).

Tea
Die legendäre Gründerin → Taras ist Tea. Nach dem *Lebor Gabála Érenn* ist sie die Tochter → Lugaids, Sohn des → Íth, und Gattin des → Milesiers Eremon. Sie erbat sich einen Hügel zum ewigen Besitz, in dem sie sich begraben lassen wollte. Er wurde nach ihr → »Tea Mur« = »Temair«, d. h. »Teas Mauer« genannt.

Tea ist eine → Muttergöttin von der Art einer → Tailtiu, → Tlachtga oder → Carman, Schirmherrin des großen, → drei-jährlichen Festes von Tara.

Tech Duinn
Das Haus des → Donn an der Westküste Irlands wird Tech Duinn genannt.

tête coupée → **Kopfkult**

Tethra
→ Manannán scheint dem älteren Meergott Tethra (vgl. → Gewässer) den Rang abgelau-

fen zu haben. Tethra bedeutet die »See« (vgl. → Lir, → Llyr). Das wenige, was von Tethra bekannt ist, deckt sich mit Manannán: Auch für diesen ist das Meer ein festes Feld, und die Fische sind sein Vieh. Wie Manannán herrscht Tethra über die Abgeschiedenen; sein paradiesisches Land der → Anderswelt ist → Mag Mell.

Im → *Lebor Gabála Érenn* tritt er, bereits um ein gutes Stück euhemerisiert, als König der → Fomorier mit Wohnsitz auf einer Insel im Meer auf. In der Schlacht von → Mag Tuired ist er einer der Führer gegen die → Tuatha Dé Danann. → Ogma findet nach dem Sieg sein Schwert auf dem Schlachtfeld, das, gereinigt und gepflegt, anfängt, seine Heldentaten zu erzählen (vgl. → Waffenkult).

Teutates

Marcus Annaeus Lucanus (39–65 n. Chr.) beginnt seine vieldiskutierte Erwähnung der → drei gallischen Götter, die durch Menschenopfer (vgl. → Opfer) befriedigt werden müssen, mit Teutates. Der Hauptkommentar und die Adnotationes der *Berner Scholien* (vgl. → *Interpretatio Romana*) bekräftigen, daß es sich um → »Merkur« handelt. Für ihn muß ein Mensch mit dem Kopf voran bis zum Ersticken in einen vollen → Kessel gehalten werden. Eine spätere Hand fügte hinzu, daß Teutates/ → »Mars« »mit schrecklichem Blut« besänftigt werde, weil Kämpfe durch Eingebung eben dieser Gottheit zustande kämen.

Der anscheinende Widerspruch, Teutates einmal dem → »Merkur«, ein andermal dem → »Mars« gleichzusetzen, hat Entweder-Oder-Kategorien gewohnte Keltologen zu allen Zeiten irritiert, bis zum Punkt, an dem sie die *Commenta* als unzuverlässig und die Überlieferung als unsicher einstuften. Die »interpretatio gallica« arbeitet jedoch nach dem Sowohl-als-auch-Prinzip und sucht sich den gemeinsamen Nenner, der in diesem Fall in der Fruchtbarkeits- und Wohlstands-Komponente beider Götter gelegen haben dürfte.

Die Auslegung des Namens stützt sich auf ein »Touto-tati-s«, »Vater des Stammes«. Teutates wird allgemein als eigentlicher Stammesgott gesehen, als väterlicher Führer in Krieg und Frieden. Inschriften bezeugen ihn von Britannien bis Rom und in der Steiermark, wobei allerdings ausgerechnet Gallien ausgespart bleibt. Meist steht Teutates als Beiname beim »Mars«. Aus Rockywood/Barkway (Gr. Herfordshire) kamen z. B. nebst einer bronzenen Marsstatuette ein ganzer → Votivschatz von sieben dünnen, blattförmigen Silberplatten zum Vorschein, wovon die größte mit »Marti Toutati« beschriftet ist (heute im British Museum, London). Selten tritt der Name alleine auf: »TOT« auf einem Silberring von York oder eine Krugscherbe mit dem eingravierten Namen aus Kelvedon (Gr. Essex) sind Ausnahmen. Die Verbindung »Teutates Medurinus« ist einmalig (vgl. → Midir).

Maske mit den Symbolen des Teutates (Fingerring von Rodenbach; Historisches Museum der Pfalz, Speyer).

J.-J. Hatt weist Teutates als »Widdergott« nach (vgl. → Widder), dessen Hörner (vgl. → Horn) zusammen mit den horizontalen → S-Zeichen und einem V, das sich zu → Spiralen krümmt, zu seinen Symbolen zählen. Der prächtige → goldene Armreif von Rodenbach (Historisches Museum der Pfalz, Speyer) zeigt die großäugige → Maske des Gottes mit dem als Augenbrauen getarnten V, deutlichen Widderhörnern, flankiert von zwei hochmütig dreinblickenden, ruhenden Böcken. Beim dazugehörigen Fingerring sitzt das V der beiden gegenüberliegenden Masken über der Nasenwurzel, und die liegenden S werden zu Augenbrauen. Der → Gold-Beschlag von Dürkheim z. B. veranschaulicht in einem originellen Vexierbild (vgl. → Metamorphose) die zwei Aspekte des Widdergottes. Dreht man die lächelnde → Maske eines jungen Behelmten um 180°, schaut einen das ernste Antlitz eines reifen, bärtigen Mannes an. Der Kriegsgott und der Gott des zukünftigen Wissens, der

Auf dem Brustpanzer des Kriegers von Entremont ist eine Teutatesmaske zum Schutz der Abgeschiedenen zu sehen (Musée Granet, Aix- en-Provence).

→ Wahrsagerei und der allgemeinen Kultur, dessen Rolle → »Apollo« Teutates abnehmen wird, gehen hier noch eine Symbiose miteinander ein.

Dasselbe thematisiert einer der erstaunlichsten, goldenen Halsringe von Erstfeld: Aus einem angedeuteten Leib heraus entwickelten sich zwei mit Armen und Händen versehene Oberkörper, auf denen ein keck dreinblickendes junges Gesicht unter Widderhörnern, bzw. ein bärtiges, weises, altes, unter einem großen, von einem Hirschohr (vgl. → Hirsch, → Esus, → Cernunnos) gekrönten Hut sitzt. Der Alte hält einen Raben (vgl. → Vögel) am Hals und einem Bein gepackt, wobei dessen Schnabel an seine Nase anstößt.

Dieser Teutates gibt doppelten Schutz, zum einen durch Magie (vgl. → Zauber), zum andern durch physische Gewalt. Als logische Folge wurde er auf Schmuck, vor allem auf den goldenen Halsringen (vgl. → Torques), aber auch auf Achsennägeln, wie bzw. demjenigen von Grabstätten, dargestellt. Der Achsennagel, der das → Rad am Wagen festhielt, war das heikelste Stück Metall an der ganzen Konstruktion. Brach es bei voller Fahrt, dürften die Unfälle öfters tödlich ausgegangen sein.

Hatt glaubt, im Krieger von → Entremont, dessen Harnisch das Brustbild einer Maske zwischen zwei horizontalen, in Spiralen auslaufenden S-Zeichen ziert, Teutates als Beschützer der Abgeschiedenen zu erkennen.

Im → Rigani-Mythos steht Teutates auf der Seite der → Muttergöttin. Nach Hatt zeigt die nach derjenigen → Cernunnos' wohl bekannteste Szene des → Kessels von Gundestrup den Aufmarsch seiner Truppen – nach dem Lukan-Kommentar gibt Teutates ja den Menschen die Idee zum Krieg ein –, die am Opfer für den Gott vorbeidefilieren und einer gehörnten → Schlange nach → links davonreiten. So ergibt der → Baum (vgl. → Bäume), der wohl in einem Schacht enden soll, einen Sinn, denn die Krieger wollen die Verbindung zur Muttergöttin in ihrem Aspekt als Mutter Erde (vgl. → Elemente) aufnehmen, um sie vor → Taranis' Zorn zu schützen.

Auf einer anderen Platte ist Teutates – mit sorgfältig in Spiralen endendem, zum V gelegtem Bart und zu Widderhörnern gedrehten Stirnlocken – in seiner Eigenschaft als Richter der gefallenen Krieger zu sehen. Zwei solcher bieten ihm je einen → Eber an, Symbol ihrer Tapferkeit. Nach Verdienst werden sie entweder der Vernichtung preisgegeben (vgl. → Hund) oder vom geflügelten → Pferd in die → Anderswelt getragen (vgl. → Unsterblichkeit der Seele).

»Teutates tunkt seine Opfer in einen gefüllten Kessel« (Detail des Kessels von Gundestrup; Nationalmuseet, Kopenhagen).

Teutates selbst kann ab Anfang des 3. Jhs. in Gestalt des → Ebers erscheinen, nicht nur auf → Münzen, sondern auf Darstellungen seines Kampfes mit → Taranis, als Löwe, wie z. B. auf dem Relief vom Donon (Museum von Épinal) als Gott von Euffigneix (vgl. → drei), oder aber als Frischling im Arm seines Schützers Vosegus → »Silvanus«.

Teyrnon
Wal. Teyrnon entspricht »Tigernonos«, »großer, göttlicher Herr«, was besagt, daß der freundlich-ehrliche Fürst von Gwent ys Coed, »der beste Mann der Welt«, aus dem ersten Zweig des → *Mabinogion* einst eine wichtige Gottheit gewesen sein muß, besonders, da sein zweiter Name »Twrvliant« als »Donner im Wasser« (vgl. → Elemente) gelesen worden ist.

Teyrnon bekämpft voll Mut das Ungeheuer, das ihm an *Beltene* das neugeborene Füllen seines besten → Pferdes rauben will, findet dabei → Rhiannons Säugling → Pryderi und zieht das Kind wie seinen eigenen Sohn auf. Obwohl er und seine Frau dem Knaben sehr zugetan sind und kinderlos zu sein scheinen, bringen sie diesen seinen Eltern zurück, sobald sie sie ausfindig gemacht haben. Teyrnon kennt → Pwyll, »Haupt von Annwn«, persönlich, gehörte er doch einst zu dessen Haushalt. Diese wenigen Angaben lassen natürlich keine feste Aussage zu, deuten jedoch eher in Richtung des göttlichen Erhalters und Bewahrers als des schöpferischen Gottes.

Tigernmas mac Fallaig
Einer der größten Könige der → Milesier, Tigernmas mac Fallaig, ist mit Theseus von Athen oder Minos von Kreta verglichen worden. Er war der 26. der Dynastie, der ca. 100 Jahre nach der Invasion regierte; die *Annalen der vier Meister* setzen den Beginn seiner Regierung ins Jahr »3580 seit der Erschaffung der Welt oder 1620 v. Chr.«.

Tigernmas ist dafür berühmt, daß er als erster systematisch → Gold suchen und zu künstlerischen Gebrauchsgegenständen, Gewandnadeln, Bechern, Halskragen und Trinkhörnern (vgl. → Horn) verarbeiten ließ. Trotz seiner kaum unterbrochenen kriegerischen Auseinandersetzungen, »→ drei mal → neun Schlachten, bevor das Jahr um war«, liebte er die Pracht und einen gewissen Luxus. So ließ er Farben und farbige Gewandborten zur Unterscheidung der verschiedenen Klassen einführen.

Zu seiner Zeit entstanden noch einmal neun Seen und »drei schwarze Flüsse« (vgl. → Gewässer) in Irland. Nach 77 Regierungsjahren soll er, zu → *Samhain* bei Anbetung des Götzen → Crom Cruach, samt drei Viertel seines Volkes unter mysteriösen Umständen gestorben sein.

Tír na mBan
Land der Frauen.

Tír na mBéo
Land des (ewigen) Lebens.

Tír na nOg
Land der (ewigen) Jugend.

Tír sorcha
Land der Helligkeit, der Fröhlichkeit.

Tír Tairngire
Land der Verheißung.

All dies sind Gebiete der → Anderswelt, vorzüglich auch Inseln im Meer (vgl. → Gewässer).

Tlachtga
Der Hügel (vgl. → Elemente) von Ward, ca. 1,5 km östlich von Athboy (Gr. Meath), bildet die Spitze eines fast gleichschenkligen Dreiecks zwischen Teltown (vgl. → Tailtiu) und → Tara. Ehemals hieß er »Tlachtga« nach der Tochter → Mog Ruiths, einer Zauberin (vgl. → Druiden), die, wie ihr Vater, von Simon Magus persönlich unterrichtet worden war. Sie war der Kirche in höherem Maße suspekt als die anderen alten Muttergottheiten, z.B. → Carman, → Eriú, → Tailtiu, → Tea, deren Feste einerseits dem Andenken der → Muttergöttin (vgl. → Totenkult), andererseits der Erhaltung der Fruchtbarkeit dienten, weswegen sie besonders strenger Zensur unterworfen wurde und daher nur mehr wenig von ihrem Mythos übrig ist. Sie soll von → drei verschiedenen Vätern Drillinge empfangen haben und bei der Geburt gestorben sein, worauf sie im Hügel beigesetzt wurde. Im großen, inzwischen zerfallenen Ringwall fand ihre jährliche Feier statt.

Zu → *Samhain* mußte jeder Haushalt sein Feuer (vgl. → Elemente) löschen und sich mit dem Feuer Tlachtgas neu versorgen. Vermutlich gehörten zu den Spielen die Wettrennen jener, die das Feuer herunterbrachten, um es zu verteilen.

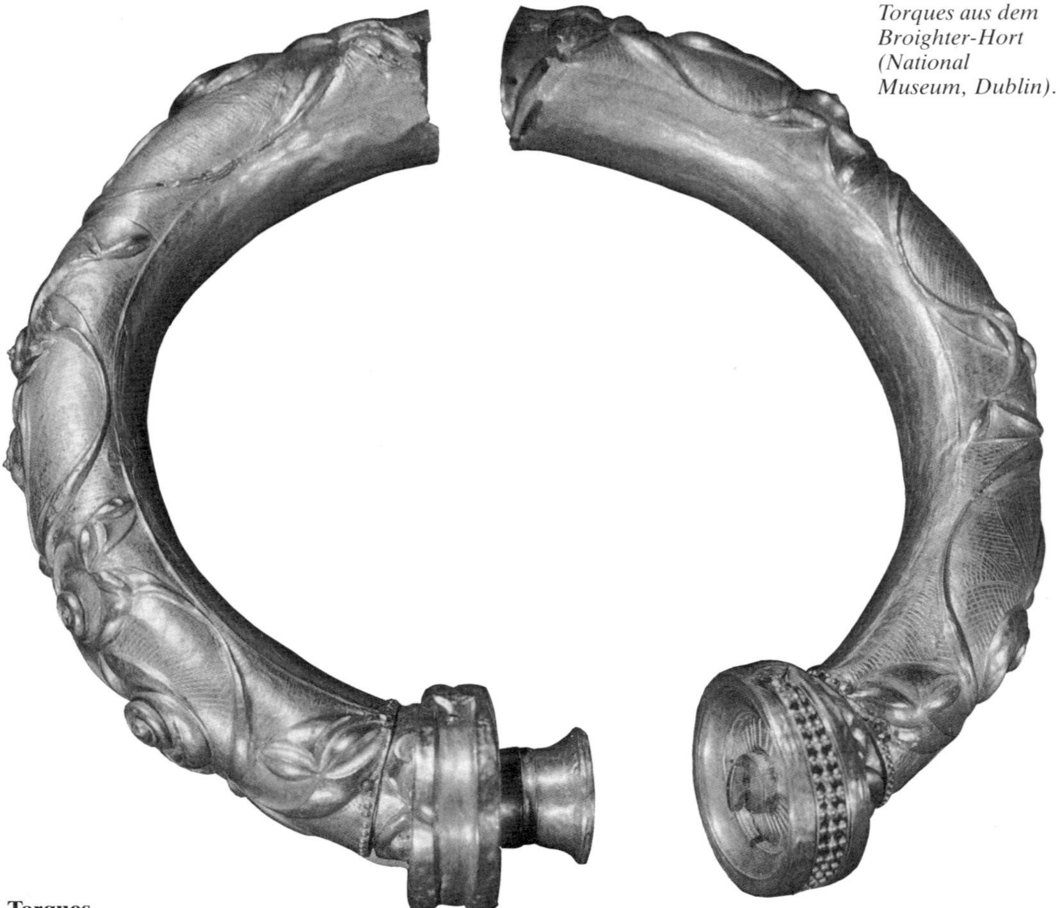

Torques aus dem Broighter-Hort (National Museum, Dublin).

Torques

Halsringe sind keine Erfindung der Kelten, bekamen jedoch bei ihnen im 5.–1. Jh. v. Chr. ein besonderes, religiöses und soziales Gewicht, abgesehen davon, daß sie in der Latène-Zeit ihren künstlerischen Höhepunkt erreichten. Torques ist ein Sammelname für alle festen Halsringe; im Gebiet von Südfrankreich bis Irland, Spanien bis Böhmen sind über 150 bekannt. Sie wurden selten aus Eisen oder Silber, öfter aus Bronze und vor allem aus → Gold hergestellt, zuweilen gegossen, wie z. B. der schlanke, rankenverzierte von Waldalgesheim (Rheinisches Landesmuseum, Bonn), meist jedoch aus Metalldrähten oder -streifen gedreht, wie derjenige von Reinheim (vgl. → Eulengöttin), oder hohl gearbeitet wie diejenigen von Broighter (National Museum, Dublin) und → Hochdorf. Der unvergleichliche Ring von Snettisham (British Museum, London) verbindet die beiden letztgenannten Techniken; er ist aus acht achtfach gewundenen Golddrähten zusammengezwirnt und besitzt hervorragend gearbeitete, hohle Enden. Torques dieser Art sind mit Symbolen besetzt – langgezogenen → S-Zeichen, → Spiralen und dergleichen – und, allerdings weniger oft, mit → Masken.

Der Halsring, religiöses und weltliches Symbol der Macht, der Verehrung und des Schutzes, wurde von Göttinnen, Göttern, → Helden, Kriegern, Fürstinnen und Fürsten getragen. Die → Muttergöttin → Rigani auf dem → Kessel von Gundestrup hat ihn genauso um wie die meisten ihrer männlichen Kollegen. → Cernunnos trägt ihn nicht nur um den Hals, sondern hält noch einen zweiten in der Rechten (vgl. → rechts). J.-J. Hatt sieht darin, gestützt auf die Gruppe von Saintes (vgl.

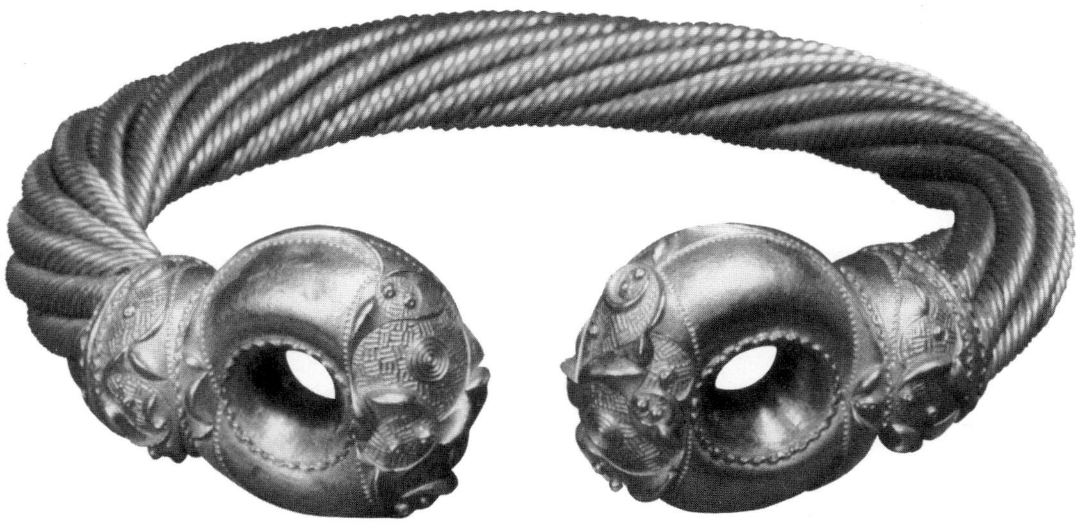

Wunderbar gearbeiteter Torques von Snettisham (British Museum, London).

→ Rigani), das Hochzeitsgeschenk, das → Esus/ → Cernunnos der Rigani verehrt. Diese beiden Götter sind öfter als alle andern mit dem Torques abgebildet: Zwei Ringe baumeln am Geweih des Cernunnos auf dem Nautenpfeiler von Paris, einer ziert den Hals des Gottes von Bouray und des Esus vom → Kessel von Rynkeby. Andererseits findet er sich auch unter dem Kinn des an den liegenden S-Augenbrauen und den zu → Spiralen gerollten Schnurrbartspitzen erkennbaren → Teutates bzw. dessen Kopf von Mšecké Žehrovice und um den Hals der Triade (vgl. → drei) von Euffigneix. Der unidentifizierte Gott von Rodez (Musée Fenaille, Rodez) hält einen großen Ring in beiden Händen. Die mächtigen Könige und Königinnen der irischen Sage werden durchgehend als Torques-Träger geschildert, genauso wie die historische → Boadicea.

Für klassische Schriftsteller war dieser goldene Ring, speziell wenn ihn Männer trugen, etwas Exotisches. Nach ihren Berichten zogen keltische Krieger, bis auf den Torques nackt, in den Kampf, was Abbildungen, wie z. B. der Krieger von Hirschlanden (vgl. → Götterdarstellungen) oder der »Sterbende Gallier« (Museo Capitolino, Rom) bestätigen. Der Krieger von Vachère (Musée Calvet, Avignon) erwählte sich offensichtlich das Beste aus beiden Welten: Er hat ein Kettenhemd über den Kittel gezogen und trägt obendrein den Torques.

Der Halsring muß zur Ausrüstung des aristokratischen Kriegers gehört haben: Klassische Autoren zeigen sich immer wieder von der Beute an Goldringen beeindruckt. Beim Sieg des Cornelius über die Boier im Jahr 189 v. Chr. sollen 1471 gezählt worden sein.

Ursprünglich waren die Halsringe Hoheitszeichen und Schmuck großer Frauen, Fürstinnen, Priesterinnen, wie Boadicea. Im Schoß der Dame von → Vix lag ein schwerer Bronzering, die Dame von Reinheim trug ihren goldenen um den Hals. Nach 300 v. Chr. verschwinden die Torques aus den Frauen-, tauchen jedoch in den fürstlichen Kriegergräbern wieder auf. Es ist denkbar, daß der Torques, anfangs Ausdruck des weiblichen, zyklischen Prinzips, zuerst zum Schutz dem das Territorium (vgl. → Muttergöttin) verteidigenden bzw. erobernden Kriegers beigegeben wurde, bis er ihn annektierte und zum Symbol der männlichen Macht und des Helden machte. Torques waren beliebte → Votivgaben für Götter und gekrönte Häupter: Augustus soll von den Galliern einen Goldring von fast 35 kg Gewicht erhalten haben, »als sei er einer ihrer Götter, → Esus oder → Teutates«, fügt Quintilian hinzu. Auf dem Nautenpfeiler bringen drei Veteranen → Rigani einen großen Halsring dar.

In gallorömischer Zeit wurden Götterstatuen gern mit Torques geschmückt: Der → »Merkur« von Weißenburg z. B. trägt einen

»Merkur« von Weissenburg mit Torques als Votivgabe (Prähistorische Staatssammlung, München).

goldenen, altmodischen und viel zu großen Wendelring um den Hals.

Der erstaunlichste Votivring, und es wird sich eher um einen solchen gehandelt haben als um ein Diplomatengeschenk, ist der 6744 Gramm schwere »Trichtinger Silberring« (Württembergisches Landesmuseum, Stuttgart), dessen Gewicht allerdings hauptsächlich auf das Konto seines Eisenkerns geht. Es ist an sich schon ein wuchtiges Weihegeschenk; dazu kommt, daß die beiden künstlerisch sehr fein herausgearbeiteten Stierköpfe (vgl. → Stier) an den Enden selbst noch je einen eigenen, gedrehten Torques mit Pufferenden zum Zeichen ihrer göttlichen Macht umhaben. Wer hat sie ihnen wohl gestiftet?

Totenkult

Ausgehend vom Glauben an die → Unsterblichkeit der Seele, behandelten die Kelten ihre Toten wie Lebende – »Abgeschiedene«, d.h. von der Menschenwelt Abgetretene, ist die entsprechendere Benennung. Nach den schriftlichen und archäologischen Quellen nahmen diese in ihren Vorstellungen breiten Raum ein. Wollten die Menschen mit den Toten koexistieren, mußten strenge rituelle Regeln, Sitten und Bräuche befolgt werden, sowohl zu → *Samhain* für das Kollektiv wie auch bei jedem Todesfall für den Einzelnen.

In Irland versammelte der Ahnenkult einerseits die Stämme um die Grabhügel der uralten → Muttergöttinnen von der Art einer → Carman, → Tailtiu oder → Temair zu den großen → Jahreszeitfesten oder Gedenkfeiern. Diese Zusammenkünfte erhielten das Wohlwollen der großen Abgeschiedenen, was wiederum den Menschen die Lebensgrundlage sicherte. Der Stammvater seinerseits, der erste Tote des Stammes, lud seine Nachkommen zum Fest der Anderswelt in seine Behausung (vgl. → Dagda, → Donn) ein.

Götter, → Feen, → Elfen, alles was nicht mehr zur Menschenwelt gehörte, also auch die Verstorbenen, bewohnten die *síde* (vgl. → *síd*), in vielen Fällen wiederbenützte → Megalithgräber (vgl. → Bruig na Bóinne, → Newgrange).

→ Helden und ihre Gemahlinnen, wie z.B. → Cúchulainn und → Emer, werden in der Sage unter großen Hügeln aus Erde (vgl. → Elemente) oder → Stein, sog. »cairn« (vgl. → Medb), beigesetzt.

Die ersten Christen pflegten Totenwachen bei Kerzenlicht über einen oder mehrere Tage, was sich in der irischen *wake* bis in unser Jahrhundert erhielt, an der es, nach der Trauer um den Verstorbenen, bei Alkohol und ausgelassenen Spielen so hoch herging, daß die Kirche immer wieder dagegen einzuschreiten versuchte. Sehr wahrscheinlich geht sie auf einen heidnischen Brauch zurück, genauso wie das Leichenmahl, das die Lebenskräfte der Hinterbliebenen erhält und das Zusammengehörigkeitsgefühl der Menschen untereinander steigert.

Als König → Éochaid sich von seiner Gemahlin → Étain verabschiedet, schärft er ihr ein, seinen aus geheimer Liebe zu seiner

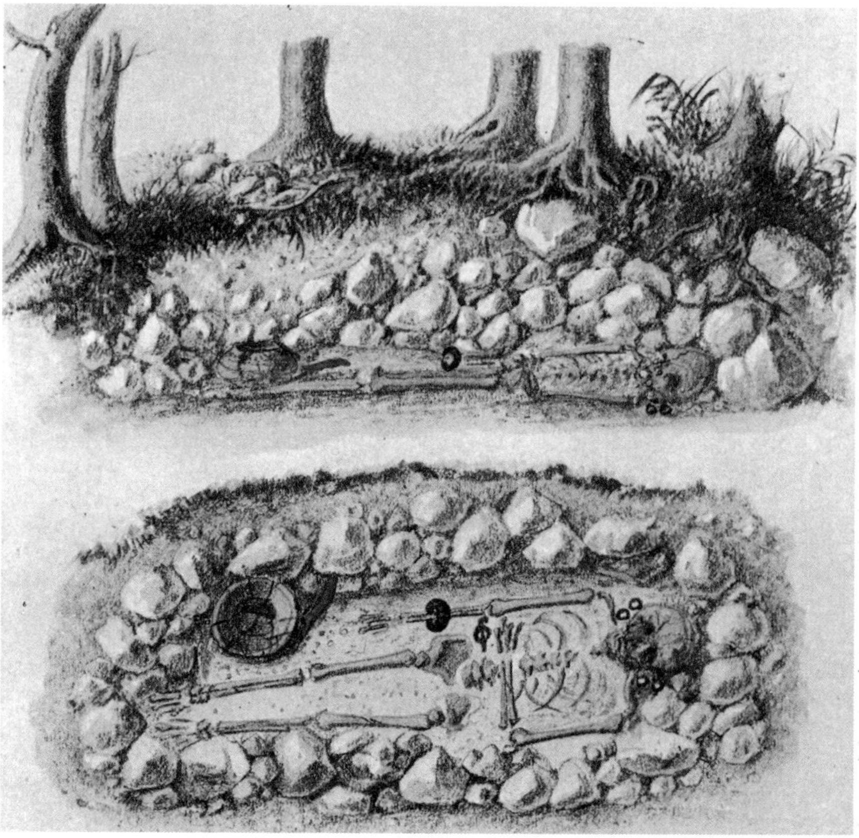

Isidor Engls Aquarellen verdanken wir die Dokumentation der Ausgrabungen im Gräberfeld von Hallstatt im 19. Jh. (Prähistorisches Museum, Hallstatt).

Schwägerin sterbenskranken Bruder zu pflegen und bei dessen Ableben dafür zu sorgen, daß sein Grab vorbereitet, die Totenklage erhoben und sein Vieh getötet würde. Bei letzterem ist es nicht klar, ob es sich um Vorkehrungen zum Leichenmahl handelt oder um Reste des Brauches, den Caesar und die *Berner Scholien* (vgl. → *Interpretatio Romana*) beschrieben, wonach beim Tod eines gallischen Fürsten Sklaven, Hausrat und Tiere mitverbrannt wurden (vgl. → Unsterblichkeit der Seele).

Wie der Dichter J. M. Synge aufzeichnete, konnte man bis in unser Jahrhundert an abgelegenen Orten wie den Aran Islands in der Bucht von Galway die rituelle Totenklage, den sogenannten »caoin«, hören. In der Sage wird diese jeweils von Lobgedichten auf den Verstorbenen unterbrochen, und nicht selten sprechen Gattinnen oder Geliebte ergreifende Elegien über den toten → Helden, bevor sie selbst an gebrochenem Herzen sterben (vgl. → Emer).

P. W. Joyce erwähnt den allgemeinen vorchristlichen Brauch, bei dem die Leiche in grünes Laubwerk gewickelt, vor allem in Birkenzweige (vgl. → Bäume), zu Grab getragen wird. Beispiele von Haselzweigen und -blättern in Gräbern zwischen Urnen oder als Unterlage wurden in England und auf dem Festland beobachtet. Bis vor kurzem wurden die hölzernen Totenbahren in Irland und Schottland nach Gebrauch sorgfältig unbenützbar gemacht, damit die → Feen sich keine bösen Scherze mit den Toten erlauben konnten. Solche vorsätzlich zerstörten Tragen wurden auch in festländischen Keltengräbern gefunden.

Das heroische Irland pflegte – was die Archäologie bestätigt – seine Toten auf dem Rükken liegend oder aufrecht stehend zu begraben. Der bekannteste Fall ist König Laogaire, der noch zu → St. Patricks Zeiten darauf bestand, so im Wall von → Tara versenkt zu werden, das Antlitz seinen Feinden, den Männern von Leinster, zugewandt.

Leichenverbrennungen fanden, den Urnen mit Brandresten nach, in Irland ebenfalls statt, werden aber, vielleicht unter christlicher Zensur, in den Sagen nicht erwähnt.

Die Festlandkelten kannten sowohl die Beisetzung unter Hügeln, wobei die soziale Stellung des Verstorbenen über Größe und Höhe entschied (vgl. → Magdalenenberg[le]), als auch in Flachgräbern. Die Leichenbegräbnisse der Hallstatt- wurden in der Latène-Zeit in den meisten Gegenden von Einäscherungen abgelöst, vielleicht durch den verstärkten Kontakt mit der Welt des Mittelmeers.

Bei beiden Begräbnisarten erhielt der Verstorbene jene Gegenstände mit, die ihn sozial kennzeichneten – Männer hauptsächlich Waffen, Frauen Schmuck – je nach Rang ganze Geschirrsätze, Krüge, Kannen, → Kessel, wunderbar gearbeitete Schalen.

Besonders kostbar ausgestattete Gräber, wie z.B. von → Hochdorf, Reinheim (vgl. → Eulengöttin), → Vix, werden als »Fürstengräber« bezeichnet. In der späteren Hallstattzeit enthalten sie gewöhnlich einen vierrädrigen, in der frühen Latène-Zeit einen zweirädrigen Wagen (vgl. → Wagenkult), Räder (vgl. → Rad) oder zumindest noch einen Achsennagel (vgl. → Teutates).

Den Abgeschiedenen wurde Verpflegung mitgegeben, entweder für den Weg in die → Anderswelt oder, wie z.B. in → Hochdorf, für das Trinkgelage und Andersweltfest. Möglicherweise waren Brot, Korn, Gemüse, Früchte dabei, aber am ehesten lassen sich an den Tierknochen Fleischstücke nachweisen. Am beliebtesten war Schweinebraten (vgl. → Schwein), – unterkiefer, Vorder- und Hinterschinken gefolgt von Rindfleisch. Auch Nüsse, vor allem Haselnüsse (vgl. → Bäume), befanden sich gern dabei. Oft lag zwischen den Knochen das eiserne Tranchiermesser.

Unter gewissen Umständen wurde der Glaube an diese »lebenden Toten«, die dem Menschen so nahe waren (vgl. → Anderswelt) jedoch auch zur Belastung: Wie sehr, davon sprechen die → Amulette eine deutliche Sprache.

Triaden → **drei**

Tristan

Die Sage von Tristan und → Isolde ist ein keltisches Konglomerat aus Elementen der walisischen Erzählung vom mächtigen → Schweinehirten Drystan, »der die → Schweine von March ap Meirchion (vgl. → Mark) hütet, während der → Schweinehirt mit einer Botschaft zu Essylt ging bzw. um sie um ein Stelldichein zu bitten«, der beiden irischen Erzählungen von → Diarmaid und → Grainne, → Deirdre und → Naoise sowie der kornischen Lokalüberlieferung. Am Dorfrand von Fowey, ca. 20 km sö. von Bodmin (Gr. Cornwall), erhebt sich ein über 2 m hoher Menhir (vgl. → Steine) zum Andenken an »Drustanus, Cunomori Filius«, »Tristan, den Sohn Cunomorus«. Letzterer war im 6. Jh. König der Dumnonier, den das 9. Jh. mit Selbstverständlichkeit mit König Mark identifizierte. Damit wird Tristan Marks Sohn.

Th. Malory bezog Tristan 1470 in den Artus-Hof mit ein. Nach und nach wird er zum Musterbeispiel eines Ritters, ein brillanter Kämpfer, feinfühliger Dichter (vgl. → *fili*), gewandter Jäger und unübertrefflicher Harfenspieler.

In der walisischen Überlieferung behält er seine übernatürlichen, eher düsteren Züge: Wunden, die er zufügt, schließen sich nie mehr, und wer sein Blut vergießt, muß sterben. Parallel zu seiner Hochstilisierung wird das Thema seiner tragischen Liebe zu Isolde weiter ausgesponnen. In den Grundzügen geht es darum, daß er für Mark um die Hand der irischen Königstochter Isolde wirbt und irrtümlicherweise mit ihr den Liebestrank teilt, der für Mark und sie bestimmt ist. Von da ab sind die beiden unlösbar aneinandergekettet. Wie → Conchobar und → Fionn verfolgt auch Mark das Liebespaar, wobei Tristan u.a. Isolde vor dem Scheiterhaufen rettet wie → Lancelot Ginevra (vgl. → Gwenhwyfar). Schließlich muß er, wie dieser, Britannien verlassen und heiratet zum Schein Isolde »Weißhand«, ohne jemals die irische Isolde zu vergessen. Er stirbt schließlich an dieser Liebe, gemeuchelt von seinem Onkel in der einen Fassung, in der anderen durch die Lüge seiner eifersüchtigen Frau, die behauptet, Isolde von

Irland sei nicht auf dem Schiff, obwohl sie zu seiner Rettung hergeeilt kommt.

Tuan mac Cairill
Wie → Fintan als einziger → Cessairs Invasion, so überlebt Tuan als einziger diejenige → Parthalons. Nach verschiedenen Fassungen im → *Lebor Gabála Érenn* soll er mit Fintan identisch sein, »wie die Gelehrten sagen«. Er berichtet uns, daß Gott Tuan als Zeuge der irischen Geschichte von Cessair bis → Diarmaid mac Cerbaill bis in die Zeit → St. Columcilles leben ließ, und zwar »in vielerlei Gestalt«: 100 Jahre als Mensch, 300 als wilder Ochse (vgl. → Stier) bzw. → Hirsch, 200 als wilder Hengst (vgl. → Pferd) bzw. → Eber, 300 als einsamer (Raub-)Vogel (vgl. → Vögel) und 100 als Salm (vgl. → Fische). Nach all diesen → Metamorphosen folgt, wie bei → Gwyon Bach/→ Taliesin, noch eine echte Reinkarnation (vgl. → Wiederverkörperung). Königin Muiredach Muinderg verspeist den Fisch und bringt darauf Tuan zur Welt:

> So wie ihr vorbestimmt war, wie richtig der Verlauf,
> Aß sie ihn auf, ganz allein,
> Die sehr edle Königin wurde schwanger.
> So wurde Tuan empfangen. ...

Tuatha Dé Danann
Das Volk der Göttin → Danu/Anu führt die zweitletzte jener mythologischen Invasionen Irlands durch, wovon uns das → *Lebor Gabála Érenn* berichtet. Es hatte sich lange Zeit »in den nördlichen Inseln der Welt« bzw. »in Griechenland« aufgehalten und jede Art von Magie und Zauberei gelernt, bevor es sich der grünen Insel zuwandte; der am stärksten polemisierende Schreiber spricht von »jede diabolische Form von Druiderei« (vgl. → Druiden). Von ihren Ausbildungsstätten brachten sie ihre vier Schätze mit: → Lia Fál von der Stadt Falias, aus Gorias → Lugs unfehlbaren Speer (vgl. → Blitz), aus Findias → Nuadus tödliches Schwert (vgl. → Blitz), und → Dagdas → Kessel aus Murias.

Dieser großangelegte Euhemerisierungsversuch verbirgt nur ungenügend, daß die Tuatha Dé Danann, – Nuadu, Dagda, → Dian Cécht, → Goibniu, → Luchta, → Credne, → Ogma, Lug, → Brigit, → Macha, → Badb, → Morrígan sowie die → drei Schattenhaften → Brian, Iuchar, Iucharba – die Götter des inselkeltischen Pantheons sind, zur nicht geringen Verlegenheit der christlichen Kompilatoren, die immer wieder betonen, daß man nicht wisse, ob sie Dämonen oder Menschen gewesen seien. Die guten Gelehrten können sich auch nicht so recht einigen, auf welche Art die Tuatha Dé Danann Irland erreichten: Einige lassen sie sich in einer dunklen Wolke auf einem Berg in Connaught absetzen, andere in Schiffen landen. Eine Fassung verbindet beide Möglichkeiten: Sie seien in Schiffen angekommen, hätten sie jedoch sogleich in Brand gesteckt, so daß deren Rauch die Sonne (vgl. → Gestirne) drei Tage und Nächte verdunkelte.

Obwohl die → Fir Bolg, als Nachkommen des gemeinsamen Stammvaters → Nemed, an sich mit ihnen verwandt waren, bekriegten sie die Tuatha Dé Danann in der Ersten Schlacht von → Mag Tuired. Den Sieg erkauften sie sich mit der Invalidität ihres Königs Nuadu, dem der Halb- → Fomorier → Bres auf den Thron nachfolgte, was zu Komplikationen und schließlich zur Zweiten Schlacht von Mag Tuired führte, in der die Tuatha Dé Danann die Fomorier gründlich schlugen. Die Eroberung Irlands durch die → Milesier beendete die oberirdische Herrschaft der Tuatha Dé Danann (vgl. → Amergin, → Dagda, → Manannán): In den *síde* (vgl. → *síd*) führen sie ihre Existenz als → Feen und → Elfen fort und mischen sich kräftig in die Sagen mit ein.

Es heißt, bis zur Ankunft → St. Patricks hätten die Menschen Irlands *aes síde*, das Volk in den Hügeln, verehrt.

Tuirinn
Die drei schattenhaften Götter der → Tuatha Dé Danann, → Brian, Iuchar und Iucharba, tauchen in der Erzählung von *Oidheadh Chloinne Tuireann* (*Schicksal der Kinder Tuirinns*) als Söhne von Tuirinn/Tuirill Piccrenn/Bicerenn bzw. Picreo/Bicreo wieder auf. Dieser wird entweder mit → Daelbeth identifiziert, ist dessen Sohn und Enkel → Ogmas oder ein Sohn von → Bres.

Nach einem Gedicht von Flann Mainistrech (gest. 1056) fielen die drei durch → Lug auf der Insel Man.

Imthechta Clainne Tuirill (*Die Wanderung der Kinder Tuirinns*), die Prosafassung aus dem 11. Jh., berichtet, daß Brian, Iuchair und Iucharba Lugs Vater im → Bruig na Bóinne erschlugen, »während dieser die Gestalt eines Schoßhundes« (vgl. → Hund) – andere lesen → »Ebers« – angenommen hatte (vgl. → Metamorphose). Zur Wiedergutmachung schickt sie Lug, die ganze Welt nach kostbaren, magischen Gegenständen zu durchforsten, die sie dann auch getreulich abliefern.

Die moderne Erzählung spinnt das Thema weiter aus und läßt sie mit dem Tod der drei Söhne enden, weswegen sie zu den drei »mitleiderregenden Geschichten Irlands« zählt.

Als → Cian → Mag Muirthemne durchwanderte und seine drei Todfeinde auf sich zukommen sah, verwandelte er sich schnell in ein → Schwein und mischte sich unter eine Herde solcher. Brian entging die → Metamorphose nicht und konterte, indem er seine beiden Brüder, die nichts bemerkt hatten, zu Hunden werden ließ, die das Zauberschwein bald von den andern weggetrieben hatten, so daß es Brian mit dem Speer (vgl. → Blitz) treffen konnte. Als Cian bat, vor seinem Tod wieder Menschengestalt annehmen zu dürfen, wurde ihm dies gewährt. Damit hatte er jedoch seine Mörder überlistet, denn für einen Menschen wurde Wergeld gefordert – für ein Tier nicht.

Das → *Lebor Gabála Érenn* gibt uns eine detaillierte Liste der sieben wunderbaren Dinge, die Lug zum Segen aller Tuatha Dé Danann von ihnen verlangt: u. a. die → Pferde des Königs von Sizilien, denen »Wunden, Wellen und der → Blitz« nichts anhaben können, der unfehlbare Speer von Assal (vgl. → Blitz) aus → rotem → Gold – auf das Wort »Ibar«, »Eibe« (vgl. → Bäume), schießt er auf sein Ziel los, auf »Athibar«, »Zurück-Eibe«, kommt er zurück –, die alles heilende Haut vom → Schwein von Duis, die sechs Schweine von Essach, die, solange die Knochen unbeschädigt bleiben, nach jedem abendlichen Festmahl auferstehen, das Junge des → Schmiedes Iormath, ein Hund bei Nacht, ein Schaf bei Tag. Unter Kämpfen und Gefahren gelingt es Brian, Iuchar und Iucharba, das Geforderte herbeizuschaffen. Was am leichtesten scheint, wird ihnen jedoch zum Fallstrick: Sie sollen »drei laute Schreie auf Miodhchaoins Hügel in Lochlainn« ausstoßen. Brian erschlägt zwar den so provozierten, der sich auf ihn stürzt, aber dessen Söhne verwunden die Kinder Tuirinns tödlich.

Twrch Trwyth

Um → Ysbaddaden zum Hochzeitsfest seiner Tochter → Olwen manierlich herzurichten, muß → Kulhwch Schere und Kamm (und Rasiermesser) herbringen, die zwischen den Ohren des magischen → Ebers Twrch Trwyth liegen. → Artus und seine Männer stöbern das riesenhafte Tier in Irland auf, wo es mit seinen sieben Jungen enormen Schaden anrichtet.

Wie Artus erklärt, war Twrch Trwyth ein König gewesen, der zur Sühne seiner Sünden eine → Metamorphose durchlaufen mußte. Es ist möglich, daß bei Twrchs Vorlage ein Ebergott (vgl. → Eber, → Teutates) das viel ältere Bild der Muttergöttin als großmächtige Sau vom Typ der → Henwen überlagerte. Artus und die seinen bekämpfen Twrch → drei Tage lang erfolglos, und nachdem Artus → neun Tage und Nächte mit gleichem Resultat im Zweikampf verbringt, schickt er den Dolmetscher Gwrhyr, der alle Sprachen spricht, zur Unterhandlung. Aber die Eber verweigern jegliche Zusammenarbeit – Gott hätte ihnen bereits genug unrecht getan, indem er sie in → Schweine verwandelte, auch ohne daß Artus sie zusätzlich belästigte, läßt sie ihr Sprecher, Grugy Silberborste, wissen. Alle acht schwimmen darauf nach Wales hinüber, um dieses Land gehörig zu verwüsten.

Artus hat viele Tote zu beklagen – u. a. fallen acht seiner »Söhne« in den Preseli-Mountains (vgl. → Stonehenge) stammen, woran noch heute acht Menhire (vgl. → Steine) erinnern. Es gelingt Artus nur, die kleinen Schweine zu jagen; der Eber bricht nach Cornwall aus, wobei ihm → Mabon allerdings das Rasiermesser und ein anderer Kamm und Schere entreißt. Schließlich wird der Zaubereber ins Meer (vgl. → Gewässer) getrieben, und seither weiß niemand, wo er geblieben ist.

Uathach

Eine der → drei kriegerischen Lehrmeisterinnen, die → Cúchulainn den letzten Schliff geben, ist Uathach, »die Schreckliche«. Sie ist → Scáthachs Tochter und heißt ihn auf sein

Keltiberische Bronzedarstellung einer Eberjagd auf dem Kultwagen von Mérida (Musée des Antiquités Nationales, St. Germain-en-Laye.)

stürmisches Anklopfen an ihrer Festung hin begeistert willkommen; gern folgt sie der mütterlichen Anordnung, mit dem → Helden das Lager zu teilen, obwohl er sie so grob anfaßt, daß er ihr einen Finger bricht. Auf ihren Schrei stürzt ihr *trenfer*, ihr »starker Mann« (vgl. → »Herkules«), her, den Cúchulainn im Zweikampf erschlägt, worüber sich Uathach bitter beklagt. So bietet sich denn Cúchulainn an, ihr als *trenfer* zu dienen. Schon in der dritten Nacht verrät ihm seine Geliebte, wie er ihre Mutter dazu bringen kann, ihm seine Wünsche zu erfüllen.

Uathach gehört zu den → Morrígan-artigen → Muttergöttinnen und verkörpert gleich Scáthach das Kriegshandwerk. Will es Cúchulainn zur Meisterschaft bringen, so muß er ihm dienen und es gleichzeitig beherrschen.

Uffington

Britannien besitzt mehrere solcherart in die Kreidekalkhügel eingeschnittenen Figuren (vgl. → »Herkules«), daß die Linien blendend weiß aus dem satten Grün des Grases herausleuchten. Die Mehrzahl stellt → Pferde dar. Eines der schönsten und vermutlich das älteste gibt dem »Tal des Weißen Pferdes« zwischen Oxford und Swindon den Namen. Es liegt über dem Dorf Uffington am geneigten Hügelhang über einem steilen Abfall der Flanke: Von Kopf bis Schwanz mißt es über 100 m.

Kopf, Rücken und Schwanz beschreiben eine durchgehende Linie, die Beine sind angesetzt. Das Maul spitzt sich zu einem Schnabel zu. Wegen seiner Ähnlichkeit mit Pferdedarstellungen auf keltischen → Münzen ist es offiziell in das 1. Jh. n. Chr. datiert worden. Dafür spricht auch die große, eisenzeitliche Hügelbefestigung des Stammes der Dobunni, »Uffington Castle«, etwas weiter nordwestlich, höher oben gegen die Hügelkuppe gelegen. Auf dem Grat verläuft die seit der Steinzeit benützte Fernhandelsstraße, »Ridgeway«, die die Ostküste mit Somerset verbindet. Unweit der Festung befindet sich ein runder, bronzezeitlicher Grabhügel (vgl. → Totenkult, → Muttergöttinnen), möglicherweise der Brennpunkt des ganzen Komplexes.

Guy Underwood, der als einer der ersten durch Einsetzen der Wünschelrute der Archäologie ein neues Feld eröffnete, stellte fest, daß die Hügelfigur aus zwei übereinandergeschobenen Figuren, einer → Schlange bzw. einem Drachen und einem Pferd besteht – bei-

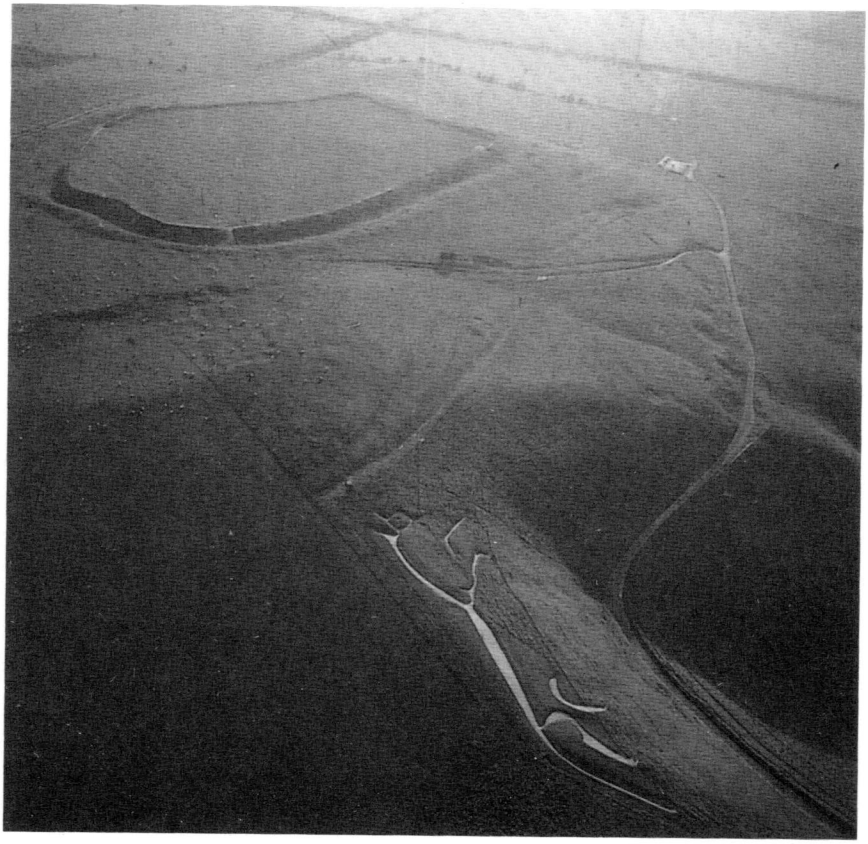

Weißes Pferd und Hügelbefestigung über Uffington, Gr. Berkshire.

des Symbole der großen → Muttergöttin (vgl. → Epona, → Rhiannon). Je nach Bedarf konnte das eine oder das andere betont werden. Durchs ganze Mittelalter hindurch blieb die Erinnerung an den Drachen: Der künstlich abgeflachte Hügel (vgl. → Elemente) etwas unterhalb des Pferdes, von der Art, wie ihn die walisische Sage beschreibt (vgl. → Pwyll, → Pryderi), heißt »Dragon Hill«, »Drachenhügel«. Der Legende nach erschlug St. Georg das Untier dort; wo es sein Blut vergoß, wächst bis heute kein Gras.

Das siebenjährliche Säubern und Nachschneiden des Pferdes war bis vor ca. 100 Jahren mit einem Volksfest verbunden, bei dem Spiele, u.a. Pferderennen, abgehalten wurden und der Grundherr ein Festmahl für alle stiftete. Ein Höhepunkt war das zeremonielle Rollenlassen eines großen, runden Käses einer Rinne entlang, die die »Futterkrippe« heißt.

Bei all dem dürfte es sich um die letzten Überreste einer keltischen religiösen Feier zu Ehren der großen Muttergöttin gehandelt haben.

Uisnech
Der Hügel an der Straße zwischen Mullingar und Ballymore (Gr. Westmeath) ist mit seinen 183 m nicht hoch, bietet jedoch einen einmaligen Rundblick: 20 der 32 Grafschaften Irlands sollen von der Kuppe aus sichtbar sein. Die Überlieferungen deuten an, daß Uisnech vor → Tara als Mittelpunkt Irlands galt; geographisch hat dieser Hügel bedeutend mehr Anrecht darauf als der Königssitz über der Boyne-Ebene (vgl. → Boand).

Noch heute sitzt am von einem schlechterhaltenen Wall gekrönten Hang der mächtige »Aill-na-Meeran«, »Grenzstein«, der »Nabel Irlands«, volkstümlich »Catstone«, »Katzenstein«, an dem, nach der alten Einteilung der

→ Fomorier, die Provinzen Ulster, Leinster, Connaught, Ost- und West-Munster zusammenliefen.

Der Hügel scheint von Anfang an mit der priesterlichen Funktion und einem Feuerkult (vgl. → Elemente) in Verbindung gestanden zu haben, worin z. B. T. F. O'Rahilly und die Brüder Rees eine Parallele zur von Caesar erwähnten Versammlung der → Druiden im Lande der Carnutes sehen. Eine → *Dindsenchas*-Anekdote erklärt den Namen dadurch, daß der milesische (vgl. → Milesier), an anderer Stelle jedoch nemedische (vgl. → Nemed) Oberdruide Mide hier das erste heilige Feuer der neuen Eroberungswelle entfachte, das sieben Jahre ununterbrochen brannte, und wovon sich jeder Haushalt zu einem gewissen → Jahreszeitenfest bedienen mußte. Dafür stand dem Druiden ein Sack Mehl und ein → Schwein von jedem Familienoberhaupt zu.

Den einheimischen Druiden gefiel diese Besteuerung nicht, und sie schlossen sich zur Opposition zusammen, die Mide buchstäblich zum Schweigen brachte, indem er ihnen die Zunge herausschnitt, diese auf dem Hügel vergrub und seinen Sitz darüber errichtete. Seine Mutter soll dazu ausgerufen haben: »Uaisnech , . . . stolz sitzest du heute nacht hier«.

König Tuathal Techmair aus dem 2. Jh. v. Chr. fegte die Einteilung der Fomorier beiseite und schuf neue Provinzen: Er vereinte Munster und nahm den vier verbliebenen Stücke um Uisnech ab und vereinigte sie zur Provinz Meath, die er dem Königsgut zuschlug.

Die Erzählung von der *Festsetzung des Herrschaftshauses von Tara*, worin → Fintan mac Bochra, der Geschichtsexperte von Munster, nach Tara geholt wird, um im Streit zwischen König und Adel um eben dieses Kronland zu vermitteln, dient dazu, diese Grenzen zu bestätigen. Sie erzählt, wie der riesenhafte Trefuilngid Tre-eochair, »der den Auf- und Niedergang der Sonne regelt«, am Tag von Christi Kreuzigung erschien und die Weisen Irlands über diese Aufteilung aufklärte. Der schöne, goldhaarige, wenn auch einschüchternd große Bewohner der → Anderswelt brachte Samen mit, denen die heiligen → Bäume Irlands entsprossen: Bald stand Uisnech im Schatten einer Esche. Jede Provinz erhielt einen ihr angemessenen Baum.

Mit einer Gruppe Edler bestieg er Uisnech, wo ein großer Stein aufgestellt wurde, auf dem fünf Kanten zusammenliefen, eine für jede Provinz. Der große Alte ließ nicht unberücksichtigt, daß Tara an Gewicht gewonnen hatte, und betonte, Uisnech und Tara seien wie die zwei Nieren, d. h. zwei lebenswichtige Organe eines Tieres.

Geoffrey Keating weiß von → *Beltene*-Feuern zu berichten, die von Uisnech ihren Ausgang nahmen; ehemals seien hier dem »Gott Bel« Kälber geopfert worden (vgl. → Opfer).

Bis tief ins Mittelalter gehörte die Volksversammlung von Uisnech mit derjenigen → Taras und Teltowns (vgl. → Tailtiu) zu den wichtigsten Irlands. In der Sage wird Uisnech häufig erwähnt: Nach einer Fassung spricht u. a. Ériu mit den Milesiern auf Uisnech und soll auch dort begraben liegen. Nach einer Überlieferung ließ → Lug auf dem Hügel durch → Mac Cuill, Mac Cécht, Mac Greine sein Leben.

→ Oisín entdeckte die wunderbare → Quelle Uisnechs nach 300 Jahren wieder und fing die acht prächtigen Salme (vgl. → Fische), die dort, wie in der Quelle von Segais und Conlas Quelle, herumschwammen, und servierte sie mit einem Sträußchen Wasserkresse und Bachbunge dem König. In der Regierungszeit → Diarmaid mac Cerbhaills ging ein derartiger Hagelschauer über der Versammlung von Uisnech nieder, daß danach zwölf Flüsse dem Hügel entsprangen.

König → Cormac zog den Täter, der seine ihn von der Regierung ausschließende Invalidität (vgl. → rechtmäßige Herrschaft) auf dem Gewissen hatte, vor die Volksversammlung von Uisnech. Er erschien angetan mit einem Diadem, von dem 24 → Gold-Blättchen herunterhingen, die sein blindes Auge verbargen. Offenbar war Uisnech durch die stark religiösen Assoziationen der geeignete Ort, einen Fall von verletztem Sakralkönigtum abzuhandeln.

Bis ins frühe 15. Jh. waren letzte Ausläufer des Druidentums, → *fili*, mit dem Hügel verbunden. Als Sir John Stanley 1414 Niall ó Huiggins, den Dichter auf Uisnech, plünderte, belegte ihn dieser mit einer Satire (vgl. → Zauber), die bewirkte, daß der Engländer »innerhalb von fünf Wochen« ein toter Mann war. Noch immer hing dem Hügel etwas von seinem religiös-magischen Charakter an.

Die Brüder Rees sehen die Dualität Tara/Uisnech im indoeuropäischen Zusammenhang vorgegeben: Sowohl Indien als auch Rom kannte zwei heilige Feuer (vgl. → Elemente). Das eine verankerte die Sterblichen durch das offizielle Herdfeuer auf der Erde, das zweite, östlich davon, stellte die Verbindung mit den Göttern durch → Opfer her. Diesen Platz hat Uisnech im Verhältnis zu Tara inne. Von daher ist es verständlich, weswegen der Legende nach → St. Patrick den Hügel von Uisnech mit solcher Vehemenz verfluchte, daß seine Steine danach nicht einmal mehr dazu taugten, Badewasser aufzuheizen!

Uisnech, Die Söhne von

→ Naoise und seine zwei Brüder Ardán und Ainnle (vgl. → drei) sind die Söhne von Uisnech. Die Titel dieser beliebten Sage in Prosa und Vers nennen sie abwechselnd »Söhne Uslius«, »Uisleens« oder »Uisnechs«. In dem Maße, wie die mythologische Persönlichkeit, der Vater – manche Forscher meinen, die Mutter – dieser Söhne in Vergessenheit geriet, wurde sie durch den Namen des wohlbekannten Hügels in Westmeath ersetzt (vgl. → Uisnech).

Ulsterzyklus

Die Sagen von Irlands nördlicher Provinz, die um den Hof König → Conchobars von → Emain Macha und seine → Helden kreisen, die auch als »die vom roten Zweig« bezeichnet werden, wie → Conall Cernach, → Loegaire, → Fergus, → Bricriu, → Senchas und, natürlich allen voran, → Cúchulainn sind im *Ulsterzyklus* zusammengefaßt. → Cú Roi ist lose damit verbunden, und → Ailill und → Medb sind als Gegner wichtig.

Dieser Sagenkreis enthält die älteste nichtklassische Literatur Europas, die nach jahrhundertelanger, mündlicher Überlieferung ab dem 7. Jh. n.Chr. schriftlich festgehalten wurde. Die Erzählungen schildern das heroische Zeitalter Irlands, das Leben einer aristokratischen Kriegergesellschaft indoeuropäischer Prägung aus dem 1. Jh. v.Chr. von der Art, wie sie das Festland in der Latène-Zeit kannte. Die meisten durchzieht die Rivalität zwischen den Provinzen Ulster und Connaught, die treibende Kraft, die das → *Táin Bó Cuailnge* (*Der Rinderraub von Cooley*) in Gang hält. *Remscala*, »Vorgeschichten« dazu, sowie über die Person eines Helden angehängte Abenteuer lassen den Ulsterzyklus gehörig anschwellen.

Noch immer ist R. Thurneysens *Die irischen Helden- und Königssagen* von 1921 die beste Möglichkeit, sich in deutscher Sprache einen Überblick über die ca. 80 verschiedenen Titel zu verschaffen. Zu den wichtigsten gehören, abgesehen vom *Táin*, *Cúchulainns Empfängnis*, *Die Erzählung von den zwei → Schweinehirten*, *→ Neras Abenteuer*, *Die Verbannung der Söhne → Uisnechs*, *Der Tod von → Aífes Einzigem*, *Das Werben um → Emer*, *→ Bricrius Festmahl*, *Cúchulainns Tod*, *Das Werben um → Étaín* und *Die Zerstörung der Festhalle → Da Dergas* (vgl. → Conaire Mór).

Unsterblichkeit der Seele

Für die in der klassischen Religion Erzogenen muß der keltische Glaubenssatz von der Unsterblichkeit der Seele als dem gesunden Menschenverstand widersprechend erschienen sein. Wie konnte man vom realen, materiellen Leben her darauf schließen, daß die Psyche oder Anima nach der erfahrbaren Zerstörung des Körpers im Tode weiterlebte, und dann noch mit denselben Bedürfnissen wie bisher? Die Welt unter der Erde war dunkel und kalt: Wer einmal dort war, blieb ein Schatten seiner selbst für immer. Abgesehen von den Pythagoräern, die die → Seelenwanderung durch alle belebten Zustände hindurch lehrten, war ein solches Vorstellungsmodell den Griechen und Römern fremd. Es faszinierte jedoch die klassischen Autoren und ihre Leserschaft nicht anders, als viel später die heidnischen Jenseitsvorstellungen die christlichen Kolonisten faszinieren sollten, sonst hätten es jene nicht so oft zur Sprache gebracht, daß noch ein Dutzend Zitate erhalten sind.

Diodorus, Posidonius zitierend, hält fest, daß die Kelten glaubten, die Seelen der Menschen seien unsterblich, und sie führten nach einer bestimmten Anzahl von Jahren ein weiteres Leben, wenn die Seele in einen anderen Körper einginge. Caesar notiert, die → Druiden behaupteten, daß die Seelen den Tod nicht erlitten, aber nach dem (physischen) Tod von einem (Körper) zum andern gingen. Darin vermutet er einen psychologischen Trick der keltischen Weisen, weil dadurch die Tapferkeit der Krieger gesteigert würde, da die Todesfurcht verschwände.

Solche Formulierungen ließen sowohl die Zeitgenossen wie auch manche Forscher bis in unsere Tage annehmen, die Kelten hätten die Seelenwanderung indischer Prägung zum religiösen Prinzip erhoben. Die inselkeltische Literatur kennt eine große Anzahl von → Metamorphosen, die wenigsten sind jedoch nachtodliche.

Nur ganz wenige Fälle spielen das Leben nach dem Tod in verschiedenen Existenzen nacheinander durch, vom unbelebten Gegenstand (vgl. → Taliesin) über das Tier bis zur Wiedergeburt in einem neuen Menschenkörper und neuer Identität.

Der große Teil der Abgeschiedenen findet sich in der → Anderswelt zum Festmahl der Unsterblichen ein (vgl. z. B. → Dagda, → Donn, → Goibniu, → Mac Da Tho), mischt sich unter das Volk der *síde* (vgl. → *síd*) und führt ein mit Ausnahme von Alter, Krankheit und Tod mit der Menschenwelt identisches Leben – höchstens, daß ein Pseudotod im Kampf auftritt, um diesem die Spannung zu erhalten. Zeit und Raum folgen jedoch einer anderen Gesetzlichkeit.

Das Leben als solches ist unendlich, das Lebenspotential unerschöpflich, der Tod eine Unterbrechung in einem langen Leben, die Brücke von einem zum nächsten.

Dies ist jedoch nur möglich, weil die Menschenwelt und diejenige der Abgeschiedenen gegeneinander offen sind und der Austausch von Hüben nach Drüben nicht nur zu → *Samhain* möglich ist.

Es sind vor allem die Gattungen → *echtrae* und → *immram*, die davon erzählen (vgl. → Bran, → Conle, → Loegaire, → Nera) und im Grunde die Abenteuer der Seele in der → Anderswelt schildern.

Die Vorstellungen der Festlandkelten vom nachtodlichen Leben erscheinen uns, da wir die Mythen nicht kennen, von der praktisch-konkreten Seite. Diodor erwähnt in einem Nachsatz, die Gallier hätten bei Bestattungen Briefe an Verstorbene mitverbrannt, und nach dem vielbelächelten Zitat von Pomponius Mela wurden Schuldscheine aufs nächste Leben ausgestellt und akzeptiert.

Nach Caesar wurden in dem nicht eben reichen Gallien Begräbnisse mit Pracht und Pomp gefeiert (vgl. → Totenkult), und alles, was dem Verstorbenen lieb war, einschließlich seiner Tiere (vgl. → Hund, → Pferd, → Stier), mitverbrannt. »Vor nicht allzulanger Zeit« sollen Lieblingssklaven und –abhängige mitbegraben worden sein – eindeutige Fälle von Totenfolge sind u. a. in Südengland und dem Saargebiet nachgewiesen worden. Ähnlich spiritueller Materialismus drückt sich in den Hallstatt- und Latène-zeitlichen Fürstengräbern aus (vgl. → Totenkult), bei denen die Verstorbenen in mit prächtigen Stoffen oder Fellen ausgekleideten Grabkammern, gelegentlich richtigen Blockhäusern, inmitten all ihrer irdischen Güter zu liegen kamen. Wagen (vgl. → Wagenkult), Waffen, Schmuck, Möbel, Hausrat wie Feuerböcke, → Kessel, Trinkhörner (vgl. → Horn), Kannen und Geschirr, wurden für eine gewisse Gesellschaftsschicht als notwendig erachtet, teils aus Prestigegründen, teils weil all diese Dinge gebraucht werden würden.

Dieselbe Anschauung steht hinter dem gallo-römischen Sarkophag von Simpelveld aus dem 3. Jh. n. Chr. (im Museum von Leiden), dem bis ins Detail naturgetreu nachgebildeten Wohnraum des Abgeschiedenen. Offenbar wurde angenommen, der Verstorbene würde sich weiterhin darin aufhalten wollen. In Ostgallien war es Mode, die Überreste Eingeäscherter in kleinen Totenhäusern, Abbilder derjenigen der Lebenden, beizusetzen (vgl. → Nantosvelta).

Weder Literatur noch Archäologie sind imstande, uns viel Einblick in das Leben der Masse des Volkes, der dritten Klasse oder der Menge der Klassenlosen, zu geben. Die Sage behandelt die Schicksale Adliger, Krieger, Druiden, wenn es hochkommt eines Großbauern; abgesehen von Massengräbern nach Seuchen oder kriegerischen Katastrophen, wie z. B. bei Basel – Gasfabrik, sind die Gräber der »kleinen Leute« nicht bekannt. Möglicherweise standen ihnen gar keine zu. Die Unsterblichkeit der individuellen Seele (vgl. → Wiederverkörperung) gab es für sie wohl nicht. Es ist durchaus möglich, daß ihre

Bewaffneter Krieger reitet auf einem Hirsch – in die Unsterblichkeit? (Felszeichnung; Val Camonica).

sterblichen Überreste einfach irgendwo in die Erde (vgl. → Elemente) gebracht wurden, da sie, wie Pflanze und Tier, als zum unendlichen Lebenspotential gehörend betrachtet wurden.

Val Camonica
Das lombardische Hochtal Val Camonica zieht sich nö. von Bergamo nach Edolo, von wo eine Paßstraße westlich nach Sondrio bzw. ö. nach Bozen weiterführt.

Das Tal, durch das der Oglio rauscht, wurde von Gletschern geschaffen. Irgendwann einmal muß beobachtet worden sein, daß zur Tag- und Nachtgleiche die Sonne exakt hinter dem Pizzo Badile aufgeht, so daß dieser markante, pyramidenförmige Gipfel wohl schon sehr früh besondere Verehrung als Gottheit oder Sitz der göttlichen Mächte (vgl. → Berge) genoß. Er wirkt wie ein enorme Sonnenuhr, die sowohl die Tages- als auch die Jahreszeiten angibt und das ganze Tal zu einer einzigen, großen → Kultstätte machte.

Die mächtigen, von den Eismassen geglätteten Felsen, die überall zutage treten, haben seit der mittleren Steinzeit Menschen dazu verführt, ihre Erfahrungen im Bild darauf einzuritzen. Um 4500 v. Chr. waren es Jäger, die Jagdmagie betrieben und ihre Beute, Auerochsen und → Hirsche, naturalistisch darstellten. Bald kamen abstrahierte Menschenfigürchen dazu, Sonnen (vgl. → Gestirne), Labyrinthe, Räder (vgl. → Rad), → Äxte, Dolche, Hacken, goldene Halskragen, die Vorstufen der → Torques, und weitere Symbole, u. a. eine schmetterlingsartige Form, »die Rose von Camonica«, zusammengesetzt aus vier Ausbuchtungen und einem Mittelpunkt, einer → Fünf und vier Zwischenpunkten, so daß das Ganze eine → Neun ergibt. Die Rose ist zum Signet des kleinen, ausgezeichnet geführten Museums und Studienzentrums Museo Didattico d'Arte e Vita Preistorica im Hauptort Capodiponte gewählt worden. Die Bronzezeit brachte neue Werkzeuge und Waffen (vgl.

Val Camonica: Vierrädriger, von Pferden gezogener Wagen;

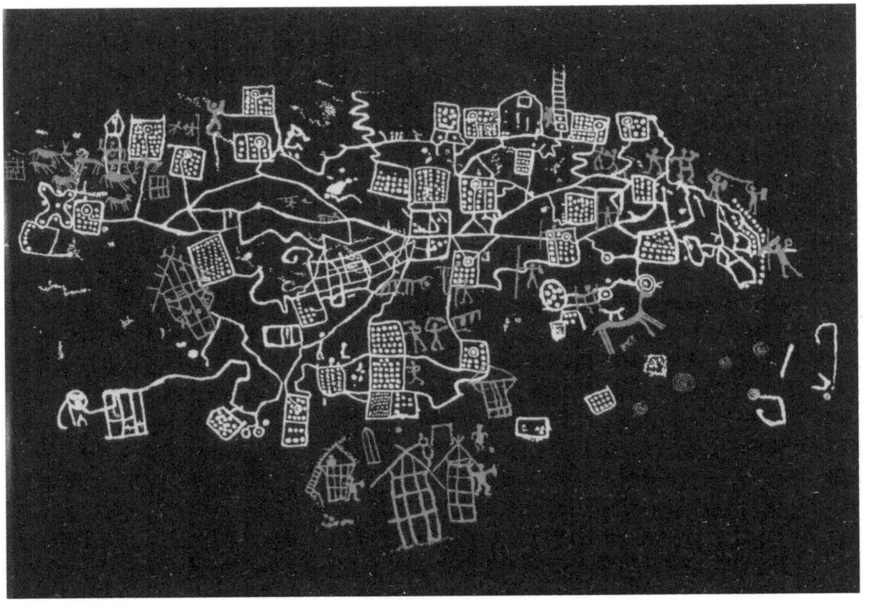

»Stadtplan« (Museo d'Arte et Vita Preistorica, Capodiponte).

→ Waffenkult), Häuserformen, Heiligtümer, den ersten »Stadtplan«, die ersten Wagen (vgl. → Wagenkult), den von Ochsen (vgl. → Stier) gezogenen Pflug, Betonung der bäuerlichen Feldarbeit – Val Camonica ist ein Bilderbuch der Kulturgeschichte, das alle Änderungen in Weltbild und Religion getreulich aufzeichnet. Die keltische Eisenzeit fügte neue Konzepte hinzu, z.B. den Reiter auf dem Hirschen und natürlich → Cernunnos mit dem dazugehörigen Auferstehungsglauben. Kultszenen, rituelle Tänze und Kämpfe, Figuren, die als Priester interpretiert werden, nehmen immer breiteren Raum ein. Seit je her wurden unzählige

Menschen im Val Camonica in *orans*-Haltung, mit erhobenen Händen betend, dargestellt. Die Felszeichnungen sind, durch die Jahrhunderte, im Grunde alle religiöse Übungen, auf Stein festgehaltenes Gebet.

»Venus«

Die Kelten kannten keine Göttin der Liebe wie die Griechen und Römer, nahmen jedoch mit offensichtlicher Begeisterung die schöne, nackte, junge Frau in ihre Ikonographie auf. Sie stellten sie, in Haltung – Haare oder Spiegel hochhaltend – und Stellung – zuweilen einen Knöchel über den andern schlagend – nach klassischen Vorlagen dar, jedoch in keltischen Proportionen; Leib oder Schenkel sind im Verhältnis überlang, der Kopf zu groß.

In gallo-römischer Zeit dürfte es kaum einen Haushalt ohne »Venus« gegeben haben, auch wenn sie nur aus Pfeifenton bestehen sollte. Hunderte solcher Figürchen aus Massenproduktionen sind als → Votivgaben in Tempeln, Schreinen, → Quellen, → Schächten, aber auch als Grabbeigaben (vgl. → Totenkult) und in Wohnhäusern gefunden worden. Oft sind sie, wie z.B. diejenigen von Allier (Musée des Antiquités Nationales, St. Germain-en-Laye) mit kleinen, strahlenden Sonnen, Sonnensymbolen, Kreisen, Scheiben, Rosetten (vgl. → Gestirne) oder auch den Rauten der Großen Mutter verziert; ein »Venus«-Figürchen aus dem englischen Maryport trägt sogar gut sichtbare Hörner (vgl. → Horn).

Offenbar verehrten die Kelten in der »Venus«, von der sie sich Fruchtbarkeit, Fülle und Gesundheit erhofften, ihre → Muttergöttin weiter. Das wird besonders dort deutlich, wo Frauen der Göttin solche Statuetten mit der Bitte um Kindersegen, Beistand bei der Geburt oder bei Frauenleiden weihten.

Diese Auslegung der klassischen Liebesgöttin wird auch von Gemeinschaftsmonumenten signalisiert. Auf dem Pfeiler von Saint Landry (Musée de Cluny, Paris) steht eine ganz uncharakteristisch verspielte, fast barocke, fackeltragende »Venus« zwischen → »Vulkan« und → »Mars«. Auf demjenigen von Mavilly (Musée de Dijon) ist sie sogar zweimal dargestellt: mit »Vulkan«, wobei sie den → Torques als Hoheitszeichen der Königin der Himmel trägt, mit → Esus/ »Mars« und der gehörnten (vgl. → Horn) → Schlange als Mutter Erde. Der Schild des »Mars« läßt keine Zweifel, wen wir in Wirklichkeit vor uns haben – er trägt das Leierzeichen der → Rigani.

Beide Reliefs erzählen den Rigani-Mythos im Gewand der klassischen Dreiecksgeschichte Vulkan-Venus-Mars.

Verbeia

Mit ziemlicher Sicherheit ist Verbeia die Göttin des Flusses Wharfe, der Wharfedale in Yorkshire entwässert und schließlich, vom Ouse aufgenommen, in den Humber mündet. An seinem Weg liegt Ilkeley, wo das Relief einer Frau in einheimischer Kleidung herstammt – knöchellanger Faltenrock, kurzärmlige Jacke und auf dem Haar ein Diadem, dazu in jeder Hand eine → Schlange sowie eine Widmung an Verbeia. Der Name ist mit altir. »ferb«, »Vieh«, in Verbindung gebracht worden und dürfte »diejenige mit den Kühen« bedeuten. Das stellt diese nordenglische → Muttergöttin einer irischen → Boand oder festländischen → Damona zur Seite.

Vix, Fürstin von

Im Januar 1953 wurde mit der unter ihrer Steinpackung zusammengebrochenen, hölzernen Kammer eines völlig eingeebneten Grabhügels (vgl. → Totenkult) am Fuß des burgundischen Mont Lassois, 6 km nw. von Châtillon-sur-Seine beim Dorf Vix, das reichste Keltengrab Frankreichs geöffnet. Wie sein deutsches Gegenstück, das Fürstengrab von → Hochdorf, stammt es ebenfalls aus der späten Hallstattzeit.

Hier lag eine 30–35jährige Frau auf dem Kasten eines Prunkwagens (vgl. → Wagenkult) aufgebahrt, dessen abmontierte Räder (vgl. → Rad) säuberlich an der Ostwand aufgereiht standen – als Sonnensymbol im Sonnenaufgang? Als Zeugnis des Glaubens an das unendliche Leben (vgl. → Unsterblichkeit der Seele, → Seelenwanderung, → Wiederverkörperung)?

Neben Arm- und Fußringen trug sie einen Halsschmuck aus sieben großen → Bernstein- und drei polierten Steinperlen. Über ihren Körper waren acht kostbar eingelegte Fibeln verteilt, im Schoß lag ein großer, bronzener

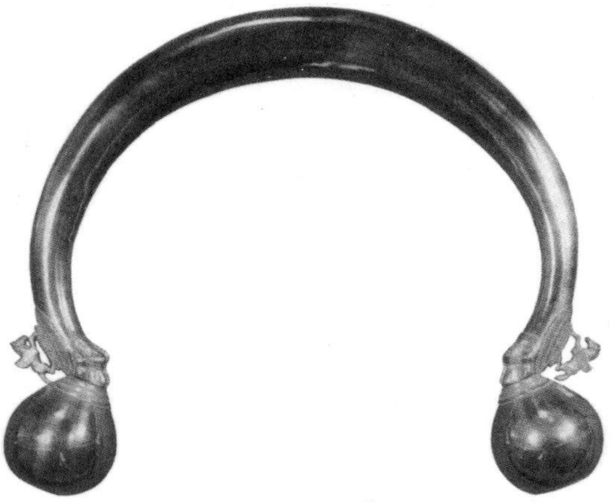

Diadem/Torques der Fürstin von Vix (Musée Archéologique du Châtillonnais, Châtillon-sur-Seine).

Halsring. Über dem Schädel saß ein prächtiger Goldschmuck, von dem sich nicht mit Sicherheit sagen läßt, ob es sich um einen → Torques oder ein Diadem handelt. Das → goldene Halbrund endet in Löwenpfoten, die auf abgeflachten, leicht nach außen gedrehten Kugeln stehen. Im Winkel dazwischen sitzt ein kleines, bis in alle Einzelheiten formvollendetes, geflügeltes → Pferd, das zum Sprung anzusetzen scheint. Der Herstellungsort ist unbekannt – sowohl skythische als auch etruskische Stilmerkmale sind festgestellt worden, indessen sind, nach der Expertin Chr. Eluère, auch iberische nicht ausgeschlossen. Ebenso einmalig ist der 1,64 m hohe, 208 kg schwere Bronzekrater, der die Nordwestecke ausfüllte. Er faßt 1200 l und ist damit das größte antike Prunkgefäß überhaupt. Unter den beiden Henkeln sitzen zwei furchterregende, riesenäugige, schlangenbeinige Gorgonen. Sie strekken die Zunge heraus, wobei im extrem großen, breit auseinandergezogenen Mund je ein spitzes Fangzähnepaar deutlich sichtbar ist. Von → links windet sich eine → Schlange hinter ihrem Rücken um ihren Oberkörper und unter dem rechten (vgl. → rechts) Ellbogen durch, um sich züngelnd aufzurichten. Die Hände dieser Figur, die mit Gewißheit eine unheilabwehrende Komponente besitzt, d.h. schützt, liegen auf den weitgespreizten Oberschenkeln, in einer Art, die an die irische → *Sheila-na-Gig* erinnert.

Bronzekrater aus dem Grab der Fürstin von Vix (Musée Archéologique du Châtillonnais, Châtillon-sur-Seine).

Auf dem Deckel erhebt sich eine zarte, schlanke Frauengestalt im fußlangen, einfach gegürteten Gewand. Unter dem Schleier oder Kopftuch, das das Haar bis auf Stirnlöckchen verbirgt, schaut ein kluges, großäugiges Antlitz hervor, dessen scharfgebogene Nase erst in der Seitenansicht auffällt und dann, wohl nicht zufällig, ein richtiges Eulenprofil bildet. Es ist nicht wahrscheinlich, daß es sich um eine Darstellung der Fürstin von Vix handelt, es dürfte vielmehr eine der frühen → Muttergöttinnen sein, die → »Eulengöttin«, eine → »Minerva« oder sogar eine jener urtümlichen »Dianen« (vgl. → »Diana«).

Ihr zu Füßen, d.h. um den Rand des Kraters, zieht sich ein Fries schwerbewaffneter Krieger, teils zu Fuß, teils im vierspännigen Streitwagen – die Göttin nimmt die Parade ab.

Auch dieses erstaunliche Stück ist schwierig zu plazieren: Griechische Werkstätten, entweder direkt vom Peloponnes oder von Tarent kommen in Frage – es ist jedenfalls keine einheimische, keltische Arbeit. Offensichtlich war jedoch dieses Gefäß für die Fürstin von

Gorgonenkopf (Detail des Bronzekraters von Vix; Musée du Châtillonnais, Châtillon-sur-Seine).

Vix, die, wie z. B. eine → Boadicea, gleichzeitig Priesterin gewesen sein dürfte, von großer Bedeutung. In der Gorgone und der kultivierten Frauengestalt erkannte sie wohl Komponenten – grausame Zerstörung, offen gezeigte Sexualität als Ausdruck der Fruchtbarkeit, Kriegswesen und Kultur – ihrer eigenen, einheimischen Muttergöttin.

Die Funde von Vix sind im altehrwürdigen Museum von Châtillon-sur-Seine (Dep. Côte-d'Or) ausgestellt.

Vögel

Die Fähigkeit, sich in die Lüfte zu erheben, gab den Vögeln zu allen Zeiten und in vielen Kulturen in den Augen der Menschen einen übernatürlichen Anstrich. Noch im Christentum sind die göttlichen Intelligenzen, die Engel, geflügelt.

Wasservögel wie Enten, Gänse und Kraniche beeindruckten die Bronzezeit durch ihre zusätzlichen Schwimm- und Tauchkünste sowie ihre geheimnisvolle Abwesenheit in der kalten Jahreshälfte, was wohl nur durch einen Aufenthalt in der → Anderswelt erklärt werden konnte.

Vögel verbanden demnach die verschiedenen Regionen, die Himmelshöhen und die Sonne (vgl. → Gestirne) mit der Erde (vgl. → Elemente) und über die → Gewässer mit der → Anderswelt, der Domäne der Abgeschiedenen. Vögel wirken als Bindeglieder im zyklischen Denken.

Das keltische Bewußtsein der Eisenzeit brachte ihnen eine ambivalente Haltung entgegen: Es hing von den Umständen ab, ob sie positive oder negative Kräfte ausdrückten. Die Vögel der → Muttergöttinnen, wie → Rhiannon, → Cliodna, → Epona, wirkten harmonisierend, lebensfördernd, heilend, genauso wie die herrlich bunten der Inseln der Seligen. Diejenigen der → Kriegsgöttinnen oder was aus → Cruachan herausquoll, waren bedrohlich, zerstörerisch, dämonisch.

Es gibt also keine einfache Trennung in schwarze, böse und bunte, gute; → rote z.B. konnten unter Umständen gefährlicher sein als der schwarze Rabe.

Vögel dienten als Nachrichtenübermittler und Boten. Überall in der keltischen Welt treten Darstellungen einer unspezifizierten Gottheit auf, meist mit ebensolchen Vögeln – gelegentlich sind es deutliche Raben, zuweilen Tauben – die, → links und → rechts auf deren Schulter sitzend, ihnen ins Ohr zu flüstern scheinen, wie z.B. im Falle des bärtigen Gottes im Museum von → Alesia.

In der inselkeltischen Sage ist die Verwandlung in Vögel (vgl. → Metamorphosen) ein Gemeinplatz. → Conaire trifft seine Verwandten in Vogelgestalt an, ein → Fintan überdauert unter anderem so die Zeiten, Anderswelt-damen gehen in dieser Form ihre sterblichen Geliebten besuchen oder locken Menschen in die Anderswelt (vgl. → Dechtire), Götter nehmen das Vogelgewand an, um → Helden zu zeugen (vgl. → Mes Buachalla).

Bronzeadler aus Aventicum (Musée Romain, Avenches).

Der Adler mit seiner enormen Flügelspannweite und der Fähigkeit, in höchste Höhen hinaufzudringen – noch im späten Mittelalter galt, er könne offenen Auges direkt in die Sonne fliegen – ist ein angemessener Begleiter für den Himmelsherrn → Taranis/ → »Jupiter«. Zum Radgott gehört sowohl das → Rad als auch in vielen Fällen der Adler.

Der Rabe erscheint verhältnismäßig oft auf → Münzen: Auf einer der Carnutes starrt er eine Eidechse an, die für die Erde steht, auf der zweiten ist er mit seinen Jungen dargestellt; die Bituriger prägten eine → goldene mit einem menschenköpfigen Adler. Auf dem Helm von Ciumeşti (Muzeul de Istorie, Bukarest) aus dem 3. Jh. ist ein Prachtexemplar mit ausgebreiteten Flügeln, → rot eingelegten Augen und aggressiv gekrümmtem Raubvogelschnabel, eben abflugbereit, zu finden. Die Flügel sind mit Scharnieren am Körper verbunden und wippten auf und ab, während sein Träger ritt. Die inselkeltische Überlieferung macht den Adler zu einem der ältesten Geschöpfe. Nicht umsonst wählen Figuren, die die Zeiten überdauern wollen (vgl. → Fintan, → Taliesin), die Adlermetamorphose (vgl. → Metamorphose).

Als der Adler von Gwernabwy »zuerst hierherkam«, stand er auf einem → Stein, von dem aus er jede Nacht an den Sternen picken konnte – »jetzt« ist dieser bis auf »eine Handbreit über dem Boden« abgetragen – so lange hat er schon gelebt. Da er Beziehungen zum noch älteren Salm (vgl. → Fische) von Llyn Llyw hat – er wollte ihn einst verspeisen –, vermag er wertvolle Informationen über → Mabon zu liefern.

→ Lleu sitzt nach seinem »Tod« als halbverrotteter Adler zu alleroberst auf dem Baum (vgl. → Bäume) der → Anderswelt (vgl. → Metamorphose), während ein Neffe von → Artus in Adlergestalt eine → Seelenwanderung durchmacht und so, nach seinem Tod, den Onkel anspricht.

Adler besitzen zukünftiges Wissen: Nach Geoffrey von Monmouth stößt Artus auf seinem schottischen Feldzug im Loch Lomond auf 60 Inseln mit 60 Nestern und ebenso vielen Adlern darinnen. Einmal im Jahr versammeln sich die majestätischen Vögel, um sich über die wunderbaren Dinge, die sich im nächsten Jahr in Britannien ereignen werden, auszutauschen.

Die bekannteste Ente der keltischen Ikonographie ziert den Bug von → Sequanas Boot: Das Köpfchen trägt den typisch schmelzenden Ausdruck des Vogels und hält im geöffneten Schnabel eine Kugel – die Sonne. Dieses Motiv läßt sich bis in die Urnenfelderzeit zurück-

Sequanas Ente hält eine Kugel im Schnabel (Musée Archéologique, Dijon).

Einheimische Keramik mit Kranichmotiv (Avenches).

Bronzetorques mit Entendarstellungen (Beuvray; Musée des Antiquités Nationales, St. Germain-en-Laye).

verfolgen; die europäischen Volksmärchen berichten noch vom Entchen, das nach dem goldenen Ball/Apfel taucht und ihn hochbringt, vermutlich der letzte Rest der Kultlegende. Ein ähnliches Bronzefigürchen aus Milber Down (Gr. Devon), aus Südengland, hält ebenfalls etwas Rundes im Schnabel. Es stammt aus einer eisenzeitlichen Hügelbefestigung und wurde zusammen mit einem → Hirsch und einem Raben gefunden.

Zwei Entchen mit eingelegten Augen sitzen auf einem → Torques aus dem Marne-Gebiet und halten mit den Schnäbeln zwischen sich eine Sonnenscheibe fest. Diese hervorragende Arbeit ist im Musée des Antiquités von St. Germain-en-Laye zu besichtigen. Enten wurden gern als Motive für Fibeln und Gürtelhaken verwendet: Diejenige von Schwieberdingen (Württembergisches Landesmuseum, Stuttgart) weist gleich zwei Entenköpfe auf, und auf dem kunstvollen Verschluß von Hölzelsau, auf dem eine menschliche Figur – J.-J. Hatt interpretiert sie als → Esus – zwischen zwei großen pferdeköpfigen → S-Zeichen steht, sitzen am Rande zwei winzige, jedoch vollkommene Entchen.

Ein zweites, schwanenköpfiges Boot teilt die Vitrine im Museum von Dijon mit demjenigen der Sequana. Es stammt aus Blessey (Dép. Côte d'Or), trägt jedoch keinen Passagier. Seit der Urnenfelderzeit nimmt der Schwan eine der Ente vergleichbare Stellung ein. Vor allem in Osteuropa sind von Enten und Schwänen gezogene → Miniaturen von Kultwagen oder Vögel, die noch Kettchen oder Kettchenreste tragen, gefunden worden.

Ähnlich wie beim Adler sitzt die eindrücklichste Schwanendarstellung auf einem Helm, diesmal der bretonischen Göttin von Kerguilly (vgl. → »Minerva«). Es ist ein naturgetreu dargestelltes Tier mit angriffslustig-vorgestrecktem Hals – das genaue Gegenteil der → drei anmutig-stilisierten Schwäne mit unnatürlich langen → Schlangen-Hälsen auf der Tonschale von Radovesiče (Tschechoslowakei).

In der inselkeltischen Sage spielen die Schwäne auf Kosten der Enten die große Rolle. Sie bezaubern die Menschen durch ihren Gesang und sind oft mit → goldenen oder silbernen Kettchen zu Paaren verbunden. → Caer Ibormait präsentiert sich → Oengus inmitten 75 solcher, denen, wohl als letzter Ausläufer einer Sonnenkomponente, die goldenen Flechten wie Krönchen um den Kopf liegen. Schließlich fliegen beide singend in Schwanengestalt zum → Bruig na Bóinne. → Midir und → Étaín kreisen als Schwäne über → Tara, bevor sie sich im → *síd* von Bri Leith niederlassen. Weitere kettentragende Schwäne entpuppen sich als → Lí Ban oder → Fand; → Cúchulainn schläft über ihrem magischen Gesang ein.

Die Zaubervögel, die den Rasen von → Emain Macha bis auf die Narbe kahlfressen, so daß sie → Conchobar in die Anderswelt verfolgt, dürften ebenfalls Schwäne gewesen sein.

Der Schwanengesang der Kinder → Lirs lockt die → Tuatha Dé Danann herbei und führt schließlich zu deren Erlösung: Auch in dieser Erzählung geht es nicht ohne Kettchen – es ist der Heilige, der sie den Schwänen umtut.

Bronzene Eule von Willingham (Fen, Gr. Cambridgeshire).

Die Eule ist der Vogel der großen, königlichen Muttergöttin, von der → »Eulengöttin« bis zu → Rigani/ → »Minerva«. Eulen zieren alle möglichen Gegenstände, entweder offen, wie auf dem wunderbaren → Torques von Reinheim (vgl. → Gold), dem → Kessel von Brå oder den zwei grimmigen Achsennägeln aus dem Oppidum von Manching (Prähistorische Staatssammlung, München) – also übernahm auch die Muttergöttin den Schutz der Wagen, nicht nur → Teutates – stilisiert, wie auf dem künstlerisch hervorragenden Schild von Battersea (British Museum, London) oder »geheim« als Vexierbild zwischen zwei → Pferden auf einer der norditalienischen Situlen von Este.

In der inselkeltischen Sage sind es → Blodeuedd und → Rigrú, die am stärksten mit der Eule verbunden sind.

Die Gans teilt die Qualitäten der Wasservögel, zeichnet sich jedoch zusätzlich noch durch ihre Aggressivität aus. Dem plumpen, jedoch muskulösen Körper, den Halsproportionen und vor allem dem charakteristischen Kopf nach kann der Vogel auf dem schädelbesetzten Portikus von → Roquepertuse nur eine Gans

Bronzefibel in Form eines mit Koralle eingelegten Hahnes aus dem Grab der Fürstin von Reinheim (Staatliches Museum für Vor- und Frühgeschichte, Saarbrücken).

sein. Abgesehen davon gehörte sie ursprünglich nicht an diese Stelle – es handelt sich um eine Rekonstruktion, die dem Vogel zuviel Bedeutung einräumt.

Er mag in Begleitung eines Kriegsgottes in Roquepertuse verehrt worden sein, vom Typ eines einheimischen → »Mars«, der nicht selten, vor allem im Nordosten, mit einer Gans auftritt, wie es z. B. das Bruchstück im Museum von Wiesbaden zeigt. Die Gans steht zur Rechten (vgl. → rechts) des Gottes und wendet den Kopf zu ihm hoch.

Auf dem Altar von Risingham, Nordengland, ist ein unidentifizierter Kriegsgott mit Gans zu sehen, und über der Widmung an »Mars Lenus Ocelus Vellaunus« von Caerwent in Südwales sind gerade noch die mit Schwimmhäuten versehenen Gänsefüße neben Menschenfüßen auszumachen. Zur Bestätigung des Zusammenhangs zwischen Krieger und Gans: In tschechischen Männergräbern kamen unverhältnismäßig viele Gänseknochen zum Vorschein.

Die irische Volksüberlieferung hält an dieser Verbindung fest: Es heißt, Gearóid Iarla, der Sohn des Earl of Desmond und → Aíne, einer der großen Wiederbeleber der keltischen Kultur und Tradition im 14. Jh., soll nicht gestorben sein, sondern sich als »die Gans der Insel« auf ein Eiland im Lough Gur (Gr. Limerick) zurückgezogen haben. Als nach dem Vertrag von Limerick 1691 das keltische Sozialgefüge endgültig zusammenbrach und dadurch Tausende von Offizieren und Soldaten Irland verließen, um sich bei den Großen Europas zu verdingen, ging dieser Auszug als »Flight of the Wild Geese«, »Flucht/Flug der Wildgänse« in die Geschichte ein.

Caesar behauptet, den Britonen seien neben dem → Hasen vor allem Hahn und Gans heilig gewesen, wovon jedoch darstellungsmäßig nichts zu spüren ist, höchstens, daß die Pikten Nordenglands und Schottlands prächtige, klargezeichnete Gänse als Symbole verwendeten.

Der Hahn begleitete hauptsächlich → »Merkur«, Galliens beliebtesten Gott (vgl. → *Interpretatio Romana*), so daß es nicht erstaunlich ist, daß er zum mehr oder weniger offiziellen Wappentier der Kelten in Frankreich und später der Franzosen wurde.

Hervorzuheben ist die vorzüglich gearbeitete Hahnenfibel aus dem Grab von Reinheim (Staatliches Museum für Vor- und Frühgeschichte, Saarbrücken). Kamm, Augen, Lappen und Flügel sind mit Koralle eingelegt, und das Gefieder ist elegant stilisiert angedeutet.

Der Hahn verkörpert als Herold des neuen Tages die aktive Seite des Lebens; was zum

Muttergöttin mit Dienerinnen und Kranichen (Detail des Kessels von Gundestrup; Nationalmuseet, Kopenhagen).

Gott des Handels und Gewerbes paßt, ist jedoch gleichzeitig unübersehbar ein sexuelles Symbol. Umgangssprachlich-vulgär bezeichnet z. B. engl. »cock« das männliche Glied. Für die Kelten dürfte er in erster Linie für Lebenslust und Fruchtbarkeit gestanden haben.

Der Kranich tritt seit der Urnenfelderzeit zuweilen mit dem → Stier auf. Auffallend oft läßt sich seine abstrahierte Form mit langem, gebogenem Hals auf Waffen und Schwertscheiden, Schildern und Helmen verfolgen. Auf der einen Schwertscheide von Lisnacroghera (Ulster Museum, Belfast) schauen nur die Köpfe aus Ranken, auf der andern (British Museum, London) ist der Vogel im Flug dargestellt. Auf einer von Obermenzing (Prähistorische Staatssammlung, München) sind → drei Kranichköpfe zu einer Triskele (vgl. → Gestirne) vereint; eine Variation desselben Themas findet sich auf einer der Scheiben vom Bann (Ulster Museum, Belfast), ein Kunstwerk höchster geometrischer Präzision. Der Vogel ist auf dem langen und dem runden Schildbuckel von Wandsworth zu sehen, einmal beschreibt der Hals ein extravagantes → S-Zeichen, ein andermal eine stark gedrängte S-Form. Auf dem Ohrenschutz des Helms von Camiola, Norditalien, sind zwei naturalistische Kraniche in geschickten Strichen hingeworfen. Sogar die Keltenwaffen auf dem Triumphbogen von Orange tragen das Kranich-Motiv.

Die Erklärung für diese Vorliebe leitet A. Ross von → Midirs → drei »Kranichen der

Ungastlichkeit« ab: Der eine sagte fortwährend »Komm nicht«, der zweite »Geh weg«, der dritte »Vorbei am Haus« – und wer sie nur ansah, konnte an diesem Tag keinen Kampf bestehen. Geiz, Ungastlichkeit, Horten – das Zurückhalten der Lebensimpulse, war das, was die Kelten unter »Tod« verstanden. Charakteristischerweise gibt Midir die drei Vögel an den für seinen Geiz verschrienen Dichter (vgl. → *fili*) Athirne ab. Midir ist zwar ein Herr der Anderswelt, jedoch von der schöpferischen Art des → Esus/ → Cernunnos. Kraniche, die dem Gegner den Mut nehmen, werden für den Kämpfenden zum Glücksbringer!

In der festländischen Überlieferung spielt der → Tarvos Trigaranus vom Pariser Nautendenkmal eine große Rolle. J.-J. Hatt bettet ihn in den → Rigani-Mythos ein. Auf dieser Basis ergeben jene Kombinationen Sinn, wie der → Stier mit den drei Frauenfiguren auf dem Rücken von Dorset, England, oder männliche → Masken mit Kranich oder Stier, wie auf dem Kübel von Aylsford (British Museum, London) bzw. auf dem → Kessel von Rynkeby: Es kann sich nur um Esus, Rigani und den Stier handeln, der der → Muttergöttin die Menschengestalt wiedergibt.

Auf dem oben erwähnten Altar von Risingham nehmen eine Viktoria mit Kranich und der »Mars« mit Gans die Stellen von Rigani und Esus ein.

Dieselbe Forscherin geht der weitläufigen schottisch-irischen Kranichüberlieferung nach. Vom Tabu, das bis ins Mittelalter in Irland auf dem Verzehr von Kranichfleisch stand, über das Schimpfwort »Kranich« für ein geiziges, böses Weib – parallel dazu ist, wohl kaum ein Zufall, franz. »grue« ein abfälliger Ausdruck für »Dirne« – bis zur Erzählung der → *caillech* vom Tempel, deren vier in Kraniche verwandelte Söhne (vgl. → Metamorphose) nur durch das Blut des Stieres von Conra wieder in Menschen zurückverwandelt werden können, wird immer klarer, daß sich am nordwestlichen Rand des Keltengebiets erstaunlich viel vom Rigani-Mythos erhalten hat. Auch wenn gelegentlich das Geschlecht der Verzauberten vertauscht oder die Anzahl der Kraniche verändert wird, die Motive bleiben bestehen. Das erhärtet die in verschiedenen Fassungen vorliegende Anekdote vom »Kranich-Sack« aus dem → Fionn-Zyklus. Eine → Feen-Frau verzaubert ihre Rivalin bzw. ein Vater seine Tochter in einen Kranich, den → Manannán zu sich nimmt. Nach dem Tod des Vogels macht er aus dessen Balg einen Sack, in dem er seine magischen Schätze aufbewahrt. Dieser Sack ist Symbol für die alles spendende Matrix, das Füllhorn (vgl. → Horn) der Großen Mutter.

Es sieht so aus, als habe → St. Columcille die Vater- bzw. → Taranis-Rolle übernommen: Einerseits berichtet eine Fassung seiner *Vita*, wie er einen verletzten Kranich gesundpflegte, so daß ihm dieser nicht mehr von der Seite wich, andererseits soll er im Zorn die Königin und ihre Dienerin, die ihm ihre Ehrerbietung versagten, in Kraniche verwandelt haben. Es ist erstaunlich, was für eine Renaissance das Kranichmotiv in der christlichen Buchillumination erlebte. Die Mönche scheinen zweieinhalb Jahrtausende einfach wegzuwischen und bei der Wasservogel-Sonnen-Verbindung der Urnenfelderzeit wieder anzuknüpfen im Bewußtsein, daß Christus, ihre wahre Sonne (vgl. → Gestirne), die Todes- und Anderswelt-Komponente des Vogels letztlich zunichte machen würde.

Raben und Krähen, die »schwarzen Vögel«, begleiten die verschiedensten Götter, die wiederum die Wesensart des Tieres bestimmen. Sind es die Morrígna, → Badb, → Macha, → Morrígan, → Nemain, so kehren diese den Aspekt des Leichenfledderers hervor, die über das Schlachtfeld krächzen und sich am Fleisch der Gefallenen gütlich tun. Sind sie → Metamorphosen der → Kriegsgöttinnen, dann kommt sexuelle Unersättlichkeit und die Gabe der Prophezeiung (vgl. → Wahrsagerei) dazu, wie im Fall der Morrígan, die, sich in Vogelgestalt auf einem Zweig schaukelnd, → Cúchulainn den Ablauf des → *Táin Bó Cuailnge* skizziert (vgl. → rot). → Badb, die Schlachtenkrähe, teilt → Conaire Mór mit einer gewissen Schadenfreude mit, er werde den → *bruiden* → Da Dergas nicht lebend verlassen. Und die Morrígan verkündet nach der Schlacht von → Mag Tuired das Weltende.

Wir kennen weder den Mythos der → Nantosvelta noch den des → Sucellos, aber ihr Rabe dürfte für diese Verbindung mit der Welt der Abgeschiedenen stehen. Gelegentlich folgt auch → Epona ein Rabe. Unter den

Wagenkampfszene (Ausschnitt der kupfernen Kline des Fürsten von Hochdorf; Württembergisches Landesmuseum, Stuttgart).

910 Gramm schwere Goldschale mit Sonne, Mond, Hirsch und Hirschkuh (Zürich-Altstetten; Schweizerisches Landesmuseum, Zürich).

Pfalzfelder Säule, ein keltisierter Menhir (Rheinisches Landesmuseum, Bonn).

Silberstatuette der »Venus« mit Spiegel von Augusta Raurica (Römermuseum, Augst).

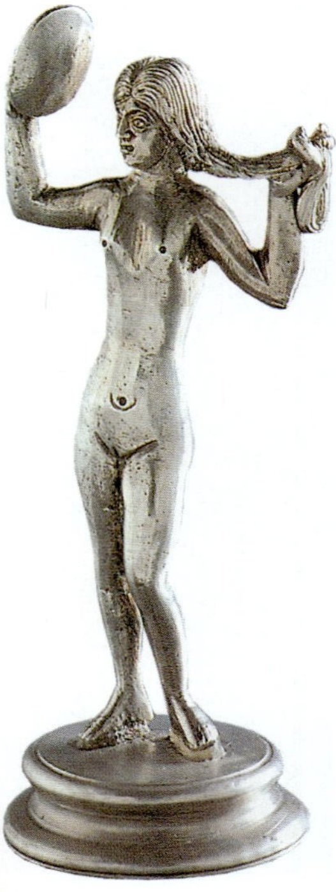

Prunkhelm von Agris (Musée de la Société Archéologique et Histoire de la Charente, Angoulême).

Zu den am feinsten ausgestalteten Torques und Armreifen gehören diejenigen von Waldalgesheim (Rheinisches Landesmuseum, Bonn).

Kessel von Gundestrup (Nationalmuseet, Kopenhagen).

Die von den Römern gefaßte Thermalquelle von Bath (Gr. Avon).

männlichen Gottheiten sind vor allem → Lug, → Brân und → Midir mit dem Raben verbunden – jedoch nimmt keiner jemals Rabengestalt an; von »Rabengöttern«, obwohl sie damit gern etikettiert werden, kann keine Rede sein. Es ist das Element des zukünftigen Wissens, das die Vögel in diesen Verbindungen verkörpern. Nach Pseudo-Plutarch zeigte ein Rabenschwarm den Menschen als gutes Omen (vgl. → Vorzeichen) den Bauplatz für Lugudunum (Lyon) an. Die schwarzen Vögel wußten im voraus, daß hier die Stadt gedeihen würde. Sie wirken im Grunde nur als Verstärker für die Fähigkeiten der Götter: Lug, dem Alleskönner und Alleswisser, verraten sie in der Schlacht von → Mag Tuired die Ankunft der → Fomorier. Das erinnert an jene Darstellungen, wo Raben/Vögel der Gottheit Botschaften ins Ohr flüstern. → Midirs zwei weiße Raben, die hochflogen, als → Eochaid sein → *síd* ausgrub, dürften dieselbe Rolle erfüllt haben. »Brân« bedeutet »Rabe«. Bis in die Einzelheiten sagte er den Überlebenden seiner katastrophalen Expedition den Ablauf der nächsten 87 Jahre voraus. Noch heute hätscheln die Engländer ihre berühmten Raben im Tower von London – der Überlieferung nach die Stelle, wo Brâns Haupt vergraben wurde! Es sind angriffslustige, freche Biester, aber nach der Legende muß Britannien untergehen, wenn sie aussterben!

Sobald Helden im Spiel sind, nehmen Raben ihre grausige Schlachtenkomponente auf. → Cúchulainn, obwohl Lugs Sohn, hat kein gutes Verhältnis zu ihnen. Zwei krächzende Raben verraten ihn an seine Feinde in der → Anderswelt, er selbst zerstört einen ganzen Schwarm der blutrünstigen Vögel, und Bodb verfolgt ihn bis zum letzten Atemzug als Rabe/Krähe. Nach seinem Tod läßt sie sich unter triumphierendem Gekreisch auf dessen Schulter nieder. → Owain ist Herr über Dutzende dieser schwarzen Vögel, die sich, von → Artus' Leuten provoziert, im Augenblick, in dem ihr Meister seine Standarte aufpflanzt, blutig an ihnen rächen; sie zerlegen ihre Feinde in ihre Bestandteile und tragen »Köpfe (vgl. → Kopfkult), Augen, Ohren und Arme« weg. Noch im ausgehenden Mittelalter war das Töten eines Raben in Cornwall tabu, denn Artus soll sich nach einer Fassung seiner Sage nach der Schlacht von Camlan als krächzender Rabe vom Schlachtfeld in die Lüfte erhoben haben. Caoilte, einer der großen der → Fianna, tötete → drei menschenfressende Raben in der Anderswelt – interessanterweise mit Brettspielfiguren, Steinen von jenem Spiel, das das Schicksal von Königen voraussagen vermochte!

Vortigern

Geoffrey von Monmouth latinisiert den walisischen Territorialkönig des 5. Jh., »Gwrtheyrn, den Dünnen«, zu »Vortigern« und macht ihn in seiner *Geschichte der britischen Könige* zum Usurpator par excellence (vgl. → rechtmäßige Herrschaft). Vortigern meuchelt Konstantin II. und bringt die erzfeindlichen Pikten dazu, dessen ältesten Sohn und Nachfolger aus dem Weg zu räumen, um sich selbst auf den Thron zu schwingen. Gegen jede Opposition setzt er sich mit Hilfe der Sachsen durch, deren Anführer, Hengist und Horsa, er an seinem Hof aufnimmt. Darüber hinaus vergafft er sich in Hengists schöne Tochter Renwein und tauscht sie, völlig geblendet, gegen die ganze Grafschaft Kent ein, die er Hengist als Brautpreis überläßt. Fortan ist er Wachs in den Händen seiner heidnischen Gemahlin.

Als einziger durchschaut er anscheinend nicht, daß es die Germanen auf die Eroberung Britanniens abgesehen haben – sie gewinnen schließlich so weit die Oberhand, daß sie sich das Massaker von Mount Ambrius erlauben können (vgl. → Stonehenge, → Merlin). Von da ab geht es Vortigern selbst an den Kragen; er muß ihnen alle seine Städte und Burgen abtreten. Die Pikten und seine eigenen Britonen stehen gegen ihn auf – es bleibt ihm nichts anderes übrig, als in die Berge von Wales zu fliehen. Seine → Druiden raten ihm, sich dort einen festen Turm anzulegen und sich darin zu verschanzen. Aber mit dem Bau geht es nicht vorwärts: Was tagsüber entsteht, verschwindet in der Nacht.

Als Bauopfer (vgl. → Opfer) soll das Blut eines vaterlosen Jungen die Steine zusammenkitten. Einen solchen finden die Gesandten Vortigerns in → Merlin von Carmarthen. Der halbwüchsige Zauberer verblüfft König und Hof mit seinen Prophezeiungen (vgl. → Wahrsagerei), worüber er Vortigern das Verbrechen der Usurpation auf den Kopf zusagt und ihn wissen läßt, daß die beiden Söhne Konstantins bereits im Anzug seien, ihren Vater zu rächen.

Vortigerns Tage sind gezählt. Er flieht auf die Burg Gonoreu in Südostwales, aber die beiden Prinzen zünden ihm diese über dem Kopf an, und er kommt in den Flammen um.

Vorzeichen
Die meisten alten Völker hielten Ausschau nach Vorzeichen, die ihnen die Zukunft, d.h. den Willen der Götter, kundtun sollten. Als vor der Schlacht von Sentinum 295 v. Chr. eine von einem → Wolf gejagte Hirschkuh (vgl. → Hirsch) zwischen den zum Kampf aufgestellten römischen und keltischen Heeren durchrannte, faßte jede der beiden Parteien dieses Ereignis als günstiges Omen auf.

Nach klassischen Berichten maßen die Kelten Vorzeichen große Bedeutung bei – Justinus aus dem 2. Jh. glaubt sogar, sie hätten sich damit und mit der → Wahrsagerei mehr beschäftigt als andere Völkerschaften.

Manche Schriftsteller, wie Diodorus Siculus oder Strabo, beschreiben gräßliche → Opfer-Bräuche, bei denen aus den Zuckungen Erdolchter, am Blut und an den Eingeweiden Geopferter (vgl. → Kessel) die Zukunft abgelesen wurde.

Um etwas über den Ausgang des Entscheidungskampfes und letztlich die Haltung der Göttin → Andraste zu erfahren, ließ → Boadicea einen → Hasen laufen.

Träume und Visionen spielten eine große Rolle bei öffentlichen und privaten Angelegenheiten. → Druiden verfügten über besondere → Zauber, wie *imbas forosnai* oder → *tarbfais*, um diese künstlich einzuleiten. Bei Pompeius Trogus aus dem 1. Jh. v. Chr. ist die Anekdote von König Catumarandus verzeichnet, der die Belagerung Massilias abbrach, nachdem ihm im Schlaf eine Göttin mit furchteinflößenden Augen, in der er später die Athene (vgl. → »Minerva«, »Eulengöttin«) wiedererkannte, erschienen war und ihm befahl, die Feindseligkeiten einzustellen. Er versöhnte sich mit den Einwohnern und stiftete der Göttin ein goldene Kette (vgl. → Votivgaben).

Ein großer Teil des druidischen Wissens wurde auf das Erforschen der Zukunft aus Wolken, »den Wolken der Männer Erins«, Winden und deren Richtung, → Gestirnen, → Elementen, → Bäumen, besonders von Baumwurzeln, → Ogam-Stäben, Rädern (vgl. → Rad, → Mog Ruith) und natürlich aus dem Flug der → Vögel verwendet. Kann man den Sagen Glauben schenken, so war den Inselkelten – und bei den festländischen dürfte es nicht anders gewesen sein – das fortwährende Ausschauhalten nach Vorzeichen und deren Auslegung zur zweiten Natur geworden. → Cúchulainn kann für alle stehen. Vor seinem Tod jagten sich die bösen Omen. Seine Waffen (vgl. → Waffenkult) fielen von der Wand, die Broschennadel bohrte sich in seinen Fuß, → Liath Macha verweigerte das Anschirren und ging → links um ihn herum, wobei er blutige Tränen weinte, ein Motiv, das → St. Columcilles weißes Pferd wieder aufnimmt, das vor dem Tod seines Herrn dessen Kutte mit Tränen volltropfte. Die Milch, die ihm seine Ziehmutter reicht, wird zu Blut.

E. O'Curry liefert, allerdings aus dem christlichen Irland, wunderbare Beispiele für Vorzeichen aus einer kleinen Handschrift, die er im Trinity College, Dublin, aufstöberte.

Ein Teil besteht aus eigentlichen Traumdeutungen, Gleichungen, wie sie noch heute die populäre Psychologie aufstellt: Ein roter König bedeutet ein kurzes Leben, das gleichzeitige Erscheinen von Sonne und Mond (vgl. → Gestirne) = Kampf, Donnergrollen = Schutz (vgl. → Taranis/ → »Jupiter«), das Fangen von Vögeln = Beute usw. Andere Angaben setzen sich besonders mit dem Raben auseinander. Krächzt einer über einem zugezogenen Lager im Haus, war hoher Besuch zu erwarten. Sollte ein Laie erscheinen, sagte der Vogel »bacach, bacach«, bei einem Kleriker »gradh, gradh«, einem Satiriker oder Soldaten jedoch »grog, grog« bzw. »grob, grob«. Außerdem verrät die Position des Gefiederten, aus welcher Richtung der so Angekündigte kommt. Läßt der Rabe indessen ein leises »err, err« vernehmen, ist mit Krankheit zu rechnen. Begleitet er einen jedoch auf eine Reise oder fliegt er sogar voraus, so wird diese erfreulich und ersprießlich.

Votivgaben
Nicht nur Caesar fiel die ausgesprochene Religiosität der Kelten auf. Sie äußerte sich z. B. in

deren Bereitschaft, ihre Götter förmlich mit Weihegeschenken zu überschütten, mit Schmuck, wie → Torques, Armringen und Fibeln, Haushalts- bzw. Kultgegenständen, wie → Kessel und Feuerböcke, → Münzen, zuweilen speziell dafür geprägte, → Gold- und Eisenbarren, → Götterdarstellungen, Tierstatuetten aus Metall, Holz und Ton, menschliche Holzfiguren, Wagenteilen und Pferdegeschirr, Waffen, vor allem Speerspitzen (vgl. → Blitz) und Schwerter sowie Werkzeuge aller Art, die beiden letzteren gelegentlich als → Miniaturen, und unter römischem Einfluß mit Weihealtären und -inschriften.

Diodorus berichtet im 1. Jh. v. Chr., daß in den Tempeln Galliens viel den Göttern geweihtes Gold herumliege, das aus Furcht vor diesen jedoch niemand anzurühren wage, obwohl die Kelten auf Gold versessen seien. Votivgaben mußten dem Schenkenden selbst wertvoll sein, was ebenso für den Reichen galt, der einen goldenen Halsreif stiftete, wie für den Armen, der ein Tonfigürchen für die Götter erwarb: Die Götter sollten durch den Verzicht auf Außergewöhnliches günstig beeinflußt werden; Ehrung und Dank sind jedoch ebenso wichtige Elemente. L. Pauli zitiert einen Gaius Julius Rufus, der beim Hinterlassen einer Weiheinschrift auf dem Großen St. Bernhard (vgl. → Berge) sich der Diskrepanz zwischen dem vom Gott geleisteten Dienst und seinem mageren Geldbeutel schmerzlich bewußt wurde:

> Bei deinem Tempel habe ich gern
> die getanen Gelübde erfüllt.
> Daß es dir genehm sein möge,
> flehe ich deine Gottheit an.
> An Kosten zwar nicht hoch,
> dich, Heiliger, bitten wir,
> Du mögest unsere Gesinnung höher achten
> als unseren Geldbeutel.

Votivgaben sind insofern eine Form des → Opfers, als sie die freiwillige Trennung von einem Wertgegenstand oder einem Gegenstand, der einem teuer war – zuweilen müssen es über Generationen aufbewahrte Erbstücke gewesen sein –, forderten. Während sich das eigentliche Opfer durch den religiösen Akt wandelt und übersinnliche Qualitäten annimmt, bleibt das Weihegeschenk eine irdische Gabe an die Gottheit, meist zur Erfüllung

Menschengestaltige Votivgaben aus Holz (Seine-Quelle; Musée Archéologique, Dijon).

eines Gelübdes, z.B. bei Errettung aus Lebensgefahr, gesunder Rückkehr aus dem Krieg, nach einer beschwerlichen Reise, nach Krankheit oder einer (schweren) Geburt. Es soll freudigen Herzens »gern und nach Gebühr«, eine typisch gallorömische Formel, erfolgen.

Die Kelten ließen jedoch ihre Votivgaben nicht nur in Tempeln und heiligen Bezirken zurück, sondern an → Kultstätten im weitesten Sinne und am Fuße von → Bergen.

Holzskulptur einer Dame mit Schleier und Torques – Göttin, Priesterin oder Fürstin – als Votivgabe (Chamalières; Musée Bargoin, Clermont-Ferrand).

An heiligen → Quellen, besonders Heilquellen, richtete sich die Gabe an eine bestimmte Gottheit oder an eine Gruppe von Gottheiten mit dem Aufgabenkreis des Heilens, der Gesunderhaltung, Fruchtbarkeit und dem nachtodlichen Schicksal. Ein Musterbeispiel ist das Heiligtum der → Sequana, wo an

Augen- und Armvotivgaben (Seine-Quelle, Musée Archéologique, Dijon).

die 300 Holzskulpturen, verschiedene Schmuckstücke, eine große Anzahl Münzen, Bronzefiguren, Weihealtäre und Inschriften zutage kamen. In den Bergen galten die Gaben vergöttlichten Naturkräften, deren Namen meist nicht überliefert sind, Gottheiten, die die Unwetter losließen, Steinschlag, Erdrutsch, Lawinen verursachten oder Alp und Vieh und die Reisenden schützten. In gallorömischer Zeit absorbierte ein → »Jupiter« oder je nach Umständen → »Merkur«, diese Kräfte. In diesen Zusammenhang gehören Funde wie die sieben prachtvollen Ringe von Erstfeld, Kanton Uri (vgl. → Gold, → Metamorphose), die 1962 bei Erdarbeiten aus 9 m Tiefe unter einer Schutthalde, an einer vom Erdrutsch gefährdeten Stelle hervorgebaggert wurden. Siedlungsspuren sowie solche eines Heiligtums fehlen, und es ist nicht auszumachen, weswegen ausgerechnet diese Stelle gewählt wurde.

Auf Pässen und an Bergübergängen bewog die schiere Erleichterung und Dankbarkeit, den gefährlichen und mühevollen Weg halb wohlbehalten zurückgelegt zu haben, die Reisenden zu Votivgaben.

Vom metaphysischen Gesichtspunkt her waren Flußmündungen in und aus Seen zum Hinterlassen ganzer Votivhorte (vgl. → Gewässer) prädestiniert, wie im Falle desjenigen, der der Latène-Zeit ihren Namen gab. Das schließt einen Güterumschlag- und Handelsplatz oder eine Zollstation an einer solchen Stelle nicht aus. Bei La Tène kamen u. a. 166 Schwerter, 265 elegante Lanzenspitzen, 5 Holzschilder und 22 Schildbuckel sowie 392 Fibeln zusammen.

Einmal in → Gewässern untergegangene, in Mooren, Höhlen, → Schächten oder Felsspalten versenkte Gegenstände blieben auf immer dem Zugriff der Menschen entzogen. Über Llyn Cerrig Bach (vgl. → Môn, → Gewässer) erhob sich eine natürliche Plattform, von der Waffen, Wagenbeschläge, Werkzeuge, Schmuck, eine Sklavenkette u. dergl. wohl zeremoniell ins Wasser geworfen werden konnten.

Eine andere, ebenso erfolgreiche Methode, Gegenstände wie Geschirr, Waffen (vgl. → Waffenkult), Münzen, Werkzeuge und gelegentlich goldene Halsringe aus dem irdischen Verkehr zu ziehen, war rituelles Zerschlagen, Verbiegen oder Zerhacken.

Von allen Votivgaben haben Gold, Torques und Münzen die dichteste Verbreitung gefunden – sie treten von Irland bis in die Tschechoslowakei und nach Ungarn auf. Den Rekord dürfte der Hort von Podmokoly von 1771 geschlagen haben: 30–40 kg Gold in Form von Halsringen und Geldstücken sollen da in einem Henkeltopf zum Vorschein gekommen sein – offensichtlich ein gemeinschaftliches Weihegeschenk.

»Vulkan«

In der inselkeltischen Literatur gehörten die Schmiedegötter als Kinder der → Danu oder → Dôn zu den höchsten Gottheiten, die sowohl über die Technik als auch über das Reich der Abgeschiedenen herrschten.

→ Schmiede von der Art des Cualan (vgl. → Cúchulainn) mit seinem Zerberus-artigen → Hund sind deren euhemerisierte Form; aber auch den gänzlich vermenschlichten bleiben übernatürliche Fähigkeiten, und in ihrer Arbeit ahmen sie alle die Tätigkeit des Herrn der → Anderswelt nach.

Es ist zu erwarten, daß ein Kulturkreis, der sich in der Metallverarbeitung von Eisen, Bronze oder → Gold so hervorgetan hat wie die Kelten, einen Schmiedegott an höchster Stelle in ihrem Pantheon verehrte – die → *Interpretatio Romana* schweigt sich jedoch darüber aus. Dies ist doppelt unverständlich, weil ein Schmiedegott, sogar unter dem Namen »Vulkan«, schon seit mindestens 222 v. Chr. bekannt ist; Florus hält fest, daß die Kelten bei Einfällen in Norditalien ihre Waffen (vgl. → Waffenkult) Vulcanus geweiht hätten (vgl. → Vorivgaben).

»Vulkan« und »Merkur« (Sandsteinrelief aus Rheinzabern; Prähistorische Staatssammlung, München).

»Vulkans« Weiheinschriften konzentrieren sich auf den Norden und Nordosten Galliens und treten vorwiegend an Flußhäfen wie Paris, Nantes, Sens, St. Quentin oder an Straßen, die zwei solche verbinden, auf. »Vulkan« hat offensichtlich mit dem Schiffsbau zu tun – nicht nur, wie bei den Inselkelten, mit der Herstellung von Waffen – Ketten, Nägel, Beschläge, Anker sind schließlich aus Metall. Sein Aufgabenkreis beschränkte sich jedoch nicht auf das Verfertigen von Gegenständen. Forscher wie Duval vermuten bereits, daß »Vulkan« bei den Kelten weit mehr Gewicht zufiel als in der klassischen Mythologie, wo er einerseits der geachtete Handwerker – es oblag ihm u. a. das Schmieden der Blitze und Donnerkeile für Zeus – und der brave Mundschenk der Olympier war, aber andererseits auch der der Lächerlichkeit preisgegebene, hinkende Ehemann, den seine schöne Gattin Aphrodite mit Ares betrog.

Duval erwähnt eine Abbildung »Vulkans« auf einer Vase, mit der Zange in der einen, einem Steuerruder in der andern Hand – deutlich ein Gott, der eigenständig die Führung übernimmt. Der hammerschwingende Schmiedegott hat einen Berührungspunkt mit dem Hammergott (vgl. → Hammer) und dadurch mit → Sucellus/ → »Dis Pater«. Dabei ist nicht zu vergessen, daß dieser das andere Ich, der dunkle Bruder → »Jupiters« ist.

Dazu ergibt sich noch eine zweite, vielleicht noch wichtigere Gleichung aus keltischer Sicht: Hinter »Jupiter« verbirgt sich → Taranis/»Dis Pater«.

Auf welchem Weg auch immer die Assoziationen verlaufen sind, in gallorömischer Zeit verkörpert »Vulkan« einen Aspekt des Herrn der Himmel.

Auf dem Nautenpfeiler von Paris steht er Seite an Seite mit Taranis/»Jupiter« und hält einen Küfer-, keinen Schmiedehammer in der Hand. Auf dem Viergötterstein von Karlsruhe (Badisches Landesmuseum, Karlsruhe) besetzt er die Seite gegenüber der Weiheinschrift von IOM (vgl. → »Jupiter«). In Paris betont eine Bommel auf seiner Kopfbedeckung, mitten auf dem Scheitel, das Oben stark. Anderswo, z. B. auf den beiden Reliefs von Heddernheim (Archäologisches Museum, Frankfurt a. M. bzw. Museum Wiesbaden) oder dem sorgfältig gegossenen Bronzefigürchen mit dem übergroßen Hammer von Augst, Schweiz (Römermuseum), erzielt eine konische Kappe dieselbe Wirkung. Auf dem Pfeiler von Mavilly (Musée de Dijon) bildet der an der Zange identifizierbare »Vulkan« ein Paar mit → »Venus«/ → Rigani, ebenso auf demjenigen von Saint Landry (Musée de Cluny, Paris): Er spielt hier die Rolle des Himmelsgottes im Rigani-Mythos unter dem Deckmantel der klassischen Dreiecksgeschichte. Auch die beiden Stelen von Vienne-en-Val (Musée d'Orléans) bestätigen diese Auslegung. Auf der einen stellt er, die Zange in der einen, eine sehr lange Lanze (vgl. → Blitz) in der andern Hand, den linken (vgl. → links) Fuß auf das Vordeck eines Schiffes. Auf der realen Ebene beherrscht er den Schiffsbau, auf der metaphysischen führt er das Boot der Abgeschiedenen in die → Anderswelt.

Hammerschwingender »Vulkan« mit konischer Kappe (Römermuseum, Augst).

Auf der zweiten packt ein ungewöhnlich beschwingter »Vulkan« → rechts die Zange an, während er mit der Linken (vgl. → links) eine riesige, brennende Fackel (vgl. → Elemente) hält. Sie flammt zwar nicht in den Himmel empor, aber sie erweckt diesen Eindruck, indem sie über den Rahmen des Reliefs hinauszüngelt.

Wäscherin-an-der-Furt

In Irland, aber auch Schottland, ist die Wäscherin-an-der-Furt eine Erscheinungsform der → Morrígan, → Badb oder der → *banshee*. In Gestalt eines scheußlichen, alten Weibes steht sie am Wasser (vgl. → Elemente) und wäscht die zerhauenen Körper und Rüstungen derjenigen, die in der Schlacht fallen werden.

Die Erzählung von der *Zerstörung des → Bruiden Da Chocas* aus dem 9. Jh., die jedoch nur in einer Fassung aus dem 13. Jh. vorliegt, schildert, wie → Conchobars Sohn, Cormac Connloinges, in der Festhalle des → Schmiedes Da Choca zu Tode kam. Wie im Fall → Conaire Mórs geht dem der Bruch seiner *gessa* (vgl. → *geis*) voraus. An der Furt von Áth Luain trifft Cormac auf ein »→ rotes Weib«, das das Zaumzeug und die blutverschmierten Kissen eines Streitwagens sowie eine Rüstung und Waffen im Fluß (vgl. → Gewässer) wäscht. Taucht sie die Hände in die Flut, rinnt diese rot von Blut, hebt sie sie hoch, zieht sich das Wasser zurück, so daß sich das Flußbett trockenen Fußes überqueren läßt. Angesprochen klärte sie, in der magischen Stellung »auf einem Fuß, mit einem Auge« (vgl. → Zauber), Cormac darüber auf, daß die Rüstung die seine sei. ... Im Verlauf der Erzählung wird deutlich, daß es sich bei dieser Wäscherin-an-der-Furt nur um Badb handeln kann.

Noch das durch und durch christliche zweite Jahrzehnt des 14. Jh. verwendete das Thema, aber nicht, wie zu erwarten, als Sage, sondern im Zusammenhang mit der *banshee* als historische Tatsache, angeknüpft an eine zeitgenössische Familienfehde und eine exakte Topographie. Donough O'Brien, den sein eigener Cousin, Turlough O'Brien, 1317 schlagen sollte, stieß mit seiner Truppe am Lough Rask, bei Ballyvaughan (Gr. Clare) auf eine riesenhafte → *caillech* schlimmsten Kalibers. Ihr fuchsig-graues Haar stand ihr in verfilzten Weichselzöpfen vom Kopf ab, sperrig und grob wie Heidekraut. Ihre Stirn war von Pusteln und Beulen übersät; jedes Haar ihrer Augenbrauen stach wie ein Angelhaken ab. Darunter blitzte aus trüben Triefaugen, unter grellrot geränderten Lidern, bösartiges Feuer hervor. Solcherart setzt sich die Schilderung fort, von der bläulich-platten Nase über die leichenblassen Lippen bis zum Stoppelbart. Neben ihr lag ein Berg abgeschlagener Köpfe (vgl. → Kopfkult), blutende Gliedmaßen sowie allerlei Kriegsbeute. Ihren Namen gibt sie als »die Sorgenbringerin vom Burren, aus dem Geschlecht der → Tuatha Dé Danann« an und bedeutet Donough, daß sein Kopf nur mehr als Leihgabe zwischen seinen Schultern säße – an sich gehöre er unter den gräulichen Haufen. Als die Krieger erbost mit ihren Speeren nach ihr werfen, erhebt sie sich in die Lüfte und sagt ihnen, außer Reichweite, weiterhin Tod und Verderben voraus.

Donough faßt sich als erster und gebietet seinen Leuten, nicht auf den Kniff der alten, den feindlichen Clan Turlough schützenden Zauberhexe hereinzufallen: Weil sie im Grunde wüßte, daß die Feinde fallen müßten, versuche sie sie zur Umkehr zu bewegen. Angespornt durch dieses verdrehte Argument, rennt Donough O'Brien mit seinem Heer erst recht ins Verderben – die Prophezeiung (vgl. → Wahrsagerei) der Wäscherin-an-der-Furt erfüllte sich immer.

Waffenkult

Den Grabfunden (vgl. → Totenkult) nach bestand ab dem 6. Jh. v. Chr. die typische Ausrüstung des keltischen Kriegers aus zwei bis drei Speeren, einem Hiebmesser und einem Schild; Dolch und Helm waren den höheren Rängen vorbehalten. In der Latène-Zeit kam das lange Schwert dazu.

Spuren eines Glaubens an die den Waffen innewohnenden Kräfte, die diesen über die soziale hinaus eine religiöse Bedeutung gaben, lassen sich überall auf keltischem Gebiet feststellen. Schilde und Schwerter wurden mit magisch-religiösen Motiven verziert (vgl. → Vögel). Eine Zeitlang war es Mode, → Schlangen/Drachen oder → Vögel als Ortband einzusetzen oder das untere Ende der Schwertscheide als Schlangen- oder Vogelkopf zu gestalten. Gute Beispiele dafür sind die berühmte, bildergeschmückte Latène-zeitliche Schwertscheide aus Grab Nr. 994 von Hallstatt (Naturhistorisches Museum, Wien) mit den zwei Schlangen und diejenige aus Weiskirchen, an deren Ortband zwei Enten mit Korallenaugen sitzen (Rheinisches Landesmuseum,

Trier), sowie, neben französischen, vor allem österreichische und ungarische Arbeiten. Die Mundbleche der Schwertscheiden sind ebenfalls dekoriert. Auf einem besonders schönen aus dem → Votiv-Hort von La Tène (vgl. → Gewässer) sind zwei Pferdchen (vgl. → Pferd) zu sehen, über die ein Steinbock (vgl. → Widder) oder → Hirsch hinwegsetzt.

Schwerter mit menschengestaltigen Griffen dürften mit Sicherheit Götter gemeint haben, natürlich solche, die dem Krieger nahestanden, wie → Taranis, → Teutates oder der einheimische, frühe → »Mars«. Der an einen Körper mit erhobenen Armen und gespreizten Beinen erinnernde X-förmige Griff, der der Hand den nötigen Halt gewährleistete, verlangte geradezu danach, einen mehr oder weniger naturalistischen Kopf aufgesetzt zu bekommen, wie z. B. beim Schwert, das bei Gampelen, Schweiz, aus dem Zihlbett kam, oder bei demjenigen von Châtillon-sur-Indes im Museum von Nantes.

Die oft mit → Gold eingelegten Schmiedezeichen (vgl. → Schmied) verraten sich in derselben Richtung: Es sind lauter magische Bildchen, die mythologische Zusammenhänge ansprechen, wie z. B. der Steinbock → links und → rechts vom Lebensbaum (vgl. → Widder, → Bäume), der → Eber mit den → drei Kugeln der → Rigani, der → Schmied, der → Stier oder → Masken.

Schwert mit menschengestaltigem Griff aus dem Zihlbett bei Gampelen (Schweizerisches Landesmuseum, Zürich).

Helm von Çiumeşti mit beweglichem Adler (Muzeul Naţional de Istorie, Bukarest).

Helme, die mit wenigen Ausnahmen nicht auf dem Schädel des Bestatteten saßen, sondern zu dessen Füßen lagen, trugen gern eine beeindruckende Zier (vgl. → Vögel), was ja

Wagen vom Grab des Fürsten von Hochdorf (Württembergisches Landesmuseum, Stuttgart).

auch die berittenen Krieger auf dem → Kessel von Gundestrup bestätigen, wo u. a. Hirschgeweih, Eber und Vögel vorkommen.

Die beiden Prunkhelme von Amfreville-sur-les-Monts (Musée des Antiquités, St. Germain-en-Laye) bzw. von Agris (Musée Municipale, Angoulême), beide aus dem 4.–3. Jh. v. Chr., sind ganz oder teilweise mit → Gold überzogen. Ihre Ornamente setzen sich, nach J.-J. Hatt, aus den Symbolen → Riganis, → Taranis', → Teutates' und → Esus' zusammen. Der kostbare Wangenschutz von Agris ist ein technisches Wunderwerk, u. a. aus verschiedenfarbigen, voneinander abgesetzten Goldlegierungen und Korallen. Mitten drin ringelt sich elegant die gehörnte → Schlange (vgl. → Horn) aus Perlendraht.

Der keltische Waffenkult schlug sich auch in der Literatur nieder. Speer und Schwert werden gern mit denselben Attributen geschildert wie der → Blitz.

Die ältere Fassung von → *Cúchulainns Krankenlager* beschreibt die Festversammlung zu → *Samhain* auf → Mag Muirthemne. Die Ulstermänner brachten als Trophäen die Zungenspitzen ihrer erschlagenen Gegner mit und rühmten sich rituell ihrer Taten. Anscheinend war dabei nicht selten gemogelt worden, indem manche Kälberzungen herzeigten. Daher legten die Krieger zum Zeichen ihrer Wahrhaftigkeit »das Schwert über ihre Schenkel«. Bei einer Lüge wandte sich das Schwert gegen sie, da, wie sich der christliche Schreiber ausdrückt, »Dämonen aus ihren Waffen zu sprechen pflegten«. Ähnliches wird von → Ogmas Fund nach der Zweiten Schlacht von → Mag Tuired berichtet. Er zog das Schwert → Tethras aus der Scheide und reinigte es – offenbar rituell –, denn »die Schwerter hatten das Recht, nach dem Ziehen gereinigt zu werden«. Darauf hob es an, seine Heldentaten zu erzählen. »Dies war der Brauch der Schwerter zu dieser Zeit«, damals enthielten sie einen → Zauber. In diesem Falle erklärt der Kompilator, die Dämonen hätten aus den Waffen gesprochen, weil sie die Menschen verehrten.

Wagenkult

Sozial Höchstgestellten wurden Wagen mit ins Grab gegeben (vgl. → Totenkult) als eine je-

Rekonstruktion des Kultwagen von Vix (Musée du Châtillonnais, Châtillon-sur-Seine).

ner Sicherheitsvorkehrungen, die ihnen denselben Status im nächsten Leben gewährleisten sollten wie bisher (vgl. → Wiederverkörperung, → Unsterblichkeit der Seele). Bei denjenigen aus der späten Hallstattzeit handelt es sich um vierrädrige mit niederem Wagenkasten, bei jenen aus der Latène-Zeit um zweirädrige mit geflochtenen Seitenteilen. Verschiedene, wie z. B. diejenigen von → Vix, → Hochdorf, vom Dürrnberg bei Hallein oder Llynn Cerig Bach (vgl. → Môn), sind rekonstruiert worden. Manche, wie z. B. derjenige von Vix, müssen speziell für die Verstorbenen, hier die tote Fürstin, angefertigt worden sein – für den täglichen Gebrauch wäre er zu leicht gewesen.

In der Höhle von Býčískála in Mähren, die als natürliche Grabkammer benützt wurde, kamen u. a. die Reste mehrerer Wagen zum Vorschein. Einer davon, ein regelrechter Prunkwagen, ist nachgebaut worden – es könnte ein eigentlicher Kultwagen gewesen sein. Die Räder (vgl. → Rad) sind mit Bronze überzogen und die Speichen in gewissen Abständen mit dicken Rippen solcherart besetzt, daß beim Rollen der Effekt einer → Spirale entsteht. Der Wagenkasten ist ebenfalls mit Bronzeblech verkleidet, das »Augen-« (vgl. → »Eulengöttin«) und Sonnensymbole, z. B. Scheiben und Triskelen (vgl. → Gestirne), zieren.

Abgesehen vom Statussymbol verschaffte der Wagen aristokratischen Kelten Gelegenheit, durch allerlei waghalsige Kunststücke Heldenmut (vgl. → Held) zu beweisen. Caesar hebt hervor, daß die Britonen mit unvergleichlicher Gewandtheit ihre Streitwagen lenkten, die Pferde in vollem Lauf parierten, an Abhängen auf der Hinterhand kehrt machten, bei voller Fahrt auf der Deichsel hin- und herliefen sowie auf dem Joch stehend fochten. Wie eine Szene auf der Kline des Fürsten von Hochdorf zeigt, reicht diese Tradition bis in die späte Hallstattzeit hinauf. Auf der Rücklehne rahmt je ein mit Lanze und Speer bewaffneter, auf einem von zwei → Pferden gezogener Wagen stehender Krieger → drei in einem Schwerttanz begriffene Paare ein. Nach der Art, wie die beiden Krieger breitbeinig, mit leicht gebeugten Knien das Gleichgewicht zu halten suchen, muß der Wagen als in Bewegung befindlich vorgestellt worden sein. Ähnliche Kapriolen schildert die Sage für → Cúchulainn und seine Gefährten.

Interessant ist, wie genau die Beschreibungen der Fahrzeuge der Helden von Ulster mit den ausgegrabenen Modellen übereinstimmen. Derjenige von → Cúchulainn besaß z. B. helle, also aus geschälten Zweigen geflochtene Wände und war mit Metall überzogen, die Räder mit Bronze, die Deichsel mit Silber und *finnruine*. Auch hier dasselbe Bestreben wie auf dem Festland, dem Wagen eine möglichst hell-glänzendes Aussehen zu geben.

Diese ungefederten Vehikel mit ihren schweren Rädern verursachten auf den holprigen Naturstraßen ein donnerndes Geräusch – zum Stolz der Insassen, denn je größer das Getöse, desto edler galt der Reisende. → Druiden vermochten bereits am Räderrollen die soziale Stellung der des Wegs Fahrenden auszumachen, ein Motiv, das noch in einigen irischen Viten vorkommt. Die Diener des alten Druiden Lugbrann glaubten, sich über ihren Herrn lustig machen zu dürfen, weil dieser »das Geräusch eines Streitwagens unter einem König« gehört hatte, sich jedoch herausstellte, daß nur St. Ciarans Vater und seine schwangere Gattin unterwegs waren. Der Seher erhob jedoch seine Stimme und verglich das Ungeborene mit einer Sonne unter Sternen (vgl. → Gestirne) und nannte es einen mächtigen König (vgl. → Wahrsagerei). Der Weise wählte dieses Bild wohl nicht von ungefähr: Mit großer Sicherheit sahen die Kelten das Urbild eines jeden Wagens im Gefährt des Sonnengottes bzw. des Blitzschleuderers und Donnerers (vgl. → Taranis, → »Jupiter«) und seiner Gemahlin, der königlichen → Muttergöttin (vgl. → Rigani). Diese Vorstellung färbte auf jedes Gefährt eines mächtigen Herrn oder einer mächtigen Dame ab und gab jedem dieser prächtigen Wagen über der sozialen eine religiöse Komponente.

Wahrsagerei
Für viele frühe Kulturen war es von zwingender Wichtigkeit, die Zukunft zu erforschen, da diese letztlich mit dem Willen der Götter übereinstimmte und ohne diesen weder öffentliche Unternehmungen, wie Kriegs- und Beutezüge oder Landnahme, noch private, wie Heirat, Wallfahrt, Kauf und Verkauf, getätigt wurden.

Nach Justinus (2. Jh. n. Chr.) sollen bei den Kelten → Vorzeichen und Wahrsagerei eine noch größere Rolle gespielt haben als bei anderen Völkerschaften. Für die Inselkelten – bei denen des Festlandes dürfte es kaum anders gewesen sein – stammte alles Wissen aus der → Anderswelt, eine Vorstellung, die das Bild von der → Quelle Conlas oder der von Segais einfängt. Die Götter selbst, → Dagda, → Lug, → Morrígan, → Badb und natürlich ganz besonders die Fürsten der Anderswelt und die euhemerisierten → Schmiede haben direkten Zugang dazu. Die großen → Helden wie → Cúchulainn und → Fionn erwerben zukünftiges Wissen, um daraus wahrsagen zu können, oder erhalten es als Geschenk der übersinnlichen Welt.

Ferner bemühte sich die Klasse der → Druiden und → *fili* in jahrelangem Studium darum, bis sie »fáith«, »Propheten«, waren. Sie fingen es entweder durch korrekt ausgeführte Rituale und Magie (vgl. → Zauber) oder als Inspiration auf, oder auch, indem sie Omen richtig interpretierten. In christlicher Zeit übernehmen die Heiligen ganz selbstverständlich das Wahrsagen, gleichgültig ob es nun um die Zukunft eines Königs, eines jungen Heiligen oder um den Ausgang einer Schlacht ging.

Die Bevölkerung der keltischen Länder muß sich fortwährend nach Glücks- und Unglückstagen (vgl. → Coligny-Kalender) und allen Arten von Vorzeichen gerichtet haben, und bis zu einem gewissen Grad dürfte jeder für den Hausgebrauch sein eigener Prophet gewesen sein. Das läßt sich z. B. an den ehemaligen großen → Jahreszeitenfesten, → *Beltene* und → *Samhain*, ablesen. Die noch heute in Irland und Schottland dazugehörigen Glücks- und Ratespiele, die über Heirat, Tod, Reisen und andere größere Unternehmungen im neuen Jahr Auskunft geben sollen, sind die letzten Überreste davon.

Wasser → **Elemente,** → **Gewässer**

Weihegaben → **Votivgaben**

Widder
Die Kelten erbten ihren »Widdergott« aus der Urnenfelderzeit. Er verkörperte wohl die Stoßkraft in ihren verschiedenen Formen, die aggressiv-kriegerische, diejenige der keimenden Pflanzen und, ganz allgemein, des vegetativen Wachstums oder die zur Fruchtbarkeit führende der menschlichen und tierischen Sexualität. Wie J.-J. Hatt nachweist, fällt dieser Widdergott am Anfang der Latène-Zeit mit → Teutates zusammen. Auf der Kanne von Reinheim, 5. Jh. v. Chr. (Saarländisches Landesmuseum, Saarbrücken), und Waldalgesheim, 4. Jh. v. Chr. (Rheinisches Landesmuseum, Bonn) worauf die → drei großen Götter dargestellt sind, kommt Teutates als bärtige → Maske über einem Widderkopf oder als einfacher Widderkopf vor. Dasselbe wiederholt sich auf den Bronzefibeln von Ober-Wittinghausen (Württembergisches Landesmuseum, Stuttgart). Widderhörner sind die Grundlage seiner Symbole, dem liegenden → S-Zeichen oder dem in → Spiralen endenden V.

Aus einer Nebenkammer des Grabhügels (vgl. → Totenkult) von Kleinaspergle, südlich

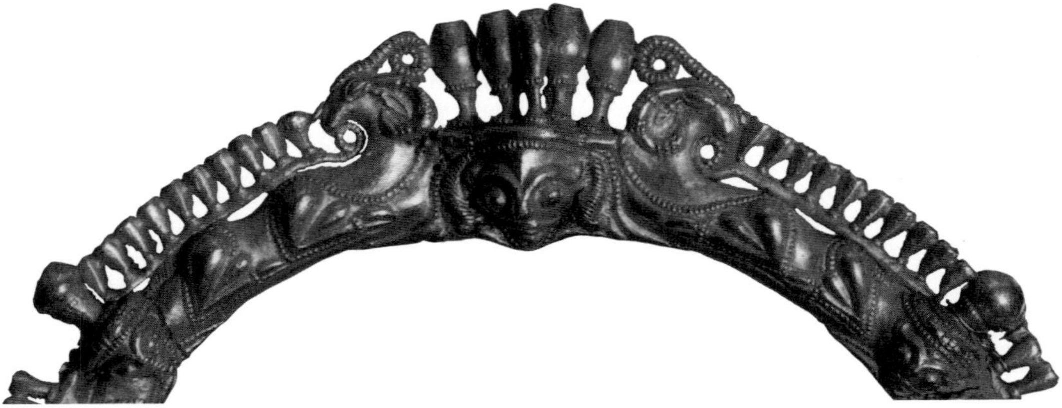

Ausschnitt des Armrings von Rodenbach mit Widdern (Historisches Museum der Pfalz, Speyer).

vom Hohenasperg, kamen zwei aus Goldblech gefertigte, kompliziert verzierte Beschläge von Trinkhörnern, wahrscheinlich von Ochsen (vgl. → Horn), zutage, die in zwei kleinen, recht naturalistischen Widderköpfen enden; die Ringe an der Nase dienten wohl als Aufhängevorrichtung. Sie werden allgemein als skythische Arbeit gewertet und müssen vor 450 v. Chr. entstanden sein. Der kunstvolle Goldreifen von Rodenbach, Ende des 5. Jhs. (Historisches Museum der Pfalz, Speyer), verbindet drei an den Symbolen erkennbare Teutatesmasken mit zwei sich lässig lagernden Widdern mit imponierenden Hörnern. Auch dieser Ring hat einen unverkennbar östlichen Einschlag.

Diese Erscheinungsform des Teutates kann von Gallien bis auf den Balkan belegt werden; zu Beginn des 3. Jhs. tauschte der Gott jedoch sein Widderattribut gegen den → Eber ein.

Dafür nahm die gehörnte → Schlange vermehrt den Widderkopf an; vom Fruchtbarkeitsaspekt her repräsentiert auch sie die Stoßkraft.

Das In-den-Hintergrund-Treten des Widders bedeutet nicht sein Verschwinden aus der Ikonographie. Bis zum Ende der gallischen Unabhängigkeit standen z. B. in manchen Gegenden immer noch »Feuerböcke« vor den Herdfeuern, Gebilde aus Ton oder Eisen, mit → Stier- oder Widderköpfen, halb Haushalts-, halb Kultgegenstände, die auch als Symbole der Gastfreundschaft galten. Gute Beispiele von tönernen besitzt z. B. das Musée Historique de l'Orléanais, Orléans. Aus dem → Schacht von Fellbach-Schmiden konnten drei einmalige Holzskulpturen geborgen werden: zwei auf den Hinterbeinen stehende Böcke, wie sie gelegentlich als Schmiedezeichen an Schwertern (vgl. → Waffenkult) vorkommen, mit mandelförmigen Augen und langen, elegant geschwungenen Hörnern nebst einem → Hirschen. Letztere ist ausgezeichnet, die ersteren nur in den Umrissen erhalten. Sie waren als gegenständliche, eine Gottheit einrahmende Figuren gedacht, denn über ihren Hüften liegt je ein Arm mit einer Hand. Es kann sich um eine → »Diana«, eine »Herrin

Tönerner Feuerbock in Widderform (Musée Dobrée, Nantes).

der Tiere«, gehandelt haben, ebenfalls ein Motiv östlicher Herkunft.

Nordengland, das sich auf einheimische, kriegerische, gehörnte Götter spezialisierte, brachte eine Reihe von mit Widderhörnern bestückte Darstellungen hervor. Die eindrücklichste ist der blockartige Kopf von Netherby (Gr. Cumbria) bei A. Ross. Die Augenwülste über den tiefliegenden Augen, die gerade Nase und die leicht geöffneten, jedoch starren Lippen verleihen ihm einen brutalen Zug, den die großen, nach hinten gekrümmten, spitzzulaufenden Ziegenhörner gewiß nicht mildern.

Auf dem Relief von → Bath geht der Widder seiner grundsätzlichen Aufgabe nach. Zu Füßen der → Muttergöttin und des Schöpfergottes bahnt er, mit zum Stoß gesenktem Kopf, → drei *genii cucullati* (vgl. → *genius cucullatus*) den Weg nach → rechts in die reale Welt (vgl. → Wiederverkörperung).

Außer in → Anderswelt-Zusammenhängen spielt der Widder kaum eine Rolle in der irischen Sage. → Tagdh und seine Gefährten geraten auf einer der Inseln durch den Angriff einer ganzen Herde riesiger Ziegenböcke, unter ihrem 27fach (→ drei mal → neun) gehörnten Anführer, in Lebensgefahr. Mit knapper Not vermag ihn Tagdh zu erlegen.

Noch heute wird Tobar-na-Molt, »Widder-Quelle« (Gr. Kerry), in der → St. Brendan getauft worden sein soll, von Pilgern aufgesucht. Die Legende erzählt, daß daraus drei purpurfarbene (vgl. → rot) Widder gesprungen seien; die christliche Erklärung als Taufgebühr für den Bischof, der das Sakrament spendete, klingt wenig überzeugend. Es dürfte sich ursprünglich um ein dem Widdergott geweihtes Quellheiligtum gehandelt haben.

Die Galloromer gaben dem Widder als Attribut des → »Merkur« im Verein mit dem Hahn (vgl. → Vögel) und der → Schildkröte wieder einen offiziellen Platz in ihrem Pantheon.

Wiederverkörperung

Nach den Zeugnissen klassischer Schriftsteller waren die Kelten von der Körperlichkeit ihrer nachtodlichen Existenz überzeugt. Die → Unsterblichkeit der Seele wurde in der Regel nicht unabhängig von einem Körper gedacht. Treten in der inselkeltischen Sage »Phantome«, »Gespenster«, »körperlose Schatten« auf, so werden sie immer als etwas Dämonisches, Abnormales empfunden, während der Umgang mit Bewohnern der → Anderswelt, ob freundlich oder feindlich, so alltäglich-normal ist, daß kein Unterschied zur Menschenwelt besteht. Es wird gegessen und getrunken, geschlafen, gekämpft, geliebt, Kinder werden gezeugt ... alles Tätigkeiten, die einen Körper voraussetzen.

Diodorus, auf Posidonius zurückgreifend, formuliert unzweideutig: »Die Seelen der Menschen sind unsterblich, und nach einer bestimmten Anzahl von Jahren führen sie ein weiteres Leben, wenn die Seele in einen anderen Körper eingeht.«Caesar spricht ebenfalls davon, daß die unsterblichen Seelen nach dem (physischen) Tod »von einem [Körper] zum andern« gingen. Über den Ort jedoch, wo sich dieses neue Leben abspielen soll, sind sich unsere Gewährsleute nicht einig.

Ist das Posidonius-Zitat doch deutlich auf die reale Welt der Menschen bezogen, so spricht z. B. ein Pomponius Mela von den »unterirdischen Regionen«, während Lukan die → Druiden versichern läßt, daß die Seelen nicht im blassen, stillen Totenreich landeten, sondern »mit einem neuen Körper der Geist in einer anderen Welt herrsche«. So gesehen ist der Tod die Mitte in einem langen Leben.

Der → Totenkult gibt über den Glauben an ein Leben nach dem Tod keine weiteren Aufschlüsse. Aller Wahrscheinlichkeit nach liefen die verschiedenen Auffassungen nebeneinander her, lösten sich periodisch ab und waren sicher auch klassenspezifisch. Bildliche Darstellungen und schriftliche Quellen, soweit sie die christliche Zensur durchließ, bestätigen, daß alle bestanden haben.

Die *genii cucullati* (vgl. → *genius cucullatus*) lassen sich mit Poseidonius'/Diodorus' Beobachtungen in Einklang bringen. Der physische Tod löst die Seele, die Lebensimpulse oder Essenz der Menschen (vgl. → Kopfkult) aus dem individuellen Leben heraus – in diesem Zustand tragen alle dieselben Kapuzenmäntel –, die nun eine Zeit als Teil des ganzen, unendlichen, potentiellen Lebens verbringt, bevor sie wieder einen individuellen Körper und damit ein eigenes Schicksal annimmt.

»Teutates prüft die Krieger« (Detail des Kessels von Gundestrup; Nationalmuseet, Kopenhagen).

Allerdings deutet die Szene vom die abgeschiedenen Krieger beurteilenden → Teutates auf dem → Kessel von Gundestrup ein Selektionsverfahren an. Der Gott hält zwei identische, uniformierte Männer über seinen mächtigen Schultern → links und → rechts von seinem majestätischen Haupt hoch, die ihm jeder einen → Eber, Symbol ihrer Tapferkeit und Kampfkraft, anbieten, wovon der eine deutlich größer und voller ist.

Auf den Krieger mit dem größeren Eber wartet ein geflügeltes → Pferd, um ihn wohlbehalten in die → Anderswelt zu den Gefilden der Seligen zu bringen. Auf denjenigen mit dem mickrigen Eber lauert ein großer → Hund oder vielleicht auch → Wolf mit offenem Rachen, bereit, ihn zu verschlingen. Der Feige wird also aus dem Verkehr des ewigen Lebenskreislaufes gezogen.

In dieser Richtung dürften auch Figuren wie die südfranzösische Tarasque von Noves (Museum von Avignon) zu interpretieren sein (vgl. → Kopfkult).

Die inselkeltische Sage geht mit der Reinkarnationsidee ganz selbstverständlich um. → Seelenwanderungen durch verschiedene Existenzen sind zwar rar, schließen jedoch wie manche → Metamorphosen mit einer Wiederverkörperung ab, wie z. B. im Falle → Mongans, → Tuans, → Taliesins oder → Étaíns. Außer Étaín verfügen die als Menschen Wiedergeborenen über ihr früheres Bewußtsein, während sich die Königin als Menschenkind nicht mehr an ihre früheren Existenzen erinnern kann und von → Midir darüber aufgeklärt werden muß. Daneben stehen ganz direkte, unkomplizierte Wiedergeburten: → Cúchulainn z. B. gilt als Reinkarnation → Lugs.

Menschen bzw. Götter können nach langen Metamorphosen jedoch auch als Tiere wiedergeboren werden, wie z. B. die beiden magischen → Schweinehirten → Rucht und Runce.

Viel ist von Abgeschiedenen die Rede, die sich in den *síde* (vgl. → *síd*) oder den Inseln der → Anderswelt wiederfinden, wobei immer wieder deren vollkommene, jugendlichschöne Körper hervorgehoben werden, denen weder Alter noch Krankheit, weder Verfall noch Tod etwas anhaben kann. Als → Midir Étaín zum Mitkommen bewegen will, macht er geltend, daß in seinem Land »... das Haar Primel-hell, der Körper schneefarben« bleibt, »... weiß die Zähne, ... schwarz die Augenbrauen, ... jede Wange ... der Ton des Fingerhutes«.

Wolf
Sowohl eines der alten irischen Wörter für »Wolf«, »cuallaidh«, »Wildhund«, als auch das moderne »faolchu« enthält die Silbe »cu«, → »Hund«, was auf die enge Verwandtschaft der beiden Tiere hinweist, die sich auch mythologisch niederschlägt.

Die wenigen Beispiele in Sage und Ikonographie schildern den Wolf einerseits als lebenserhaltend, anderseits als lebensbedrohend. → Cormac mac Airt wurde gleich nach der Geburt von einer Wölfin verschleppt und von ihr, zusammen mit ihren Jungen, großgezogen. St. Ailbe, der Bischof von Emly (gest. 527?), der den Ehrentitel »Patrick von Munster« trug, verdankte einer Wölfin das Leben, da sie sich des ausgesetzten Säuglings annahm. In beiden Fällen ist die Dankbarkeit, mit der der König und der Heilige an der vierbeinigen Ziehmutter hängen, bemerkenswert. Als Cormac König wird, zieht selbstverständlich auch seine Wolfsfamilie mit nach → Tara, und St. Ailbe schützt seine grauschnäuzige Pflegemutter im Alter nicht nur vor den Jägern,

Der Wolf versucht vergeblich, das Entchen zu verschlingen: Schnabelkanne von Basse-Yutz (British Museum, London).

Wolf auf der Schnabelkanne von Basse-Yutz (Ausschnitt; British Museum, London).

sondern lädt sie auch ein, sich täglich ihr Futter bei ihm abzuholen.

Die prachtvolle, koralleneingelegte Schnabelkanne von Basse-Yutz (Dép. Moselle), heute im British Museum, London, aus dem beginnenden 4. Jh., zeigt den Wolf von der bedrohlichen Seite als den großen Verschlinger. Der Henkel ist als spitzohriger, schlanker, (hungriger?) Wolf mit entblößten Fangzähnen gestaltet, der mit zwei Jungen einer Ente (vgl. → Vögel), auf der obersten Spitze des Schnabels, nachstellt. Allerdings wird er sie nie erreichen, denn sein Unterkiefer ist mit einem Kettchen an den Deckel gefesselt. Symbolträchtig ist diese kleine Szene jedenfalls. Sie läßt sich verstehen als Dunkelheit, die das Helle verschlingen, als das Böse, das über das Gute triumphieren, oder als die Vernichtung, die das Leben auslöschen möchte. Tröstlich ist die eingebaute Sperre, die die negativen Kräfte nicht überhand nehmen läßt.

Ähnliches drückt die berühmte → Cernunnos-Gruppe auf dem → Kessel von Gundestrup aus: Der Gehörnte sitzt, → Hirsch → rechts, Wolf → links trennend, zwischen den beiden Tieren, die für das Leben bzw. die

Cernunnos hält den Wolf vom Hirschen getrennt (Detail des Kessels von Gundestrup; Nationalmuseet, Kopenhagen).

Vernichtung stehen. Nach der Art, wie der Wolf nach dem Zerviden gierig schnüffelnd die Lefzen hebt, ist diese Sicherheitsvorkehrung nicht unangebracht: Der Wolf würde den Hirschen zerreißen, wenn er könnte. Mit der Gottheit dazwischen ist jedoch das Gleichgewicht zwischen Lebens- und Todeskräften perfekt ausgewogen.

Auch Conaire Mór gelingt es, dieses herzustellen. Seine Herrschaft ist so gerecht, daß sogar sein Verhältnis zu den Wölfen vertraglich geregelt ist: Sieben sitzen als Bürgen an seinem Hof, so daß keiner ihrer Brüder mehr als ein Stierkalb (vgl. → Stier) pro Jahr reißen kann. Vor Gericht erhalten sie einen eigenen Vertreter.

Nach der *Zerstörung der Festhalle → Da Dergas* liegt Mac Cécht (vgl. → Mac Cuill, Mac Cécht, Mac Greine) → drei Tage lang verwundet auf dem Schlachtfeld. Eine des Weges kommende Frau spricht ihn etwas zögernd an und erkundigt sich, ob da eine Mücke oder eine Ameise in der Wunde stecke. In Wirklichkeit ist es ein »mähniger Wolf«, der sich bis zur Schulter in sein Fleisch hineingefressen hat. Die Frau zieht ihn am Schwanz heraus, wobei er noch schnell ein Maul voll mitnimmt, und rettet so Mac Cécht das Leben.

Gelegentlich wird in der inselkeltischen Sage der Wolf als → Metamorphose gewählt. Interessanterweise folgt bei → Mongan auf die Phase des Wolfes gleich eine als Hirsch. → Maths Neffen, → Gwydion und → Gilvaethwy, müssen u.a. in Wolfsform ihre Strafe abbüßen. Noch im 12. Jh. wartet ein Giraldus Cambrensis mit wilden Werwolfgeschichten von den Männern und Frauen aus Ossory auf, die in Wolfsgestalt Vieh rissen. Möglicherweise existierte zu der Zeit eine solche, wohl aus dem Nordischen stammende Überlieferung, oder aber man hatte dem neugierigen Waliser einen Bären über den Wolf aufgebunden.

Yellow Book of Lecan
»Das Gelbe Buch von Lecan« aus der Gr. Sligo vom Ende des 14. Jhs. enthält auf 500 Seiten eine Sammlung bedeutend älterer Handschriften mit vielen wichtigen Sagen aus dem → Ulsterzyklus – darunter die einzige nicht interpolierte Fassung des → *Táin Bó Cuailnge*, eine *Zerstörung der Festhalle → Da Dergas* und *Die Reise von → Mael Dúins Boot*. Das Original besitzt das Trinity College, Dublin; 1896 wurde vom *Yellow Book* eine der ersten Faksimileausgaben hergestellt und von

der Royal Irish Academy, mit einer Einleitung von Robert Atkinson versehen, herausgegeben.

Ygerne

Durch die Wendungen des Schicksals und die Machenschaften → Merlins wird Ygerne die Mutter von → Artus. Sie ist die Gattin von Gorlois, des Herzogs von Cornwall, in die sich Uther Pendragon, Sohn König Konstantins und rechtmäßiger Herrscher (vgl. → rechtmäßige Herrschaft) Britanniens, bei einem Osterbankett in London verliebt und solcherart mit seinen Gunstbezeugungen überschüttet, daß Gorlois mit seiner Gemahlin in aller Stille abreist. Er bringt sie auf seiner uneinnehmbaren Burg, Tintagel, an der Nordküste Cornwalls in Sicherheit und stellt sich dem König zum Kampf.

Uther Pendragon, der, mittlerweile krank vor Liebe, dem Tod näher ist als dem Leben, wendet sich an Merlin, der ihm durch → Zauber das Aussehen des Grafen von Cornwall und sich selbst dasjenige seines Dieners gibt. In dieser Gestalt werden sie natürlich in die Burg eingelassen. Die tugendhafte Ygerne durchschaut den Schwindel ebensowenig wie einst Alkmene und freut sich über den Überraschungsbesuch ihres geliebten Gatten. In dieser Nacht kommt der echte Gorlois bei einem Überfall ums Leben, nur Stunden, bevor Ygerne das Kind empfängt, das der Sage nach Britanniens größter König werden soll.

Ysbaddaden

→ Olwens Vater ist Ysbaddaden Penkawr, »Hauptriese« bzw. »Riesenhaupt«, bei dem → Kulhwch um deren Hand anhält. Nach einer Prophezeiung (vgl. → Wahrsagerei) muß er sterben, wenn sich seine Tochter verheiratet. Von der Größe her gleicht er → Brân, vom Aussehen und Gebaren jedoch → Balor. Wie diesem über den einen Augapfel, so fallen auch ihm fortwährend die enormen Lider zu. Diener müssen sie mit Gabeln hochstemmen, will er seinen Schwiegersohn betrachten. Nachdem Kulhwch und seine Gefährten kühn in Ysbaddadens Halle eingedrungen sind und der junge Freier sein Begehren vorgetragen hat, geschieht dies zum ersten Mal. Der Riesenschwiegervater in spe verspricht Kulhwch eine Antwort am folgenden Tag. In dem Augenblick, da sich die ungebetenen Gäste zum Gehen wenden, ergreift Ysbaddaden einen seiner vergifteten Steinspeere (vgl. → Stein, → Blitz) und schleudert ihn in Richtung seiner Besucher. Bedwyr vom Artushof fängt diesen auf und wirft ihn zurück, so daß er dem Riesen in die Kniescheibe fährt, was wildes Geschrei und einen Schwall Verwünschungen zur Folge hat. Am schlimmsten empfindet es der so Getroffene, daß er von jetzt an nur noch mit Schwierigkeiten wird bergauf gehen können.

Noch zweimal wiederholt sich diese Szene: Beim zweiten Mal trifft Ysbaddaden die eigene Waffe in der Brust, beim dritten dringt sie von Kulhwchs Hand in das eine seiner Augen ein. Am vierten Tag läßt sich der rabiate Riese endlich dazu herab, die 13 Haupt- und 26 Nebenaufgaben zu stellen, die Kulhwch lösen muß, will er Olwen gewinnen. Nachdem Kulhwch mit → Artus' Hilfe alle Bedingungen erfüllt hat, rasiert Caw von Schottland dem alten Riesen den Bart inklusive Ohren »bis auf die Knochen« ab. Auf die Bestätigung Ysbaddadens, daß Olwen nun wirklich Kulhwch gehöre, folgt ohne jede Sentimentalität die Feststellung, es sei nun an der Zeit, ihn zu töten. Das erledigt Goreu, Custenins Sohn, gänzlich unzeremoniell auf dem Dunghaufen und pflanzt dann den Kopf (vgl. → Kopfkult) des Riesen auf der Festungsmauer auf.

Ysbaddadens Modell ist, wie im Falle Balors, der böse, alte, den Menschen feindlich gesonnene Sonnengott; seine Tochter ist unschwer als die strahlende, junge, segensreiche Sonnengöttin zu erkennen.

Yseult → **Isolde**

Yvain → **Owain**

Zauber

Der Versuch, sich übersinnliche Kräfte dienstbar zu machen, um in die Abläufe der Menschen- und der → Anderswelt einzugreifen, spielte bei den Kelten eine überaus wichtige Rolle. Magie lag in erster Linie in den Händen von Experten, den → Druiden und → *fili*, später bei den Heiligen. Alltägliches, etwa Abwehr-, Verwünschungs-, Liebeszauber, blieb den Laien überlassen. Interessanterweise ist die im Zusammenhang mit der Verwünschung geschilderte Geste – die zum Himmel erhobenen Hände – von der *orans*-Stellung, der Anbetung, nicht zu unterscheiden. Setzt das Beachten von → Vorzeichen und die → Wahrsagerei eine eher passive Haltung voraus, so gibt der Zauber dem Menschen eine aktive Handhabe; er macht ihn zum Partner der Götter oder dämonischen Wesen, sogar zu deren Widerpart, wenn sie sich deren Wirken entgegensetzten.

Das gesprochene/gesungene Wort ist das wichtigste Zaubermittel – das Geschriebene folgt mit weitem Abstand; jedes Ritual ist im Grunde nur dazu da, dessen Wirkung zu verstärken. Durchschlagenden Erfolg zeitigen weder Zauberformeln noch vorausbedachte Formulierungen, sondern das ex-tempore-Gedicht, die Eingebung aus dem Übersinnlichen (vgl. → *fili*). *Dichetal do chennaib*, die »Rezitation der Enden«, d.h. der Fingerspitzen, bezog diese als Gedächtnisstütze ein. Sowohl Druiden wie auch Heilige besaßen kraft des Wortes Macht über die → Elemente und meteorologischen Erscheinungen. In der inselkeltischen Sage werden → Metamorphosen, zumeist die Verwandlungen in Tiere, kaum je als Zaubervorgänge dargestellt. → Fuamnach und die Stiefmutter der Kinder → Lirs oder → Math gehören zu den wenigen, die Zauberstäbe verwenden. Das Hinüberwechselnkönnen in verschiedene Zustände scheint als Selbstverständlichkeit aufgefaßt worden zu sein.

Druiden und Heiligen wird jedoch bescheinigt, daß sie Menschen in → Steine zu verzaubern vermochten. Beide gingen mit Verfluchungen verschwenderisch um.

Wenn → Boand → Fraech einen »Giftspruch« bringt, worin er vor einem entscheidenden Zweikampf seine Waffen (vgl. → Waffenkult) waschen soll, dürfte es sich dabei um ein beschriftetes Metallplättchen gehandelt haben, das im Wasser (vgl. → Elemente) seine Schutzwirkung entfaltete. Nach einem solchen Prinzip arbeiten auch die gallorömischen *defixiones*, die überall in keltischen Landen zum Vorschein kamen. Es handelte sich um an übernatürliche Mächte gerichtete Bleiplättchen mit eingravierten Verwünschungen – negative Gebete. Eins aus → Bath ruft die Göttin → Sulis an, ein anderes aus Kempten die Mutae Tacitae, »die Stummen, Schweigenden«, wohl Dämonen der → Anderswelt. Ein gewisser Quartus soll die Sprache und den Verstand verlieren oder, besser noch, gleich zu den Erinnyen fahren – der Verfasser der Inschrift klingt verbittert. Solche Kräfte sind bis in unser Jahrhundert in Irland durch Verwünschungssteine (vgl. → Steine) bewegt worden.

Bekanntermaßen vertrauten die Druiden keinen ihrer heiligen Texte der Schrift an. Nur die mündliche Überlieferung füllte das Wort mit jenem Geistigen, das sich auf die Zuhörer segensreich auswirken sollte. Wurden die Sagen, wie das → *Lebor Laignech* für den → *Táin Bó Cuailnge* bittet, »wortgetreu, in dieser Form und keiner andern« weitergereicht, trat das Element der Wahrheit hinzu, in sich bereits ein mächtiger Zauber. Aufmerksam Lauschende durften als Belohnung auf Kindersegen, Schutz während einer Seereise, Erfolg bei Prozessen und der Jagd, Frieden in der Festhalle und allgemeinen Wohlstand hoffen. Eine in diesem Sinne »wahre Geschichte« würde auf die Gefangenen Irlands wirken, als »löste man ihre Fesseln und Bande«.

Nach einem bereits christlichen Beispiel der Gebrüder Rees war dem Teufel der Zutritt zu einem Haus verwehrt, während dort Erzählungen aus dem → *Fenierzyklus* vorgetragen wurden.

Die Magie der Wahrheit wirkt sich unmittelbar auf ganz konkret-physische Dinge aus. Sie hat mit Leben, also Wärme zu tun: In → Cormacs Abenteuer garen vier Wahrheiten den → Schweine-Braten, und → drei weitere machen einen durch Lügen zerbrochenen Kelch wieder heil.

Wahrheit und Recht besitzen dieselbe Wurzel. Gerechtigkeit läßt das Land aufblühen und sorgt für »Milch und Mast«. Die → rechtmäßige Herrschaft bringt Gesundheit, Fruchtbarkeit und Wohlstand. Mensch, Vieh und Pflanze gedeihen durch ihren positiven magischen Einfluß; Usurpation, ein physischer oder, noch schlimmer, moralischer Makel des Königs bewirken das Gegenteil. Der ungerechte Richtspruch löst buchstäblich die Grundfesten: Das Haus, in dem er gesprochen wurde, rutscht den Hügel hinunter (vgl.

→ Cormac, → Tara). Das Beachten der *gessa* (vgl. → *geis*) hing, nach keltischem Empfinden, ebenfalls mit Wahrheit zusammen – eine eindeutig lebensfördernde, denn Mißachtung derselben führte unweigerlich zum Tod. → *Tarbfais*, »Stier-Schlaf« bzw. »-Fest« mußte unter dem »Zauber der Wahrheit« vonstatten gehen. Eine Lüge des Ausführenden würde diesen tot umfallen lassen.

Nach *Cormacs Glossar* (frühes 10. Jh.) kam *Imbas forosnai*, »die Erleuchtung durch die Handflächen«, ebenfalls im Schlaf. Dadurch erfuhr der Dichter alles, was er wissen wollte. Er brauchte nur ein Stück rohes Fleisch eines → roten → Schweines, → Hundes oder einer roten → Katze zu kauen und es, nach einem Spruch, den Göttern als → Opfer auf einen → Stein zu legen. Besprach er darauf seine Handflächen und legte sie auf seine Wangen, versank er in einen tiefen, → drei bis → neuntägigen Zauberschlaf. Er wurde sorgfältig bewacht, um jede Störung zu vermeiden. Wachte er auf, besaß er eine klare Übersicht über die Dinge. → Fionn kaute mit demselben Ergebnis auf seinen Daumen, wollte er »zukünftiges Wissen« erlangen.

Teim laegda war der Fachausdruck für den Zauber, der das ex-tempore-Gedicht mit dem → Opfer-Ritual verband.

Magie diente jedoch auch als Schutz und Abwehr. *Airbre druach*, »der Zaun der Druiden«, steckte eine sichere Zone ab – wodurch genau, ist jedoch nicht mehr bekannt. Es könnte sich um Umgehungen, → *deisiol*, nach → rechts der Sonne (vgl. → Gestirne) nach, gehandelt haben.

Alles Gesprochene ließ sich durch die Ausführung »auf einem Fuß, mit einem Arm / einer Hand und einem Auge«, womöglich noch »in einem Atemzug« beträchtlich steigern. Gewöhnlich wurde damit die linke Seite (vgl. → links) aktiviert: Der Ausführende stellte sich eindeutig in die übersinnliche Welt hinein. Auf diese Weise verleihen z. B. → Lug, → Badb und → Cúchulainn ihren Beschwörungen Nachdruck.

Alltägliche, jedoch zu einem bestimmten Zeitpunkt ausgeführte Handlungen erlangten den Charakter eines Schutzzaubers. Der nicht ungefährliche, geisterhafte Begleiter → Neras kann in kein Haus eindringen, aus dem das Schmutzwasser des Tages entfernt und das Feuer abends sorgfältig zugedeckt wurde, denn es bildet sich nachts ein undurchdringlicher Feuer- oder Wasserwall (vgl. → Elemente) darum.

Gewisse Substanzen, wie → Gold, → Bernstein, Glas, Eisen, das Holz der Eberesche (vgl. → Bäume), brachen die Macht von → Feen oder Dämonen. → Amulette wurden überall in keltischen Landen getragen – mit großer Häufigkeit jedoch am Übergang von der Hallstatt- zur Latène-Zeit.

Dichteltair, *fe-fiada* oder *céo*, »Nebel«, bezeichnen Zauber, die unsichtbar machen. Bei Göttern (vgl. → Lug), → Helden, → Elfen und → Feen und sonstigen Andersweltbewohnern handelt es sich um einen Mantel, der wie eine Tarnkappe wirkt, sonst um Nebelschleier. Bis auf → *Samhain* lagen die Feenhügel (vgl. → *síd*) das ganze Jahr unter *fe-fiada*, so daß gewöhnliche Sterbliche den Eingang nicht finden konnten. Trat *fe-fiada* zu jenem Zeitpunkt außer Kraft, lagen sie schutzlos da, den Angriffen der Menschenwelt ausgesetzt (vgl. → Nera). → St. Patricks »Reh-Ruf« erzielte dieselbe Wirkung: Nach dem gewaltigen Zaubergebet erschien er mit den Seinen in den Augen ihrer Verfolger als ein Rudel Rehe (vgl. → Hirsch), das durch den Morgennebel zog.

Bis tief ins Mittelalter galten jene Erzählungen als Realitäten, worin Feen, vor allem die → *banshee*, ihren Menschen Schutzmäntel für den Kampf zur Verfügung stellten. Allerdings griffen diese Maßnahmen selten, entweder weil sie an menschlichem Hochmut oder an einem Schuß aus dem Hinterhalt beim Ablegen des Zaubers scheiterten.

Ursprünglich war die Satire der Dichter, neuir. »aoir«, wie beim Prototyp-Paar → Cairbe/→ Bres, als Waffe gegen einen Geizhals oder als Schutz für den vom Fürsten um seinen Lohn Geprellten gedacht. War sie ungerechtfertigt, richtete sie sich gegen den Dichter selbst. Allerdings wurde, wie im Fall der bedauernswerten → Luaine, schon früh Mißbrauch damit getrieben – so daß die Versammlung von Drum Ceatt (vgl. → St. Columcille) allein deswegen schon vorprogrammiert war; das System, vor allem die Wertvorstellungen, wonach die Magie der Satire wirken konnte, blieb nämlich bis zum endgültigen

Zusammenbruch der keltischen Gesellschaft erhalten.

Vermochten die ätzenden Formulierungen niedere Tiere wie Ratten und Mäuse zu vernichten, so griffen sie bei Menschen die Haut an und ließen Beulen und Pusteln auf Stirn und Wangen entstehen – meist noch auffallend farbige! Daraus, daß die irische Sprache für »Wange« und »Ehre« dasselbe Wort benützte, ist ersichtlich, daß es sich nicht um einen harmlosen Schönheitsfehler, sondern um eine für alle sichtbare Schädigung der Ehre des Betroffenen handelte. Er verlor das Gesicht, die größte Schande, die einen Inselkelten, ob Mann oder Frau, treffen konnte und die er selten überlebte. Die Beulen prangerten Geiz, Ungastlichkeit, unedle Gesinnung an – metaphysisch eine Zusammenarbeit mit den lebensfeindlichen Kräften –, was jeder rechtmäßige Fürst oder auch Fürstin (vgl. → rechtmäßige Herrschaft) um jeden Preis vermeiden mußte. Ein so Bloßgestellter war nicht nur auf seine Lebenszeit, sondern auf Generationen hinaus gesellschaftlich erledigt. Ähnliches, in etwas gemilderter Form, ließ sich durch das Anpakken eines Menschen an Wangen und Ohren erzielen, was diesem die »Schamröte ins Gesicht trieb«, wie → Deirdre → Naoise. Auch ihm drohte der Verlust der Ehre. Was dieser durch die Komponente der Wahrheit magisch aufgeladene Begriff für ihn bedeutete, läßt sich nur daran ermessen, daß er alles, Heimat, Familie, Freunde, sogar seinen König aufgab, um sie zu retten, und mit Deirdre einer ungewissen Zukunft entgegenzog.

Das *Buch von Ballymote* (Ende des 14. Jhs.) hat uns die einmalige Schilderung von *Glam Dichinn*, »Satire von den Hügelrükken«, eine Verwünschung samt Ritual hinterlassen, die sich gegen einen unehrenhaften König richtet. Der Dichter braucht die Zustimmung von »dreißig Laien, dreißig Bischöfen, dreißig Dichtergefährten«; bei berechtigtem Anlaß durfte ihm diese jedoch keiner versagen. Er begann, indem er auf dem Land des zu schädigenden Königs fastete. Mit sieben Dichterkollegen, von jedem Grad einen, erstieg er vor Sonnenaufgang (vgl. → Gestirne) einen Hügel (vgl. → Elemente) an der Grenze von »sieben Ländern«. Der → *ollam* mußte sich mit dem Gesicht gegen das Territorium des Königs aufstellen, die andern gegen die übrigen, während sie den Rücken einem Weißdorn, seit Alters her dem Baum (vgl. → Bäume) der großen → Muttergöttin, zuwendeten. Jeder hielt einen mit einem Loch versehenen Stein (vgl. → Amulett) und einen Dorn in der Hand, während sie der Reihe nach ihre Verse laut und vernehmlich erschallen ließen. Die beiden magischen Hilfsmittel wurden darauf am Fuße des Busches niedergelegt. War ihre Sache gerecht, würde sich der Hügel öffnen und den »König, seine Frau, seinen Sohn, sein Roß, seine Gewänder und seinen → Hund« verschlingen. Waren die Dichter im Unrecht, würde ihnen dasselbe widerfahren.

Ebenso zweischneidig und vor Mißbrauch genausowenig geschützt war *dlui fulla*, der »Flatter-Wisch«, ein Heu-, Gras- oder Streubündelchen, das, von einem Druiden besprochen und einem Menschen unversehens ins Gesicht geschleudert, diesen entweder sofort tötete oder ihn langsam verblöden ließ.

Das Fasten, das *glam dichinn* einleitete, war in sich selbst ein hochwirksames magisches Mittel, eine Überzeugung, die die Kelten mit den Indern teilten, bzw. noch teilen. Das Fasten wurde gegen sozial Höhergestellte, meist den König, angewendet, um diesen zu zwingen, seinen Pflichten und seiner Schuldigkeit nachzukommen. Dadurch, daß er nicht verhindern kann, daß ihm Anvertraute hungern oder Hungers sterben, macht er sich nicht nur schuldig, sondern stellt selbst seine → rechtmäßige Herrschaft in Frage. Dieses magische Druckmittel übernahmen die irischen Heiligen und wandten es gegen Könige oder einen heiligen Baum (vgl. → Bäume) an, → St. Patrick sogar erfolgreich gegen Gottvater persönlich. Während ihrer 750jährigen Kolonialgeschichte und der bis heute andauernden Nachwehen nahmen die Iren immer wieder in Zeiten größter Not dazu Zuflucht und setzten den Hungerstreik ein, wo rationale Kräfte nicht mehr ausreichten. So erreichte, unter weniger beachteten, der erschütternde Fall von Bobby Sands und seinen Gefährten, die im Long-Kesh-Gefängnis 1981 verhungerten, die Weltöffentlichkeit.

Zeitenberechnung
Nach keltischer Auffassung entstand das Leben aus dem Tod, das Licht aus der Dunkel-

heit, der Tag aus der Nacht. Bei einer Zeitenberechnung war es deswegen nur folgerichtig, mit der Nacht bzw. dem Winterhalbjahr zu beginnen, wie es der Kalender von → Coligny auch tut. Überdies war jeder Monat durch das Wort »Atenoux«, das versuchsweise mit »Wiederkehr der Nacht« wiedergegeben wird, in eine dunkle und eine helle Hälfte geschieden.

All dies stimmt mit Caesars Beobachtungen überein, der den Vorrang der Nacht über den Tag bei den Kelten als etwas Besonderes erwähnt. Nach der Lehre der → Druiden stammten alle Gallier von → »Dis Pater« ab, weswegen sie die Zeit nach Nächten, nicht nach Tagen, berechneten. Das beinhaltet jedoch, daß die Kelten, da »Dis Pater« → »Jupiters« dunkler Bruder des Sternenhimmels und der Abgeschiedenen ist, sich selbst so richtig als Repräsentanten des Lebens gefühlt haben müssen. Es ist nicht von ungefähr, daß bei den → Jahreszeitenfesten die Nacht davor noch wichtiger als der Tag selbst war. Diese Tendenz ist bis heute noch spürbar. Obwohl die Kirche, der Unfallgefahr wegen, in den letzten Jahren die nächtlichen Pilgerfahrten auf die heiligen → Berge untersagte, hängen noch viele Iren an diesem tiefeingewurzelten Brauch.

Weiterführende Bibliographie

Almqvist, Bo, Séamas ó Catháin u. Pádraig ó Héalaí (Hg.), *The Heroic Process: Form, Function & Fantasy in Folk Epic*, Dun Laoghaire, 1987.
Anwyl, Edward, *Celtic Religion in Pre-Christian Times*, London, 1906.
d'Arbois de Jubainville, Henri, *Le cycle mythologique irlandais et la mythologie celtique*, Paris, 1884.
d'Arbois de Jubainville, Henri, *Les Druides et les Dieux Celtiques à forme d'animaux*, Paris, 1906.
Archäologie der Schweiz/Archéologie suisse/Archeologia svizzera, 14, 1991,1: »Kelten und Helvetier«.
Ashe, Geoffrey, *Mythology of the British Isles*, London, 1990.

Bachofen, J. J., *Der Bär in den Religionen des Alterthums*, Basel, 1863.
Barrington, T. J., *Discovering Kerry: Its History, Heritage & Topography*, Dublin, 1976.
Benoit, Fernand, *Art et dieux de la Gaule*, Paris, 1969.
Benoit, Fernand, *L'art primitif méditerranéen de la vallée du Rhône*, Aix-en-Provence, 1969.
Bittel, Kurt, Wolfgang Kimmig u. Siegwalt Schiek (Hg.), *Die Kelten in Baden-Württemberg*, Stuttgart, 1981.
Book of Kells, The: Reproductions from the Manuscript in Trinity College Dublin, Text: Françoise Henry, London, 1974.
Botheroyd, Sylvia u. Paul F., *Kunst- und Reiseführer: Irland*, Stuttgart, 1985.
Botheroyd, Sylvia u. Paul F., *Schottland/Wales/Cornwall: Auf den Spuren von König Artus*, München, 1988.
Botheroyd, Sylvia u. Paul F. *Deutschland: Auf den Spuren der Kelten*, München, 1989.
Botheroyd, Sylvia u. Paul F., *Irland: Auf den Spuren der Druiden und Heiligen*, München, 1990.
Brailsford, John, *Early Celtic Masterpieces from Britain in the British Museum*, London, 1975.
Briggs, Katharine, *A Dictionary of Fairies*, London, 1976.
Brogan, Olwen, *Roman Gaul*, London, 1953.
Butler, Hubert, *Ten Thousand Saints*, Kilkenny, 1972.

Campbell, J. J., *Legends of Ireland*, Zeichnungen Louis le Brocquy, London, 1955.
Chadwick, Nora, *Early Brittany*, Cardiff, 1969.
Chadwick, Nora, *The Celts*, Harmondsworth, 1970.
Christinger, Raymond, u. Willy Borgeaud, *Mythologie de la Suisse Ancienne*, 2 Bde, Genève, 1963–1965.
Cunliffe, Barry, *The Celtic World*, New York, 1979.

Dames, Michael, *The Silbury Treasure: The Great Goddess Rediscovered*, London, 1976.
Dames, Michael, *The Avebury Cycle*, London, 1978.
Déchelette, Joseph, *Manuel d'Archéologie préhistorique, Celtique et Gallo-Romaine*, Paris, 5 Bde, 1924 ff.
de Gubernatis, Angelo, *Die Thiere in der indogermanischen Mythologie*, Leipzig, 1874.
Delaney, Frank, *The Celts*, London, 1986.
Deyts, Simone, *Le sanctuaire des sources de la Seine*, Dijon, 1985.
Dillon, Myles, *Early Irish Literature*, Chicago, 1948.
Dillon, Myles (Hg.), *Irish Sagas*, Dublin, 1959.
Dillon, Myles, u. Nora Chadwick, *Die Kelten*, Zürich, 1966.
Dillon, Myles, u. Nora Chadwick, *The Celtic Realms*, London, 1967.
Dossiers d'Archéologie, Les, 140, Juillet-Août 1989: »Glanum«.
Dumézil, Georges, *Le Festin d'Immortalité: Étude de Mythologie Comparée Indo-Européenne*, Paris, 1924.
Dumézil, Georges, *Les Dieux des Indo-Européens*, Paris, 1952.
Dumézil, Georges, *Mythe et Épopée*, Paris, 1968; Neuausg., 1973 (dt. Ausgabe: *Mythos u. Epos*, Frankfurt a. M., 1989).
Duval, Paul-Marie, *La vie quotidienne en Gaule pendant la paix romaine (1.-3. siècle après J. C.)*, Paris, 1952.

Duval, Paul-Marie, *Les Dieux de la Gaule*, Paris, 1957. Neuausg. 1979.
Duval, Paul-Marie, *Les Celtes*, Paris, 1977 (dt. Ausgabe: *Die Kelten*, Übers. Dietz-Otto u. Sibylle Edzard, München, 1978).

Eliade, Mircea, *Mythes, Rêves et Mystères*, Paris, 1957 (dt. Ausgabe: *Mythen, Träume und Mysterien*, Übers. Michael Benedikt u. Matthias Vereno, Salzburg, 1961).
Eluère, Christiane, *L'Or des Celtes*, Fribourg, 1987 (dt. Ausgabe: *Das Gold der Kelten*, Übers. Walter Paluch, München, 1987).
Emania, Bulletin of the Navan Research Group, Belfast, 4, Spring 1988.
Espérandieu, Émile, Raymond Lantier u. Paul-Marie Duval, *Recueil général des bas-reliefs, statues et bustes de la Gaule Romaine*, Paris, 15 Bde., 1907–1966; Repr. Farnborough, 1966.
Espérandieu, Émile, *Recueil des bas-reliefs, statues et bustes de la Germanie romaine*, Paris, 1931.
Evans, E. Estyn, *Irish Folk Ways*, London, 1957.

Falsett, Hans Joachim, *Irische Heilige und Tiere in mittelalterlichen lateinischen Legenden*, Diss., Bonn, 1960.
Filip, Jan, *Celtic Civilization and its Heritage*, Übers. Roberta Finlayson-Samsour u. Iris Lewitová, Wellingborough/Prague, 1977 (dt. Ausgabe: *Die keltische Zivilisation und ihr Erbe*, Übers. Karel Mayer, Prag, 1961).
Fox, Cyril, *Survey of Early Celtic Art in Britain*, Cardiff, 1958.

Gantz, Jeffrey (Übers. u. Hg.), *The Mabinogion*, Harmondsworth, 1976.
Geoffrey of Monmouth, *The History of the Kings of Britain (= Historia Regum Britanniae)*, Übers. Lewis Thorpe, Harmondsworth, 1966.
Gerritsen, W. P., Doris Edel u. Mieke de Kreek, *De Wereld van Sint Brandaan*, Utrecht, 1986.
Glob, P. V., *The Bog People*, London, 1969.
Green, Miranda, *The Gods of the Celts*, Gloucester, 1986.
Grosse, Rudolf, *Der Silberkessel von Gundestrup: Ein Zeugnis des Läuterungs- und Einweihungsweges bei den Kelten*, Dornach, 1963; 2. Aufl. 1983.
Gwynn, Edward (ed.), *Metrical Dindsenchas*, 5 Bde., Dublin, 1903–1935.

Harbison, Peter, *Guide to the National Monuments in the Republic of Ireland*, Dublin, 1970, Neuausg. 1975.
Harding, Denis, *Prehistoric Europe*, Oxford, 1978.
Hatt, Jean-Jacques, *Kelten und Galloromanen*, Übers. G. Schecher, München, 1970.
Hatt, Jean-Jacques, *Mythes et Dieux de la Gaule*, Bd. I.: *Les Grandes Divinités Masculines*, Paris, 1989.
Heman, Peter (Hg.), *Bodenfunde aus Basels Ur- und Frühgeschichte*, Basel, 1983.
Histoire et Archéologie, 55, Juillet-Août, 1981: »Les Monuments de Nimes«.
Histoire et Archéologie, 84, Juin, 1984: »Un Oppidum Gaulois à St. Blaise en Provence«.
Hubschmied, Johann Ulrich, »Keltische Götter- und Flußnamen«, in: *Die Schweiz im Licht der Geschichtsschreibung*, hg. Paul König, Zürich, 1966, S. 30–33.
Hughes, Kathleen, *The Church in Early Irish Society*, London, 1966.

Irische Kunst aus drei Jahrtausenden: Thesaurus Hiberniae, Römisch-Germanisches Museum, Stadt Köln, Mainz, 1983.

Jackson, Kenneth Hurlstone (Übers. u. Hg.), *A Celtic Miscellany*, Harmondsworth, 1951; Neuausg. 1971.
Joyce, Patrick Weston, *A Social History of Ancient Ireland*, 2. Bde., Dublin, 1903.

Die Kelten in Mitteleuropa: Kultur, Kunst, Wirtschaft, Salzburger Landesregierung, 1980.
Der Keltenfürst von Hochdorf, Landesdenkmalamt Baden-Württemberg, Stuttgart, 1985.
Kinsella, Thomas (Übers.), *The Tain (= Táin Bó Cuailnge)*, Zeichnungen: Louis le Brocquy, London, 1969 (dt. Ausgabe: *Der Rinderraub*, Übers. Susanne Scharp, München, 1976).
Kruta, Venceslas, u. Miklós Szabó, *Die Kelten: Entwicklung und Geschichte einer europäischen Kultur in Bildern von Erich Lessing*, Übers. v. Christoph Mache, Freiburg i. Br., 1979.

Lantier, Raymond, »Keltische Mythologie«, in: *Götter und Mythen im alten Europa*, hg. Hans Wilhelm Haussig, Stuttgart, 1973, S. 99–162.

Lengyel, Lancelot, *Le Secret des Celtes*, Paris, 1969 (dt. Ausgabe: *Das geheime Wissen der Kelten*, Übers. Modeste zur Nedden, Freiburg i. Br., 1976).

Le Roux, Françoise, u. Christian-J. Guyonvarc'h, *La Civilisation Celtique*, Rennes, 1982.

Logan, Patrick, *The Old Gods: The Facts about Irish Fairies*, Belfast, 1981.

Macalister, R. A. Stewart (Übers. u. Hg.), *Lebor Gabála Érenn: The Book of the Taking of Ireland*, 5 Bde., Dublin, 1938–1956.

Mac Cana, Proinsias, *Celtic Mythology*, London, 1970.

Mac Cana, Proinsias, *The Learned Tales of Mediaeval Ireland*, Dublin, 1980.

Mac Neill, Máire, *The Festival of Lughnasa: A Study of the Survival of the Celtic Festival of the Beginning of the Harvest*, Oxford, 1962.

Markale, Jean, *Les Celtes et la Civilisation Celtique: Mythe et Histoire*, Paris, 1970.

Markale, Jean, *Le Druidisme – Tradition et Dieux des Celtes*, Paris, 1985 (= *Die Druiden: Gesellschaft und Götter der Kelten*, Übers. Béatrice Bludau u. Wieland Grommes, München, 1989).

Markale, Jean, *Petit Dictionnaire de Mythologie Celtique*, Paris, 1986.

Moreau, Jacques, *Die Welt der Kelten*, Stuttgart, 1958.

Norton-Taylor, Duncan, u. die Redaktion der Time-Life-Bücher, *Die Kelten*, Übers. Holger Fliessbach, Amsterdam, 1974.

Nutt, A., und K. Meyer (Übers. u. Hg.), *The Voyage of Bran*, London, 1895–7.

O'Curry, Eugene, *On the Manners and Customs of the Ancient Irish*, 3. Bde., London, 1873.

O'Hanlon, John, *Lives of the Irish Saints*, 9 Bde, Dublin, 1875.

Ó hÓgain, Dáithí, *Fionn mac Cumhaill: Images of the Gaelic Hero*, Dublin, 1988.

O'Kelly, Michael J., *Newgrange: Archaeology, Art & Legend*, London, 1982.

O'Rahilly, Thomas F., *Early Irish History and Mythology*, Dublin, 1964.

Ó Ríordáin, Seán, *Antiquities of the Irish Countryside*, London, 1942, Neuausg. 1965.

Oskamp, H. P. A., *The Voyage of Máel Dúin: A Study in Early Irish Voyage Literature, Followed by an Edition of »Immram curaig Máele Dúin«*, Groningen, 1970.

Ó Súilleabháin, Seán, *Irish Folk Custom and Belief / Nósanna agus Piseoga na nGael*, Dublin, o. J..

de Paor, Maire, *Early Irish Art*, Dublin, 1979

Pauli, Ludwig, *Keltischer Volksglaube: Amulette u. Sonderbestattungen am Dürrnberg bei Hallein und im eisenzeitlichen Mitteleuropa*, München, 1975.

Pauli, Ludwig, *Die Alpen in Frühzeit und Mittelalter: Die archäologische Entdeckung einer Kulturlandschaft*, München, 1980.

Phillips, Guy Ragland, *Brigantia: A Mysteriography*, London, 1976.

Piggot, Stuart, *The Druids*, London, 1968.

Plummer, Charles, *Lives of Irish Saints*, Oxford, 1922.

Powell, T. G. E., *The Celts*, London, 1958 (dt. Ausgabe: *Die Kelten*, Köln, 1959), Neuausg. 1980.

Power, Patrick C., *The Book of Irish Curses*, Dublin, 1974.

Power, Patrick C., *Sex and Marriage in Ancient Ireland*, Dublin, 1976.

Priuli, Ausilio, *Preistoria in Valle Camonica: Itinerari illustrati dei siti e dell'Arte Rupestre*, Capodiponte, 1979, Neuausg. 1989.

Puhvel, Jaan, *Comparative Mythology*, Baltimore, 1987.

Rees, Alwyn, u. Brinley Rees, *Celtic Heritage: Ancient Tradition in Ireland and Wales*, London, 1961.

Rhys, John, *Lectures on the Origin and Growth of Religion, als Illustrated by Celtic Heathendom*, London, 1892.

Ross, Anne, *Pagan Celtic Britain: Studies in Iconography, and Tradition*, London, 1967.

Ross, Anne, *Everyday Life of the Pagan Celts*, London, 1970.

Ross, Anne, *A Traveller's Guide to Celtic Britain*, London, 1985.

Ross, Anne, *The Pagan Celts*, London, 1986.

Ross, Anne u. Don Robins, *The Life and Death of a Druid Prince: The Story of an*

Archaeological Sensation, London, 1989 (dt. Ausgabe: *Der Tod des Druidenfürsten: Die Geschichte einer archäologischen Sensation*, Übers. Uta Haas, Köln, 1990).
Rutherford, Ward, *The Druids and their Heritage*, London, 1978.

Schlinke, Diether, *Kelten in Österreich*, Wien, 1987.
Sharkey, John, *Celtic Mysteries: The Ancient Religion*, London, 1975.
Sills-Fuchs, Martha, *Wiederkehr der Kelten*, München, 1983.
Sjoestedt, Marie-Louise, *Dieux et Héros des Celtes*, Paris, 1940.
Smyth, Daragh, *A Guide to Irish Mythology*, Dublin, 1988.
Sterckx, Claude, *Elements de cosmogonie celtique*, Bruxelles, 1986.
Stokes, Whitley, »The Second Battle of Moytura«, in *Revue Celtique*, 12, 1891, 52–130, 306–308.
Szabó, Miklós, *The Celtic Heritage in Hungary*, Übers. Paul Aston, Budapest, 1971.

Thevenot, E., *Divinités et Sanctuaires de la Gaule*, Paris, 1968.
Thurneysen, Rudolf (Übers.): *Sagen aus dem alten Irland*, Berlin, 1901. Auswahl: *Der Streit um das Heldenstück: Keltische Sagen aus dem alten Irland*, hg. mit einem Nachwort v. Renate Brendel, Leipzig, 1984; Frankfurt a.M., 1991.
Thurneysen, Rudolf, *Die irische Helden- und Königssage bis zum siebten Jahrhundert*, Teil I u. II, Halle, 1921.
Treasures of Early Irish Art, 1500 B.C. to 1500 A.D., Metropolitan Museum of Art, New York, 1977.

Underwood, Guy, *The Pattern of the Past*, London, 1969.

Vendryes, J., *La Religion des Celtes*, Paris, 1948.
de Vries, Jan, *Forschungsgeschichte der Mythologie*, Freiburg i. Br., 1961.
de Vries, Jan, *Keltische Religion*, Stuttgart 1961.

Weitnauer, Alfred, *Keltisches Erbe in Schwaben und Baiern*, Kempten, 1961.

Zwicker, Johannes, *Fontes Historiae Religionis Celticae*, Berlin, 1934.

Das keltische
Europa

Gundestrup
Kopenhagen
Leiden
Berlin
Bonn
Pesch
Koblenz
Wiesbaden
Frankfurt a. M
Reims
Trier
Mainz
Alzey
Épernay
Saarbrücken
St. Germain-en-Laye
Paris
Metz
Speyer
Prag
Rennes
Schwarzenacker
Karlsruhe
Orléans
Straßburg
Eberdingen-Hochdorf
Vix
Épinal
Stuttgart
Châtillon-sur-Seine
Villingen-Schwenningen
Manching
Alesia/Alise-Ste.Reine
Magdalenenbergle
Sources de la Seine
Basel
Bad Buchau
München
Wien
Dijon
Augst
Salzburg
Autun
Besançon
Zürich
Hallein
Hallstatt
Le Châtelet
La Tène
Vaduz
Avenches
Bern
Innsbruck
Angoulême
Clermont Ferrand
Graz
Martigny
Puy-de-Dôme
Lyon
Genf
Aosta
Gr.St.Bernhard
Val Camonica
Este
Avignon
St.Rémy-de-Provence
Nîmes
Roquepertuse
Toulouse
Glanum
Entremont
Tarbes
Aix-en-Provence
Marseille
Rom

EUROPA
Budapest
Bukarest
Ankara
Delphi

ENGLAND, SCHOTTLAND UND WALES

IRLAND

Tory Island
Lough Derg
Boa Island
Belfast
Emain Macha
Armagh
Downpatrick
Shannon Pot
Sligo
Knocknarea
Slieve Gullion
Moytirra
Faughart
Cooley Peninsula
Cruachan
Westport
Slieve na Calliagh
Ardee
Croagh Patrick
Hill of Ardagh
Teltown
Bruig na Bóinne/ Newgrange
Uisnech
Tara
Inchcleraun
Dublin
Trinity Well
Clonfert
Hill of Allen
Turoe
Saighir
Kildare
Killinaboy
Craigh Liath
Cnoc Gréine
Lough Gur
Cashel
Cnoc Áine
Tobar-na-Molt
Carrick-on-Suir
Mt. Brandon
Slieve Mish Mts.
Dingle
The Paps
Beare Peninsula